Leben in zwei Welten

Tagebücher eines jüdischen Paares
in Deutschland und im Exil

Else Behrend-Rosenfeld und Siegfried Rosenfeld

Leben in zwei Welten

Tagebücher eines jüdischen Paares in
Deutschland und im Exil

Herausgegeben und kommentiert von
Erich Kasberger und Marita Krauss

Volk Verlag München

Der Verlag dankt der Landeshauptstadt München,
insbesondere dem Bezirksausschuss 14 Berg am Laim,
für die Unterstüzung des Buchprojekts.

Die Deutsche Bibliothek verzeichnet diese Publikation in der Deutschen
Nationalbibliografie; detaillierte bibliografische Daten sind im Internet über
http://dnb.ddb.de abrufbar.

© 2011 by Volk Verlag München; Streitfeldstraße 19; 81673 München
Tel. 0 89 / 420 79 69 80; Fax 0 89 / 420 79 69 86
Druck: fgb. freiburger graphische betriebe
Alle Rechte, einschließlich derjenigen des auszugsweisen Abdrucks sowie der
fotomechanischen Wiedergabe, vorbehalten.
ISBN 978-3-937200-98-9

www.volkverlag.de

Inhalt

Vorwort

Dieses Buch hat eine Vorgeschichte von über 25 Jahren: 1985 erfuhr Erich Kasberger als Geschichtslehrer in Berg am Laim von der Existenz eines Juden-internierungslagers in Blickweite seines Gymnasiums und ging mit seinen Schülern daran, dies auf der Basis von Else Behrend-Rosenfelds gedrucktem Tagebuch zu erforschen: Es war das Lager, das Else Rosenfeld im Auftrag der Kultusgemeinde als Wirtschaftsleiterin betreute, bevor sie nach Berlin und Freiburg in die Illegalität ging und letztlich 1944 in die Schweiz fliehen konnte. Über diese Arbeit kam es zu Kontakten mit Peter Rosenfeld und Hanna Cooper, den Kindern in England. Es entstand in Berg am Laim ein Mahnmal, eine Straße wurde nach Else Rosenfeld benannt, jedes Jahr im November finden ein Lichtergang und eine Veranstaltung zum Thema statt. Else Rosenfeld und das Internierungslager sind in der lokalen Bürgergesellschaft sehr präsent.

Doch Else Rosenfelds Berichte zeigen nur die eine Seite: Ihr Mann Siegfried Rosenfeld konnte gerade noch vor Beginn des Zweiten Weltkrieges entkommen, er lebte seit 1939 in England und seine Tagebücher erzählen eine andere Facette der Geschichte, die des Exilierten. Langjährige Forschungen in den unterschiedlichsten Archiven förderten immer weitere Spolien und Informationen über die Familie Rosenfeld zutage. Und 2010 erhielten wir von Hanna Cooper neben umfänglichen persönlichen Berichten weitere unschätzbare Quellen: Die 230 Briefe, die Else Rosenfeld aus Internierung und Untergrund an ihre Studienfreundin Eva Schmidt in Weimar schrieb, Briefe des Vaters Siegfried an die Tochter Hanna, die wenigen überlieferten Fotos. Und wir erhielten Originalbänder der BBC mit der Lebenserzählung von Else Rosenfeld aus dem Jahr 1963: In 23 Folgen von je 15 Minuten berichtete sie von ihrem Schicksal. All dies zusammen bildet nun die Grundlage dieses Buches.

Es wäre ohne die Unterstützung vieler hilfreicher Menschen und Institutionen nicht zustande gekommen. An erster Stelle ist hier dem verstorbenen Peter Rosenfeld und seiner Frau Ursula sowie Hanna Cooper herzlich für ihre Freundschaft, ihr Vertrauen sowie ihre vielfältigen Informationen und Materialien zu danken. Großer Dank und Respekt gilt auch den engagierten Berg am Laimer Bürgern, besonders Helmut Kolmeder, dem Bezirksausschuss und dem Bürgerkreis Berg am Laim e. V., die finanziell halfen und unser weit über das Lokale hinausreichendes Anliegen stets mit wachem Interesse und großem Verständnis begleiteten. Herzlicher Dank gilt den Zeitzeugen Rudolf Cohen und Heinz Altschüler. Zu danken ist überdies vielen Archiven und Archivaren, die komplizierte Anfragen beantworteten; stellvertretend zu danken ist Frau Brigitte Schmidt im Stadtarchiv München für die Hilfe bei der Auflösung verschlüsselter Namen, dem Staatsarchiv München, dem Schweizer Bundesarchiv Bern, der Zollstelle Schaffhausen, dem Archiv der Barmherzigen Schwestern in München, dem Geheimen Preußischen Staatsarchiv Berlin, Anthony Grenville von der Association of Jewish Refugees in London, dem Stadtarchiv Weimar, ebenso privaten Leihgebern wie Elke Minckwitz, Weimar. Im Bayerischen Rundfunk – Bayern 2 ließ sich Gabriele Förg mit gewohnt sicherem Zugriff auf das Projekt ein, der Bayerische Rundfunk realisierte mit den Originaltönen und weiteren Texten zwei Stundensendungen, die nun als Hörbuch begleitend erscheinen können; Gabriele Förg gilt großer Dank.

Ohne umfängliche praktische Unterstützung kommt ein solches Projekt aber dennoch nicht zustande. Hier war Maria Christina Müller, studentische Hilfskraft am Lehrstuhl für Bayerische und Schwäbische Landesgeschichte in Augsburg, besonders hilfreich, die in schnellem Zugriff die Briefe Siegfried Rosenfelds entzifferte und sich auch der Bibliografie wie des Registers annahm. Der Volk Verlag ist inzwischen seit Jahren ein großartiger Partner für bemerkenswerte Projekte. Hier ist vor allem Nadine Burks für sehr kompetentes und aufmerksames Lektorat, Roman Heinemann und Ralf Bumann für sachkundige Herstellung des Buches zu danken. Der Verleger und Freund Michael Volk ließ sich wieder einmal von uns überzeugen; ihm gilt größter Dank, dass er dieses umfangreiche Projekt aus Buch und begleitendem Hörbuch in sein Verlagsprogramm aufnahm.

Pöcking, im März 2011
Marita Krauss und Erich Kasberger

Zur Einführung

Eva Kunkel, Volksschullehrerin in Berlin,
Else und Siegfried Rosenfeld (v. l.)
am Starnberger See, dreißiger Jahre

Zur Einführung

Das Schicksal der jüdischen Familie Rosenfeld ist außergewöhnlich und typisch zugleich, es zeigt die Schrecken von Gettoisierung und Deportation, von höchster Lebensgefahr und Rettung in letzter Minute, aber auch die zermürbenden Mühen des Exils. Else Rosenfelds Tagebuch ihres Lebens als Jüdin in Deutschland bis 1944, hier nun ergänzt um eine Vielzahl ihrer bisher unbekannten Briefe aus dieser Zeit, ist seit der ersten Veröffentlichung 1945 Teil einer bis heute höchst aktuellen Diskussion über das Verhalten der »ganz gewöhnlichen Deutschen« gegenüber verfolgten Juden während der Zeit des Nationalsozialismus. Else Rosenfeld steht mit ihren Berichten auf der Seite derer, die klar die Täter identifizieren, aber auch auf eine Vielzahl von Deutschen verweisen, die sich weiterhin menschlich und freundlich verhielten, die Verfolgte unterstützten, sie sogar unter hoher eigener Gefahr versteckten. Wir können bestätigen, dass ihre Erzählungen der Überprüfung durch andere Quellen standhalten. Das Besondere unseres Buches: Siegfried Rosenfelds bisher unpublizierte Tagebücher und Briefe zeigen eine ganz andere Sicht auf Deutschland; er sieht als Exilierter von außen nur das »fürchterliche Verbrecher-Deutschland«, er liest es auch aus Elses Tagebuch, als es im November 1945 gedruckt vorliegt und er so erstmals im Detail von dem Leben seiner Frau in den sieben Jahren der Trennung erfährt. Insofern zeigen die Aufzeichnungen und Briefe dieser beiden Menschen zentrale divergierende Positionen einer wichtigen Debatte.

Um diese Quellen besser gewichten zu können, ist es unabdingbar, mehr über die schreibenden Personen, ihre Bezüge und ihr Schicksal zu erfahren. Dr. Siegfried Rosenfeld wurde 1932 als preußischer SPD-Landtagsabgeordneter kaltgestellt und als Ministerialdirigent im Justizministerium pensioniert.[1] Die Familie zog nach Bayern und erlebte dort Denunziation, Ausgrenzung und Entrechtung, aber auch Hilfe und Unterstützung. Die Kinder Peter und Hanna konnten, wie letztlich auch Siegfried Rosenfeld, mit Hilfe der Quäker nach England emigrieren, die älteste Tochter Gustel nach Argentinien. In England musste Siegfried Rosenfeld von dem kleinen Lohn existieren, den sein Sohn Peter als Farmarbeiter und die Tochter Hanna als Haushaltshilfe verdienten, bis er eine Arbeit als Unterbuchhalter einer Milchfirma fand. Dr. Else Behrend-Rosenfelds Weg führte über die Internierung in der Münchner »Heimanlage für Juden Berg am Laim«[2] in den Berliner und Freiburger Untergrund und schließlich noch im fünften Kriegsjahr, am 20. April 1944, zu Fuß über die Grenze in die Schweiz;[3] dieses Wunder der Rettung konnte nur mit Hilfe sehr guter Freunde und vieler Helfer gelingen. Die Familie Rosenfeld fand nach sieben Jahren der Trennung 1946 in England wieder zusammen. Doch die furchtbaren Jahre, in denen Else unter ständiger Todesdrohung stand und nur dank großen Mutes, viel Unterstützung und glücklichster Umstände überlebte, die sieben Jahre, in denen sich Siegfried in England ohne finanzielle Basis, ohne Arbeitsmöglichkeit und von Sorgen zerrissen durch das Exil quälte, diese Jahre waren nicht wieder einzuholen.[4] Der preußische Beamte Rosenfeld war kein Engländer geworden, hatte sich innerlich aber weit von Deutschland entfernt. »Heimatlosigkeit wird mein Schicksal bleiben. Ist das auch ein Stück Sinnlosigkeit des Lebens?«, schrieb er an Weihnachten 1942 in sein Tagebuch.[5] Er starb 1947, eineinhalb Jahre nach der Wiedervereinigung mit seiner Frau. Else lebte seit Mitte der fünfziger Jahre halb in Icking im Isartal und halb bei ihren Kindern in England. Gustel blieb in Argentinien, Hanna und Peter fanden mit ihren Familien in England eine neue Heimat. Sie kamen nur noch zu Besuch nach Deutschland.

Das Leben der Familie Rosenfeld ist für die Jahre ab 1933 ungewöhnlich dicht durch Tagebücher, Briefe und autobiografische Erzählungen dokumentierbar. Else Rosenfelds Tagebuch »Verfolgt und verfemt. Leben einer Jüdin in Deutschland 1933–1944« erschien erstmals 1945 in der Schweiz.[6] Es ist eine ungemein präzise Quelle, die sogar in Münchner Spruchkammerverfahren nach dem Krieg als Zeugenaussage herangezogen wurde.[7] Else Rosenfeld hatte ihr Original-Tagebuch bei ihrer Flucht in die Schweiz im Rucksack dabei und gab es dort einem Verlag zum Druck, um Zeugnis abzulegen von diesen Jahren. Durch die Anzahlung des Verlags erhielt sie auch etwas Bewegungsfreiheit zurück, war sie doch völlig mittellos in der Freiheit angekommen und hatte buchstäblich nur ihr Leben gerettet. Siegfried Rosenfelds Tagebuch umfasst die Jahre 1940 bis 1945;[8] es sind Tagebuchfragmente, die den mühsamen Alltag des Exils zeigen. Wie Else ihn, so sprach auch Siegfried seine Frau in diesen Aufzeichnungen vielfach direkt an: Beide Tagebücher erweisen sich damit als dürftiger Ersatz für das Gespräch, das beide nicht mehr führen konnten; auch Briefe waren nur einmal im Monat über Vermittlung von Siegfrieds Schwägerin Alice Rosenberg im neutralen Lissabon möglich, nach 1942, als Else im Untergrund lebte, nur noch indirekte und verschlüsselte Mitteilungen. Aufgehoben wurden aber Briefe des Vaters an die Töchter Gustel und Hanna aus den Kriegsjahren und 230 Briefe von Else Rosenfeld aus Internierung und Untergrund an ihre Freundin Dr. Eva Schmidt in Weimar.[9] Diese Briefe sind unmittelbar aus dem Tagesgeschehen heraus geschrieben, von hoher Emotionalität und Eindringlichkeit. Im Gegensatz zu den Briefen wirkt das Tagebuch an einigen Stellen fast abgeklärt. Denn Else hatte mit diesem gedruckten Tagebuch auch eine Mission: Es enthielt keine Anklage, sie wollte dem Ausland in diesem Jahr des Kriegsendes zeigen, dass es nicht nur das Verbrecher-Deutschland gab, sondern auch Hilfe und Unterstützung für Verfolgte, dass nicht »die Deutschen« schuldig geworden waren, sondern viele Einzelne, eine Gruppe, aber nicht alle. Zusammen mit den autobiografischen Interviews, die Else der BBC gab und die in 23 Viertelstundensendungen von April bis Mai 1963 unter dem Titel »An old lady remembers« in England ausgestrahlt wurden,[10] ergibt dies eine dichte Überlieferung von Informationen, Innensichten,

Einschätzungen und Stimmungen. Die Briefe, die BBC-Sendungen und viele Fotos erhielten wir erst kürzlich von der Tochter Hanna Cooper und der Schwiegertochter Ursula Rosenfeld in Birmingham und Manchester. Zwar hatte der BBC-Interviewer zeitnah das Buch »The four lives of Elsbeth Rosenfeld«[11] herausgebracht, doch die Originalinterviews geben eine Fülle weiterer Informationen und sie vermitteln zusätzlich etwas Unschätzbares: Else Rosenfelds Stimme sagt ungemein viel über ihre Person. Elses Originalstimme ist auch ein wichtiges Element des begleitend erscheinenden Hörbuchs,[12] das in Zusammenarbeit mit dem Bayerischen Rundfunk – Bayern 2 entstand[13] und die Geschichte der Familie in zwei knappen Stunden erzählt.

Der autobiografische Kosmos wird noch erweitert um Archivquellen, Querverweise und Kommentierungen, die in den Randspalten zu den Originaltexten mitzulesen sind. So entstehen manchmal regelrechte Parallelgeschichten. Wenn Else Rosenfeld beispielsweise über das Denunziationsnetz berichtet, in das sie und ihre Familie 1934 geraten sind, so finden sich die Originalbriefe der Denunziantin in der Randspalte. So weit wie möglich werden erwähnte Personen aufgeschlüsselt: Freunde und Feinde, Opfer wie Täter erhalten ihren Namen und vielfach auch ein Gesicht. Denn durch intensive Forschungen zu Gestapo und Arisierungsstelle in München konnten diejenigen Täter erfasst werden, mit denen Else konfrontiert war.[14] Für ihre Identifizierung im Rahmen der Prozesse nach 1945 wurden sie fotografiert und wir können ihnen damit ins Gesicht sehen. Auch die Opfer, Elses Leidensgenossen in der Flachsröste Lohhof, in den Internierungslagern Berg am Laim und Milbertshofen, lassen sich inzwischen dank des »Gedenkbuches der Münchner Juden« oft mit Schicksal und Bild aufführen;[15] Else verschleierte in ihrem gedruckten Tagebuch viele der Namen, manchmal wohl auch, um Helfer zu schützen, die in Deutschland lebten. Diese Helfer, die »Stillen Helden«,[16] sind eine weitere besondere Gruppe, die nun sichtbar wird. Hier kann man sich auf Vorarbeiten stützen, die jene zu identifizieren bemüht sind, die unter höchster eigener Gefahr während des Krieges Juden bei sich versteckten oder ihnen über die Grenze halfen. Durch die Entschlüsselung von Elses Berichten sind nun noch einige hinzuzufügen. Über die Personen in Siegfrieds Tagebüchern wird wiederum das Netzwerk des Exilierten sichtbar. Gerade die Zeit der Internierung auf der Isle of Man – deutsche Flüchtlinge wurden als »enemies aliens« dort 1940 festgesetzt – führte die unterschiedlichsten deutschen Exilierten zusammen.[17] Siegfried ist ein Chronist dieser Zeit. Zu sehen sind auch seine Kontakte zu Privatleuten und Exil-Politikern, seine Aktivitäten als mittelloser Ausländer in Oxford und die Entwicklung der Kinder Hanna und Peter, die in England zunächst auf der untersten Sprosse der gesellschaftlichen Leiter als Farmarbeiter und Haushaltshilfe anfangen mussten. Die Ebene der Akten zeigt die hohe Authentizität der Originalberichte, sie ergänzt und erweitert die Individualansichten und es entsteht ein multiperspektivisches Bild dieser dunklen Jahre.

Um Siegfried und Else Rosenfeld in ihren Zusammenhängen sichtbar zu machen, werden biografische Skizzen vorangestellt. Dies soll ein tieferes Verständnis für die Personen ermöglichen, deren Aufzeichnungen und Innensichten den Hauptteil des Buches ausmachen. Durch die BBC-Berichte von Else, durch Informationen aus Akten, Preußischen Landtagsprotokollen und Briefwechseln lassen sich Teile der Lebens- und Wirkungsgeschichte dieser beiden Menschen rekonstruieren.[18] So wurden Siegfried und Else nicht nur als Menschen jüdischer Herkunft verfolgt, beide waren auch als überzeugte Sozialdemokraten gefährdet: Er trat der SPD 1905 bei, sie 1920; er durchlief eine Karriere als Parteimann in Landtag und Ministerium.[19] Sie wurde in der Schweiz 1944 als politischer – nicht »rassischer« – Flüchtling anerkannt, er hielt in England Kontakte zur Exil-SPD und nach dem Krieg zu zurückgekehrten Parteiführern, sie wurde in England als Schatzmeisterin des Wohlfahrtsausschusses der Exil-SPD tätig.[20] Seine überlieferten Briefe an Erich Ollenhauer und Wolfgang Heine lassen die Spekulation zu,[21] dass Siegfried vielleicht doch im deutschen Wiederaufbau tätig geworden wäre, hätte er länger gelebt. Der Blick auf die Biografien zeigt aber noch mehr. Elses Herkunft aus der Familie eines Armenarztes und ihre Erfahrungen als Arbeitsverpflichtete im Ersten Weltkrieg weckten ihr großes soziales Engagement für benachteiligte Menschen; ihre Vorgeschichte als Fürsorgerin macht nachvollziehbar, warum sie die Aufgaben als Wirtschaftsleiterin im Internierungslager Berg am Laim so bravourös bewältigte. Siegfrieds Dienst als Soldat im Ersten Weltkrieg erklärt die – wenn auch mit Blick auf das Ende des Krieges allzu hoffnungsvolle – Sachkenntnis, mit der er den Kriegsverlauf kommentierte; seine Tätigkeit als Rechtsberater des Deutschen Landarbeiter-Verbandes bis 1923 ermöglichte seine Reflexionen zur englischen Landwirtschaft. Und es wird die Höhe des Falls nachvollziehbar, den die Familie des preußischen Landtagsabgeordneten und Ministerialbeamten nach 1933 und besonders nach 1939 erlitt: Aus Menschen mit gesicherter bürgerlicher Existenz, vielen Freunden und einem erfüllten Leben wurden mittellose und heimatlose Menschen, im Falle von Else ständig vom Tode bedroht im eigenen Land.

Die damit vorliegende Zusammenschau von Quellen und Kommentierungen eröffnet neue Erkenntnismöglichkeiten. So zeigen sich als eine Besonderheit dieses Familienschicksals scharf unterscheidbar die Sicht von außen und die Sicht von innen, die Sicht des Exilierten auf Deutschland und der Verfolgten auf die Deutschen.[22] Siegfried Rosenfeld sah die deutsche Kriegsführung, die Judenverfolgungen und das Ausbleiben jeden Widerstandes als schwere Schuld Deutschlands und er hoffte nicht nur aus persönlichen Gründen auf das Ende des Krieges und eine Niederlage Hitlers. Er hielt eine umfängliche Erziehung Deutschlands für unverzichtbar. Am 14. April 1940 schrieb er in sein Tagebuch:[23] »Der Mangel des deutschen Volkes an Liebe zu seinem Land entbindet uns, die Ausgestoßenen, vollends davon. Deutschland verdient ein schlimmes Schicksal, das ihm eine Schule sein muß. Die einzige Frage ist, wie diese Schule zu gestalten ist, damit sie das leistet, was einem Volke für künftige Zeit mehr Selbständigkeit, verantwortliches Denken und Fühlen und Handeln geben kann. Daran will ich auch noch mitarbeiten, wenn möglich. Denn wertvolle Kräfte stecken im deutschen Volke, viele gute Freunde, die aber letzten Endes alle mitverantwortlich sind, da sie diese sieben bis acht Jahre widerstandslos über sich und ihr Land haben ergehen lassen.« Else hingegen sah die Hilfe, die sie selbst als verfolgte Jüdin von vielen Deutschen erfuhr, sie erlebte das Hitler-Regime und den Krieg als eine Art Fremdherrschaft über einen »guten« Teil der »ordinary«, der normalen Deutschen. So kommentierte sie das auch noch in den sechziger Jahren für die BBC:[24] »There was a sort of organization which stood up against Nazi injustice […]. It was formed by ordinary people I think belonging to all political parties. They only in small circles could come together. What they did, and all they could do in that time I think was, to help people like ourselves, and a surprising number of German people did that.«

Sichtbar wird in den Aufzeichnungen auch die grundlegend unterschiedliche Positionierung mit Blick auf Zeit und Aktivität: Siegfried war im Exil von Anfang an zur Passivität gezwungen. Er musste mühsam Geld zusammenkratzen, um von Oxford nach London zu fahren und sich dort mit anderen politisch engagierten Exilierten zu treffen.[25] Und er musste warten und hilflos zusehen, wie sich die Grenzen für Else immer dichter schlossen. Schließlich erhielt er auch kaum noch Nachrichten über ihren Aufenthaltsort. Sie hingegen war bis Sommer 1942 in München als Fürsorgerin in der »Heimanlage für Juden Berg am Laim«, einem Internierungslager, tätig und von unermüdlicher Aktivität. Die Hilfe für die anderen erlebte sie als sinnvolle, erfüllende Tätigkeit. Erst im Untergrund in Berlin wurde auch sie zum zermürbenden Warten verdammt, einem Warten unter ständiger Lebensgefahr. Schließlich konnte sie durch ihre Flucht ihre Situation nochmals grundlegend wenden und wurde dann im Schweizer Exil, sobald es möglich war, wieder im Rahmen einer Hilfsorganisation tätig. Durch ihre Aktivität, ihre Freundinnen, die sie unterstützten und trugen, durch die hilfreichen Menschen, die sie kennenlernte, fühlte sie sich selten wirklich allein. Er hingegen schloss in England nur wenige Freundschaften und war sehr auf seine Kinder angewiesen. Else sagte in ihrem Bericht für die BBC, für sie sei diese Zeit daher gewissermaßen einfacher gewesen als für ihn.[26]

Der grundlegende Unterschied zwischen Else und Siegfried Rosenfeld in der Bewertung der Deutschen führt zu weiteren Fragen. Nimmt man ihre Tagebuchaufzeichnungen und ihre autobiografischen Berichte beim Wort, so traf sie vielfach Menschen, die nicht mit den Maßnahmen des Regimes übereinstimmten und ihr das auch zu verstehen gaben. Diese Personen kamen aus den unterschiedlichsten Bereichen, es waren Beamte, Geschäftsleute, einfache Menschen auf der Straße, Kirchenvertreter, Soldaten. Sie schildert die Warnung und Schutzzusicherung des Ickinger Bürgermeisters nach der Pogromnacht 1938, den freundlichen Kohlenhändler, die Ickinger Nachbarn. Sie beschreibt die selbstverständliche Unterstützung der Barmherzigen Schwestern, der »Schwestern des Hl. Vinzenz von Paul«,[27] in Berg am Laim für die internierten Juden, ebenso die persönliche Hilfe der Klosterschwestern für sie, die im Besprechungsraum des Klosters ihre Freundinnen treffen konnte; durch ihren Segenswunsch gab ihr Schwester Theodora den Mut zur Flucht, der sie schon verlassen wollte.[28] »Das eine fühlte ich: Ihre Worte hatten mir Kraft gegeben, hatten alles Bangen und alles Zögern von mir genommen, und nun lebte die alte Energie wieder auf, der Mut, das schwere Abenteuer zu wagen!« Sie schildert die Unterstützung von Quäkern wie Annemarie Cohen und ihrem Mann,[29] die ihrer Familie zur Emigration verhalfen, mit ihr und der ehemaligen Quäkerin Gertrud Luckner Päckchen für die nach Piaski deportierten Juden packten und ihr bei der Flucht und im Untergrund halfen. Sie erwähnt gegenüber BBC die deutschen Soldaten, die wohl den deportierten Juden ermöglichten, noch einige Briefe und Postkarten zu schicken.[30] Sie weiß ihre alten Studienfreundinnen an ihrer Seite, die sie in jeder Hinsicht unterstützen. Und sie rühmt »stille Helden« wie Hans Kollmorgen in Berlin oder Edmund Goldschagg in Freiburg,[31] die ihr unter größter Gefahr für sich selbst Unterkunft gaben. Als Siegfried Rosenfeld Ende 1945 ihr gedrucktes Tagebuch las, hielt er ihre Vorstellung, es handle sich um ein »anderes Deutschland«, um eine Vielzahl von deutschen Menschen, auf die man auch die Zukunft bauen könne, für subjektiv und überzeichnet.[32] Sicherlich handelt es sich um ihre persönliche Wahrnehmung. Doch sie ist vielfach überprüfbar. So ist es auch eine mögliche Quelle dafür, dass es einen Teil der deutschen Gesellschaft gab, der sich nicht leicht in das Bild einfügt, fast alle Deutschen hätten letztlich in der einen oder anderen Weise vom NS-Regime und seinen Angeboten, von Judenverfolgung und Arisierung profitiert.[33]

Die Tagebücher zeigen die Netzwerke, mit deren Hilfe Juden wie Else die NS-Zeit überleben konnten. Dazu gehörten zentral die Quäker.[34] Neben den Cohens und Gertrud Luckner in München war auch Hella Gorn, die sie bei ihrer Flucht in die Schweiz bis fast zur Grenze begleitete, Quäkerin. Ebenso war Siegfried Rosenfelds Nichte Hertha Kraus, in den zwanziger Jahren Leiterin des Kölner Wohlfahrtsamtes und nach der Exilierung Professorin im berühmten College von Bryn Mawr, Quäkerin.[35] Sie bemühte sich für Else und Siegfried um Auswanderungsvisa, vermittelte Briefe und Kontakte. Ein weiteres Netzwerk boten die Sozialdemokraten: Die Familie des von den Nationalsozialisten in Buchenwald ermordeten ehemaligen Fraktionsvorsitzenden im Preußischen Landtag, Ernst Heilmann,[36] versteckte Else eine Zeit in Berlin, und ihre nächste Fluchtstation, Edmund Goldschagg in Freiburg, war vor 1933 sozialdemokratischer Journalist in München, 1945 einer der Lizenzträger der Süddeutschen Zeitung. Letztlich knüpften Peter Heilmann, Sohn des SPD-Abgeordneten, und Hella Gorn für sie den Kontakt zur Fluchthelferorganisation um Luise Meier[37] und ermöglichten ihr damit den Weg in die Schweiz. Bei diesen Sozialdemokraten bestanden offenbar ein großes Resistenzpotential und die Bereitschaft, auch unter hoher Gefahr für sich selbst Bedrohten zu helfen. Hilfe kam für sie auch von der Jüdischen Gemeinde in München, für die sie ehrenamtlich arbeitete:[38] Es war der Direktor der Jüdischen Gemeinde, Karl Stahl, der sie von der Deportation frei bekam. Die jüdische Gemeinschaft war ihr eine wichtige Stütze. Durch ihre Hilfe für die Bedrohten gelang es ihr dann auch, sich von ihrer Rolle als Opfer zu distanzieren. Das ermöglichte es ihr, ihr Schicksal aktiver selbst in die Hand zu nehmen, als es vielen anderen gelang. Eine weitere und vielleicht die wichtigste Gruppe an Helfern bestand aus Freundinnen und Familienangehörigen. Das erste Versteck in der Illegalität in Berlin bot Elses Schwester Eva Fischer, die mit einem Nichtjuden verheiratet war. Die Verwandten ihres Mannes wie die Rewalds in Berlin oder Alice Rosenberg in Lissabon, Hedwig und Hertha Kraus in den USA, die Tochter Gustel in Argentinien, vermittelten Briefe und Botschaften, bemühten sich um Visa und Schiffspassagen. Und, höchst überraschend: Elses Tagebücher zeigen ein regelrechtes Akademikerinnen-Netzwerk. Es waren lauter promovierte Frauen – damals stellte die Promotion für Frauen noch etwas Außergewöhnliches dar! –, die Else unterstützten. Das waren ihre Studienfreundinnen Dr. Eva Schmidt, Dr. Hanna Schadendorf und auch Dr. Hertha Kraus, durch die sie damals ihren Mann kennengelernt hatte. Es gehörten dazu die Lehrerin Dr. Tilla Kratz, die Ärztinnen Dr. Annemarie Cohen und Dr. Magdalena Schwarz.[39] Alle diese Frauen halfen Dr. Else Rosenfeld, oft unter hohem eigenen Risiko. Es gab hier offenbar eine große Solidarität dieser klugen, gut ausgebildeten Frauen, die einer der ihren, der Freundin in Not, gehörte und stärker war als Angst vor Entdeckung. Zustimmung zum NS-Regime fand sich bei keiner dieser Frauen. Sie sind damit ein Gegenbild zu den Frauen, die dem Nationalsozialismus zuarbeiteten.[40]

Es lassen sich aus Else Rosenfelds Tagebüchern und ihren Interviews für BBC auch Aussagen darüber entnehmen, wann deutsche Juden genauere Kenntnisse über die Shoah erhielten.[41] Bis Juli 1942 glaubte Else noch, die Deportierten würden in eine menschenunwürdige Situation kommen, aber sie hätten dort eine Lebensmöglichkeit. Sie hatte zwar Zweifel und Befürchtungen, aber immer noch Hoffnung. Ab Juli 1942 wusste sie jedoch, dass alle Deportierten ums Leben kamen:[42] »When I was alone in charge of our Ghetto, very soon every week a deportation came and I had to tell the people they had to leave. It was a terrible thing and, you know, I couldn't stand this train of sending people to their death, which, I have to tell you, I didn't quite realize before the last six weeks. Before that I knew, that I would sent them to an extremely difficult, primitive life, deprived of all necessities which make live a bit easier, of all things which make live pleasant. Nothing of that they would find in Poland or even in Theresienstadt. But I didn't know except for the last six weeks, that I sent them directly to their death. I couldn't get insensitive to that, it was impossible, it harassed me through nights and days and it exhausted me and made my health go. I couldn't forget what happened to them, I saw them all going to the gas chambers, and I had friends amongst them, very near friends. You can't forget this sort of things, I can't forget it even now. They still appear in my dreams, they still appear in nightmares.« Als Hilfe nicht mehr möglich war, änderte sich auch ihr Verhalten: Nun ging sie in den Untergrund.

Der dichte Webteppich an Informationen und subjektiven Einschätzungen, der in den Tagebüchern und Briefen enthalten ist, ermöglicht unterschiedlichste Zugänge zum Thema der Judenverfolgung im Dritten Reich. Die abstrakte große Zahl an Opfern wird durch die konkreten Personen fassbar und über die autobiografischen Zugänge nachvollziehbar. Zunächst sind daher die handelnden und berichtenden Personen vorzustellen.

Siegfried Rosenfeld

Siegfried Rosenfeld kam am 22. März 1874 im westpreußischen Marienwerder als Sohn von Herrmann Rosenfeld und seiner Frau Jeanette, geb. Mayer, auf die Welt.[43] Die Eltern, wohlhabende Kaufleute,[44] nannten ihren Sohn Siegfried Wilhelm – das zeigt, dass sie, wie viele andere assimilierte deutsche Juden, von der Begeisterung nach der Gründung des Deutschen Reiches unter Wilhelm I. im Jahr 1871 angesteckt waren. Es ist nicht ungewöhnlich, dass solche »deutschen« Namen vergeben wurden, die die Hoffnung signalisierten, Juden könnten im neuen Reich als vollgültige Bürger an Gesellschaft und Politik mitwirken. Judentum war zu dieser Zeit noch eine Frage der Religionszugehörigkeit; erst die Nationalsozialisten machten daraus eine Frage der »Rasse«. Für Siegfried Rosenfeld war der Glaube lange Zeit nicht wichtig: Er wuchs zwar als Jude auf, trat jedoch 1891 aus dem Judentum aus.[45] Seine »Religion« war, so erzählte Else Rosenfeld der BBC,[46] eher der Sozialismus. Seine eigenen Kinder ließ er als Agnostiker erziehen. Erst im englischen Exil, als er in einer bewusst jüdischen Umgebung lebte, setzte er sich intensiv mit dem Judentum auseinander.

Siegfried hatte zwei ältere Schwestern, Olga und Hedwig,[47] mit denen er sich sehr gut verstand. So schrieb er seiner Tochter Hanna mit Blick auf die eigenen Erfahrungen am 28. September 1942:[48] »Geschwisterliebe hat auch ein sehr gutes Recht und bedarf auch der Pflege. Geschwister sind die vertrautesten und besten Freunde im Leben, die man immer in Zeiten der Not braucht. Ich werde Dir gelegentlich mal erzählen, wie in meinem Leben mindestens dreimal in meinen schwersten Augenblicken die Schwestern mir die einzige Stütze gewesen sind.« Und an Silvester 1943 vertraute er mit Blick auf seine Schwester Hedwig dem Tagebuch an:[49] »Ich fühle mich meiner ältesten und letzten Schwester stets eng verbunden. Sie voll und richtig würdigen, ihre großen Gaben, ihr wundervolles, bis zur Entsagung heißes Herz, das keinen Egoismus kannte, zu ihrem eigenen Schaden – das kann nur, wer ihr Werden, ihre Jugend kennt. Da war sie anerkannter Mittelpunkt eines größeren Kreises von Freundinnen. Später Helfer und Berater im Kreise der Verwandten, auch bei der älteren Generation. Ich möchte mich gern noch an der Wärme ihres Wesens, die aus ihren Briefen kommt, erfreuen. Die geschwisterliche Nähe ist eine unersetzliche und ganz eigene.« Die Schwester Olga lebte zusammen mit der Mutter, die sie auch bis zu deren Tod 1929 pflegte, und wurde von Siegfried finanziell unterstützt. Sie starb im Juni 1941.[50]

Siegfried durchlief – wie auch sein drei Jahre jüngerer berühmter Vetter Kurt Rosenfeld, der ebenfalls aus Marienwerder stammte –[51] den klassischen Weg des deutschen Bildungsbürgers: Seit 1887 besuchte er bis zu seinem 16. Lebensjahr das Gymnasium in Marienwerder und machte, nach dem Tod des Vater 1893, im Grauen Kloster in Berlin Abitur.[52] Danach studierte Siegfried Jura in Berlin und Freiburg, wurde 1897 Referendar, leistete seinen Militärdienst ab und promovierte 1899 in Rostock zum Doktor der Jurisprudenz. 1904, nach dem Assessorexamen, ließ er sich als Anwalt und Notar in Berlin nieder. Ein Jahr später, 1905, trat er der SPD bei.

Dieser Schritt zur Sozialdemokratie war für Siegfried Rosenfeld der Ausgangspunkt vieler beruflicher Aktivitäten: So wirkte er zwischen 1912 und 1923 als Rechtsbeistand des Deutschen Landarbeiter-Verbandes,[53] einer Art Gewerkschaft der Landarbeiter. In seinen Tagebüchern nach 1940 finden sich noch viele Jahre später die Spuren besonderer Kenntnisse über landwirtschaftliche Pachtverträge, über die Bezahlung und die Rechte von Landarbeitern. Er stellt die englischen Verhältnisse den preußisch-deutschen gegenüber und reflektiert über die unterschiedlichen Systeme, ihre Vor- und Nachteile. Sein Interesse und seine Sympathie standen auf der Seite der Arbeitenden, zu denen damals sein Sohn Peter auf der Farm des Mr. Farrant gehörte. Rosenfelds Laufbahn nach dem Ersten Weltkrieg als Stadtverordneter, als Landtagsabgeordneter und Ministerialbeamter war eine SPD-Karriere. Er verstand sich stets als gemäßigter Sozialdemokrat und lehnte die Radikalisierung der USPD, wie sie sein Vetter Kurt Rosenfeld führend vollzog, ab.

Als sozialdemokratischer Anwalt in Berlin lernte Rosenfeld die zwei Jahre jüngere Gertrud Rewald kennen, eine Dentistin, also Zahnärztin.[54] Diese Ausbildung stellte einen Zwischenschritt zum Frauenmedizinstudium dar, es war noch kein vollgültiges Studium, aber bereits eine gehobene Ausbildung. Gertrud war wohl auch Mitglied im »Sozialdemokratischen Ärzteverein« in Berlin.[55] Sie und Siegfried gehörten zum persönlichen »Verkehrskreis« des wichtigen Sozialdemokraten Eduard Bernstein. So sind beide auf einem Neujahrsfest bei Bernsteins 1911 abgebildet.[56] Siegfried Rosenfeld und Gertrud Rewald heirateten 1913. Rosenfeld, der seit Dezember 1914 als »gedienter Gardeinfanterist – Landsturmmann« am Ersten Weltkrieg teilnahm,[57] machte den Krieg bis zum bitteren Ende 1918 mit: »Er stand dann vier Jahre unter der Waffe, ohne auch nur einen Tag vom Dienst reklamiert zu sein«, wie es später hieß.[58] Bei Kriegsende war er bereits Witwer:

Siegfried Rosenfeld, England 1945

Neujahrsfest bei Eduard Bernstein, Teilnehmer teilweise verkleidet, 1911 (1: der sozialdemokratische Theoretiker und Politiker Eduard Bernstein; 2: Gertrud Rewald, seit 1913 Gertrud Rosenfeld; 3: Siegfried Rosenfeld)

Seine Frau Gertrud hatte im März 1916 die Tochter Gustel (Eva Gustave) zur Welt gebracht, war aber wenige Tage nach der Geburt gestorben. Auch seine Rechtsanwaltspraxis war durch seine lange Abwesenheit vernichtet; er musste in allen Lebensbereichen von vorne anfangen.

Noch immer fühlte er als deutscher Patriot: Als in multiethnischen Gebieten im Juli 1920 Volksabstimmungen über die Zugehörigkeit zu Preußen oder zu Polen stattfanden, fuhr er mit seiner inzwischen 80-jährigen Mutter und seinen Schwestern nach Marienwerder, um für Deutschland zu votieren.[59] Einen Weltkrieg später, im Februar 1945, wiederholte sich die Situation, als die russische Front vorrückte; Siegfried registrierte das als Teil des Kriegsgeschehens und horchte gewissermaßen in sich hinein:[60] »26. Februar 1945. Der Krieg hat im Osten enorme Fortschritte gemacht in den letzten 7 Wochen, dreiviertel Ostpreußen, das halbe Westpreußen und Schlesien und schon erhebliche Teile von Brandenburg und Pommern sind in russischer Hand. Mein Geburtsort, die Orte alle, die mir in meiner ersten Jugend bis 16 Jahre teils unmittelbar bekannt wurden, Graudenz, Marienburg, Danzig, Thorn, Kulm, teils aus dem Kreise der Schulkameraden her vertraute Namen wie Münsterwalde, Tiegenhof, Elbing, Wormdit pp., sie werden alle endgültig an Polen fallen.« Zu einem weiteren Kommentar rang sich Rosenfeld nicht durch: Eine Kindheitsheimat ging verloren, die ihm bereits sehr fern lag.

Das Ende des Ersten Weltkriegs brachte für Siegfried Rosenfeld den Beginn einer politischen Karriere, aber auch einen privaten Neuanfang: 1919 wurde er zunächst Stadtverordneter in Berlin-Charlottenburg. Das gab ihm eine schmale finanzielle Basis. In dieser Situation lernte er die sehr viel jüngere Dr. Else Behrend kennen. Dr. Hertha Kraus,[61] Tochter seiner Schwester Hedwig und gute Freundin von Else, machte die beiden bekannt. Else erzählte der BBC:[62] »After leaving Jena and having got my Doctor I went back to Berlin and then I met my husband to be, not thinking we ever would marry. He was a relative of one of my best student friends, he was her uncle. That was how I met him first. My friend wanted me to come to her grandmothers house and he lived there.« Die beiden

Else Rosenfeld mit ihren Kindern Peter (li.) und Hanna, 1923

unterhielten sich gut, sie mochten sich, schließlich verschaffte er ihr sogar Arbeit in seinem Bereich der Gemeindeverwaltung. Die beiden heirateten im September 1920 und nahmen auch die Tochter Gustel zu sich, die ihrer Stiefmutter lebenslang eng verbunden blieb. 1921 kam der Sohn Peter, 1922 die Tochter Hanna zur Welt. Doch die finanzielle Situation der Familie blieb angespannt: Siegfried musste seine Mutter und seine Schwester Olga finanziell unterstützen. Es war die Zeit der Hyperinflation, das Geld entwertete sich stündlich. Lebensmittel waren schwer zu beschaffen.

Das Amt als Stadtverordneter erwies sich für Siegfried Rosenfeld als Sprungbrett: 1921 wurde er in den preußischen Landtag gewählt, dem er bis 1933 angehörte, und 1923, mit 49 Jahren, erhielt er eine Stelle als Referent, dann als Kammergerichtsrat, zuletzt als Ministerialdirigent im preußischen Justizministerium. Else Rosenfeld berichtete der BBC:[63] »My husband was elected into the Prussian parliament in 1921 and worked very hard in that. And as hard as possible I tried to help him with his work. In the autumn of 23 our difficulties disappeared because my husband then was asked to enter the Ministry of Justice in Berlin, the Prussian Ministry of Justice. They wanted there to have a Social Democrat in it.« Nun konnte die Familie in ein Reihenhaus am Berliner Stadtrand ziehen. Dort erlebten sie glückliche, erfüllte Jahre.

Siegfried Rosenfeld war als Parlamentarier bis 1923 Schriftführer im Rechtsausschuss des Landtages; dort standen vielfach Gnadengesuche im Mittelpunkt, die das Justizministerium nicht selbstständig entscheiden wollte.[64] Als Rosenfeld im Justizministerium – sicherlich nicht ohne inneren Zusammenhang mit seiner bisherigen Arbeit im Parlament – als Beamter das Gnadenreferat erhielt,[65] verließ er diesen Ausschuss. Am 30. Juni 1925 beförderte ihn der sozialdemokratische preußische Ministerpräsident Otto Braun zum Ministerialrat, später wurde er noch Ministerialdirigent.[66]

Rosenfelds Hauptwirkungsgebiet im Landtag war danach der Geschäftsordnungsausschuss.[67] Er übernahm aber auch den Vorsitz in einem Untersuchungsausschuss zur Lage der Bergarbeiter.[68] Im Geschäftsordnungsausschuss ging es häufig um die heikle Frage, wann die Immunität eines Abgeordneten aufgehoben werden sollte. Auch wenn wieder einmal das Parteibüro der Kommunistischen Partei durchsucht worden war, gab es empörte Anfragen an den Geschäftsordnungsausschuss.[69] Rosenfeld war jedoch auch Hauptredner einer »großen Anfrage« vom März 1924, in der die preußischen Neuregelungen der Strafverfahren und der Gerichtsverfassung nach dem Münchner Hitlerputsch von 1923 im Mittelpunkt standen: Rosenfeld bezeichnete die Verordnung vom 4. Januar 1924 als »Attentat auf die Rechte der Staatsbürger«.[70] Rosenfeld äußerte sich auch mehrfach ausführlich zu Fragen des Strafvollzugs oder zur Rechtsbeugung durch voreingenommene Richter.[71] Und er war ein leidenschaftlicher Redner für Fragen der Universitätsreform, des internationalen Studentenaustauschs, er plädierte für die Einführung des Fachs »praktische Psychologie«, sprach sich gegen Kolleggelder aus und erwog Möglichkeiten einer verfassten Studentenschaft. Fast von jeder Haushaltsberatung des Preußischen Ministeriums für Wissenschaft, Kunst und Volksbildung sind umfängliche Redebeiträge von ihm überliefert.[72] In der parlamentarischen Debatte wird die zunehmende Schärfe der Auseinandersetzung deutlich.

Siegfried Rosenfeld war den Nationalsozialisten ein Dorn im Auge: Gerade seine Doppelfunktion in Landtag und Ministerium machten den Sozialdemokraten zum geschätzten und akzeptierten Gesprächspartner vieler juristischer Kollegen. Im Juni 1932 kam es im Geschäftsordnungsausschuss des Preußischen Landtags[73] zu einer erregten Auseinandersetzung zwischen Siegfried Rosenfeld und dem nationalsozialistischen Fraktionsführer im Preußischen Landtag, Wilhelm Kube.[74] Es wurde Rosenfelds letzte Landtagssitzung. Kube warf dem Preußischen Justizministerium und dem Landtag Parteilichkeit vor: Bei nationalsozialistischen Abgeordneten werde die Immunität gegebenenfalls viel leichter aufgehoben als bei Mitgliedern anderer Parteien; das Justizministerium wirke dann an Verurteilungen mit. Nach heftigen Anwürfen verließ Siegfried Rosenfeld den Raum. Kube rief ihm nach: »Und, meine Herren, wenn das Hinausgehen dieses Beamten des Ministeriums [des Dr. Rosenfeld] eben ein Beispiel war, dann möchte ich nur sagen: vivant sequentes – macht, daß Ihr alle bald wegkommt!«

Diesen Worten folgten bald weitere Taten. Die Besetzung der Ministerien in ihrem Sinne war den spätestens seit dem »Preußenschlag« im Sommer 1932 mächtigen Nationalsozialisten ein zentrales Anliegen. Rosenfeld, auch zuständig für die Personalangelegenheiten von Richtern, musste sich ausführlich rechtfertigen, warum er einen Gerichtsassessor in Königsberg nicht vom Dienst suspendieren wollte:[75] Dieser war aufgefordert worden, eine dienstliche Erklärung zu seiner politischen Stellung abzugeben, hatte sich nachdrücklich zum Sozialismus und gegen den Nationalsozialismus bekannt, dem er »außenpolitisch Verwicklung in neue Menschenschlächterei, innenpolitisch Rückfall in einen Zustand vormärzlich anmutender Reaktion, […] kulturpolitisch Rückfall in finsteres Mittelalter« zuschrieb. Senatspräsident Boy in Königsberg bezeichnete dies in Vertretung seines Chefs als »zügellose in höchstem Grade verletzende Stellungnahme«. Der inkriminierte Gerichtsassessor hatte ähnliche Positionen auch in einer Urteilsbegründung niedergelegt. Daraufhin wollte ihn der Senatspräsident sofort vom Dienst abberufen. Rosenfeld hielt dagegen, 1929/30 sei ein Gerichtsassessor nur gemahnt worden, der sich nachdrücklich zu Hitler bekannt habe. Rosenfeld hatte dafür plädiert, die dienststrafrechtliche Verhandlung abzuwarten, bevor eine Abberufung erfolge.

Sicherlich war es nicht zuletzt dieser Fall, der zu seiner Abstrafung führte. Die Vossische Zeitung schrieb am 4. September 1932 unter der Überschrift »Es wird weiter gesäubert«:[76] »Nachdem im preußischen Innenministerium die Entfernung linksstehender Beamter durch das kommissarische Kabinett abgeschlossen ist, scheint man nunmehr an das Justizministerium gehen zu wollen. Offenbar auf Veranlassung des Reichskommissars ist das Arbeitsgebiet des Ministerialdirigenten Dr. Siegfried Rosenfeld aus politischen Gründen eingeschränkt worden. Dr. Rosenfeld, der zugleich sozialdemokratischer Landtagsabgeordneter ist, bearbeitete bisher neben unpolitischen Gnadensachen auch die Richter-Personalangelegenheiten mehrerer Oberlandesgerichtsbezirke. Die Bearbeitung der Personalangelegenheiten ist ihm plötzlich genommen worden, wie es heißt, mit der Begründung, ein Parlamentarier dürfe nicht Personalangelegenheiten in einem Ministerium bearbeiten. Ministerialdirigent Rosenfeld gilt als außerordentlich ruhiger und abgeklärter Jurist, dem auch seine politischen Feinde nicht nachsagen können, er habe Personalangelegenheiten auch nur entfernt parteiisch behandelt.«

Die „Säuberung" geht weiter.

Nachdem im preussischen Ministerium des Innern die Säuberung von republikanischen Beamten anscheinend zunächst als beendigt betrachtet werden kann, beginnt man jetzt auch im preussischen Justizministerium mit einer solchen Aktion. Das erste Opfer ist der Ministerialdirigent Rosenfeld, der auch sozialdemokratischer Landtagsabgeordneter ist. Ihm ist vor wenigen Tagen das Personalreferat, das er seit Jahren für die drei grössten Oberlandesgerichtsbezirke führte, entzogen worden; das Referat wurde einem rechtsstehenden Beamten übertragen. Die Massnahme geht, wie es heisst, auf einen Beschluss des kommissarischen preussischen Staatsministeriums zurück. Begründet wird die Massnahme damit, dass Rosenfeld als Landtagsabgeordneter kein Personalreferat inne haben dürfe.

Vossische Zeitung, Nr. 418, v. 3. September 1932 über die „Säuberungsaktion" gegen Siegfried Rosenfeld im Preußischen Justizministerium

Doch dabei blieb es nicht: Im November wurde der 58-jährige Siegfried Rosenfeld gemäß »Verordnung zur Vereinfachung und Verbilligung der Verwaltung vom 29.10.1932« in den einstweiligen, zum 1.5.1933 in den dauernden Ruhestand versetzt.[77] Rosenfeld musste gehen. In einem Tagebucheintrag im Exil taucht bei Siegfried Rosenfeld an Weihnachten 1943 die Welt des preußischen Justizministeriums in der Berliner Wilhelmstraße wieder auf, eine im Bombenhagel versunkene Welt der Ordnung, der Tradition, der Gerechtigkeit: »Ich dachte in diesen Tagen an den schönen blauen Marmorsaal in der Wilhelmstraße 65, der jetzt wohl nur ein Schutthaufen ist – an die Aktensammlung aus mehr als 100 Jahren auf dem Boden des Hauses, aus denen ich noch 1931 oder 1932 auf Verlangen die Mordsache aus Magdeburg im Jahre 1843 vorgelegt bekam.«

Zur Einführung

Die Machtübernahme der Nationalsozialisten, die Verhaftung und Misshandlung linker Politiker, seiner Freunde und Kollegen, erlebte Siegfried Rosenfeld noch in Berlin. Um sich der Bedrohung etwas zu entziehen, fuhr er mit seiner Familie Anfang Juli 1933 nach Bayern in Ferien; er kehrte nicht mehr zurück. Nur die Tochter Gustel, die in Berlin kurz vor dem Abitur stand, blieb dort bis zu ihrem Schulabschluss bei Verwandten. Die Hausdurchsuchung im Häuschen der Rosenfelds in Berlin verlief in Abwesenheit glimpflich. Im Gegensatz zum SPD-Fraktionsvorsitzenden im Landtag, Ernst Heilmann, und vielen anderen wurde Siegfried Rosenfeld nicht verhaftet.

Else Rosenfeld berichtete der BBC über die Entscheidung, nicht zu emigrieren, sondern nach Bayern zu ziehen:[78] »We thought about emigration. But my husband was too old and delicate too and trained in a job which he could only do in Germany, in German law. I myself was younger, I could have done work. But our children were too young. They couldn't do any work at all. And we wanted them to have at least as good an education as we were able to give them at that time. So we decided to go to Bavaria where we had spent quite a number of holidays.« Wie viele deutsche Juden hofften die Rosenfelds, es würde nicht so schlimm weitergehen, wie es begonnen hatte. Und es gab viele Gründe, nicht zu emigrieren: Siegfrieds Alter, die Pension, die Kinder.

Schönau am Königssee war die erste Station auf dem langen Weg, der im englischen Exil enden sollte. Bereits 1934 erhielten sie jedoch die Aufforderung, als Juden die Gemeinde zu verlassen, die im »Führerbezirk« Berchtesgaden lag und sich daher besonders hervortun wollte. Die Familie zog nach Reichenhall; doch ihre Wirtin Margarete Winterberg entpuppte sich als schlimme Denunziantin. Siegfried Rosenfeld wurde verhaftet.[79] Nur dank vieler glücklicher Umstände und letztlich mit Hilfe einer Amnestie anlässlich des Todes von Reichspräsident Hindenburg wurde die Anklage fallengelassen. In Icking im Isartal fand die Familie für die nächsten Jahre ein Zuhause.

Die Rosenfelds lebten in einer herrlichen Umgebung, trafen alte Freunde wieder und fanden neue. Das Unheil schien weit weg. Doch es wurden immer neue antisemitische Gesetze erlassen, die Lage verschärfte sich zunehmend. Die Tochter Gustel emigrierte 1937 nach Argentinien und heiratete ihre Jugendliebe, Elses jüngsten Bruder Heinz; Peter und Hanna gingen im gleichen Jahr auf das jüdische Ausbildungsgut Groß Breesen. Im Frühjahr 1939 konnten sie mit Hilfe der Quäker nach England entkommen. Die Eltern Rosenfeld hatten ihre Auswanderung nach Argentinien für Ende 1938 geplant. Doch

Else und Siegfried Rosenfeld am Starnberger See (Ausschnitt), dreißiger Jahre

Argentinien verschärfte die Einreisebedingungen. Nach der Pogromnacht im November 1938 wussten die meisten deutschen Juden: Es blieb nur noch die Auswanderung. Aber dies wurde zunehmend schwieriger, die Grenzen schlossen sich immer dichter um die Verfolgten. Gegenüber der BBC kritisierte Else diese Politik des Auslandes: Amerika hätte alle deutschen Juden aufnehmen können, doch man wollte nicht.[80] »Even after the November 38 when nearly all the people in the other countries realized what happened, the authorities in the other countries didn't help us a bit, in the contrary, there were lots and lots of new regulations which made it extremely difficult for most of us to get out. You know, Amerika at that time could have taken us in all, all the Jews remaining in Germany, it wasn't such a vast number. It would have been a very easy thing to do it – they didn't want it.« Schließlich erhielt Siegfried Rosenfeld noch wenige Tage vor Kriegsausbruch ein Visum für England. Er wollte nicht ohne Else reisen, doch sie überredete ihn, allein zu fahren, war er doch noch mehr in Gefahr als sie. Am 25. August 1939 emigrierte er allein nach England. Am 1. September brach der Weltkrieg aus. Else erhielt kein Visum mehr.

Siegfried kam zunächst in London bei Georg (Geo) Kaufmann, einem Verwandten, unter.[81] Dann zog er in die Nähe von Peter, der auf der Burcote-Farm nahe Oxford arbeitete. Hanna hatte eine Haushaltsstelle in Reading bei der Familie Bligh, Siegfried sah sie nur selten. Aus dieser Zeit sind seine ersten Tagebuchaufzeichnungen überliefert. Am 11. Juli 1940 wurde Siegfried Rosenfeld als feindlicher Ausländer interniert und landete schließlich, wie auch sein Sohn Peter, im Lager Douglas auf der Isle of Man.[82] Am 28. September konnte er wieder zurückkehren. Dazwischen lag eine merkwürdige Zeit, Freiheitsberaubung und Lagerleben, aber auch reiche intellektuelle Anregung: Die vielen dort internierten deutschen Intellektuellen diskutierten, hielten Vorträge, veranstalteten Konzerte und Ausstellungen. Dadurch wurde das bedrückende Lagerleben erträglicher.

Nach der Freilassung im September 1940 mietete sich Siegfried in Oxford ein. Um sich zu beschäftigen, arbeitete er viel in den bedeutenden Bibliotheken der Stadt: Er bereitete eine Abhandlung über die europäischen Juden vor, zunächst wohl, um ein kleines Stipendium einer der akademischen Hilfsorganisationen in den USA zu erhalten. Doch daraus wurde nichts. Ebenso wenig erfolgreich waren seine Bemühungen, als Journalist tätig zu werden: Es wurden zwar einige Artikel gedruckt, aber zum Gelderwerb reichte es nicht. Eine Verdienstmöglichkeit wäre dringend nötig gewesen. Als Ausländer durfte er aber nur eine Stelle antreten, wenn sich dafür kein Einheimischer fand. So mussten ihn seine Kinder erhalten. Siegfrieds zentrales Anliegen war es in dieser Zeit, mit Hilfe von Gustel und Elses Schwester Käthe in Argentinien und von Hertha Kraus in den USA für Else und dann auch für sich selbst und die Kinder die Einreise- und Aufenthaltserlaubnis für Argentinien zu bekommen, alternativ für Kuba oder Santo Domingo. Es waren die letzten Versuche, Else aus Deutschland zu retten. Sie schlugen letztlich alle fehl. Siegfried quälte immer mehr das »Überlebendensyndrom«,[83] der Selbstvorwurf, es relativ gut zu haben, während der Partner in höchster Gefahr steht; es war die Zeit der ersten großen Deportation von Juden aus München:[84] »Oxford, 1. Dezember 1941. Jetzt ist es durch meiner Else Brief vom 31.10. Gewißheit, sie muß bis zum bitteren Ende in Deutschland aushalten! Es ist grauenhaft, was das Schicksal über uns verhängt hat. […] Ich sitze in warmer Stube, arbeite in Freiheit, unter freien und anständigen Menschen, kein Sklaven- und Drangsalleben. Ich gönne mir es nicht, daß ich es so viel besser habe. Wie konnte es nur kommen?! Nicht ohne eigene Schuld. Ich habe zu langsam, erst nach dem Weggang der Kinder, unsere Ausreise vorbereitet, warum nicht vorher und gleichzeitig! Die größte Schuld meines Lebens! ›Nun ist auch der Kuba-Traum ausgeträumt‹, sind Elses Worte. Wie viele Tränen hat diese Empfindung in sich! Ich habe keinen Trost mehr, ich stehe vor einer Wand.« Ein psychosomatisches Magenleiden war die Folge von Siegfrieds Sorge um Else.

Schließlich fand Siegfried eine neue Bleibe in einem Mansardenzimmer bei dem emigrierten Physiker Kurt Alfred Mendelssohn in Oxford.[85] Er arbeitete weiter an seinem historisch-volkswirtschaftlichen Manuskript, besuchte ab und zu Vorträge in Emigrantenclubs und engagierte sich für die »Federal Union«, eine Organisation, die für einen föderalistischen Weltstaat eintrat.[86] Selten kam es auch zu Kontakten zur Londoner Exil-SPD und zur »Association of Jewish Refugees«, einer wichtigen jüdischen Exilorganisation.[87] Siegfried besuchte, manchmal auch gemeinsam mit Peter, in Oxford Theateraufführungen, die ihn sehr beeindruckten, so z. B. »Macbeth« und »Der Kaufmann von Venedig«. Schließlich fand er einen kleinen Job als Unterbuchhalter einer Firma, die Milch auslieferte.[88] Er, der siebzigjährige deutsche Jurist und Politiker, musste die Gutscheine der Milchfahrer in das Hauptbuch übertragen und addieren, eine geisttötende und dennoch hochkonzentrierte Tätigkeit. Und immer kreisten seine Gedanken um Elses Schicksal. Von ihrem Weg in den Untergrund im August 1942 erfuhr er nur verschlüsselt und mit monatelanger Verspätung. Er klagte nie.[89] Nach einem Jahr und sieben Monaten wurde er von seiner Firma entlassen, da es Leute gab, die ihn billiger ersetzen konnten. Als Siegfried von Elses Rettung in die Schweiz erfuhr, war ihm zwar seine Hauptsorge genommen. Doch nun brach er gesundheitlich zusammen. In einem Altenheim der Quäker wurde er seit September 1944 gepflegt. Er lieferte nun auch den englischen Behörden mehrfach Ausarbeitungen über die deutsche Justiz.[90] Mit Else kam es zu einem regelmäßigen Briefwechsel. Als er ihr Tagebuch las, das im November 1945 gedruckt vorlag, musste er erschüttert wahrnehmen, dass sie trotz allem die Deutschen verteidigte. Für ihn, der von außen auf Deutschlands Untergang geblickt hatte, war dies kaum nachvollziehbar.[91]

Siegfrieds dürftige Exilexistenz, seine Mühen und letztlich sein physischer und psychischer Zusammenbruch zeigen das Exil als den keineswegs leichteren Weg.

SPD - Parteivorstand
Büro Kurt Schumacher, Mappe 68

S.Rosenfeld.   24,Eastholm,London N.W.II.
                                                16.6.1946.
                                                Ph:Speedwell 4896.

        Lieber Genosse Ollenhauer!

    In Ihrem Vortrag am Freitag am FXXIXAX für den ich Ihnen besonders
danke,berührten Sie kurz die Frage des wohl bald auch in der britischen
Zone akut werdenden Wahlrechts.Das ist die Veranlassung dafür,Ihnen eine Bextrachtung zum Wahlrecht zu senden,die ich schon vor langem nieder-
schrieb.Sie war gedacht als vielleicht für die deutsche Parteipresse ge-
eignet.Mir stand dabei die politische Unerzogenheit u.Unkenntnis der
jüngeren Menschen vor Augen,deshalb die ausführlichere Darlegung von
Dingen,die vor I933 politisches Gemängut waren.Andererseits fehlt mir
hier naturgemäss die notwendige nähere Fühlung mit dem Stand der Wahl-
rechtsfrage gegenwärtig in der deutschen Partei.Deshalb bin ich unsicher über die mögliche oder zweckmässige Verwendung.
    Ich hoffe,Sie betrachten sich sowenig wie ich als "Schuttabladestelle",
wenn ich Ihnen die Ausführungen zur beliebigen Verwendung zusende.
    Mir haben die Ergebnisse des Proportionalwahlrechts viel zu denken ge-
geben,und zum Teil haben sie mich selber überrascht.Die günstigen Ergebnisse auf Grund des englischen Wahlrechts bei den letzten Wahlen sollen nicht täuschen,sie sind das einmalige Resultat einer Nachkriegswahl,
durch die Stimmung im Heer herbeigeführt u.sind nur daraus trotz des
ungerechten Wahlsystems zustande gekommen.
    Ich wünsche Ihnen gute Heimkehr und guten Erfolg in der Arbeit.

                        Mit parteigenössischenGruss
                            S. Rosenfeld

Die wenigen finanziell gut gestellten Exilierten wie die Familie von Thomas Mann
verstellen den Blick auf all diejenigen, die nie wieder eine adäquate Existenz aufbauen konnten.[92] Davon betroffen waren neben vielen einfachen Leuten vor allem
Intellektuelle, Schriftsteller, Schauspieler und Künstler, die mit der deutschen
Sprache gelebt hatten, aber auch Juristen und Ärzte, deren Examina im Ausland
nicht anerkannt wurden. Ein Mann im Pensionsalter wie Siegfried Rosenfeld hatte
es besonders schwer, Arbeit zu finden, sei sie nun angemessen oder nicht. Ein
»practical man« sei er nie gewesen, sagte seine Frau später der BBC, immer habe
sie den Alltag organisieren müssen.[93] Im Exil war er ganz auf sich allein gestellt,
musste einkaufen, kochen, den kleinen Haushalt besorgen. Wasser für den Tee

```
Erich Ollenhauer,
3, Fernside Avenue,
London, N.W.7                        17.6.46.


Lieber Genosse Rosenfeld,

besten Dank für Ihren Brief von gestern. Ich habe Ihre Ausarbei-
tung sofort an den Parteivorstand in Hannover weitergeschickt.
Der Genosse Fritz Heine, der unsere Presse mit Material versorgt,
kann übersehen, ob die Veröffentlichung zur Zeit opportun ist.
Ich glaube, sie könnte nützlich sein, obwohl in der britischen
Zone vorläufig nur Kommunalwahlen stattfinden werden, bei denen
ein neues Wahlrecht in Anwendung kommt. Wir müssen erst sehen,
wie es funktioniert. Interessieren wird Sie, dass das Wahlalter
auf 21 Jahre festgesetzt wurde. Wie stark das Kräfteverhältnis
zwischen den Altersgruppen durch die schweren Kriegsverluste in
den mittleren Jahrgängen zugunsten der älteren Jahrgänge verscho-
ben wurde, kann ich nicht übersehen. Prinzipiell haben wir in
den Diskussionen mit den Engländern am Proportionalwahlrecht fest-
gehalten, allerdings möchten wir durch die Schaffung kleinerer
Wahlkreise und durch die Aufgabe der Listenwahl ein engeres Ver-
hältnis zwischen Wählern und Gewählten herstellen.

Falls der Artikel in deutschen Zeitungen veröffentlicht wird, wer-
de ich mich bemühen, Ihnen Belegexemplare zu schicken.


                        Mit besten Grüssen

                                Ihr
```

Brief von Erich Ollenhauer an Siegfried Rosenfeld vom 17. Juni 1946. Der Brief trägt den Absender des gemeinsamen Wohnhauses von Erich Ollenhauer und Hans Vogel in London, Fernside Avenue, zugleich Sitz des Exilparteivorstands der SPD.

kochte er sich auf dem quer gelegten kleinen Heizstrahler, den er sich billig besorgt hatte.[94] Die gut geheizten Oxforder Bibliotheken wurden ihm zur Wärmestube. Exil, so ist zu resümieren, bedeutete die physische Rettung, aber die Rettung in ein Leben unterhalb der Armutsgrenze.

Als Else im März 1946 nach England kam, war Siegfried todkrank. Er erholte sich jedoch wieder und erlebte mit seiner Frau noch eineinhalb glückliche Jahre. Es kam zu einem großen Familienfest: Der Sohn Peter heiratete seine Freundin Ursula Simon, eine gebürtige Hamburgerin, die mit Kindertransport nach England gekommen war und Hanna in der Krankenschwesternausbildung kennengelernt hatte. Siegfried Rosenfeld interessierte sich sehr für die Arbeit seiner Frau, die im Auftrag der britischen Regierung vor deutschen Kriegsgefangenen über ihre Erfahrungen in Deutschland sprach. Er korrespondierte mit den SPD-Parteigenossen Erich Ollenhauer und Willi Eichler über das zukünftige deutsche Wahlrecht:[95] Rosenfeld plädierte dringend dafür, die Erfahrungen der Weimarer Republik zu berücksichtigen und über das Wahlverfahren Splitterparteien zu verhindern. Die demokratische Zukunft Deutschlands lag ihm also weiterhin sehr am Herzen.

Im Dezember 1947 starb Siegfried Rosenfeld, sanft und ohne Qualen.[96]

Else Rosenfeld

Else Behrend entstammte der Ehe einer christlichen Mutter, Gertrud Grosskopf, mit einem jüdischen Arzt, Sanitätsrat Dr. Friedrich Behrend.[97] Die Mutter kam aus einer sehr exklusiven und wohlhabenden Berliner Familie.[98] Die Eltern der jungen Frau waren nicht begeistert, dass die einzige Tochter einen jüdischen Arzt heiraten wollte. Eine ihrer Bedingungen für die Heirat: Die Kinder sollten als evangelische Christen erzogen werden. Da Elses Vater nicht religiös war, stellte das für ihn kein Problem dar. Else wurde am 1. Mai 1891 in Berlin als ältestes von acht Kindern geboren; die im Alter nächste Schwester, Käthe, kam 1895, der jüngste Bruder, Heinz Gerhard, 1906 zur Welt.[99] Die Religion spielte zunächst keine Rolle in der Erziehung; als Else in der Schule erstmals etwas über Gott hörte, war sie so beeindruckt, dass sie ihren Geschwistern das Beten beibrachte und nun vor und nach jeder Mahlzeit im Hause Behrend gebetet wurde. 1920 trat Else, vermutlich unter dem Einfluss ihres Mannes, aus der Kirche aus.[100] Doch die Welt evangelischer Kirchenlieder und Glaubensinhalte begleitete sie ein Leben lang. Als sie sich 1937 durch einen liberalen Berliner Rabbi in die jüdische Gemeinschaft aufnehmen ließ, verband sie das ausdrücklich nicht mit einem Religionswechsel.[101]

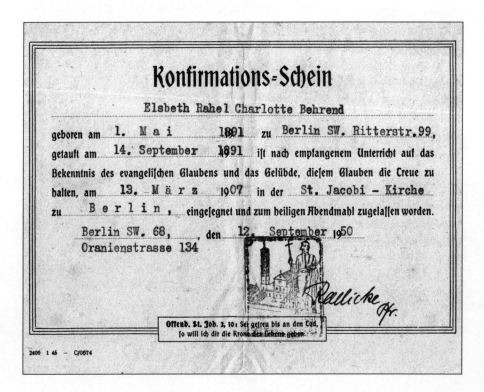

Else Rosenfeld wurde 1907 konfirmiert, Wiederbeschaffung des Konfirmationsscheins 1950.

Zur Einführung

Sie berichtete rückblickend der BBC,[102] sie habe eine sehr glückliche Kindheit erlebt, wenn auch mit zu großer Verantwortung, da sich die Mutter in der Fürsorge für die jüngeren Geschwister ganz auf sie verließ. Sie habe dabei aber Verantwortlichkeit gelernt. Der Vater wurde für sie zu einer zentralen Identifikationsfigur: Von ihm lernte sie die Liebe zu den Mitmenschen. Er war Armenarzt und sehr sozial eingestellt. Da sie sich als einzige aus der Familie für seine Arbeit interessierte, durfte sie ihm vielfach in der Praxis helfen. Die Großmutter und die Tante väterlicherseits waren für sie Vorbilder, ein Leben lang wollte sie so werden wie sie. Das war für sie eine ihrer wichtigsten Brücken zum Judentum. Der Vater half ihr auch, mit ihrem Geburtsschaden umzugehen: Ihr linker Arm war lahm, der Oberarm ganz gelähmt, der Unterarm nur teilweise zu bewegen. Der Vater sagte ihr, es sei nicht gut, nur Mitleid von anderen zu bekommen; daher riet er ihr: »Wenn die Leute sagen, lass mich das machen, sag ihnen, sie sollen dir nur mehr Zeit geben.« So lernte sie, sich von ihrem Handicap nicht behindern zu lassen. Blickt man auf ihre vielen praktischen Tätigkeiten im Haushalt und bei der Fürsorge für hunderte Menschen – einige Wochen musste sie im Internierungslager Berg am Laim sogar für etwa 150 Personen allein kochen! –, so ist ihr das auf bemerkenswerte Weise gelungen.

Else Behrend besuchte in Berlin von 1899 bis 1901 die Höhere Mädchenschule.[103] Die meisten anderen Mädchen blieben nach dem Abschluss der Schule zu Hause, doch Else und auch ihren Eltern war das nicht genug.[104] Ein Jahr lernte sie Nähen und Haushaltsführung; die Mutter schickte sie überdies zur eigenen sehr exklusiven Schneiderin in eine Art Lehre. Dort arbeiteten auch elf Mädchen aus der Arbeiter-

Elses Vater: Sanitätsrat Dr. Friedrich Behrend

Links: Else Behrend, Foto Globus Atelier, Berlin um 1908

Rechts: Elses Studienfreundin Eva Schmidt, 1917

klasse und sie, die »höhere Tochter«, erfuhr viel über die Mädchen und ihren sozial schwierigen Familienhintergrund. In dieser Zeit entstand ihr Wunsch, Kindergärtnerin zu werden; sie war damals 15 Jahre alt. 1908, mit 17, schloss sie die Ausbildung als Kindergärtnerin ab und fand gleich in einer großen privaten Mädchenschule Arbeit. Die Direktion zog einen Lehrkindergarten für die Schülerinnen auf, in dem Else unterrichtete. Doch sie wollte weiter lernen; ihr Vater freute sich darüber. Über die Helene-Lange-Fortbildungskurse[105] bereitete sie sich zum Abitur vor, das sie im Herbst 1915, mit 24 Jahren, ablegte. Abitur und Studium waren für Frauen immer noch die große Ausnahme: Erst seit 1908 konnten Frauen in Preußen die Universität besuchen. Sie studierte Germanistik, Geschichte, Philosophie und Deutsche Literatur zunächst in Berlin, ab 1916 an der Universität Jena. Erst wollte sie Lehrerin werden, später Sozialarbeiterin. Ihr Ziel war die Promotion in Geschichte, damals für Frauen ein höchst seltener Titel. In Jena fand sie eine Gruppe Studienfreundinnen, interessiert, klug, engagiert, einige Jahre jünger als sie. [106] Dazu gehörten Eva Schmidt, Hanna Schadendorf, [107] Hertha Kraus – Frauen, die ein Leben lang zu Else halten sollten. Es war ein »jugendbewegter« Freundeskreis, man diskutierte über Kunst, Literatur und Wissenschaft, wanderte gemeinsam und wusste sich einig in der Wertschätzung von »innerer Wahrhaftigkeit«, hoher Ethik und Kultur. Das Studium wurde für Else eine zentrale Erfahrung: Sie war frei von häuslichen Verpflichtungen, frei für sich selbst.

Seit 1914 stand Deutschland im Ersten Weltkrieg. 1917 mussten die Studierenden in den Ferien Arbeit als Kriegsfreiwillige leisten.[108] Else sah das als eine gute Gelegenheit, unter Arbeitern zu leben. Sie war zwei Monate in Thorgau beschäftigt und lernte dabei viel über den Familienhintergrund der Arbeiterinnen, ihre finanziellen Verhältnisse, ihre Hoffnungen. Das erweiterte Elses Horizont, schärfte ihr Unrechtsbewusstsein gegenüber sozialen Unterschieden und führte sie, wie sie selbst berichtete, weiter auf den sozialistischen Weg. Während des Semesters war sie zusammen mit einigen Freundinnen bei Zeiss in Jena eingesetzt; sie verwies gegenüber BBC stolz darauf, dass sie bei Zeiss erfolgreich eine kleine Revolte anführte, weil die Studierenden nicht angemessen bezahlt wurden und auch keine richtigen Arbeitsbestätigungen bekommen sollten. Else beschrieb über diese Erfahrungen ihr großes Gerechtigkeitsgefühl, das sie ein Leben lang begleitete und immer wieder auf die Seite der Armen oder Bedrängten führte. 1919 promovierte Else Behrend mit einer geschichtswissenschaftlichen Doktorarbeit, die auch einen Universitätspreis erhielt.[109] Sie war nun 28 Jahre alt.

Else Rosenfeld (2 v. r.) bei der Arbeit als Kriegsfreiwillige, 1917

Zur Einführung

Ihr großer Wunsch war es, Fürsorgerin zu werden. Ihr zukünftiger Mann Siegfried Rosenfeld verhalf ihr zu einer Stelle: Bis Juli 1920 leistete sie in Berlin-Charlottenburg Sozialarbeit für kriegsbeschädigte Soldaten. Im September 1920 heirateten Siegfried und Else; in den folgenden Jahren kümmerte sie sich um die kleine Tochter Gustel aus Siegfrieds erster Ehe und bald kamen die beiden Kinder Peter und Hanna auf die Welt. In ihrem Tagebuch schreibt Else:[110] »Was für herrliche reiche Jahre haben wir in unserem Häuschen am Berliner Stadtrand gehabt! Wie erfüllt kamst Du abends von Deiner Arbeit heim […]. Die Arbeitszeit in Deinem Büro genügte Dir nicht, es wurde zur Regel, daß Du abends einen Stoß Akten mit heim nahmst und mir die Möglichkeit gabst, mich an Deiner Arbeit teilnehmen zu lassen. […] Erst als auch Hanna, unsere Jüngste, zur Schule kam, konnte ich wieder an fürsorgerische Arbeit, zu der es mich drängte, denken. Und wie wunderbar fügte es sich, daß mir gerade die zufiel, die ich mir schon in ganz jungen Jahren gewünscht hatte: Fürsorgetätigkeit in einem Frauengefängnis. Oft haben wir lange und ernsthafte Diskussionen gehabt, wenn Du von Deinem juristischen Standpunkt und ich vom rein menschlichen aus uns zunächst über die Handhabung einer Gnadenakte nicht einigen konnten. Aber jeder lernte vom andern, jeder ließ den anderen die Sache von einer Seite sehen, von der aus er sie allein nie betrachtet hätte, und half so dem anderen zu besserer Übersicht und Klarheit.« Seit 1926 leistete Else im Auftrag der Arbeiterwohlfahrt ehrenamtlich Fürsorgearbeit im Berliner Frauengefängnis an der Barnimstraße, dem »Königlich-Preußischen Weibergefängnis«. Sie liebte ihre Arbeit, gegenüber BBC berichtete Else ausführlich über ihre Tätigkeit und über einzelne Fälle, die ihr besonders nahe gingen.

Die Kinder Rosenfeld: Peter, Gustel und Hanna, 1923

Umso schärfer war für Else der Einschnitt, als ihr 1933 erklärt wurde, sie dürfe als »Nicht-Arierin« nicht mehr kommen.[111] Sie erlebte 1933 die Verhaftung und Folterung enger Freunde. Im Juli 1933 ging die Familie zunächst zu einem Ferienaufenthalt nach Bayern, blieb aber letztlich ganz dort. In Schönau am Königssee und in Reichenhall wurden die Rosenfelds Opfer von Schikanen und Denunziationen. In ihrem Tagebuch berichtet Else minutiös über Verhaftung, Gefängnisaufenthalt und Freilassung ihres Mannes. Es wird ihr tiefer Schrecken sichtbar, als nun die nationalsozialistische Verfolgung ihre Familie erfasste. Umso glücklicher war sie, als sie in Icking im Isartal ein neues Zuhause fanden. Doch die Pogromnacht 1938 war das Fanal – nun wollten auch die Rosenfelds dringend auswandern. Dies gelang den Kindern und letztlich Ende August 1939 auch Siegfried. Aber Else erhielt kein Visum mehr. Alle Bemühungen der kommenden Jahre, ihr noch die Ausreise nach Argentinien oder Kuba zu ermöglichen, schlugen fehl, obwohl Elses Schwester Käthe Behrend und ihre Stieftochter Gustel in Argentinien ebenso wie Hertha Kraus aus den USA viele Hebel in Bewegung setzten;[112] Argentinien war das Emigrationsland für sechs von Elses Geschwistern, ein Bruder ging nach Brasilien.[113]

Else fand nach Siegfrieds Abreise eine Aufgabe in der Arbeit als Fürsorgerin in der jüdischen Gemeinde in München.[114] Ihre Tagebuchaufzeichnungen zeigen sie als Begleiterin der Kindertransporte, über die jüdische Kinder nach England entkommen konnten; sie kümmerte sich um die sogenannten »Rückwanderer«, das waren Juden aus Baden und der Pfalz, die wegen der Nähe zur französischen Grenze ihre Heimatorte verlassen mussten und nun in Bayern einquartiert wurden.[115] Als etwa tausend Juden aus Stettin nach Polen deportiert wurden, startete sie zusammen mit der Pazifistin Gertrud Luckner und der Quäkerin Annemarie Cohen eine Päckchen-Aktion. Die erschütternden Briefe aus Piaski veröffentlichte sie nach dem Krieg in dem Buch »Lebenszeichen aus Piaski«.[116] Noch immer lebte Else in Icking; die mit Rosenfelds befreundete Familie Bachmann war in das große Haus eingezogen, das vorher die Rosenfelds bewohnt hatten. Else und die Lehrerin und Freundin Dr. Tilla Kratz verfügten über das kleine Nebenhaus. Doch im Juni 1941 musste Else nach München ziehen: Es war Juden nicht mehr erlaubt, im Umland zu leben. Nun wurde sie in der Flachsröste Lohhof eingesetzt und als sie die schwere körperliche Arbeit wegen ihres gelähmten linken Arms nicht mehr leisten konnte, erhielt sie die Wirtschaftsleitung des neu eingerichteten Internierungslagers »Heimanlage für Juden Berg am Laim«. Es war neben dem Lager Milbertshofen das zweite große Münchner Judenlager,[117] untergebracht im Kloster der Barmherzigen Schwestern neben der Kirche St. Michael Berg am Laim.[118]

In Berg am Laim blieb sie bis August 1942.[119] Sie hatte ein großes Aufgabenfeld und konnte viel für ihre Leidensgenossen tun, die zunehmend aus ihren Wohnungen vertrieben und hier oft zu sechst in ein Zimmer gepfercht wurden. Ihre fürsorgerische Erfahrung, ihre große Energie und Hilfsbereitschaft wie ihr Organisationstalent kamen ihr zugute und die Aufgabe erfüllte sie. Die Klosterschwestern erwiesen sich als große Stütze für die gettoisierten Juden. Elses Freundinnen Tilla Kratz und Eva Schmidt aus Weimar besuchten sie regelmäßig, schrieben tröstliche Briefe und brachten Lebensmittel. Auch in der jüdischen Ärztin Dr. Magdalena Schwarz, die die Lagerinsassen medizinisch betreute, und in Dr. Annemarie Cohen, der Quäkerin, fand sie hilfreiche Freundinnen. Im November erfolgte die erste große Deportation aus München nach Kaunas, bei der 85 von Elses Berg am Laimer Schützlingen mitgehen mussten; sie hatte die Deportationsbefehle an die Betroffenen weiterzugeben, sie half beim Packen und bei der Vorbereitung zur Abreise. Die psychische Belastung dieser herzzerreißenden Tage brachte sie an den Rand ihrer Kräfte: Sie erlitt einen Nervenzusammenbruch.[120] An Ostern 1942 stand sie selbst auf der Deportationsliste. Wie durch ein Wunder kam sie wieder frei und kehrte kurzzeitig nach Berg am Laim zurück.

Mitte August 1942 folgte sie dem guten Rat ihrer Freundinnen und ging in die Illegalität nach Berlin.[121] Tilla Kratz sondierte für sie eine mögliche Unterkunft: Sie konnte bei ihrer Schwester Eva Fischer in Berlin-Tempelhof unterkommen und blieb bei der Schwester und ihrem nichtjüdischen Mann bis zum 8. Dezem-

Wichtige Helferin: Dr. Eva Schmidt, Gymnasiallehrerin, Weimar 1939

ber 1942.[122] Danach musste sie dort weg: Ihr Schwager ertrug die Angst vor Entdeckung nicht mehr. Mit Hilfe alter Freundinnen fand sie bei dem Unternehmer Hans Kollmorgen, Besitzer einer Firma für Optische Geräte, am Berliner Nollendorfplatz Unterkunft. Er war einer der »stillen Helden« dieser Zeit.[123] Er nahm sie auf, obwohl er sie nie vorher gesehen hatte. Sie erzählte der BBC:[124] Als sie ihn auf das Risiko hinwies antwortete er, er sei ein alter Mann und nehme die Risiken gerne auf sich. »He laughed and said: Oh, I know quite well, I don't mind all the risks, I take them on gladly. You know, I am an old man – he was 67 –, and I think, the best thing I can do is, just to help as much as possible and take the risks when they come.« Kollmorgen hatte Lebensmittel gehortet und konnte Else fürstlich verpflegen. Doch bald beherbergte Hans Kollmorgen noch vier weitere Illegale, die das Versteck wechseln mussten. Und die Luftangriffe auf Berlin nahmen zu. Als Illegale konnte Else nicht in den Luftschutzkeller. Doch Luftschutzwarte kontrollierten regelmäßig die Wohnungen. Else lag während der Angriffe daher unter der großen Couch versteckt, immer in Furcht, der Luftschutzwart könnte mit der Taschenlampe unter die Möbel leuchten:[125] »I always during the air raids stayed under the big couch hidden and I always waited for the warden to look under the couch with his torch, what he never did. But we couldn't know, how long that would go on.«

Else blieb bis zum 15. März 1943 bei Hans Kollmorgen. Dann zog sie zu Magdalena Heilmann, der Witwe von Ernst Heilmann.[126] Bis zum 1. Juni 1943 lebte Else dort, danach fuhr sie mit einem gefälschten Ausweis, den ihr Peter Heilmann besorgt hatte, nach Freiburg zu Lotte und Edmund Goldschagg.[127] Dort blieb sie bis zum 20. April 1944: Peter Heilmann und dessen Freundin Hella Gorn hatten Kontakt zur Fluchthelferorganisation von Luise Meier in Berlin bekommen.[128] Elses Freundinnen brachten das geforderte Geld und die Sachwerte zusammen. Sie wurde von den Menschenschmugglern bis kurz vor die Grenze gebracht und konnte zu Fuß in die Schweiz entkommen; dabei brach sie sich das Bein. Als es nach dem Krieg um Entschädigung und Wiedergutmachung ging, schrieb Else an das Bayerische Landesentschädigungsamt:[129] »Hätte ich damals geahnt, dass ich bis zum 20. April 1944 auf diesen letzten, knapp geglückten Ausweg hätte warten und die ganze Zwischenzeit über illegal leben müssen, hätte ich bestimmt den sicheren Tod vorgezogen.«

Das Schweizerische Grenzwachtkorps in Hofen berichtete am 21.4.1944 über das »Aufgreifen einer Jüdin«:[130] »In Ausführung meiner Diensttour von gestern 20.00–24.00 ereignete sich um 21.55 folgender Vorfall: Um 21.50 Uhr beobachtete ich, wie der deutsche Posten mit seiner Taschenlampe das Gelände westl. des Zollamtes absuchte. Ich verhielt mich ganz ruhig in der Annahme, dieser habe etwas Verdächtiges bemerkt, und richtete meinen Blick Richtung Kreuzhalde. Kurz darauf hörte ich hinter unserem Zollamt einen Schrei und eine Person fallen. Ich begab mich zur Stelle und fand eine ältere Dame am Boden liegend, welche in der Dunkelheit über die Stützmauer hinunter gefallen ist. Da sie nicht mehr gehen konnte, trug ich sie mit Hilfe von Gefr. Blatter in das Zollbureau. Ich verständigte telefonisch den U. A. Chef Fw Rohner, welcher die Beiziehung eines Arztes empfahl. [...] Bei der verunfallten Überläuferin handelt es sich um Frau Dr. Elsbeth Rosenfeld-Behrend, geb. 1.5.1891.« Else Rosenfeld hatte Glück: Die Schweizer schickten sie nicht zurück, wie sie dies noch bis kurz vorher bei Flüchtlingen aus Deutschland praktiziert hatten.[131] Else wurde im Schaffhauser Kantonsspital zwei Monate lang gesund gepflegt. Doch die Schweizer Polizei forderte sie zum Verhör. Die Art der Befragung verglich sie gegenüber der BBC mit einem Gestapo-Verhör.[132] Sie sagte, alle einfachen Leute in der Schweiz seien sehr freundlich und hilfreich gewesen, die Offiziellen in Schaffhausen und Zürich empfand sie aber allesamt als sehr unangenehm. Aus dem Krankenhaus kam sie mit Hilfe ihres Arztes im August 1944 in ein kleines Schweizer Internierungslager für etwa 40 alte und pflegebedürftige Flüchtlinge, darunter kaum Deutsche. Schließlich konnte sie nach Feldis in Graubünden zu einem ihr von früher bekannten Pfarrer als »Privatinternierte« entlassen werden.[133] Dort, auf 1.500 Metern Höhe, erholte sie sich langsam von den Strapazen.

Else suchte nun immer mehr eine Antwort auf die Frage, warum gerade sie verschont geblieben war. Sie leitete daraus die Verantwortung ab, zu berichten, was sie erfahren hatte. Durch die Vermittlung einer jungen Dame in Zürich kam der Kontakt zur Büchergilde Gutenberg zustande, im August 1945 erhielt sie einen Vertrag und eine Anzahlung,[134] im November lag ihr Tagebuch gedruckt vor. Und sie hatte beim Schweizer Arbeiterhilfswerk für die „Schweizerspende" des Roten Kreuzes Arbeit gefunden, das sich um Flüchtlinge in Europa kümmerte; Else war als politischer Flüchtling anerkannt worden und wurde nun angestellt, sich um die Kinder von Flüchtlingen in Deutschland zu kümmern. Schließlich anerkannte sie das Britische Generalkonsulat in Zürich als »Displaced Person« und sie durfte am 3. März 1946 nach England ausreisen. Am Flughafen Croyden traf sie dann ihren Mann und die beiden Kinder wieder. Sie berichtete der BBC:[135] »And I could leave Switzerland on the 3rd of March 46, which was very early. The funny thing was, to get the French visa would take so long, that the British visa already was not valid any more, so there was only one thing: to fly. And it was a peculiar thing to get from Zurich to London in three hours time [...] My husband and my two children met on the airport of Croyden and that was a moment I shall never forget in my life.«

Nun begann für sie ein neues Leben in England. Ihr Mann war sehr krank und so fürchtete sie, nur gekommen zu sein, um ihn sterben zu sehen. Doch er erholte sich. Beide lebten nun in London. Sie hatte die Aufgabe übernommen, vor deutschen Kriegsgefangenen über ihre Erfahrungen zu berichten. Dafür reiste sie durch England, Schottland und Wales. Die Tochter Hanna Cooper erinnert sich: »Sie hat immer ein Billet vom Auswärtigen Amt für Erste Klasse gehabt und sie ist in den Zug gegangen, hat sich in die Erste Klasse gesetzt, dann kam der Schaffner

Else Rosenfeld in Icking,
sechziger Jahre

und sagte ›Madame, this is first class‹ und meine Mutter, die auf deutsch immer sehr schlagfertig war, anscheinend auch auf englisch, sagte: ›Yes I know, I may not look like first class, but I happen to have a first class ticket‹. Der Mann hat sich sehr geschämt und sich sehr entschuldigt und konnte nicht genug für sie tun, ich war sehr erstaunt, dass sie so schlagfertig war.«

Siegfried nahm großen Anteil an ihrer Tätigkeit und beide waren sich jeden Tag ihres besonderen Glücks bewusst. Doch im Dezember 1947 starb Siegfried Rosenfeld.

Else lebte nun bei ihren verheirateten Kindern. Peter heiratete im Juni 1946 die Krankenschwester Ursula »Ully« Simon, deren Eltern im Konzentrationslager ums Leben gekommen waren, Hanna heiratete im Herbst 1948 David Cooper, Forschungsingenieur bei der Firma Dunlop.[136] Peter hatte zunächst in England die landwirtschaftliche Schule Hazlemere College besucht und dann in der Landwirtschaft gearbeitet. Daneben machte er das »Matric«, das englische Abitur. Mit Hilfe der Gewerkschaften und der Labour Party konnte er dann zwei Jahre am Ruskin College studieren, wurde danach Gewerkschaftsangestellter, später »Education Officer« einer der größten Gewerkschaften in Manchester. Hanna machte nach ihrer Tätigkeit im Haushalt eine Krankenschwestern- und Hebammenausbildung und arbeitete als Distrikthebamme in Birmingham, später als »Health-

Visitor« der Stadt Birmingham. Peter und Ursula bekamen vier Kinder, Hanna
und David zwei. Das Leben in diesen jungen Haushalten stellte Else vor viele Probleme und es fiel ihr nicht leicht, sich dort einzufügen. Ursula Rosenfeld konnte
es ihr ermöglichen, Gustel in Argentinien zu besuchen: Gustel hatte zunächst mit
ihrem Mann eine Fremdenpension aufgemacht, dann arbeitete sie als Sprach-
lehrerin. Von 1947 bis 1958, als Else sie besuchen konnte, besaß sie erneut eine
eigene Fremdenpension in La Cumbrecita. Wegen ihrer drei Söhne übersiedelte
sie in die Stadt Cordobá und gab dort auch an der Universität und am Goethe-
Institut Sprachunterricht. Die Reise nach Argentinien zu Gustel war für Else ein
wichtiges Erlebnis.

Else erhielt nun wieder Geld aus der Pension ihres Mannes und schließlich,
nach einem umfänglichen Verfahren, eine Wiedergutmachungszahlung. Dies
ermöglichte es ihr, sich in Icking niederzulassen: Sie baute sich einen kleinen Bun-
galow auf dem Grund, wo sie bis zuletzt vor ihrer Internierung gelebt hatte. Seitdem verbrachte sie immer die Hälfte des Jahres in Icking, die andere in England
bei ihren Kindern. Sie erhielt viele Besuche. Um nicht untätig zu sein, nahm sie
ihre Fürsorgerinnentätigkeit wieder auf, sie arbeitete in einem Frauengefängnis.
Als sie älter wurde fiel es ihr besonders schwer, nicht mehr so aktiv sein zu können; das berichtete sie der BBC 1963.[137]

1970 starb Else Rosenfeld in Birmingham.

Rezeption und Nachgeschichte

Die Familiengeschichte der Rosenfelds ist das eine; doch sie hatte und hat bis heute noch eine andere Dimension: Elses Schicksal, ihre Berichte im Tagebuch, vor Kriegsgefangenen und in Vorträgen erreichten eine Vielzahl von Menschen. Sie wurden zum Auslöser für Forschungen, für ein Mahnmal in Berg am Laim und letztlich auch für dieses Buch. Es ist daher hier nicht nur über die Geschichte, sondern auch über die Nachgeschichte zu berichten.

Else Rosenfeld hatte die Buchfassung ihrer Tagebuchaufzeichnungen bis Mitte 1945 in Feldis in der Schweiz abgeschlossen; es erschien bei der Büchergilde Gutenberg Zürich unter dem Titel: »›Verfemt und verfolgt‹. Erlebnisse einer Jüdin in Nazi-Deutschland.« Innerhalb weniger Monate war die erste Auflage von 7.000 Büchern vergriffen. Der Verlag schrieb ihr am 28. Dezember 1945:[138] »Sobald es uns möglich ist, wieder genügend Papier zu erhalten, werden wir einen Nachdruck vornehmen, wahrscheinlich in einer Auflage von 5.000 […] Die sachliche, vornehme Haltung, die in ihrem Werk trotz der geschilderten Nöte zum Ausdruck kommt, hat zu dem guten Erfolg beigetragen. Wir werden uns auch bei den ausländischen Verlagen bemühen und das Buch zur Übersetzung empfehlen.« Else Rosenfeld war eineinhalb Jahre nach ihrer Flucht in die Schweiz, nach Krankheit und Internierung ein großer Bucherfolg gelungen. Die Pläne, das Buch ins Hebräische und Englische zu übersetzen und es international bekannt zu machen, ließen sich zwar nicht realisieren, aber es sollte im deutschen Sprachraum rasche Verbreitung finden. Dafür setzte sich auch Siegfried Rosenfeld von England aus ein; er korrespondierte mit dem ehemaligen Rabbiner der Münchner Gemeinde, Dr. Leo Baerwald, und bat um Unterstützung. Baerwald antwortete aus New York:[139] »Als ich im September 1945 Deutschland verließ, sollten gerade wieder die Buchläden in den deutschen Städten der amerikanischen Zone, in Frankfurt, Heidelberg, München, Nürnberg u. hunderten anderen kleineren u. größeren Orten eröffnet werden. Bücher wie dieses müssen von der Schweiz aus jetzt auf den deutschen Büchermarkt durch die dort sicher bekannten Kanäle gebracht werden. Auch Zentren wie New York wären günstige Absatzgebiete für die deutsche Original-Ausgabe.«

Dr. Leo Baerwald, Gemeinderabbiner in München (1918–1940)

Else Rosenfelds Buch wurde in der Schweizer Tagespresse ausführlich rezipiert.[140] Die Beurteilungen waren einhellig positiv und stimmten in wesentlichen Punkten überein: Betont wurde die sachliche und zugleich engagierte Sprache, »in ihrer völlig unpolitischen Darstellung und nüchternen Wahrheit« (Makkabi, 28. Juni 1946), ein »dokumentarisches Buch« (Die Frau, Aarau, Februar 1946).[141] »Hier wird ganz einfach erzählt, in sachlicher, unsentimentaler Weise Bericht abgelegt vom grauenhaften Alltag der Juden in Nazi-Deutschland. Die Verfasserin will uns keine Meinung aufzwingen und appelliert nicht an unser Mitleid, sie schildert ›nur‹ ihr privates Schicksal.« (Die Weltwoche, Zürich, 10. Mai 1946). Die Kritiker waren sich

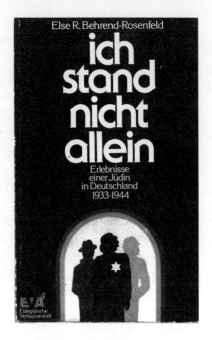

Rahel Behrend, Verfemt und verfolgt,
Erlebnisse einer Jüdin in Nazideutschland
1933–1944, Zürich 1945

Else R. Behrend-Rosenfeld, Ich stand nicht
allein, Erlebnisse einer Jüdin in Deutschland
1933–1944, Zürich 1949

Else R. Behrend-Rosenfeld, Ich stand
nicht allein, Erlebnisse einer Jüdin in
Deutschland 1933–1944, Köln / Frankfurt a. Main, 3. Auflage 1979

auch einig darin, dass die Autorin im Gegensatz zu zahlreichen anderen zeitgleich
erschienenen Erfahrungsberichten bewusst keine Anklage erhob, dass sie eine
andere Botschaft hatte: »es ist vielmehr ein Dank an jene, die halfen, als eine
Anklage gegen die Verfolger« (Winterthurer Tagblatt, 5. Juni 1946). Else zeich-
nete ein anderes Bild von den Menschen in jenem eben bezwungenen Nazi-Deutschland, als erwartet. In nahezu allen Kritiken wurden die Helfer erwähnt, die Klosterschwestern, die Freunde, die mutigen Gastgeber, die die »Untergetauchte« beher-
bergten: »Wie hoffnungsvoll für uns, daß so viele Deutsche mit großem Opfermut
den Bedrängten zu Hilfe gekommen sind, auch sie unter Lebensgefahr.« (Monats-
schrift der Büchergilde, Dezember 1945, Heft 12). Besonders diese Botschaft des
Buches fand Beachtung, stellte sie doch die nach Kriegsende heftig diskutierte
These der »Kollektivschuld« der Deutschen in Frage. Dabei wird aber sehr wohl
gesehen, dass Hilfen und Risiko einer außergewöhnlichen Person galten: »Eine
hoch gebildete Frau voll sozialen Pflichtbewusstseins, voll Aufopferungsfähigkeit
für den Mitmenschen kämpft bis zum letzten Rest der Kraft um das Schicksal des
andern.« (Basler National-Zeitung, 7. Juli 1946).

Wie sehr die Leser von der Lektüre des Buches bewegt waren, zeigt der Brief
Leo Baerwalds an Siegfried Rosenfeld, hatte der Rabbiner doch die Jahre der Verfolgung in München am eigenen Leibe erfahren müssen:[142] »Meine Frau und ich

Zur Einführung

haben es mit andauernder Spannung und steigernder Bewegung gelesen; es gibt in seiner einfachen Schilderung ein schärferes und eindringlicheres Bild dieser dunkeln Jahre als es irgend eine kunstgerechte Reportage oder ein Roman fertig brächten. Die abgrundtiefe Abgefeimtheit des Systems, seiner Träger u. Mitverantwortlichen wird auf jeder Seite des Buches wieder wach, und zumal die lokale u. persönliche Vertrautheit mit dem schaurigen Platz München u. Umgebung liess meine Frau u. mich mit schnellerem Herzschlag teilnehmen an diesen Schicksalen, an all dem Schlechten u. Guten, an all diesen wohlbekannten Figuren und Zügen, vor allem aber an unseren tapferen Freunden und der Haltung vieler anständiger guter Deutscher u. Christen. Ihre Frau verdient die Glückwünsche u. den Dank von uns allen für ihre große mutige Haltung u. für diesen schlichten Bericht.« Die Tagebuchaufzeichnungen Else Rosenfelds erlebten zwei weitere Auflagen in den Jahren 1949 und 1963 bei der Europäischen Verlagsanstalt Hamburg und schließlich auf Betreiben von Peter Rosenfeld und Hanna Cooper 1988 eine weitere beim Beck-Verlag in München.

Dieser Auflage war 1985 ein Geschichtsprojekt des Gymnasiallehrers Erich Kasberger und seiner Geschichtsklasse am Michaeli-Gymnasium München vorausgegangen.[143] Der Lehrer war auf die Aufzeichnungen Else Rosenfelds gestoßen und hatte das jüdische Sammellager in Berg am Laim, in Sichtnähe des Gymnasiums gelegen, mit seinen Schülern »wiederentdeckt«. Der reguläre Geschichtsunterricht wurde einige Wochen ausgesetzt, um in Bibliotheken und Archiven Nachweise für die Existenz des ehemaligen Internierungslagers Berg am Laim in der Clemens-August-Straße 9 zu finden. Als Ergebnis kam eine engagierte Dokumentation zustande, die weiteres Material zum Lager lieferte und im Rahmen einer Stadtteilwoche auch heftig diskutiert wurde. Wie kontrovers die Meinungen über die nationalsozialistische Vergangenheit damals aufeinander prallten, zeigten anonyme Drohbriefe und Schreiben, die der Schule als Antwort auf die Dokumentation und eine Lesung zugespielt wurden: An die Klasse gerichtet stand in einem dieser Pamphlete: »Zu Eurem Theaterstück eine Ergänzung! Es ist leicht, einem Besiegten die Schuld zuzuweisen!«

Die Dokumentation wurde im Rahmen des Münchner Geschichtswettbewerbs mit einem Preis geehrt; dies und eine szenische Lesung mit Schülern weckten so viel Aufmerksamkeit, dass der örtliche Bezirksausschuss anregte, ein Mahnmal zu errichten, um an die Opfer, die von hier aus deportiert wurden, zu erinnern. Die Stadt München willigte ein. Das Konzept des Künstlers sah vor, das erhalten gebliebene Portal des nördlichen Klostereingangs mit einem Granitblock zu verschließen. Der Stein sollte »die ausweglose Situation« symbolisieren, in der sich die Juden in der NS-Zeit befunden hatten. Nikolaus Gerhart hatte so ein abstraktes Zeichen ohne Kommentierung durch das Wort setzen wollen. Das Mahnmal fand in dieser Form aber nicht den erhofften Zuspruch in der Öffentlichkeit. Die Betrachter fühlten sich überfordert angesichts der Steinskulptur und wollten auch infor-

Der Münchner Bürgermeister
Dr. Klaus Hahnzog übergab am 7. Juli
1987 das Mahnmal zur Erinnerung an die
ehemalige „Heimanlage für Juden Berg
am Laim". Foto Fritz Neuwirth

miert werden. Der Bildhauer schlug daraufhin einen Davidstern und die Jahreszahlen »1941–1943« rechts unten in den Quader. Auch das genügte den Kritikern nicht. So brachte das Baureferat am Zaun unmittelbar neben dem Mahnmal noch eine Bronzetafel an. Sie trägt ein aus der Literatur entlehntes Zitat aus den Aufzeichnungen Else Behrend-Rosenfelds: »›Wieviel leichter ist es, unter denen zu sein, die Unrecht erleiden, als unter denen, die Unrecht tun.‹ Dr. Else Behrend-Rosenfeld, Wirtschaftsleiterin des Sammellagers. Als Mahnung und zur Erinnerung an das Sammellager für jüdische Bürger in den Jahren 1941 bis 1943.« Der amerikanische Historiker Gavriel D. Rosenfeld würdigt die Diskussion um die Gestaltung in seinem Buch »Architektur und Gedächtnis« mit den Worten: »Am bemerkenswertesten an dieser Nachbesserung ist die Tatsache, dass die beteiligte Bürgerschaft mit der ursprünglichen Zaghaftigkeit der Aussage des Mahnmals unzufrieden war. Ganz offensichtlich herrschte das Bedürfnis nach einer expliziteren Form des Gedenkens. Aufgrund dieses Engagements der Bürger gelang es in Berg am Laim, die sonst in der Stadt üblichen ritualisierten Gedenkformeln zu vermeiden.«[144]

Zur Einführung

WIEVIEL LEICHTER IST ES, UNTER DENEN ZU SEIN, DIE
UNRECHT ERLEIDEN, ALS UNTER DENEN, DIE UNRECHT TUN

DR. ELSE BEHREND-ROSENFELD
WIRTSCHAFTSLEITERIN DES SAMMELLAGERS

ALS MAHNUNG UND ZUR ERINNERUNG
AN DAS SAMMELLAGER FÜR JÜDISCHE BÜRGER
IN DEN JAHREN 1941 BIS 1943

Im Juli 1987 übergab Bürgermeister Klaus Hahnzog in Anwesenheit von zahlreichen Gästen, unter ihnen eine von der Stadt München eingeladene Jugendgruppe aus Israel, das Mahnmal der Öffentlichkeit.[145] Die Clemens-August-Straße in Berg am Laim wurde zum Erinnerungsort. Alljährlich findet seitdem im November im Kloster und am Gedenkstein eine Veranstaltung statt, getragen von Initiativgruppen wie Pax Christi, Vertretern der Kirchen, der Volkshochschule, Parteien und Bürgern. Die Gedenkreden hielten in den Jahren prominente Vertreter der Erinnerungsarbeit wie der ehemalige KZ-Häftling Max Mannheimer oder der ehemalige Münchner Oberbürgermeister und Justizminister Hans-Jochen Vogel.

Bereits 1987 regte der Münchner Bezirksausschuss 14, Berg am Laim, an, Straßen nach verdienstvollen jüdischen Frauen zu benennen. Neben der Gründerin der Internationalen Jugendbibliothek in München, Jella Lepman, der Münchner jüdischen Ärztin Rahel Straus und Anne Frank wurde 1997 eine Straße nach Else Rosenfeld benannt, wenige Gehminuten vom ehemaligen Internierungslager entfernt. In der Begründung des Antrags bei der Stadt München hatte es geheißen, dass es u.a. »für Berg am Laim von besonderer Bedeutung ist, dass Frau Behrend-Rosenfeld in ihrem Buch die Hilfsbereitschaft und das solidarische Verhalten der Barmherzigen Schwestern für die Nachwelt dokumentiert hat«.[146] Peter Rosenfeld und Hanna Cooper erklärten sich mit Benennung und Bezeichnung einverstanden:[147] »Das Vorhaben der Stadt München, in Berg am Laim eine der zu erbauenden Straßen in dem geplanten Bebauungsgebiet nach unserer Mutter zu benen-

Bronzetafel zur Erinnerung an
Else Behrend-Rosenfeld beim Mahnmal
an der Clemens-August-Straße

nen, erfreut uns sehr und wir sind völlig einverstanden mit der vorgeschlagenen Bezeichnung: ›Else-Rosenfeld-Straße‹.« Zur Straßenbenennungsfeier kamen auch Hanna Cooper und alte Freunde von Else, so Maina Bachmann aus Icking. Auch in Icking wurde eine Straße nach Else Behrend-Rosenfeld benannt.

Die Erkenntnisse aus 25 Jahren Forschung und lebendiger Erinnerungsarbeit bilden nun die Grundlage dieses Buches. Das besondere Schicksal dieser jüdischen Familie ermöglicht den Blick aus unterschiedlichen Perspektiven. Das bedeutet nicht nur die Sicht von innen und von außen, aus Deutschland und aus dem Exil, die Sicht auf jüdische und nicht-jüdische Positionen zu Ausgrenzung und Verfolgung. Beeindruckend ist der von Else Rosenfelds außergewöhnlicher Persönlichkeit bestimmte Blick auf Menschen, die in einem höchst bedrohlichen System menschlich und offen bleiben, die ihre Handlungsspielräume unter hohem Risiko nutzen, um zu helfen. Else setzt gleichermaßen der Freundschaft ein Denkmal, der Freundschaft großartiger Frauen und Männer. Elses und Siegfrieds Tagebücher sind in weiten Teilen aber auch das Zeugnis einer großen Liebe, die in Schmerzen sieben schreckliche Jahre der Trennung überdauerte. Und über allem sind es Elses große innere Stärke, ihre Zivilcourage, ihr Mut, selbst in lebensbedrohlichen Situationen Vertrauen zu haben, zu sich und zu anderen Menschen, die bis heute bewegen und Mut machen. Darin ist Else Rosenfeld Vorbild und Ermutigung.

Marita Krauss

Tagebuchaufzeichnungen Else Behrend-Rosenfeld
„Leben einer Jüdin in Deutschland 1933–1944"

mit Briefen an Eva Schmidt

Else Rosenfeld, vierziger Jahre

Isartal, den 28. August 1939

Mein Lieber!

Vor drei Tagen haben wir uns getrennt, und vor einer halben Stunde kam, ängstlich herbeigesehnt und mit großer Freude begrüßt, das Telegramm Deiner guten Ankunft in London! Nun, da ich Dich in Sicherheit weiß, in der Nähe der Kinder, will ich zufrieden sein, wenn ich von Zeit zu Zeit ein Lebenszeichen von Dir erhalte. Ich werde Dir nur selten schreiben können und muß das meiste, das Wichtigste, ungesagt lassen in diesen Briefen. Drum will ich immer, wenn es mich drängt, und ich irgend Zeit und Ruhe dafür aufbringen kann, aufschreiben, was mich während der Zeit unserer Trennung, die hoffentlich nicht allzulange währt, bewegt.

Noch kann ich mich nicht lösen von der Erinnerung der letzten Tage, deren Ablauf wie Filmbilder schnell und wechselnd an meinem inneren Auge vorüberzieht: Mittwoch nacht die Reise mit den zwanzig Münchner Kindern, die ich bis Frankfurt brachte, wo der Transport der jüdischen Kinder aus dem ganzen Reich gesammelt und zusammengestellt wurde. Der Wagen war fast leer. Drei Abteile waren reserviert für die »Reisegesellschaft Meyer«, wie auf dem Zettel an der Tür stand, damit die übrigen Reisenden nicht ahnen sollten, daß es jüdische Kinder sind, die hier ihre Ausreise aus Deutschland antreten, um drüben in England eine neue Heimat für immer oder wenigstens vorübergehend zu finden. Der Abschied

Die Familie Rosenfeld wohnte seit Herbst 1934 relativ unbehelligt in Icking im Isartal. Siegfried Rosenfeld glückte Ende August 1939 gerade noch die Ausreise nach England. Die Kinder, Gustel, Peter und Hanna, hatten Deutschland bereits vorher verlassen. Das Visum seiner Ehefrau Else war ausgeblieben.

Die Reichspogromnacht vom November 1938 hatte auch in England heftige Kritik ausgelöst. Ein vom Kabinett beauftragtes Flüchtlingskomitee entschied, dass Großbritannien bereit sei, unbegleitete Flüchtlingskinder unter 17 Jahren aus Deutschland einreisen zu lassen. Etwa 10.000 jüdische Kinder konnten so in Sicherheit gebracht werden.
Für jedes Kind musste in England eine Garantiesumme von 50 Pfund, nach heutiger Rechnung etwa 1.500 Euro, bis zur Wiederausreise hinterlegt werden.[1]

Eines der wenigen Fotos von den Kindertransporten aus München: Auch Beate Siegel (rechts) fuhr zusammen mit Hanni Sterneck und anderen am 27. Juni 1939 vom Münchner Hauptbahnhof ab.

Johanna Freja (Hanni) Sterneck, geb.
2. November 1923, Tochter des bekannten
Opernsängerehepaares Margarethe und
Berthold Sterneck, fuhr mit dem Transport
vom 27. Juni 1939. Else Rosenfeld zog hier
die Ereignisse von mehreren Zugfahrten
ineinander.[2]

**Gepäckschein
„Sterneck Hanna"**

Am 30. November 1938 fuhr der erste
Transport von Berlin nach London. Von
München gingen 1939 insgesamt zwölf
Kindertransportzüge ab. Else Rosenfeld
begleitete wohl mehrere Transporte, u.a.
den vom 23. August, einem Mittwoch – der
letzte Kindertransport, der München verließ.

Die Kinder durften einen Koffer, eine
Tasche und zehn Reichsmark mitnehmen.
Erlaubt war nur eine Fotografie. Spiel-
sachen und Bücher waren verboten.

Rosi: Rosemarie Angrick aus Nürnberg. Sie
fuhr 1939 mit dem Kindertransport nach
England.

von den Eltern verlief – wie noch jedes Mal – ruhig und würdig, auch die Kinder
verhielten sich musterhaft. Die jüngsten waren sechs, die ältesten fünfzehn Jahre.
Die kleineren konnte ich bald nach der Abfahrt zum Schlafen auf die Bänke betten, es dauerte nicht lange, da hörte man ihre ruhigen, gleichmäßigen Atemzüge.

Im Nebenabteil unterhielten sich die größeren Buben miteinander, sie machten Pläne für die Zukunft, alle voller Hoffnungen und Freude, befreit vom Druck
der letzten Zeit, den auch die Kinder sehr gespürt hatten. Drei der großen Mädchen tauschten ihre neuen Adressen aus, sie wollten weiter in Verbindung miteinander bleiben. Die reizende dunkle Hanni, die Tochter des in München
so lange Jahre bewunderten und umjubelten Sängers, schrieb vorsorglich
gleich eine Karte an die Eltern. Immer wieder ging ich von Abteil zu
Abteil, allmählich hörten die Gespräche auch bei den Größeren auf,
und schließlich schliefen alle. Ich ging auf den Gang hinaus und dachte
an unsere eigenen Kinder, die schon vor Monaten allein diesen Weg
gemacht hatten. Da hörte ich unregelmäßige laute Schritte, und nun
sah ich an der Abteiltür, hinter der die Kleinen schliefen, einen starken
großen Mann stehen. Sofort war ich an seiner Seite. »Entschuldigen Sie,
diese Abteile sind reserviert«, sagte ich zu ihm. »Machen Sie Platz, ich will
mir die Judenbälge ansehen.« Ich sah, ich hatte einen Betrunkenen vor mir.
Wie konnte ich ihn hindern, die Kinder aufzustören! Da hörte ich neuerdings
jemand kommen, ich atmete auf, es war der Schaffner, und ihm gelang es
schließlich, den Mann in seinen Wagen zurückzubringen. Der Schaffner kam
nochmals zurück, um mir seine Empörung über die rohe Art des anderen auszudrücken und mir zu sagen, wo ich ihn oder einen der übrigen Zugbegleiter finden
könnte, wenn ich ihn benötigen sollte. Der Rest der Reise verlief ohne Zwischenfall, und pünktlich kamen wir am Morgen in Frankfurt an. Nach dem Frühstück
in der Bahnhofswirtschaft konnte ich die Kleinen einer Fürsorgerin der Kultusgemeinde Frankfurt überlassen und machte mich mit den Größeren auf, um durch
die schöne Altstadt zu schlendern. Der Zug, mit dem die Kinder weiter an die holländische Grenze fahren sollten, ging erst nach zwölf Uhr mittags ab, gegen elf
Uhr mußten wir uns wieder an einer bestimmten Stelle der Bahnhofshalle versammeln, wo sich dann auch die Kinder aus dem übrigen Reich einfanden.

Es war ein schöner, sonniger Morgen, und die ehrwürdigen Gebäude am Römer-
berg zeigten sich von ihrer besten Seite. Die Kinder waren trotz der durchfahrenen
nen Nacht interessiert und aufnahmefreudig, es machte mir Freude, ihnen alle
Sehenswürdigkeiten zu zeigen und so gut wie möglich auf alle Fragen zu antwor-
ten. Dann rasteten wir in einer Anlage am Main, und die zehnjährige, lebhafte
Rosi, die in Nürnberg zu mir in den Zug gestiegen war, tanzte singend vor uns auf
und ab. »Rosi, du wirst müde werden, magst du nicht sitzen?« fragte ich sie. Sie
schüttelte den Kopf, daß die dunklen Locken flogen, und die braunen Augen blitz-
ten, als sie sagte: »Ich kann nicht sitzen vor Freude, daß ich nun aus Deutschland
fortkomme! Jetzt brauche ich keine Angst mehr zu haben, angespuckt zu werden,

Tagebuchaufzeichnungen Else Behrend-Rosenfeld

jetzt können die Kinder aus unserem fränkischen Dorf nicht mehr hinter mir her schimpfen oder mich gar mit Steinen bewerfen! All das gibt es in England nicht! Ach, was bin ich so froh!« »Und ist dir der Abschied von den Eltern nicht sehr schwer geworden?« fragte sie Hanni, die unendlich an ihren Eltern hing. Rosi schüttelte wieder mit dem Kopf. »Vater lebt nicht mehr, er ist gestorben, nachdem ihn die SA-Leute am 10. November vorigen Jahres so schrecklich geschlagen haben, daß er nicht mehr aufstehen konnte; und Mutter ist seitdem immer traurig und lacht nie mehr. Sie hat mir versprochen, daß sie bald nachkommen wird«, und lustig trällernd tanzte sie weiter vor uns auf und ab. – »Wir haben noch deutsches Geld, Frau Doktor«, sagte der ernsthafte fünfzehnjährige Walter, »dürfen wir uns noch Keks und Schokolade dafür kaufen? Dort hinten sah ich einen Laden, wo es so etwas gibt, zwar steht dort, wie an fast allen Geschäften, angeschrieben: ›Juden haben keinen Zutritt‹, aber ich bin ja blond und habe keine krumme Nase, keiner kennt mich hier.« Gern gab ich ihm und einem älteren Mädchen die Erlaubnis, und nun ging ein eifriges Flüstern, Beraten und Bestellen an. Bald kamen sie mit den gewünschten Süßigkeiten zurück. Alle scharten sich um mich, und Hanni überreichte mir strahlend, aber ein bißchen verlegen, eine Packung guten Keks: »Weil Sie so lieb zu uns sind!« Am Bahnhof wickelte sich alles glatt und schnell ab. Die »Bayern« kamen als erste dran. Die Papiere der Kinder wurden genau geprüft und der neuen Begleiterin übergeben, wir gingen auf den Bahnsteig, und nach einigem Warten fanden alle Kinder ihre Plätze in den dafür reservierten Wagen. Erst die Trennung von mir, die sie doch kaum gekannt hatten, brachte ihnen zum Bewußtsein, daß es nun endgültig galt, Abschied zu nehmen vom bisherigen Leben, daß sie nun die Reise ins Unbekannte antraten und nicht nur Unangenehmes und Böses wie Rosi hinter sich ließen. Aber tapfer unterdrückten sie die aufsteigenden Tränen, und bald verließ der Zug die Halle.

Ich hatte Eile. Mein Zug nach München ging in einigen Minuten, und ich mußte noch einmal ganz nach vorn, um auf den anderen Bahnsteig zu gelangen. Am Bahnhofsgebäude war ein Anschlag, vor dem sich die Menschen drängten: Neue Greuelberichte aus Polen über Missetaten, die die Deutschen erdulden mußten. Täglich fanden sich ähnliche Nachrichten in den Zeitungen, und doch – wieviel drohender klangen sie heute, wieviel aufreizender als je vorher! Es durchzuckte mich: Das ist der Krieg! Und die Gesichter der umstehenden Menschen spiegelten den gleichen Gedanken; wie eine schwere Last schien er sich auf ihre Schultern zu senken; Sorge, ja Angst zeigte sich auf ihren Zügen. Doch ich hatte ja keine Zeit, schnell, nur schnell nach Hause! Und ich lief und sprang in den Zug, der sich gleich darauf in Bewegung setzte. Auf der Fahrt habe ich nicht viel gesehen, die Müdigkeit überwältigte mich, ich habe fast die ganze Zeit bis zur Ankunft in München verschlafen. Aber nun stürmten die Gedanken an das, was kommen würde, erneut auf mich ein. Ob die Permits für uns beide gekommen waren, die uns die Quäker in England zugesagt hatten, ob noch englische Visen ausgegeben würden, ob wir noch alle Formalitäten würden regeln können?

In den Transportlisten findet sich der elfjährige Walter Marx, geb. 26. August 1928 in München, Sohn von Rebecca und Friedrich Marx.

Permit: Aufenthaltserlaubnis

Isartal, den 28. August 1939

49

Wie immer war die kleine freundliche Sekretärin aus der Münchner Jüdischen Gemeinde am Bahnhof. Schnell hatte ich meinen Bericht erstattet, den sie am nächsten Morgen der leitenden Fürsorgerin weitergab, die die Kinderverschickung leitete. Bis zur Abfahrt meines Postautos ins Isartal war noch eine Stunde Zeit, die ich benutzte, um etwas zu essen. Emmy K. leistete mir auch heute dabei Gesellschaft. – »Ich soll Ihnen von Ihrem Mann bestellen, daß nur sein Permit gekommen ist.« Ich erschrak. Würde es mir gelingen, Dich zur Abreise ohne mich zu bewegen? Schon in diesem Augenblick war mir gewiß, daß mein Permit nicht mehr zur rechten Zeit kommen würde. Aber ich mußte erreichen, daß Du diese letzte und einzige Gelegenheit benutztest, um dem schrecklichen Geschick zu entgehen, das ganz sicher in einem Krieg die deutschen Juden treffen würde. Ich mußte Dich anflehen, der Kinder wegen zu gehen, die doch noch so jung waren, wenn mir auch klar war, daß sie sich selber weiterhelfen würden, wenn es nötig wäre. Aber Du warst gefährdet, weit mehr als sie! Ich weiß, daß ich eine stumme geistesabwesende Gesellschaft gewesen bin, aber ich weiß auch, daß Emmy gut verstanden hat, was mich bewegte. Sie brachte mich noch bis ans Postauto. Ich atmete auf, es waren keine Bekannten da, ich hatte Ruhe, meinen Gedanken nachzuhängen. Wie konnten wir auch glauben, daß unsere beiden Permits zusammen eintreffen würden! Du mußtest ja ein Garantiepermit haben, weil Dir als Mann das Arbeiten drüben untersagt war, aber ich durfte eine Haushaltsstelle annehmen und verdienen und auf diese Weise nicht nur mich erhalten, sondern vielleicht auch zu Deinem Unterhalt beitragen. Selbstverständlich aber wurden diese Haushaltspermits an einer anderen Stelle bearbeitet als die Garantiepermits, und es wäre wirklich ein besonders glückliches Zusammentreffen gewesen, wenn beide gleichzeitig eingetroffen wären. Und es würde ja auch ganz gleichgültig gewesen sein, wenn nicht eben der Krieg wie eine große dunkle Falltür sich zwischen uns und die lockende Freiheit zu schieben drohte. –

Da zeigten sich schon die ersten Häuser unseres lieben Dorfes, das so friedlich im Abendsonnenschein vor mir lag! Da war der Gutshof mit der Haltestelle, und da standest Du, um mich in Empfang zu nehmen, wie immer in all den Jahren, wenn ich aus der Stadt zurückkam! Wir haben auf dem kurzen Weg zu unserem Häuschen nicht viel gesprochen, ich weiß nur, daß ich Dich bat, Dich für alle Fälle darauf einzurichten, am kommenden Morgen in die Stadt zu fahren, um Dir das Visum zu holen. Du versprachst, es Dir zu überlegen. Und da war das alte, verfallene Gartentürchen und der liebe, ganz überwachsene Garten mit dem wunderlich verbauten hölzernen Häuschen und seinem mächtigen Schornstein. Aus dem Wohnzimmerfenster leuchtete der Lampenschein, und Tilla, die gute Freundin, die ihre Ferien bei uns verlebte, stand auf der Schwelle der Veranda, um mich zu begrüßen.

Am nächsten Morgen wurden wir durch starkes Klopfen geweckt. Du liefst schnell hinaus und kamst mit einem Telegramm von unserem Sohn Peter zurück. »Schnellste Abreise notwendig, eventuell muß Vater allein reisen.« Ich atmete

Tagebuchaufzeichnungen Else Behrend-Rosenfeld

auf. Diese Worte würden Dich bestimmen, ohne mich zu fahren. Zuerst weigertest Du Dich. Du wiesest mich darauf hin, daß wir uns versprochen hatten, wir beide wenigstens wollten uns nicht trennen. Ach, als wenn ich das vergessen hätte! Aber diese Situation konnten wir nicht voraussehen. Ich beschwor Dich, wir dürften jetzt nicht an uns, sondern nur an die beiden Kinder denken, an Peter, den knapp Achtzehnjährigen, dem man helfen mußte, von der Farmschool, auf der er sich nicht wohl fühlte, fortzukommen und eine Stellung in der Landwirtschaft zu finden; an Hanna, die Sechzehnjährige, die als »Lehrling« in einem englischen Haushalt war, wo es ihr zwar sehr gut

Else Rosenfeld trägt Sylvia, die jüngste Tochter der Nachbarin Maina Bachmann, auf dem Arm, um 1939

Etwa 3.000 Münchner jüdischer Herkunft emigrierten in den Jahren 1933 bis 1938, darunter zahlreiche Glaubensjuden. Rund 700 flohen in das trügerische europäische Exil, in Staaten, die in den Jahren deutscher Besatzung ein Entkommen kaum noch zuließen. Die Flüchtlinge nach Osteuropa erwartete ein vergleichbares Schicksal. Eine ähnliche Zahl konnte nach Palästina oder in die Vereinigten Staaten auswandern, wo sie allerdings ebenfalls schwierige Emigrantenjahre erwarteten. In den Jahren bis 1942 gelang noch einmal 4.000 Juden die Flucht ins Ausland. Die Auswanderungsmöglichkeiten wurden aber immer schwieriger, da die Aufnahmeländer die Zahl der Flüchtlinge begrenzten oder die Grenzen ganz schlossen.

ging, wo sie aber nicht lange bleiben konnte, weil der Haushalt aufgelöst werden sollte. Noch immer zögertest Du, da trat Tilla entschlossen vor Dich hin und sagte: »Ich verspreche Ihnen fest, Herr Doktor, daß ich bei Ihrer Frau bleiben und sie nicht verlassen werde, bis sie Ihnen nachreisen kann.« Das gab den Ausschlag, und nun hieß es, in Windeseile alles vorbereiten, damit Du noch am gleichen Abend reisen konntest. Du fuhrst in die Stadt, um das Visum zu holen, Geld abzuheben und die nötigen Formalitäten auf der Devisenstelle und der Polizei zu erledigen. Um zwei Uhr versprachest Du wieder daheim zu sein. Tilla und ich entfalteten nun eine fieberhafte Tätigkeit. Ich lief schnell zur Nachbarin im großen Hause, um ihr, die uns befreundet war, Deinen Entschluß mitzuteilen. Sie bot sofort ihre Hilfe an und lud uns zum Essen ein, was dankbar angenommen wurde. Dann ging ich zu unserem Kohlenhändler. Er ließ sich bewegen, uns am Nachmittag mit seinem Auto, das er für solche Zwecke hatte, in den nächsten Marktflecken zum Zollinspektor zu fahren, der das Handgepäck durchsehen und siegeln mußte. Anschließend wollten wir mit seinem Wagen nach München zum Bahn-

Die Kunsthistorikerin Dr. Tilla Kratz, verheiratete Levi, hatte als Lehrerin in Elmau gearbeitet.

Der Kohlenhändler Josef Pischetsrieder war der Bruder des Ickinger Bürgermeisters.

Die Bayerische Politische Polizei beobachtete genau alle Ausreisevorgänge und ließ sich seit 1934 von den Bezirksämtern wöchentlich ein Verzeichnis über die Ausstellung von Auslandsreisepässen zusenden.

Isartal, den 28. August 1939

Der Name Siegfried Rosenfelds taucht
noch am 11. November 1939 auf einer
Liste des Finanzamts Wolfratshausen zur
„Judenvermögensabgabe" auf.[5]

Die Schilderung der Abschiedsszene und
des Verhaltens der beteiligten Personen
sagt viel über die innere Positionierung
der Schreibenden, aber auch über die
Möglichkeit einer späteren Rückkehr.[6]

Wie in vielen anderen Lebenssituationen
sah sich Else Rosenfeld stets von hilfreichen Menschen umgeben.

hof. Er versprach, uns pünktlich abzuholen. Dann ging es an ein Waschen und
Bügeln, Packen und Listenmachen von allen verpackten Gegenständen. Mitten-
drin erschien eine befreundete Malerin, um mir mitzuteilen, daß die beiden jun-
gen Engländerinnen, die bei ihrer Schwester in Pension waren, vom englischen
Konsulat telefonisch den Befehl erhalten hatten, noch am gleichen Abend nach
Hause zu fahren; ein Zeichen mehr für mich, daß Eile geboten war!

Alles ging programmgemäß. Du kamst pünktlich zurück und berichtetest, daß
heute die letzten englischen Visen ausgegeben worden waren, das Konsulatsper-
sonal rüste sich zur Abreise. Bei dem Zollinspektor hatten wir uns telephonisch
angemeldet. Wir kannten ihn schon von der Auflösung und Verpackung unseres
Haushalts her und außerdem vom Packen der Sachen unserer ältesten Tochter vor
ihrer Ausreise nach Argentinien. Um halb fünf Uhr stand das Auto vor der Tür.
Du konntest nur schnell Abschied nehmen von Tilla und der Nachbarin, die, mit
der Jüngsten auf dem Arm, einem hellbonden Lockenkopf mit strahlend blauen
Augen, herübergekommen war. Es mußte schnell gehen, und das war sicher gut
so, sonst wäre Dir der Abschied von den lieben Menschen im Dorf, vom Häuschen und vom Garten, ja, von der ganzen geliebten Landschaft mit ihrem blitzenden Flußband und dem Kranz der blauen Berge noch schwerer geworden! Schön
war die Fahrt durch das sommerliche Land auf der prachtvollen Kunststraße in
das liebe, bunte Städtchen an diesem heißen Augusttag, doch schon türmten sich
am Himmel große weiße Gewitterwolken, und als wir auf dem Weg nach München waren, tönte das erste ferne Grollen des schnell näher rückenden Wetters
zu uns herüber. Wir hielten gerade vor dem Bahnhof, da ging ein Wolkenbruch
nieder, mit Mühe nur konnten wir die schützende Halle erreichen, ohne völlig
durchnäßt zu werden.

Der Gepäckträger sah sofort, mit wem er es zu tun hatte. Wie vielen Juden mag
er wohl in diesen Jahren die Koffer zu ihrer Reise aus dem Land der Knechtschaft
in fremde, freiere Länder getragen haben! Am Gepäckschalter fragte er: »Reist
der Herr allein?« Ich konnte nur nicken, es wollte mir kein Wort aus der Kehle.
Da warst Du auch schon fertig und kamst auf uns zu, um den Träger zu bezahlen.
Er steckte die kleine Summe ein, und nun kam etwas Überraschendes: »Pfüat
Gott, lieber Herr, ham's guaten Mut, und sorgen's Eahna net gar so sehr um die
Frau. I bin der Gepäckträger Nummer 45 und wohne in der N.-Straße Nummer
12, die Frau soll zu mir und meiner Alten kommen, wenn's ihr schlecht geht, bei
uns g'schieht ihr nichts, wir helfen ihr bestimmt weiter!« Und dabei drückte er
erst Dir und dann mir die Hand, und wirklich, es kam wie ein Gefühl des Trostes
über uns beide nach dieser rührend menschlichen Geste. Lieber, guter Münchner
Gepäckträger, ich werde Dich wohl kaum aufsuchen, aber ich werde in schweren
Augenblicken an Dich denken und Trost schöpfen aus Deinen freundlich-guten
Worten uns Fremden gegenüber!

Dann standen wir auf dem Bahnsteig, und Du stiegst in den übervollen Zug
nach Holland, in dem kein Sitzplatz mehr zu finden war. Höchste Zeit, es langte

kaum noch zu einer schnellen Umarmung und einigen Abschiedsworten, und schon setzte sich der riesige eiserne Wurm mit seiner Menschenfracht in Bewegung. Ich sah ihm lange nach, das Herz übervoll von guten Wünschen. Dann wandte ich mich, um den Heimweg anzutreten, allein, ganz allein! – Der gute Herr P. wartete vor dem Bahnhof in seinem Auto auf mich. Das Gewitter war vorbei, gleichtöniger Regen rauschte herab. Ich saß in meiner Wagenecke und ließ die Tränen fließen. Jetzt brauchte ich mich nicht mehr zusammenzunehmen! Herrn P. war der Abschied auch nahe gegangen, er machte seinen Gefühlen gegen die bösen Gewalten, die uns trieben, in ständigem Vorsichhinschimpfen in herzhaften, gut bayrischen Kernausdrücken kräftig Luft. Als wir vor dem Gartentürchen hielten, half er mir beim Aussteigen und verabschiedete sich mit den Worten: »Gell, Frau Doktor, wann's irgendwas brauchen, wenden's Eahna an mich, und daß Sie im Winter genug Holz und Kohlen ham, dafür steh' ich Eahna!«

Am nächsten Tag besprach ich mit Tilla, wie wir unseren Haushalt einrichten wollten. Wie gut, daß sie völlig frei war! Die Kinder, die sie unterrichtet hatte, waren in die Schule gekommen, und sie selbst war auf der Suche nach einer neuen Arbeit gewesen. Wir hofften, es würden sich allmählich auch hier Stunden für sie finden. Zunächst aber können wir das ruhig abwarten. Unserem freundlichen Hauswirt, einem Münchner, wollen wir vorschlagen, Tilla als Hauptmieterin in unseren Mietsvertrag eintreten zu lassen. Ich selber werde mich vom 1. September ab wieder völlig der Münchner Jüdischen Gemeinde als Fürsorgerin zur Verfügung stellen, wie ich das schon nach den schlimmen Novembertagen 1938 bis Anfang März dieses Jahres getan hatte, da ich unseren Haushalt auflösen und die Sachen der beiden Kinder für die Ausreise richten mußte. Durch besondere Aufgaben, wie zum Beispiel den wöchentlichen Kindertransport von München nach Frankfurt, hatte ich die Verbindung ständig aufrechterhalten.

Tilla wollte unseren kleinen Haushalt führen. Wir besprachen manche Veränderung in den Zimmern, um sie freundlicher zu gestalten. Bis jetzt hatten wir ja unser Leben darin nur als ein Provisorium angesehen, für das es nicht lohnte, die Wohnung nach unserem Geschmack einzurichten. Wir würden es schon fertigbringen, in diesem Häuschen zu überwintern, das ursprünglich nur für kurzen Sommeraufenthalt gebaut worden war. Übrigens hat es mir wohlgetan, im Dorf deutlich die Sympathien für uns und unser Schicksal zu spüren, als ich am Tag nach Deiner Abreise bei den verschiedenen Leuten Deine Abschiedsgrüße bestellte.

Es herrscht große Aufregung über die Einführung der Lebensmittelkarten. Frau L., die Kaufmannsfrau, stöhnt über die Mehrarbeit in ihrem Laden, und wer noch am Ausbruch des Krieges zweifelte, ist nun davon überzeugt. Die Rationen sind ausreichend, man merkt, wie lange und gut alles darauf Bezügliche vorbereitet wurde. Leb' wohl für heute, ich habe lange mit Dir geplaudert! Morgen fahre ich in die Stadt, um mich für die Arbeit vom l. September an anzumelden und mit Herrn Rat, dem Leiter der jüdischen Kultusgemeinde, zu besprechen, wo er mich einsetzen will.

Isartal, den 28. August 1939

53

Herr P.: Josef Pischetsrieder

Zu den gesellschaftlichen und kulturellen Aufgaben der Gemeinde gehörten die Gottesdienste in den drei jüdischen Synagogen, der Unterricht in den jüdischen Schulen wie dem jüdischen Lehrlingsheim oder der Haushaltungsschule in Wolfratshausen, die Betreuung von Wohlfahrtspflege und Krankenhaus wie die Pflege kultureller Veranstaltungen. Die Kultusgemeinde befand sich in der Herzog-Rudolf-Straße 1.

Frau L. Ehefrau des Kaufmanns Herbert Lorenz

Herr Rat: Gemeint ist der Oberlandesgerichtsrat Dr. Alfred Neumeyer, Leiter der Israelitischen Kultusgemeinde, München. Neumeyer emigrierte 1941 nach Argentinien. Am 31. März 1933 hatte er sich in einem Protestschreiben an den Reichsstatthalter, General Franz von Epp, gegen die „ungeheuerlichen Anschuldigungen, die gegen uns deutsche Juden erhoben werden", verwahrt.[7] 1938 entging er wegen seines fortgeschrittenen Alters der Verhaftung.

Brief an Eva Schmidt vom 2. September 1939 aus Icking.

2.9.39.
Meine liebe, gute Eva,
hab tausend Dank für Deine beiden lieben Briefe! Zuerst zu deiner heutigen Frage: Vorläufig weiß ich noch nicht, ob ich die Pension oder wenigstens einen Teil davon bekommen werde. … Dir und Elisabeth sehr, sehr herzlichen Dank und sollte ich wirklich nichts bekommen, so seid Ihr die ersten, an die ich mich wende! Ich hoffe aber sehr, daß ich Euch nicht in Anspruch nehmen muß. – Denke Dir, gestern bekam ich noch zwei Briefe von Fritz … vor allem über sein Zusammensein mit Hanna, die den ganzen Sonntag mit ihm verbrachte und der auch den Brief enthielt. Beide schreiben noch voller Hoffnung auf ein baldiges Wiedersehen mit mir. Hanna schreibt wörtlich: »In 14 Tagen sehe ich Dich, und bis dahin … keep smiling!« Auch von Peter kam eine sehr nette Karte, er wird Fritz (wenn jetzt nicht alles anders wird) auch in diesen Tagen besuchen. Jedenfalls weiß ich, daß alle drei gesund und frohen Mutes über ihre Nähe sind und das muß mir nun für vielleicht lange Zeit ausreichen. – Ab Montag arbeite ich wieder ganz regelmäßig in Mü. [nchen] in meiner alten Arbeit und das wird das Allerbeste für mich sein. … Wahrscheinlich wird Tilla bei mir bleiben … Wir werden bereit sein, alles zu nehmen, wie es kommt und wie es der Augenblick erfordert. Ich will dabei nie vergessen, daß ich unendlich dankbar sein muß, daß alles so geworden ist, und daß ich meine drei wenigstens einigermaßen zusammen und sicher jederzeit für jemanden erreichbar weiß. Bitte, macht Euch um mich keine Sorgen, ich komme mir vor wie ein Schulkind, das immer wieder vor die Lösung neuer Aufgaben gestellt ist und das fest entschlossen ist, sie so gut wie möglich zu machen. –

Isartal, den 2. September 1939

Als ich gestern früh mit unserem Nachbarn auf den Zug wartete, der ihn zu seinem Krankenhaus in einem Vorort und mich in die Stadt bringen sollte, ertönte plötzlich der Lautsprecher aus der Wohnung des Stationsvorstehers. Der kleine Bahnsteig war gedrängt voll von Menschen, die zu ihrer Arbeitsstelle fahren wollten. Aber während sie eben noch miteinander geplaudert, die Gruppen der Schüler und die jungen Menschen auch gescherzt und gelacht hatten, trat jetzt eine geradezu beängstigende Stille ein. Und nun fielen die Worte, die man lange erwartet hatte und die doch einem jeden von uns einen Schauer über den Rücken jagten: Der Krieg hat begonnen! Die deutschen Heere haben die polnische Grenze überschritten! Dr. B. war ganz blaß geworden, seine Lippen preßten sich fest aufeinander. Dann gab er sich einen Ruck und sagte: »Also wieder Krieg, und wer weiß, wie lange er diesmal dauert!« Wir trennten uns mit einem festen Händedruck. Ich war durch eine kurze Mitteilung auf die Devisenstelle bestellt, doch als ich dort anlangte, wurde mir vom Diener bedeutet, zu warten. Der Führer werde sprechen, und die Beamten seien alle zum Gemeinschaftsempfang versammelt. Ich konnte auf meiner Bank im Flur jedes Wort des Lautsprechers verstehen. Das Wesentliche der Rede war wohl die Bemühung, dem deutschen Volk – nach allem, was an Schimpf- und Haßkanonaden vorausgegangen war!! – begreiflich zu machen, daß Rußland nicht an der Seite unserer Feinde stehe, sondern vielmehr als wohlwollender neutraler Freund auf unserer eigenen! Es wurde mir schwerer als sonst, die Stimme dieses Mannes und das Beifallsgeheul der Trabanten zu ertragen, das wirklich nicht mehr menschlich klang. –

Ich war bestellt worden, weil über Weiterzahlung Deiner Pension an mich mit mir verhandelt werden sollte. Der Beamte war sehr höflich, er erklärte mir, daß je nach meinen Ausgaben nur ein bestimmter Teil der Pension durch Vermittlung des von Dir noch ernannten Vermögensverwalters monatlich bezahlt werden sollte. Ich erfuhr nachher auf der Kultusgemeinde, daß der festgesetzte Betrag von 250 Reichsmark monatlich sehr generös war! Jedenfalls wird er mir gestatten, Tilla bei mir zu behalten, selbst wenn sie ohne eigenen Verdienst bleiben sollte, und die Arbeit in der jüdischen Gemeinde ehrenamtlich auszuüben, was mir sehr lieb ist. Wie sich diese übrigens gestalten wird, ist noch ungewiß. Herr Rat meint, daß sich sicher aus den Ereignissen heraus bald neue Aufgaben ergeben werden, und er ist froh, mich dafür in Reserve zu haben. Zunächst arbeite ich in der Sprechstunde der Wohlfahrtshilfe, um dort die Fürsorgerinnen ein wenig zu entlasten.

Es herrschte große Aufregung in der jüdischen Kultusgemeinde. In allen Büros wird darüber gesprochen, wie sich der Krieg für uns Juden auswirken werde. Die Klugen zucken die Achseln und raten zu Ruhe und möglichst unauffälligem Benehmen nach außen, die Ängstlichen, der junge Fritz A. an der Spitze, der mir dadurch nicht sympathischer geworden ist, prophezeien baldiges Erschießen aller Juden, wenigstens der männlichen. Herr Rat sagte mir nur in seiner gütigen, ruhevollen Art: »Wir wollen dankbar und zufrieden sein, daß wir arbeiten können. Wir wollen diese Arbeit mit dem Einsatz unserer ganzen Kraft für alle Bedrückten und Leidenden tun, und deren gibt's ja, weiß Gott, genug. Es ist schon jetzt so – und die Entwicklung wird in diesem Sinne immer weiter gehen –, daß die Fürsorgetätigkeit, die früher der an Umfang und Ausgaben kleinste aller Verwaltungszweige der Jüdischen Gemeinde in München war, nun den ersten Platz in jeder Beziehung einnimmt.« Ich bin froh, unter und mit ihm zu arbeiten.

Ich werde täglich mit dem Postauto um sieben Uhr in die Stadt fahren und mit dem gegen achtzehn Uhr abfahrenden wieder zurückkehren. Samstag und Sonntag habe ich frei. Du kannst Dir denken, daß mir diese Regelung lieb ist.

Es ist wunderbar heißes Sommerwetter; ich sitze im Garten, um mich herum spielen die beiden Nachbarskinder. Alles atmet eine so friedliche Atmosphäre, daß man sich immer wieder gewaltsam in den Sinn rufen muß: Es herrscht Krieg! Doch spürst Du nichts von der Begeisterung, die wir 1914 miterlebten, nirgends siehst Du ein Zeichen davon, und selbst vor den ersten Siegesmeldungen stehen die Menschen stumm und mit ungerührtem Antlitz.

Isartal, den 2. September 1939

Die preußische Staatsverwaltung setzte in Folge der sogenannten Reichsexekution Papens gegen Preußen hohe Verwaltungsbeamte ab, beurlaubte sie oder versetzte sie in den einstweiligen Ruhestand. Dies widerfuhr im November 1932 auch Siegfried Rosenfeld. Zum 1. Mai 1933 wurde er dann „unter Gewährung von Ruhegehalt" und Kürzung der Pension um ein Viertel endgültig pensioniert. Dabei spielten seine Zugehörigkeit zur SPD und seine jüdische Abstammung eine Rolle.[8]

Fritz A.: Es handelt sich wohl um den Fürsorger Fritz Abraham, geb. 1905, der von 1927 bis 1937 im Jugendamt der Hamburger Gemeinde arbeitete, dann 1941 das jüdische Übernachtungsheim in der Wagnerstraße 3 leitete und im April 1942 nach Piaski deportiert wurde.[9]

Das „Augusterlebnis 1914", im Zuge dessen jubelnde Massen den Kriegsausbruch begrüßten, war wohl auch auf städtische Bürgerschichten beschränkt gewesen.

55

Siegfried Rosenfeld, ohne Jahr

Else und Siegfried wohnten in Tempelhof am Adolf-Scheidt-Platz 8.

Siegfried Rosenfeld war ab 1923 im preußischen Justizministerium für die Gnadenabteilung zuständig. 1934 charakterisiert ein Anwalt Siegfried Rosenfeld so: „Er genoss das Ansehen eines durchaus gewissenhaften und gerechten Beamten von unbedingter Objektivität und Pflichterfüllung."[10]

Else Rosenfeld arbeitete zwischen 1926 und 1933 ehrenamtlich für die Arbeiterwohlfahrt im 1863 errichteten „Königlich-Preußischen Weibergefängnis" an der Barnimstraße in der Gefangenenfürsorge.

Zellengang des Gefängnisses an der Barnimstraße, um 1925

Tilla macht eine Radtour, sie soll das schöne Wetter nutzen. Ich hatte keine rechte Lust, etwas zu unternehmen, und es ist mir lieb, allein zu sein mit den Gedanken an Dich und die Kinder und den vielen Erinnerungen an gute und schwere Tage. Das ist ein Reichtum, der nie auszuschöpfen ist und mir nie verloren gehen kann, an ihn halte ich mich jetzt, da ihr mir fern seid! Zwar bin ich gewiß kein Mensch, der nur in der Vergangenheit und erst recht nicht in unfruchtbarem Warten auf die Zukunft leben kann. Ich werde diese Zeiten nur aushalten, wenn ich die Gegenwart durch Arbeit, Mitleben und Mitfühlen von Menschenleid und Menschenfreude lebenswert gestalten und mich dadurch lebendig und aufnahmefähig erhalten kann. Aber dazwischen werde ich immer wieder Stunden völliger Einsamkeit brauchen, in der ich mir die Bilder der Erinnerung zurückrufen will. Daß Tilla dafür das richtige Verständnis aufbringt, ja, daß sie selber ganz ähnliche Bedürfnisse hat, wird unserem Zusammenleben sehr zugute kommen.

Meine Gedanken schweifen weit zurück: in die Zeit vor 1933.

Was für herrliche reiche Jahre haben wir in unserem Häuschen am Berliner Stadtrand gehabt! Wie erfüllt kamst Du abends von Deiner Arbeit heim, dieser Arbeit, die Dir so ans Herz gewachsen und die wie für Dich geschaffen war. Ich vergesse es nie, als Du bald nach Deiner Berufung ins Ministerium heimkamst und mir freudestrahlend mitteiltest, man wolle Dir die sogenannte Gnadenabteilung übergeben. Du solltest die letzte Entscheidung über die Gnadengesuche haben und prüfen, ob man den Häftlingen einen Teil der Strafe bedingt, das heißt mit Festsetzung einer Bewährungsfrist, erlassen könne. Mit Feuereifer stürztest Du Dich in Deine Arbeit, und je länger Du sie tatest, desto lieber wurde sie Dir. Die Arbeitszeit in Deinem Büro genügte Dir nicht, es wurde zur Regel, daß Du abends einen Stoß Akten mit heim nahmst und mir die Möglichkeit gabst, mich an Deiner Arbeit teilnehmen zu lassen. Die ersten Jahre mußte ich mich mit dieser Mithilfe begnügen. Die Kinder, an deren Aufblühen in der neuen gesunden Umgebung wir uns beide freuten, brauchten noch meine ganze Zeit und Arbeitskraft neben der Führung des Haushalts. Erst als auch Hanna, unsere Jüngste, zur Schule kam, konnte ich wieder an fürsorgerische Arbeit, zu der es mich drängte, denken. Und wie wunderbar fügte es sich, daß mir gerade die zufiel, die ich mir schon in ganz jungen Jahren gewünscht hatte: Fürsorgetätigkeit in einem Frauengefängnis. Oft haben wir lange und ernsthafte Diskussionen gehabt, wenn Du von Deinem juristischen Standpunkt und ich vom rein menschlichen aus uns zunächst über die Handhabung einer Gnadenakte nicht einigen konnten. Aber jeder lernte vom andern, jeder ließ den anderen die Sache von einer Seite sehen, von der aus er sie allein nie betrachtet hätte, und half so dem anderen zu besserer Übersicht und Klarheit. Ich war oft recht halsstarrig, erst nach und nach ließ ich mich von der Notwendigkeit gewisser juristischer Maßnahmen überzeugen. Aber ich sehe auch noch Dein unverhülltes Entsetzen über manche meiner, Dich geradezu revolutionär anmutenden Vorschläge den Strafvollzug betreffend, deren Richtigkeit Du oft später doch einsahest. Und wir fanden Menschen, die mit uns an diesen Problemen arbeiteten, mit denen wir

Tagebuchaufzeichnungen Else Behrend-Rosenfeld

gemeinsam Wege und Ziel erörterten, die uns in dieser Tätigkeit nahe kamen und zu Freunden wurden, wie überhaupt die Jahre von 1925 bis 1933 gesegnet waren mit der Freundschaft vieler wesensverwandter Menschen.

Aber mit dem Ende des Jahres 1932 änderte sich alles. Zuerst wurde Dir Deine Arbeit genommen, und dann kamen jene schweren Monate von April bis Juli 1933, die gekennzeichnet waren durch die Verfolgung und Marterung der politischen Freunde, von denen so mancher bei uns Unterschlupf suchte und fand. Nie vergesse ich das zermürbende Warten auf die Haussuchung, die bei fast allen sozialdemokratischen Funktionären schon in den ersten Wochen nach dem Umsturz stattgefunden hatte, mit mehr oder minder schlimmem Ausgang für die Betroffenen. Bis zur Abreise nach Bayern blieb sie bei uns aus, sie kam dann erst in unserer Abwesenheit und in sehr harmloser Form. Aber als die gänzlich unerwartete Steuerrückzahlung uns die Möglichkeit dazu gab, zögerten wir doch nicht, uns noch einmal eine Ferienreise mit unseren Kindern zu gönnen. Das Ziel war ein kleines Dorf, nicht weit von Berchtesgaden, wo wir schon die Ferien der letzten Jahre verbracht und uns mit einer Bauernfamilie angefreundet hatten. Anfang Juli ließen wir Berlin, in dem ich vermeinte, nicht mehr atmen zu können, hinter uns. Aber so schön es in den geliebten Bergen und der heiteren, mir von so vielen Sommern seit meiner frühen Kindheit her vertrauten Landschaft auch war, ich mußte erleben, daß sie ihre Ruhe und ihren Frieden nur dem mitteilt, der innerlich imstande ist, sie in sich aufzunehmen. Und ich war noch so erfüllt von der Unruhe, ja der Angst um viele befreundete Menschen, von deren Folterung ich wußte, deren Folgen ich zum Teil selbst gesehen hatte, auch von der Sorge um Dich, dem es als Juden und Sozialdemokraten genauso ergehen konnte –, daß die erhoffte Wirkung ausblieb und sich nach kurzer Zeit die schon mehrmals überstandene, gefürchtete Krankheit wieder zeigte, die erst nach vielen Wochen behoben war. Wir gedenken beide mit Dankbarkeit des Arztes, den wir bei dieser Gelegenheit auch als Menschen kennen und schätzen gelernt haben! Noch ehe ich wieder ganz gesund war, kam das von mir Gefürchtete: Du wurdest von der Polizei nach Berlin berufen! Zwar hatte die Haussuchung, die in unserer Abwesenheit vorgenommen wurde, nichts Belastendes ergeben, sie war auch in rücksichtsvoller Form von den Polizisten unseres Reviers vor sich gegangen, aber man stellte Untersuchungen über Deine Arbeit im Ministerium an und wollte Dich in der Nähe haben, falls sich das geringste Belastungsmaterial finden sollte. Doch das war nicht der Fall, und nach wenigen Tagen voller Angst und Unruhe konntest Du zurückkehren, ja, man stellte Dir frei, mit uns zu bleiben, wo wir wollten. Denn schon damals zeigte sich bei Dir das nervöse Magenübel infolge all der Aufregungen, und unser Arzt, der es unermüdlich zu bekämpfen begann, äußerte seine Bedenken über eine Rückkehr nach Berlin. Noch aus einem anderen Grunde erwogen wir zu bleiben, wo wir waren: Das Leben in der Großstadt war viel teurer und unseren jetzigen pekuniären Verhältnissen nicht mehr angepaßt, da Du Deiner politischen Einstellung halber nur einen Teil der Dir eigentlich zustehen-

Else Rosenfeld über diese Zeit in ihrer Aussage vor dem Sondergericht, 1934: „Die Eheleute Geschwendtner in Schönau, Storchenlehen, kennen ich und mein Mann schon seit 4 oder 5 Jahren aus verschiedenen Sommeraufenthalten ... Im Jahre 1933 haben wir vom 1. Juli 33 bis 15. September im Hause Waldheim bei Frau Zenzi Grassl gewohnt."[11]

Else litt an einer Nierenerkrankung.

Im Juli 1933 erfolgte eine Hausdurchsuchung in Abwesenheit. Siegfried Rosenfeld reiste nach Berlin zurück und wurde dort von Verwaltungsassessor Hans Bernd Gisevius der Geheimen Staatspolizei vernommen: „Diese Haussuchung ergab nicht das Geringste gegen Dr. Rosenfeld, im Gegenteil: Es wurde ihm eröffnet, daß nicht das Geringste gegen ihn vorliege, er brauche sich nicht einmal – wie die übrigen früheren sozialdemokratischen Abgeordneten – täglich bei der Polizei zu melden, könne gehen, wohin er wolle."[12]
Gisevius war Mitglied der Gestapo, hatte später Kontakt zu Widerstandsgruppen und floh in die Schweiz. 1946 trat er als Zeuge in den Nürnberger Prozessen auf.

den Pension erhieltest. Ein Leben in der Großstadt, in der alten Umgebung, erschien uns auch sinnlos ohne unsere Arbeit, an die wir täglich hundertfach schmerzlich erinnert werden mußten. Dieser plötzliche Abbruch quält mich immer noch –, heute kann ich es aussprechen, obwohl wir es die ganzen Jahre hindurch vermieden haben, an diese offene Wunde zu rühren.

Eine geliebte Arbeit so ohne jeden Abschluß abrupt aufgeben zu müssen, ist wohl immer unangenehm, besonders wenn sie mit Menschen zu tun hat und nun gar mit dieser empfindlichsten und schwierigsten Art, den Straffälligen! Das Ende kam sehr plötzlich, als ich am 31. März des Jahres 1933, schon mit dem Hut auf dem Kopf, eben im Begriff ins Gefängnis zu fahren, auf das Läuten des Telephons hin den Hörer abnahm. Die Stimme einer Gefängnisbeamtin tönte mir entgegen, der man übrigens die Verlegenheit über diesen Auftrag, den sie ausführen mußte, deutlich anmerkte: »Sie möchten heute nicht zur Sprechstunde ins Gefängnis kommen, Frau Doktor, zu Ihrem eigenen Schutz wurde diese Maßnahme getroffen!« Ich erwiderte ihr schnell gefaßt: »Ich nehme Ihren Auftrag zur Kenntnis und werde natürlich nicht kommen, aber den Zusatz hätten Sie sich sparen sollen. Sie wissen so gut wie ich, daß ich nirgends sicherer sein könnte als unter den von mir betreuten Frauen im Gefängnis!« Sie ging auf die Erwiderung nicht ein, sondern fuhr fort: »Ich habe noch einen Auftrag an Sie, nämlich, ob Sie uns nicht von sich aus eine ›arische‹ Vertreterin nennen wollen, die wir als von Ihnen gesandt zu den Frauen schicken könnten, um jeder Unruhe unter ihnen vorzubeugen!« Ich gab ihr sehr ruhig zur Antwort: »Nein, Frau Oberin, das will ich nicht, ganz abgesehen davon, daß Sie selbst wissen, wie schwierig es doch ist, irgend jemandem ohne besondere Einführung diese Arbeit zu übertragen. Und um etwelcher Unruhen Herr zu werden, haben Sie ja alle notwendigen Mittel in der Hand!« Damit legte ich den Hörer auf. Das war das Letzte, was ich nach vierjähriger, regelmäßiger Arbeit vom Gefängnis gehört habe; keine der Beamtinnen hat sich je wieder gemeldet!

Besonders stark aufgerührt wurden die Erinnerungen daran, als ich in diesem Sommer 1939 von der Münchner Jüdischen Gemeinde die Anfrage erhielt, ob ich bereit sei, eine alte Frau, die aus einer der kleinen Gemeinden Frankens stammte, aus dem Gefängnis in R. oberhalb Herrschings abzuholen und bis zu ihrem Zug nach der Heimat zu begleiten. Selbstverständlich sagte ich zu und fuhr an einem schönen Morgen nach Herrsching, wo am Bahnhof schon das bestellte Auto bereitstand, um mich nach R. zu bringen. Wir erreichten nach kurzer Fahrt eine Reihe von Gebäuden zwischen weit ausgedehnten, in sommerlicher Fülle prangenden Getreide- und Kartoffelfeldern. Vor dem stattlichen Haus hielt das Auto, das wartete, um uns später nach Herrsching zurückzubringen. Ich ließ mich bei der Vorsteherin melden und wurde gleich darauf zu ihr geführt. Vom Schreibtisch am Fenster erhob sich eine Gestalt, in der ich, vor Erstaunen fast zusammenschreckend, Frau Oberin R. erkannte, mit der ich so manches Gespräch, die Arbeit an den Gefangenen betreffend, im Berliner Frauengefängnis geführt, und an deren Verständnis ich mich immer gefreut hatte. Zunächst waren wir beide so bewegt, daß wir nicht sprechen und uns nur stumm die Hand drücken konnten. Wir haben lange ernsthaft miteinander geredet, sie wollte von unserem Leben wissen, und nach meinem kurzen Bericht erzählte sie mir auf mein Befragen, daß sie sich hierher hatte versetzen lassen, wo sie eine gewisse Selbständigkeit habe und sich wohler fühle als in der Großstadt, wo unter den jetzigen Machthabern die Arbeit viel schwieriger sei und in einer anderen Richtung ginge als früher. Schließlich fragte ich sie nach meiner Schutzbefohlenen, deretwegen ich gekommen war. Ich wußte gar nichts von ihr, die kleine jüdische Gemeinde ihrer Heimat hatte nur die Bitte der Begleitung ausgesprochen. Frau Oberin R. schlug das Aktenstück auf, das den Namen der heute zu Entlassenden trug. Es handelte sich um eine über siebzigjährige Frau, die hier ihre erste Gefängnisstrafe abgesessen hatte. Warum war sie bestraft worden? Auf einem Gang ins Nachbardorf, wo sie eine kranke Bekannte besuchen wollte, war ihr auf dem sonst menschenleeren Feldweg ein vierzehnjähriges BDM-Mädel entgegengekommen, hatte ihr als Jüdin grobe Schimpfworte zugerufen und sie schließlich angespuckt. Die alte Frau ließ sich hinreißen und spuckte vor dem Mädchen auf den Boden, konnte aber nicht sehen, daß dieses unter dem Lodenmantel die BDM-Uniform trug. Das Mädel zeigte die alte Frau an, und diese bekam eine mehrmonatige Gefängnisstrafe, die sie nun hier abgesessen hatte. »Wir haben über die alte Frau N. nie zu klagen gehabt«, schloß Frau Oberin R. ihren Bericht und klappte das Aktenstück zu. »Sie ist sehr ruhig gewesen, freundlich zu jedermann, die Mitgefangenen haben sie gern gehabt, und sie hat sich fleißig beim Stricken und Stopfen gezeigt.« Ich habe dann herzlichen Abschied von dieser alten Bekannten aus der vergangenen guten Zeit genommen und meine Schutzbefohlene, die, für meine Betreuung dankbar, sich mir genauso zeigte, wie die Vorsteherin sie geschildert hatte, sicher bis in ihren Zug gebracht. Das schlimme Erlebnis hatte sie nicht bitter, sondern eher aufgeschlossener für jede Freundlichkeit gemacht.

Aber wohin habe ich mich verloren! Doch was tut es? Du wirst mich verstehen, wenn diese Blätter Dir, wie ich hoffe, unter die Augen kommen werden, und das ist die Hauptsache. Mir tut es wohl, wenn ich all das, was mir durch den Sinn geht, aufschreiben kann, ohne irgendwelche Einschränkungen einhalten zu müssen. – Nun will ich aber wieder zum Jahr 1933 und zu den Tagen zurückkehren, da wir in Schönau nach einer Wohnung, die auch für den Winter geeignet war, zu suchen begannen. Ausgemacht war schon, daß Resi, die zweite Tochter der uns befreundeten Bauernfamilie G., zu uns kommen würde, um mir tagsüber im Haushalt zu helfen. Wir fanden dann schließlich, herrlich gelegen, auf weiter Wiese angesichts des Bergmassivs des Hohen Göll ein Wochenendhäuschen, das zwar noch niemals im Winter bewohnt gewesen war, uns aber sofort durch seine Lage und seine innere Einrichtung bezaubert hatte. Alle Möbel im Häuschen waren eingebaut bis auf den großen Bauerntisch und ein paar Stühle, selbst die Betten und der Waschtisch in der Schlafkammer. Kochtöpfe und Eßgeschirr wurden mit-

Familie Gschwendtner aus Schönau. Kathi Gschwendtner sagte ein Jahr später im Sondergerichtsprozess für Siegfried Rosenfeld als Zeugin aus.

Im September 1933 zog die Familie Rosenfeld in das Mentenhäusl der Frau Dr. Kessler.

Hanna und Peter erhielten seit dem 1. September 1933 in der Dorfschule in Unterstein in Schönau bei Lehrer Kreuz und einem Hilfslehrer Unterricht; es „haben sich keinerlei Unzuträglichkeiten ergeben", berichtete Else Rosenfeld in ihrer Aussage vor dem Sondergericht 1934. Einen Monat später übernahm Lehrer Leonhardt die Klasse: „Er hat vom ersten Tage an im Rahmen des nationalen Unterrichts besonders gegen die Juden geschimpft. Die Schulkinder haben sich nicht nur von unseren Kindern zurückgezogen, sondern sie auch in den Pausen und auf dem Schulwege beschimpft und schließlich den Buben tätlich angegriffen."

Lehrer Leonhardt war begeisterter Nationalsozialist. Im späteren Sondergerichtsprozess gab Frau „Winterling", alias Margarete Winterberg, den Vorfall so wieder: „Dr. Rosenfeld und Frau haben uns wiederholt erzählt, daß Herr Lehrer Leonhardt von Unterstein die Dorfkinder so lange auf die Rosenfeldschen Kinder gehetzt habe, bis die Dorfkinder den Rosenfeldschen Sohn in die Ache geworfen hätten."[14]

Es handelte sich um Joseph Fuchs, von 1927 bis 1936 Pfarrer in Maria Sieben Schmerzen Unterstein.

Bereits im Frühjahr 1933 hatte es an den Volksschulen im Bezirksamt Reichenhall antijüdische Maßnahmen gegeben: „Es wird hiermit verfügt: Sämtlichen Schulärzten, die der jüdischen Rasse angehören, ist mit sofortiger Wirksamkeit zu kündigen." Und 1934 hieß es: „Volksschullehrerinnen nicht arischer Abstammung kommen für eine Anstellung im Volksschuldienst nicht in Frage."[15]

vermietet. Mit der Besitzerin wurden wir bald einig. Anfang September zogen wir frohgemut ein. Der Wagen, der unsere Habseligkeiten enthielt, die sich inzwischen ziemlich vermehrt hatten, wurden von G.'s Kuh gezogen. Unser Siedlungshaus bei Berlin war mit allem, was drin war, vermietet und unsere Gustel, die Älteste, die noch anderthalb Jahre bis zum Abitur die Berliner Schule besuchen sollte, bei Verwandten untergebracht worden. Die beiden Kleinen gingen seit dem l. September in die Volksschule, wo sie zunächst von den Dorfkindern, die sie ja von gemeinsamen Spielen her gut kannten, freudig aufgenommen wurden. Aber es sollte nur eine Atempause sein, die uns vergönnt war.

Schon Ende Oktober 1933 fiel mir auf, daß die Kinder stiller waren als gewöhnlich und nichts mehr von der Schule erzählten, die Dorfkinder, deren einige immer Peter und Hanna zum gemeinsamen Schulweg abgeholt hatten, blieben aus. Als dann noch eines Tages Peter mit einer kleinen blutenden Wunde am Kopf heimkam und auf unser Befragen sehr verlegen antwortete, er sei gefallen, nahm ich mir nach dem Essen beide Kinder allein vor. Ich bekam bald heraus, was geschehen war, Hanna begann zu schluchzen, und Peter, der Zwölfjährige, hielt nur mit größter Mühe seine Tränen zurück. Und dann sprudelte es aus ihnen heraus, daß der Lehrer von Anfang an unfreundlich zu ihnen gewesen sei, daß er angefangen habe, täglich auf die Juden zu schimpfen, daß er auf sie gewiesen und gesagt hätte: »Diese beiden sind auch Juden, wollen wir so etwas unter uns dulden? Ihr müßt euch eben wehren gegen sie.« Die Kinder hätten dann auf dem Schulweg hinter ihnen her geschimpft und mit Steinen nach ihnen geworfen, und heute seien mehrere von ihnen über Peter hergefallen und hätten versucht, ihn in die Ache zu werfen. Dabei sei er gestürzt und habe sich die kleine Wunde am Kopf geholt. Da gerade Leute vorbeikamen, wären die Buben davongelaufen. – Sie hätten uns nichts von ihren Nöten sagen wollen, sie wüßten doch, daß wir Sorgen genug hätten, und sie wären so gern allein damit fertig geworden. Ich beruhigte sie beide, indem ich ihnen sagte, daß auch ältere Kinder als sie damit nicht allein hätten fertig werden können. Mit diesem Geschehnis senkte sich eine große Last auf uns, doch ahnten wir damals glücklicherweise noch nicht, daß sie schwerer und schwerer werden würde, bis wir beide beinah unter ihrer Wucht zusammenbrechen sollten.

Zunächst faßten wir den Entschluß, die Kinder von der Schule befreien zu lassen und ihren Unterricht selbst zu übernehmen. Nach einem Besuch bei dem uns schon bekannten, klugen und wohlgesinnten katholischen Pfarrer, der auch den Religionsunterricht in der Volksschule erteilte und der mir den Rat gab, mich auf seine Empfehlung hin direkt zum Schulrat des Kreises zu begeben, fuhr ich am nächsten Tag zu ihm. Ich fand einen freundlichen alten, für das, was ich vorbrachte, durchaus verständnisvollen Schulmann, der selbst lange Lehrer gewesen war. Er empfahl mir, einen Antrag auf Schulbefreiung der Kinder zu stellen und gleichzeitig den Vorschlag zu machen, mir als der Mutter den Unterricht zu übertragen. »Aber«, sagte er dann, »nur weil Sie die Mutter sind, dürfen Sie noch keinen Schulunterricht erteilen. Hatten Sie einen Beruf?« Als ich erwiderte, daß ich neben Geschichte und Philosophie auch Pädagogik studiert hätte, schüttelte er freundlich lächelnd den Kopf: »Das genügt einer hohen Schulbehörde nicht.« Schnell fiel ich ein, ich sei vor meinem Studium Kindergärtnerin und Jugendleiterin gewesen. »Prachtvoll«, unterbrach er mich, »da haben wir ja alles, was wir brauchen! Schreiben Sie nichts vom Studium in Ihrem Antrag, aber heben Sie hervor, daß Sie in Ihrer Eigenschaft als Kindergärtnerin die Qualitäten besitzen, den Schulunterricht der Kinder zu übernehmen.« Sehr erleichtert fuhr ich heim mit der Erlaubnis, bis zum Entscheid meines Antrages, den ich in seinem Amtszimmer sofort geschrieben und ihm eingereicht hatte, die Kinder vom Schulbesuch fernhalten zu dürfen.

Wir atmeten beide auf, als nach einigen Tagen der in unserem Sinne positive Entscheid anlangte und hofften die Angelegenheit damit erledigt. Wieder herrschte kurze Zeit Ruhe und Frieden. Wir teilten uns in den Unterricht und hatten Freude daran. Die Kinder gewannen schnell ihre alte Frische und Heiterkeit zurück. Resi, die junge Bauerntochter, bewährte sich ausgezeichnet und wurde uns wegen ihrer Fröhlichkeit, ihres Fleißes und ihrer Liebe zur Natur bald so lieb wie ein eigenes Kind. Auch die Kinder liebten sie wie eine große Schwester, sie gehörte zu uns, und man merkte ihrem ganzen Wesen an, daß sie sich wohlfühlte. Ihre Eltern, besonders Resis Mutter, waren glücklich, denn ihrer körperlichen und seelischen Zartheit wegen eignete sie sich nicht für jede Stelle. Es hatte sie in den letzten Jahren manchmal gedrückt, daß sie nicht wie die ältere und die nächstjüngere Schwester in einer Saisonstelle viel Geld verdienen, sondern höchstens daheim der Mutter etwas Arbeit abnehmen konnte. Nun hob sich ihr Selbstbewußtsein und zugleich ihr ganzes Befinden, als sie merkte, daß sie sehr wohl imstande war, etwas zu leisten und Geld zu verdienen.

Da traf uns Mitte Dezember ein neuer Schlag in Gestalt eines Briefes von der Gemeinde folgenden Inhaltes: Unser Verbleiben hier sei unerwünscht, und die Gemeinde wäre uns zu Dank verpflichtet, wenn wir sie so schnell wie möglich verließen. Wir wußten sofort, daß der Lehrer dahinter steckte, der sich mit dem befreundeten Bürgermeister ins Benehmen gesetzt hatte. Alle Versuche, die auch von anderer Seite verschiedentlich unternommen wurden, diesen Gemeindebeschluß rückgängig zu machen, scheiterten. Ich sehe Dich noch, niedergeschlagen vom Bezirksamt Berchtesgaden zurückgekehrt, am Tisch sitzen: »Es ist eine seelische Roheit, hat der Regierungsrat gesagt, aber er kann nichts dagegen tun. Das einzige ist, daß wir in Ruhe etwas anderes suchen können und an keinen Termin gebunden sind. Er schlägt uns die Reichenhaller Gegend vor; dort im Kurort sei man sicher weitherziger, und wir kämen um neue Schwierigkeiten mit der Schule herum, weil er zum gleichen Kreis gehört. Wir werden uns eben als Wahlspruch wählen«, so schlossest Du seufzend und etwas bitter, »lustig ist das Zigeunerleben!« »Oh nein, Vati«, mischte sich da Peter ein, »wir wählen lieber als Wahlspruch: Wem Gott will rechte Gunst erweisen, den schickt er in die weite Welt!« Beschämt sahen wir beide uns an, unser Junge hatte uns da eine Lektion erteilt,

Wie stark die Volksschulen nationalsozialistisch durchsetzt waren, zeigt sich daran, dass viele Lehrer nach 1945 wegen ihrer nationalsozialistischen Vergangenheit nicht wieder eingestellt wurden. Die Zahl der von der „Militärregierung aus dem Dienst entlassenen Lehrkräfte für den engeren Landkreis Reichenhall" belief sich auf 24, davon 14 Männer, darunter auch Lehrer Leonhardt; aus Berchtesgaden wurden 26 nicht übernommen, davon 23 Männer.[16]

Else Rosenfeld hatte frühzeitig erfahren, dass der Aufenthalt der Familie hintertrieben wurde: „Als wir einmal in der Kirche in Unterstein einer Chorprobe beiwohnten, ist uns hinterbracht worden, dass Herr Lehrer Leonhardt die Äußerung getan habe, er werde dafür sorgen, dass wir nicht mehr lange in Schönau bleiben."[17]

Auch Bürgermeister Friedrich Zeitz aus Schönau galt als begeisterter Nationalsozialist.[18]
Siegfried Rosenfeld gab in seiner Vernehmung 1934 zu Protokoll: „Herr Oberreg.rat v. Feilitzsch hat mir in einer Besprechung erklärt, dass ein Wohnen in Reichenhall, insbesondere in Bayer. Gmain nicht beanstandet würde." Am 28. Januar 1934 erhielt Rosenfeld ein weiteres Schreiben des Gemeinderates, dass sein Aufenthalt in Schönau nach wie vor unerwünscht sei, man wäre ihm dankbar, wenn er die Gemeinde alsbald verlassen würde. Am 12. Februar bat Rosenfeld in einem Brief um eine Begründung, warum er die Gemeinde verlassen solle, erhielt aber keine Antwort.[19] Reichenhall war „Führerbezirk" und Juden waren somit gänzlich unerwünscht.

und wir waren entschlossen, sie zu lernen. Er sollte nicht wieder Gelegenheit haben, uns zurechtzuweisen. Waren wir uns doch glücklicherweise völlig einig darin, daß wir alle unter keinen Umständen Haß und Erbitterung zu Herren über uns werden lassen wollten, mochten Verfolgungen noch so schwerer und ungerechter Art auch über uns hereinbrechen.

Auf ein Inserat in der Reichenhaller Zeitung meldeten sich einige Interessenten, und wir fuhren Anfang Februar hinüber. Die Erledigung des Gemeindewunsches hatte sich so lange hinausgezögert, weil Du im Januar, einer Karbunkeloperation wegen, längere Zeit gänzlich außer Gefecht gesetzt warst. Aber wir waren nun fester denn je entschlossen, in der Gegend zu bleiben, unter der wachsamen ärztlichen Betreuung von Dr. G., der mehr und mehr unser Vertrauen gewann.

Die Rosenfelds waren bei Dr. Gottschalk in Behandlung.

Isartal, Sonntag, den 3. September 1939

Tilla kam gestern abend frisch und braun mit einem Strauß herrlicher Enziane zurück, die nun vor mir auf dem Tisch stehen. Im vergangenen Jahre haben wir sie noch zusammen auf einer der Höhen über dem Walchensee gepflückt. Ach, wann werden wir beide wieder gemeinsame Wanderungen machen können?

Ich überlas eben flüchtig, was ich bisher geschrieben hatte, und merkte, daß ich fast unbewußt dazu übergegangen bin, aufzuzeichnen, was wir seit 1933 erlebt haben. Du wirst vielleicht einmal später darüber lächeln, daß ich in diesen Tagen das Bedürfnis empfand, aber es kann auch sein, daß wir beide und vor allem die Kinder ganz gern nachlesen werden, was unserer und noch mehr ihrer Erinnerung teilweise entschwunden sein wird. Mir ist alles so nah und gegenwärtig, daß es mir fast wie eine Entlastung vorkommt, es aufzuschreiben und dann etwas mehr aus dem Gedächtnis zu verlieren. Laß mich also fortfahren.

Ein Wohnungsangebot aus jenem Ort hatte Dich von vornherein angezogen, vor allem, weil Dich die Handschrift der Frau, die es geschickt, interessierte. Wir beschlossen, zuerst dorthin zu gehen. Es ist müßig zu überlegen, ob alles anders, weniger schwer und peinvoll gekommen wäre, wenn wir ein anderes Angebot berücksichtigt hätten. – Wir betraten das Haus von hinten, da die Gartentüre zum vorderen Eingang sich durch den davorliegenden ziemlich hohen Schnee nicht öffnen ließ. Der Hintereingang führte direkt in die Küche, einen wenig ansprechenden dunklen Raum mit kahlem Zementboden. Der Hausmeister – als solcher stellte er sich vor – ein besonders großer, kräftiger, noch junger Mann in SA-Uniform – trat uns entgegen. (Auch das und die Hakenkreuzflagge am Hause auf dem Kartenbild, das das Angebot enthielt, hätten uns ein Warnungszeichen sein können!) Herr J. führte uns in den der Küche benachbarten Raum, in dem uns die Besitzerin des Hauses, Frau Winterling, empfing.

Als „Zeugin" vor dem Sondergericht schilderte die Vermieterin, Frau „Winterling", die Szene so: „Der Beschuldigte Dr. Rosenfeld ist auf Grund eines Chiffre-Inserates im Reichenhaller Tagblatt, auf das ich geantwortet hatte, wobei ich ein Bild meines Hauses mit einer Hakenkreuzfahne beilegte, zu mir gekommen … Ich habe dem Dr. Rosenfeld auch nicht verhehlt, dass ich schon nach dem Hitlerputsch im Jahre 1923 die Waffen des Bundes Oberland und von Ende 1930 bis zum Umsturz die Waffen der SA in meinem Hause versteckt hatte … Rosenfeld frug mich, ob die Tatsache, dass er Jude sei, der Vermietung nicht im Wege stehe, worauf ich ihm wörtlich erwiderte: So lange sie nichts gegen die Regierung unternehmen, nicht auf die Regierung schimpfen, mir pünktlich die Miete zahlen, Ruhe halten u. nichts ruinieren, geht mich das nichts an."[20]

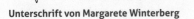

Unterschrift von Margarete Winterberg

Herr J.: Martin Jakobi

Tagebuchaufzeichnungen Else Behrend-Rosenfeld

Sie war etwa vierzigjährig, immer noch schön, klug und liebenswürdig und überaus gewandt in ihrem Auftreten. Sie ging mit uns die Treppe hinauf, um uns die Räume zu zeigen, die sie vermieten wollte. Es waren vier Zimmer. Sie waren nett eingerichtet, und wir scheuten langes Herumsuchen. Wir sagten Frau Winterling, der man anmerkte, daß sie uns sehr gern diese Räume abgab, die außerhalb der Saison nichts einbrachten, mit dürren Worten, daß wir Juden und frühere Sozialdemokraten seien, daß wir aus der Gemeinde, in der wir wohnten, fort müßten unserer Rassenzugehörigkeit halber, und daß wir sie bäten, etwaige Bedenken sofort zu äußern, da wir keine späteren Schwierigkeiten haben wollten. Sie erklärte sehr liebenswürdig, daß sie selbst eine große Anzahl jüdischer Freunde habe, wir auch weder an der Hakenkreuzfahne an ihrem Hause, noch an der SA-Uniform ihres Hausmeisters Anstoß nehmen müßten. Er sei zwar der SA-Führer des Ortes, aber er sei schon längst nicht mehr überzeugt von der Richtigkeit dessen, was die Partei tue. Außerdem sei er ihr sehr ergeben und billige ohne weiteres ihre Maßnahmen. Sie meine sogar, er sei in seiner Funktion eher ein Schutz für uns. Übrigens sei sie durch ihren verstorbenen Mann, einen bekannten Operettenkomponisten, Tschechoslowakin und deshalb in ihrem Handeln verhältnismäßig frei und unabhängig. Wir machten ab, daß wir Ende Februar 1934 einziehen würden. –

Wir haben trotz allem die Zeit im Mentenhäusl, wie unsere Klause vor dem Hohen Göll hieß, unendlich genossen, vielleicht noch intensiver, weil wir wußten, daß unseres Bleibens dort nicht lange sein konnte. Auch den Kindern ist es so gegangen, das haben wir immer wieder aus Gesprächen mit ihnen über diesen Winter gemerkt. Wie wunderbar wirkte die weiß funkelnde Halde vor dem riesigen Bergmassiv mit seinem Saum von dunklen Wäldern – der Kranz der übrigen Bergriesen ringsum, ob nun die heiße Sonne vom tief dunkelblauen Himmel strahlte oder der Mond alles mit seinem magischen Schein übergoß und die Sterne so hell und in so großer Zahl funkelten, wie wir es noch nie vorher gesehen hatten! Das alles machte einen so unauslöschlich tiefen Eindruck auf uns, daß wir diese schwere, schmerzlichsüße Zeit nie missen möchten. –

Resi hat von sich aus den Wunsch geäußert, mit uns in jenen Ort zu ziehen. Ich hatte Bedenken gehabt wegen des Heimwehs, das sie vielleicht überfalle, da sie noch nie längere Zeit von Hause fort gewesen war, aber sie erklärte, daß sie keine Furcht davor habe, besonders weil wir ihr versprochen hatten, daß sie mindestens alle vierzehn Tage übers Wochenende zu den Eltern fahren sollte. –

Der Abschied wurde mir entsetzlich schwer, mir war, als verlöre ich mit dem Fortgehen aus dieser mir so lieb gewordenen Landschaft, von den Bewohnern, deren manche uns wie Freunde nah gekommen waren, und von dem Häusl, das bei aller Primitivität und Unbequemlichkeit des Bewirtschaftens uns doch so lieb und vertraut geworden war, wieder ein Stück Heimat. Und ein dunkles Vorgefühl, daß schlimme Zeiten kommen würden, verstärkte noch diesen Schmerz, dessen Heftigkeit mir selbst fast unheimlich war. –

Frau „Winterling" hieß Margarete Winterberg, geb. 12. September 1887 in Budapest, ehemalige Schauspielerin, verwitwet, Besitzerin des Hauses „Margaretenhof": „Ich bin tschechoslowakische Staatsangehörige durch meinen Mann, Operettenkomponist Robert Winterberg."[21] Erst später bekamen die Rosenfelds zu spüren, dass sie es mit einer notorischen Denunziantin zu tun hatten, die mit den Nationalsozialisten aus Schönau wie Bürgermeister Zeitz und Volksschulleiter Leonhardt bestens vernetzt war.

Über Martin Jacobi, Truppführer der SA, 33 Jahre, ledig, Handelsgärtner in Bayerisch Gmain, hieß es später im Sondergerichtsprozess: „Der Eideshelfer der Frau Winterberg und angebliche weitere Belastungszeuge Jakobi ist ein stumpfer Mensch, ein willenloses Werkzeug in der Hand dieser selten gewandten Frau, mit der er seit Jahren zusammenlebt. Er sagt aus, was sie ihm befiehlt ..."[22] Jacobi beging nach dem Krieg Selbstmord.

Im Februar 1934 zogen die Rosenfelds vom Mentenhäusl zu Frau Winterberg in den Margaretenhof nach Bayerisch Gmain, einen Ort mit knapp 950 Einwohnern.

Dabei wurden wir im neuen Wohnort sehr freundlich willkommen geheißen. Frau Winterling bot ihre ganze Liebenswürdigkeit auf, um uns den Anfang leicht zu machen. Aber schon nach zwei Tagen klagte Resi über so heftige Schmerzen, daß der schnell herbeigeholte Arzt eine Blinddarmentzündung feststellte und die sofortige Überführung ins Reichenhaller Krankenhaus anordnete. Noch am gleichen Abend wurde sie operiert. Wir benachrichtigten ihre Eltern, die uns dann Resis ältere Schwester Kathi zur Aushilfe schickten. Resis Operation war nicht einfach, Komplikationen waren aufgetreten, und ihre Genesung ging nur sehr langsam vorwärts. Die Eltern besuchten sie alle Sonntage und kehrten dann auch bei uns ein.

Ich konnte mich im neuen Haus nicht eingewöhnen. Unsere Zimmer waren zwar hübsch, aber ich fühlte mich nie wohl darin, und vor dem übrigen Haus, besonders aber vor der Küche und dem angrenzenden Raum, hatte ich geradezu ein Grauen, das mir selbst unerklärlich war. Wir haben oft darüber gesprochen, Du schütteltest den Kopf über mich und hast wohl manchmal gemeint, ich sei durch die Aufregungen der vergangenen Monate überreizt oder gar hysterisch geworden. Über unsere Wirtin haben wir uns viel unterhalten. Sie imponierte uns durch ihre umfassende Bildung, ihre Sprachenkenntnis, die sie ständig erweiterte, ihr geschichtliches Wissen und ihre hübsche, geschulte Stimme. Du hast Dich besonders oft mit ihr unterhalten. Ihre Liebenswürdigkeit und Gefälligkeit ging uns manchmal fast zu weit. Wir verwunderten uns zuweilen über das merkwürdige Leben, das sie führte. Sie ging niemals aus. In den drei Monaten, die wir bei ihr wohnten, erinnere ich mich nur an zwei Male, da sie das Haus verließ. Sie saß vom Morgen bis in die Nacht in dem schrecklichen kleinen Zimmer zwischen Küche und Treppenflur und schrieb, las oder unterhielt sich mit dem Hausmeister oder einem von uns. Fast nie sah ich sie eine Arbeit verrichten. Dabei hatte sie im Erdgeschoß außer einem oder zwei anderen Räumen, die immer verschlossen gehalten wurden, und deren eines ihr Schlafzimmer war, ein wunderschönes Wohnzimmer, das wohl auch in der Saison den Gästen als Eß- und Aufenthaltsraum diente. Aber in dem häßlichen, kleinen Raum, in dem sie saß, mußte jeder Mensch, der das Haus und die Küche verließ oder betrat, an ihr vorüber, denn der Vordereingang blieb auch geschlossen, als der Schnee geschmolzen war, was in diesem Jahre schon in den allerersten Märztagen begonnen hatte. Sie überschüttete die Kinder mit kleinen Geschenken, allerdings bat sie auch häufig, Besorgungen für sie zu erledigen, wogegen wir natürlich nichts hatten. Sie ließ es sich auch nicht nehmen, uns zu unseren Geburtstagen etwas zu schenken. Es war uns fast zuviel des Guten. Aber sonst konnten wir nichts gegen sie einwenden, wenn ich auch keine rechte Sympathie für sie zu empfinden vermochte. Sehr bald wandten sich die Gespräche, die Du mit ihr führtest und denen ich gelegentlich beiwohnte, der politischen Sphäre zu. Sie erzählte, daß sie zu Beginn begeisterte Nationalsozialistin gewesen war, daß sie aber jetzt, besonders wegen der Judenpolitik, von der Partei enttäuscht und von ihr abgerückt sei. Sehr bald begann sie auf alles, was

Partei und Regierung taten, zu schimpfen, oft so übertrieben gehässig, daß wir beide, vor allem aber Du, sie zu beruhigen und ihre Übertreibungen auf das richtige Maß zurückzuführen versuchten. All das geschah so klug und war so geschickt gemacht, daß weder Du noch ich je in diesen ersten zehn Wochen darauf gekommen wären, es könnte zu einem besonderen Zwecke geschehen und nicht ehrlich gemeint sein. –

Im April endlich war Resi wieder gesund und konnte ihre Schwester ablösen. Aber wir merkten bald: Resi war nicht mehr die alte. Ihre harmlose Fröhlichkeit war dahin. Wir schoben es darauf, daß sie immer noch recht schonungsbedürftig war und sich oft müde und matt fühlte. Wenn ich sie fragte, sagte sie immer, es bedrücke sie nichts, als daß sie sich noch nicht kräftig und gesund fühle.

Inzwischen hatte ich Dich immer wieder gebeten, nach einer neuen Wohnung in diesem Ort Umschau zu halten. Wir hatten bei Frau Winterling nur für drei Monate, das heißt bis zum 31. Mai gemietet, denn mit dem 1. Juni begann die Saison und damit die Möglichkeit, ihre Räume mit mehr Gewinn an Kurgäste abzugeben. Wir wollten uns in den Sommermonaten mit einer kleineren Wohnung begnügen, deren Saisonpreis unseren Verhältnissen angemessen war. Was haben wir uns alles angesehen! Im weiten Umkreis des Ortes besichtigten wir alle Häuser, die irgendwie in Frage kamen, und waren mehr als einmal dicht vor dem Abschluß des Vertrages, der sich dann aus irgendeinem Grunde im letzten Augenblick nicht realisieren ließ. Frau Winterling war uns anscheinend selbst in freundlichster Weise behilflich, immer wieder wußte sie ein Haus zu nennen, in dem wir noch nachfragen konnten. Ja, sie erzählte eines Tages sogar halb lachend, halb entrüstet, daß eine Frau, bei der sie unsertwegen vorstellig geworden war, sie mißtrauisch gefragt hätte: »Warum wollen Sie denn die Leute nicht selbst behalten, wenn es doch so gute Mieter sind? Die Sache muß doch einen Haken haben!« Sie meinte weiter, sie hätte dann die weiteren Verhandlungen mit der Frau kurz abgebrochen, denn ein Mensch, der nicht einsehen könne, daß man aus freundschaftlichen Gründen anderen zu etwas verhelfen wolle, was einem selbst Mühe verursache, der sei als Wirtin für uns nicht geeignet.

In den ersten Maitagen mußte ich mich einer kleinen Operation unterziehen und ging zu unserem Arzt in die Klinik. Ursprünglich hatte er nur mit einigen Tagen Aufenthalt für mich gerechnet, aber es hatten sich gewisse Komplikationen gezeigt, und ich konnte erst am 16. Mai wieder heim. Doktor G. verlangte noch völlige Schonung für mich, aber Resi verstand sehr wenig vom Kochen, und wenn ich zu Hause war, konnte ich sie wenigstens anweisen. Am Tag vor meiner Entlassung war wieder einmal eine Wohnung, auf die wir schon fest gerechnet hatten, plötzlich nicht mehr zu haben, und ich ließ mich infolge meines noch wenig guten körperlichen Zustandes stärker von diesem Mißerfolg deprimieren als sonst. Außerdem hatte ich ein unendliches Grauen vor der Rückkehr in das Haus, das mir je länger je mehr unheimlich und bedrückend erschien.

Margarete Winterberg hintertrieb auch andere Mietgesuche der Rosenfelds, so im „Haus Rheingold" des Zahnarztes Dr. Ditmar in Bayerisch Gmain. „Sie ging selbst mit Dr. Rosenfeld dorthin, schaute die Wohnung mit ihm an, teilte ihm nach einigen Tagen mit, die Wohnung sei anderweitig vermietet," obwohl sie weiterhin annonciert wurde.

Dasselbe Spiel trieb sie im Landhaus Renk, wo sie hinter dem Rücken der Rosenfelds der Vermieterin Renk sagte, „sie solle doch diese Juden nicht nehmen, sie soll doch einfach eine recht hohe Miete von ihnen verlangen".

Du hattest mich von der Klinik in B. abgeholt und mich die wenigen Bahnstationen bis zum Wohnort begleitet. Auf dem kleinen Bahnhof standen die Kinder und winkten mir mit ihren für mich gepflückten Blumen fröhlich entgegen. Aber im Hause erwartete uns ein neuer Schrecken: Frau Winterling, die uns ziemlich verlegen und ohne den üblichen liebenswürdigen Wortschwall empfing, teilte uns kurz mit, daß Resi in einer schweren Ohnmacht auf ihrem Bett liege. Was sie auch probiert habe, nichts hätte sie zum Erwachen bringen können. Wir baten den Reichenhaller Arzt zu kommen, der sie schon vor der Blinddarmoperation besucht hatte. Er schüttelte den Kopf und veranlaßte eine erneute Einweisung ins Krankenhaus. Kurz vor dem Eintreffen des Krankenwagens erwachte Resi, war aber kaum imstande zu sprechen und an allen Gliedern wie gelähmt. Traurig nahmen wir Abschied von ihr. –

Wir hatten geplant, in einigen Tagen zur Beschleunigung meiner Erholung in das reizende Dörfchen Au zu fahren, das ich schon von einem Sommeraufenthalt in meiner Kindheit kannte und immer als besonders reizvoll in Erinnerung behalten hatte. Nun kündigten wir unsere Ankunft schon für den nächsten Tag an. Auch an Resis Mutter sandten wir telephonisch Nachricht, und sie kam sofort, um ihre Tochter zu besuchen und mir behilflich zu sein, die nötigen Sachen für die kleine Reise zu packen.

Ich muß bis zur Abfahrt am kommenden Tag eine schwere Belastung für Dich gewesen sein, mein Lieber. Denn meine Tränen strömten unaufhörlich, und nicht nur meiner elenden Verfassung, der entgangenen Wohnung und Resis traurigen Schicksals wegen, sondern in dumpfer Ahnung weiteren, sich wie Gewitterwolken über uns zusammenballenden künftigen Unheils.

Wieder war uns eine Atempause vergönnt. Meine Bedrückung wich vor dem unendlich lieblichen Tal mit den über und über blühenden Wiesen – voller Margeriten die eine, voller wilder Stiefmütterchen eine andere, vor dem lustigen Bergbach und den schmucken Häusern, die weit über die Berglehnen verstreut waren. Wir wohnten im letzten, höchstgelegenen Haus, im gleichen, in dem ich etwa dreißig Jahre vorher mit Eltern, Geschwistern und der geliebten Großmutter herrliche Ferienwochen zugebracht hatte. Immer wieder ließen sich die Kinder davon erzählen, wie es damals gewesen war, jede Einzelheit wollten sie wissen. Und ich berichtete nur zu gern davon, ließ mich zurücktragen in jene Zeit der Sorglosigkeit und Jugendlust! In der kräftigen Bergluft machte meine Erholung gute Fortschritte.

Von Resi hörten wir, daß man mit einem längeren Krankenhausaufenthalt rechnen müsse, noch wußten die Ärzte nicht, was ihr eigentlich fehle. Da ihre Schwester eine Saisonstelle angetreten hatte, mußten wir uns nach einem anderen Ersatz umsehen. Wir fanden ihn rasch; die Schwester eines Gesellen unseres Hauswirtes, siebzehnjährig, suchte eine Haushaltstelle. Ihre Eltern wohnten auf österreichischem Gebiet. Die Grenze verlief dicht hinter dem Dörfchen. Du gingest hin nach genauer Verabredung und fandest sie jenseits der Schranken. Die

Else Rosenfeld kam zu Dr. Gottschalk wegen einer Nierensteinbehandlung.[24]

Hedwig: Über das Hilfsdienstmädchen Kathie Stocker aus Schönau bei Berchtesgaden sagte Siegfried Rosenfeld: „Auch sie sollte – wahrheitswidrig! – aussagen, sie sei bei Rosenfeld schlecht behandelt und verpflegt worden."

Tagebuchaufzeichnungen Else Behrend-Rosenfeld

gutmütigen Zollbeamten gestatteten die Annäherung gern, als ihnen der Sachverhalt erklärt wurde. Hedwig gefiel Dir gleich gut, und auch sie äußerte ihre Zufriedenheit, zu uns zu kommen. –

In den letzten Maitagen fuhren wir wieder nach Reichenhall zurück, am 1. Juni sollte Hedwig antreten. Bis dahin half Resis Schwester noch aus. Mit Frau Winterling war besprochen, daß sie uns von den vier Zimmern, die wir bisher bewohnten, die drei ineinander gehenden weiter vermieten würde. Ein besonderer Mietvertrag sei nicht notwendig, die Kündigung könne vierzehntägig erfolgen. Zunächst würden wir für die drei Zimmer denselben Mietpreis bezahlen wie vorher für die vier, da jetzt die Vorsaison beginne. Für die Saison, sollten wir dann noch da sein, würde ein entsprechender Aufschlag mit ihr vereinbart werden.

Am 1. Juni ziemlich früh morgens wurde uns der Gemeindesekretär gemeldet, der Dich zu sprechen wünschte. Er eröffnete uns, daß der Parteikommissar des Kreises unser weiteres Verbleiben in seinem Kreise nicht wünsche. Frau Winterling, die ohne weiteres der Unterredung beigewohnt hatte, die in ihrem gewöhnlichen Aufenthaltsraum stattfand, gab nach der Entfernung des Sekretärs ihrer Empörung in den schärfsten Worten Ausdruck. »Wissen Sie, was ich an Ihrer Stelle täte?«, sagte sie, »ich würde mich einfach nicht daran kehren und ruhig hierbleiben. Was kann Ihnen denn geschehen? Nichts, denn dieses Vorgehen ist absolut ungesetzlich.« Wir waren beide still und gingen in unsere Zimmer. Bald darauf kam Frau G., Resis Mutter, um ihre Tochter im Krankenhaus zu besuchen und uns vorher zu sehen. Aber sie hatte noch etwas Besonderes auf dem Herzen und wünschte, mich allein zu sprechen. »Ich hätte Ihnen schon längst etwas sagen sollen« begann sie bedrückt, »bei jedem Besuch, den ich bei Resi mache, beschwört sie mich, offen mit Ihnen zu reden. Aber es ging Ihnen so schlecht, und bis in die Au hinauf wollte ich Sie nicht damit verfolgen, doch nun kann und darf ich nicht länger warten. Sie haben sich, wie Resi mir erzählte, oft Gedanken darüber gemacht, daß sie bald nach ihrer Rückkehr aus dem Krankenhaus ganz gegen ihre Art so still gewesen sei. Das hatte seinen guten Grund. Frau Winterling begann, sich mit ihr zu unterhalten, sie auszufragen nach Ihnen und Ihrem Mann, ihr zu sagen, daß sie es ihrer Meinung nach gar nicht gut bei Ihnen habe, daß sie zu wenig und zu schlecht zu essen bekäme, und daß sie, Frau Winterling, ihr eine viel bessere und viel leichtere Stelle bei höherem Verdienst verschaffen könne, wenn sie, Resi, nur einwillige.« Zudem seien wir Juden, minderwertige Menschen, mit denen die jetzige Regierung sicher bald aufräumen werde. Da sei es klüger, sich beizeiten von uns zu trennen. Resi hat versucht, sie zu widerlegen, aber sie ist gegen Frau Winterlings Redegewandtheit nicht aufgekommen. Da hat sie sich überlegt, sie wolle das schweigend über sich ergehen lassen, uns aber nichts davon sagen, da wir ohnehin Sorgen genug hätten und ja auch möglichst bald das Haus von Frau Winterling wieder verlassen wollten. Frau G. fuhr fort zu erzählen: »An dem Tag, an dem Sie, liebe Frau Doktor, aus der Klinik zurückkamen, war Resi darüber voller Freude, denn in der Zeit Ihres Fernseins hatte Frau Winterling sie häufiger und stärker

Die Monatsmiete betrug für drei möblierte Zimmer monatlich 75 Reichsmark.

Rechtsanwalt Willi Walter in einem Schreiben an das Sondergericht: „Am 1.6.34 morgens 8 Uhr erschien der Gemeindesekretär Brandauer von Gmain und teilte Herrn Dr. Rosenfeld mit, sein und seiner Familie Bleiben in der Gemeinde Gmain sei unerwünscht, er habe ihm dies im Auftrag der Stützpunktleitung der Partei zu eröffnen."[25]

bearbeitet als je zuvor. Resi war in die Küche gegangen, um das Geschirr zu spülen, als die Frau erneut auf sie einredete. Sie wüßte, daß wir Resi ausbeuteten, es dränge sie, ihr zu helfen. Resi müsse es nur geschehen lassen, dann würde es ihr bald so gut gehen, wie sie sich gar nicht vorstellen könne. Resi beeilte sich, aus der Küche zu kommen, und ging in ihr Zimmer, um sich noch ein bißchen auszuruhen, wie sie es fast täglich tat. Doch kaum lag sie auf ihrem Bett, da erschien Frau Winterling von neuem mit einem Papier und einem Stift in der Hand. Resi brauche nur dieses Papier zu unterschreiben, dann mache sich alles übrige schon von selbst. Resi weigerte sich, Frau Winterling wurde dringender. ›Du wirst reich werden, wenn du es tust, sei nicht so dumm, du stehst deinem Glück im Weg!‹ Resi erklärte wieder, nie werde sie dies Papier unterschreiben. Schließlich ließ die Frau achselzuckend von ihr ab. Resi schleppte sich hinunter, um Kaffee zu kochen, doch noch ehe sie die Küche erreichte, wurde ihr schwarz vor den Augen, und Frau Winterling konnte gerade noch hinzuspringen und sie zu einem Stuhl führen, sonst wäre sie umgefallen. Etwas später habe Frau Winterling ihr dann ein Getränk gereicht: ›Nimm das, es wird dich beruhigen und dir gut tun, ich bringe dich dann wieder herauf, du hast noch Zeit, ein wenig zu ruhen. Den Kaffee bereite ich, und ich wecke dich dann, kurz ehe sie kommen.‹ Gehorsam schluckte Resi das Getränk, in das Frau Winterling eine ihr unbekannte Droge getan hatte, und ließ sich willig zu ihrem Bett bringen, wo sie gleich darauf in die tiefe Ohnmacht fiel, in der Sie sie angetroffen haben. Hier ist ein Brief von ihr, in dem sie für Sie alles aufgeschrieben, wie es sich abgespielt hat und wie ich es Ihnen eben kurz geschildert habe.« Ich unterbrach sie ungestüm: »Aber hat denn Resi nichts davon dem Arzt gesagt? Wenn sie es gleich mitgeteilt hätte, hätte der Arzt wahrscheinlich feststellen können, was Frau Winterling ihr gegeben hatte, und man wüßte vielleicht besser, was ihr eigentlich fehlt.« Frau G. verneinte. »Und nun noch eins, liebe Frau Doktor«, fuhr sie fort, »Resi bittet und beschwört Sie, doch bloß so schnell wie möglich mit der ganzen Familie von hier fortzugehen, ehe ein großes Unglück geschieht.« Ich habe Frau G.'s Erzählung nicht mehr mit ihren Worten wiedergeben können, aber Du weißt, daß ich sie nur in unsere Sprache übertragen habe und daß der Sinn genau derselbe ist. –

Ich erklärte ihr, daß ich Dich von dem Gehörten sofort in Kenntnis setzen müßte, was auch geschah. Frau G. verließ uns dann, ein wenig erleichtert, um Resi zu besuchen und ihr zu sagen, daß wir nun alles wüßten, ihren Brief mit der genauen Darstellung in Händen hätten und so schnell wie möglich unsere Konsequenzen aus dem Mitgeteilten ziehen würden. –

Wir waren zunächst wie betäubt. Längst schon wußte Frau Winterling in allen Einzelheiten, was sich zwischen dem Lehrer, dem Bürgermeister und uns abgespielt hatte. Was lag näher als der Gedanke, daß sie auch mit ihnen in Verbindung stand! Aber was konnte sie für ein Interesse daran haben, gegen uns vorzugehen? Noch sahen wir nicht klar, konnten nicht so schnell begreifen, daß sie ein Agent provocateur war, eine Spionin großen Stils vielleicht, der ein solches Int-

Siegfried und Else Rosenfeld stellten in ihren Aussagen ihr Verhältnis zu ihrem Dienstmädchen klar. Siegfried Rosenfeld: „Infolge dieser Einwirkung hatte das Dienstmädchen Gschwendtner, das natürlich die Unterschrift dieser Erklärung verweigerte, eine Ohnmacht erlitten, in welchem Zustande ich und meine Frau es in der Wohnung antrafen."

Else Rosenfeld: „Das Dienstmädchen Therese Gschwendtner ist bei uns behandelt worden wie unser eigenes Kind."

Tagebuchaufzeichnungen Else Behrend-Rosenfeld

rigenspiel eine willkommene Abwechslung, einen Nervenkitzel bedeutete. Zudem hatte sie wirtschaftlich nichts mehr von uns zu erhoffen, über die tote Zeit hatte ihr die Miete, die sie von uns bekam, hinweggeholfen, in der Saison, die nun einsetzte, konnte sie von Kurgästen mehr einnehmen. –

Wir beschlossen, uns Frau Winterling gegenüber nichts anmerken zu lassen, was wir auch Frau G. versprochen hatten, und zu unserem Arzt zu fahren, um mit einem unbefangenen, uns wohlgesinnten, klugen Mann die ganze Angelegenheit zu besprechen und dann unseren Beschluß zu fassen. Die Fahrt zum Doktor würde Frau Winterlings Argwohn nicht erregen, weil sie wußte, daß ich nochmals zur Nachuntersuchung zu ihm bestellt war. –

Ich mußte hinunter in die Küche, Resis Schwester war früh abgefahren, um ihre Sachen für die neue Stelle zu rüsten, und das Mittagsgeschirr mußte gespült werden. In der schrecklichen Küche überfiel mich das Gefühl der kommenden Schwierigkeiten und die ganze Tragweite des Entsetzlichen, das wir erfahren hatten, so stark, daß ich meine Tränen nicht zurückhalten konnte. Gleich darauf erschien Frau Winterling, um irgend etwas zu holen, und sah meine Tränenspuren. Sofort eilte sie auf mich zu, umarmte und streichelte mich und sagte: »Aber Sie dürfen doch das, was der Sekretär Ihnen mitteilte, nicht tragisch nehmen! Es wird schon alles gut werden, die bösen Menschen, die solche Verfügungen erlassen, sind es doch nicht wert, daß Sie deswegen auch nur eine Träne vergießen!« »Da haben Sie recht«, sagte ich energisch und machte mich von ihrer Umarmung frei, »das lohnt sich wirklich nicht.« »So ist's richtig«, entgegnete sie noch, indem sie in ihren Wohnraum zurückkehrte. –

Am Nachmittag kam Hedwig, unsere neue, kleine Haushilfe. Wir hatten inzwischen überlegt, sie mitzunehmen, wenn wir bald fortgehen würden. Sie hatte keine genaue Zeit ihrer Ankunft angegeben, aber Du hattest ihr den kurzen Weg vom Bahnhof bis zum Hause genau beschrieben. Frau Winterling zeigte ihr, wo unsere Zimmer waren. Hedwig gefiel mir auf den ersten Blick mit ihrem offenen Gesicht, ihren frischen Farben, den schönen schwarzen Augen und dem krausen dunklen Haar. Schnell hatte sie die erste Befangenheit überwunden. »Als ich in das Haus kam und die Frau unten mich begrüßte«, so plauderte sie, als wir nach dem Kaffee zusammen beim Strümpfestopfen auf dem Balkon saßen, »bekam ich einen Schreck, weil ich meinte, sie sei es, zu der ich käme. Aber bei der wäre ich nicht geblieben, lieber wäre ich noch heute wieder nach Hause gefahren!« »Aber was hat sie denn zu dir gesagt?« fragte ich. »Nichts Besonderes, aber sie ist mir halt zuwider«, gab sie freimütig zur Antwort. Dieses Naturkind hatte ein feineres und besseres Gefühl als wir! Ich gab ihr den Rat, sich möglichst mit Frau Winterling nicht in Gespräche einzulassen, was sie, ohne weiter zu fragen, gern versprach.

Unser Arzt hörte sehr aufmerksam zu, was wir ihm erzählten. Er war fest überzeugt, daß Frau Winterling Fühlung mit dem Lehrer und dem Bürgermeister genommen hatte und mit Ihnen gemeinsam gegen uns arbeitete. »Versuchen Sie so schnell wie möglich fortzukommen. Sagen Sie Ihr, ich hätte Ihrer Frau eine rasche

Else Rosenfeld im Verhör: „Wir haben die Frau Winterberg immer für eine gute Freundin gehalten. In der politischen Angelegenheit hat sie mir und meinem Mann immer wieder erklärt, sie wolle uns helfen, es sei empörend, wie wir behandelt würden. Auch sagte sie, besonders in Bayer. Gmain gebe es nur 3 Lumpen, nämlich den Zingsheim und Heinrich – an den Namen des Dritten kann ich mich nicht mehr erinnern – die gegen uns hetzen. Noch am 4. Juni 1934 in den Vormittagsstunden, als sie mich in der Küche beim Abspülen weinen sah, hat mich die Winterberg umarmt und geküsst und gesagt, dass es die Lumpen in Bayer. Gmain nicht wert wären, dass ich weine."[26]

Hedwig: Kathie Stocker

Bad Reichenhall hatte 1933 etwas über 8.000 Einwohner, u. a. 7.000 Katholiken, 850 Evangelische und 8 „Juden". Bei den Reichstagswahlen entfielen von 4.902 abgegebenen Stimmen 2.194 auf die NSDAP. [27]

Luft- und Umgebungsänderung verordnet. Noch besser wäre, wenn Sie heimlich fortgehen könnten, weil ich überzeugt bin, sie hat noch einen Coup vor und wird ihn in Szene setzen, wenn sie merkt, daß Sie abreisen wollen.« Aber dies letztere war unmöglich, sie saß ja wie die Spinne im Netz und beobachtete jede Bewegung ihrer Opfer. »Halten Sie mich auf dem laufenden«, bat der Doktor beim Abschied, »und wenn Sie irgendeine Hilfe brauchen, so denken Sie an mich.«

Als Margarete Winterberg von der geplanten Abreise der Familie Rosenfeld erfuhr, richtete sie folgendes Denunziationsschreiben an den Bürgermeister von Schönau: „Bayr. Gmain, 7.6.34. Herrn Bürgermeister Zeitz, Unterstein.

Teile Ihnen höfl. mit, dass die Rosenfelds sich heute auf Reisen abgemeldet haben und heute oder morgen abreisen Richtung München, Adresse und neuen Aufenthaltsort halten Rosenfelds geheim. Vor Pfingsten waren Rosenfelds in Au bei Schuster Rasp. Gegessen haben sie im Gasthof von Au. Dort machten sie die Bekanntschaft von zwei pensionierten Lehrerinnen aus Hamburg (Flottbeck oder Klein-Flottbeck) und von einem sächsischen Eisenbahner-Ehepaar (Lokomotiv-Führer?). Denen hat Frau Rosenfeld, wie sie mir selbst erzählte, die ‚Verfolgungen' geschildert, denen sie und die Familie durch Zeitz und Leonhardt in Schönau ausgesetzt war. Nach ihren eigenen Worten gerieten die Zuhörer in helle Empörung und sprachen ihr die wärmste Teilnahme aus. Anschließend an diese Erzählung hat mir Frau Rosenfeld zugemutet, dass ich auf meinen Namen für sie eine Wohnung mieten soll. Was ich selbstredend sofort unserem Fraktionsführer Pg. Burgsheim mitteilte.
Heil Hitler! Gez. Frau M. Winterberg. Einschreibebrief v. 7.6.34."[28]

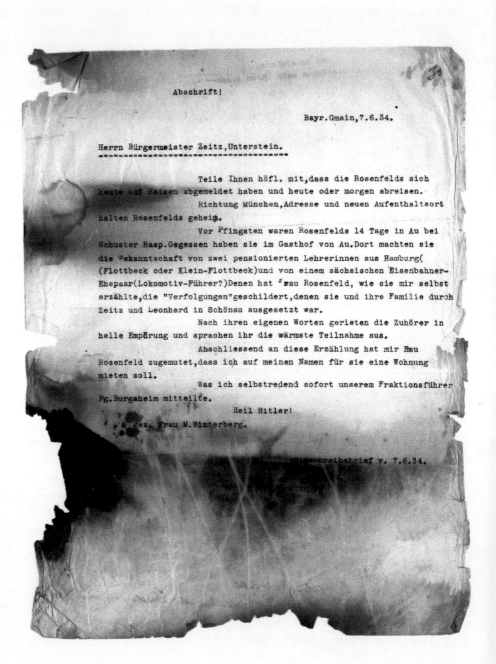

Tagebuchaufzeichnungen Else Behrend-Rosenfeld

Am Abend hatten wir dann eine Unterredung mit Frau Winterling, in der wir ihr sagten, der Arzt wäre mit meinem Befinden sehr wenig zufrieden gewesen – was durchaus den Tatsachen entsprach – und habe einen schleunigen Ortswechsel – etwa die Gegend von Mittenwald – angeraten. Frau Winterling war nicht ganz so liebenswürdig wie sonst, aber wir trennten uns in äußerlich gutem Einvernehmen, nachdem wir die Wohnung zum 1. Juli gekündigt hatten.

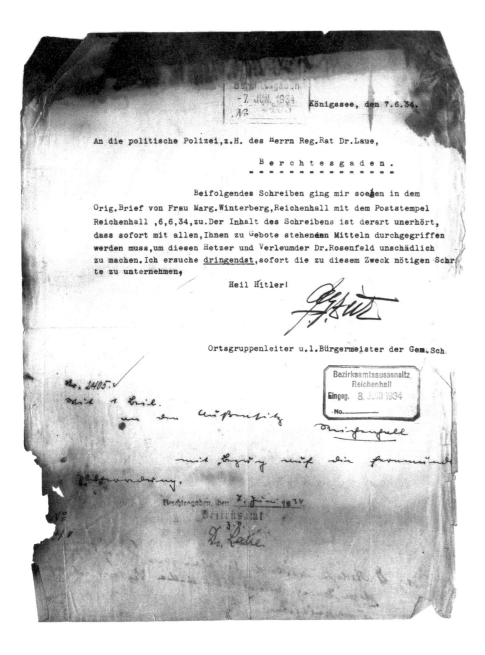

Margarete Winterberg setzte mit ihrem Denunziationsschreiben die erwünschten Maßnahmen in Gang: Schreiben des Ortsgruppenleiters und 1. Bürgermeisters der Gemeinde Schönau, Friedrich Zeitz: „Königssee, den 7.6.34. An die politische Polizei, z.H. des Herrn Reg.Rat Dr. Laue, Berchtesgaden. Beifolgendes Schreiben ging mir soeben in dem Orig. Brief von Frau Marg. Winterberg, Reichenhall mit dem Poststempel Reichenhall, 6.6.34, zu. Der Inhalt des Schreibens ist derart unerhört, dass sofort mit allen, Ihnen zu Gebote stehenden Mitteln durchgegriffen werden muss, um diesen Hetzer und Verleumder Dr. Rosenfeld unschädlich zu machen. Ich ersuche dringendst, sofort die zu diesem Zweck nötigen Schritte zu unternehmen. Heil Hitler! [F. Zeitz] Ortsgruppenleiter u. 1. Bürgermeister der Gem. Sch. "[29]

Um so erstaunter waren wir, als drei Tage später morgens bei uns ein Angestellter der Reichenhaller Kurbehörde erschien, um zwischen unserer Wirtin und uns eine schwebende Mietstreitigkeit zu schlichten. Auf unser Erstaunen hin zeigte er uns einen Brief von Frau Winterling, in dem sie Forderungen wegen entgangenen Mietgewinns geltend machte. Sie behauptete, sie hätte uns drei Zimmer für weitere drei Monate vom 1. Juni ab vermietet, und jetzt wollten wir in kürzester Frist Reichenhall verlassen. Sie müsse auf einem größeren Schadensersatzbetrag bestehen, da sie eine Reihe von Mietsangeboten durch Kurgäste unsertwegen zurückgewiesen hätte. Wir legten dem Beamten den Sachverhalt dar, und Du erklärtest ihm, Du seiest selbstverständlich bereit, den Monat Juni voll zu bezahlen, wolltest auch um des lieben Friedens willen diese Summe noch etwas erhöhen, aber zu einer größeren Zahlung könntest Du Dich nicht verpflichten. Und nun ging ein stundenlanges Unterhandeln an, bis nach vier Stunden der Beamte, völlig erschöpft, uns eine immer noch recht beträchtliche Summe nannte, die das mindeste sei, was Frau Winterling fordere. Er bat uns, darauf einzugehen, er jedenfalls könne eine weitere Verhandlung mit dieser Frau nicht übernehmen. Auch ich war dafür, nachzugeben. Ausgemacht wurde noch, daß die Hälfte des Betrages bei unserem Auszug, die zweite Hälfte bei Abholung des Restes unserer Sachen zu erlegen sei, die bis zum 30. Juni in dem hintersten der drei Zimmer aufbewahrt bleiben sollten. Der Beamte legte Dir den kurzen von Frau Winterling bereits unterschriebenen Vertrag zur Unterschrift vor und entfernte sich mit der Bemerkung, daß er kaum je vorher soviel Mühe mit einer Mietseinigung gehabt habe. »Aber Sie sind nicht schuld, das weiß ich«, schloß er lächelnd, als er sich verabschiedete. – Uns aber hatte die ganze Angelegenheit bewiesen, daß Frau Winterling nun bereit sei, mit offenem Visier zu kämpfen. –

Wir beschlossen, am 10. Juni 1934 abzureisen. Wir wollten zunächst nach München gehen und teilten das Resis Eltern brieflich mit. Wir erhielten umgehend die Antwort, daß Frau G. am Donnerstag, dem 7. Juni, zu uns kommen werde und mich bäte, mit ihr zu Resi ins Krankenhaus zu gehen, da diese sich sehr wünschte, mich noch zu sehen, besonders wenn wir nun aus ihrer Nähe verschwinden würden.

Frau G. stellte sich, wie verabredet, zum Mittagessen bei uns ein, und wir beide machten uns kurz vor zwei Uhr zu Resi auf den Weg. Das Haus lag an der großen Straße, und wir waren noch nicht weit von ihm entfernt, als wir den Gendarmeriewachtmeister auf seinem Rade von der Stadt her uns entgegenkommen sahen. »Hoffentlich will er nicht zu uns, der Herr O.«, sagte ich halb ernst, halb scherzend zu Frau G. »Wie kommen Sie nur darauf?« erwiderte sie mir. Doch schon war er bei uns und stieg ab, uns zu begrüßen. Er kannte Frau G. gut von seiner früheren Stationierung in ihrer Heimat, und wir hatten ihn auch gelegentlich dort getroffen. »Frau Doktor, ist Ihr Mann zu Hause?« fragte er mich dann, und auf meine Bejahung fuhr er fort: »Ich habe einen Auftrag an ihn.« »Ich gehe mit Ihnen«, antwortete ich und bat Frau G., auf mich zu warten. Es stellte sich heraus, daß der Wachtmeister beauftragt war, uns unseren Paß abzu-

Herr O.: Jakob Orth, Kommissar

nehmen. Du fragtest ihn, ob das der Vorläufer einer Verhaftung wäre, und er antwortete, daß ihm davon nichts bekannt sei. Du batest ihn, mitzuteilen, daß wir den Paß bald als Ausweispapier brauchen würden, da wir beabsichtigten, am 10. Juni abzureisen. Dann fuhr er wieder davon. Du sagtest mir, daß Du jetzt in die Stadt hinuntergehen würdest, um, wie besprochen, noch einen Koffer zu kaufen und Geld von der Sparkasse zu holen. Ich lief voraus, um Frau G. nicht länger warten zu lassen. Wir hatten uns gerade wieder in Bewegung gesetzt, als Frau Winterlings Hausmeister auf einem Motorrad in SA-Uniform auf uns zukam, anhielt und mich völlig übersehend zu Frau G. sagte: »Sie müssen Sich vor den Behrends hüten, das sind Schweinehunde!« Unglücklicherweise warst Du zur gleichen Zelt herausgekommen und hattest gehört, was er mit ziemlich lauter Stimme rief. »Sagen Sie das noch einmal, Herr J.«, hast Du ihm zugerufen. »Jawohl, ich sage es nochmals, Sie sind ein Schweinehund«, brüllte er nun, versetzte Dir, da Du inzwischen neben ihm standest, einen Kinnhaken, daß Du lautlos auf die Straße stürztest, und griff dann blitzschnell nach der Satteltasche, in der sein Revolver war. Ich stand wie angewurzelt und war unfähig, ein Glied zu rühren, aber Frau G., die mit mir seine Bewegung verfolgt hatte, ergriff geistesgegenwärtig seine rechte Hand, die nach der Waffe gelangt hatte, hielt sie fest und sagte: »Sie müssen mir erklären, was Sie über diese Leute gesagt haben, Herr J.«, und sie redete, immer seine Hand haltend, weiter auf ihn ein. Inzwischen hattest Du Dich langsam wieder erhoben und gingst, ohne Dich umzusehen, die Straße weiter bis zu dem kleinen Waldweg, der zum Stadtkern führt. Da endlich löste sich meine Starrheit, und ich lief an den beiden auf der Straße vorüber, Dir nach bis in das Wäldchen, wo ich Dich, meiner wartend, traf. Es war Dir glücklicherweise nichts geschehen, und wir besprachen in höchster Eile, was nun werden solle. »Wir müssen noch heute fort«, sagtest du, und das war auch meine Meinung. »Ich gehe in die Stadt, hole Geld, einen Koffer und bringe gleich ein Auto mit, das uns alle zum Bahnhof führt. Du mußt die notwendigen Sachen für uns und die Kinder packen und Hedwig nach Hause schicken, eile dich möglichst, damit du fertig bist, wenn ich mit dem Auto komme. Frau G. mußt du sagen, daß du nicht mit ihr zu Resi gehen kannst, sie muß sie von uns allen grüßen und ausrichten, daß wir ihr bald schreiben werden.« Ich habe Deine Ruhe und Geistesgegenwart damals unendlich bewundert, ich zitterte noch am ganzen Körper, und meine Beine bewegten sich, als hingen Bleiklumpen daran. Wieder ging ich an dem Hausmeister und Frau G. vorüber, die noch an der gleichen Stelle standen. Mühsam stieg ich die Treppe im Haus hinauf, und oben sagte ich Hedwig kurz Bescheid. Sie hatte sich gut bewährt, war flink, geschickt, fleißig und anstellig, immer fröhlich und willig. Auch jetzt tat sie ihr Möglichstes, ich brauchte nur anzugeben, was zu geschehen hatte. Die Kinder, die gleichfalls ruhig und vernünftig waren, holten alles herbei, und Hedwig packte ein. Was nicht mitgenommen werden sollte, wurde sofort in das hinterste Zimmer gebracht, dort allerdings ziemlich wahllos aufgestapelt. –

Isartal, Sonntag, den 3. September 1939

Aber ich habe eins zu erwähnen vergessen. Gleich nachdem ich in der Wohnung angekommen war, hörte ich Frau G. von unten rufen. Ich ging auf den Balkon und sagte ihr, daß ich nicht mit ihr kommen könne. Sie müsse Resi sagen, daß wir nun sofort abreisten. Ich wüßte auch nicht, ob wir sie, Frau G., bei ihrer Rückkehr aus dem Krankenhaus noch sehen würden. »Ich komme ganz schnell zurück«, rief sie mir zu und verschwand. Später erzählte sie mir, daß sie stracks zu Herrn J. gegangen sei und ihm erklärt habe, er müsse sie mit dem Motorrad ins Krankenhaus fahren, was er völlig überrumpelt ohne weiteres tat. Es ist das erste und wohl auch das einzige Mal in ihrem Leben gewesen, daß sie sich in ihrer schönen Berchtesgadener Tracht dem sonst mit soviel Mißtrauen, ja, Abscheu angesehenen, lärmenden Vehikel anvertraut hat.

Als wir das Auto kommen hörten, waren wir mit Packen und Aufräumen fertig. Hedwig hatte den Lohn für den Monat erhalten und das Kostgeld dazu. Sie wollte nach unserer Abfahrt sofort ihre Sachen packen und noch abends nach Berchtesgaden fahren, wo sie in der Nähe eine verheiratete Schwester hatte, bei der sie übernachten konnte. Sie wäre um nichts in der Welt noch eine Nacht in diesem Hause geblieben. Wir verabredeten auch, daß ich ihr schreiben würde.

Das Auto hielt: Du kamst die Treppe herauf –, übrigens hatten wir uns seit dem Besuche des Beamten von der Kurverwaltung ausbedungen, daß die vordere Haustür geöffnet und uns zur Benutzung freigegeben wurde, damit wir nicht immer an Frau Winterling oder Herrn J., der gleichfalls den ganzen Tag in ihrem Wohnraum herumlungerte, vorübergehen mußten. – Die Koffer wurden heruntergetragen, ich bewog Dich, mir die Zahlung der ersten Hälfte der ausgemachten Summe an Herrn J. zu überlassen, der von seiner Herrin bestimmt war, sie entgegenzunehmen. Ich bekam eine Quittung, ohne daß zwischen uns ein Wort gewechselt worden wäre. Dann gingen wir, Du und ich, zusammen hinunter, die Kinder waren mit Hedwig schon am Auto. Da trat uns unten der Gendarmeriewachtmeister mit einem zweiten Beamten entgegen: »Ich muß Sie verhaften, Herr Doktor.« Du fragst, schnell gefaßt, wohin man dich bringe und ob Du mir noch Geld übergeben dürftest. Die zweite Frage wurde bejaht, Du übergabst mir ein paar hundert Mark, auf die erste Frage lautete die Antwort: »In das Gefängnis des Bezirksamtes.« Der Wachtmeister schlug dann vor, die Koffer auf dem Auto und Dich in Begleitung des zweiten Beamten ins Bezirksamt fahren zu lassen; inzwischen werde er selbst in meiner Gegenwart unsere übrigen Sachen einer Durchsuchung unterziehen. Das Auto würde dann zurückkommen und die Kinder mit mir in irgendein Hotel fahren. –

Zu langem Abschiednehmen wurde uns keine Zeit gelassen, alles hatte sich in wenigen Minuten abgespielt. Wieder kam es mir vor, als hätte ich Blei in den Gliedern, langsam stieg ich hinter den ganz verschüchterten und stummen Kindern die Treppe hinauf. Der Wachtmeister und Hedwig folgten. Oben hieß er sie mit Peter und Hanna im zweiten Zimmer warten, er müsse mich erst allein sprechen.

Bezirksamts-Expositur von Bad Reichenhall mit Arrestzellen. Heute ist die Polizei in diesem Gebäude untergebracht, um 1900

Tagebuchaufzeichnungen Else Behrend-Rosenfeld

Vorwurfsvoll begann er dann: »Vor ein paar Stunden haben Sie und Ihr Mann mir gesagt, Sie wollten am Sonntag, dem 10. Juni fort – heute ist Donnerstag – und nun finde ich Sie bei einer sofortigen überstürzten Abreise. Was hat das zu bedeuten? Was hatten Sie für einen Grund, mir nicht die Wahrheit zu sagen?« Ich begann ihm den Verlauf dessen zu schildern, was sich ereignet hatte. Doch ich merkte sehr bald, er glaubte mir nicht! Wie sollte ich ihm beweisen, daß ich die Wahrheit sprach? In dieser verzweifelten Situation mußte ich plötzlich an die Frauen aus dem Berliner Gefängnis denken, die mir so oft versichert hatten – die einen ergeben in ein unabwendbares Schicksal, die anderen in wilder Auflehnung gegen eine nicht zu verwindende Ungerechtigkeit –: »Wie soll ich die Polizei oder das Gericht davon überzeugen, daß ich die Wahrheit spreche? Sie begegnen im besten Falle, wenn Sie keine Zeugen haben, einem verblüfften Unglauben, meistens aber beißender Ironie.« Aber ich hatte ja einen Zeugen! Und da ging auch die Türe schon auf, und herein rauschte (so empfand ich es damals mit einer unbeschreiblichen Erleichterung) Frau G.! Schon begann sie: »Was geht hier vor?«

Da fiel ihr der Wachtmeister ins Wort: »Sie dürfen nicht reden, bevor Sie gefragt werden, Frau G., ich bin dienstlich hier!« Aber dann ließ er sie erzählen, und sie sprudelte den ganzen Hergang heraus, genauso, wie ich ihn vorher berichtete. Unser plötzlicher Entschluß zur Abreise erschien nun auch ihm völlig gerechtfertigt. –

Hedwig wurde herbeigerufen und kurz vernommen, während ich mit Frau G. zu den Kindern ging. Sie hat mir geschrieben, daß er sie fragte, wie wir sie behandelt hätten. Aber ihre Aussage hatte wenig Wert, da sie erst eine knappe Woche bei uns war. Als wir wieder hereinkamen, sagte sie gerade schluchzend: »Und wenn Ihr alle glaubt, die Behrends seien schlechte Menschen, ich glaub's nicht!«

Die Durchsuchung der Sachen ging sehr schnell, nichts irgendwie Belastendes fand sich darunter. Aber nun kam die Frage, wo sollte ich mit den Kindern hin? Ich kannte kein Hotel und keinen Menschen im Städtchen, und solange Du dort warst, wollte ich unter allen Umständen mit den Kindern in Deiner unmittelbaren Nähe bleiben. Der Wachtmeister, dem ich die Frage vorlegte, schlug mir das Bahnhofshotel in Reichenhall-Kirchheim vor, das anständig und nicht teuer sei. Ich war sofort einverstanden. Er äußerte noch: »Ich schicke dann zwei Beamte ins Hotel, um auftragsgemäß noch Ihre Koffer durchsuchen zu lassen.« Ich wandte ein, daß es keinen hervorragenden Eindruck machen werde, wenn gleich nach der Ankunft neuer Gäste die Gendarmerie erscheine, um ihre Sachen nachzusehen. Doch er beruhigte mich: »Die Beamten kommen in Zivil, und die Wirtsleute, die uns gut kennen, verständige ich«, und damit verabschiedete er sich von Frau G. und mir. In der Tür wandte er sich nochmals an Frau G.: »Gell, Sie lassen die Frau Doktor jetzt nicht allein, fahren Sie halt mit dem letzten Zug heim.« Frau G. versprach es. –

Abschied von Hedwig – ihre Tränen flossen, ich hatte keine – und dann bestiegen wir das Auto: Krach! Ich hatte in der Erregung mit den Schirmen das Fens-

Frau Winterberg hatte den Wachtmeister längst auf ihre Weise informiert, wie sie vor Gericht aussagte: „Darauf traten die Rosenfelds selbst in Aktion, zeigten uns die Abschrift eines Briefes, den sie an den Gem.[einderat] Schönau geschrieben hatten (ich gab damals dieses Schr.[eiben] Hr. Oberwachtmeister Ochenleiter zur Ansicht mit) wie die Orig. Briefe eines Hr. Polster i. Schönau über Bürgermeister Zeitz und Lehrer Leonhardt. Anschließend daran erzählten beide, daß Lehrer Leonhardt d. Dorfkindern i. d. Schule gesagt habe, man werde alle Juden totschlagen, sie wären an Deutschlands Unglück schuld."[30]

ter zerbrochen. Aber der Chauffeur schimpfte nicht, er verstand, was in mir vorging, und sagte in seiner ruhigen bayrischen Art: »Machens Eahna garnix draus, Frau, was meinen S' wohl, unsre feinsten Herren sitzen heut im Gefängnis!« – Der Wachtmeister hatte uns schon im Hotel Bavaria angemeldet, wir wurden fast wie alte, gut bekannte Gäste empfangen. Die Wahl der Zimmer war mir gleichgültig, so gab man uns die beiden besten im ersten Stock. Gleich darauf erschienen die beiden Beamten von der Gendarmerie, die Koffer wurden geöffnet, alle Sachen herausgenommen und sehr genau nachgesehen. Auch die Taschen Deiner Anzüge und Mäntel schauten sie nach, und – mein Herz setzte einen Augenblick aus – aus der Tasche Deines Wintermantels zogen sie eine alte, längst vergessene Nummer der sozialdemokratischen Zeitung »Vorwärts« heraus! Aber sie sahen sie gleichmütig an und – taten sie an ihren alten Platz! Ich atmete auf. Jetzt waren sie fertig und kamen auf mich zu, um sich zu verabschieden, da stand Frau G. auf, stemmte die Hände in die Hüften und sagte im Ton tiefster Entrüstung: »Ja, was glaubt's Ihr denn? Soll jetzt 'leicht die arme Frau zum zweiten Mal an so einem Tag alles wieder einpacken, wo s' sowieso nach ihrer Operation schlecht beianand ist! Dees war doch noch schöner!!« Ohne ein Wort zu erwidern, packten die beiden Männer fein säuberlich die Sachen wieder in die Koffer, schlossen ab und übergaben mir die Schlüssel. »Gellet Sie, Frau Doktor«, sagte der ältere von ihnen, »Sie wisset schon, daß wir nix dafür können, wir müssen halt unsere Pflicht tun.«

Als sie fort waren, meinte Frau G., die Kinder müßten jetzt unbedingt etwas essen und dann zu Bett gehen. Sie hatte recht! Es war fast 8 Uhr, und die beiden hatten seit dem Mittag nichts mehr bekommen. Sie saßen völlig still und von all den sich überstürzenden Ereignissen dieses Tages überwältigt und blaß da. Ich bestellte eine kalte Platte mit Brot und Butter für uns alle.

Jetzt erst konnte ich Frau G. nach Resis Befinden fragen. »Es geht ihr noch nicht besser«, sagte sie traurig, »nur als ich ihr sagte, daß Sie jetzt aus dem Haus dieser bösen Frau fortgingen, wurde sie lebendig und war sichtlich froh und erleichtert. Aber von der schrecklichen Szene auf der Straße habe ich ihr nichts erzählt.« Während sie mir noch berichtete, daß sie in ihrer Aufregung und Angst, der Hausmeister könne doch noch den Revolver ziehen, gar nicht gesehen habe, wie ich Dir in das Wäldchen gefolgt sei, und deshalb meinte, sie müsse weiter mit ihm reden und ihn ablenken, ertönte vom Bahnhof her der schrille Pfiff einer Lokomotive. »Jesus Mariaundjoseph«, rief sie, »mein Zug!« Aber es war schon zu spät, und sie meinte dann: »Es hat halt so sein sollen, daß ich heut nacht bei Ihnen bleibe, meine Leut werden sich hoffentlich keine Gedanken darüber machen, ich bin ja schon manchmal bei Ihnen zu Nacht geblieben; morgen mit dem ersten Zug fahre ich dann heim.« Mir war's gewiß recht, diese treue Seele die Nacht über hier zu behalten, und ein Notbett war auf dem Ruhesofa schnell gerichtet. Auch ihr standen die Aufregungen des Tages und eine große Müdigkeit auf dem Gesicht geschrieben, so legten wir uns denn bald nieder. Aber ich konnte nicht schlafen, unaufhörlich dachte ich an Dich, wie Du wohl untergebracht sein mochtest, ob

Du ruhig und gefaßt sein würdest oder voller Unruhe und Verzweiflung! Und warum hatte man Dich überhaupt verhaftet? Was für ein Lügengewebe mochte von unseren Feinden gesponnen worden sein, um uns zu vernichten! Sah es nicht ganz so aus, als sollte es ihnen glücken? Aber ich wollte kämpfen, wollte alles tun, was möglich war, um das schlimmste Unheil abzuwenden! Doch was konnte ich ausrichten? Immer von neuem wälzten sich diese Gedanken durch mein Hirn. Ich hörte das ruhige Atmen der Kinder durch die offene Tür, auch Frau G. schlief ruhig. Wie lang war die Nacht! Viertelstunde für Viertelstunde hörte ich schlagen und war froh, als das erste Morgengrauen durch die Fenster schien. Ich mußte Frau G. wecken, damit sie nicht wieder ihren Zug verpaßte. Wir verabschiedeten uns sehr herzlich voneinander, der vergangene Tag hatte unsere Freundschaft noch befestigt. –

Nach dem Frühstück ging ich mit den Kindern, die einen Teil ihrer Frische wiedergefunden hatten, zum Bezirksamt, in dem sich auch das Gefängnis und das Amtszimmer des Regierungsrats von B. befanden, dem die Schutzhäftlinge unterstellt waren. Nach einigem Warten wurde ich vorgelassen. Er empfing mich sehr höflich, konnte mir aber nur sagen, daß eine äußerst schwerwiegende Anzeige vorliege. Eine weitere Auskunft zu geben, sei noch nicht möglich, da Du noch nicht vernommen seiest. Ob ich bereit wäre, gleichfalls auszusagen? Ich sei berechtigt, die Aussage zu verweigern. Ich antwortete ihm, daß dazu keinerlei Anlaß vorhanden sei, ich wolle gern aussagen. Dann möge ich mich bereit halten, ob es allerdings heute noch möglich wäre, sei sehr zweifelhaft. Zum Schluß fragte er: »Wie konnten Sie beide nur so unvorsichtig sein? War Ihnen nicht bekannt, in welchem Rufe Frau Winterling in ganz Reichenhall steht?« Ich verneinte erstaunt und sagte ihm, daß wir gänzlich fremd zu ihr gekommen wären und mit keinem Menschen in Reichenhall oder Umgebung verkehrt hätten. Ich bestritt auch, daß wir unvorsichtig gewesen seien. Wir hätten uns zwar häufig mit ihr unterhalten, auch politisch, aber wir hätten uns immer sehr korrekt und vorsichtig geäußert und uns über ihr hemmungsloses Schimpfen manchmal gewundert. Zaghaft wagte ich dann die Frage, ob ich Dich besuchen dürfe. Das wurde verneint. »Aber schreiben dürfen Sie jeden Tag. Sie geben mir die Briefe zur Kontrolle, ich lasse sie zu Ihrem Mann befördern. Und Sie dürfen den Inspektor des Gefängnisses Ihren Mann fragen lassen, ob er irgendwelche Wünsche habe in bezug auf Genußmittel oder Wäsche und Kleidungsstücke. Übrigens darf er als Schutzhäftling besondere Kost haben, die nach Ihren Wünschen zubereitet wird. Ich werde ihm auch sagen, daß er Ihnen schreiben kann. Aber ich darf Ihnen nicht verhehlen, daß die ganze Sache außerordentlich ernst und gefährlich ist.« Ich konnte dann allerlei für Dich besorgen, darunter das kleine Daunenkissen, das ich extra anfertigen und mit mehreren Bezügen zum Wechseln versehen ließ. Die Inhaberin des Geschäfts, die mich selbst bediente, meinte: »Das soll gewiß für einen lieben Kranken sein, daß es mit solcher Liebe ausgesucht wird?« Ich konnte nur nicken. – Am Nachmittag holte ich mir den Bescheid, daß ich morgen früh um neun Uhr zur Verneh-

Margarete Winterberg schilderte die systematische Bespitzelung der Rosenfelds vor Gericht so: „Ich bemerke, dass ich mir über die einzelnen Äußerungen des Dr. Rosenfelds jeweils Aufzeichnungen gemacht habe und zwar in meinem italienischen Heft und meiner italienischen Sprachlehre. Aus diesen einzelnen Aufzeichnungen habe ich dann anfangs Juni 1934 eine Zusammenstellung gemacht in einem eigenen Heft, das ich hiermit übergebe."[31]

Margarete Winterberg warf Siegfried Rosenfeld in ihrer Aussage u. a. vor, er habe Hitler einen Anstreichergehilfen genannt, die Regierung kenne weder Gesetz noch Recht, sondern nur eines: Gewalt. Außerdem habe er als Ministerialrat für Gnadenerlasse nach eigenen Aussagen nie einen Nationalsozialisten begnadigt.
Siegfried Rosenfeld setzte sich in seinem Verhör entschieden zur Wehr: „Ich bin nur der Referent in unpolitischen Strafsachen gewesen, ich habe mich auch niemals dahin geäußert, niemals einen Nationalsozialisten zur Begnadigung empfohlen zu haben. Es hätte dies meiner innersten Überzeugung widersprochen, wenn ich so gehandelt haben würde ... Den Ausdruck ‚Anstreichergehilfe' habe ich auf keinen Fall gebraucht ... Ich kann nicht begreifen, dass jetzt auf einmal derartige ungeheuerliche Anschuldigungen auf mich niederprasseln, nachdem wir doch mehr als 3 Monate bis zuletzt freundschaftlich mit der Winterberg verkehrt haben."

mung in der Gendarmeriestation erwartet werde, und erhielt zu meiner größten Freude das erste Zettelchen von Dir! Im Hotel hatte ich inzwischen das »Fürstenzimmer« mit einem sehr einfachen, aber freundlichen im obersten Stockwerk vertauscht, in dem drei Betten standen. Die Kinder, die mich tagsüber ständig begleitet hatten, ließ ich heute früh zu Bett gehen und fuhr zu unserem Arzt und seiner Frau, um ihnen zu berichten, was geschehen war. Zugleich bat ich ihn, mir einen Anwalt zu empfehlen, der unsere Sache führen würde. »Ich glaube, ich weiß einen geeigneten Anwalt für Sie«, sagte Dr. G., »zwar kenne ich ihn nicht persönlich, aber Dr. Werner ist mir so oft gerühmt worden, daß ich ihn mit gutem Gewissen empfehlen kann, hoffentlich übernimmt er das Mandat.« Nachdem er mir noch allerlei Medikamente, auch Kolapillen und ein wirksames Schlafmittel gegeben hatte, verabschiedete ich mich dankend. –

Das Verhör am nächsten Morgen enthüllte mir die ganze Schwere der Anklage, die von Frau Winterling gegen Dich erhoben war. Nun verstand ich, daß es um Kopf und Kragen ging! Du solltest Behauptungen aufgestellt und Schimpfworte gegen das Regime und Hitler persönlich gebraucht haben, die Dir nach den geltenden Bestimmungen die Todesstrafe oder zum mindesten viele Jahre Zuchthaus einbringen mußten, sollten sie von Gerichts wegen Dir zugeschrieben werden. Daneben wurden wir beide der Ausbeutung und der schlechten Behandlung unserer Hausangestellten angeklagt. Meine Vernehmung dauerte drei Stunden, das Abfassen des Protokolls bereitete besondere Schwierigkeiten. Unser alter Wachtmeister O. vernahm mich. Ich konnte mit gutem Gewissen alle Anschuldigungen als unwahr zurückweisen, wußte bei einigen auch, wie sie durch Übertreibungen und Verdrehungen dessen, was Du wirklich geäußert hattest, zustande gekommen waren. Aber wenn Herr O. seine Sätze für das Protokoll formulierte, mußte ich oft erklären, daß sie nicht genau dem entsprachen, was ich gesagt oder gemeint hatte. Schließlich schlug ich ihm nach einigen vergeblichen Absätzen vor, selbst das Protokoll zu diktieren, womit er sich seufzend einverstanden erklärte. –

Übrigens hatte ich am Morgen bei der Abgabe eines Briefes für Dich kurz Herrn v. B. gesprochen. »Haben Sie keinen arischen Bekannten«, fragte er, »der Fühlung mit den Nationalsozialisten hat und ein Zeugnis für Sie ablegen kann? Er müßte nicht nur glaubhaft machen, daß Ihrem Manne solche Schimpfworte, wie sie ihm vorgeworfen werden, kaum zuzutrauen sind, sondern es müßte auch allgemein etwas über Ihr Familienleben und besonders über Ihr Verhältnis zu Ihren Hausangestellten darin enthalten sein.« Zuerst wollte mir lange niemand einfallen, aber dann dachte ich an Friedrich Sch., den Studenten, dem wir, da er mittellos war, unsere Mansarde überlassen hatten und ihn auch beköstigten. Wir lernten ihn im Perower Volkshochschulheim von Fritz Klatt kennen, in dem wir beide gelegentlich als Gastlehrer gewirkt hatten und dem wir die Bekanntschaft vieler junger Menschen verdankten. Friedrich Seh. studierte Philosophie und half, als Gegengabe für Kost und Logis, unserem Jungen bei seinen Schularbeiten. Wir schätzten beide den jungen frischen Menschen sehr, er war im Winter 1933 zu uns

Tagebuchaufzeichnungen Else Behrend-Rosenfeld

gekommen und bis Ende April geblieben. Dann ging er nach Leipzig an die Universität, schrieb uns aber weiterhin ziemlich regelmäßig. Er hatte uns auch mitgeteilt, daß er zum Führer der philosophischen Fachschaft der Universität gewählt worden war. Gleich nach dem Mittagessen setzte ich mich hin und schrieb ihm ausführlich, was sich in den letzten Tagen ereignet hatte. Selbstverständlich teilte ich ihm die Beschuldigungen nicht im einzelnen mit, es genügte für ihn zu wissen, daß Dir unqualifizierbares Schimpfen auf die Regierung und daneben uns beiden schlechte Behandlung und Ausbeutung unserer Hausangestellten vorgeworfen wurden. Ich fragte bei ihm an, ob er meine, uns ein solches Zeugnis, wie es der Regierungsrat für gut erachtete, ausstellen zu können, ohne sich selbst damit zu schaden. –

Am Nachmittag um drei Uhr machte ich mich zur Kanzlei des Anwalts auf. Aber es war Samstag, und ich wußte nur zu genau, was ein Samstagnachmittag in Bayern bedeutete. Wie erwartet, fand ich die Kanzlei geschlossen. Schweren Herzens ging ich zur Privatwohnung. Wenn auch der Zeitpunkt meinen Absichten nicht gerade günstig war, so konnte ich einfach nicht länger warten, ich mußte es wagen! Zaghaft stand ich vor der Wohnungstür und klingelte. Eine sehr freundlich aussehende Dame öffnete, und ich bat, Herrn Dr. Werner in einer dringenden Angelegenheit sprechen zu dürfen. Frau Werner – sie war es selbst – hat mir später erzählt, sie habe mir sofort angemerkt, daß es etwas Besonderes sei, weshalb ich gekommen. Daher habe sie mich auch hereingelassen, obwohl ihr Mann ihr mittags im Scherz erklärt habe: »Wenn du mir heute nachmittag einen Mandanten bringst, schlage ich dich tot.« Die Gute ließ es darauf ankommen, führte mich ins Wohnzimmer und bat mich, einen Augenblick zu warten. Bald darauf kam Herr Dr. Werner. Ich erklärte ihm, daß Du vor zwei Tagen auf eine Denunziation hin in Schutzhaft genommen und ins hiesige Gefängnis verbracht worden seiest. Die Sache sei ernst und schwierig. Ob ich ihn trotzdem bitten dürfte, die Führung Deiner Sache zu übernehmen. »Aber«, so schloß ich, »ich muß gleich sagen, daß wir Juden und Sozialdemokraten sind!« »Na, hören Sie«, erwiderte er in erstauntem Tone, »sind das denn keine Menschen?« »Nach den Erfahrungen der letzten Zeit mußte ich annehmen, daß man uns für gewöhnlich nicht mehr dafür hält«, entgegnete ich ihm. »Nun, ich bin anderer Meinung und gern bereit, Ihre Sache zu vertreten.« Ich atmete auf und gab ihm die notwendigen sachlichen Informationen. Auch er äußerte seine Verwunderung, daß wir nirgends etwas darüber gehört hatten, wie man ganz allgemein Frau Winterling einschätzte. »Es gab wohl keinen Anwalt in Reichenhall und Umgebung, den sie noch nicht in Anspruch genommen hat und der nach dem ersten Mal nicht ihre Vertretung abgelehnt hätte«, sagte er. »Sie genießt den denkbar schlechtesten Ruf, ja, sie ist gefürchtet. Ist Ihnen denn nicht aufgefallen, daß sie niemals Besuch empfängt und daß sie selbst kaum ausgeht? Ihr Hausmeister ist ihr hörig, wenn das leider auch niemand beweisen kann, und das stellt für Sie die größte Gefahr dar, denn er wird alles beschwören, was sie will, und sie wird ihn natürlich als Hauptbelastungszeugen

Dr. Werner: Rechtsanwalt Dr. Willi Walter vertrat Siegfried Rosenfeld während der Schutzhaftzeit im Bezirksamtsgefängnis Bad Reichenhall und vor dem Sondergericht am Landgericht I in München. Er überzeugte mit seinem Schriftsatz das Sondergericht und erreichte einen Freispruch, obwohl Rosenfeld Sozialdemokrat war.

Aus dem Schreiben des Rechtsanwalts Willi Walter an den Herrn Staatsanwalt beim Sondergericht München vom 20. Juni 1934: „In Wirklichkeit spielte sie [M. Winterberg] ein durchaus verwerfliches Doppelspiel von ausgesuchtester Falschheit und Bosheit."

benennen. Es wird für mich alles darauf ankommen, Frau Winterlings bekanntes Intrigantentum und ihre ebenso bekannte Unglaubwürdigkeit unter Beweis zu stellen. Daß auch ich, genau wie der Regierungsrat von B., die Sache für sehr ernst halte, darf ich Ihnen nicht verhehlen. Gibt es keinen Juristen in höherer Stellung, der Ihrem Mann befreundet ist und ihn von seiner früheren Tätigkeit her kennt, der mich in seiner Sache unterstützen könnte? Überhaupt, je mehr Zeugnisse von Männern wir erlangen können, deren Namen in der juristischen Sphäre eine gewisse Bedeutung haben, desto günstiger für uns. Bei dem Sondergericht in München, vor das die Angelegenheit zweifellos kommt, wird das seinen Eindruck nicht verfehlen.« Zum Schluß versprach er, Dich noch heute im Gefängnis zu besuchen. Ich ging etwas beruhigter von ihm, überzeugt, keinen besseren Vertreter unserer Sache finden zu können.

In unserem Stübchen setzte ich mich hin und schrieb an Deinen früheren Vorgesetzten, schilderte die Schwierigkeit kurz, in die wir geraten waren, und fragte an, ob er mir ein Zeugnis, wie es der Anwalt für gut fand, geben könnte. Wenige Tage später kam die sehr höfliche, aber ablehnende Antwort. Ich schrieb aber auch an den ehemaligen Landgerichtspräsidenten Zahn, der Dich seit vielen Jahren von der Arbeit her kannte und sich auf dieser sachlichen Grundlage mit Dir befreundet hatte. Es war ein regelmäßiger Briefwechsel daraus erwachsen, der auch in den letzten Monaten fortgeführt worden war. Ihn, der sich nach dem Umsturz hatte pensionieren lassen und in ein Buenretiro im Riesengebirge zurückgezogen hatte, fragte ich an, ob er, wenn der Anwalt das für nötig hielte, herkommen würde, um ihn zu unterstützen. Ich wüßte wohl, daß ich um etwas sehr Großes bäte, und nur die Gefahr, in der Du schwebtest, gäbe mir den Mut, es zu wagen. Er möge mir aber in aller Offenheit schreiben, wenn er meinen Wunsch nicht erfüllen könne. –

Inzwischen wechselten wir beide täglich kurze Briefe und waren übereingekommen, den Verwandten in Berlin und unserer Tochter Gustel vorläufig nichts von dem Vorgefallenen mitzuteilen. Sie könnten nichts helfen und würden sich nur ängstigen. Gustel würde in etwa vierzehn Tagen zu uns kommen, da dann ihre Ferien anfingen, und sie würde dann noch früh genug alles erfahren. –

Ich muß für heute aufhören zu schreiben, mir tut die Hand weh, aber es stand alles wieder so zum Greifen lebendig vor mir! Ich lief wieder die sonnenheißen Straßen Reichenhalls entlang, ohne einem Menschen ins Gesicht zu sehen, die uralten steinernen Mauern des Bezirksamtsgebäudes umfingen mich wieder mit ihrer nach der Hitze draußen geradezu erschreckenden Kühle und Dunkelheit, ich saß mit Peter und Hanna in dem kleinen Vorgarten des Hotels Bavaria gegenüber dem Bahnhof Kirchheim, hörte die Züge vorüberfahren und den Pfiff der Lokomotiven. Ich sah mich die kleinen Obliegenheiten des täglichen Lebens wie ein Automat erledigen, denn meine Gedanken beschäftigten sich unaufhörlich mit Dir und allem, was der Förderung der Sache dienen konnte. Doch es ist spät in der Nacht, aber morgen brauche ich nicht in die Stadt. Ich soll mich erst Ende der Woche wieder melden. –

Isartal, den 4. September 1939

Es läßt mir keine Ruhe, ich muß so schnell wie möglich die Schilderung dessen beenden, was wir im Sommer des Jahres 1934 erlebten, die Bilder aus dieser Zeit haben mich heute nacht nicht schlafen lassen. Ich glaube, es wird mir leichter werden, wenn alles auf dem Papier steht. So bin ich jetzt um diese arbeitsfreien Tage froh und will sie ordentlich ausnutzen. –

Am Sonntag – es war der 10. Juni 1934 – wurde mir von der Wirtin der Besuch einer Frau gemeldet. Ich erschrak zuerst, ich konnte mir nicht denken, wer zu mir kommen könnte. Ich ließ die Kinder oben im Zimmer und ging hinunter. In der Gaststube kam eine Frau auf mich zu, die ich sofort als diejenige erkannte, die in dem Dorf Frau Winterling und auch uns wöchentlich einmal mit Butter und Eiern beliefert hatte. Ich konnte mir nicht vorstellen, was sie von mir wollte. Sie war noch jung und ist mir stets sympathisch gewesen, aber wir hatten nie mehr miteinander gesprochen, als eben mein Einkauf bedingte. Nun sah ich sie in großer Erregung. »Es tut mir leid, was Ihnen zugestoßen ist«, sprudelte sie hervor, »mein Mann hat mich gedrängt, zu Ihnen zu gehen. Ich hab' Sie schon immer vor Frau Winterling warnen wollen, aber nie hat sie uns allein gelassen. Sie hat schon viele Menschen ins Unglück gebracht, oh, ich fürchte sie wie den leibhaftigen Teufel! Ich weiß vieles von ihr, und mein Mann hat gemeint, ich müßte Ihnen das sagen. Wenn es nötig ist, will ich das auch vor Gericht tun, sie hat ja mit ihren Lügen so manche Leute hereingelegt. Vielleicht kann das doch dem Herrn Doktor nützen. Und dann noch etwas: Wir haben ein Häuschen nicht weit von hier, und wenn Sie aus der Nähe der bösen Frau fortwollen, mein Mann und ich nehmen Sie gern auf, und Sie sollen die Wohnung ganz billig haben!« Ich war gerührt und dankte ihr herzlich für die Freundlichkeit. Ich würde meinem Anwalt berichten, daß sie bereit sei, als Zeuge für Frau Winterlings Unglaubwürdigkeit aufzutreten. Von ihrem Wohnungsangebot wollte ich vorläufig keinen Gebrauch machen, um möglichst in Deiner Nähe zu sein. Sie hat dann später ihre Aussage auf Wunsch von Herrn Dr. Werner schriftlich festgelegt. –

Übrigens bekam ich ähnliche Besuche noch häufiger in den nächsten Wochen, so daß Herr Dr. Werner schließlich Namen und Adressen mehrerer Frauen in den Akten hatte, die bereit waren, gegen Frau Winterling Zeugnis abzulegen. Ich erinnere mich ihrer aller, erzählen will ich nur noch von einer, deren Bericht mir besonders charakteristisch für Frau Winterlings Art erschien. Es war eine Dame, die vor einer Reihe von Jahren eines der Nachbarhäuser erworben hatte. Frau Winterling hatte sich ihr liebenswürdig als Nachbarin für allerlei kleine Dienste zur Verfügung gestellt, so daß Frau L. ganz entzückt von ihr war. Bald darauf starb ihr Mann, ein Schauspieler, auf einer Gastspielreise. Frau L. fuhr sofort hin und erreichte schließlich, daß ihr nach der Einäscherung die Urne mit der Asche ihres Mannes ausgehändigt wurde, wahrscheinlich in der Annahme, sie werde die Urne in Reichenhall beisetzen lassen. Frau L. hatte die gute Nachbarin, die sich auch

Es könnte sich um Therese Koller handeln, die im Sondergerichtsprozess als Zeugin für Siegfried Rosenfeld aussagte.

Zu diesen mutigen Zeuginnen gehörten die frühere Vermieterin und Freundin Kathi Gschwendtner und Therese Koller: Die Aussagen „sind zutreffend und nicht zu beanstanden".[32]

bei ihrer Abreise nach dem Empfang der Trauernachricht sehr mitfühlend und zu allen Gefälligkeiten bereit gezeigt hatte, von ihrer Ankunft mit der Urne verständigt und fand ihr Wohnzimmer mit Blumen geschmückt zur Aufstellung der Urne vor. Frau Winterling schloß sie bewegt in ihre Arme und drückte ihr mit Worten tiefen Mitgefühls ihr Beileid aus. Aber zehn Minuten später erschien die Gendar-

Das Sondergericht München beim Landgericht München I, zuständig für den Bezirk des Oberlandesgerichts München, bestand seit dem 24. März 1933. Grundlage bildeten die „Verordnung zum Schutz von Volk und Staat" vom 28. Februar 1933 (Reichstagsbrandverordnung) und das Heimtückegesetz vom 21. März 1933. Die Anklageschrift gegen Siegfried Rosenfeld vom 10. August 1934 lautete: „Ich erhebe öffentliche Anklage gegen Rosenfeld, Dr. Siegfried Wilhelm, geb. 22. März 1874 zu Marienwerder, Pr., Eltern †, Hermann und Jeanette, geb. Mayer, verheiratet, pens. Ministerialdirigent, wohnhaft Schäftlarn, Klosterbräugasthof, den ich beschuldige, fortgesetzt unwahre Behauptungen tatsächlicher Art aufgestellt zu haben, die geeignet sind, das Ansehen der Reichsregierung schwer zu schädigen."

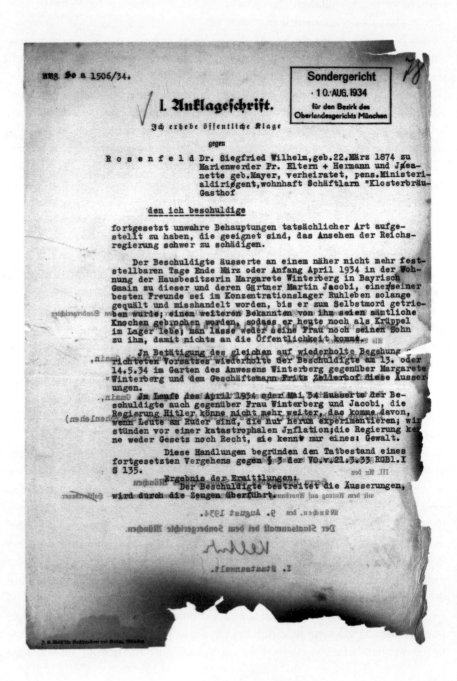

Tagebuchaufzeichnungen Else Behrend-Rosenfeld

merie, von der gleichen Frau Winterling verständigt, um Frau L. wegen der verbotenen Aufstellung der Urne in ihrer Wohnung zur Rechenschaft zu ziehen! –

Am kommenden Tag, dem Montag, brachte mir frühmorgens der Briefträger ein Telegramm und einen Eilbrief. Das Telegramm war von Herrn Landgerichtspräsidenten Zahn des Inhalts, daß er gern bereit sei, zu kommen und zu helfen. Er bäte um telegraphische Mitteilung, wenn der Anwalt sein Erscheinen für nötig hielte. Der Eilbrief war von Friedrich Sch., dem Studenten, und enthielt einen kurzen Privatbrief für mich, in dem er ausdrückte, er hoffe, das beiliegende Zeugnis werde uns nützen, er habe es absichtlich möglichst sachlich, ohne jeden Überschwang gehalten, obwohl er sich gern enthusiastischer geäußert hätte. Er sei zu jeder eingehenderen Auskunft gern bereit, wolle auch, falls das verlangt würde, seine Aussagen vor Gericht eidlich bekräftigen. Ich eilte sofort mit diesem Zeugnis, das ziemlich umfangreich und sehr gut und geschickt abgefaßt war und dessen Abschrift Du mit dem ganzen Aktenmaterial mit nach England genommen hast, zu Herrn Regierungsrat von B., der sich ganz begeistert darüber äußerte und ausrief: »Es gibt also doch noch anständige und mutige Menschen in Deutschland!« Er wolle das Original sofort dem Sondergericht nach München einsenden, andererseits Dir gern die Freude machen, das Zeugnis zu lesen, und schlüge mir vor, es schnell abzuschreiben, was ich gern tat. – Herrn Dr. Werner brachte ich das Telegramm, und wir kamen überein, daß ich Herrn Landgerichtspräsidenten Zahn schreiben solle, wir wollten noch warten, ihn zu uns zu bitten, ich würde ihm telegraphieren, wenn Herr Dr. Werner sein Kommen für nötig hielte. –

Am nächsten Sonntag, einem herrlichen Sommertag, saß ich mit den beiden Kindern im Garten, als ich ans Telephon gerufen wurde. Dr. Werner fragte an, ob ich gleich zu ihm in die Kanzlei kommen könnte. Selbstverständlich sagte ich zu, nicht ohne ängstlich zu fragen, ob mich etwas Schlimmes erwarte. Lachend verneinte er. Ich beschwor die Kinder, ruhig im Garten sitzen zu bleiben und ja nicht auf die Straße zu gehen, was sie versprachen, dann lief ich, so schnell ich konnte, nach Reichenhall hinunter. Ganz atemlos kam ich in die Kanzlei und prallte fast zurück: Äffte mich ein Traum? Aber nein, Du standest wirklich vor mir! Ich konnte mich kaum fassen vor Freude! Wie war diese unerwartete Entlassung möglich gewesen? Dr. Werner erklärte mir, daß in Bayern innerhalb von acht Tagen für Schutzhäftlinge eine Haftbestätigung vom Amtsgericht einlaufen muß, die Herr Regierungsrat von B. seit Donnerstag von Berchtesgaden erwartete. Dr. Werner drang auf Entlassung, und die beiden Herren einigten sich dahin, wenn bis Sonntag früh, also bis zum zehnten Tage, die Haftbestätigung nicht käme, sollte Dr. Werner Dich aus dem Gefängnis abholen.

Ich weiß heute noch, daß ich von Freude so überwältigt war, daß ich sie nicht äußern konnte! Wir gingen zu den Kindern und trafen sie mit Resis Eltern im Garten des Hotels, das Du sofort wegen der Nähe von Frau W.'s Haus als wenig geeigneten Daueraufenthalt bezeichnet und Dr. Werner nach einem angemesseneren Quartier gefragt hattest. Er nannte uns die Villa Romans, die der Witwe eines jüdi-

Seit Mitte August 1934 lebte die Familie Rosenfeld für einige Wochen in Schäftlarn im Isartal, nahe München.

Für 1934/1935 ließen sich 102 Schutzhafttage für das Bezirksamt Reichenhall ermitteln. Schutzhafttage und -kosten vom 1. April 1934 bis zum 28. Februar 1935: Gesamtkosten 153,00 RM. Davon verbüßte Siegfried Rosenfeld als Schutzhäftling etwa 36 Schutzhafttage (vom 7. Juni bis zum 12. Juli 1934).[33]

Margarete Winterberg und Martin Jacobi mussten sich nach dem Krieg einem Spruchkammerverfahren unterziehen. Sie wurde als Belastete eingestuft (Gruppe II) und bestraft. Im Laufe des Verfahrens beging auch Margarete Winterberg Selbstmord, wurde ihr Nachlass zur Hälfte eingezogen. Es wurde ferner festgestellt, dass sie nicht der NSDAP oder einer ihrer Organisationen angehört habe. Sie sei aber möglicherweise selbst Halbjüdin gewesen. Interessant ist deshalb die Begründung des Urteils im Verfahren: Die Verstorbene sei wegen des Verdachts ihrer jüdischen Abstammung gewissen seelischen Belastungen ausgesetzt gewesen. „Wenn die Verstorbene wegen dieses Verdachts sich bemüht haben soll, seinerzeit als orthodoxe Nationalsozialistin in Erscheinung zu treten und aus diesem Grund gegen den Juden Rosenfeld vorgegangen ist, so muss dem entgegengehalten werden, dass zur Zeit der Anzeigeerstattung (1934) Halbjuden, wie die Verstorbene eine war, wohl kaum ahnen konnten, was sie im 3. Reich zu erwarten haben. Aber auch in diesem Fall, wenn man der Verstorbenen Selbstschutzmotive zuerkennen wollte, kann der Versuch, einen Leidensgenossen ins Unglück zu stürzen, nur um die Aufmerksamkeit der nationalsozialistischen Funktionäre von sich selber abzulenken, bzw. um bei den damaligen Machthabern eine gute Nummer zu erhalten und die eigene politische Lage auf Kosten eines anderen zu sichern, niemals als Milderungsgrund angesehen werden. Im Gegenteil, ein solcher Versuch muss als Ausübung eines politischen Druckes zur Erreichung privater Ziele qualifiziert werden."[34]

schen Arztes gehörte und die sehr schön und ruhig am Kurpark gelegen war. Auch ich hatte nichts dagegen, aus Hotel Bavaria auszuziehen. Wohl waren die Wirtsleute sehr freundlich, das Haus selber sauber, die Kost gut und unser Zimmer völlig ausreichend, aber seine Lage gefiel mir nicht; ein Zusammentreffen mit Frau Winterling oder ihrem Hausmeister lag zu sehr im Bereich der Möglichkeit. – Die Kinder jubelten, als sie Dich wiedersahen, und Resis Eltern freuten sich mit uns. Der Umzug war schnell vollzogen. Wir waren eine fröhliche Gesellschaft, die sich auf dem Balkon vor unserem Zimmer am Sonntagnachmittag versammelte; auch wir beide freuten uns dankbar des Zusammenseins, wenn wir auch wußten, daß mit deiner Haftentlassung die Angelegenheit keineswegs erledigt war. Aber wir waren wieder vereint, und das war uns im Augenblick das Wichtigste!

Am nächsten Morgen ging ich mit den Kindern auf die Polizei, um den Wohnungswechsel zu melden und umschreiben zu lassen, und Du gingst zu Dr. Werner, um in aller Ruhe und Ausführlichkeit alle Schritte zu besprechen, die in der Sache weiter getan werden mußten. Zum Mittagessen fanden wir uns wieder zusammen. Du hattest Dr. Werner mitgebracht, was mich etwas erstaunte. Sehr schnell merkte ich, daß irgend etwas Neues geschehen sein mußte. Das Essen verlief ziemlich still, ich schickte sofort danach die Kinder zum Spielen in den Garten und bat um Aufklärung. Und es traf mich wie ein Blitz: Die Haftbestätigung war gekommen! Regierungsrat von B. hatte es Dr. Werner telephonisch mitgeteilt, während Du bei ihm in der Kanzlei warst, und verlangt, Du solltest sofort ins Gefängnis zurückkehren. Dr. Werner hatte schließlich erreicht, daß Du spätestens bis sieben Uhr abends im Gefängnis sein müßtest, wenn die Versuche Dr. Werners, die Entlassung betreffend, mißglücken sollten. Er hatte sich verpflichten müssen, Dich nicht aus den Augen zu lassen. Daher seine Teilnahme an unserem Mittagsmahl! »Und nun«, so schloß Dr. W. seinen Bericht, »lassen Sie uns mit Berchtesgaden telephonieren, vielleicht erreichen wir, daß Ihr Gatte in Freiheit bleibt.« Aber alle Versuche blieben erfolglos, niemand wollte das Risiko auf sich nehmen, die Haftentlassung auszusprechen. Unendlich bedrückt saßen wir zu dreien beisammen. »Ich möchte Ihnen einen Vorschlag machen«, sagte Herr Dr. W., »lassen Sie uns nach meinem Hause gehen, meine Frau wird sich freuen, wenn Sie kommen, meine Buben können mit Ihren Kindern spielen, bis wir Sie, lieber Herr Doktor, wieder ins Gefängnis bringen müssen.« Natürlich folgten wir seinem Rat.

Dann haben wir, Dr. Werner und ich, Dich ins Gefängnis zurückgebracht. Jeder Schritt, den wir Deinem Ziel näher kamen, schmerzte, nie war mir die Poststraße, an deren Ende das Bezirksamtsgebäude lag, so kurz erschienen, jetzt waren wir angelangt, und nun hieß es wieder Abschied nehmen auf unbestimmte Zeit. Die Kinder waren bei Frau Werner und ihren Buben geblieben, ich ging mit Dr. Werner zurück, um sie abzuholen. »Lassen Sie uns noch bei der Post vorbeigehen und das Telegramm an Herrn Landgerichtspräsidenten Zahn aufgeben, das ihn rufen soll. Jetzt habe ich das Gefühl, daß sein Kommen nötig ist.« Gesagt, getan; auch ich wußte, jetzt mußte alles geschehen, was irgend möglich war, um Dich wieder frei zu machen. Als ich dann, an jedem Arm eins der Kinder, ohne Dich in unser Quartier ging, konnte ich meine Tränen nicht mehr zurückhalten, und nun waren es die Kinder, die, gleichfalls leise weinend, mich durch ihr Streicheln zu trösten versuchten.

Schon am Mittwochmittag – es war der 20. Juni 1934 – konnte ich Herrn Landgerichtspräsidenten Zahn, den ich persönlich noch nicht kannte, vom Bahnhof abholen. Ich hatte sofort das Gefühl: »Das ist der Mann, der uns helfen wird!« Und dies Vertrauen zu ihm ist auch nicht enttäuscht worden. Immer werde ich ihm eine unendlich große Dankbarkeit bewahren und den Wunsch, sie ihm mit Taten, nicht bloß mit Worten beweisen zu können! Noch ist keine Gelegenheit dazu gewesen.

Herr Zahn erhielt sofort die Erlaubnis, Dich während seines hiesigen Aufenthaltes, der für die Dauer einer Woche geplant war, täglich zu besuchen, während ich einmal wöchentlich zu Dir durfte. Dr. Werner hatte lange Unterredungen mit Herrn Zahn. Sie kamen überein, daß er einen Schriftsatz verfassen und schildern solle, wie er Dich während Deiner Amtszeit gekannt und wie er es aus dieser Kenntnis heraus für unmöglich erachte, daß Du Dich dessen schuldig gemacht, wessen Du angeklagt. Daher, und vor allem Deiner zarten Gesundheit wegen, bitte er zu prüfen, ob nicht eine Haftentlassung möglich wäre. Diesen Schriftsatz überbrachte er selbst den Herren im Sondergericht in München, die mit Deiner Sache zu tun hatten. Von dieser kleinen Reise kehrte er voller Hoffnung zu uns zurück. Er wohnte gleichfalls in unserem Hause, wir nahmen die Mahlzeiten gemeinsam ein und machten allabendlich mit den Kindern einen Spaziergang. Sein Aufenthalt bedeutete für Dich und für mich eine große Erleichterung. Der Charakter der Frau Winterling interessierte ihn vom psychologischen Standpunkt aus sehr, ich habe ihm genau berichten müssen, wie sie mit ihrer Liebenswürdigkeit, ihrer Gewandtheit, ihrer klugen Unterhaltungsgabe uns leicht in ihren Bann schlug. Sie war eine vollendete Schauspielerin, mit einer diabolischen Lust, Menschen Böses anzutun. Auch mit Dr. Werner sprachen wir über Frau Winterling. Ich hatte mich in diesen Wochen manchmal gefragt, ob wir so mit uns beschäftigt oder so verblendet waren, daß wir uns leichter als andere von ihr einfangen ließen. Nun erzählte uns Dr. Werner, daß es zunächst allen Menschen in Reichenhall, die ihr nahe kamen, so gegangen sei. Alle seien gefangen worden von ihrem anziehenden Äußern, ihrem vielseitigen Wissen und ihrer liebenswürdigen Plauderkunst. Es habe eine ganze Zeit gedauert, bis man ihr wahres Wesen erkannt habe. Er kenne viele Menschen, die ganz offen ihre Furcht vor ihr äußerten. Herr Zahn hätte sie gern gesehen, aber Dr. Werner riet ab. Sie hätte dahinterkommen können, wer er war und daß er mit uns in Verbindung stand. Es war vernünftiger, die Begegnung zu vermeiden.

Einige Tage nach seiner Abreise kam Gustel, unsere Älteste, zu uns in die Ferien. Ich sehe sie noch fröhlich lachend auf dem Bahnhof auf mich zulaufen und mich umarmen, glücklich, wieder mit uns vereint zu sein. Es tat mir weh genug, ihrer Freude mit meinem Bericht einen Dämpfer aufzusetzen. Aber ich verhehlte ihr auch nicht, wie froh ich war, sie bei mir zu haben, und wie erleichtert im Gedanken an Peter und Hanna, mit denen sie nun Spaziergänge und Ausflüge unternehmen konnte. Auch einen Besuch bei Dir konnte ich ihr in Aussicht stellen; sie zeigte sich tapfer und brachte etwas Heiterkeit mit ihren Schulberichten in Deine düstere, kahle Zelle.

Der 30. Juni 1934 jagte mir mit den Schilderungen der zahlreichen Erschießungen einen neuen tiefen Schrecken ein. Auch Dr. Werner konnte seine Besorgnis nicht ganz verbergen. Daß der Haftentlassungsbefehl immer noch ausblieb, war ihm unverständlich; andererseits wagte er nicht, zu häufig nachzufragen, um die Herren nicht zu verärgern. Das Warten zermürbte uns. Dich in Deinem Gefängnis und mich in der Freiheit, die ich aber nur sehr begrenzt genoß, denn ich wagte kaum noch fortzugehen außer zur Kanzlei unseres Anwalts, um nur ja zu Hause zu sein, wenn irgendeine Nachricht käme. –

Doch ich mußte noch bis zum 12. Juli warten. Da wurde ich vom Oberamtsrichter angerufen, ob ich zu ihm ins Bezirksamtsgebäude kommen könnte. Ich eilte hin, und er eröffnete mir, daß Du aus der Haft entlassen werden solltest unter der Bedingung, daß wir bis zur Erledigung der schwebenden Sache in München blieben. Mir war alles recht, wenn Du nur frei wurdest! Der Oberamtsrichter und der Regierungsrat wünschten, Du solltest vom Gefängnis aus direkt zum Zuge nach München gehen. Dr. Werner war gerade an diesem Morgen nach München gefahren, um nachzufragen, warum der Beschluß der Haftentlassung so lange auf sich warten lasse. Ich eilte zu seiner Frau, die versprach, ihn schon am Bahnhof abzuholen und ihm die Wendung der Dinge mitzuteilen. Dann lief ich nach Hause, um wieder einmal unsere Sachen zu packen. Die Kinder waren freudig bewegt ob der guten Nachricht!

Es klopfte an unsere Tür, und vor mir standen – ich traute meinen Augen kaum! – Resi und ihre Mutter. Wie schön, daß sie gerade heute aus dem Krankenhaus entlassen war! Sie hatte noch etwas Zelt und blieb bei uns. Kurz vor dem Mittagessen war ich mit der Packerei fertig. Wieder klopfte es, Dr. Werner, seine Frau und Du kamen lachend herein. Er hatte es sich nicht nehmen lassen, direkt von der Bahn zum Bezirksamt zu eilen und den beiden leitenden Herren vorzuhalten, daß sie kein Recht hätten, Dich bis kurz vor Abfahrt des Zuges im Gefängnis zurückzuhalten. Sie mußten nachgeben, und er nahm Dich gleich mit. Das Ehepaar Werner verabschiedete sich bald darauf. Dr. Werner wollte noch zum Bahnhof kommen.

Das gab ein fröhliches Mittagessen! Die Familie war vollzählig beisammen, und die Aussicht, von Reichenhall fortzufahren, das uns durch die schweren Wochen, die wir dort zubringen mußten, verleidet war, stimmte uns alle froh. Noch erhöht wurde unsere Freude durch das Zusammensein mit Resi und ihrer Mutter. Auf Dr. Werners Rat durfte ich Resi während ihrer Krankheit nicht besuchen, um auch nicht von ferne den Anschein einer Beeinflussung zu geben. Und bei einer Verhandlung würde auf die Vernehmung Resis nicht verzichtet werden. Nun saß sie gesund, wenn auch ein wenig blaß, aber glücklich, daß alles bis jetzt so gut abgelaufen war, vor uns! Sie und ihre Mutter begleiteten uns nach herzlichem Abschied von unserer Wirtin auf den Bahnhof, wo sich auch Dr. Werner einfand. Ohne Trauer ließen wir Reichenhall zurück und ohne den Wunsch, es je wiederzusehen! Unsere Hochstimmung hielt an, wir genossen den Abend in München unendlich. Seit vielen Wochen schlief ich zum ersten Male wieder traumlos eine ganze Nacht durch. –

Die Gestapo hatte verfügt, daß wir bis zur Erledigung der schwebenden Sache in München zu bleiben hätten. Nun fragten wir an, ob uns nicht erlaubt würde, in der Umgebung zu wohnen, da uns die Großstadt mit ihrem lauten Treiben bedrückte. Das wurde uns sofort gestattet. Wir wählten Schäftlarn als Aufenthaltsort; der Klostergasthof mit seinem schönen, von Kastanien beschatteten Garten zog uns gleich an und ist uns ein rechtes Refugium geworden. Hier warteten wir das Ende der Angelegenheit ab und atmeten auf, als die Richter des Münchener Sondergerichts die Sache unter die Amnestie fallen ließen, so daß wir um die Aufregung einer Verhandlung und die Spannung um den Ausgang herumkamen! Von Schäftlarn aus fanden wir die Wohnung im Isartal. Schon beim ersten Besuch heimelten Haus und Garten uns an, und wir waren sehr froh, daß ihr Besitzer, dem wir natürlich gleich mitteilten, wer wir waren, einen Vertrag von zwei Jahren mit uns abschloß, der nach Ablauf dieser Frist ohne weiteres verlängert werden konnte. So wußten wir sehr erleichtert, daß das Wanderleben, welches wir im Sommer 1933 begannen und das mit der letzten schrecklichen Periode Deiner Haft und ihrer Folgen bis zum August 1934 gedauert hatte, seinen Abschluß finden würde. Am 7. Juni wurdest Du verhaftet und Mitte August amnestiert, ein Zeitraum von nur neun Wochen – während des Erlebens und in der Erinnerung eine ganze Ewigkeit! –

Isartal, den 5. September 1939

Heute Vormittag erschien Frau Pr., um Tilla zu bitten, ihrem Sohn Horst, der etwa 14 Jahre alt ist, Mathematikstunden zu geben. Natürlich war Tilla gern bereit dazu. Ich freue mich für sie; auf die Dauer würde ihr die Führung unseres kleinen Haushalts bestimmt nicht genügen. Wir plauderten noch ein bißchen mit Frau Pr. Sie wollte wissen, ob ich Nachricht von Dir hätte, was ich bejahen konnte. Als sie sich verabschiedete, lud sie uns sehr freundlich ein, sie zu besuchen. Sie war kaum fort, als Almuth, die Tochter unserer Nachbarn, atemlos von der Schule herübergelaufen kam und fragte, ob Tilla nicht vertretungsweise einige Stunden geben wollte. Einer der Lehrer war eingezogen worden und noch kein Ersatz vorhanden. Tilla möchte doch gleich mit ihr kommen. Die fünfzehnjährige Almuth war sehr stolz, daß sie, die mit ihren Geschwistern längere Zeit von Tilla unterrichtet worden war, diesen Ausweg gefunden hatte. Tilla selbst war nicht so entzückt; um

Offensichtlich konnte Rechtsanwalt Willi Walter den Staatsanwalt am Sondergericht in München überzeugen, dass es sich bei Frau Winterberg um eine notorische Denunziantin handelte, die dem Staat mehr schadete als nützte. Die Freilassung wurde wahrscheinlich auf Grund der Hindenburgamnestie ermöglicht, die Straferlass für politisch motivierte Straftaten vorsah.[35]

Die Familie Rosenfeld fand eine Bleibe in Icking im Isartal.

Das große und das kleine Haus mit Garten gehörten einem Herrn Tischler. Die Rosenfelds zogen erst in das große Haus und wechselten dann in das kleine. Das große Haus kauften später Gerhard und Maina Bachmann, ihre älteste Tochter hieß Almuth.

In einem Verzeichnis der im Landkreis wohnenden Juden tauchen neben acht weiteren Personen auch „Pringsheim, Heinz Gerhard, geb. 17. April 1882, Musikschriftsteller, Icking, verh. Halbjude" und „Rosenfeld Elisabeth, Sara, 1. Mai 91, Berlin, Ministerialdirigentenwitwe, Icking, verh. Volljüdin" auf. [Sie wird hier irrtümlich als Witwe und Volljüdin geführt.]36 Die Familie Rosenfeld war mit dem studierten Archäologen und Musikwissenschaftler, einem Bruder Katja Manns, befreundet.

Icking im Isartal, Fotopostkarte o. J.

fortlaufend Stunden in der Schule zu übernehmen, hätte sie einer besonderen Lehrerlaubnis des zuständigen Schulrats bedurft, und sie wollte so wenig wie möglich mit Behörden zu tun haben, schon unseres Zusammenlebens wegen nicht. Aber vertretungsweise würde sie auch in der Schule aushelfen.

Um dieser Schule willen hatten wir im Jahre 1934 dieses Dorf als Wohnort gewählt. Unsere Kinder haben dort gute Jahre gehabt, sowohl Lehrer wie Kameraden ließen sie ihre jüdische Rassezugehörigkeit nicht fühlen. Neben der Schule, die von außen einem Landhaus glich, von einem ziemlich großen Garten umgeben, lag das Haus, in dem wir nach Beendigung der leidigen Denunziationsaffäre eine neue Heimat finden sollten. Vom Augenblick an, da wir beide es zur Besichtigung betraten, wußte ich: »Das ist das Richtige für uns!« Mit seinem Besitzer, einem Münchner Augenarzt, wurden wir schnell einig, und das freundschaftliche Einvernehmen zwischen ihm und uns ist in den ganzen Jahren niemals getrübt worden. Aber wir mußten uns bis Anfang Oktober gedulden, ehe wir einziehen konnten.

Bald nachdem der Mietvertrag unterzeichnet war, schrieb ich an Hedwig, die kleine Hausangestellte, die gerade eine Woche bis zu Deiner Verhaftung bei uns gewesen war und mit der ich in ständigem Briefwechsel geblieben, daß wir nun wieder einen richtigen Haushalt führen wollten, ob sie noch Lust hätte, als Hausangestellte zu uns zu kommen. Umgehend sagte sie zu. Sie ist dann bei uns geblieben, bis ihr die Nürnberger Gesetze vom Januar 1936 an ein weiteres Leben mit uns untersagten. Sie war uns eine liebe Hausgenossin. Ihr und uns ist das Scheiden schwer geworden.

Unser Haus lag auf einer Anhöhe, etwa fünfzig Meter über der Dorfstraße. Mit Spannung beobachteten wir am sonnigen Morgen des 5. Oktobers, wie Herrn Oswalds, des Großbauern, sechs Pferde nacheinander die beiden Wagen mit unsern Möbeln und dem übrigen Gerät aus unserem Berliner Häuschen mühsam den Berg heraufzogen. Lachend gestandest Du mir, als beide Wagen glücklich vor der Haustür standen, daß Du in der vergangenen Nacht mit einem Schreck aus einem furchtbaren Traum erwacht seiest, der Dir Wagen und Pferde den Abhang heruntertürzend gezeigt hatte.

Welch ein Jubel bei den Kindern bei jedem bekannten Stück, das zum Vorschein kam! Welch ein Eifer, alles so schnell wie möglich an den richtigen Platz zu stellen! Und wie vertraut wirkten die neuen Räume mit den lieben bekannten Sachen! Der schönste Raum war die große Veranda, die sich an das Wohnzimmer anschloß. Und der unbeschreiblich schöne, weite Blick aus ihren großen, drei Seiten einnehmenden Schiebefenstern auf die große Wiese vor dem Haus, den Wäldern, Feldern und Hügeln mit der blinkenden Isar mittendrin und dem Kranz der Alpenspitzen zum Abschluß.

Wir haben das friedlich schöne Leben alle miteinander unendlich genossen. Wir machten Entdeckungsreisen in die nähere und weitere Umgebung, und als mit dem näherkommenden Winter das Wetter sie verbot, versammelte sich die Familie am Nachmittag im Wohnzimmer, und es wurde vorgelesen. Wir hatten ja auch unsere Bücher wieder, und wir konnten sie aus der Staatsbibliothek in München ergänzen. Die ganzen Jahre im Isartal bis zum Frühjahr 1937, als uns die Kinder verließen, erschienen uns nach dem schweren Jahr in Berchtesgaden und Reichenhall wie ein schönes, buntes Märchen, das nur selten kleine Trübungen erfuhr. Viele alte Freunde stellten sich ein und freuten sich mit uns der überwundenen Schwierigkeiten. –

Siegfried Rosenfeld vor seinem gemieteten Haus in Icking, etwa 1936

Isartal, den 6. September 1939

Ich mußte gestern aufhören zu schreiben, weil die Nachbarin uns hinüberbat. Sie hatte Gäste, unter ihnen auch Herrn und Frau Pr. Es wurde über Musik gesprochen, Tilla und ich drückten unser Bedauern darüber aus, daß wir keine Möglichkeit hätten, gute Musik zu hören. Herr Pr. schlug vor, mit den größeren Nachbarkindern und seinem Sohn zusammen zu musizieren, leichtere Sachen mit ihnen zu proben und sie dann vorzuspielen. Dieser Vorschlag wurde begeistert angenommen und gleich der erste Übungsabend festgesetzt. – Als wir uns trennten, lockte Tilla und mich der wunderbare Abend. Wir machten noch einen langen Spaziergang und waren wieder entzückt von der Lieblichkeit dieser Landschaft, die Dir und mir in den Jahren unseres Hierseins ans Herz gewachsen ist. –

Gewiß waren auch die Jahre hier nicht ganz ohne Schwierigkeiten verlaufen, auch hier trübte mancher Mißklang die Harmonie unseres Lebens. Ich denke nur an die häßlichen Schilder, die an allen Straßen aufgestellt waren und weithin leuchteten: Juden sind hier unerwünscht! Auch die Nürnberger Gesetze schufen uns Pein: Mußten wir doch Hedwig ziehen lassen, unsere treue kleine Haushilfe, die völlig zur Familie gehört hatte. Sie hatte damals Deine Verhaftung miterlebt; sie war zu uns zurückgekehrt, sobald wir den festen Wohnsitz gefunden hatten. Und wie schwer wurde ihr der Abschied von uns! Dann mußten wir daran denken, die Kinder so schnell wie möglich etwas lernen zu lassen. Ostern 1937 zogen sie alle drei fort. Gustel, unsere Älteste, um in Argentinien ihren schon lang geliebten Jugendfreund zu heiraten, Peter und Hanna, um in Groß-Breesen, dem Lehrgut der Reichsvereinigung der Juden Deutschlands, zum Landwirt und zur Siedlersfrau ausgebildet zu werden. Es war schwer, sie alle gleichzeitig gehen zu lassen. Aber wir konnten uns bald davon überzeugen, daß sie sich alle drei am rechten Platz fühlten und die Ausbildung der beiden Jüngeren nicht besser hätte gewählt werden können. Gustel schrieb glücklich und war bemüht, alles für unsere Über-

Heinz Gerhard Pringsheim war mit der russischen Malerin Olga Markowa Meerson verheiratet. Diese verstand sich mit der Kunsthistorikerin Tilla Kratz gut, die auch mit einigen Malern der Künstlervereinigung „Die Brücke" bekannt war. Heinz Pringsheim hatte sich nach dem Ersten Weltkrieg in Berlin niedergelassen, wo er für die Berliner Volkszeitung als Musikkritiker schrieb. Während des Dritten Reiches hatte er Berufsverbot. Erst in den Jahren 1945 bis 1950 konnte er als Leiter der Musikabteilung beim Bayerischen Rundfunk und als Musikkritiker der Süddeutschen Zeitung wieder Fuß fassen.

Gustel heiratete Heinz Behrend, Elses jüngsten Bruder.
Das nichtzionistische Ausbildungsgut Groß Breesen, im gleichnamigen schlesischen Dorf, etwa 30 km nördlich von Breslau gelegen, wurde von dem Sozialpädagogen Curt Bondy in Reaktion auf die zunehmende Judenverfolgung gegründet. 1942 löste die Gestapo das Lager auf und deportierte die nicht ins Exil Geflüchteten nach Auschwitz.[41]

Alfred Neumeyer, bis 1940 Vorsitzender der Israelitischen Kultusgemeinde, war von 1929 bis zu seiner Amtsenthebung 1933 durch die Nationalsozialisten Oberlandesgerichtsrat in München. Er hatte mit seiner Ehefrau Elise drei Söhne und eine Tochter.

siedelung nach Argentinien vorzubereiten. Im Herbst 1938 schien es so weit zu sein, wir setzten unsere Ausreise für den 31. Oktober mit einem der Monte-Schiffe der Hamburg-Süd Schiffahrtsgesellschaft fest. Da kamen – völlig unerwartet – von Argentinien neue Einreisebestimmungen heraus, die alle Pläne zerschlugen. Kurz zuvor – Tilla war gerade wieder zur Erholung bei uns, und unser jetziger Nachbar, Dr. B., besuchte sie – äußerte er seine Begeisterung über unser Haus und seine Lage und fragte, ob unser Hauswirt nach unserer Abreise das Haus nicht verkaufen wolle. Wir versprachen Dr. B. gern, unseren Wirt zu fragen, und überraschend schnell kam die Einigung zustande. Dr. B. wollte erst im Frühjahr mit seiner Familie einziehen, bis dahin sollten wir dort wohnen bleiben.

Dann kam der 10. November 1938! Völlig ahnungslos waren wir am Morgen aufgestanden. Wir wollten uns gerade zum Frühstück setzen – wir waren wieder zu viert, Peter und Hanna hatten wir Anfang September infolge der Kriegsgerüchte und unserer geplanten Auswanderung von Groß-Breesen kommen lassen –, als es klingelte. Unser guter Bürgermeister stand draußen, schwitzend vor Verlegenheit. »Die Kreisleitung der Partei hat mich angerufen und beauftragt, Ihnen zu sagen, Sie müßten innerhalb von drei Stunden von hier fort.« Wir beide standen wie versteinert. Ich faßte mich zuerst. »Aber wo sollen wir hin?« fragte ich ratlos. »Das weiß ich auch nicht«, sagte er hilflos, »ich hoffe, es ist nur für kurze Zeit. Wissen S' wegen der Ermordung des Herrn von Rath in Paris soll es sein. Machen S' Eahna keine Sorgen wegen Ihrer Sachen hier, ich steh Eahna dafür, daß Sie alles so wiederfinden, wie Sie es verlassen. Nehmen S' halt nur das mit, was S' für a paar Tag' brauchen.« Er ging. Wir riefen die Kinder und sagten ihnen Bescheid. Das Frühstück wurde kaum angerührt, dann machte ich mich mit Hanna, unserer Jüngsten, an ein schnelles Aufräumen und packte in zwei kleinen Koffern die nötigsten Sachen für uns vier. Du sahest inzwischen Briefe und Papiere nach und verbranntest mit Peter alles Überflüssige. Die von der Staatsbibliothek entliehenen Bücher brachte ich ins Obergeschoß in die Wohnung der Mitmieterin, die gerade verreist war und mir die Schlüssel übergeben hatte. Wir waren übereingekommen, nach München zu fahren. In einem solchen Fall erschien uns die Großstadt sicherer als irgendein kleiner Ort. Wir stellten uns vor, daß wir in irgendeiner der vielen Pensionen eine vorübergehende Unterkunft finden würden, denn wir kannten in München nur den Vorsitzenden der Jüdischen Gemeinde eben meinen verehrten Herrn Oberstlandesgerichtsrat Neumeyer mit seiner Frau, deren Sohn auch eine Zeitlang in Groß-Breesen war. Durch sie hatten wir Hausgenossen von ihnen, einen Maler mit seiner Frau, Franz und Helene Hecht, kennengelernt, die eine Zeitlang im vergangenen Sommer unsere Gäste gewesen und mit denen wir uns angefreundet hatten. Und richtig: die Besitzerin des großen Kolonialwarengeschäfts am Dom in München, in dem wir alle Kolonialwaren, Konserven und Kaffee bezogen, kannten und schätzten wir auch.

Unser Zug ging gegen elf Uhr, vorher gaben wir unseren Hausschlüssel und den Wohnungsschlüssel der Mitmieterin beim Bürgermeister ab. »Rufen Sie mich von München an, ehe Sie wiederkommen, und wenn Sie sonst irgend etwas wollen. Gell, Sie wissen, daß ich alles tun werde, damit Sie bald wieder bei uns sind!« Wir schieden. Im Wagen der Isartalbahn, in den wir gestiegen waren, fanden wir die Leiterin der jüdischen Hauswirtschaftsschule des Nachbarfleckens mit allen Schülerinnen und Lehrerinnen. Auch sie hatten fortgemußt, die Mädchen mit

Über die Reichspogromnacht erfuhr die Bevölkerung wegen der geheimen Presse-vorgaben des Reichspropagandaministeriums wenig: „Im Anschluss an die heute morgen ausgegebene DNB-Meldung können eigene Berichte gebracht werden. Hier und dort seien Fensterscheiben zertrümmert worden, Synagogen hätten sich selbst entzündet oder seien sonst wie in Flammen aufgegangen. Die Berichte sollen nicht allzu groß aufgemacht werden, keine Schlagzeilen auf der ersten Seite. Vorläufig keine Bilder bringen."[44]

Isartal, den 6. September 1939

91

Der Bürgermeister von Wolfratshausen attackierte das Bezirksamt wegen des „Judenheims Wolfratshausen": „In letzter Zeit wird in Kreisen der hiesigen Bevölkerung eine sehr starke Empörung wach gegen die jüdische Frauenschule, welche in den letzten Kursen bis zu fast 100 Judenweibern anschwollen. Langsam wirkt sich das Judenheim zu einer Landplage aus. ... In einem Ort mit nur 2.500 Einwohnern kann wohl in der heutigen Zeit nicht auf die Dauer eine mehr als 5%ige Bevölkerungszahl von Jüdinnen zugemutet werden, ohne dass es eines Tages zu Zwischenfällen ernster Art kommt. Ich bitte mit Hilfe der Geheimen Staatspolizei Mittel und Wege zu finden, die schon vorher zur Vermeidung von Störungen in der Öffentlichkeit geeignet sind, wofür die Gesamtbevölkerung sicher dankbar wäre." Die Regierung von Oberbayern entzog der Schule Ende 1938 die Lehrerlaubnis.[43]

Die 1887 in der Herzog-Max-Straße erbaute Hauptsynagoge wurde am 9. Juni 1938 aus „verkehrstechnischen" Gründen beseitigt.

ihrem ganzen Gepäck. Jetzt wurde mit ihnen besprochen, wie sie entweder von München gleich weiterfahren oder bei Münchner Mitschülerinnen vorläufig Unterkunft suchen sollten, bis sie ihre Eltern von der Heimkehr benachrichtigt hatten. Die Lehrerinnen rechneten fest mit einer Aufhebung der Schule, sie hielten eine Rückkehr für ausgeschlossen. Sie alle hatten vor, sofort in das Bürohaus der Jüdischen Gemeinde in der Lindwurmstraße oder, wenn das nicht möglich war, zu Herrn Rat in die Privatwohnung zu gehen, um sich weitere Direktiven zu holen. Am Isartalbahnhof in München trennten wir uns mit guten Wünschen für einander. Wir sollten schnell merken, daß wir sie gut brauchen konnten. –

Wir kannten flüchtig eine Pension in der Nähe des Odeonsplatzes, wo wir dort wohnende Freunde einmal besucht hatten, und fuhren mit der Straßenbahn dorthin. Nicht weit vom Hauptbahnhof fielen uns Läden mit zertrümmerten Schaufenstern auf. Zuerst achteten wir ihrer nicht besonders, aber dann entdeckten wir, daß es lauter jüdische Geschäfte waren. Mich fröstelte, obwohl es ein strahlend warmer Tag war, gar nicht der Jahreszeit entsprechend, eher einem schönen Herbsttag gleichend. In der Pension erklärte die Inhaberin freundlich, alles besetzt zu haben. Doch wir wußten nicht sehr weit davon eine, deren Besitzerin uns von früher gut bekannt war. Ich ging allein dorthin, ihr habt mich in der Nähe erwartet. Bei ihr erfuhr ich, daß allen Hotels und Pensionen bei Strafandrohung verboten war, Juden aufzunehmen. Es war inzwischen zwei Uhr geworden. Wir beschlossen, um Zeit zu sparen, uns zu trennen. Du wolltest mit Peter zu Hechts fahren, ich wollte mit Hanna zu Frau Schwarz, der Besitzerin des Kolonialwarengeschäfts. Um halb vier Uhr wollten wir uns vor ihrem Hause wieder zusammenfinden. –

In der Privatwohnung der Familie Schwarz herrschte große Aufregung, Herr Schwarz, ein über siebzigjähriger alter Herr, hatte schon am Morgen den Besuch von SA-Leuten gehabt, die ihn mit der Pistole bedrohten. Das Betreten seines Geschäftes war ihm und seinen sämtlichen Familienangehörigen verboten worden. Was noch folgen würde, wußte man nicht. Frau Schwarz und ihr Sohn empfingen uns. Von ihnen erfuhr ich, daß im ganzen Reich die jüdischen Geschäfte angegriffen, ihre Schaufenster zerschlagen, ihre Waren zum Teil vernichtet und geraubt worden waren. Die Münchener Synagoge war schon früher, angeblich aus irgendwelchen bautechnischen Gründen abgerissen worden und so dem Brand und der Zerstörung, der alle Synagogen im Reich anheimfielen, entgangen. Trotz all dieser Schrecken, die jeden Juden in der Stadt mit tiefer Besorgnis und Angst vor dem erfüllten, was noch weiter über sie kommen würde, wurden wir sehr freundlich von Frau Schwarz und ihrer Familie aufgenommen. Man bereitete uns ein Mahl, und Frau Schwarz schlug vor, ich sollte mit Hanna bei ihnen übernachten. Es werde sich bestimmt ein Plätzchen für uns finden, wenn sie auch ihre verheiratete Tochter mit ihrem Mann aus Köln noch heute erwarte. Dankbar nahm ich das Anerbieten an und hoffte dringend, Du möchtest mit Peter bei Hechts ein Unterkommen für die Nacht gefunden haben. Als wir uns, wie verabredet, trafen, war das meine erste Frage. Aber Du mußtest verneinen. Helene Hecht hatte Dich, so schnell es angängig war, wieder gehen heißen: »Ich weiß von Herrn Rat«, hatte sie gesagt, »daß alle jüdischen Wohnungen von SA oder Gestapo aufgesucht und überall die Männer verhaftet werden. Bei uns ist noch niemand gewesen, und ich möchte unter keinen Umständen, daß man Sie und Peter hier findet und festnimmt.« Was tun? Wir gingen durch die Münchener Straßen, in denen sich die Menge drängte. Immer wieder trafen wir auf Menschenansammlungen vor jüdischen Läden, wo man sich das Zerstörungswerk ansehen wollte, oder vor anfangs vergessenen, deren Scheiben man jetzt zertrümmerte. Die Menge verhielt sich ruhig, auch den Gesichtern war ganz selten einmal anzumerken, was ihre Besitzer dachten. Hier und da fielen Worte der Schadenfreude, aber auch solche des Abscheus konnte man gelegentlich hören. Doch was ging dort gegenüber vor? »Komm schnell«, rief ein halbwüchsiger Bursche einem Kameraden zu, »dort verhaften sie wieder einen Juden!« Ich sah ein Polizeiauto, zu dem ein Mensch von mehreren Beamten geführt wurde. Ich zog Euch schnell fort. Stundenlang sind wir so zu viert durch die Straßen gelaufen; wie in einen Hexensabbath versetzt kam ich mir vor. Von dem Stand eines Zeitungsverkäufers leuchtete in dicken roten Buchstaben die Ankündigung eines Romans herüber: »Menschen, die gejagt werden«, hieß der verheißungsvolle Titel. – Menschen, die gejagt werden – was sind wir anderes? Wann werden wir unseren Jägern in die Hände fallen? So gingen meine Gedanken. Nein, das durfte nicht sein, Du und Peter, ihr solltet nicht festgenommen werden, es mußte sich ein Ausweg finden! Und da fiel mir meine Schneiderin ein, von der ich wußte, daß sie und ihr Mann, ein Balte, keine Nazis waren; vielleicht würden sie Dich und Peter wenigstens für diese Nacht behalten, morgen würden wir dann weitersehen. Wir telephonierten, es meldete sich niemand; nach einer halben Stunde versuchten wir es wieder, der Sohn war am Apparat. Die Mutter käme gegen sieben Uhr heim. Noch eine Stunde Zeit! Wir liefen weiter durch die Straßen, auch hier verwüstete Läden und Menschen, die stumm den Schaden besahen, wieder von ferne Verhaftungen, wollte denn die Stunde gar kein Ende nehmen? Endlich konnten wir uns langsam zu Frau B.'s Wohnung begeben. Nun schlug es sieben Uhr! Ich läutete, sie öffnete mir selbst. Mein Herz klopfte, daß ich meinte, sie müsse es hören. Würde sie den Mut aufbringen, meinen Wunsch zu erfüllen? Stockend und zitternd brachte ich meine Bitte vor, angstvoll erwartete ich ihre Antwort. »Bringen Sie mir Ihre beiden Männer«, sagte sie ruhig, »wenigstens bis morgen will ich sie gern behalten.« Ich weiß nicht mehr, wie ich meinen Dank zum Ausdruck brachte, schnell holte ich Euch herauf, und bald danach machte ich mich, ein wenig beruhigter, mit Hanna auf den Weg zu Schwarzens. Unendlich erschöpft saß ich mit ihnen beim Abendbrot. Auch der Sohn war noch dort, ging aber gleich nach dem Essen fort, zu seiner eigenen Wohnung, wo ihn seine Frau schon dringend erwartete. Eine Stunde später läutete das Telephon, die junge Frau war am Apparat und fragte ängstlich, ob denn ihr Mann noch immer bei den Eltern sei. Frau Schwarz wurde blaß, der Sohn hätte längst zu Hause sein müssen, es gab nur eine Erklärung: man hatte auch ihn auf der Straße

Nach Mitteilung des Innenministeriums vom 10. November 1938 wurden in 46 Geschäften in München Fensterscheiben eingeschlagen: „Gegenwärtig sei die Politische Polizei damit befasst, möglichst viele männliche gesunde Juden festzunehmen. Etwa 200 seien bis jetzt festgenommen worden, die Zahl soll aber auf 800 gebracht werden."[45]

Isartal, den 6. September 1939

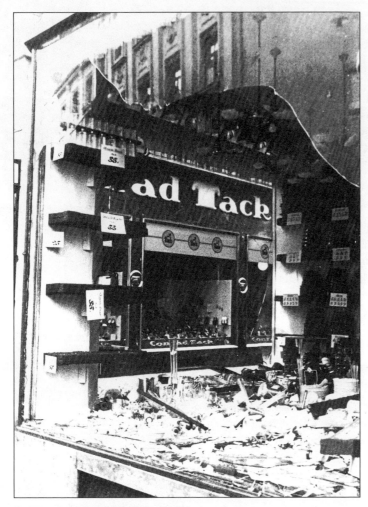

Zerstörte Auslage des Kaufhauses Uhlfelder mit Blick auf das Schuhgeschäft Conrad Tack, 1938

Das KZ Dachau war 1933 als „Musterlager" eingerichtet worden. Zwischen 30.000 und 60.000 „Aktionshäftlinge" kamen reichsweit in die Lager Sachsenhausen, Buchenwald und Dachau.[46]

verhaftet und, wie alle Festgenommenen, in das Konzentrationslager nach Dachau gebracht!

Das Fenster des Zimmers, das man Hanna und mir so freundlich zur Verfügung gestellt hatte, ging auf den Platz, auf dem die Frauenkirche stand. Lange, lange konnte ich mich nicht entschließen, zu Bett zu gehen, ich stand am Fenster und sah auf die Türme des Doms, das Wahrzeichen der Stadt München. Wie sollte es weitergehen? Würde es glücken, Dich und Peter – er wäre nicht der erste Siebzehnjährige, der jetzt verhaftet worden war! – vor Dachau zu bewahren? Aber was auch kommen würde, wir mußten es tragen. Seufzend legte ich mich nieder, alle Glieder taten mir weh, und das Ruhen tat gut, wenn auch an Schlaf nicht zu denken war. Ich hörte genau die Ankunft des Schwiegersohns und der verheirateten Tochter und freute mich für Frau Schwarz, daß sie diese beiden nun zu ihrer Unterstützung hatte. Dann wieder schwor ich mir, daß wir alles Menschenmögliche tun würden, um auszuwandern, ganz gleich wohin, wenn wir diesmal heil davonkämen! Wenn wir nicht nach Argentinien konnten, mußte eben ein Zwischenland gefunden werden! –

Endlich, endlich kam der Morgen. In der Zeitung stand, daß das über den Mord des Herrn von Rath empörte Volk überall im Reich zu Racheakten an den Juden geschritten war, die die Polizei nicht hatte hindern können. Als wir nach dem Frühstück mit herzlichem Dank das gastliche Haus verließen, sahen wir an allen Säulen und Mauern weithin leuchtende Plakate, die das Volk aufforderten, Ruhe zu bewahren. Gegen weitere Einzelaktionen werde streng vorgegangen werden. Die Juden würden für den bübischen Mord von Rechts wegen zur Buße herangezogen werden. – Ich atmete auf, als ich Dich und Peter wohlbehalten in Frau B.'s Wohnung antraf. Aber sie teilte uns mit, daß sie nicht wagen könne, Euch auch in der nächsten Nacht zu beherbergen – beim Milchabholen hatte sie erfahren, man werde durch die Blockwalter Nachforschungen nach versteckten Juden anstellen lassen. Bis zum Nachmittag konnten wir bei ihr bleiben, aber dann müßten wir eine anderweitige Unterkunft suchen. Aber wo? Ich rief unseren Bürgermeister an, ob wir nicht zurückkommen könnten. Er verneinte, eine Reihe von Tagen müßten wir noch fortbleiben, dann hoffe er, uns die Rückkehr ermöglichen zu können. In meiner Verzweiflung rief ich nochmals bei Helene Hecht an. Sie war selbst am Apparat. »Fünf Minuten nachdem Dein Mann mit

Tagebuchaufzeichnungen Else Behrend-Rosenfeld

Peter fort war, ist die Gestapo erschienen und hat meinen Mann mitgenommen. Ich glaube, nun besteht keine Gefahr mehr, daß sie nochmals kommen. Am besten wird sein, ihr alle fahrt bei Dunkelwerden hierher, Platz haben wir genug!« So leid es mir tat, daß Franz Hecht auch verhaftet worden war, so erleichtert war ich, daß ich für uns alle eine Unterkunft gefunden hatte. Hechts wohnten in der Keplerstraße, einem Eckhaus am Rande der Stadt. Ihre Wohnung lag im obersten Stockwerk und hatte nach Norden ein schönes großes Atelier und eine herrliche Terrasse, von der man über die Siedlungen mit ihren Gärten, über Wiesen und Felder weg die Ketten der Alpen sah. Trotz des Schmerzes um ihren Mann, mit dem sie innig verbunden war, empfing uns Helene Hecht sehr freundlich und gefaßt. Ihr war die Ablenkung, die unser Besuch ihr schuf, willkommen. Allein mit der Schwester ihrer Mutter, hätte sie ihren traurigen Gedanken überhaupt nicht entfliehen können. So brachten schon die beiden Kinder Abwechslung und Leben in die sonst so stille Wohnung. Von vornherein wurde ausgemacht, daß Du und Peter die nächsten Tage über die Wohnung nicht verlassen durftet, und ich war froh, daß Helene mich in dieser Forderung so energisch unterstützte. Zwölf Tage blieben wir bei ihr, unsere Freundschaft ist in dieser Zeit fester und dauerhafter geworden, als das in vielen Jahren normalen Lebens möglich gewesen wäre. Auch ihr war

Zerstörte Synagoge „Ohel Jakob" in der Herzog-Rudolf-Straße, 10. November 1938

klar, daß nun eine schleunige Auswanderung geboten war, an die sie vorher nicht gedacht hatten. Franz hatte sich durch seine Bilder gute Freunde in England erworben, darunter einen nahen Verwandten Lord Churchills mit dem gleichen Familiennamen. Aber es schien nicht angezeigt, von Deutschland aus Verbindung mit einem Manne dieses gehaßten Namens aufzunehmen. Schließlich kamen wir auf die Idee, das Telegramm einfach mit dem ziemlich ungewöhnlichen Vornamen des Lords zu adressieren und ihn um die Beschaffung einer Einreiseerlaubnis anzugehen. Ich selbst fuhr zum Telegraphenamt, und schon zwei Tage später war die Antwort da, daß er alles tun werde, um beide Hechts so bald wie möglich herüberzuholen. Unterzeichnet war sie einsichtsvollerweise nur: Lord Ivor! –

Lord Ivor Charles Spencer-Churchill (1898 bis 1956) war ein Cousin Winston Churchills.

Jeder Ausgang in diesen ersten Tagen nach dem 10. November kostete Überwindung. Wenn die Wohnungstür hinter mir zufiel, hatte ich das Gefühl, mich erst straffen und wappnen zu müssen, einer grausamen Außenwelt gegenüber. An jedem

Schilder an einer Münchner Bibliothek, 1938

Geschäft der Stadt (mit ganz geringen Ausnahmen) prangten große Schilder: »Juden ist der Zutritt verboten!«, von sämtlichen öffentlichen Gebäuden, Cafés und Lokalen gar nicht zu reden. Ohne weiteres konnte ich jede jüdische Frau, jedes jüdische Mädchen erkennen (die Männer waren inzwischen fast ausnahmslos nach Dachau gebracht worden, und die wenigen, die Partei und Gestapo entgangen waren, hielten sich versteckt), nicht an den berühmten jüdischen Rassenmerkmalen, die nur ein Teil besitzt, sondern an dem geradezu steinernen Gesichtsausdruck, den jede wie eine Maske trug, an den starr blickenden Augen, die keinen Menschen ansahen, sondern durch alle hindurchzusehen schienen. Wenn übrigens durch die Inschriften von der Partei bezweckt worden war, den Juden jeden Einkauf unmöglich zu machen, sie an den dringendsten Bedürfnissen des täglichen Lebens Not leiden zu lassen, so ist dieser Zweck nicht nur nicht erreicht, sondern beinahe in sein Gegenteil verkehrt worden. Die Nachbarn und Bekannten, ja in vielen Fällen die Inhaber der Geschäfte, die jüdische Familien zu Kunden hatten, beeilten sich, ihnen alles, was sie brauchten, oft in Fülle und Überfülle, in die Wohnungen zu bringen. Das sind nicht etwa Einzelfälle gewesen, sondern es war die Regel! Helene hatte in diesen Tagen oft im Scherz geäußert, es sei geradezu ein Glück, daß wir vier bei ihnen mit verpflegt würden, sonst hätte sie nicht gewußt, wohin mit all dem Segen, den ihr die Leute ins Haus trugen. Am zweiten oder dritten Tag, nachdem wir bei Hechts gelandet waren, fuhr ich ins Isartal, um die von der Staatsbibliothek geliehenen Bücher zu holen und zurückzubringen. In den Zeitungen war inzwischen bekannt gemacht worden, daß Juden außer dem Besuch von Theatern, Konzerten, Vorträgen, Kinos und sonstigen öffentlichen Veranstaltungen auch die Benutzung des Lesesaals und das Entleihen von Büchern aller staatlichen und städtischen Bibliotheken verboten sei. – Im Isartal fand ich alles in Ordnung, der Bürgermeister, den ich aufsuchte, riet, noch mit dem Heimkommen zu warten, er werde uns benachrichtigen, wenn es soweit sei. Ich hielt mich deshalb nicht lange zu Hause auf, sondern fuhr sofort wieder zurück in die Stadt, direkt zur Staatsbibliothek. Auch hier prangte das bekannte Schild »Juden ist der Zutritt verboten«. Innerlich widerstrebend ging ich hinein. Bei der Bücherrückgabe stutzte der Beamte, als ich unsere Leihkarte herüberreichte. »Darf ich Sie bitten, einen Augenblick zu warten, Herr Dr. X. möchte Sie gern sprechen.« Sehr erstaunt folgte ich ihm kurz darauf in einen der Verwaltungsräume, wo mich Herr Dr. X. höflich begrüßte und mich aufforderte, Platz zu nehmen. Er begann dann: »Sie haben vermutlich in der Zeitung von dem Verbot der weiteren Bücherverleihung an Juden

1938 war in der Münchner Staatsbibliothek Dr. Max Stois Vorstand des Ausleihamts. Juden durften vom 10. November 1938 bis zum 17. März 1939 keine Bücher ausleihen, dann konnten sie die Bibliothek bis zum Herbst 1941 wieder nutzen.[47]

Tagebuchaufzeichnungen Else Behrend-Rosenfeld

gelesen.« Ich bejahte. »Ihr Gatte ist in den ganzen letzten Jahren ein sehr eifriger Benutzer unserer Bibliothek gewesen. Ich nehme an, er braucht die Bücher für eine wissenschaftliche Arbeit, und das Verbot des Entleihens würde ihn schwer treffen. Darf ich einige Fragen an Sie stellen? Ist Ihr Gatte Volljude?« Ich bejahte wieder. »Und Sie, gnädige Frau? Bitte halten Sie mich nicht für indiskret, Sie werden gleich merken, warum ich diese Fragen stelle«. Ich erwiderte, daß ich zwar Mischling wäre, aber durch die Heirat diese Eigenschaft aufgehoben sei. »Das trifft für uns nicht zu«, sagte er, »für uns sind Sie Mischling, und denen ist das Entleihen von Büchern erlaubt. Allerdings muß irgendein Grund vorhanden sein, aus dem Sie wissenschaftliche Bücher entleihen wollen.« »Der ist da«, entgegnete ich ihm, »ich habe Geschichte studiert und den Doktorgrad erworben. Ich hoffe, das genügt, um ein Interesse an wissenschaftlicher Lektüre zu begründen.« »Selbstverständlich, gnädige Frau, und Sie haben nun begriffen, warum ich Sie zu mir bitten ließ und Ihnen diese Fragen stellen mußte. Wir werden Ihnen gleich heute eine Leihkarte auf Ihren Namen ausstellen lassen. Wem Sie in Ihrer Familie die Bücher geben, geht uns nichts an. Übrigens können Sie zum Holen und Bringen der Bücher schicken, wen Sie wollen, natürlich auch Ihren Gatten. Wir hoffen, das häßliche Plakat am Eingang bald wieder fortnehmen zu dürfen, aber selbst wenn das nicht der Fall wäre, hat das für niemand, den Sie schicken, Bedeutung. Noch eins: Sollten Sie oder Ihr Gatte hier einmal nicht mit der unter anständigen Menschen üblichen Höflichkeit behandelt werden, so bitte ich, mir das sofort zu melden – wir sind entschlossen, das hier unter allen Umständen nicht zu dulden!« Die Erfahrungen der letzten Tage, die vor Gehässigkeit strotzenden Zeitungsartikel, die Ankündigung der Vermögensabgabe als »Sühne« für den Mord in Paris, die Verhaftungen und alles, was damit zusammenhing, die »Arisierung« aller jüdischen Geschäfte, hatten uns von neuem unser Pariatum so eingehämmert, daß man es kaum mehr fassen konnte, als ein den »Ariern« gleichwertiger Mensch behandelt zu werden. Ich konnte nur einen kurzen Dank stammeln, nur mühsam meine Fassung bewahren. Und wie gern hätte ich ausgedrückt, was es für Dich bedeutete, Deine Arbeit nicht abbrechen zu müssen, sondern sie ohne Behinderung weiterführen zu können! Ich habe nicht vergessen, wie Du Dich freutest, als ich Dir die Erlaubnis berichtete, und ich habe es so ausführlich niedergeschrieben, weil es zeigt, daß selbst die Beamten dieser Regierung durchaus nicht alle ihre Maßnahmen billigten und sie milderten, wo sie konnten, wenn sie sich auch nicht offen dagegen aufzulehnen wagten. Die Spekulation, die Gewalttaten gegen die Juden in den Novembertagen des Jahres 1938 als spontanen Ausbruch der kochenden Volksseele hinzustellen, hatte sich als Fehlspekulation erwiesen, und in Zukunft wurde ein anderer Weg eingeschlagen. Alle Verfügungen, die sich gegen die Juden richteten, wurden, außer den Betroffenen, nur den unmittelbar mit ihrer Durchführung betrauten Organen bekanntgegeben und als »geheim« bezeichnet, so daß weite Volkskreise kaum etwas von all den Beschränkungen und Zwangsmaßregeln erfuhren. –

Isartal, den 6. September 1939

Dr. Else Rosenfeld hatte 1919 in Jena mit dem Thema „Die politischen Ideen Oskar von Wydenbrugks nach seinen Schriften und seiner Tätigkeit" promoviert.

97

Kinder im Garten des jüdischen Kinderheims an der Antonienstraße, 1941

Das Kinderheim der Israelitischen Jugendhilfe e. V. in der Antonienstraße 7 bestand seit 1926. Am 11. April 1942 wurde das Heim auf Anweisung der Arisierungsstelle aufgelöst, die Heimleiterinnen und die verbliebenen Kinder in die Internierungslager Milbertshofen und Berg am Laim gebracht und von dort deportiert.[48]
Die Jüdischen Altenheime in der Kaulbachstraße 65 und in der Mathildenstraße 8–9 mussten schließen und die Bewohner in Privatwohnungen Unterkunft suchen.[49]

1942 ließ Hans Wegner, Leiter der „Arisierungsstelle", das jüdische Altenheim in der Mathildenstraße 8–9 verkaufen und übertrug es dem Lebensborn e. V., einer NS-Organisation für Mütter und deren Kinder.[50]

Mit Ausnahme des jüdischen Kinderheims und eines unansehnlichen Altersheims hatte die SA zwei andere Heime und das Verwaltungsgebäude der Jüdischen Gemeinde räumen lassen. In der Privatwohnung von Herrn Rat Neumeyer, also im gleichen Haus, in dem wir bei Hechts wohnten, fanden sich die Angestellten zusammen, um die wichtigsten Maßnahmen zu besprechen und die Arbeit unverzüglich aufzunehmen. Aber die vorhandenen Kräfte reichten nicht aus, man hielt Ausschau nach ehrenamtlichen Helfern. Ich stellte mich sofort zur Verfügung. Vor allem galt es, die alten Leute aufzuspüren, die die SA aus den Heimen verjagt hatte und von deren Verbleib man nichts wußte. Bei Verwandten und Bekannten von ihnen mußte Nachfrage gehalten werden. Nach vielem mühseligem Herumwandern fand man sie nach und nach alle wieder auf, viele von ihnen krank durch die Angst und Aufregung. »Als die SA-Leute bei uns im Heim in der Kaulbachstraße erschienen und erklärten, wir müßten sofort alle aus dem Hause verschwinden«, erzählte mir eine kleine alte Frau von dreiundachtzig Jahren, die ich bei einer Bekannten nach langem Suchen schließlich antraf, »da bin ich zu einem SA-Mann gegangen und habe ihn gefragt, wo ich denn hingehen sollte, ich hätte keine Verwandten hier. Wissen Sie, was er mir geantwortet hat? ›Der Starnberger See hat Platz genug für euch alle!‹ Ich bin dann noch eine ganze Weile in den Straßen herumgelaufen, bis mich Frau N. N. traf und mich zu sich nahm.« Ihre Sachen hatte sie im Heim lassen müssen. Vieles davon war verschwunden, als die Aufforderung kam, das Heim in der Kaulbachstraße zu räumen. Das zweite Heim in der Mathildenstraße wurde nach langem Verhandeln Anfang Dezember wieder zurückgegeben und konnte neu eingerichtet und bezogen werden. Allerdings mußten sich die alten Leute gefallen lassen, die bisher jeder ein Zimmer für sich

Tagebuchaufzeichnungen Else Behrend-Rosenfeld

gehabt hatten, nun je nach Größe des Raumes zu zweien oder dreien in einem Zimmer untergebracht zu werden. Mir war übertragen worden, zusammen mit der Leitung die Unterbringung und den Einzug der alten Leute zu organisieren und durchzuführen. Es war nicht leicht, ihnen beizubringen, daß sie sich von einem Teil ihrer Sachen aus Platzmangel trennen mußten. Aber sie waren alle noch von den Erlebnissen ihrer Austreibung her verschüchtert und froh, nun wieder eine Art Heimat und geregeltes Leben zu finden.

Die Verwaltung der Münchner Jüdischen Gemeinde fand Unterkunft in einer ehemaligen jüdischen Zigarettenfabrik, einem Hinterhaus in der Lindwurmstraße. Der chaotische Zustand der Straße, die für den Bau der Untergrundbahn völlig aufgerissen war, erschien mir wie ein Symbol unserer ganzen jüdischen Gemeinde. Aber man raffte sich auf, biß die Zähne aufeinander und arbeitete. In dem häßlichen Fabrikhaus entstanden durch Ziehen von Zwischenwänden Büroräume, denen durch einen hellen Anstrich ein freundlicheres Aussehen verliehen wurde. Es galt, viel Elend zu lindern. Alle jüdischen Angestellten in Kaufhäusern und den verschiedensten andern Betrieben hatten ihre Arbeit verloren und durften nicht mehr beschäftigt werden. Sie selbst waren fast ausnahmslos nach Dachau gebracht worden. Aber ihre Frauen und Kinder waren da und mußten weiter Miete zahlen und brauchten Mittel, um ihren Lebensunterhalt zu bestreiten. Sie suchten auch sonst Rat und Hilfe in den plötzlich veränderten Verhältnissen. So fand sich neben der Betreuung der Altersheime reichlich, ja überreichlich fürsorgerische Arbeit in der Wohlfahrtsstelle.

Als ich sie Anfang März niederlegte, waren die Verhältnisse wieder so weit konsolidiert, daß ich es leichten Herzens konnte, umso mehr, als ich eine sehr geeignete Nachfolgerin fand, die ich noch in ihr Amt einführte.

Die Israelitische Kultusgemeinde und die Zweigstelle der „Reichsvereinigung der Juden in Deutschland" fanden in der Lindwurmstraße 125 eine letzte Bleibe. Der Gebetsraum musste Mitte 1942 aufgegeben werden.

Die Reichsvereinigung der Juden war seit dem 4. Juli 1939 zwangsweise dem Reichssicherheitshauptamt und somit der Gestapo unterstellt. Wer seit den Nürnberger Gesetzen als Jude galt, musste beitreten und Pflichtbeiträge bezahlen.[51]

Im Zuge der neuen Verkehrsplanungen hatte man in München am 22. Mai 1938 in der Lindwurmstraße mit dem Bau einer U-Bahn begonnen.[52]

Briefe an Eva Schmidt vom 21. Januar, 18. Februar, 4. März, 18. April, 3. Mai und 8. Juni 1939 aus Icking

21.1.39.
Meine liebe, gute Eva, …
In der Arbeit hat sich noch eines geändert, tatsächlich ist M.[ünchen] von allen Städten im Reich am schwierigsten dran, wie wir zu unserem Leid immer wieder feststellen müssen. Aber ich merke doch, wie trotz allem Schlimmen und Unzulänglichem, dessen ich mir stets bewusst bin, ich doch einer Menge Menschen gut zureden, manchmal auch raten kann, schafft es mir Befriedigung, wie leicht und gern sich Menschen mir gegenüber eröffnen, wie sie wohl fühlen, daß ich mit heißem Herzen bemüht bin, das Meinige zu tun, um zu helfen. Aber wie wird's weitergehen! – Kennst Du den Vers, den Goethe dem Schauspieler Krüger 1827 als Widmung in ein Exemplar der »Iphigenie«
»Alle menschlichen Gebrechen
Sühnet reine Menschlichkeit!«
Leb wohl, du Liebe, hab Dank für alles …

Eva Schmidt (1897–1988), Lehrerin in Weimar, war die beste Freundin Elses und half ihr während der ganzen Jahre der Verfolgung, ohne Jahr, Foto E. Koch

Eva Schmidt in der Cranachstraße in Weimar, um 1940

Gustel ist die Tochter Siegfried Rosenfelds aus erster Ehe.

Am 18.2.39.

Meine liebe gute Eva,

… Mitte der kommenden Woche höre ich nun in M. mit meiner Arbeit auf, sehr schweren Herzens. Montag früh kommt meine Nachfolgerin, ich kenne sie nicht, hoffentlich ist sie tüchtig. Unser neuer Hauswirt hat uns freundlicherweise noch bis zum 15.3. Frist gegeben, aber wenn ich daran denke, was bis dahin noch alles getan werden muß, dann wird mir heiß und kalt! Und dabei wissen wir noch nicht, wo wir dann bleiben werden, denn das ist von verschiedenen Faktoren abhängig, die noch völlig ungeklärt sind. Vor allem hoffen wir ja noch immer, daß die Kinder bis dahin wenigstens die Einreiseerlaubnis für U.S.A. od. England haben. – Von Gustel gute Nachrichten, gestern wieder ein Luftpostbrief, in dem sie schreibt, sie hoffe auf baldiges Eintreffen der Einreiseerlaubnis für uns alle. Andernfalls steht fest: Was zuerst kommt, wird genommen, so daß es nicht absolut ausgeschlossen ist, daß wir noch alle zusammen, wie ursprünglich geplant, nach Argentinien gehen! – Ja, nun bist Du wieder auf dem Laufenden! …

Am 4.III.39

Meine liebe Eva,

heut nur in aller Eile einen kurzen Gruß, wir sind in scheußlichen Aufräumungsarbeiten und verkaufen zwischendurch immer ein Stück nach dem anderen von unseren Sachen! Zum Glück leuchtet dazu die himmlischste Frühlingssonne, die alles leichter macht! – Wir ziehen zunächst in Dr. T.s [Tillas] Wochenendhäuschen direkt nebenan, sehr primitiv, aber doch schön und vor allem in derselben Landschaft, die uns immer mehr ans Herz wächst! … Mit unseren Plänen ist nichts weiter gekommen, im Gegenteil, vorläufig von England und U.S.A. für die Kinder immer nur neue Hemmnisse. Unsere letzte und einzige Hoffnung scheint Argentinien bleiben zu sollen. Aber was tun, wenn die auch zunichte wird?! Aber beunruhige Dich nicht, wir lassen es drauf ankommen und halten den Kopf hoch! –

Am 18.IV.39.

Meine liebe, gute Eva,

hab innigen Dank für Deine letzten Nachrichten, Karte und Brief! Und heut endlich habe ich etwas Gutes zu berichten! Peter bekam gestern sein »Permit« und holt sich heute sein englisches Visum!!! Er wird in etwa einer, spätestens 1 ½ Wochen reisen! Ich weiß, wie Du Dich mit uns freust, wie Du mit uns aufatmest, daß wenigstens das erreicht ist!!! Du bist dafür auch die Erste, der ich das schreibe! Aber wir alle finden, daß Du in Deiner mittragenden Freundschaft auch das Anrecht hast, gleich von die-ser guten erlösenden Nachricht zu erfahren! Auch an Hanna, der ich sowieso einen Brief schuldig bin, schreibe ich nachher. – Peter kommt anscheinend nun doch nicht in die Schule von Hilde Lion, sondern, was uns viel lieber ist, in ein Lager zur weite-ren landwirtschaftlichen Ausbildung und wir haben sowohl diese Umorganisation wie den endlichen Fortschritt der Handlung Curt Bondy, Käthe L. und den Quäkern zu verdanken! –

Am 3.5.39.

Meine liebe, gute Eva,

... Merkwürdig, wie dann – nach monatelangem Warten – plötzlich alles vorwärtsgeht! Am Samstag kam ein Telegramm von Hertha, wir sollten uns Schiffspläne für Ende Mai für Cuba besorgen, sie würde die erforderlichen Papiere schicken! Es gibt aber bis Sep-tember keine freien Plätze mehr auf deutschen Schiffen nach Cuba und auf französischen oder englischen, die leicht zu haben sind, müsste man in Divisen zahlen, pro Person 160 Dollars! – Wir haben ihr das sofort zurückgekabelt, ich zweifle aber, daß sie imstande ist, eine solche Summe für uns zwei à fond perdu aufzutreiben! ...

Am 8.6.39.

Meine liebe, gute Eva,

ich fürchte, ich habe Dich diesmal lange, zu lange, auf Antwort warten lassen, aber es ist so schwer zu schreiben, wenn nichts Positives, ja statt eines Fortschritts höchstens ein Rückschritt oder doch vollkommener Stillstand zu melden ist. – Ich weiß nicht, ob ich dir schon schrieb, daß kurz vor Hannas Abreise die Ablehnung des argentinischen Kon-sulats kam; sie traf uns damals nicht so schlimm, weil gerade die neue Hoffnung aus Cuba aufgetaucht war, die ist nun auch vorbei, da Cuba seine Pforten gänzlich gesperrt hat. Was nun noch möglich ist, wissen wir nicht, wir nehmen an, daß Gustel und Heinz sich mit dieser Ablehnung nicht begnügen werden. ... Aber wir nehmen all das leichter, weil die Kinder draußen sind und es gut haben.

Isartal, Sonntag, den 10. September 1939

Am Freitag früh wurde ich nach meiner Ankunft im Büro sofort zu Herrn Rat gerufen. »Heute und in den nächsten Tagen kommen, wie mir eben aus Karls-ruhe vom Vorsitzenden der Jüdischen Gemeinde telephonisch mitgeteilt wurde, eine große Anzahl von Juden aus den badischen Gemeinden, denen man befoh-len hat, der Nähe der französischen Grenze wegen ihre Heimat zu verlassen. Einige hundert von ihnen müssen in München bei unseren Gemeindemitglie-dern untergebracht werden. Die Einweisung in die verschiedenen Wohnungen erfolgt durch das Wohnungsreferat. Aber wir brauchen jemanden, der die für-sorgerische Betreuung übernimmt, zwischen den Gästen und den Wirten ver-

Hilde Lion: Dr. Hildgard Lion, war von 1929 bis 1933 Direktorin der deutschen Akade-mie für soziale und pädagogische Frauen-arbeit in Berlin, emigrierte nach England und gründete in Hazlemere / Surrey eine Schule, die vor allem Flüchtlingskinder aufnahm.

Curt Bondy leitete das Ausbildungslehrgut Groß Breesen in Brandenburg.

Käthe L.: Kate K. Liepmann, Soziologin

Hertha: Hertha Kraus, Studienkollegin Else Rosenfelds aus Jena.

Dr. Gertrud Luckner, Mitarbeiterin des deutschen Caritasverbandes, befreundet mit Else Rosenfeld, schreibt über diese Tage: „Bei Ausbruch des Krieges, in den ersten Septembertagen 1939, gingen viele Freiburger, auch Juden, vorübergehend nach München, weil man in Freiburg damals mit einer Besetzung durch franzö-sische Truppen rechnete. Nach meiner Rückkehr bat mich eine jüdische Freundin inständig, ich möge doch gelegentlich nach München zur jüdischen Gemeinde fahren, die Bedrängnis sei dort viel größer als in Freiburg. Sie schickte mich zu Else Rosenfeld."[53]

mittelt, kurz, sich um die einzelnen kümmert und ihnen für Rat und Hilfe zur Verfügung steht. Wollen Sie das tun? Mir wäre das um so lieber, als ich persönlich die volle Verantwortung für das reibungslose Einfügen der Rückwanderer, wie sie offiziell heißen, der Gestapo gegenüber übernommen habe!« Ich drückte meine Bereitwilligkeit aus. Herr Rat fuhr fort: »Wir werden gleich nach einem geeigneten Büroraum für Sie Ausschau halten. Sie bekommen eine Sekretärin. Gemeldet hat sich für diesen Posten Emmy K., die Sie ja von der Kinderverschickung her gut kennen. Sind Sie einverstanden?« Wieder konnte ich nur mein Einverständnis bekunden.

Ein kleiner Büroraum war schnell gefunden, Emmy K. und ich richteten uns darin ein. Eine Kartothek wurde vorbereitet, und mittags trafen bereits die ersten Rückwanderer ein. Wie gut, daß seit dem Frühjahr das Wohnungsreferat bestand. Es war auf Veranlassung des von der SA gegründeten Arisierungsamtes in der Widenmayerstraße eingerichtet worden, das schon damals begann, jüdische Familien aus Häusern und Wohnungen, die ihnen für andere Zwecke brauchbar erschienen, zu entfernen. Das Wohnungsreferat der Jüdischen Gemeinde hatte die Aufgabe, diese Familien anderweitig unterzubringen. Zu diesem Zweck war eine genaue Aufstellung aller jüdischen Wohnungen mit Zahl und Größe der Räume und der Menge der sie bewohnenden Insassen gemacht worden. Noch wurde jedem das Recht auf ein Zimmer zuerkannt, was darüber war, mußte zur Verfügung gestellt werden. Nun kam uns diese genaue Liste der verfügbaren Räume zugute. Ein großer Teil der Münchner Juden hatte große Wohnungen, die Einweisung der Neuankömmlinge wickelte sich im Allgemeinen ohne Schwierigkeiten ab. Man hatte Mitleid mit ihnen, die schroff, ohne genügende Vorbereitung, von einer Stunde zur andern ihr Heim verlassen und, kaum mit den nötigen Sachen versehen, die Reise ins Ungewisse angetreten hatten. Emmy und ich hatten alle Hände voll zu tun: Kleinere Kinder wurden zunächst in unser Kinderheim gebracht, bis man die geeignete Familienunterkunft für sie gefunden hatte, alte oder kränkliche Leute mußten in ihre Quartiere gebracht, tausend Fragen beantwortet, Wünsche betreffs Kleidung oder anderer notwendiger Dinge möglichst schnell befriedigt werden. Aber bis zum späten Nachmittag waren doch die etwa sechzig Angekommenen alle untergebracht, ein Teil der zuletzt Erschienenen provisorisch in unseren Heimen. Dann war schleunigst die Verpflegungsfrage zu lösen. Mit der Leiterin unserer Speiseanstalt kam ich überein, daß sie bis zu hundert Personen zusätzlich mittags versorgen würde. Auch das Lehrlingsheim würde eine Gruppe von etwa zwanzig Menschen speisen können. Aber das reichte noch nicht aus. Es mußte eine neue Speiseanstalt geschaffen werden. Unser kleines Heim in der Wagnerstraße in Schwabing hatte eine Küche, die früher als Lehrküche für Volksschulkinder der obersten Klassen gedient hatte und nicht voll beansprucht war. Ehrenamtliche Hilfskräfte, die die nötige Arbeit übernahmen, waren bald gefunden, und von morgen ab wird die neue Küche imstande sein, täglich bis zu sechzig Menschen

Hans Wegner hatte im September 1939 die „Dienststelle des Beauftragten des Gauleiters für Arisierung" übernommen. Die Vermögensverwertungsstelle, eingerichtet vom bayerischen Innenminister und Gauleiter Adolf Wagner, betrieb den billigen Erwerb und möglichst gewinnbringenden Verkauf sämtlicher jüdischer Vermögenswerte. Zum Aufgabenbereich der „Arisierungsstelle" gehörten Entmietungen sowie Häuser- und Grundstücksenteignung, der Arbeitseinsatz gettoisierter Juden, die Kontrolle diskriminierender Vorschriften wie das Tragen des „Judensterns", aber auch die Mitwirkung an der Organisation der Judentransporte.[54]

Seit 1928 war im Haus in der Wagnerstraße 3 das jüdische Lehrlingsheim untergebracht. Ab Frühjahr 1939 diente es dem Verband Bayerischer Israelitischer Gemeinden als „jüdisches Übernachtungsheim". 1943 ging es in den Besitz des „Hauptamtes SS" über.[55]

Tagebuchaufzeichnungen Else Behrend-Rosenfeld

ein gutes und reichliches Mittagessen zu verabfolgen. Im gleichen Heim werden wir morgen Notquartiere vorbereiten, Strohsäcke für solche, die nicht sofort bei Familien untergebracht werden können. Gestern sind wieder etwa siebzig Menschen angekommen, und für morgen ist eine noch größere Anzahl gemeldet. Die jüdische Gemeinde Ludwigshafen teilte mit, daß auch die Pfalz von jüdischen Einwohnern evakuiert wird und daß eine Anzahl Pfälzer Juden zu uns kommen wird. Die Zusammenarbeit mit Emmy K. funktioniert ausgezeichnet, ich könnte mir keine geeignetere und liebere Mitarbeiterin wünschen. Wir waren uns von Anfang an darüber einig, daß der manchmal etwas rauhe Ton, der bei einigen Fürsorgern der Wohlfahrtsstelle herrscht, bei uns keinen Zugang haben soll; wir wollen unsere Schützlinge mit Freundlichkeit, wenn auch mit der notwendigen Energie behandeln. Daß auch diese nicht fehlen darf, zeigte sich schon heute: In einer streng orthodoxen Familie hatte ein Mann mit einer arisch-evangelischen Frau Aufnahme gefunden, die von den jüdischen Speisegesetzen keine Ahnung hatte. Es war zu Zusammenstößen gekommen, und beide Parteien wandten sich voller Empörung an mich; eine Änderung der Unterbringung mußte erfolgen, aber beiden Parteien mußte höchst nachdrücklich klargemacht werden, daß solche Schwierigkeiten sich leichter und besser ohne gegenseitiges Beschimpfen regeln lassen. Das Wohnungsreferat wurde gebeten, in Zukunft die Unterbringung auch unter Berücksichtigung dieser Gesichtspunkte vorzunehmen. Emmy und ich waren vorgestern und gestern Abend todmüde, als wir uns trennten, aber ein gutes Stück Arbeit war in diesen zwei Tagen geschafft worden! Es ist auch vorgesorgt, falls heute, am Sonntag, wieder Rückwanderer ankommen: Sie werden in die Heime gebracht, die schon mit Strohsäcken ausgestattet sind, und erst morgen in ihre endgültigen Quartiere geführt. So können wir beide heute einmal richtig ausruhen, was im Hinblick auf die kommende, sicher recht arbeitsreiche Woche sehr angenehm ist.

Brief an Eva Schmidt vom 23. September 1939 aus Icking

Meine liebe, gute Eva,
hab sehr herzlichen Dank für Deinen lieben Brief und E.s [Elisabeths] persönlichen Gruß,
es ist so schön, von Dir zu hören, ich bin immer sehr froh darüber. – Ich habe Nachricht
vom 4. Sept., die gestern kam, es geht oder ging ihm gut, er hat gute Unterkunft, und
als bitterer Tropfen bleibt aber die Trennung.
Aber ich muß zufrieden sein, daß alles noch so gekommen, an jedem Tage wird mir
das immer stärker ins Bewusstsein gehämmert! Und die Gemeinschaft der Leid tragen-
den Menschen wird immer größer, da gibt es viel zu helfen (mit, ach, wie schwachen
und unzulänglichen Mitteln!), daß man gar nicht dazu kommt, an seinen eigenen Kum-
mer während des Tages zu denken. Ich habe wieder eine ganz selbständige Abteilung
übernommen, nicht die gleiche wie im Winter, sondern eine, die aus den augenblicki-
chen Umständen erwuchs, und die Betätigungsmöglichkeiten in Fülle zeigt. …

Isartal, Sonntag, den 24. September 1939

Mit der Kriegsbewirtschaftung wurde am 1. November 1939 die Reichskleiderkarte eingeführt. Juden durften ab dem 23. Januar 1940 keine Kleider mehr beziehen, mancherorts wohl bereits vorher.

Annemarie und Rudolf Cohen, nach 1930

Dr. Rudolf und Dr. Annemarie Cohen leiteten „Die religiöse Gemeinschaft der Freunde – Quäker" in München. Rudolf Cohen, geb. 1864 in Hamburg, gest. 1953 in München, Physiker und zeitweise Assistent von Wilhelm Röntgen, im Ersten Weltkrieg Leiter der Kriegsgefangenenfürsorge, legte eine über 300 Personen umfassende Kartei für jüdische, aber auch für christliche Hilfesuchende an. Die Cohens halfen über ihre internationalen Netzwerke bei der Beschaffung von Visa und Bürgschaften, bei der Unterstützung für Reise- und Passkosten und der Suche nach Arbeitsplätzen im Ausland. Am 8. April 1939 war Siegfried Rosenfeld bei Rudolf Cohen in der Kopernikusstraße 11, um die Emigration seiner Familie vorzubereiten.[56]

Seit vierzehn Tagen habe ich mein Tagebuch nicht angesehen, geschweige denn eine Zeile geschrieben. Aber die Tage waren fast zu kurz, um alle Arbeit zu schaffen, und ich mußte auch den letzten Sonntag in die Stadt fahren. Wir haben inzwischen etwa dreihundertfünfzig Rückwanderer in München, und der Zustrom soll nun aufhören. Ich hoffe sehr, daß es stimmt, damit unsere wirkliche Fürsorgearbeit einsetzen kann. Bisher hatten wir nur zu tun, daß jeder einzelne richtig untergebracht, verpflegt und mit den nötigsten Kleidungsstücken versorgt wurde. Diese letzte Aufgabe wurde uns durch die Hilfe der Münchner Quäker sehr erleichtert, und ich freue mich, auf diese Weise näher mit Frau Annemarie C., die Du und ich kurz kennenlernten, als wir die Auswanderung für die Kinder und uns betrieben, bekannt zu werden. Sie und ihr Mann sind das Haupt der kleinen Quäkergemeinde, und wir beide hatten uns schon nach unserem ersten Besuch sehr zu ihnen hingezogen gefühlt. – Da der größte Teil der Rückwanderer nur mit einem Handköfferchen oder nur mit den Sachen, die sie auf dem Leibe trugen, zu uns gekommen ist, da wir andererseits nicht, wie die »arische« Bevölkerung, eine Kleiderkarte erhalten, praktisch also weder Wäsche noch Kleidung kaufen können, werden uns die Quäker gerade in diesem Punkte besonders nützlich sein. Der Krieg mit Polen ist beendigt, Hitlers Friedensangebot an England und Frankreich ist, wie zu erwarten war, nicht angenommen worden: Der wahre Krieg beginnt nun erst. Was wird er uns noch alles an Entsetzlichem bringen, und wie lange wird er dauern?! Hitlers Rede vom 19. September, die Tilla und ich in einem Café mitanhörten, wo wir uns zur Feier ihres Geburtstages trafen, hat mich tief erschreckt. »Wir werden niemals kapitulieren, und wenn der Krieg drei Jahre, wenn er vier Jahre, ja, wenn er fünf Jahre dauern sollte!« Aber ich will nicht daran denken, daß er mit dieser Zeitangabe recht haben könnte, das würde mir die Kraft nehmen, auszuhalten. Ich will von einem Tage auf den anderen leben und arbeiten, nur das Nächstliegende sehen und mir die Hoffnung, ja die Gewißheit auf eine Vereinigung mit Dir und den Kindern unter keinen Umständen rauben lassen!

Brief an Eva Schmidt vom 5. November 1939 aus Icking

5.11.39.
Meine liebe, gute Eva,
… Ich bin sehr zufrieden in meiner Arbeit, die mir eigentlich von Woche zu Woche mehr Freude macht. Ich habe die Leitung der Fürsorge für die Rückwanderer aus dem Operationsgebiet … Unsere Leute sind für alle Hilfe und Fürsorge rührend dankbar und wenden sich mit allen ihren Angelegenheiten an uns. – … Wie mag es weitergehen? Aber ich denke möglichst wenig in die Zukunft, gar zu dunkel und undurchsichtig liegt sie vor uns allen und wir haben gelernt, daß dies Dunkel wohltätig ist und man nicht versuchen soll, es zu lüften. …

Isartal, Sonntag, den 5. November 1939

Wir haben in der Jüdischen Gemeinde eine neue Abteilung einrichten müssen. Alle Münchner Juden erhalten künftig ihre Lebensmittelkarten von der Kultusgemeinde. Sie sind mit einem »J«, als Juden gehörig, gekennzeichnet. Gleichzeitig ist verfügt worden, daß jeder Jude nur in besonders namhaft gemachten Lebensmittelgeschäften einkaufen darf. Jedem wird ein Kolonialwaren-, ein Metzger- und ein Milch- und Brotgeschäft zugewiesen. Die Geschäfte erhalten eine Liste der bei ihnen kaufenden jüdischen Kunden. Der Kolonialwarenladen übernimmt gleichzeitig die Lieferung von Gemüse und Kartoffeln. Das Betreten jedes anderen als der zugewiesenen Lebensmittelgeschäfte ist den Juden strengstens verboten und soll schwer geahndet werden. Das ist eine sehr harte Maßnahme, viele unserer Leute haben verhältnismäßig weite Wege bis zu ihren Läden. Die Jüdische Gemeinde wird mit dafür verantwortlich gemacht, daß die Bestimmungen genau befolgt werden. Auf Mangelware, d.h. vor allem auf Obst, ebenso auf Sonderzuteilungen, die die übrige Bevölkerung häufiger einmal erhält, wie Reis, Bohnenkaffee, Hülsenfrüchte usw. haben die Juden nicht nur keinen Anspruch, sondern sie dürfen ihnen nicht geliefert werden. – Wir alle haben in der Gemeinde mitgeholfen, die Vorarbeiten für die Kartenausgabe so schnell wie möglich zu erledigen. Eine genaue Statistik aller Bezugsberechtigten, die Benachrichtigung der einzelnen, wann die Abholung zu erfolgen hat und in welchen Geschäften sie ihre Lebensmittel kaufen sollen, mußten gemacht werden. Betroffen werden nur diejenigen, welche innerhalb des Stadtgebiets wohnen, München muß auch auf diesem Gebiet dokumentieren, daß es den Namen »Hauptstadt der Bewegung« zu Recht führt. Ich bekomme meine Lebensmittelkarten weiter von dem Nachbarflecken ohne jede Beschränkung oder Kennzeichnung.

Diese Maßnahmen sind ganz offensichtlich erlassen, um die jüdische Bevölkerung auf jede mögliche Art und Weise ihre Pariastellung stets aufs neue fühlen zu lassen und ihr das auch sonst gewiß nicht leichte Leben noch besonders zu erschweren. Erstaunlich erscheint mir dabei, daß unsere Menschen im Allgemeinen mit einer bewundernswerten Anpassungsfähigkeit darauf reagieren. Die ständigen Nadelstiche und Schikanen erreichen, wenigstens von außen gesehen, ihren Zweck nicht mehr. Man nimmt mit ziemlicher Gelassenheit hin, was nicht zu ändern ist, und fügt sich seufzend in das Unvermeidliche. Immer stärker beginnen sich die zwar noch unsichtbaren Mauern des Ghettos um uns zu erheben. Wir sind gezwungen, uns mehr und mehr selbst zu verwalten und alle menschlichen und kulturellen Bedürfnisse aus dem eigenen Kreis zu befriedigen. Auch darin haben es die übrigen deutschen Städte mit größeren jüdischen Gemeinden besser als München: Sie haben den jüdischen Kulturbund, der Konzerte, Theater, Filme und Vorträge aller Art bringt. Hier ist er nicht erlaubt; jede geistige Anregung, jede künstlerische Entspannung fehlt, nachdem allen Juden der Radioapparat genommen wurde und damit ein nicht zu unterschätzendes Ventil! Denn die von mir angeführte Reaktion auf alle Schikanen ist doch nur mehr

In den Tagesberichten der Gestapo heißt es am 18. Oktober 1939: „Für den Stadtkreis München wurden 12 Geschäfte bestimmt, durch die sämtliche Juden und jüdischen Angestellten mit Lebensmitteln versorgt werden. Die Regelung löste eine allgemeine Befriedigung unter den arischen Käufern aus. Nennenswerte Störungen durch anmaßendes Verhalten von Juden haben sich bis jetzt nicht ergeben."[57]

Bereits in den frühen zwanziger Jahren sprach Adolf Hitler von München als „Hauptstadt der deutschen Kunst" und als „Hauptstadt der Bewegung". Offiziell erhielt München diesen „Ehrentitel" am 2. August 1935.[58]

oder weniger äußerlich, je nach der Sensibilität des einzelnen, im Innern wird all das Kränkende, Ausschließende nicht nur registriert, sondern es hinterläßt schwärende Wunden, die bei den meisten allmählich Seele und Geist vergiften.

Eine unserer Fürsorgerinnen war dieser Tage in Berlin und berichtete, daß dort von all diesen Schwierigkeiten vorläufig wenig oder nichts zu spüren sei. Wohl haben die Berliner Juden am 10. November 1938 durch die Verbrennung der Synagogen und die Zertrümmerung der Geschäfte, auch durch eine Anzahl von Verhaftungen einen ersten starken Schock bekommen, der aber nun überwunden ist. Sie führen ihr normales Leben fast unbehindert weiter und scheinen sich auch in der Reichsvereinigung, der Zentralisation der ganzen jüdischen Gemeinden des Reiches, fast gefährlich sicher zu fühlen. Jedenfalls hatte Frau Dr. R. den Eindruck, als wenn man dort alle ständig sich steigernden Schwierigkeiten bei uns betrachte wie ein Zuschauer im sicheren Hafen ein Schiff, das verzweifelt mit dem Versinken in den Wellen kämpft. Wir alle sind davon überzeugt, daß immer neue Schläge und immer schwerere folgen werden; wir sind darauf vorbereitet, sie zu empfangen und sie mit zusammengebissenen Zähnen zu ertragen. Für die anderen werden diese Schläge wie Blitze aus einem noch einigermaßen heiteren Himmel kommen.

Unsere badischen und pfälzischen Rückwanderer haben sich schnell und gut bei uns eingelebt: Die Kinder besuchen unsere Schulen und stehen kameradschaftlich zu den Münchner Kameraden und Kameradinnen, in den Wohngemeinschaften herrscht im allgemeinen – manchmal allerdings mit Emmys und meiner nachdrücklichen Hilfe – ein freundschaftlicher Ton; die Speiseanstalten funktionieren gut und liefern, wie wir uns immer wieder überzeugen, ein zwar einfaches, aber kräftiges und sorgfältig zubereitetes reichliches Essen. Es gelingt allmählich auch, den Menschen Beschäftigungen zu verschaffen. Die Frauen nähen und flicken für sich und andere, vor allem für kinderreiche Familien, sie helfen beim Essenvorbereiten in den Heimen, die Männer leisten, so weit sie arbeitsfähig sind, Botendienste und machen kleine Reparaturen. Alle Rückwanderer sind jetzt bei Familien untergebracht, nur ganz wenige Kinder, die entweder besonders schwierig oder körperlich nicht normal sind, haben wir im Kinderheim gelassen. Ich stehe ständig mit den Fürsorgern der jüdischen Heimatgemeinden in schriftlicher Verbindung, teils um näheren Aufschluß über die einzelnen zu bekommen, teils um zu veranlassen, daß man ihre Interessen in der Heimat weiter wahrnimmt. Außerdem muß mindestens zweimal wöchentlich eine genaue Anwesenheitsliste für die Gestapo von mir gemacht werden, um sie auf dem Laufenden über die Zahl und Adresse der Rückwanderer zu halten. Und es gibt immer wieder Änderungen, da die Parteileitung in der Widenmayerstraße mit dem Hauptsturmführer Wegner, dem Stellvertreter des Gauleiters an der Spitze, stets von neuem jüdische Wohnungen innerhalb kurzer Fristen zu räumen befiehlt und es unserer Wohnungsabteilung in der Kultusgemeinde überläßt, andere Unterkünfte für die Ausquartierten zu suchen, die nicht ohne Genehmigung der Parteistelle bezogen werden dürfen. Enger und enger müssen die Menschen zusammenrücken. Eine Reihe von Häusern jüdischer Besitzer sind zu »jüdischen

Frau Dr. R.: Frau Dr. rer. pol. Anna Renner, geb. Spitzer, zog 1934 von Allenstein nach München und übernahm die Leitung des Wohlfahrtsamtes des Verbands der Bayerischen-Israelitischen Gemeinden. Sie wurde am 13. März 1943 nach Auschwitz deportiert.

Diese Angaben sind auch im Zusammenhang mit der Volkszählung von 1939 zu sehen: Der Sicherheitsdienst und die Gestapo legten Sonderkarteien an, um eine reichsweite Judenkartei zu bekommen.
Bei der sogenannten Ausländerkartei wurde ausdrücklich nach den jüdischen Großeltern gefragt, darauf hatten sich das Statistische Reichsamt und die Gestapo Mitte August 1939 geeinigt.[59]

Häusern« erklärt und der Raum in ihnen ist sorgfältig vermessen und aufgeteilt worden. Niemand hat mehr Anspruch auf ein eigenes Zimmer, in einen größeren Raum müssen sich mehrere Personen teilen. Das trifft natürlich auch meine Rückwanderer, und diese Veränderungen erfordern sehr viel Laufereien, gutes Zureden und Vermitteln zwischen den Parteien. Die »jüdischen Häuser« sind der Beginn des Ghettos; es ist uns ganz klar, daß man dadurch die Möglichkeit bekommt, den Verkehr zwischen »Ariern« und Juden zu überwachen und zu verhindern. Alle diese Maßnahmen treffen besonders die Armen. Wer genügend Mittel besitzt, hat nämlich erstaunlicherweise die Erlaubnis, sich in einer der vielen Fremdenpensionen Münchens ein Zimmer zu mieten, bis er etwas Passendes und der Partei Genehmes gefunden hat. Und das dauert meistens sehr lange. Unser Wohnungsreferat hat eine lange Liste von Fremdenpensionen, die Juden, auch mit Beköstigung, bei sich aufnehmen, was große Annehmlichkeiten hat, da es diesen Juden das unangenehme und zeitraubende Einkaufen erspart.

Brief an Eva Schmidt vom 21. Januar, 7. Februar und 2. März 1940 aus Icking

Am 21. Januar 1940.
Meine liebe Eva,
… Als ich hier ankam, fand ich einen Brief von Gustel vor, in dem sie mir Hoffnung macht, mir bald die Einreiseerlaubnis schicken zu können! Vorläufig glaube ich noch nicht so richtig daran, aber man hat ihr in B. Aires ganz feste Zusicherungen gemacht. Na, wollen sehen! – Vorläufig freue ich mich ganz unbeschreiblich auf Hannas Besuch!

Am 7.2.40.
Meine liebe Eva,
… Und zwar noch viel schöner ist, ich bekam Sonnabend endlich wieder einen Brief von Fritz. Er ist vom 7.1. berichtet von seinem am 5.1. erfolgten Umzug zu Peter, über den er sich sehr freut! Sie wohnen zusammen in einem Zimmer, werden von der Farmerfamilie, bei der sie wohnen, verpflegt. Es sind nette, gebildete Leute, mit denen sie gemeinsam alle Mahlzeiten einnehmen. Peter ist mit seiner Arbeit sehr zufrieden, er hat einen Musterkuhstall mit 90 Kühen und 50 Kälbern unter sich, zur Seite noch 2 Männer. –

Am 2.3.40.
Meine liebe, gute Eva,
… Auf mein nach Argentinien geschicktes Telegramm erhielt ich die Antwort, daß sich die Absendung meiner Einreiseerlaubnis noch verzögern und vor Ende März keinesfalls zu erwarten sei. Ich hatte diesmal, – was man eben nicht tun soll – schon sehr mit einem früheren Termin gerechnet und war zuerst ziemlich deprimiert, nun habe ich mich aber wieder »derfangen«, wie der Bayer sagt und warte eben weiter! … Von Fritz gestern ein Brief vom 29. Januar, auch er lebt in dauernder Spannung und Erwartung …

Isartal, Sonntag, den 3. März 1940

Nach langen, sehr arbeitsreichen Monaten nehme ich wieder einmal mein Tagebuch vor. Wenn Arbeit und Leben einigermaßen gleichmäßig und ruhig verlaufen, treibt es mich verständllcherweise weniger dazu, etwas davon aufzuschreiben. Es könnte so scheinen, als nähme ich an den uns und unser Schicksal doch mittelbar und unmittelbar betreffenden politischen und militärischen Ereignissen kaum Anteil, da ich sie hier fast nie berühre, ich brauche Dir nicht auseinanderzusetzen, daß das nicht der Fall ist. Aber es fehlt mir an Zeit und Kraft, mich schriftlich darüber auszulassen, Du erlebst sie ja mit, wenn auch auf der anderen Seite, während das, was ich hier niederschreibe, Dir den Ablauf meines Lebens zeigen soll, den Du nicht mit mir teilen kannst. Heute empfinde ich als zwingende Notwendigkeit aufzuschreiben, was mich unaufhörlich beschäftigt und bedrückt. – Am Montag erhielten wir die erschütternde Mitteilung von der Reichsvereinigung in Berlin, daß am 22. Februar kurzerhand ohne jede Vorbereitung innerhalb weniger Stunden alle Juden Stettins und des größten Teiles Pommerns, im ganzen etwa tausend Menschen – Männer, Frauen, Kinder, Greise – abtransportiert worden sind. Ziel: unbekannt, wahrscheinlich nach Polen, dem sogenannten Generalgouvernement. Ist das der Anfang einer allmählich das ganze Reich umfassenden Deportation, oder handelt es sich um eine Einzelaktion eines besonders tüchtigen nationalsozialistischen Gauleiters? Wir wissen es nicht, doch bin ich eher geneigt, die erste Hypothese für die wahrscheinlichere zu halten. –

Gertrud Luckner schreibt dazu: „Die erste Deportation aus dem Altreich war die ... aus Vorpommern, bei der die Deportierten über Lublin auf die drei kleinen Städte Glusk, Belzyce und Piaski in Häusern der unter ärmlichsten Verhältnissen dort lebenden, bereits zusammengedrängten jüdischen Bevölkerung verteilt wurden."[60]

Diese Deportationen veranlasste SS-Gruppenführer Reinhard Heydrich: Mitte Februar sollten 1.000 Juden aus Stettin, deren Wohnungen angeblich „aus kriegswirtschaftlichen Gründen dringend benötigt" wurden, gleichfalls ins Generalgouvernement abgeschoben werden.[61]

Tagebuchaufzeichnungen Else Behrend-Rosenfeld

Vorgestern nun kam der junge Rabbiner Fink, den wir schon vom Religionsunterricht unserer Kinder her kennen, sehr aufgeregt zu Herrn Rat. Er – vielmehr seine Eltern – hatten die erste direkte Nachricht von den Deportierten erhalten. Der Bruder Finks war Rabbiner von Stettin und mit seiner jungen Frau abtransportiert worden. Es war ihm gelungen, unterwegs einen kurzen Brief an die Eltern abzusenden. Sie waren in der Nacht des 22. Februar bei entsetzlicher Kälte in Viehwagen eingeladen worden. Jeder hatte einen Koffer mit den notwendigsten Sachen in aller Eile packen und mit zum Bahnhof nehmen dürfen. Dort wurde er ihnen abgenommen, um, wie Ihnen gesagt worden war, in einem besonderen Wagen mitgeführt zu werden. Sie persönlich seien gesund, ihr Ziel sei voraussichtlich die Gegend der polnischen Stadt Lublin. Er würde, sobald er könnte, wieder schreiben. Er und seine Frau seien zufrieden, bei ihrer Gemeinde zu sein. Man sah dem Brief an, daß er in großer Eile und Aufregung und mit dem Zweck, die Eltern und den Bruder zu beruhigen, geschrieben war. Ich muß mir diesen Transport immer wieder vorstellen: In dem schrecklich harten Winter ohne genügenden Kälteschutz in Viehwagen ohne jede Bequemlichkeit zusammengepfercht, vermutlich tage- und nächtelang in ein völlig ungewisses Schicksal fahren! Und was sollen diese Menschen in Polen? Hat man vor, ihnen bestimmte Arbeiten zu übertragen? Doch wozu hat man dann auch die ganz Alten mitgenommen? Aber was nützt es, Fragen über Fragen zu stellen! Es bleibt uns nichts, als zu warten, bis wir wieder Nachricht haben. Wenn ihnen nur erlaubt wird, zu schreiben!

Rabbiner Fink: Dr. phil. Bruno Finkelscherer, geb. 1906 in München, ermordet 1943 in Auschwitz, war seit 1933 Religionslehrer und Rabbinatssubstitut in der Ohel-Jakob-Synagoge, seit 1940 Nachfolger des Rabbiners Dr. Baerwald.

Isartal, Sonntag, den 17. März 1940

Inzwischen sind mehrere Nachrichten gekommen. Die etwa tausend Menschen des Transportes sind in drei kleinen Orten des Kreises Lublin untergebracht worden, der Rabbiner mit seiner Frau in Piaski mit dem Hauptteil, etwa sechshundert Menschen. Die Greise und die Kranken, ungefähr hundert an der Zahl, schickte man nach Glusk und den Rest nach Belzyce. Die Fahrt dauerte drei Nächte und fast drei Tage und muß unbeschreiblich furchtbar gewesen sein. Eine größere Anzahl Menschen starben unterwegs, hauptsächlich an Erfrierungen, viele andere leiden auch heute noch an schweren Frost- und Erkältungsschäden. An den Bestimmungsorten wurden alle bei den jüdischen Einwohnern der drei Orte untergebracht, die in einer für unsere Begriffe geradezu unvorstellbaren Armut und Primitivität leben. Die Neuankömmlinge besitzen wirklich nur, was sie auf dem Leibe tragen oder in Handtasche oder Rucksack bei sich im Wagen hatten. Ihr Gepäck haben sie bis heute nicht erhalten, und wenn man zwischen den Zeilen zu lesen versteht, begreift man, daß sie auch nicht mehr damit rechnen, daß sie es bekommen. Es fehlt also überall am Allernotwendigsten. Sie haben keinerlei Medikamente und medizinische Instrumente, Nahrungsmittel sind äußerst knapp und schlecht, die Bekleidung völlig unzureichend! Die eingeborenen Juden scheinen

Der folgende Bericht stammt von der Deportierten G. M.: „Am Mittag, ohne zu essen oder zu trinken, wurden die Frauen auf offene Schlitten geladen zur Fahrt nach Belzyce oder Piaski. Die Männer hatten die 25 Kilometer zu gehen. Es war eine furchtbare Fahrt auf den offenen Schlitten durch Polens weite Schneefelder bei 40 Grad Kälte. Am nächsten Tag im Krankenhaus in Lublin wurden 130 Amputationen verfrorener Glieder vorgenommen."[62]

wenig entzückt von der Belastung durch die Neuankömmlinge, sie verstehen sie weder in Sprache noch in Sitten und Gebräuchen. Was können wir tun? Zunächst haben die alten Finks einige Päckchen, je ein Kilo schwer, an den Sohn abgeschickt und um sofortige Bestätigung gebeten. Sobald wir sie haben, wollen wir beginnen, in größerem Umfange zu schicken. Ein Verzeichnis der abgesandten Sachen wurde brieflich befördert.

Ich war am Mittwoch bei den Quäkern, wie seit Monaten schon jede Woche. Mit Annemarie hat sich ein freundschaftlich nahes Verhältnis entwickelt. Sie hat sofort ihre für uns unendlich wichtige Hilfe versprochen.

Isartal, Sonntag, den 24. März 1940

Anlass für die Päckchen-Aktion waren die Berichte der Deportierten aus Piaski. Die Wohnung der Cohens war immer voll von Kleidung, Päckchen und Paketschnüren.[63]

Die Päckchen sind bestätigt worden! Allerdings wurde ihnen verschiedenes entnommen: so alle Medikamente, dann Fett und Wurst, leider auch eine sehr schöne, neue, warme Wolljacke. Aber wir haben unsere Lehren daraus gezogen: Medikamente werden wir aus ihren ursprünglichen Packungen lösen, möglichst primitiv verpacken und diese Verpackung mit einer Nummer versehen. Brieflich muß dann mitgeteilt werden, was die Nummer bedeutet. Alle neuen Gegenstände müssen »alt« gemacht werden, vor allem auch Kleidungsstücke. Wir haben durch den jungen Stettiner Rabbiner um Namen und Adressen solcher Gemeindemitglieder gebeten, die man mit der Verteilung der Gegenstände betrauen kann, aber auch solcher, die besonders bedürftig sind. Wir haben auch um ein Verzeichnis der wichtigsten zu schickenden Gegenstände gebeten. Doch haben Annemarie, die Quäkerin, und ich inzwischen schon eine Liste der uns besonders nötig erscheinenden Sachen aufgestellt. Zunächst traf uns die Nachricht der Reichsvereinigung, daß es der Kultusgemeinde als solcher verboten sei, den Deportierten etwas zu schicken, wie ein Schlag. Sehr rasch aber fanden wir einen Ausweg. Wir werden privat sammeln, Emmy K. und ich wollen »privat« in unserem Büro die Sachen sichten, verpacken und sie mit privaten Absendern versehen auf die Post, möglichst auf verschiedene Postämter, geben. Zum Abwiegen der Päckchen bekamen wir eine gute, handfeste und recht genaue Küchenwage. Die ganze Woche über fand ich morgens, wenn ich ins Büro kam, auf meinem Schreibtisch ein buntes Warenlager vor, unser Büro wird nur noch der »polnische Tietz« genannt! Es ist wirklich wunderbar, was wir alles zusammenbekommen. Ich habe unsere Liste der benötigten Gegenstände in allen Büros kursieren lassen, und alle Angestellten werben nun in ihrem Bekanntenkreis. Am schwierigsten ist die Aufbewahrung. Wir haben einen unserer beiden Schreibtische völlig leer gemacht und einen Schrank in unser Büro stellen lassen. Daneben haben wir eine große Kiste für die Kleidungsstücke, die wir in der Kleiderkammer unterbringen. Mehrere alte Herren haben sich für den Transport der Päckchen zu den verschiedenen Postämtern zur Verfügung gestellt. Einer von ihnen machte noch ein besonders nettes Ange-

Tagebuchaufzeichnungen Else Behrend-Rosenfeld

bot: Er wolle uns alles Packpapier und alle Schnur liefern, die wir benötigen, und das ist nicht wenig, wenn die Sache erst richtig im Gange ist. Ich möchte pro Tag gern etwa zehn Päckchen zu zwei Kilo schicken. Daß auch das selbstverständlich nur ein Tropfen auf den heißen Stein ist, darüber bin ich mir vollkommen klar, doch muß erst bei uns die Angelegenheit richtig laufen, bis wir darangehen können, Menschen in anderen Gemeinden mobil zu machen. Jetzt kommt mir zugute, was mir zuerst als unangenehme Erschwerung erschien: Seit Anfang Februar ist der Postautoverkehr auf unserer Strecke eingestellt; nur solche Linien bleiben bestehen, die absolut keine Bahnverbindung haben. Für mich bedeutet es, täglich um halb fünf Uhr aufstehen, also eine Stunde früher als bisher. Dafür bin ich aber schon um halb acht Uhr im Büro, was bei der vermehrten Arbeit einen Gewinn bedeutet. – Übrigens ist ein Teil unserer Rückwanderer dabei, wieder nach Hause zurückzukehren, vornehmlich die Karlsruher und Offenburger. Für die Freiburger, Pfälzer und aus kleineren Ortschaften stammenden Badenser ist die Frage der Rückwanderung noch nicht geklärt, doch hoffen auch sie auf die baldige Erlaubnis.

Isartal, Sonntag, den 31. März 1940

In dieser Woche erhielt ich die ersten direkten Briefe von den Stettiner Evakuierten. Vor allem wichtig ist mir der sehr gute, genaue und objektive Bericht der jungen Frau des Rabbiners aus Piaski. Aber auch die beiden Briefe aus Glusk und Belzyce enthalten manches Wissenswerte. Und aus allen spricht eine so ungeheure Dankbarkeit, daß wir ihnen helfen wollen, ja, daß wir auch die rein menschliche Verbindung mit ihnen suchen. Alle, die fest entschlossen sind, das Menschenmögliche für die Leidenden zu tun, werden durch die Briefe in ihren Vorsätzen bestärkt. Dazu gehörten in allererster Linie Herr Rat als Vorsitzender unserer Gemeinde und seine Frau, die mich gleichfalls sehr unterstützt. Aber auch Annemarie, die Quäkerin, Emmy K. und ich haben durch die Nachrichten einen noch stärkeren Antrieb erhalten. Selbstverständlich habe ich sofort geantwortet, auch an die allen Briefen beiliegenden Adressen geschrieben, um mit möglichst vielen der bedauernswerten Menschen persönliche Fühlung zu bekommen. Ich habe auch um weitere Namen und Adressen gebeten, die ich einer Reihe von Angestellten oder deren Bekannten weitergeben will, so daß ich eine Art von Patenschaften daraus entwickeln kann und vor allem ein Kontakt von Mensch zu Mensch hergestellt wird.

Mit Herrn und Frau Rat habe ich aber noch mehr besprochen. In den ersten Apriltagen muß eine sechsundachtzigjährige Rückwanderin nach Offenburg gebracht werden. Ihr Sohn und dessen Frau sind schon vor etwa vierzehn Tagen heimgekehrt und haben nun geschrieben, daß sie für die alte Mutter in der Wohnung einer Bekannten, die ein Zimmer abzugeben hat, eine gute Unterkunft mit Verpflegung für sie gefunden hätten. Die alte Dame werde ich selbst nach Offen-

In den Briefen aus Piaski heißt es: „Seit dem 4. März sind Pakete zugelassen, zollamtlich verpackt, bitte nur alte Sachen! Erbitten Hausschuhe. Morgen wird Trauring umgesetzt. Vater braucht Milch, ich Ei."[64]

Diese Bestätigungen sind im Original erhalten und liegen im Nachlass Rudolf Cohen.[65]

Seit 1920 unterhielten die Quäker ein internationales Sekretariat in Berlin. Nach der Reichspogromnacht fuhren drei offizielle Vertreter der amerikanischen Quäker nach Berlin ins Hauptquartier der Gestapo. Sie erreichten die Zusage, dass die Hilfsaktionen der Quäker für Juden nicht behindert würden.[66]

Am 15. April 1940 schreibt Frau A.G. aus Piaski an ihre Tochter Margarethe Lachmund: „Die Verhältnisse hier sind so bitter, wir wohnen nun schon elf Personen in unserem kleinen Stübchen, die Not ist an Wohnungen hier sehr groß. Am fürchterlichsten sind hier die Klosettverhältnisse, in Gottes frischer, freier Natur, doch hier die Leutchen empfinden es nicht schlimm."[67]

burg bringen, dabei Gelegenheit nehmen, mit den Vorsitzenden und Fürsorgern der Gemeinden Karlsruhe, Offenburg und Freiburg, mit denen sich ein sehr reger und ersprießlicher Briefwechsel angebahnt hat, direkt in Verbindung zu treten, um eine Reihe wichtiger Fragen, die Rückwanderer ihrer Gemeinden betreffend, zu besprechen. Dann aber will ich vor allem dort werben, den verbannten Stettinern durch regelmäßiges und reichliches Päckchenschicken etwas zu helfen. Besonders Karlsruhe hat eine reiche jüdische Gemeinde, ich bin überzeugt, daß sie viel Gutes tun könnte, und sie hat der Münchner Gemeinde immer wieder ihren Dank für die Betreuung ihrer bei uns untergebrachten Gemeindeglieder zum Ausdruck gebracht, so daß ich mich gern als Bittende an sie wende. –

Unsere Päckchen werden jetzt zu unserer Freude laufend bestätigt. Seit wir alles »alt« machen oder umpacken, Fett und Wurst z.B. unter noch markenfrei erhältliche Migetti [Migetti sind eine Art Teigwaren] oder Grünkernmehl verstecken, Traubenzucker und alle Medikamente aus ihrer Verpackung lösen und in gewöhnliche Tüten packen, an neuen Kleidungsstücken Flicken oder Stopfen anbringen, Stiefel nie als Paar im gleichen Päckchen schicken, Emailleteller und Tassen verkratzen und mit Bleistiftkritzeleien beschmieren, usw., wird auch kaum noch etwas herausgenommen. Aber wir schicken jetzt auch Geld. Jeder, der einen Paß hat, darf monatlich 10 Reichsmark, d.h. 20 polnische Zloty, schicken. Wir haben schon eine ganz nette Anzahl Leute zusammen, die bereit sind, Geld auf ihren Paß nach Polen zu senden. Wer nicht dazu in der Lage ist, bekommt das Geld von mir, denn wir sammeln jetzt auch Geld und nehmen erfreulich viel ein. Alle diese Erfahrungen will ich nun in Karlsruhe weitergeben, die Briefe aus Polen mitnehmen und sie lesen lassen.

In Berlin scheint es schwieriger zu sein, in größerer Menge Päckchen nach Polen zu schicken. Hoffentlich gelingt es uns noch recht lange, ungehindert diese geringe Hilfe zu leisten!

Mich läßt der Inhalt der Briefe aus Polen überhaupt nicht mehr los. Ich weiß selbst sehr genau, daß man sich mit einem primitiven Leben abfinden kann, aber mit einem Leben im Schmutz, eng zusammengepfercht mit Menschen, die diesen Schmutz als selbstverständlich empfinden und denen jedes Reinlichkeitsbedürfnis fremd, ja verächtlich ist, ohne Hilfsmittel, ohne ein Ende dieses Zustandes absehen zu können, das muß sehr schwer sein. Und doch halten sich die Absenderinnen der Briefe von allen Klagen fern, sie schildern völlig objektiv die Zustände und bitten um Hilfe nicht für sich selbst, sondern für die Alten, die Kranken und die Kinder. Sie bemühen sich, Verständnis zu zeigen für die polnischen Juden, bei denen sie untergebracht wurden, ohne daß man diese erst gefragt hatte, und die die Neuangekommenen als Eindringlinge empfinden. Diese polnischen Juden sehen in ihnen nicht etwa Bedrängte ihrer eigenen Rasse, ihres eigenen Glaubens, sie erscheinen ihnen – selbst die Orthodoxen unter ihnen! – als unfromm, als verächtlich, weil fremden, ihnen unverständlichen Sitten und Gebräuchen zugetan. Sie können sich mit ihnen kaum verständigen.

Frau Fink bittet um Übersendung eines polnisch-deutschen und eines jiddisch-deutschen Wörterbuches. – Erschreckend ist die Sterblichkeit unter den deportierten alten und kranken Leuten, so sind von den hundert in Glusk untergebrachten Alten, ganz abgesehen von denen, die auf dem Transport starben, schon fünfundzwanzig gestorben, und man muß mit vielen weiteren Todesfällen rechnen, wenn es nicht gelingt, Medikamente und Stärkungsmittel, nebst Nahrungsmitteln, zu schicken. Man möchte verzweifeln, wenn man sich die Not dieser tausend Menschen vorstellt, die man nur mit Sendungen von Zweikilopäckchen lindern kann! Aber es nützt nichts, ungeduldig zu werden. Du wirst aber verstehen, daß mir im Hinblick auf dieses Elend jeder Bissen im Munde quillt. Ich weiß, daß es Annemarie ganz genauso geht, daß auch ihre Gedanken sich unaufhörlich mit diesen Armen beschäftigen, daß auch sie ständig darüber nachsinnt, wie ihnen durchgreifender zu helfen sei.

Brief an Eva Schmidt vom 14. April 1940 aus Icking

14.4.40
Meine liebe Eva,
… Vor drei Tagen kam ein Luftbrief von Gustel. Sie hätten Anfang März einen großen Schreck gehabt, die Einwanderungsbehörde habe einer Regierungskrise wegen gewechselt und die neue Direktion habe ihr Gesuch um Einreisegenehmigung abgelehnt mit der Begründung, es seien ja noch zwei andere Kinder da, die mich rufen und uns beide erhalten könnten. Zum Glück habe der sehr rührige Sekretär des katholischen Hilfskomitees sofort die Initiative ergriffen und hätte erreicht, daß noch einmal ein neues Gesuch eingereicht werden dürfe (sämtliche Papiere müssen dazu neu beschafft werden!!), was selbstverständlich sofort geschehen sei. Aber sie hätten alle notwendigen Unterlagen erst am 18.III. beisammen gehabt und abschicken können. Der Sekretär werde das Gesuch selbst überreichen mit einem Empfehlungsschreiben des Bischofs von Buenos Aires. Sie hofften sehr, daß es nun genehmigt werde, aber natürlich könne man nicht wissen, wie lange es dauern werde.
– Ich muß es sofort geahnt haben, denn die ganze Zeit, vor allem während ich krank war, hatte ich das ganz starke Gefühl, als wenn wieder alles ganz unsicher und völlig fern gerückt sei. Infolgedessen hat mich der Brief gar nicht mehr sehr getroffen oder aufgeregt. – …
Die Nachricht vom Tode von Ernst H.[eilmann] erhielt ich sofort von seiner Frau, sie hat mich ganz umgeworfen und ich kann immer noch schwer damit fertig werden, weil alles in diesem Fall so unsinnig und grausam erscheint. Wie sollen die Nächsten das tragen ohne Verbitterung! – Du fragtest im vorletzten Brief, ob du uns helfen solltest bei der Beschaffung von Medikamenten.

Der ehemalige Fraktionsvorsitzende der SPD im preußischen Landtag, Ernst Heilmann, war am 3. April 1940 in Buchenwald ermordet worden.

Ernst Heilmann (1. v. r.) mit Friedrich Ebert junior, Alfred Braun, Heinrich Giesecke, Hans Flesch und Kurt Magnus als Häftling im KZ Oranienburg, August 1933

Bitte warte noch etwas damit, wir haben im Augenblick genug, aber es kann sein, daß es nötig wird. Augenblicklich ist alles so undurchsichtig, so besonders schwierig, ich selbst auch so uneinig mit mir, daß ich gar nicht erst fähig bin, ordentlich nachzudenken und zu disponieren. Das muß erst wieder anders werden. – ...

Von morgen ab gibt es wieder sehr reichlich Arbeit für mich, dadurch, daß ich in der Leitung von denen unserer Heime mit tätig bin, von denen zwei sehr schwierig und nicht so im Stande sind, wie sie eigentlich sollten. –

Isartal, Sonntag, den 14. April 1940

Frau G. M. war eine der wenigen Ehefrauen nicht-jüdischer Herkunft, die aus Stettin deportiert wurden. Hier ein Auszug ihres Berichts: „Ich kann nicht sagen, von wem die Deportation veranlasst wurde. Befehle wurden uns nicht vorgelegt. ... Am 12. Februar 1940 abends acht Uhr klingelten zwei SA-Männer und verlangten, eingelassen zu werden ... Als wir gesammelt waren, ging der Marsch ins SS-Lager los. Im Laufschritt, unter fortwährendem Schießen; alles, was wir in der Hand hatten, warfen wir fort. Vor mir brach eine Mutter zusammen. Ihre zwei Töchter wurden mit Kolbenstößen weitergetrieben. Diese Leiche und andere wurden mit Füßen an die Seite der Straße geschoben. Im Lager sanken wir teilnahmslos auf das Stroh am Boden."[68]

Seit drei Tagen bin ich wieder von meiner Reise zurück und mit ihrem Ergebnis recht zufrieden. Ich habe mich gefreut, meine Rückwanderer in Karlsruhe und Offenburg wiederzusehen. Die Besprechungen mit den Gemeindevorsitzenden und den Fürsorgerinnen waren, wie ich glaube, für beide Teile wertvoll. Und – last not least – auch meine Werbereden im Hinblick auf die deportierten Stettiner werden, wie ich hoffen darf, fruchtbare Folgen zeigen. Die Briefe von dort, die sich bis zu meiner Abreise noch vermehrt hatten, machten auf alle, denen ich sie gab, tiefen Eindruck. Im übrigen bestätigte sich mir wieder einmal das, was ich schon aus meiner Arbeit im Gefängnis gelernt hatte: Der Mensch im allgemeinen ist nur fähig, das wirklich mitzufühlen – von Mit-Leiden, das noch eine höhere Stufe ist, gar nicht zu reden –, was er am eigenen Leibe oder bei ihm nahestehenden Menschen erlebt oder erfährt. Natürlich wußten die Karlsruher von der Deportation der Stettiner, hatten zunächst wohl auch Schreck und ein flüchtiges Mitgefühl mit den Getroffenen gespürt, aber schnell, allzu schnell hatten eigene Sorgen und Alltagsgeschäfte das alles übertönt und schließlich zum Verklingen gebracht. Durch das Lesen der Briefe erwachte das unmittelbare Interesse, man bekam eine genaue Vorstellung von den Zuständen; die Menschen, die dies alles erlebten und erduldeten, wuchsen aus blassen Schemen zu Wesen von Fleisch und Blut, denen man sich nahe fühlte. Hinzu kommt, daß die Frau des Rabbiners Fink Badenserin ist. Sie stammt aus Offenburg, und viele Leser ihrer Briefe hatten sie als Kind und junges Mädchen gut gekannt. In allen drei Gemeinden – denn ich war auch in Freiburg, allerdings nur einige Stunden – wollen sie nun Päckchen schicken und sich unsere Erfahrungen zunutze machen. Sie werden mir über die ihrigen berichten.

Ich bin anschließend noch einige Tage in Baden-Baden gewesen, wo auch Herr und Frau Rat die Ostertage verlebten. Der Winter mit seiner überreichlichen Arbeit und all den Aufregungen, die sie und das ganze Geschehen mit sich bringen, haben mir ziemlich zugesetzt, und außerdem begrüße ich es, ganz in Ruhe mit diesen beiden Menschen, die unsere jüdische Gemeinde führen und ihr wirklich in jeder Beziehung als Vorbild dienen können, eine Reihe schwebender Fragen zu besprechen, wozu man während der Arbeitstage nicht kommt.

Tagebuchaufzeichnungen Else Behrend-Rosenfeld

So habe ich zum ersten Male den geradezu überwältigenden Frühlingszauber dieses gottbegnadeten Fleckchens Erde gesehen und förmlich in mich hineingetrunken. Ein Blühen in solcher Fülle und Verschwendung ist zauberhaft! Alles blühte gleichzeitig: Flieder, Kastanien, Obstbäume, Magnolien. Immer wieder kam mir Gottfried Kellers schöner Vers in den Sinn: »Trink, o Auge, was die Wimper hält, von dem gold'nen Überfluß der Welt!«

Daß ich über der Schönheit dieses Schauens Leid und Schmerzen, Krieg und Not nicht vergessen habe, wirst Du mir sicher glauben! Aber ich habe mir neue Kräfte und neuen Mut, weiter zu arbeiten und getrost auf unsere Wiedervereinigung zu warten, aus diesen Tagen geholt.

Inzwischen hat die gute Emmy K., mit Unterstützung von freiwilligen Hilfskräften, fleißig weiter Päckchen geschickt, so daß diese Arbeit durch meine Reise keine Unterbrechung erfahren hat. – Die letzten Briefe enthielten die Bitte um Säuglingswäsche und Windeln, weil sie in nächster Zeit in Piaski die Geburt zweier Kinder erwarten. Wie werden in diesen schweren Verhältnissen Mütter und Kinder gepflegt und aufgezogen werden können! Wir haben zwei sehr nette Säuglingsausstattungen zusammengebracht, auch extra Stärkungsmittel, Kindermehl und Puder. Leid tat uns nur, daß wir uns versagen mußten, alles nett zu bündeln und hübsch zu verpacken. – Unter den letzten Briefen war einer von einer siebzigjährigen alten Dame, die, in begüterten Verhältnissen in Stettin, sehr viel ehrenamtliche Fürsorgearbeit geleistet hat. Sie wurde mit Tochter und Schwiegersohn deportiert. Ihrem Schreiben merkt man an, wieviel Anstrengungen es sie kostet, nicht zu verzweifeln, und wie sie sich auf die Arbeit für andere stürzt, um an ihr eigenes Elend so wenig wie möglich zu denken. Sie wird zu denjenigen gehören, mit denen ich in regelmäßigen Briefverkehr treten werde. – Auch die Leute, die in Mischehe lebten, waren vor der Deportation nicht sicher. Wir bekamen einen Brief von der »arischen« Frau eines Stettiner jüdischen Zahnarztes, die die Bemühungen schilderte, eine Gemeinschaftsküche zu errichten und Räume zu finden, die man einigermaßen angemessen als Krankenstation herrichten kann. Daneben bekomme ich jetzt täglich Briefe von solchen Deportierten, die, halb verzweifelnd, an alle ihnen bekannten Adressen um Päckchen und Geld schreiben. Manche hoffen mit dick aufgetragenen Schmeicheleien etwas zu erreichen, andere versuchen durch übertriebene Leidensschilderungen für ihre Person oder ihre Familie unser Mitleid besonders zu erregen.

Gemeint ist das Ehepaar Max und Martha Bauchwitz. Max Bauchwitz war Zahnarzt, Martha Mitglied des landwirtschaftlichen Hausfrauenbundes. In einem Brief heißt es am 29. April 1940: „Vier Tage keine Postausgabe. Das bedeutet in unser aller Leben einen Verlust."

Brief an Eva Schmidt vom 27. Mai 1940 aus Icking

27. Mai 40.
Meine liebe Eva,
… Meine Päckchen nach Polen kommen gut an und werden geradezu überschwänglich in Empfang genommen. Hättest du noch irgendwelche Kleidungsstücke, die du nicht mehr brauchst, dafür? Auch wenn sie schlecht sind, können sie sie noch verwerten! Vielleicht hat auch Elisabeth etwas Entbehrliches. …

Icking, 1. Juni 1940.

Meine liebe Eva,

… Von Polen kommen beglückte und sehr erschütternde Nachrichten auf unsere Päckchen hin, die wir sehr eifrig fort senden. Sie bitten auch um Bücher, sie haben eine kleine Leihbibliothek eingerichtet, die völlig auf das angewiesen ist, was ihnen geschickt wird. Übrigens bitten sie auch um englische Grammatiken und Naturkunde und Geographiebücher vor allem für die Kinder. Vielleicht findest Du etwas bei Deinen Sachen. …

15.6.40

Meine liebe Eva,

herzlichen Dank für Deinen lieben Brief und das Bücherpaket! Aber, bitte, schicke keine deutschen Lesebücher mehr, sie gehen nicht durch! …

Isartal, Sonntag, den 9. Juni 1940

Die Stöße von Briefen aus Polen häufen sich, und allmählich bekomme ich ein gutes Bild von dem Leben, das unsere Stettiner (ich nenne sie der Einfachheit halber so, es sind auch Stralsunder und solche von anderen Städten darunter) in den kleinen polnischen Orten führen. Wir schicken nun auch Bücher für die Erwachsenen, Lehrmaterial, Hefte, Buntstifte und Spielzeug für die Kinder. Dann aber haben Annemarie und ich uns überlegt, daß es sehr wichtig ist, Männern und Frauen, die nicht voll beschäftigt sind, irgendwelche nutzbringende Arbeit zu verschaffen. Wir haben Muster für selbst anzufertigende Pantoffeln bekommen, leichte für den Sommer und warme für den Winter, und haben ihnen Anleitung und Stoffabschnitte, Garn, Nadeln, Filz und Strohbänder für die Sohlen geschickt. Auch Männer können sich an ihrer Herstellung beteiligen. Für sie sandten wir außerdem eine ganze Menge Schnitzmesser und kurze Anweisungen für das Schnitzen aller Art von Löffeln. Die Frauen bekommen laufend Häkelhaken, Garn, Stricknadeln, Wolle, Schnittmuster und Stoffreste für Kindersachen, selbstverständlich darf auch Stopfgarn nicht fehlen.

In den letzten beiden Wochen sind Emmy K. und ich von einem Münchner Altkleiderhändler zum anderen gezogen, um Sommerkleider für Frauen und Mädchen, leichte Jacken und Hosen für Männer und Burschen alt zu kaufen. Unsere Ausbeute war erstaunlich groß neben dem, was wir von privater Seite bekommen. Wir haben lange Listen mit Namen und genauer Beschreibung, Alter und Aussehen. Aber wir werden es bald anders machen. Wir haben in unseren letzten Briefen gebeten, in jedem Ort einige Personen zu wählen, an die wir alles schicken, und die dann die Verteilung der Sachen vornehmen. Uns nimmt es erstens viel zu viel Zeit, Päckchen nach den Bedürfnissen einzelner zusammenzustellen, dann kann eine solche zentrale Verteilung an Ort und Stelle die Dinge gerechter abgeben, die Bedürfnisse der Menschen besser beurteilen, als wir das von hier aus vermögen. Es bleibt uns immer noch unbenommen, einzelnen zu besonderen Gelegenheiten Sonderpäckchen zu schicken und das dem Verteilungsausschuß mitzuteilen. Wir können so auch die Päckchen besser dosieren, das Gewicht richtig ausnutzen und – das ist fast das Wichtigste – viel schneller arbeiten. Manchmal ergeben sich komische Situationen: Gestern kam Herr Rat in unser Büro und fand mich eifrigst beschäftigt, Emailleteller zu bekritzeln, während Emmy K. über jede Hand einen Frauenschuh gezogen hatte und energisch mit ihnen auf Sandpapier herumfuhr, um die neuen Sohlen »getragen« aussehen zu machen! Wir konnten uns alle drei des Lachens bei diesem Anblick nicht erwehren! Schwierig wird die Sache, wenn der Kommissar der Gestapo, der unsere jüdische Gemeinde zu kontrollieren hat, plötzlich erscheint. Sobald sein Auto in den Hof einfährt, telephoniert der Hausmeister in mein Büro: »Es ist Besuch da!« Wie auf ein Zauberwort hin verschwinden sämtliche Waren, Kleidungsstücke und Schuhe, Medikamente und Lebensmittel, Insektenpulver, Bestecke, kleine Spirituskocher, Packpapier, Schnur und Waage im Schrank und in den Schreibtischen. Wenn der Kommissar, ein junger Mensch in den Zwanzigerjahren, unseren Korridor betritt, bin ich bereits dabei, Emmy K. die Liste an die Gestapo oder einen offiziellen Brief in Rückwandererangelegenheiten in die Maschine zu diktieren, worin wir uns auch nicht stören lassen, wenn er in unser Zimmer kommt.

Aber auch die Geldsendungen gehen jetzt ganz regelmäßig. Wir haben monatlich etwa zwanzig Pässe zur Verfügung und können also rund vierhundert Zloty darauf absenden. Dieses Geld geht an die uns in den drei Orten durch unseren Briefwechsel schon bekannten zuverlässigen Leute, die gemeinsam mit dem gewählten Vertrauensausschuß die Verteilung vornehmen oder den Einkauf besorgen.

Max und Martha Bauchwitz schrieben im Juli 1940 an ihre Tochter Luise Lotte Hoyer-Bauchwitz: „Wenn irgendjemand eine Schlafdecke spenden würde, viele von uns schlafen noch unter ihrem Mantel. München ist rührend, fast täglich Päckchen."

Isartal, Sonntag, den 28. Juli 1940

Nächste Woche trete ich meinen Urlaub an. Ich fahre ins Mittelgebirge, wo meine Studienfreundin Hanna und ihr Mann schon seit Jahren für ihre große Familie ein Häuschen gemietet haben. Sie haben mich eingeladen, und ich freue mich sehr auf das Zusammensein mit ihnen allen, aber auch auf das Ausruhen. Emmy K. wird mich vertreten. Vor allem darf das Päckchenschicken nicht ins Stocken kommen. Sie wird nun nur noch an die Leute der Vertrauensausschüsse schicken, deren Namen uns inzwischen mitgeteilt wurden. Wir fügen unseren Päckchen jetzt auch billige Schmucksachen, wie Ketten aus Glas- und Holzperlen, Broschen aus Holz, Bein oder Glas, bei, alles möglichst bunt, da sich herausgestellt hat, daß die nichtjüdische polnische Bevölkerung für diese Dinge große Vorliebe hat und unsere Leute im Tauschhandel dafür mit allerlei wichtigen Lebensmitteln beliefert.

Aber noch etwas anderes haben wir in diesen letzten Wochen getan. Wir haben – für den Fall, daß weitere Deportationen kommen werden, woran ich

Studienfreundin Hanna Schadendorf lebte mit ihrem Mann Kurt und ihren fünf Kindern in Großenhain bei Dresden.

Hanna Schadendorf (links neben Else), dahinter Kurt Schadendorf, ohne Jahr

persönlich nicht zweifle, während andere geneigt sind, die Verschickung der Stettiner als eine Einzelaktion anzusehen – Listen aufgestellt, gemeinsam mit Annemarie, meiner Quäkerfreundin, in denen alles enthalten ist, was unbedingt mitgenommen werden sollte. Wir empfehlen darin, vor allem Dinge wie Kocher mit dem nötigen Hartspiritus, leichtes billiges Besteck, eine Tasse und ein Eßgefäß usw. vorsorglich zu beschaffen und bereit zu halten, am besten gepackt in einen Rucksack, den man bei sich behält. Außerdem soll jeder mindestens zweimal Wäsche und Kleider übereinanderziehen, einen Schlafsack herrichten (Muster dazu können wir liefern) oder zwei Decken und ein kleines Kissen bereit halten. Daraus wird eine Rolle gemacht, die mit Riemen oder Gurtband gehalten wird und in die auch noch Nachtzeug, Hausschuhe usw. eingepackt werden können. Eine Menge unserer Leute haben großes Interesse für diese Listen gezeigt, und wir haben sie auch an die Reichsvereinigung der Juden nach Berlin und an andere Gemeinden geschickt. –

Mit Herrn Rat habe ich ausgemacht, daß ich gleich im Anschluß an meinen Urlaub die Vorsitzenden und Fürsorger der jüdischen Gemeinden in Dresden, Berlin, Frankfurt a. M., Mannheim und Stuttgart besuche, um sie zu veranlassen, privat einen kleinen Ausschuß zu bilden, der, wie wir, regelmäßig Päckchen an die deportierten Pommern schickt. Einen ganzen Stoß von Briefen, die für sich sprechen, und Listen der notwendigen und erwünschten Gegenstände, Lebensmittel und Medikamente nehme ich mit. Diese Werbung erscheint uns um so wichtiger, als der Winter nicht mehr sehr fern ist und wir nicht imstande sind, alle Bedürfnisse der Deportierten zu befriedigen. In der letzten Woche erhielt ich einen sehr ausführlichen und instruktiven Brief von Frau Bauchwitz, der »arischen« Frau des Stettiner Zahnarztes. Ich hatte ihr, wie wir das jetzt vielfach tun, für sie persönlich einen kleinen Farbendruck, eine Reproduktion von Spitzwegs Bild »Der arme Poet« gesandt. Es stellt eine äußerst dürftig ausgestattete Dachkammer dar und zeigt in einer Ecke auf einem Schrägen den Dichter selbst, eifrig schreibend, unter einem alten aufgespannten Regenschirm, der ihn vor dem durch das schadhafte Dach tropfenden Regen schützen soll. Frau Bauchwitz schrieb nun, daß sie sich über das Bildchen sehr freue; es wirke allerdings in ihrem Zimmer wie die Abbildung eines Prunkgemaches!!

Aber sie und Frau Fink schreiben auch, daß nach den in den ersten Monaten geradezu ungeheuerlich anmutenden Gewichtsabnahmen, die sich bei ihnen allen zeigten, die meisten von ihnen sich an das unsagbar dürftige und primitive Leben gewöhnt hätten. Die zuerst erschreckend hohe Zahl von Todesfällen und Schwerkranken ist nun sehr erheblich zurückgegangen, wohl kommen noch viele Fälle von Darm- und Magenerkrankungen vor, doch sind sie meist leichterer Natur, wohl auch durch die große Hitze, die jetzt dort herrscht, mit bedingt. Es ist eben doch so: Der Mensch gewöhnt sich an sehr vieles und kann im allgemeinen viel mehr aushalten, als man so gemeinhin annimmt!

Brief an Eva Schmidt vom 26. Oktober 1940 aus Icking

26.10.40

Meine liebe Eva,

Wir hatten wieder mal eine sehr aufregende Woche, am Dienstag Abend wurde uns von Berlin, der Zentrale, offiziell telefonisch mitgeteilt, daß 2 große Bezirke, Baden und die ganze Pfalz, von all unseren Leuten, mit Kindern, Alten und Kranken, völlig frei gemacht wurde und sie innerhalb einer Stunde abtransportiert wurden. Ziel unbekannt, der Richtung nach scheint es eher nach Südfrankreich zu sein, aber es ist nur eine Vermutung. Vorläufig fehlt noch jede weitere Nachricht. Wann und ob wir auch dran kommen, wissen wir nicht, wir bereiten uns jedenfalls innerlich (äußerlich kann man ja nur wenig tun) darauf vor. – Meine armen alten Leute, die ich durch das ganze Jahr betreut habe! Immer wieder ziehen sie alle in Reihen an mir vorüber, bei einigen Familien ist noch ein Mitglied für die anderen mit fort. – Leb wohl, liebe, gute Eva, ich kann heut nicht mehr schreiben. Aber sobald ich mehr weiß, bekommst Du Nachricht. –

Isartal, Sonntag, den 27. Oktober 1940

Nun ist das eingetreten, was wir immer gefürchtet hatten und was uns doch so unfaßbar und entsetzlich erscheint: Wieder hat eine Deportation stattgefunden! Und diesmal eine viel größere und umfassendere als die erste. Alle Juden aus Baden und der Pfalz, anscheinend auch aus einem kleinen Teil Württembergs, sind am 22. Oktober deportiert worden, zusammen eine Zahl von fünftausend Menschen! Doch hat man sie nicht nach Polen geschickt, sondern in ein Lager im unbesetzten Frankreich. Näheres wissen wir noch nicht. Auch die elsässischen, also früher zu Frankreich gehörenden Juden, sollen dabei sein. Annemarie erhielt einen ersten erschütternden Bericht von einer Mannheimer Freundin, bei der ich auf meiner Rundreise gewohnt hatte, einer »Arierin«, die, ähnlich wie Annemarie uns, den dortigen Juden hilft, wo sie kann, und mit vielen persönlich befreundet ist. Sie hat beim Packen und beim Transport mit vielen anderen geholfen, ist auch mit auf den Bahnhof gegangen und schildert, daß sie beim Anblick all des Elends und der Not Mühe gehabt hätte, nicht mit in den Zug zu springen, um dadurch zu dokumentieren, wie schwesterlich nah sie sich diesen Unglücklichen fühlte! Nur der Gedanke an Mann und Kind habe sie zurückgehalten. Diesmal hat man übrigens die Leute, die in Mischehen leben, verschont. Aber der Vorsitzende der Mannheimer jüdischen Gemeinde, ein Arzt, der gleichfalls eine »arische« Frau hat und der es nicht übers Herz brachte, zurückzubleiben, ist freiwillig, unter Zurücklassung seiner Frau, die sehr zart ist und den Strapazen, die den Deportierten gewiß sind, nicht gewachsen gewesen wäre, mit seiner Gemeinde in die Verbannung gegangen. Ich kann mir so gut vorstellen, welche tröstende und beruhigende Wirkung diese Tat, die man mit gutem Recht heldenhaft nennen kann, auf seine Gemeindemitglieder gehabt haben muß! –

Auf Betreiben des badischen Gauleiters Robert Wagner und des pfälzischen Joseph Bürckel wurden am 22. Oktober 1940 über 6.500 Juden aus Baden, der Pfalz und dem Saarland ins französische Lager Camp de Gurs deportiert. Es handelte sich um die erste planmäßige Deportation von Juden aus Deutschland. Die Inhaftierten dieses Lagers des Vichy-Regimes nahe den Pyrenäen litten unter den äußerst primitiven Verhältnissen. Es befanden sich dort bekannte Persönlichkeiten wie Hannah Arendt, Lotte Eisner oder Peter Pringsheim.[70]

Es handelt sich um den Kinderarzt und Vorsitzenden der jüdischen Gemeinde Dr. Eugen Neter, geb. 1876 in Gernsbach. Dr. Neter hatte sich 1903 als Kinderarzt in Mannheim niedergelassen, folgte seinen Gemeindemitgliedern 1940 in die Deportation, überlebte die Jahre von 1940 bis 1945 in Gurs und wanderte nach Palästina aus, wo er 1966 starb.

Nun warten wir bangen Herzens auf weitere Nachrichten. Ach, wie viele gute Bekannte aus den Kreisen meiner Rückwanderer weiß ich darunter! Haben wir doch noch gerade in den letzten Wochen mit unendlicher Mühe durchgesetzt, daß eine Reihe badischer Juden aus kleineren Orten, so z. B. aus Breisach, die die nationalsozialistischen Ortsbehörden nicht nach Hause lassen wollten, zurückkehren konnten. Wie glücklich waren sie, als sie Abschied nahmen, um in die Heimat zu fahren! Wie dankbar schrieben sie nach ihrer Ankunft, und wie kurze Zeit konnten sie die Freude genießen, zu Hause zu sein! Diejenigen, die es mit der Rückkehr nicht eilig hatten, sind nun besser dran. Wir werden versuchen, ihnen bei der Gestapo hier den Daueraufenthalt in München zu erwirken.

Vorgestern spielte sich bei mir im Büro eine herzzerreißende Szene ab. Eine Frau aus einem kleineren Orte Badens hatte ihren Mann vor etwa vierzehn Tagen ins Mannheimer Krankenhaus bringen müssen. Am 23. Oktober sollte er entlassen werden. Sie selbst wollte ihn an diesem Tage abholen und heimbringen. In der Zwischenzeit hatte sie einen Bruder in Stuttgart besucht. Als sie am 23. Oktober nach Mannheim kam, mußte sie erfahren, daß man ihren Mann abtransportiert hatte! Alle ihre Bitten bei den verschiedenen Behörden, sie ihm folgen zu lassen, halfen nichts, man wies sie kurz ab. Nun hat sie ihre letzte Hoffnung auf uns gesetzt: auf den Knien flehte sie mich an, alles zu versuchen, um ihr die Reise zu ihrem Mann und vielen anderen Verwandten zu ermöglichen. Wir werden natürlich alles tun, was möglich ist, aber ich habe nicht viel Hoffnung. Der Gestapo-Inspektor, mit dem ich häufig zu tun habe und der sich immer korrekt und anständig benommen hat, versprach mir, mit dem Mannheimer Kollegen zu telephonieren. Ich soll mir morgen Antwort holen. (Anmerkung vom 30. Oktober 1940: Es ist wirklich geglückt, Frau K. darf zu ihrem Mann!)

Isartal, Sonntag, den 10. November 1940

Wir haben inzwischen direkt und indirekt Nachrichten von den deportierten Badensern bekommen. Sie sind im Camp de Gurs, Département Bas-Pyrénées, einem Lager, das ursprünglich für die im Bürgerkrieg über die Grenzen strömenden Spanier aus Baracken notdürftig errichtet wurde. Wir erfuhren ferner, daß ursprünglich die französische Regierung sich bereit erklärt hatte, die im Elsaß und in Lothringen ansässigen drei- bis viertausend Juden ins unbesetzte Frankreich zu übernehmen. Man hatte ihnen, ohne weitere Verständigung, die zirka fünftausend Juden aus Baden und der Pfalz einfach mitgeschickt! Selbstverständlich war für eine solche Menge von Menschen nichts vorbereitet, weder die Unterkunftsmöglichkeiten noch die Lebensmittel reichten nur entfernt dafür aus. Das

Lager Camp de Gurs, um 1940

Tagebuchaufzeichnungen Else Behrend-Rosenfeld

beweisen die Briefe, die wir direkt bekommen haben und in denen um Lebensmittel dringend gebeten wird. Die meisten Briefe betonen ausdrücklich die menschlich freundliche Haltung der Franzosen gegenüber den Deportierten. Wir haben sofort mit Schicken von Päckchen begonnen und vor allem alle Leute, bei denen schon früher Evakuierte untergebracht waren, privat dazu aufgefordert. Auch die Mannheimer Freundin hat viele Bekannte mobilisiert und schickt selbst, so viel sie kann.

Die Reichsvereinigung hatte allen jüdischen Gemeinden in Deutschland im Gedenken an diesen furchtbaren neuen Schlag einen bestimmten Tag vorgeschlagen, an dem alle Gemeindeglieder fasten sollten. Dieser Anregung sind wir gern gefolgt. Doch teilte uns Herr Rat gestern zu unserem Schrecken mit, daß man den Ministerialrat Hirsch, den man als den Urheber dieser Anregung in der Reichsvereinigung ansah, verhaftet und in ein Konzentrationslager gebracht habe! (Einige Monate später kam die Nachricht seines Todes.) Eine solche Anregung sei als Sabotage der behördlichen Verfügung zu betrachten!

Wir schicken sowohl nach Polen wie nach Frankreich in fieberhafter Hast; wer weiß, wie lange die Möglichkeit noch besteht! Trotz aller Schwierigkeiten und aller Entbehrungen im Camp de Gurs habe ich den Eindruck, daß die dort Untergebrachten immer noch weniger bedauernswert sind als die in Polen Befindlichen. Die französischen Wachmannschaften behandeln unsere Leute menschlich, sie helfen, wo sie können, das geht aus jedem Brief hervor, während die Not in Polen unter der deutschen Besetzung durch die seelische Belastung noch unendlich vermehrt wird.

Brief an Eva Schmidt vom 30. November 1940 aus Icking

30.11.40

Denke Dir, gestern bekam ich wieder einen direkten Brief von Fritz vom 27.10. Er schildert mir ausführlich sein Leben in O.[xford] Er fühlt sich eigentlich wohl und hat auch schon einen kleinen Kreis von Menschen, mit denen er häufiger abends oder an Sonntagen zusammen kommt. Peter sieht er mindestens einmal jede Woche an seinem freien Tag. Erstaunlicherweise erreichte mich dieser Brief, der mit seiner vollen Adresse am Kopf versehen war !! – Sonst nichts Neues, viel Arbeit! Halt, doch etwas Neues; denke Dir, unser geliebter und verehrter Vorsitzender hat plötzlich, durch seinen Sohn veranlasst, die Einreiseerlaubnis nach Argentinien erhalten und wird mit seiner Frau wohl im Januar reisen! Das ist ein schwerer Verlust für uns, und so sehr man sich für die beiden freut, für die hier Bleibenden eine nicht zu schließende Lücke! Er ließ mich sofort rufen und sagte mir, er hätte den Eindruck, als wenn der hiesige Konsul Fritz u. mir die Einreiseerlaubnis auf Grund von Fritz früherer öffentlicher Tätigkeit verweigert hätte!! Schmerzlich, aber nichts zu machen! Aber ich brauchte trotzdem einige Tage, um diese Tatsache zu verdauen. –

Der Jurist und Politiker Otto Hirsch, geb. 1885 in Stuttgart, war 1930 zum Oberrat der Israelitischen Religionsgemeinschaft in Württemberg berufen worden, nach 1933 wurde er Mitbegründer und Vorsitzender der Reichsvereinigung der Juden. Im Februar 1941 verhafteten die Nationalsozialisten Otto Hirsch, verschleppten ihn nach Mauthausen und ermordeten ihn dort.[72]

Isartal, Sonntag, den 26. Januar 1941

Vor einer Woche haben wir uns im Betsaal zu einer schlichten Abschiedsfeier für Herrn und Frau Rat versammelt, die zu ihrem Sohn in die jüdische Siedlung Avigdor in Argentinien fahren. Ich freue mich unendlich für sie beide, aber wir alle kommen uns ohne diese gütigen und weisen Menschen sehr vereinsamt vor. Beiden wurde es schwer, uns zurückzulassen; Herr Rat sagte in seiner Abschiedsrede: »Wenn wir beiden alten Leute dann unter uns jetzt noch unbekannten Bäumen sitzen und über die von unserem Sohn bebauten Felder in der neuen Heimat schauen werden, wird alles Schwere und alles Schöne dieser letzten Jahre hier in unserem Geiste lebendig werden, und wir werden vor allem der Menschen gedenken, die uns durch die gemeinsame, oft recht harte und schwierige Arbeit unauflöslich verbunden sind.« – Wie gern hätten sie mich mitgenommen, wissen sie doch, daß ich auf eine Vereinigung mit Gustel, unserer Ältesten, und all den Verwandten in Argentinien hoffe, da ich wegen des Krieges nicht zu Euch fahren kann!

Unser neuer Vorsitzender ist Herr Direktor Stahl, der schon seit einiger Zeit die Leitung der ganzen Wohlfahrtsabteilung übernommen hat. Man kann gut mit ihm arbeiten. Sorge macht uns nur, ob er imstande sein wird, in dieser stürmischen Zeit unser kleines Schiff einigermaßen sicher durch die Wogen zu einem unsichtbaren, unbekannten Hafen zu steuern!

Isartal, Sonntag, den 16. März 1941

Das Hinausdrängen der Münchner Juden aus ihren Wohnungen geht in immer rascherem Tempo vor sich, ihre Unterbringung wird immer schwieriger. Aber was uns noch mehr erschreckte, ist, daß auch sogenannte »jüdische Häuser«, wenn es dem Stellvertreter des Gauleiters in der Widenmayerstraße so paßt, plötzlich geräumt werden müssen. So mußte ein solches Haus in der Goethestraße schleunigst von allen Insassen verlassen werden. Eine unserer Angestellten hatte dort noch eine kleine Wohnung, d.h. sie selbst bewohnte noch ein Zimmer allein, die anderen waren weitervermietet. Im letzten Augenblick fand sie Unterkunft in einer – natürlich »arischen« – Pension in der Landwehrstraße. – Aber wir haben Anzeichen dafür, daß es bald noch schlimmer kommen wird. Vor kurzem sind durch den Obersturmführer Muggler im Auftrage des Stellvertreters des Gauleiters eine ganze Anzahl jüngerer jüdischer Männer nach einem Ort in der Nähe des Tegernsees geschickt worden, um die für die damals illegal über die Grenze flutenden, heimlich der SA angehörigen Österreicher aufgestellten Baracken abzubauen, zu verladen und sie in der Fabrikvorstadt Milbertshofen, die zu München gehört, wieder aufzustellen. Wir nehmen an, daß sie als künftige Unterkunft für die Münchner Juden dienen sollen, ein neues, echtes Ghetto!

Dr. Alfred Neumeyer und seine Frau Elise emigrierten im Februar 1941 über Frankreich und Spanien nach Argentinien; beide starben dort 1944 auf der Farm ihres Sohnes.

Karl Stahl, Diplomingenieur und Direktor der Vereinigten Keltereien, leitete ab 1938 die Jüdische Gemeinde in München.

Seit April 1939 liefen mit dem Gesetz über „Mietverhältnisse mit Juden" staatliche Maßnahmen zur Entmietung von jüdischem Wohneigentum. Schließlich wurden die Juden gezwungen, in eigens eingerichtete „Judenhäuser" oder „Judenwohnungen" zu ziehen, so zum Beispiel in der Goethestraße 26. Nahezu zwanzig „Judenhäuser" existierten anfangs in der Landeshauptstadt.

Franz Mugler, Sturmführer der SA, war seit 1939 in der „Arisierungsstelle" beschäftigt. Zu seinen Aufgaben gehörten Entmietungsaktionen und Lagerkontrollen. Muglers kleine geschäftliche Unternehmungen waren in den zwanziger Jahren alle gescheitert, sei es als Betreiber eines Lichtspieltheaters oder als Fuhrunternehmer. Kriminelle Aktivitäten führten zu 19 Vorstrafen. 1942 wurde Mugler wegen Unterschlagung zu einem Jahr Gefängnis verurteilt und ein Jahr später aus der NSDAP ausgeschlossen.

Tagebuchaufzeichnungen Else Behrend-Rosenfeld

Außerdem hat man von der gleichen Stelle aus allmählich alle jüdischen Männer bis zu sechzig Jahren zur Arbeit in verschiedenen Fabrikbetrieben eingesetzt und beginnt nun, die Frauen, zunächst die bis zu fünfzig Jahren, gleichfalls zur Fabrikarbeit zu holen. Die jüngeren steckt man in Rüstungsbetriebe, die älteren beschäftigt man in anderen Betrieben mit leichterer Arbeit.

Der Oberste Gerichtshof warf Mugler u.a. vor, „dass sich der Beschuldigte bei dem Amt für Arisierung in München verschiedene aus jüdischem Besitz stammende Einrichtungsgegenstände in seine Wohnung bringen ließ, um sie sich, teilweise ohne Bezahlung, in eigennütziger Weise anzueignen." Mugler hielt sich auf seine Weise an den Raubzügen der „Arisierungsstelle" schadlos.[73]

Isartal, Sonntag, den 27. April 1941

Gestern erhielt ich die telegraphische Mitteilung meiner Schwester Käthe aus Argentinien, daß die »Llamada«, d.h. die Einreiseerlaubnis für Argentinien, per Kabel an das Münchner argentinische Konsulat abgesandt sei. Gleichzeitig fand ich eine Mitteilung des Konsulats vor, mich morgen zu einer Besprechung dort einzufinden. Sollte es wirklich Wahrheit werden, daß ich ausreisen kann? Soll dieser ständig auf uns allen liegende Druck von mir genommen werden?! Soll ich die Möglichkeit haben, mit Euch direkte Verbindung zu bekommen, Euch, und vor allem Dir, mein Lieber, ohne Zwang schreiben zu können?! Noch wage ich all diese Gedanken nicht auszudenken! Zu oft schon schlug mir diese Hoffnung fehl, mußte die Enttäuschung ertragen werden. Meine Papiere sind bereit, mein Paß ist in Ordnung, ich kann sehr rasch ausreisebereit sein. Laßt uns hoffen!

Käthe Behrend, Elses Schwester, war 1939 nach Argentinien ausgewandert und arbeitete in Buenos Aires als Angestellte einer Textilfirma.

Isartal, Sonntag, den 4. Mai 1941

Montag auf dem Konsulat bekam ich wirklich die Zusage, daß mir das Visum erteilt werden sollte, und die Aufforderung, alle nötigen Papiere zu beschaffen. Ich holte mir am Dienstag das Gesundheitsattest vom Amtsarzt in Wolfratshausen, der mich auch gleich impfte und mir darüber ein Zeugnis ausstellte. –

Donnerstag feierte ich meinen fünfzigsten Geburtstag unter diesen freudigen Vorzeichen mit allen hier gewonnenen Freunden, unter denen weder die Nachbarn und die Familie Pr. noch unsere wirklich prachtvolle Lebensmittelhändlerin fehlte, die durch Tillas Sondereinkäufe für diesen Tag nach der Ursache gefragt hatte. Ich war so froh bewegt wie wohl seit Eurer Abreise nicht mehr. Aber auch diesmal sollte der Dämpfer schnell folgen. Am kommenden Tag, nachdem ich im Büro Glückwünsche und Geschenke entgegengenommen hatte – der 1. Mai war ja Feiertag –, teilte mir Tilla telephonisch mit, daß ein Brief vom argentinischen Konsulat gekommen sei. Ich bat sie, ihn zu öffnen und mir vorzulesen. Die Zusage des Visums wurde darin zurückgenommen, da neue Weisungen aus Argentinien eingetroffen seien. Ich fuhr aufs höchste betroffen hin, erfuhr durch die Sekretärin aber nur, daß briefliche Nachrichten über die materielle Lage meiner Verwandten eingeholt und abgewartet werden müßten. Ich kabelte meiner Schwester Käthe sofort diese Wendung der Dinge nach Buenos Aires. Noch hoffe ich, daß es sich

Else Rosenfeld, ohne Jahr

wirklich nur um einen Aufschub handelt. Die verlangten Auskünfte müssen ja gut ausfallen – dann liegt kein Grund vor, mir das Visum zu verweigern. Aber manchmal packt mich jetzt der Argwohn, daß der Konsul – wir beide wissen ja, was für einen wenig guten Ruf er hat! – antisemitisch eingestellt ist und aus diesem Grunde alles tut, um die Erteilung des Visums zu verzögern oder zu verhindern. Daß wir jüdischen Menschen auf einer Reihe ausländischer Konsulate im Reich gleichfalls wie Parias behandelt werden, ist leider keine Ausnahmeerfahrung. Aber noch gebe ich die Hoffnung nicht auf!

Isartal, Samstag, den 28. Juni 1941

Die Ereignisse überstürzen sich! – Die Baracken in Milbertshofen sind fertig, Pritschen – immer zwei übereinander – in ihnen aufgestellt, ebenso Militär schränke. Waschräume, Küche, Kantine und Eßräume sind fertig eingerichtet, die ersten Leute, zunächst alleinstehende Männer, bereits eingewiesen. Im Ganzen können etwa achthundert Menschen dort untergebracht werden. Am 21. Juni, also letzten Samstag, erhielt ich eine kurze Aufforderung, am Montag, dem 23., morgens um acht Uhr, zum Stellvertreter des Gauleiters, dem Hauptsturmführer Wegner, in die Widenmayerstraße zu kommen. Charakteristisch war die Unterschrift. Die Buchstaben haben eine Höhe von fünf Zentimetern! Ich hatte sofort das Gefühl, daß diese Aufforderung nur etwas Unangnehmes bedeuten könnte. – Pünktlich zur festgesetzten Zeit war ich zur Stelle, außer mir noch eine ganze Reihe anderer, mir unbekannter Menschen. Nach etwa einer Stunde wurde gerufen: »Die Jüdin Behrend!« Ich kam in einen Büroraum, in dem sich mehrere Männer befanden.

Vor mir stellte sich ein knapp mittelgroßer, sehr brünetter Mann von etwa dreißig Jahren auf, dem eine ungeheure Wut auf dem Gesicht geschrieben stand. Er brüllte mich an: »Sind Sie die Jüdin Behrend?« »Jawohl.« »Wo wohnen Sie?« »Im Isartal.« »Wem gehört das Haus, In dem Sie wohnen?« Ich nannte den Namen des Hausbesitzers und fügte hinzu, daß ich dort nur Untermieterin sei. »Danach habe ich Sie nicht gefragt«, sagte er schäumend vor Wut und nach einem Augenblick Pause mit ausgestrecktem Arm: »Raus!« Ich verließ das Zimmer, im Flur wurde mir von einem Diener gesagt: »Warten Sie.« Nach einer weiteren Stunde, während der ich Wegner, aber auch die Stimme eines anderen häufig brüllen hörte, stürzte ein großer, breiter Mann auf mich zu, drückte mir einen verschlossenen Brief in die Hand und brüllte: »Mittwoch gehen Sie mit diesem Brief

Über den Baubeginn des Lagers Milbertshofen war Else Rosenfeld erstaunlich gut informiert. Die Baracken kamen aus Oberach bei Rottach am Tegernsee. Insgesamt 20 jüdische Männer mussten den Abbruch von 14 Baracken durchführen. Zur Entstehung des Lagers heißt es im „Tätigkeits- und Abschlussbericht" Hans Wegners 1943: „An der Knorrstraße 148 in Milbertshofen erstand seit dem Frühjahr 1941 auf 14 500 qm großer Fläche eines ehemaligen Fabrikgeländes dieses Barackenlager in jüdischer Arbeitspflicht, ca. 7 km vom Stadtzentrum entfernt, auf einem Platz, der sowohl abgeschlossen, wie auch abseits des Verkehrs gelegen ist." Die Juden mussten das Lager selbst errichten und durch „Spenden" und Zahlung von „Mietentschädigung" selbst finanzieren.[74]

Arbeitsverpflichtete Juden beim Bau des Lagers Milbertshofen, 1941

Tagebuchaufzeichnungen Else Behrend-Rosenfeld

zum Arbeitsamt!« »Aber ich arbeite bereits«, sagte ich ruhig. »Das geht uns gar nichts an«, rief er, »aber jetzt werden Sie richtige Arbeit bekommen!« Damit verschwand er, und ich ging in unser Büro. Mir war immer noch völlig unklar, womit ich die beiden Männer – der zweite war der Obersturmführer Muggler, der vor seiner Anstellung durch die Partei Besitzer einer Luftschaukel in Regensburg war – so gegen mich aufgebracht hatte. Als ich Direktor Stahl die Szene schilderte, sagte er seufzend: »Sie sind augenblicklich hinter allen Juden her, die außerhalb der Stadt wohnen, und sehen das als eine besondere Heimtücke an, die bestraft werden muß. Es hat auch keinen Zweck, wenn ich oder Hellinger, der zweite Vorsitzende, den die Gestapo protegiert, zu intervenieren suchen, ja, ich fürchte, wir machen damit die Sache noch schlimmer für Sie. Wir müssen abwarten, was das Arbeitsamt auf Grund dieses Briefes beschließen wird.« Obwohl ich pünktlich zur angegebenen Zeit beim Arbeitsamt war, mußte ich wegen der vielen Frauen, die alle mit Briefen aus der Widenmayerstraße warteten, noch lange Geduld haben, ehe ich zu einer Beamtin gewiesen wurde. Sie öffnete den Brief und sagte sofort: »Womit haben Sie den Stellvertreter des Gauleiters denn so erzürnt?« Ich antwortete, daß es nur mein Wohnen im Vorort sein könne, das ja niemals verboten gewesen war. Sie erwiderte: »Wahrscheinlich haben Sie recht. Hier steht: – Der Jüdin Behrend ist mitzuteilen, daß sie sofort in jüdischen Wohnraum der Stadt München zu ziehen hat. Außerdem ist sie unverzüglich zur Arbeit in die Flachsfabrik Lohhof einzuweisen. – Dagegen ist nichts zu machen.« Ich stellte ihr vor, daß ich mir erst eine Schlafstelle in der Stadt suchen, mein Quartier im Isartal aufgeben und meine Sachen packen müsse. Ob sie mir dazu nicht ein paar Tage Zeit geben könne. Sie nickte: »Ich sehe ein, daß Sie eine Frist brauchen. Aber am 1. Juli müssen Sie morgens pünktlich zur Arbeit antreten. Kommen Sie übermorgen wieder und holen Sie sich Ihren Einweisungsschein.« – Ich dankte ihr für ihr Entgegenkommen und ging. –

Natürlich weiß ich von Lohhof; doch hat man bisher nur junge Mädchen und jüngere Frauen dorthin zur Arbeit geschickt. Die Arbeit in den Fabrikräumen in Lohhof gilt für ziemlich schwer, und auch die Arbeit auf dem Feld, den ganzen Tag in der prallen Sonne, ist ziemlich berüchtigt. Hinzu kommt der weite Weg. Lohhof ist die Eisenbahnstation hinter Schleißheim, man muß mit der Bahn und zu Fuß eineinviertel bis anderthalb Stunden Weg hin und ebenso viel zurück rechnen.

Im Büro schlug mir der zweite Vorsitzende vor, mich wegen meines durch eine Geburtslähmung verkürzten und nur begrenzt bewegungsfähigen linken Arms beim Arzt als für Fabrikarbeit nicht geeignet schreiben zu lassen. Nach reiflicher Überlegung aber, und besonders im Hinblick auf die eventuelle Auswanderung nach Argentinien, ziehe ich vor, mit der Arbeit zu beginnen, um den hohen Herrn in der Widenmayerstraße nicht neuen Grund zu Zorn auf mich zu geben.

Nun ist die Hauptsache: eine Unterkunft zu finden. Eventuell kann ich in der Wohnung von Direktor Stahl, wo im Zimmer einer Angestellten der Gemeinde noch eine zweite Frau untergebracht werden muß, bleiben. Doch vielleicht findet

Isartal, Samstag, den 28. Juni 1941

125

Hans Wegner kam 1905 in Lauf als Sohn der Schrankenwärterseheleute Michael und Helene Wegner zur Welt. Aus einfachsten kleinbürgerlichen Verhältnissen arbeitete er sich in den folgenden zwanzig Jahren in verschiedenen Firmen bis zum Abteilungsleiter hoch: 1927 hatte er es bei der Münchner Kolonialwarenfabrik Kathreiner zum Versandleiter und bei der Nürnberger Konsumgenossenschaft zum Abteilungsleiter gebracht. Seine politische Karriere führte ihn von der Mitgliedschaft im linken Spektrum der kommunistischen Jugend zur antirepublikanischen Frontkämpferorganisation des „Stahlhelm". 1929 trat Wegner dann der NSDAP bei. Die SA eröffnete ihm Aufstiegsmöglichkeiten vom Scharführer bis zum Sturmbannführer. Diese Beförderung erhielt er 1943 für seine „Verdienste" um die Verfolgung der Juden, die er zum 30. Juni 1943 in einem „Tätigkeits- und Abschlussbericht" vorlegte, ein in eiskalter technokratischer Sprache gehaltener Traktat. Seine Sekretärin Ruth Eckstein charakterisierte ihren Vorgesetzten so: „Wegner war in seinem Charakter sehr launenhaft, er ist aus kleinsten Verhältnissen heraus groß geworden ... brutal, herrschsüchtig, gemein."

Der Name Hellinger steht für Dr. jur. Julius Hechinger. Er war Syndikus der Israelitischen Kultusgemeinde, für die Wohnungsbehörde zuständig und „Verbindungsmann" der Gestapo. 1942 wurde er nach Theresienstadt deportiert.[75]

Der kriegswichtige Betrieb Lohof verarbeitete seit 1935 Flachs zu Naturfasern und Öl. Seit November 1941 wurden die meisten jüdischen Arbeiterinnen deportiert und durch Zwangsarbeiter ersetzt.

Schreiben des Landrats des Landkreises Wolfratshausen an den Bürgermeister der Gemeinde vom 18. Dezember 1940: „Erfassung der Zu- und Abwanderung der Juden. Es wolle alsbald berichtet werden, ob sich die Juden Paul Israel Cossmann, Rosenfeld Elisabeth Sara und Werner Susanne Sara noch im Gemeinde-Bezirk aufhalten."
Antwortschreiben des Bürgermeisters der Gemeinde an den Landrat des Landkreises Wolfratshausen vom 19. September 1941: „Fehlanzeige".
„Zum Bericht, ob sich die Jüdin Rosenfeld nicht mehr in Icking aufhält. Ein Umzug derselben wurde bisher nicht gemeldet."
„Die Jüdin Rosenfeld hat sich am 1. Juli 1941 nach München, Kaulbachstr. 65 abgemeldet. Icking, 14.10.41."[76]

Frau Tuchmann: Regina Tuchmann (1896 bis 1942) war Leiterin des jüdischen Altenheims in der Kaulbachstraße 65. Regina Tuchmann wurde mit ihrer Tochter nach Piaski deportiert und ermordet.

sich noch ein Kämmerchen, und wenn es noch so klein wäre, wo ich allein wohnen kann.

Am Donnerstag war ich in unserem Altersheim in der Kaulbachstraße – ich habe das Referat über die Altersheime wieder übernommen, da von der Spitzenorganisation der Gestapo, dem Reichssicherheitshauptamt, das die Finanzen der Reichsvereinigung und damit die sämtlicher jüdischer Gemeinden Deutschlands kontrolliert, der Abbau vieler Gemeindeangestellter befohlen wurde. Davon ist auch die bisherige Referentin betroffen worden, und wie sie damals von mir, so übernahm ich jetzt von ihr diese mir liebe Arbeit seit dem 1. Mai – und erzählte der Leiterin, Frau Tuchmann, wie es mir ging. Sie bot mir mit großer Herzlichkeit das zweite Zimmer ihrer kleinen Dachwohnung an, in dem sonst ihre vierzehnjährige Tochter wohnte. Ich solle wenigstens so lange bei ihr bleiben, bis etwas Passendes für mich gefunden sei. Außerdem könne ich dann vom Heim aus mitverpflegt werden, was mir im Hinblick auf die zehnstündige Arbeitszeit und den langen Weg besonders lieb ist. Heute abend noch ziehe ich bei ihr ein, kann dann morgen und übermorgen im Büro noch alles Notwendige regeln und fange Mittwoch früh mit der Arbeit in Lohhof an. –

Briefe an Eva Schmidt vom 15. und vom 27. Juni 1941 aus Icking

Am 15. Juni 41.
Meine liebe Eva,
herzlichen Dank für Deine lieben Zeilen! Die Gummiflasche hätte ich sehr gern, sie könnte uns hier doch manchmal recht nützliche Dienste tun. Ob ich sie mitnehmen kann, ist ziemlich unklar, aber dann bekommst Du sie eben zurück, oder wenn Du sie nicht brauchst, lasse ich sie Tilla, die keine hat. – ... Ich habe eine sehr schwere Woche hinter mir, die wie ein Berg vor mir lag mit einer besonders schwierigen Aufgabe, die sich dann aber viel leichter löste, als ich seit Wochen gefürchtet hatte. Ich bin unendlich froh, das hinter mir zu haben, ich erzähle Dir Näheres, wenn Du hier bist! – Von Argentinien noch immer nichts, auch keine Nachricht ...

Am 27. Juni 1941.
Meine liebe gute Eva,
hab herzlichen Dank für Dein liebes Päckchen, das sehr lange unterwegs war und erst gestern eintraf. – Es ist mir schon lange nicht so schwer gefallen zu schreiben wie heut, aber es muß sein. – Ich kann es aber alles nur ganz kurz und dürr mitteilen. Ich muß hier fort, ziehe ab 1.7. in die Stadt, wo ich zunächst in einem unserer Heime unterkomme. Am 2.7. fange ich mit meiner neuen Arbeit an, die mir zugewiesen wurde. Ich weiß nur, daß sie im Freien sein wird und hoffentlich nicht allzu schwer. Ich habe einen ziemlich langen Arbeitsweg, so daß ich ziemlich früh fort muß und verhältnismäßig spät nach Hause komme. – Aber wenn Du zu Tilla kommst, und sie möchte sehr gern, daß Du es bei Deinem Besuch lässt, wirst Du alles genau erfahren; bis dahin wissen wir beide

mehr. – Schreibe weiter an Tilla, sie würde Dir selbst schreiben, sie ist aber gerade sehr beschäftigt. – Ich bin guten Mutes, mach Dir, bitte, keine Sorgen! Leb wohl für heut und sei sehr, sehr herzlich gegrüßt!
Immer Deine E.

Isartal, Sonntag, den 6. Juli 1941

Zwar bin ich so todmüde und zerschlagen von den ersten Arbeitstagen in der Fabrik, daß ich am liebsten alle Viere von mir strecken und in den Himmel und alles Grün und Blühen unseres Gartens im Isartal schauen möchte, aber wer weiß, wann ich wieder Zeit zum Schreiben finde, und ich will dich doch auf dem laufenden halten.

Meine Arbeit im Büro habe ich liquidiert, die Heime müssen nun ohne mich fertig werden. Das Versenden der Päckchen nach Polen übernimmt zu einem Teil Emmy K. weiter, das übrige machen Annemarie, meine Quäkerfreundin, und ihre Hilfstruppen. Ich selbst will nur versuchen, wenigstens die Korrespondenz mit den Menschen der drei Orte im Kreise Lublin, die mir wie alte Freunde lieb und vertraut geworden sind, soweit es irgend möglich ist, aufrechtzuerhalten. Am Dienstag erhielt ich im Büro einen Anruf vom Haupttelegraphenamt. »Spreche ich mit Frau Dr. Behrend?« fragte der Beamte. Ich bejahte. »Haben Sie in der letzten Zeit nach Argentinien gekabelt?« Wieder bestätigte ich das. »Haben Sie eine Verwandte drüben, die Gustel heißt?« »Jawohl, meine Tochter.« »In welchem Ort lebt sie?« »In S.......s, in der Provinz Cordoba.« »Und nun«, fügte der Beamte hinzu, »will ich Ihnen erklären, was diese Fragen bedeuten. Vor mir liegt ein Telegramm aus S.......s mit der Unterschrift Gustel. Aber die Adresse ist verstümmelt, sie lautet einfach: Mutter München. Und nun freue ich mich, daß wir die Mutter in München gefunden haben. Ich schicke Ihnen das Telegramm sofort zu.« Ich bedankte mich bei ihm. Das Telegramm teilte mir mit, daß weitere Schritte unternommen würden, um mein Hinüberkommen doch noch zu ermöglichen.

In meiner neuen Wohnung habe ich es sehr gut, Frau Tuchmann ist rührend in ihrer Fürsorge für mich. Sie ist eine ausgezeichnete Heimmutter, liebt ihre alten Leute sehr und tut für sie, was sie kann. Sie hängen aber auch alle an ihr. Dabei ist die Führung des Heims sehr viel schwieriger geworden, weil man auch hier Arbeitskräfte für Fabrikarbeit freigeben mußte und weil die Allgemeinversorgung mit Lebensmitteln sehr wenig gut ist. Sie kommen sowohl was die Qualität, als auch was die Quantität anbelangt, sehr viel schlechter weg, als wenn sie für die einzelnen die Lebensmittelkarten hätten.

Mittwoch früh fuhr ich nun zum ersten Male nach Lohhof. Ich mußte kurz nach sechs Uhr aus dem Hause. Schon am Bahnhof traf ich eine ganze Menge junger Mädchen, die gleichfalls in der Flachsfabrik arbeiteten. Etwas nach sieben Uhr waren wir in Lohhof. Bis zur Fabrik läuft man etwa zehn Minuten. Alle

Im Oktober 1941 schrieb die Münchner Gestapo an das Reichssicherheitshauptamt: „Mit Erlaß v. 23.10.1941 wurde angeordnet, daß die Auswanderung von Juden mit sofortiger Wirkung zu verhindern ist. Ich bitte daher um die umgehende Weisung, ob Telegramme, die der jüdischen Auswanderung, bzw. der Vorbereitung der Auswanderung dienen, und von der Israelitischen Kultusgemeinde und den einzelnen Reisebüros zur Beförderung nach dem nichtfeindlichen Ausland hier vorgelegt werden, noch weiterhin zu befördern sind. Bisher wurden die vorgelegten Telegramme auf Grund des Erlasses vom 23.10.1941 nicht mehr befördert."[77]

Die Flachsröste unterstand Direktor Bachmayer, für die Organisation des Arbeitsablaufs und der Ordnung in Lager und Fabrik war Rolf Grabower zuständig. Der „Dreivierteljude" Grabower, in den Weimarer Jahren Ministerialrat im Reichsfinanzministerium und noch 1934/35 Richter am Reichsfinanzhof, wurde dort seines Postens enthoben und dem jüdischen Arbeitsdienst zugeteilt. 1942 kam er nach Theresienstadt, überlebte aber. Nach dem Krieg arbeitete er bis 1952 als Oberfinanzpräsident in Nürnberg. Während seiner Zeit in Lohof und Theresienstadt verfasste er ausführliche Tagesberichte, in denen am 15. Juli 1941 auch Else Rosenfeld namentlich erwähnt wird: „Frau Freundlich ist bereit, zunächst unterstützt duch Frau Dr. Rosenfeld, die allgemeine Frauenberatung zu übernehmen."[78]

Gebäude der Fabrik und das ganze recht ausgedehnte Gelände machen einen sehr verwahrlosten Eindruck. Ich wurde mit meinem Schein vom Arbeitsamt zuerst in das Büro geschickt. »Ziehen Sie sich zur Arbeit um und wenden Sie sich an den Aufseher X.«, wurde mir kurz bedeutet. In der Kleiderkammer der jüdischen Gemeinde hatte man mich mit Arbeitskleid, großem Strohhut und Sandalen versorgt. Der Umkleideraum war häßlich und ungepflegt, immer zwei zusammen hatten einen Militärschrank, in dem sie ihre Sachen aufbewahren konnten. Vor der Tür dieser Baracke stand ein Aufseher, der zu raschem Fertigwerden drängte. Ich wandte mich an ihn und fragte nach Herrn X., der mir die Arbeit zuteilen sollte. »Der bin ich selbst«, sagte er kurz, »wie alt sind Sie?« »Ich bin fünfzig Jahre alt.« »Was denkt sich eigentlich das Arbeitsamt, daß es uns so Alte schickt«, murmelte er, worauf ich lächelnd entgegnete, daß ich dazu nichts sagen könnte. »Ich werde Sie zum Flachs sortieren an der Bündelmaschine einteilen.« Wir durchschritten etwa fünf Minuten lang ein großes, ebenes Gelände, auf einer ausgetretenen Straße, zu deren beiden Seiten sich in unregelmäßigen Abständen häusergroße Haufen von Flachsbündeln, hin und wieder auch nach einer Seite offene Scheunen befanden, die zum größten Teil gleichfalls mit Flachshaufen angefüllt waren. Schließlich erreichten wir auf freiem Felde eine Gruppe von etwa acht Menschen, die an zwei Tischen Flachshaufen sortierten, die dann eine Maschine mit Hanfschnur zu Bündeln band. Der Aufseher wies die Frauen des einen Tisches an, mir die Arbeit zu zeigen, und entfernte sich. Meine Arbeitskolleginnen gefallen mir gut, es herrscht ein netter, kameradschaftlicher Ton unter ihnen. An der Maschine arbeitet ein Mann, ein kriegsgefangener Franzose, andere tragen uns die Flachshaufen von dem nächsten großen Haufen zu. Die Unterhaltung mit den Franzosen ist uns streng verboten. Aber dies Verbot reizt ständig zur Übertretung, besonders da wir uns auf weiter Flur allein mit ihnen befinden, es kann auch ohne große Gefahr außer acht gelassen werden, da wir an unseren zwei Tischen, die je zu einer Seite der Maschine im rechten Winkel zu ihr stehen, das Gelände völlig übersehen können. Wir waren im besten Gespräch mit einem der Flachs tragenden Franzosen, als von der Maschine her die kurze Weisung kam: »Attention, le Chapeau gris!« Ich wurde schnell belehrt, daß die drei Aufseher nach der Farbe ihrer Hüte benannt werden. Zwei von ihnen, le Chapeau gris und le Chapeau blanc seien unangenehm, der dritte, le Chapeau vert, sei ein gutmütiger anständiger Kerl, der nicht so viel zu sagen hätte wie die beiden anderen. – Die Arbeit selbst ist für Menschen mit zwei gesunden Armen nicht schwer. Die Flachshaufen müssen völlig auseinandergenommen, die einzelnen Stengel auf ihre Festigkeit geprüft werden. Brechen sie, so kommen sie auf den Abfallhaufen. Es ist dann darauf zu achten, daß gleich große Haufen derselben Flachssorte gemacht werden, und daß das Ende der Stengel eine möglichst glatte, runde Fläche bildet. Die Franzosen machen sich lustig über den vielen Abfall. Anscheinend liegen die Stapel schon viel zu lange, viele Haufen sind völlig verschimmelt und entwickeln entsetzlichen Gestank. Auch der Staub, den die Bündel enthalten und der uns bald wie mit einer grauen Schicht ganz bedeckt,

In den Tagesberichten werden folgende Kapos genannt: Weiner, Weil, Weikersheimer, Lichtwitz, Katzenstein, Regensburger, Lindner.

Tagebuchaufzeichnungen Else Behrend-Rosenfeld

ist sehr unangenehm. Arn schwersten aber ist das dauernde Stehen in der glühenden Sonnenhitze zu ertragen. Ich bekam trotz sorgfältigen Einölens schon am ersten Tage an den Armen und im Nacken einen scheußlichen Sonnenbrand, der mich immer noch quält.

Mittags ist eine Pause von dreiviertel Stunden, die ich mit meinen Kameradinnen auf einem der im Abbau begriffenen großen Flachsstapel im Schatten zubringe. Eine von uns geht zum Wärterhäuschen am Eingang, um von der Frau des Wärters herrlich gekühlte Magermilch in Bierflaschen zu erstehen. Die Hitze und der Staub erzeugen einen quälenden Durst, der durch die Milch zwar nicht gänzlich gelöscht, aber doch sehr gelindert wird. In dieser Pause, die nur zu schnell zu Ende ist, lerne ich auch meine Kolleginnen besser kennen.

Da ist die Frau eines früheren Bankdirektors, die mir besonders gut gefällt mit ihrer gleichmäßig heiteren, freundlichen und gefälligen Art. Neben ihr sitzt »Tante Julchen«, wie sie von allen genannt wird, ein Fräulein H., etwa fünfundvierzig Jahre alt, klug und mit einem trockenen Humor, mit dem sie uns oftmals zum Lachen bringt. Lustig ist auch »Klein Erna«, so genannt nach der Sammlung von Hamburger Witzen, die unter diesem Titel erschienen sind und aus denen sie gelegentlich den einen oder anderen zum Besten gibt. Sie ist eine fromme Christin, ihr Vater starb, als sie noch ganz klein war. Die Mutter heiratete dann einen Major, also einen »Arier«, an dem »Klein Erna« sehr hängt. Sie führte bisher den Eltern den Haushalt, da ihre Mutter leidend ist. Sie stand den Juden und allem, was ihnen in den letzten Jahren geschah, ganz fern, bis der Obersturmführer Muggler sie vor zwei Monaten bestellte und zur Arbeit nach Lohhof schickte. – Ähnlich liegen die Dinge noch bei zwei anderen, der Frau Brand, die Mischling ist, aber von den Eltern in die jüdische Kultusgemeinde als Mitglied eingetragen wurde, obwohl sie religiös völlig indifferent war und ist und von der jüdischen Religion keine Ahnung hat. Auch sie ist freundlich und sympathisch, Anfang der Dreißiger, wie »Klein Erna«, und mit ihr befreundet.

Unsere Jüngste, deshalb auch »Baby« genannt, stand gleichfalls dem Judentum und den jüdischen Menschen fern. Ihr Vater, Halbjude, ein tüchtiger Arzt, leitete viele Jahre ein Sanatorium in Ebenhausen, er ist nicht mehr am Leben. Ihre Mutter, Volljüdin, lebt mit ihr zusammen. Die Eltern sind getauft, wie sie auch. Sie sieht rein »arisch« aus, hellblond, mit blauen Augen, ohne irgendein sogenanntes jüdisches Rassenkennzeichen. Diese fehlen nicht ganz bei der letzten unserer Gruppe, der Frau Irma, Witwe eines vor Jahren gestorbenen jüdischen Zahnarztes.

Ich bin gespannt, wie lange ich die Arbeit mit meinem linken Arm werde machen können. Das Zurechtrücken und Glattstoßen der ziemlich schweren Flachsbündel erfordert die Kräfte beider Arme und kann unmöglich mit nur einem bewältigt werden. Schon nach den dreieinhalb Tagen Arbeit spüre ich zeitweise die unangenehmen Nervenschmerzen, die sich immer nach einer Überanstrengung zeigen.

Isartal, Sonntag, den 6. Juli 1941

Frau Brand: Frieda Brandl, geb. 1897 in Fürth, war mit dem Nichtjuden Franz Xaver Brandl verheiratet. Frieda Brandl trat 1935 aus der israelitischen Religionsgemeinschaft aus. Sie überlebte Theresienstadt, kehrte nach München zurück und wanderte 1947 in die USA aus.

Kinderarzt Dr. Erich Benjamin, geb. 1880 in Berlin, war Besitzer des Kindersanatoriums Zell bei Ebenhausen.

Das Internierungslager im Münchner Stadt-
viertel Berg am Laim in der Clemens-
August-Straße 9 führte den verschleiern-
den Namen „Heimanlage für Juden Berg
a. Laim". Mit der Unterbringung im Nordflügel des Klosters der Vincentinerinnen war
das Lager weitgehend den Blicken der
Öffentlichkeit entzogen. Die „Heimanlage"
wurde Mitte 1941 für Juden eingerichtet,
die in „Mischehe" lebten, aber auch für
Alte und Kranke. Die Insassen mussten für
die Kosten selbst aufkommen.

Hans Wegner, Leiter der „Arisierungsstelle": „Ich habe x-mal mit dem Prälaten
[Superior Prälat Johann Pfaffenbüchler]
verhandelt. Er hat Schwierigkeiten
gemacht, die Juden hineinzulassen."[79]

Gestern Nachmittag war ich zu unserem ersten Vorsitzenden, Direktor Stahl,
und seiner mir sehr sympathischen Gattin zum Kaffee eingeladen. Sie wollten gern
von meinen Erfahrungen vom Lohhof hören. Dann erzählte er mir, daß die Widenmayerstraße neben den Baracken in Milbertshofen, die immer stärker belegt werden, noch ein zweites jüdisches Lager plane. Man wolle den katholischen Kran-
kenschwestern vom Vincentinerinnenorden, die draußen in Berg a. Laim, auch
einem Vorort von München, ihr Kloster haben und vor drei Jahren im Klostergarten ein neues Heim für alte und kranke Schwestern erbaut hatten, von diesem
Heim zwei Stockwerke fortnehmen und Juden dort unterbringen. In den nächsten Tagen soll sich entscheiden, ob dieser Plan Wirklichkeit wird. Dann müßten
Wascheinrichtungen geschaffen, im Souterrain Küche und Speiseräume eingerichtet werden. Die Partei rechnet mit der Unterbringung von etwa dreihundertfünfzig jüdischen Menschen in den zwei Stockwerken. »Wir brauchen dann jemanden, der die Wirtschaftsführung und die Betreuung der Frauen übernimmt«, schloß
Direktor Stahl seine kurze Schilderung, »und ich möchte, daß Sie das machen.«
Ich antwortete ihm, daß das eine Arbeit sei, die ich gern tun würde, die ich mir
auch zutraute, daß ich mir aber nicht recht vorstellen könnte, wie das Einverständnis des Hauptsturmführers Wegner oder des Obersturmführers Muggler zu
diesem Plan zu erlangen sein würde. »Ich weiß auch nicht, wie wir das erreichen
werden, aber ich hoffe es immer noch. Jedenfalls halten Sie sich bereit und hören
Sie mit der Fabrikarbeit auf, ehe Ihr Arm ernstlichen Schaden nimmt.« Das versprach ich, meinte aber, ich wolle doch noch ein Weilchen auszuhalten suchen,
um meinen guten Willen zu beweisen.

München, Sonntag, den 27. Juli 1941

Seit drei Tagen arbeite ich nicht mehr im Lohhof. Am Donnerstag bekam ich
während der Arbeit so entsetzliche Nervenschmerzen im Arm, daß ich aufhören
mußte. »Le Chapeau vert« war gerade bei uns. An diesem Tage, wie auch sonst
gelegentlich, waren wir mit unserer Maschine in einer der offenen Scheunen, um
sie vor allem von den Flachsbergen des vergangenen Jahres frei zu machen für die
schon vor den Toren wartende neue Ernte. Ich meldete mich bei dem Aufseher,
der gutmütig sagte: »Hören S' halt auf und gehen S' zum Arzt. Man g'sieht Eahna
scho an, daß S' net gut beianand sein.« Noch am gleichen Nachmittag meldete
ich mich bei unserem jüdischen Vertrauensarzt, der mich krank schrieb. Ich nehme
an, daß ich in den nächsten Tagen zum Vertrauensarzt der Ortskrankenkasse bestellt
werde, der entscheiden muß, was weiter aus mir werden soll.
Unsere kleine Arbeitsgemeinschaft rechnet fest mit meinem Aufhören und ist
traurig darüber. Wir haben uns wirklich sehr gut verstanden, unsere Franzosen
inbegriffen, denen wir, soviel wir konnten, mit Lebensmitteln, vor allem Brot,
halfen. Alle erzählten uns von ihrer Heimat, zeigten uns Bilder ihrer Familie und

waren einmütig überzeugt, daß, trotz allen Siegen der Deutschen, die Alliierten den Krieg gewinnen würden, Wir hatten das Glück, in der letzten Zeit »Le Chapeau vert« als Aufseher zu haben. Da gab es auch oft etwas zum Lachen. Er versteht kein Wort Französisch, die Franzosen sprechen – obwohl ich überzeugt bin, daß die meisten von ihnen schon eine ganze Menge gelernt haben – kein Wort Deutsch. Aber vieles ist ihnen wirklich unverständlich, besonders wenn »Le Chapeau vert« in seinem unverfälschten Bayrisch redet. So fragte mich Lucien, der Südfranzose, der die Bündelmaschine bedient, eines Tages: »Madame, que veut dire: Dagoumer?« Ich zuckte die Achseln, ich konnte mir absolut nicht denken, was er meinte. »Mais »Le Chapeau vert« dit cela souvent«, fügte er hinzu. Da begann »Baby«, die neben mir stand, zu lachen: »Ich weiß, was er meint: »Le Chapeau vert« ruft ihn oft zu sich und sagt dann: Da kumm her!« Lachend erklärten wir ihm den Sinn des ihm unverständlichen Wortes. Ein anderes Mal, als »Le Chapeau vert« einen der Franzosen ruhig schlafend auf einem Flachsberg gefunden hatte, kam er zu uns: »Jetzt sagt's mir, wie hoaßt: Du oiter Schlawiner auf französisch?« Leider reichten unsere Kenntnisse der französischen Sprache nicht aus, um diesen speziell bayrischen Ausdruck zu übersetzen.

Das Lager in Berg a. Laim ist inzwischen Wirklichkeit geworden, die ersten Insassen sind auf Befehl des Obersturmführers schon vor etwa acht Tagen eingezogen, obwohl noch keine Kücheneinrichtung existiert und auch sonst noch sehr viel fehlt. Es handelt sich um etwa zwanzig Leute. Vorläufig werden sie von den Klosterschwestern morgens mit Kaffee, mittags mit einem Eintopfgericht und abends mit einer Suppe versorgt. Das übrige kaufen sie sich auf ihre Lebensmittelkarten. Das Lager soll vor allem die nicht mehr arbeitsfähigen alten und kranken Leute aufnehmen, wahrend die jüngeren in das Barackenlager Milbertshofen geschickt werden. Direktor Stahl hofft jetzt bestimmt, mich für die Wirtschaftsführung in Berg a. Laim zu bekommen, wenn der Vertrauensarzt mich von der Fabrikarbeit befreit. –

Auch in Lohhof soll sich manches ändern. Alle jüdischen Mädchen von fünfzehn bis achtzehn Jahren sollen draußen nicht nur arbeiten, sondern auch in einer neu aufgebauten Baracke wohnen unter Leitung einer jüdischen Freundin Annemaries, die bisher in ihrer Wohnung ein privates kleines Altersheim hatte. Nun muß sie diese auch räumen, die alten Leute werden in unserem Altersheim untergebracht, sie zieht als Leiterin des jüdischen Arbeitslagers mit in die Baracke nach Lohhof. »Baby« soll ihr als Hilfe zur Seite stehen. Auch Polinnen und Ukrainerinnen, in einer besonderen Baracke wohnend, sollen dort arbeiten. Was noch an

München, Sonntag, den 27. Juli 1941

131

Schreiben des erzbischöflichen Ordinariats München an das Superiorat der Barmherzigen Schwestern, 1. April 1941

In einem Schreiben des Superiors Johann Pfaffenbüchler heißt es: „Nun plante man, nach ganz verlässige[m] Bericht, unsern ganzen Betrieb in Berg am Laim zu beschlagnahmen. Ein wohl gutmeinender Rat von eingeweihter Seite sprach sich in verdeckten Worten dahin aus, ja nicht Widerstand zu leisten, wenn man Nichtarier in die Räume des 1. Stockes und des Parterres einquartieren wolle. Zweimal war eine Vertretung der Gauleitung unter Führung eines Herrn Wegner im Mutterhaus und ersuchte in sehr höflicher Weise, nichtgetaufte und vor allem getaufte Nichtarier unterbringen zu dürfen ab 1. April l[aufenden] J[ahres]. Von Ordensseite aus sagte man die Aufnahme von ca. 70 Personen zu."[80]

Die Lagerordnung war von penibler Genauigkeit: „Innerer Dienstbetrieb: 1. Die Barackeninsassen gehen 6.58 mit dem Kapo, der die Nachtwache hatte, von der Baracke zum Dienst ... Bei Arbeitsende verlässt die am weitesten entfernt arbeitende Gruppe als erste ihre Arbeitsstätte. Den näher arbeitenden Gruppen ist verboten, zu gleicher Zeit aufzubrechen. Arbeit erst niederlegen, wenn die erste Gruppe bei ihnen vorbeikommt."[81]

Herr G: Rolf Grabower

Vermutlich kam das Geld vom Schwager, Alois Kraus, der mit Hedwig, Siegfrieds Schwester, verheiratet war. Beide waren in die USA ausgewandert und lebten nahe Philadelphia. Diese Sperrkonten waren Teil der sogenannten Reichsfluchtsteuer, eine Form der Kapitalbesteuerung, eingeführt bereits 1932 und von den Nationalsozialisten weitergeführt. Ziel war es, den Abfluss von Kapital ins Ausland zu verhindern. Nur gegen hohe Abschläge konnten Gelder ins Ausland transferiert werden.

Else Rosenfeld lebte vom 4. August 1941 bis zum 15. August 1942 im Internierungslager Berg am Laim an der Clemens-August-Straße 9.[82]

Hauptlehrer Alb: Aron Albrecht, geb. 1885 in Heubach, unterrichtete an der jüdischen Volksschule. Im April 1942 wurde er nach Piaski deportiert.[83]

»arischen« Arbeitern draußen ist, kommt fort, ebenso die kriegsgefangenen Franzosen. Lohhof soll ein Betrieb mit rein jüdischen Arbeitskräften werden. Die jüdische Leitung über all diese Arbeitskräfte übernimmt Herr G., früher hoher Beamter im Reichsfinanzministerium in Berlin, bisher in Milbertshofen tätig.

Übrigens hätte ich fast zu erwähnen vergessen, was mir meine Arbeit in der Fabrik einbrachte. Ich erhielt bei zehnstündiger Arbeitszeit wöchentlich 11,70 Reichsmark ausbezahlt! Ein Glück, daß ich – zwar schon über ein Jahr nicht mehr 250 Reichsmark monatlich von Deiner Pension erhalte – wohl aber 200 Reichsmark vom Sperrkonto unseres Schwagers, der in Amerika ist.

München, Sonntag, den 3. August 1941

Der Vertrauensarzt der Ortskrankenkasse hat mich für jede Fabrikarbeit arbeitsunfähig geschrieben. Also hat die Arbeit in Lohhof nicht viel länger als drei Wochen gedauert. Auf Grund dieses Zeugnisses hat Herr Direktor Stahl vom Stellvertreter des Gauleiters die Genehmigung erhalten, mir die Wirtschaftsführung und Betreuung der Frauen in Berg a. Laim zu übertragen. Morgen trete ich meine neue Stellung an und ziehe hinaus. Donnerstag war ich mit Hellinger, unserem zweiten Vorsitzenden, zum ersten Male draußen, um mir das neue Heim anzusehen und mich mit den Herren der Leitung, denen ich nun beigesellt werde, bekannt zu machen. Es sind drei: Primus inter pares ist der Hauptlehrer Alb, ein Mann von fünfundfünfzig Jahren, ein typischer Vertreter seines Berufes, wie mir scheinen

Tagebuchaufzeichnungen Else Behrend-Rosenfeld

will, mit allen Vorzügen und Schwächen. Die beiden anderen sind Schulkameraden von Hellinger, also etwa vierzigjährig, beide ursprünglich Kaufleute. Heilbronner, der eine, sehr ruhig, gewandt, klug und sympathisch. Abel, lebhaft, technisch und praktisch sehr begabt, heiter und arbeitsfreudig. Vom ersten Augenblick an wußte ich, daß ich gut mit ihnen würde arbeiten können.

Die »Heimanlage für Juden in Berg a. Laim«, das ist der offizielle von der Partei gewählte Name, ist ein schönes, modern eingerichtetes Haus. Uns stehen die Hälfte des Souterrains, das Erdgeschoß und das erste Stockwerk zur Verfügung, während die Klosterschwestern den zweiten Stock und die andere Hälfte des Souterrains behalten. Breite, bequeme Treppen, lange geräumige Flure, alles mit grünem Linoleum belegt, je eine wunderschöne Terrasse auf jedem Stockwerk mit weitem Blick über Felder und Gärten und auf die Bayrischen Alpen. Die Räume im Souterrain ebenso wie die Toiletten und das Bad hellgrün und weiß gekachelt, alle Zimmer mit zartgrünem Anstrich und Linoleumboden, das sollte wirklich für uns bestimmt sein? Gewiß, alle Zimmer sollen bedrückend eng belegt werden, jedem Insassen soll nur ein schmaler Militärschrank im Flur für seine Sachen zur Verfügung stehen, schmale holzbedeckte Pritschen übereinander statt richtiger Betten –, aber das ist in Milbertshofen ebenso, und dort bilden kahle, häßliche Baracken den äußeren Rahmen! »Glauben Sie wirklich, daß man uns hier längere Zeit lassen wird?« fragte ich zweifelnd die mich führenden Herren. »Wie sollen wir das wissen«, entgegnete Hellinger, »jedenfalls müssen wir so tun, als richteten wir uns für längere Zeit ein.« Ich wählte mir dann mein Zimmer aus, in der Mitte des ersten Stockes, der für die Frauen bestimmt ist. Auch ich kann nicht damit rechnen, einen Raum für mich allein zu bekommen, aber statt der in den kleinen Zimmern sonst vorgeschriebenen sechs Betten sollen nur vier darinbleiben, an Stelle der zwei herauszunehmenden soll der Schreibtisch stehen, den mir Frau Tuchmann mitgeben wird, außer der hübschen alten Kommode, in der sich mancherlei Material für das Heim unterbringen läßt. Das Zimmer ist vier zu zweieinhalb Meter groß, jedes Stockwerk hat eine Reihe solcher. Daneben gibt es noch größere Räume, in denen zwölf, sechzehn und achtzehn Leute untergebracht werden sollen. Das Erdgeschoß enthält außerdem einen Saal, von den Schwestern als Bet- und Versammlungsraum bestimmt, in ihnen sollen sechsunddreißig Männer Unterkunft finden. Im Ganzen können dreihundertzwanzig Menschen aufgenommen werden. Jeder Raum trägt an der weißen, mit grün abgesetzten Tür den Namen einer oder eines Heiligen, mir wird die Hl. Theresia in Nr. 38 eine Zuflucht bieten. Das große Fenster meines Zimmers gibt mir den Blick auf den Klosterhof, ein Stück Garten, das Schiff der schönen Barockkirche und ein weites Stück Himmel frei. Ich liebe dieses Zimmer schon jetzt, wie ich die ganze Atmosphäre des Hauses, ja des ganzen von einer Mauer umgebenen Geländes als ungemein friedlich und beruhigend empfinde.

Im Erdgeschoß hat der Hauptlehrer für sich das Zimmerchen des Pförtners gewählt, das er bei voller Belegung mit einem zweiten teilen muß, während Heil-

Ernst Heilbronner, Kaufmann, geb. am 31. Dezember 1896 in München, wohnhaft in München seit 1929, war Teilhaber der Firma „Heinrich Heilbronner", Großhandel mit Uhren, in der Sendlinger Straße. Das Geschäft musste nach der „Kristallnacht" schließen. Heilbronner kam am 21. Juli 1941 in die Clemens-August-Straße 9, am 1. April 1942 dann nach Milbertshofen; deportiert nach Piaski am 4. April 1942.

Abel: Max Abeles, geb. 1865 in Chiesch (Böhmen), zog 1899 nach München und gründete dort die Zigaretten & Tabakfabrik Abeles GmbH; der 9. November 1938 bedeutete auch für ihn das Ende seines Geschäfts. Zusammen mit seiner Frau Dorothea Abeles lebte er seit dem 19. November 1941 im Internierungslager Berg am Laim, seit dem 6. Februar 1942 in Milbertshofen. Am 19. September 1942 kamen beide nach Theresienstadt und wurden schließlich in Treblinka ermordet.

Rokokokirche St. Michael Berg am Laim, erbaut unter Kurfürst Clemens August von Johann Michael Fischer in den Jahren 1737 bis 1751.

Fräulein Lind war wohl Regina Lindner, geb. 1872. Sie war 1935 aus Nürnberg zugezogen und arbeitete als Hausdame. Sie wurde 1942 nach Theresienstadt deportiert, wo sie 1943 starb.

Die Rokokokirche St. Michael Berg am Laim. Hinter der Kirche, im Nordflügel der Klosteranlage, befand sich das Internierungslager.

bronner und Abel im Büro wohnen und schlafen. Die ersten Insassen sind zum größten Teil freiwillig herausgezogen. Es sind meist jüngere Menschen, die in einer der Münchner Fabriken arbeiten, teils ältere, zur Fabrikarbeit nicht mehr eingeteilte Frauen, die im Heim selbst arbeiten werden. Dann sind noch einige Menschen hier, die vorn Hauptsturmführer »strafweise« hierher versetzt sind. Das Heim bekommt keinerlei Personal zugeteilt, außer einer ehrenamtlich arbeitenden Köchin, die nicht im Heim wohnt. Sie hat bisher in unserem kleinen Heim in der Wagnerstraße die Küche geführt, die wir anfänglich für die Rückwanderer eingerichtet hatten und die viele unserer Leute, die noch in Schwabing wohnen, mittags mit einer warmen Mahlzeit versorgt. Doch wird der Kreis derer, die dort essen, allmählich durch die zahlreichen Entmietungen immer kleiner. So können wir mit gutem Gewissen Fräulein Lind als Köchin zu uns nehmen und die Küche in der Wagnerstraße einer ihrer Helferinnen überlassen.

Brief an Eva Schmidt vom 7. August 1941 aus München-Berg am Laim

Am 7.8.41.

Meine liebe gute Eva,

heut endlich stehle ich mir die Zeit, um Dir wenigstens kurz zu schreiben und herzlich zu danken für Deine lieben Zeilen und das wunderbar zurecht gemachte Nachthemd! – Nun bist Du schon wieder weit fort, es war so schön, Dich so nah bei mir zu wissen in unserer lieben vertrauten Umgebung! Hab Dank für alles, Du Gute! Ich hab Dich diesmal nötiger gebraucht denn je, – ach, wenn ich doch auch wieder einmal mehr Gebende als Nehmende sein könnte! – Ich sitze an meinem reizenden kleinen Schreibtisch, er ist wie gemacht für die Fensterecke, die Du ja kennst, ich hätte ihn mir nach Maß nicht schöner machen lassen können! Das Zimmer sieht überhaupt wunderhübsch aus, hoffentlich kann ich es noch ein Weilchen für mich allein haben! Denn ich bin von früh bis spät in die Nacht auf den Beinen, abends habe ich mit meinem Triumvirat lange Besprechungen und da tut es wirklich wohl, dann allein zu sein. Aber mit meinen Männern geht es gut, mit allen dreien und die Insassen sind geradezu rührend! Sie tun, was sie mir von den Augen ablesen können, eben kam eine und fragte, ob sie mir nicht immer meine Leibwäsche waschen, bügeln und stopfen dürfte! Also auch dafür wird Rat geschaffen werden. – Heut ist der Herd geliefert worden, aber bis er fertig zum Gebrauch montiert ist, dauert es noch 14 Tage. Ich bin froh um diese Zeit, weil ich bis dahin die Möglichkeit habe vorzubereiten. Heut Nachmittag fahr ich in zwei unserer Altersheime (Klenezstr. u. Mathildenstr.), um zu sehen, was ich von dort an Töpfen u. Geschirr bekommen kann. Versorgung vom Kloster ist sehr gut und reichlich und wir brauchen phantastischerweise keine Marken abzugeben, sind also vorläufig sehr gut dran! Auch das Schlafen geht gut, Herr Heilbronner hat mir gezeigt, wie man mit Hilfe der zwei Decken die Unterlage ein bißchen polstern kann, und ich schlafe hier besser als in der Kaulbachstraße! – Schreib mir bald, ich denke viel an Dich (wenn ich nur Zeit dazu habe!!) …

Tagebuchaufzeichnungen Else Behrend-Rosenfeld

Berg a. Laim, Sonntag, den 10. August 1941

Mein Um- und Einzug am Montag vollzog sich reibungslos, Heilbronner und Abel halfen mir sehr nett, mich einzurichten. Dabei erklärten sie mir, daß es für sie schwierig sei, mit dem Hauptlehrer zu einer gedeihlichen Zusammenarbeit zu gelangen, ja, daß sie schon überlegt hätten, ob es nicht geratener sei, die Arbeit aufzugeben. Doch wollten sie abwarten, ob es mit meiner Hilfe leichter sein werde. Inzwischen weiß ich, daß die Vermittlung zwischen den beiden Praktikern und dem philosophierenden Theoretiker, der noch dazu mit einer beinah pedantischen Gründlichkeit vorgeht, eine meiner vordringlichen Aufgaben sein wird. Die Arbeit im Hause selbst macht vorläufig keine Schwierigkeiten: die Reinigung der Räume und des Geschirrs nach den Mahlzeiten wird mühelos von den nicht zur Fabrikarbeit eingeteilten Frauen bewältigt. Die Aufgaben unter uns vieren sind folgendermaßen verteilt: Der Hauptlehrer hat den Verkehr mit den Behörden, also die polizeilichen Anmeldungen, die Telephongespräche mit der Gemeinde zu führen, falls es sich nicht um spezielle Fragen aus dem Arbeitskreis von uns dreien handelt, außerdem übernimmt er die Betreuung der Männer und die Schlichtung der Streitigkeiten unter ihnen. Heilbronner hat die Führung der Finanzen (das Heim soll sich durch die noch festzusetzenden Unterkunfts- und Verpflegungszahlungen der Insassen selbst erhalten), auch der finanzielle Teil des Einkaufs von Lebensmitteln und Materialien obliegt ihm, während Abel alles Technisch-Handwerkliche und sämtliche Reparaturen unterstehen. Die Kontrolle der Wohnräume auf Ordnung und Reinigung hin werden wir abwechselnd machen, alle wichtigen Neuerungen und Erfahrungen werden gemeinsam besprochen.

Wunderbar ist, daß wir uns um die Verpflegung der bisher eingezogenen Insassen nicht zu kümmern brauchen. Morgens um halb acht Uhr schickt uns die Klosterküche eine Riesenkanne mit Milchkaffee, und ebenso wird mittags und abends zur bestimmten Zeit das Essen für uns und hinterher ein mächtiger Kübel heißen Wassers zum Spülen des Geschirrs gebracht. Jeder Insasse bringt übrigens Tasse, Teller und Besteck, wenn möglich mehrere Exemplare jeder Gattung, mit ins Heim, was den wenigsten schwer fällt, da sie meist vor dem Einzug ihren eigenen Haushalt auflösen müssen.

Der Verkehr mit den Nonnen ist – laut Parteiverfügung – allen unseren Insassen aufs strengste untersagt. Eine offizielle Erlaubnis dazu hat nur der Hauptlehrer, weil er die hauptsächlichsten Telephongespräche drüben im Hauptgebäude führen muß – wir erhalten kein eigenes Telephon – und ich, die ich täglich mehrmals hinübergehe, schon um wegen der Menge des zu liefernden Essens mit ihnen zu sprechen. Doch können auch Heilbronner und Abel, teils um das Telephon zu benutzen, teils um Fragen zu klären, die ihre Arbeitsgebiete betreffen, mit der Frau Oberin oder ihrem »Baumeister«, wie hier ganz allgemein der Inspektor heißt, unterhandeln. Gestern erhielten wir vom Kloster die Zusicherung, daß man uns einen Keller zur Aufbewahrung der Kartoffeln zur Verfügung stellen würde, eine

Im Archiv des Klosters sind einige Aufstellungen erhalten. Sie geben Aufschluss über die genaue Zahl der Internierten, auf deren Grundlage u. a. die Essensberechnungen erfolgten. So kamen über 6.000 Essensportionen allein von Mitte Juli bis September 1941 aus der Klosterküche. Am 21. Juli 1941 wurden die ersten fünf Mittagessen ausgegeben.

Als Vertreter des Ordens der Barmherzigen Schwestern fungierte der ortsansässige Hausarchitekt, Baumeister Georg Berlinger. Die „Zwangsinsassen" durften nicht den Fahrstuhl, den Luftschutzkeller oder die Waschküche benutzen. Für die Räume – insgesamt knapp 1.500 qm² –, für Heizkosten und Strom bekamen die Barmherzigen Schwestern eine Entschädigung, „durch den Herrn Beauftragten des Gauleiters zahlbar, der für die Bereinigung der Geldverpflichtungen der Zwangsinsassen aufzukommen hat".[84]

ISRAELITISCHE KULTUSGEMEINDE
MÜNCHEN E.V.
Zweigstelle der Reichsvereinigung der
Juden in Deutschland

München 15, den 30.Sept.1941.
Lindwurmstr. 125-Rgb.

A U F R U F
an alle Haushaltungsvorstände zur Weitergabe an sämtliche Wohnungsin-
sassen.

Wir wenden uns an alle Mitglieder der Reichsvereinigung der Juden in
Deutschland und unserer Kultusgemeinde mit der Bitte, die neu ge-
schaffenen Wohnanlagen "Judensiedlung Milbertshofen" und "Heimanlage
für Juden Berg am Laim" tatkräftigst zu fördern und zu unterstützen.
In beiden Anlagen müssen Krankenzimmer, bezw. Sanitätsbaracken eingerichtet werden. Zur Vervollständigung des Küchenbetriebes und der
Wohnangelegenheiten ist Hausrat jeder Art dringend benötigt. Wir brauchen:

Matratzen 80/190 cm
Kopfkeile
Oberbetten
Kopfkissen
Wolldecken
Bettbezüge
Leintücher
Durchzüge f.Gummieinlagen
Krankenhemden

Krankenpflegeartikel u.-Geräte
Küchengeschirr u. -Geräte
Küchenmöbel
Teller
Tassen
Essbestecke
Reinigungsgeräte aller Art.

Aus Anlass der Entmietungen werden in den jüdischen Wohnungen manche
Einrichtungsgegenstände frei, die in den neu erstehenden Siedlungen
gut gebraucht werden können. Wir bitten, zu überlegen, ob in den
Wohngemeinschaften nicht viel überflüssige Einrichtungsgegenstände
angesammelt sind, die in den Siedlungen besser zu verwenden wären.

Wir sind gezwungen, uns an den Gemeinschaftssinn zu wenden und Sie zu
bitten, all die brauchbaren Dinge, die in Vorstehenden aufgezählt
wurden, uns zur Verfügung zu stellen und sie Herrn Schechno bei uns
zur Verteilung abzuliefern. Auf Wunsch erfolgt auch Abholung und entsprechende Barvergütung.

Bei dieser Gelegenheit bitten wir auch, unsere Kleiderkammer zu be-
denken, da deren Vorräte durch die starke Inanspruchnahme der letzten
Zeit sehr gelichtet wurden. Auch hier können Spinnstoffwaren gegen
Bezahlung abgegeben werden.

Helfen Sie mit, allen denen, welche die Siedlungen beziehen müssen,
ihre Unterkunft zu erleichtern und zu verbessern.

DER VORSTAND
der Israelitischen Kultusgemeinde
München e.v.

Karl Israel Stahl

Dr.Joseph Israel Schüler

Julius Israel Hechinger

Fritz Israel Sänger

BITTE WENDEN

Tagebuchaufzeichnungen Else Behrend-Rosenfeld

sehr wichtige Angelegenheit, die mir schon Sorge bereitet hatte. Ebenso dürfen wir auf einem Stück Rasen, vorn an unserem Haus gelegen, einen kleinen Trockenplatz errichten, für kleinere persönliche Wäschestücke der Insassen berechnet, die sie im Frauenwaschraum, der bald fertig ist, waschen können. Für die große Wäsche wird uns von der Partei eine Wäscherei genannt. Morgen müssen Heilbronner, Abel und ich einen vorläufigen Etat auf sechs Monate aufstellen, eine etwas schwierige Angelegenheit, da noch nichts festliegt, doch habe ich durch die Etats der Altersheime darin etwas Erfahrung, und er ist ja glücklicherweise nicht verbindlich, sondern nur eine Grundlage.

Dann haben wir uns auf meine Vorstellungen hin entschlossen, keine sogenannte allgemeine Heimverpflegung, sondern Lebensmittelkarten für die einzelnen anzufordern. Zwar nehmen wir, vor allem ich, damit eine sehr große Mehrarbeit auf uns, aber wir wissen dann wenigstens, womit wir zu rechnen haben. Auch die Geschäfte, in denen allein wir Lebensmittel einkaufen dürfen, sind uns genannt. Ein Kolonialwarenladen, ein Butter-, Milch- und Eiergeschäft und ein Metzgerladen. Alle drei sind in der fünf Minuten entfernten Arbeitersiedlung gelegen.

Heilbronner und ich werden morgen hingehen, um alles Notwendige mit den Besitzern zu besprechen. Wir werden im Hause einen Verkaufsraum für die Insassen einrichten, weil ihnen das Betreten jedes Lebensmittelgeschäftes verboten ist. Da wir ihnen die Möglichkeit geben wollen, einen Teil ihrer Karten selbst einzulösen, werden sie im Hause nach Belieben und Bedarf einkaufen können. Auch der Leiter für diesen kleinen Laden ist schon gefunden: Herr Klein, ein älterer Insasse, Kaufmann von Beruf, ein ruhiger, zuverlässiger Mann, den Heilbronner gut kennt. So wird an jedem Tage ein Stück Vervollständigung der Heimanlage geschaffen.

Die Küche ist ein schöner, großer und luftiger Raum. Wir warten auf den großen Herd, der in die Mitte kommen wird, in die Ecken der Fensterseite kommt je ein Spültisch. Sagte ich schon, daß wir Zentralheizung haben? Für mich, die so leicht friert, ein wahrhaft tröstlicher Gedanke, besonders auch deshalb, weil das Kloster schon wegen des ihm verbleibenden Stockwerkes die Sorge für die Beheizung übernimmt und die Kohlen im Ganzen bezieht. In die Küche kommt außerdem noch ein großer Boiler, der vom Herd aus erwärmt wird, denn wir haben dort weder Gas (ganz Berg a. L. hat keines) noch einen größeren elektrischen Herd. (Auch Kraftstrom ist nicht vorhanden.)

Du verstehst, mein Lieber, daß mir diese ganze Arbeit, geschähe sie unter anderen Umständen, unendlich viel Freude machen würde. Immerhin sage ich mir, daß wir auf diese Weise die Vorbedingungen für ein vorbildliches Lazarett schaffen! – Ich glaube, ich habe noch nicht erwähnt, daß das Kloster uns ein schönes Stück Ziergarten für den Aufenthalt unserer Insassen zur Verfügung gestellt hat. Wir haben schon beim Wohnungsamt gebeten, alle Neuankömmlinge zu veranlassen, Liegestühle und Gartenmöbel mitzubringen. – Am 15. August kommen die nächsten Insassen. Die schwierige Arbeit des Verteilens der Ankömmlinge auf

Noviziatsgebäude, von 1941 bis 1943 „Heimanlage für Juden Berg am Laim", sechziger Jahre

Herr Klein: Hermann (Hersch) Klein, Kaufmann, geb. 1880, deportiert nach Piaski am 4. April 1942

Julius Bauer, Viehhändler, sagte 1950 als Zeuge vor Gericht aus: „Ich befand mich vom November 1941 bis Ende April 1943 in dem jüdischen Lager Berg am Laim. Während der ersten 8 Monate der genannten Zeit schlief ich nur in Berg am Laim und war untertags in der Flachsröste Lohof beschäftigt. Nach dieser Zeit habe ich die Küche im Lager Berg am Laim geleitet. Ende April 1943 durfte ich wieder zu meiner Familie zurück."[85] Auch Dieter Lisberger, geb. 1886, kochte zeitweise in der Großküche.

die Zimmer wollen wir gemeinsam vornehmen – natürlich möchten wir möglichst zueinander passende Menschen zusammen wohnen lassen. Über eine grundsätzliche Frage sind wir uns glücklicherweise alle vier einig – während ich sonst schon reichlich Gelegenheit hatte, meine vermittelnde Tätigkeit, von der ich oben sprach, auszuüben: Wir wünschen nicht, den militärischen Ton, der in Milbertshofen herrscht – vielleicht bei der so viel größeren Insassenzahl und unter den schwierigeren Verhältnissen herrschen muß –, bei uns einzuführen. Unser Heim soll, bei aller notwendigen Straffheit und Energie, mit Freundlichkeit, Geduld und Verständnis für die Individualität der einzelnen geführt werden. Heilbronner sagte sehr richtig: »Man soll uns niemals nachsagen, wir hätten uns zu Handlangern der Partei gemacht. Wir sind ihr verantwortlich für Sauberkeit, Ruhe und Ordnung, unseren Leuten aber insoweit noch mehr verpflichtet, daß wir alles tun, um ihr schweres Los so leicht wie möglich zu machen.« Wir stimmten ihm alle ohne Vorbehalt zu.

Brief an Eva Schmidt vom 19. August 1941 aus München-Berg am Laim

München, am 19.8.41.
Meine liebe Eva,
hab innigen Dank für Deinen lieben ausführlichen Brief und das wunderschöne Bild von dem Kreuzgarten! 20.8. – bis dahin bin ich gestern glücklich gekommen, dann wurde ich zu einer Besprechung mit dem Baumeister des Klosters wegen Verglasung der Veranden, um sie als Aufenthaltsräume dienstbar zu machen, geholt und bis 11 Uhr abends war keine ruhige Minute mehr. Dann war ich einfach zu müde um noch schreiben zu können! … Du hast ganz recht, es wäre sicher schön, wenn wir hier … wenigstens regelmäßig solche offenen Musikabende hätten. Aber ich kann es nicht, weil ich zu wenig davon verstehe, und die anderen können noch weniger. Aber wir haben am Samstag Abend (fast der einzige Abend, an dem es möglich ist, an allen anderen muß früh zu Bett gegangen werden) ein bisschen wirklich nette Musik gehabt. Einer spielt Geige, einer ganz hübsch Ziehharmonika und ein paar Leute singen. Ich habe mich beteiligt und wenigstens erreicht, daß allmählich die Schlager zugunsten bekannterer Volkslieder verdrängt wurden. – … Gleichzeitig kam ein Brief aus Lissabon von Fritz vom 24.7. von Peters Geburtstag, wieder recht ruhig und zufrieden geschrieben! – …

Berg a. Laim, Sonntag, den 17. August 1941

Mit unseren drei Geschäften, die Heilbronner und ich zu Beginn der vergangenen Woche aufsuchten, sind wir nun zu einer vernünftigen Regelung gekommen. Sehr gut gefallen uns unser Metzger und der Butter-, Milch- und Eierlieferant; mit ihnen wird alles reibungslos gehen. Der Kolonialwarenhändler, der uns auch Gemüse liefern soll, ist weniger angenehm, er scheint am meisten nationalsozialistisch ange-

haucht zu sein, außerdem geschäftlich ziemlich passiv, aber auch mit ihm wird es einen Modus vivendi geben, bösartig ist er nicht. Für alle drei bedeutet unser Einkauf eine große Mehreinnahme, bisher waren sie nur auf die Einwohner der nicht großen Siedlung angewiesen. Befürchtungen haben sie allein wegen der vermehrten Arbeit des Stempelns der einzelnen Lebensmittelkarten, worauf wir ihnen den Vorschlag machten, ihnen diese Arbeit abzunehmen. Alle drei versprachen daraufhin erleichtert, uns einen Stempel ihres Geschäftes zu überlassen. Es ist anzuneh-

In den Jahren 1936 bis 1939 war nahe am Kloster eine Volkswohnungsanlage entstanden, die sogenannte Maikäfersiedlung. Im Zentrum lag das Wirtshaus „Echardinger Einkehr" mit einem Metzgerladen, dem sich eine Ladenzeile mit der Bäckerei Fischer, dem Lebensmittelgeschäft Neumeier und dem Milchgeschäft Plötz anschloss.

men, daß die Partei mit der Regelung dieser Angelegenheit, die einen sehr großen Vertrauensbeweis darstellt, nicht einverstanden wäre, wenn sie davon erführe!

Das Kloster besitzt sehr ausgedehnte Gemüsegärten. Ich war vor einigen Tagen bei der Gartenschwester, die mir versprach, uns an Gemüsen und Tomaten, ja auch an Obst zu liefern, was sie irgend könnte. Das ist eine ganz große Hilfe. Sie erzählte mir auch, daß das Kloster für den Winterbedarf alle Kohlarten, Rüben usw. bei bestimmten Gemüsebauern kauft und einmietet. Sie meinte, daß, wenn wir Interesse daran hätten, eine entsprechende Menge mehr besorgt und eingegraben werden könne. Natürlich werden wir von diesem Vorschlag Gebrauch machen. –

Wir haben wunderbar warmes Sommerwetter, und wir kommen uns bei aller Arbeit fast wie in der Sommerfrische vor. Allein die Mahlzeiten auf der unteren Terrasse, die auf den Garten geht, sind eine Freude, wir alle sind hier draußen wie von einem Druck befreit, der in der Stadt ständig

Zum Kloster gehörte eine Landwirtschaft mit Rinder- und Geflügelzucht, Treibhäusern und großen Gemüsegärten.

Berg a. Laim, Sonntag, den 17. August 1941

139

Zu den ins Sammellager Berg am Laim Eingewiesenen gehörten *Friedrich Brader*, Kaufmann, geb. 1889 in München, in der Clemens-August-Str. 9 seit 8. August 1941, deportiert am 20. November 1941 nach Kaunas. *Elisabth Braun*, Lehrerin, Schriftstellerin, geb. 24. Juli 1887 in München, im Lager seit 18. August 1941, deportiert am 20. November 1941 nach Kaunas. *Julie (Julchen) Feith*, Kassiererin, geb. 1892 in Höchheim, im Lager seit 15. August 1941, deportiert am 20. November 1941 nach Kaunas. *Hilde Krasnopolski*, geb. 1885 in Wangen in Baden, verheiratet mit Moses Krasnopolski, Kaufmann, im Lager seit 2. August 1941, deportiert am 4. April 1942 nach Piaski. *Babette Maier*, Schneiderin, geb. 1895 in Malsch, Kr. Rastatt, kam am 15. August 1941 nach Berg am Laim, deportiert am 4. April 1942 nach Piaski. *Getti Neumann*, Hausfrau, geb. 1875, seit 18. August 1941 im Lager, Suizid am 21. November 1941. *Moses Krasnopolski*, Kaufmann, geb. 1892 in Suvalki (Russland), verheiratet mit Hilde Krasnopolski, in der Clemens-August-Straße seit 2. August 1941, deportiert am 4. April 1942 nach Piaski. *Clara Rosenberger*, Buchhalterin, geb. 1880 in München, im Lager seit 9. September 1941, deportiert am 20. November 1941 nach Kaunas. *Hillel Sendrowicz*, Kochschüler, geb. 1901 in Konskie (PL), in der Clemens-August-Straße seit 15. August 1941, deportiert am 20. November 1941 nach Kaunas. *Franz Steinharter*, Kaufmann, geb. 1893 in Tutzing, Kr. Starnberg, im Lager seit 15. August 1941, deportiert am 20. November 1941 nach Kaunas. *Elise Emma Wahle*, Rentnerin, geb. 1878 in Neustadt / Saale, verheiratet mit Albert Wahle, Kaufmann, im Lager seit 12. August 1941, deportiert am 5. Juni 1942 nach Theresienstadt. *Paul Wahle*, kaufmännischer Angestellter, geb. 1905 in München, im Lager seit 15. August 1941, deportiert am 20. November 1941 nach Kaunas.[86]

auf uns lag. Nicht, daß wir vergäßen, wer wir sind, mit welchem Fluch behaftet, von unsichtbaren Gefahren bedroht, aber der liebliche Garten, die schöne Kirche, die stets gleich freundlichen Gesichter der Nonnen, die nie ohne lächelnden Gruß an uns vorübergehen, und das wohltuende Bewußtsein, von ihnen nicht gehaßt und verachtet, sondern mit schwesterlicher Zuneigung betrachtet zu werden, bedeuten eine große Entlastung. Was für prachtvolle Menschen sind unter diesen Nonnen! Da ist die Oberin, klug und mit Verständnis für unsere Lage, nach ihrer eigenen Aussage froh, daß wir – und nicht irgendeine Parteiorganisation – zu ihnen gekommen sind, die Oberschwester an der Pforte, die zugleich das Telephon bedient, eine alte Frau, deren Gesicht schön ist durch den Ausdruck von Weisheit, Reinheit und Güte. Ich könnte noch viele von ihnen aufzählen, die uns lieb sind, will aber nur noch die sehr tüchtige, freundliche Küchenschwester, die mir stets bereitwilligst mit ihren Erfahrungen zu Hilfe kommt, und die Gartenschwester erwähnen, die mit ihren lustig funkelnden Augen im braunen, von vielen Fältchen durchzogenen Gesicht so viel Freude an ihrer Arbeit ausstrahlt. –

Vorgestern sind rund fünfzehn neue Insassen eingezogen. Die größte Schwierigkeit ist, die Leute zu bewegen, nicht zu viel von ihren Sachen mitzubringen. Wir haben erreicht, daß jeder drei Koffer in Coupégröße hier haben darf: einen darf man unter seinem Lager, die beiden anderen auf dem schmalen Militärschrank im Flur aufheben. Zwei bis drei Nachtkästchen, eventuell auch eine Kommode und einige Stühle finden in den Zimmern Platz. Aber jedes Möbelstück, das in die Heimanlage kommt, geht in den allgemeinen Besitz und in die gemeinsame Benutzung über, das ist etwas, was nicht leicht jedermann begreiflich zu machen ist. Auch die zuletzt Angekommenen sind zum größten Teil freiwillig ins Heim gezogen. Dadurch bildet sich eine gewisse Elite Gutwilliger, die der Leitung die Arbeit sehr erleichtert und auf die sie sich stützen kann, was sehr wichtig sein wird, wenn das Lager voll ist. Bis Küche und Speiseräume fertig sind, sollen nur kleine Gruppen eingewiesen werden, schon um die Klosterküche, die uns verpflegt, nicht über Gebühr zu belasten. Übrigens erklärte mir die Oberin, daß sie für diese Verpflegung keine Bezahlung nehmen wolle, ebenso verlange sie keine Lebensmittelmarken. Wir haben unseren Insassen aber erklärt, daß wir einen gewissen, bestimmt nicht zu hoch bemessenen Anteil der Lebensmittelkarten abschneiden, um einen kleinen Vorrat anzulegen. Wir rechnen damit, die Küche Mitte September in Betrieb zu nehmen.

Berg a. Laim, Sonntag, den 21. September 1941

Nun sitze ich schon eine Weile vor meinem Tagebuch, die Feder in der Hand, und weiß einfach nicht, wo und wie ich mit Schreiben beginnen soll! Doch ich gehe am besten chronologisch vor. Am 15. September haben wir unsere Küche in Betrieb genommen. Wir haben einen neuen großen Herd, wie er in Hotelküchen

Tagebuchaufzeichnungen Else Behrend-Rosenfeld

verwendet wird. Außerdem bekamen wir zwei große Kessel, den einen mit hundertfünfundzwanzig Litern, den zweiten mit hundertachtzig Litern Fassungsvermögen. Wir werden den ersten zur Herstellung von Suppen, den anderen zum Kochen von bestimmten Gemüsen und Eintopfgerichten benutzen. Der Herd zieht noch nicht so, wie er soll, aber das ist zuerst wohl immer so. Unsere Insassen sind sehr zufrieden mit den Erzeugnissen unserer eigenen Küche, Fräulein Lind versteht ihre Sache. Wir haben jetzt fünfundfünfzig Heimbewohner, für die kommende Woche müssen wir mit starkem Zuzug rechnen. In etwa drei Wochen wird die Heimanlage voll besetzt sein. Doch darauf sind wir vorbereitet.

Wie ein Schlag ins Gesicht traf uns – und es wird allen Juden im Reich ebenso gehen – die neue Verfügung, daß jeder Jude öffentlich auf der linken Brust als Merkmal seiner Rassenzugehörigkeit einen aus gelber Kunstseide bestehenden Davidstern tragen muß. Auf ihm steht das Wort »Jude« in Buchstaben, die hebräischen Lettern angeglichen sind. Ab vorgestern, also Freitag, den 19. September, durfte niemand mehr ohne Stern aus dem Hause gehen. Wir mußten die Judensterne aus großen Stücken, die so breit wie Kleiderstoffe gewoben waren, ausschneiden und jeden einzelnen gleich umsäumen, weil der schlechte Stoff so fasert. Für diese »Dekoration« hatten wir zehn Pfennig pro Stück zu zahlen.

Berg a. Laim, Sonntag, den 21. September 1941

Die „Arisierungsstelle" überwachte das Tragen des Sterns. Als Helfershelfer stand auch Theodor Koronczyk bereit, seit dem 1. Juli 1942 Leiter der Bezirksstelle Bayern der Reichsvereinigung der Juden und Gestapokollaborateur: „Wenn ich einen Juden ohne Stern sehe, den melde ich rücksichtslos der Gestapo." Die Jüdin Klara Schwalb sagte nach dem Krieg aus, Koronczyk habe Juden im Lager Berg am Laim mehrmals gedroht, sie kämen mit dem nächsten Transport weg, wenn sie mit der Tram führen oder keinen Stern trügen.[87]

Wie reagiert die Bevölkerung darauf? Die meisten Leute tun, als sähen sie den Stern nicht, ganz vereinzelt gibt jemand in der Straßenbahn seiner Genugtuung darüber Ausdruck, daß man nun das »Judenpack« erkennt. Aber wir erlebten und erleben auch viele Äußerungen des Abscheus über diese Maßnahme und viele Sympathiekundgebungen für uns Betroffene. Am schlimmsten ist es für die Schulkinder, die vom sechsten Jahr ab den Stern tragen müssen. Zwei etwa siebenjährige Buben wurden von gleichaltrigen »Ariern« jämmerlich verprügelt. Bei einem legte sich allerdings ein des Weges kommender älterer Herr ins Mittel, der die Buben mit Schimpfworten auseinanderjagte und das weinende kleine Opfer bis an seine Haustür begleitete. Einer älteren Frau aus unserem Heim schenkte ein Soldat die Marken für eine wöchentliche Brotration, einer anderen, die zur Arbeit in der Tram fuhr und keinen Platz fand, bot ein Herr mit tiefer Verbeugung ostentativ seinen Sitzplatz an. Mir erklärten unser Metzger und unser Butterlieferant, daß sie uns nun erst recht gut beliefern würden; sie schimpften kräftig auf diese Demütigung, die uns angetan wird. Wieder sieht man die jüdischen Menschen mit steinernen Gesichtern durch die Straßen gehen, mit Augen, die durch alles und alle hindurchzusehen scheinen, viele mit gesenktem Kopf, manche aber auch, und dazu gehöre ich, mit stolz erhobenem Haupte. Mir scheint, daß jedenfalls in München die jetzigen Machthaber mit dieser Verfügung nicht erreichen werden, was sie bezwecken: die vollkommene Verfemung der Juden durch die Menge des Volkes. Doch kann man nach drei Tagen darüber noch kein endgültiges Urteil abgeben. –

Briefe an Eva Schmidt vom 21. September und 3. Oktober 1941 aus München-Berg am Laim

Am 21.9.41.

Meine liebe gute Eva,

es drückt mich, daß ich Dir so lange nicht schrieb, obwohl ich weiß, daß Du Dich sorgst, wenn du nicht regelmäßig Nachricht hast. Aber es ist keinerlei Anlaß zur Sorge vorhanden, das Einzige, was mir fehlt ist Zeit!! Es geht uns allen hier gut, wir sind dankbar, daß uns das Schicksal auf diese Insel verschlagen hat! – Seit Mittwoch kochen wir selbst, und ich möchte mich nicht nur vier- sondern am liebsten zehnteilen! Dazu beinah täglich neue Einzüge (wir sind jetzt 82 und werden bis zum 1.10. schon 100 sein!) und das kostet immer sehr viel Zeit und manchmal auch Kraft. Aber wir haben eine ausgezeichnete Köchin (allerdings ein schwieriger Mensch!). Die Leute sind mit unserer Küche zufrieden und das ist die Hauptsache. – Vor einigen Tagen kam – sehr herbeigesehnt! – auch wieder ein lieber Brief von Fritz, mit vielen Fragen über meine neue Arbeit und den neuen Wohnsitz. Ihm und den Kindern geht es gut, er schreibt jetzt gelegentlich etwas für eine Zeitschrift, was ihm auch ein bisschen Geld einbringt, was ihn sehr zu befriedigen scheint. – Ach, wenn Du doch hier wärst, wie unendlich gern würde ich Dir erzählen! Aber schreiben ist unmöglich!! Sei mir bitte nicht böse, wenn ich schließe, es ist spät

Tagebuchaufzeichnungen Else Behrend-Rosenfeld

nachts und ich bin entsetzlich müde, aber im ganzen recht zufrieden, wie alles läuft. Einiges bleibt natürlich immer zu wünschen übrig.

Leb wohl, Du Liebe, Getreue, ... herzliche Grüße für Elisabeth, dir die herzlichsten von Deiner Else.

München d. 3.10.41.

Meine liebe gute Eva,

... Es geht mir gut, aber wir haben täglich Einzüge, wir sind jetzt über 100 Insassen und werden bald 200 sein. – Sonst nichts Neues; außer dem einen, daß Hertha kabelte, sie wolle nochmals versuchen, mir ein Visum nach Cuba zu verschaffen. Ich warte in aller Ruhe ab, ob etwas daraus wird, aber es ist schwer, neben der Arbeit auch noch privat irgend etwas zu denken, zu tun, fast zu fühlen! Leb wohl, es ist spät und ich bin sehr müde. Die herzlichsten Grüße Dir und verliere die Geduld mit mir nicht! Deine Else.

Berg a. Laim, Sonntag, den 26. Oktober 1941

Ich überlas die letzten Zeilen, die ich das letzte Mal geschrieben habe, und kann hinzufügen, daß ich recht behalten habe. Die Bevölkerung tut, als sähe sie die Sterne nicht. Viele Freundlichkeiten in der Öffentlichkeit und noch viel mehr im geheimen werden uns erwiesen, Äußerungen der Verachtung und des Hasses uns gegenüber sind selten. Und ich glaube, gerade diese Reaktion hat eine neue, sehr unangenehme Verfügung verursacht: Kein Jude darf mehr seinen Wohnsitz (z. B. zu einem kurzen Ausflug am Sonntag!) verlassen, die Benutzung öffentlicher Verkehrsmittel ist verboten, nur wer zu seiner Arbeitsstätte einen mehr als sieben Kilometer langen Hin- und ebenso langen Rückweg hat, darf mit der Straßenbahn fahren. Das ist Reichsgesetz. Doch was kümmern sich der Münchner Gauleiter und sein Stellvertreter um Reichsgesetze?! Die Münchner Juden dürfen auch bei noch so langem Arbeitsweg keine Straßenbahn benutzen. Inzwischen sind alle Männer bis zu fünfundsiebzig, alle Frauen bis zu siebzig Jahren zur Fabrikarbeit herangezogen worden. Nur wer dazu völlig unfähig ist, wurde befreit und für die Arbeit in einem unserer Lager eingesetzt. Denn auch die Altersheime sind in der Auflösung begriffen. Der größte Teil der Arbeitenden hat lange Wege, oft solche von zwei Stunden hin und zurück. Die Betriebe, in denen unsere Leute eingestellt sind, haben beim Stellvertreter des Gauleiters interveniert, ihm vorgestellt, daß die Arbeitsleistungen zurückgehen müßten, wenn die Menschen, schon vom Wege erschöpft, die Arbeit beginnen; es hat nichts genützt. Endlich ist das Arbeitsamt auf einen Ausweg verfallen: die Eisenbahn! Zwar gibt es keine regelrechte Stadtbahn, aber doch eine Reihe kleinerer oder größerer Bahnhöfe in und an der Peripherie der Stadt, von wo aus mit kürzeren Fußmärschen der betreffende Arbeitsplatz erreicht werden kann. Jeder in solchem Betrieb schaffende Jude erhält einen Fahrberechtigungsschein, vom Arbeitsamt ausgefertigt, von dem Polizeirevier, zu dem seine Wohnung gehört, unterschrie-

Hans Wegner äußerte sich zu diesen Vorgängen nach dem Krieg so: „Die Weisung, dass die Juden nicht in Außenbezirken wohnen dürfen, erfolgte durch den Gauleiter Robert Ley, Reichsleiter der NSDAP und der deutschen Arbeitsfront; er hatte sich darüber beschwert, dass in Grünwald und Geiselgasteig, wo er wohnte, einige Juden wohnten, denen er ,begegnen' musste."

„Das Straßenbahnverbot wurde von Gauleiter Wagner angeordnet. Ich habe einmal nach einer Versammlung [Oberbürgermeister] Fiehler gebeten, mit mir zu Wagner zu gehen und ihn zu einer Aufhebung oder Lockerung des Straßenbahnverbotes zu bewegen. Wagner hat aber strikte abgelehnt."[89]

Arbeitsamt und „Arisierungsstelle" arbeiteten Hand in Hand. Für die Arbeitsvermittlung der männlichen Juden war Josef Paulus, für den weiblichen Arbeitseinsatz seit Mitte des Krieges die überaus herrische, nazibegeisterte Elisabeth Moegen zuständig. Zu den Firmen, bei denen Juden zur Zwangsarbeit verpflichtet wurden, zählten Oldenbourg, die städtischen Straßenbahnbetriebe, die Firmen Opbacher, Kammerer, Bruckmann, Arnold oder auch Brettschneider.

ben und gestempelt. Ich habe Dir diese Angelegenheit nur deshalb so genau geschildert, um Dir zu zeigen, was heute ein »Reichsgesetz« ist: ein Stück Papier, das jeder Parteigewaltige nach Belieben fortblasen kann.

Unser Heim ist nun bis auf wenige Plätze voll belegt, ich habe unendlich viel Arbeit. Jetzt zeigt es sich, wie gut es war, zunächst durch den Aufruf von Freiwilligen eine kleine Elitegruppe zu schaffen, die die Leitung in ihrer Arbeit unterstützt. Daß es, bei so enger Belegung, bei Menschen, die durch Aufregungen, Demütigungen, Trennung von nahen Angehörigen, schwerer täglicher Arbeit, ständig Reibereien und Schwierigkeiten gibt, ist selbstverständlich. Aber mit unerschütterlicher Ruhe, Geduld und Freundlichkeit haben wir noch immer eine Einigung erzielt. Das ist eine Hauptaufgabe des Hauptlehrers bei den Männern, die er zu lösen versteht. Mit den Frauen werde ich gut fertig. Mühe macht mir, genügend viele Frauen für alle Reinigungs- und Küchenarbeiten zu finden, ohne einzelne von ihnen zu überlasten. – Wir hatten bisher zweimal Revisionen, die erste Anfang September vom Obersturmführer Muggler, bei der er sich befriedigt äußerte, die zweite vor einigen Tagen durch ihn und den Hauptsturmführer Wegner, den ich seit meinem Besuch in der Widenmayerstraße nicht wieder gesehen hatte. Ich merkte ihm beim Durchgehen an – er hatte die Heimanlage noch nicht in Betrieb gesehen –, daß er brennend gern etwas gefunden hätte, was ihm Anlaß zum Schimpfen und Toben gegeben hätte! Aber das Haus präsentierte sich fabelhaft – wieviel schwerer wäre solch ein Eindruck bei einem älteren, weniger schön gebauten Haus zu erzielen! –, er fand nichts zu beanstanden. Wir haben im oberen Flurende des ersten Stockwerks eine Art Nähstube mit mehreren Nähmaschinen eingerichtet, die aber immer erst am Nachmittag in Betrieb ist, weil am Vormittag alle verfügbaren Kräfte in der Küche und zur Reinigung des Hauses eingesetzt werden müssen. Froh, endlich etwas gefunden zu haben, erklärte der Hauptsturmführer, in Zukunft müßte in der Nähstube auch vormittags gearbeitet werden, obwohl wir ihm sehr genau erklärt hatten, warum das nicht der Fall war. Nun gut, er soll seinen Willen haben: in Zukunft werden, wenn Revision kommt, sofort etwa sechs bis acht Frauen sich schleunigst dort niederlassen und tun, als ob sie schon stundenlang flickten und die Maschinen surren ließen. Leider können wir uns eben nur noch durch Lug und Betrug helfen. Als die beiden das Haus verließen, stieß der Hauptsturmführer zwischen den Zähnen hervor, ohne jemanden von uns anzusehen, was er übrigens niemals tut: »Die Heimanlage ist in Ordnung, aber wehe Ihnen von der Leitung, wenn ich oder meine Beauftragten sie einmal nicht zur Zufriedenheit finden werden!« Damit verschwanden sie grußlos, wie das uns gegenüber Sitte ist. – Auch die Kostenfrage ist nun geregelt. Zuerst verlangte der Stellvertreter des Gauleiters von jedem Insassen für das Wohnen allein eine Reichsmark pro Tag. Davon sollte das Kloster, wie wir durch den Baumeister erfuhren, zwanzig Pfennig erhalten, den Rest sollte die Partei für die Benützung der Pritschen und Schränke haben! Wir rechneten aus, daß ein Zimmer von zweieinhalb Metern mit einer Belegschaft von sechs Menschen monatlich hundertacht-

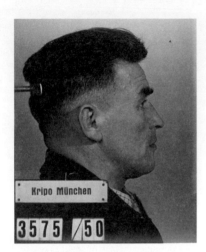

Hans Wegner, Leiter der „Arisierungsstelle", Polizeifoto, 1950

Hans Wegner, Franz Mugler und Ludwig Schrott führten die Kontrollen in den Lagern Milbertshofen und Berg am Laim durch. Der Zeuge Kurt Jaretzki berichtete 1947 vor der Spruchkammer von nächtlichen Visitationen: „Mugler hat häufig in Berg am Laim die Leute mitten in der Nacht aus den Betten getrieben und diese fast unbekleidet bei strengster Kälte im Hof zum Appell antreten lassen."[90]

Tagebuchaufzeichnungen Else Behrend-Rosenfeld

zig Reichsmark Miete bringe, wenn diese Forderung durchgehen würde! Der größte Teil unserer Insassen wäre nicht in der Lage gewesen, diese Miete zusätzlich zu den Verpflegungs-, Heizungs- und Beleuchtungskosten zu bezahlen. Also hatte die jüdische Gemeinde dazuzusteuern. Da diese aber schon lange nicht mehr über ihre eigenen Gelder frei schalten kann, teilten wir der Reichsvereinigung unsere Bedenken mit und baten um Entscheidung der Kontrollbehörde, des Reichssicherheitshauptamts. Wir bekamen den Bescheid, daß von jedem Insassen pro Tag fünfzig Pfennig für das Wohnen zu zahlen seien. Immerhin bleiben bei dieser Regelung der Partei pro Person noch dreißig Pfennig, bei dreihundertzwanzig Insassen pro Tag eine ganz nette Nebeneinnahme! Das ganze Mietgeld muß jeden Freitag mit der genauen Aufstellung der Insassenzahl in die Widenmayerstraße gebracht werden, zusammen mit dem Küchenzettel für die kommende Woche, den ich zu machen habe. – Die neue Fahrverfügung hat für unser Heim eine sehr unangenehme Folge, noch unangenehmer wirkt sie sich auf unsere den Jahren nach alten Insassen aus: Es müssen Verschiebungen stattfinden, da die Arbeitswege von Milbertshofen aus entsetzlich weit sind und es von dort keine Möglichkeit gibt, die Eisenbahn zu benutzen, während Berg a. L. eine kleine Haltestelle der Eisenbahn hat. Also müssen die Alten und Arbeitsunfähigen zum größten Teil in das Barackenlager nach Milbertshofen, die bisher dort wohnenden Arbeitenden zu uns in die Heimanlage. Unsere alten Leute tun mir sehr leid dabei. So schwer es ihnen zuerst wurde, sich bei uns einzugewöhnen, so gut ist ihnen das im Allgemeinen allmählich gelungen, und die Trennung fällt ihnen nicht leicht. Hinzu kommt, daß sie sich vor dem Wohnen in den Baracken jetzt, im Angesicht des nahenden Winters, besonders fürchten. Auch mir wird der Abschied von jedem einzelnen schwer. Viele von ihnen haben brav im Haus und in der Küche gearbeitet, und ich weiß noch nicht, wie ich ihre Arbeit auf andere verteilen kann. –

Ich hatte gefürchtet, unter den nach Milbertshofen Versetzten würde auch ein Mann sein, von dem ich Dir noch genauer erzählen will. Es handelt sich um den Professor Coßmann, der bis Mitte September in Ebenhausen wohnte und seitdem bei uns ist. Er ist ein über Siebzigjähriger; mittelgroß, sehr schmal, mit einem wunderbar durchgeistigten Gesicht. Die ersten Tage merkte man kaum etwas von seiner Anwesenheit, so still und für sich hat er sich gehalten. Er ist tief innerlich fromm, katholisch; aus seinem Gesicht und aus seinen Augen strahlen Güte und Weisheit. Er hatte und hat keine Klage über die plötzliche und radikale Änderung seines Lebens, er findet für jeden, der unmutig, traurig oder ärgerlich über irgendetwas ist, ein gutes beschwichtigendes Wort. Ohne daß man viel von ihm sieht oder gar hört, spüren wir vier in der Leitung seinen beruhigenden, versöhnenden Einfluß. Er wird allgemein verehrt. Den Dingen des täglichen Lebens steht er ziemlich hilflos gegenüber, unaufgefordert hilft ihm jeder und jede, wo es nötig ist. Und er dankt mit einem fast rührend verschämten Lächeln für die kleinste Hilfeleistung. Wir wissen beide voneinander, daß wir politisch in zwei verschiedenen Lagern stehen, aber es spielt überhaupt keine Rolle, wir haben viel Sympathie füreinan-

Paul N. Cossmann, Verleger u. Journalist, war Sohn des Cellovirtuosen Bernhard Cossmann. Er konvertierte zum Katholizismus, studierte in München Philosophie und Naturwissenschaften. Der Mitbegründer der „Süddeutschen Monatshefte" war national-konservativ. So nutzte er die Zeitschrift, um die „Dolchstoßlegende" zu propagieren, der zufolge das unbesiegte deutsche Heer 1918 durch die Revolution einen „Dolchstoß" in den Rücken erlebt habe. Obwohl er mit diesen Positionen den Nationalsozialisten in die Hände spielte, wurde er im April 1933 verhaftet und ein Jahr interniert. Er lebte dann in Zell nahe Ebenhausen. Im Herbst 1941 folgte die Einweisung in die „Heimanlage", 1942 wurde er nach Theresienstadt deportiert, wo er im selben Jahr starb.[91]

Berg a. Laim, Sonntag, den 26. Oktober 1941

der. Ich empfinde große Verehrung für ihn und sehe in ihm einen Freund, mit dem ich Fragen der Menschenbehandlung ohne jede Scheu besprechen kann. Er versteht mich mühelos. Ich bin sehr froh, daß er bei uns bleibt. Sorge macht mir seine zarte Gesundheit. – Neulich passierte eine reizende kleine Geschichte mit ihm, die mir einer seiner Stubenkameraden erzählte. Wir mußten ihn – alle hier nennen ihn nur den Professor – und seine fünf Zimmergenossen in ein anderes Zimmer verlegen, weil wir ihr bisheriges, seiner günstigen Lage wegen, als Arbeitszimmer einrichten, und hatten ihnen das zwei Tage vorher mitgeteilt, damit alle Zeit hätten, ihre Sachen in Ruhe in ihr neues Zimmer hinüberzutragen. Am Nachmittag des letzten Tages ging der Professor zu den einzelnen und fragte, ob sie schon ihre Sachen hinübergeräumt hätten, sonst sollten sie das doch recht bald tun. Die meisten waren bereits fertig, einer wollte gerade beginnen und fragte: »Aber warum sind Sie so besorgt darum, daß wir schnell fertig werden, Professor?« Freundlich lachend antwortete er: »Wenn Sie alle fertig sind, kann ich anfangen, ich weiß dann, was zurückgeblieben ist, gehört mir.«

Brief an Eva Schmidt vom 13. November 1941 aus München-Berg am Laim

Am 13.11.41.
Meine liebe Eva,
nur ein paar ganz, ganz kurze Zeilen, damit du Dich nicht sorgst; ich bleibe noch hier, aber 75 hier aus dem Hause werden wohl noch heut, sonst morgen fortziehen für lange, lange, vielleicht für immer! Es is noch offen. Seit Freitag vergangener Woche weiß ich die Tatsache, Samstag kamen die Namen heraus, die ich den Frauen darunter mitteilen mußte. Unfaßbar alles, was in diesen Tagen geschah! Etwas unendlich Großes und Schönes dabei: es ist gelungen, aus dieser kleinen Insel, auf der seit 3 ½Monaten leben, eine Gemeinschaft zu machen, die über alle Schwere zusammenstehen und sich gegenseitig helfen wird! – Leb wohl für heut, sobald ich kann, schreib ich dir. 1000 herzliche Grüße!
Deine E.

Berg a. Laim, Sonntag, den 16. November 1941

Nun sitze ich schon eine ganze Weile an meinem Schreibtisch vor meinem Tagebuch, tief erschüttert von den Erlebnissen der letzten zehn Tage, und ringe darum, sie in Worte zu fassen. Aber manchmal ist die Sprache zu arm. So will ich, so gut es eben gehen will, Dir schildern, was mich und uns alle so aufgewühlt hat. Am 5. November kam ein Heiminsasse zu mir in meine allabendliche Sprechstunde und fragte mich, ob ich wüßte, daß nun auch in München eine Deportation geplant sei und vorbereitet werde. Ich entgegnete ihm wahrheitsgemäß, daß ich nichts davon wüßte, und fügte etwas ärgerlich, weil ich selbst sehr erschreckt war, hinzu, man sollte doch nicht überall Gespenster sehen, wir hätten schon genug zu tun,

Dies ist die Erwähnung der ersten Deportation von München nach Kaunas, wo 1.000 Juden erschossen wurden.

Am 14. Oktober 1941 begann die systematische Deportation der Juden aus dem „Altreich". 50.000 Menschen sollten in den Osten verschleppt werden. Am 8. November fuhr der erste Deportationszug von Hamburg ab, gleichzeitig liefen die Vorbereitungen für Deportationen von 1.000 Juden aus München an. Die Auswahl überließ die Gestapo zynischer Weise weitgehend dem Vorstand der Israelitischen Kultusgemeinde; sie selbst benannte nur einen bestimmten Personenkreis, die übrigen wurden ausgewählt. Der jüdische Arzt und Mitglied des Vorstands, Julius Spanier, berichtete über dieses Verfahren: „Die Aufstellung solcher Listen hing auch von Gefühlsmomenten ab. Es war von der Vorstandschaft sicher nicht leicht, Menschen für die Transporte zu bestimmen. Es hat keiner von uns gewusst, wo diese hingehen und was mit ihnen geschieht. Das war noch ein Glück, denn es wäre für die Vorstandschaft fürchterlich gewesen zu wissen, dass sie mit der Aufstellung der Listen den Tod der Leute bestimmen."[92]

um mit den wirklichen Schwierigkeiten fertig zu werden. Ich bat ihn, sich zu beruhigen und vor allem dies schlimme Gerücht nicht weiterzuerzählen, was er versprach. Am nächsten Tage berichtete mir der Hauptlehrer, er sei von einem andern Insassen ängstlich gefragt worden, was an diesem Gerücht sei. Am 7. November wurden vom Büro der jüdischen Gemeinde telephonisch der Hauptlehrer, Heilbronner und ich zu einer Besprechung über Heimangelegenheiten für den Nachmittag des 8. November in das Büro der jüdischen Gemeinde in die Lindwurmstraße bestellt. Abel sollte im Heim bleiben, schon wegen etwaiger Revisionen konnten wir es nicht alle zusammen verlassen. Zu der Zusammenkunft waren alle Heimleiter oder -leiterinnen, die leitende Bezirksfürsorgerin und die beiden Vorsitzenden der jüdischen Gemeinde erschienen. Direktor Stahl erklärte uns kurz und sehr ernst – ich fühle noch jetzt mein tiefes Erschrecken –, daß tatsächlich etwa tausend jüdische Menschen aus München Mitte kommender Woche deportiert werden sollten. Die endgültige Auswahl dieser Armen sei noch nicht getroffen worden. Die Gestapo habe verfügt, daß uns hier Versammelten dieser Beschluß mitgeteilt werden sollte, damit wir vorbereitet seien, doch waren wir verpflichtet, strengstes Schweigen über das zu bewahren, was wir hier gehört hätten, bis jedem von uns schriftlich die Namen derer bekanntgegeben würden, die es aus unserem Heim treffe. Wir saßen zunächst alle wie gelähmt, die Gesichter waren blaß geworden, wieder sah ich auf ihnen den Ausdruck steinernen Entsetzens, der mir in den Novembertagen des Jahres 1938 zum ersten Mal bei unseren Menschen aufgefallen war. Und dann überstürzten sich die Fragen: Jeder wollte wissen, wieviel Menschen aus seinem Heim betroffen würden. Der Hauptlehrer, Heilbronner und ich tauschten einen entsetzten Blick, als uns die Zahl von zirka fünfundachtzig Menschen aus unserer Heimanlage genannt wurde. Wir erfuhren dann noch, daß es unserem Vorstand gelungen war durchzusetzen, daß jüngere Kinder nicht von ihren Eltern, Frauen nicht von ihren Männern getrennt werden sollten. Dagegen sei es nicht zu erreichen gewesen, daß Geschwister beisammen blieben. Deportiert würden nur Menschen bis zu sechzig, höchstens fünfundsechzig Jahren. Das sei alles, was bis jetzt bekannt sei. Wir wurden nochmals zu unbedingtem Schweigen verpflichtet, die Gestapo hatte mit strenger Bestrafung im Nichtbefolgungsfalle gedroht. Wir durften nur Abel, als Mitglied der Heimleitung, in Kenntnis setzen.

Wir legten unseren Heimweg schweigend zurück. Einzig der Hauptlehrer äußerte einmal unterwegs: »Wer weiß, ob nicht auch wir unter den zur Deportation Eingeteilten sind.« Er erhielt keine Antwort, dieser Gedanke hatte auch Heilbronner und mich flüchtig gestreift, doch war es uns beiden im Augenblick nicht wichtig, ob wir selbst unter den Betroffenen sein würden. Noch eine Mitteilung hatte uns schwer bedrückt: Allen jüdischen Menschen bis zu sechzig Jahren war von nun ab die Auswanderung verboten. Auch für mich war damit wieder eine Hoffnung zunichte geworden, die sich lockend vor mir aufgetan hatte: vor drei Tagen bekam ich die telegraphische Ankündigung eines Visums für die Ausreise nach Kuba. Aber

Else Rosenfeld schrieb 1965 rückblickend: „Uns allen war klar geworden: Das war der Anfang vom bitteren Ende für uns alle."[93]

vor der ersten niederschmetternden Nachricht verblaßte alles andere. Da durchzuckte es mich wie ein Schlag: Eine Heiminsassin, die ich sehr schätzte wegen ihres klugen, immer heiteren und freundlichen Wesens, Thekla Land, hatte vor kurzem ihr Kuba-Visum erhalten und sollte morgen ihre Reise antreten. Sie war etwa vierzig Jahre alt, Witwe; für sie, die ihre einzige Tochter in Nordamerika hatte, mußte es ein schrecklicher Schlag sein, so dicht vor dem langersehnten Ziel zu erfahren, daß alle Anstrengungen und Vorbereitungen nutzlos gewesen waren! Und ich durfte es ihr nicht einmal sagen, auch über diese Angelegenheit hatten wir Stillschweigen zu bewahren, bis die gedruckte Verfügung eintraf. Frau Land würde wahrscheinlich morgen kurz vor der für ihre Abreise festgesetzten Zeit zu ihrem Anwalt bestellt werden, der ihr die schlimme Eröffnung machen mußte.

Aber da waren wir auch schon vor unserem Heim angelangt, schon öffnete der Hauptlehrer das Tor der Umfassungsmauer, die das Klostergebiet umgab. Ich mußte mich zusammenreißen, mich darauf einstellen, den forschenden Blicken wie den direkten Fragen meiner Heiminsassen standzuhalten, vor ihnen verbergen, was mich doch bis in die letzte Faser meines Wesens erfüllte. Es war spät geworden, kurz vor neun Uhr, aber wir von der Heimleitung hatten die Sondererlaubnis, uns bis zehn Uhr außerhalb des Hauses aufzuhalten, während sonst laut Reichsgesetz alle Juden von abends acht Uhr bis morgens sechs Uhr seit Beginn des Krieges ihre Wohnungen nicht verlassen durften; Ausnahmen wurden nur in Sonderfällen, z. B. bei anders gelagerter Schichtarbeit, gestattet.

Auf dem langen Flur im Erdgeschoß war ein buntes Gewimmel, wie immer um diese Zeit, wenn die Arbeitenden daheim waren. Und heute erwarteten alle gespannt unsere Heimkehr, hofften sie doch, etwas über die Zusammenkunft in der Gemeinde zu erfahren, beruhigende Auskunft über die Gegenstandslosigkeit schwirrender Gerüchte zu erhalten. Jeder von uns war sofort von einem dichten Kreis vieler Menschen umringt. Wir wehrten die Herandrängenden ab, wir hatten uns darauf geeinigt zu erklären, daß es sich um interne Verwaltungsangelegenheiten bei der Besprechung gehandelt habe. Deutlich sah ich auf den meisten Gesichtern den Unglauben, ja die Enttäuschung geschrieben, als ich meine unbefriedigende, kurze Antwort gab. Da kam Brader auf mich zu, derselbe, der mich vor drei Tagen nach der Wahrheit des Gerüchts gefragt hatte, und sagte lachend: »Gott sei Dank, daß es sich nur um Verwaltungsdinge gehandelt hat, mir ist ein Stein vom Herzen gefallen! »Wissen Sie was, Frau Doktor, nun müssen Sie mit mir die schon lange versprochene Partie ›Dame‹ spielen, jetzt können wir es beide ruhigen Mutes!« Schnell gefaßt, stimmte ich ihm bei. Als wir uns im Aufenthaltsraum an einem Tisch allein gegenübersaßen, außer Hörweite der übrigen Insassen, sagte er ruhig: »Ich sah Ihnen an, daß Sie Schlimmes erfahren haben, wahrscheinlich aber nichts davon sagen dürfen. »Wenn man Sie nun hier in aller Ruhe mit mir ›Dame‹ spielen sieht, wird sich die Aufregung am schnellsten legen.« Kannst Du verstehen, wie dankbar ich diesem einfachen Mann war und wie erleichtert ich mich fühlte? Ich habe miserabel gespielt, aber darauf kam es ja nicht an.

Friedrich Brader, Kaufmann, besaß von 1919 bis 1929 in München eine Schuhwarengroßhandlung und war dann Großhändler für Ladeneinrichtungen. Seit dem 8. August 1941 wohnte er im Internierungslager Berg am Laim, drei Monate später wurde er nach Kaunas deportiert.

Tagebuchaufzeichnungen Else Behrend-Rosenfeld

Allmählich kam sogar so etwas wie eine Unterhaltung zustande, und auf die anderen Menschen mußten wir beiden Spielenden und miteinander Plaudernden wirklich sehr harmlos und beruhigend wirken. Später ging ich dann ins Büro, wo inzwischen Heilbronner Abel mitgeteilt hatte, was wir erfahren hatten. Abel erklärte mir: »Sie sollen sehen, ich bin dabei, und wenn nur Gertrud Lind« – die für unser Heim kocht und mit der er verlobt ist – »auch dabei ist, habe ich gar nichts dagegen. Ich bin überzeugt, daß beabsichtigt ist, sämtliche Juden nacheinander zu deportieren. Es ist mir lieber, unter den ersten zu sein, als ständig auf diesen Schlag warten zu müssen. Hoffentlich bekommen wir bald die genaue Mitteilung.« Das letztere war auch mein Wunsch, er sollte uns schnell erfüllt werden.

Schon am Mittag des kommenden Tages, einem Sonntag, kam ein Bote von der Gemeinde mit dem Deportationsbefehl für jeden einzelnen. Wir, das heißt die Heimleitung, saßen zusammen im Büro, hatten die Tür verschlossen und sahen die Liste durch. Abels Name stand obenan, bald darauf folgte der von Gertrud Lind und außer ihnen dreiundachtzig Heiminsassen, darunter auch Brader und – Thekla Land! Also doch würde ich es sein, die sie von der Höhe ihrer Hoffnungen in die finstere Schlucht des über sie verhängten Unheils stürzen mußte! Abel war der erste, der sich aufraffte. Fast heiter und völlig ruhig sagte er: »Meine Ahnung war richtig, ich bin froh, daß ich es nun weiß und daß man Gertrud und mich zusammen gehen läßt.« Wir drei anderen hatten große Mühe, unsere Fassung zu bewahren. Aber wir mußten uns zusammennehmen, die dreiundachtzig Betroffenen im Heim hatten ein Recht darauf, so schnell wie möglich zu erfahren, was über sie verhängt war. Rasch lasen wir die für uns bestimmten Anordnungen durch. Dienstag und Mittwoch sollten die Menschen aus dem Heim in das Sammellager nach Milbertshofen gebracht werden. Jeder sollte für drei Tage Proviant bekommen, an Gepäck durfte jeder fünfzig Kilogramm mitnehmen, verteilt auf je einen Koffer, einen Rucksack oder eine Reisetasche und eine Deckenrolle. Keiner der Beteiligten durfte bis zum Abtransport ins Sammellager das Heim verlassen. Wir beschlossen dann, daß der Hauptlehrer den Männern und ich den Frauen den Schicksalsschlag (Uriasbrief mußte ich denken!) mitteilen sollten. Abel wollte es Gertrud Lind, die noch in der Küche arbeitete, sagen und fragte mich, ob es möglich wäre, sie diese letzten Tage im Heim wohnen zu lassen, was er ihr vorschlagen wollte. Es wäre sicher leichter für sie, als wenn man sie von der Pension, in der sie wohnte, abholen würde. Selbstverständlich bejahte ich, Gertrud könnte bei mir im Zimmer schlafen. Mit der Belegung der Betten in meinem Zimmer waren wir übereingekommen zu warten, bis alle anderen Räume voll besetzt wären.

Dann machten wir uns zu unserem schweren Gang auf. Für einen unbeteiligten Zuschauer wäre es psychologisch interessant gewesen, zu beobachten, wie die einzelnen auf die schreckliche Nachricht reagierten. Ich war viel zu bedrückt, um solche Feststellungen zu machen, erst jetzt, beim Niederschreiben, ist mir dieser Gedanke gekommen. Thekla Land war eine der ersten, die ich rief. Sie wurde blaß

Hermann Strauß, städtischer Angestellter, beschrieb im Nachkriegsprozess seine Arbeit so: „Ich war vom Jahre 1939 bis 1943 Angestellter der Israelitischen Kultusgemeinde, die ersten zwei Jahre Bote und die andere Zeit Hausmeister in der Judensiedlung Berg am Laim. Als Bote oblagen mir die Botengänge zur Gestapo."[94]

Dr. Weiß: **Dr. Magdalena Schwarz** wurde 1900 in Berlin geboren. 1928 legte sie in München ihr medizinisches Staatsexamen ab und betrieb seit 1931 eine eigene Praxis. Da sie laut Reichsgesetz jüdischer Abstammung war, wurde ihr 1938 die Approbation entzogen. Sie bekam dann neben 14 weiteren jüdischen Ärzten die Erlaubnis, ausschließlich jüdische Patienten zu behandeln. So arbeitete sie im jüdischen Krankenhaus und bei der Betreuung der Internierten in Milbertshofen und Berg am Laim. 1945 entging sie der Deportation nach Theresienstadt, weil sie vom Chefarzt der psychiatrischen Abteilung im Krankenhaus Schwabing in der geschlossenen Abteilung versteckt wurde. Else Rosenfeld schätzte Magdalena Schwarz fachlich und menschlich sehr und war mit ihr befreundet.[95]

bis in die Lippen, aber sie bewahrte eine bewundernswerte Haltung. Meine Zuneigung für sie war noch größer geworden. Eine ganze Reihe von Frauen nahm den schweren Schlag ähnlich ruhig und würdig hin. Nur drei verloren völlig jede Beherrschung, weinten, schrieen und klagten Gott und die Welt an wegen des Unheils, das über sie hereinbrach. Als ich einer dieser Frauen beruhigend zusprach – auch da wieder erfuhr ich, wie armselig sind Worte, wie wenig kann man Mitfühlen und Mitleiden dem anderen Menschen so zeigen, daß es ihm tragen hilft! –, kam unsere Ärztin mir zu Hilfe, die zu ihrer Sprechstunde im Heim war und schon Bescheid wußte. Gemeinsam gelang es uns schließlich, wenigstens das laute Geschrei zu stillen. Zuletzt rief ich Fräulein Schüle, die mit ihrer älteren halbgelähmten Schwester und einer schwerkranken Schwägerin in einem Zimmer wohnte und beide mit rührender Aufopferung pflegte. Frau Dr. Weiß, unserer Ärztin, und mir war es ein unfaßlicher Gedanke, daß man diese Menschen trennen, die Gesunde deportieren und die beiden anderen hilflos zurücklassen sollte. Fräulein Schüle brach uns fast ohnmächtig zusammen, als wir ihr den Brief gaben und ihr sagten, daß sie fort müsse. Frau Dr. Weiß versprach ihr, als Ärztin bei der Gestapo zu versuchen, sie freizubekommen, bat sie aber, sich nicht allzu große Hoffnungen zu machen, daß es ihr gelingen werde. Ich will gleich hinzufügen, daß es ihr nicht gelungen ist, daß es auch nicht gelang, als ein Ersatz für sie sich freiwillig zur Deportation gestellt hatte. Die Gestapo lehnte kurz ab, eine Änderung vorzunehmen. Frau Dr. Weiß ist ein tatkräftiger, mutiger Mensch, eine tüchtige Ärztin, bekannt für ihre Hilfsbereitschaft. Als wir uns jetzt in meinem Zimmer gegenübersaßen, war uns beiden unendlich jämmerlich zumute. Aber noch durften wir uns nicht gehen lassen, jetzt gab es alle Hände voll zu tun. Sie wollte zuerst zu Schüles gehen, um die arme Schwester und die Schwägerin ein bißchen zu beruhigen; ich lief hinunter, um alle weiblichen Insassen, mit Ausnahme der für die Deportation Eingeteilten, zu versammeln und um ihre Hilfe bei den Vorbereitungen, die nun zu treffen waren, zu erbitten. Auf dem Wege traf ich Gertrud Lind, die mich wortlos umarmte.

»Nicht wahr, Sie bleiben diese Tage bei uns im Heim«, bat ich sie. Sie nickte, und ich merkte, daß es ihr eine Beruhigung war, unter uns zu sein. – Wie gut, daß es Sonntag war! Fast alle Frauen waren zu Hause, schnell versammelten sie sich im Aufenthaltsraum.

Ich berichtete ihnen kurz die Tatsachen und bat sie, mir zu helfen, den von der Deportation Betroffenen alles, was noch zu tun war, soweit wie möglich zu erleichtern. Zunächst brauchte ich jemand, der statt Gertrud Lind das Kochen übernehmen würde, bis Ersatz für sie gefunden sei. Frau Nehm, eine fünfundsechzigjährige Insassin, die schon immer in der Küche geholfen hatte und tüchtig war, meldete sich sofort, trotz eines schweren Leidens, das sie von der Fabrikarbeit befreit hatte. Dann bat ich einige Frauen, sich für Gänge in die Stadt zur Verfügung zu stellen, die die Eingeteilten selbst nicht mehr machen durften. Andere sollten beim Packen helfen; eine nach der Deportation der Badenser und Pfälzer

Tagebuchaufzeichnungen Else Behrend-Rosenfeld

Juden angefertigte Anleitung zum Packen von Deportationsgepäck hatte ich glücklicherweise da und würde sie ans Schwarze Brett schlagen lassen. Der Rest der Frauen aber sollte aus altem Leinen und anderen waschbaren Stoffresten Säckchen in verschiedenen Größen nähen, die den Reiseproviant aufnehmen sollten. Alle waren zum Helfen bereit, beglückend traf mich trotz Schmerz und Erschütterung der Gedanke, daß es gelungen war, eine Gemeinschaft zu formen, die starken Belastungsproben gewachsen war. Jeder ging sofort an seine Arbeit. Ich lief in den Vorratsraum, um meine Vorräte zu überprüfen und festzustellen, was ergänzt werden mußte. Auf dem Weg zu unserer Kantine, wo jeder Heiminsasse auf die ihm belassenen Marken die notwendigen Lebensmittel einkaufte, traf ich Heilbronner, der mir zurief, die Männer hätten vorgeschlagen, jeder Insasse sollte auf eine Fleischmahlzeit der nächsten Woche verzichten, um den Fortgehenden eine größere Wurstration in den Proviantsack geben zu können. Mit dem Leiter der Kantine, Herrn Klein, besprach ich die Zusammensetzung des Proviants. Jeder sollte ein Zweipfundbrot, eine Packung Knäckebrot, ein Paket Zwieback, ein halbes Pfund Würfelzucker, ein halbes Pfund Konfitüre, zweihundertfünfzig Gramm Wurst und hundertfünfundzwanzig Gramm Butter mitnehmen. Herr Klein versprach, alle Vorräte bis Montagmittag zu beschaffen.

Wie gut, daß es so viel zu tun gab; nachdem ich den einzelnen Frauen die schreckliche Eröffnung gemacht hatte, fühlte ich mich am Ende meiner Kräfte, jetzt hatte ich das längst vergessen und ging von Zimmer zu Zimmer, zunächst bei den Männern, um jeden einzelnen wegen des notwendigen Packens zu beraten. Dazwischen sah ich zu den nähenden Frauen hinein, tröstete sie wegen der großen Menge Säckchen, die zu nähen waren, und beschloß, mit den nicht zur Fabrikarbeit Gehenden diese Nacht weiterzunähen, bis wir genügend Säckchen fertig und auch die Wünsche vieler fortgehender Männer und Frauen, ihnen dies oder das zu nähen oder zu flicken, befriedigt hätten. Bis drei Uhr nachts haben wir im Aufenthaltsraum zusammengesessen, dann waren wir fertig. Gertrud Lind ging mit mir zusammen in mein Zimmer, wo wir auf einer der freien Pritschen ein Bett gerichtet hatten. Aber mit dem Schlafen wurde es noch nichts, wir nahmen Thekla Land zu uns und haben noch lange miteinander geredet. Die beiden – wie übrigens fast alle Betroffenen – waren rührend dankbar für all die kleinen Handreichungen, die wir Zurückbleibenden ihnen machen durften, sie spürten darin doch etwas von dem starken Gefühl der Verbundenheit, das uns ganz eng zusammengeschlossen hatte. Was ist noch weiter zu erzählen? Auch die kommende Nacht haben wir zum größten Teil durchgearbeitet, den Reiseproviant gerichtet, bis alles sauber und übersichtlich in Päckchen verpackt war. Übrigens hatte dieser eine ungeahnte Bereicherung erfahren. Am späten Abend wurde ich gerufen, zwei Klosterschwestern wollten mich sprechen. Ich fand sie beladen mit zwei großen Säcken, der eine voll echten guten Kakaos (den es schon lange nicht mehr zu kaufen gibt, auch nicht auf Marken), der andere voll mit feinem Zucker. Sie seien beauftragt von der Frau Oberin und der gesamten Schwesternschaft, dies als Zeichen ihres Mitfühlens mit uns allen zu überreichen.

Die Ärztin Magdalena Schwarz sagte 1949 als Zeugin vor Gericht aus: „Beim ersten Transport mussten die Teilnehmer, unter denen sich auch Kinder befanden, nachts bei strömendem Regen auf den Hof treten, mussten lange warten und wurden dann im grellen Scheinwerferlicht fotografiert."[96]

Für die Klosterschwestern war der Umgang mit den Internierten nicht ungefährlich. Bereits 1936 hatte Superior Pfaffenbüchler gewarnt: „Wir haben viele Horcher, die nach der einen oder andern Seite Material suchen."[97]

Auch Schutzpolizei begleitete die Deportationen aus Milbertshofen, 20. November 1941. Zu ihnen gehörten der Polizeihauptwachtmeister Johann Duttler und der Wachtmeister Josef Braun, Hauptwachtmeister Josef Ostermeier, Sicherheitskommissar Alois Kreil, ferner Ludwig Egger, Paul Helfrich, Max Schweiger, Stefan Huber.

In den Gerichtsakten heißt es dazu: „Deportation am 20. November 1941 ... Beschuldigte: Pfeuffer, Krauss, Ebenbeck, Grimm, Marmon (Leiter der Abt. II), Wegner, Grahammer."[98]

Die 85 Personen aus Berg am Laim kamen erst nach Milbertshofen ins Barackenlager und mussten eine Gepäckkontrolle über sich ergehen lassen. Am 20. November 1941 wurden dann insgesamt 1.000 Juden in den frühen Morgenstunden zum Bahnhof Milbertshofen geführt. Eine zwölfköpfige Wachmannschaft der Schutzpolizei begleitete den Zug. Die Fahrt dauerte drei Tage. Der Transport wurde aber aus organisatorischen Gründen nicht wie ursprünglich geplant nach Riga geleitet, sondern nach Kaunas in Litauen. Die alten Fortanlagen von Kaunas, vor allem die Forts VII und IX, waren von den deutschen Vernichtungseinheiten schon seit Sommer 1941 als Richtstätte für Tausende litauischer Juden genutzt worden. Zwei Tage sperrte man die Münchner Juden in die dortigen Zellen ein. Schließlich erschoss das Einsatzkommando 3 unter Führung des Standartenführers der SS, Karl Jäger, alle Deportierten; nur eine Person überlebte das Massaker.[99] Ursprünglich war die Erschießung nicht geplant, über sie wurde kurzfristig vor Ort entschieden.

Außerdem sollten sie uns sagen, daß morgen ein besonderer Bittgottesdienst für die von uns Fortgehenden abgehalten würde. Wir sollten wissen, daß sie sich uns in unserem Leid schwesterlich verbunden fühlten. Es war nicht das erste Mal, daß wir die Hilfsbereitschaft und die freundschaftliche Nähe der Schwestern zu fühlen bekamen; bei jedem nur denkbaren Anlaß hatten sie bewiesen, daß wir auf ihre Unterstützung zählen konnten. Jedenfalls trug diese kleine Begebenheit viel dazu bei, das merkwürdige Hochgefühl, das uns zu Leistungen verhalf, die zu normalen Zeiten unmöglich erschienen wären, noch zu erhöhen. Vielen von uns ist es ähnlich gegangen wie dem Hauptlehrer, der damals zu mir sagte: »Ich war im Anfang unwillig, daß wir Juden gerade in ein Kloster eingeliefert wurden. Von meiner Kindheit an hatte ich eine Scheu und eine starke Abneigung, eine christliche Kirche zu betreten. Zuerst habe ich auch hier mit großer Überwindung kämpfen müssen, wenn ich mit der Oberin oder einer der Nonnen etwas zu besprechen hatte. Aber nach und nach hat sich das geändert. Ich sah, mit welcher schlichten und selbstverständlichen Hingabe sie ihre Arbeit machten, ich fühlte ihre Sympathie für uns, ihr Mitfühlen bei allem, was wir erduldeten, und ihre Hilfsbereitschaft. Ihre Güte und Freundlichkeit uns gegenüber nötigten mir zunächst Erstaunen und fast widerwillige Achtung, allmählich wachsende Zuneigung und die Erkenntnis ab, daß ich als orthodoxer Jude in engen, ja falschen Vorstellungen und Vorurteilen befangen war. Jetzt gehe ich öfters in ihre Kirche in dem Bewußtsein, daß ihr Gott auch unser Gott ist, und es erscheint mir unwesentlich, wo wir zu ihm beten. Noch niemals zuvor habe ich so stark den Wunsch verspürt, mich vor Menschen in Ehrfurcht zu neigen, wie vor unseren Klosterschwestern.« Ich freute mich über dieses Geständnis, ich wußte, daß es vielen von unseren Heiminsassen ebenso gegangen war wie ihm. Für

Tagebuchaufzeichnungen Else Behrend-Rosenfeld

mich traf das nicht zu, Du weißt, daß wir schon viel früher die Hilfe und Freundschaft frommer katholischer Menschen erfahren haben. Aber mir wurde jetzt wieder einmal ganz deutlich, wie wichtig und notwendig es ist, wenn die Menschen verschiedener religiöser Bekenntnisse unter dem Zwang schwerer Schicksalsschläge die durch Dogmen aufgerichteten Schranken fallen sehen und ihre brüderliche und schwesterliche Nähe erfahren. »Alle menschlichen Gebrechen heilet reine Menschlichkeit«, dies schöne und wahre Goethewort schien mir als Motto über diesen schweren, unvergeßlichen Tagen und Nächten zu leuchten. –

Auch der Abschied erhellte dies Zusammengehörigkeitsgefühl, ja er strahlte helfend noch den Deportierten über die Tage im Sammellager, wie uns viele briefliche Mitteilungen bewiesen, die von dort zu uns kamen. Um so schwerer empfanden wir Zurückgebliebenen die Lücke, die nach ihrem Fortgehen geblieben war und sich auch durch das rasche Hineinströmen neuer Insassen nicht schließen wollte. –

Briefe an Eva Schmidt vom 16. November 1941 und 2. Januar 1942 aus München-Berg am Laim

Am 16.11.41.

Meine liebe gute Eva,

hab innigen Dank für Deine lieben Zeilen, die mir so gut getan haben! Die letzte Woche lässt sich nur noch mit der Zeit vergleichen, die wir hinter uns hatten, als Du zu uns nach B. L. [Berg am Laim] kamst und mit der vor jetzt 3 Jahren! Aber unsere Menschen hier haben sich fabelhaft gehalten, es ist uns doch gelungen, in diesen wenigen Monaten hier wirklich eine Gemeinschaft zu schaffen, deren Kraft und Tragfähigkeit sich jetzt gezeigt hat. So war neben entsetzlich Schwerem doch sehr viel Schönes, Beglückendes! Ich wäre brennend gern mit dieser ersten Kerntruppe mitgegangen, aber es ist mir klar, daß es eben das viel Leichtere gewesen wäre, und daß mir aufgegeben ist, die viel schwerere Aufgabe hier zu erfüllen. – Denk Dir, gerade an einem der schwersten Tage kam ein Brief von Fritz, so liebevoll, ruhig und ausführlich, daß es eine große Hilfe bedeutete! Sehr in Sorge um mich, wenn ich sie ihm doch nehmen könnte! – Ich bin überzeugt, daß die Aktion weitergehen wird und daß wir alle fortkommen, nur der Zeitpunkt ist wohl noch ungewiß. – Aber ich weiß nicht, ob ich Dir die Reise jetzt übers Wochenende zumuten darf, so ins Ungewisse hinein. Es ist eine ganz große Strapaze, der du Dich nicht aussetzen sollst! – Ich muß schließen, es kommen täglich wieder neue Insassen, fast lauter alte und kranke Menschen. Sei tausendmal innig gegrüßt … Deine E.

Am 2. Jan. 42.

Meine liebe, gute Eva,

… Ich bin seit 3 Tagen immer den ganzen Tag über bei Annemarie und ihrer Familie und dieser Umgebungswechsel tut mir sehr gut! Montag will ich – allerdings nur zu einem Teil – wieder mit der Arbeit anfangen und ich bin sehr froh, daß ich so weit bin. Es war

ein richtiger Nervenzusammenbruch, etwas, was ich nie für möglich gehalten hätte, daß ich es kriegen könnte! – Ich bin ganz wunderbar gepflegt worden, das ganze Haus wetteiferte, mir Nettes anzutun! – … Ich bin so froh und dankbar, daß ich Deine warme Nähe so sehr spüren darf, Du Liebe, Gute!

Berg a. Laim, Sonntag, den 4. Januar 1942

Mir geht es gesundheitlich nicht gut; schon seit November vorigen Jahres plagen mich immer häufiger auftretende Schwindelanfälle und eine tödliche Mattigkeit, die mich manche Tage unfähig macht, das Bett zu verlassen. Ich habe auch in den letzten Monaten ständig sehr an Gewicht verloren. – Unter den neuen Insassen, die nach der Novemberdeportation kamen, war die Witwe eine Arztes, die selbst früher Krankenschwester gewesen ist. Schwester Irma tat auch bei uns Dienst als Krankenschwester und hat mich rührend gepflegt. Sie ist nicht mehr jung, Anfang der Sechziger, aber in ihrem Beruf sehr tüchtig und unermüdlich. Wir verstanden uns ausgezeichnet vom ersten Augenblick an. Sie hat mir, als es mir am schlechtesten ging, viel von meiner Arbeit abgenommen. Vorgestern mußte sie uns wieder verlassen, der Hauptsturmführer Wegner hat sie in das Barackenlager nach Milbertshofen strafversetzt. Sie wurde am Vormittag des 24. Dezembers zu ihm bestellt. Da es mir gerade in den Feiertagen nicht gut ging, habe ich erst vor kurzem von ihr erfahren, was geschehen war. Sie ist, kurz ehe sie hier ins Heim eingewiesen wurde, an einem Tag, als sie in das Gemeindebüro bestellt war, zu ihrer Wohnung im äußersten Schwabing, zu der sie hätte laufen müssen und etwa anderthalb bis zwei Stunden gebraucht hätte, trotz des Verbots mit der Straßenbahn gefahren. Sie hatte den Judenstern verdeckt und stand auf der hinteren Plattform. Es wurde sehr voll, und im Gedränge sah ein SA-Mann, der neben ihr stand, das Gelb des Sterns herausleuchten. Er veranlaßte den Straßenbahnschaffner, ihre Personalien festzustellen und sie bei der Partei zu melden. Die ersten Tage nach diesem Vorfall, der sich Anfang November abgespielt hatte, erwartete sie voller Angst eine Vorladung in die Widenmayerstraße. Aber es erfolgte nichts, sie wurde zu uns eingewiesen, begann ihre Arbeit und hatte die ganze Angelegenheit fast vergessen, als sie für den Vormittag des 24. Dezember zum Hauptsturmführer Wegner bestellt wurde. Sie ging pünktlich hin und fand ihn schäumend vor Wut über die von ihr verübte entsetzliche Untat. Sie blieb völlig ruhig bei den gemeinen Schimpfworten, die er ihr zuschrie und diese Ruhe muß ihn wohl noch mehr gereizt haben. Plötzlich war er dicht vor ihr, und schon fühlte sie einen starken Schlag ins Gesicht. Dabei brüllte er: »Ich werde euch schon noch lehren, die Verbote einzuhalten. Am 2. Januar haben Sie im Barackenlager in Milbertshofen zu sein, die Heimanlage ist viel zu gut für solche Geschöpfe: Raus!« Sie war wie betäubt und taumelte aus dem Zimmer. Mühsam stieg sie die Treppe hinunter und fand sich unten an der rauschenden Isar stehen mit dem heftigen Wunsch, hineinzu-

---

Tagebuchaufzeichnungen Else Behrend-Rosenfeld

springen und Vergessen und Ruhe zu finden. Aber sie riß sich zusammen, ging langsam nach Berg a. Laim zurück und war dann wieder so sehr Herr über sich selbst, daß sie ruhig zu mir ins Zimmer kommen und auf mein Fragen erklären konnte, daß es sich bei ihrem Besuch um eine Vermögensangelegenheit gehandelt habe. – Am Freitag ist sie gefaßt und still nach Milbertshofen gegangen, um dort als Krankenschwester zu arbeiten. Ihr und uns, besonders mir, ist der Abschied sehr schwer geworden. –

Auch der Professor ist krank, so schwer, daß er kurz vor Weihnachten in unser Krankenheim transportiert werden mußte. Es geht ihm jetzt ein bißchen besser, aber es wird noch lange dauern, bis er zu uns zurückkommen kann. Er fehlt uns allen sehr im Haus, ich merke erst jetzt, wie sein stilles Lächeln, mit dem er mich beim Vorübergehen begrüßte, mir wohltat, und ich weiß, daß es sehr vielen Heiminsassen ähnlich geht.

Für die kommende Woche sind wieder neue Insassen angekündigt, die letzten freien Betten werden belegt, und damit auch die in meinem Zimmer. Ich muß gestehen, es wird mir schwer, auf das Alleinseinkönnen in den kurzen Nachtstunden verzichten zu müssen. Die Auswahl meiner Zimmergenossinnen habe ich schon getroffen. Die eine, Frau Dillenius, eine feine stille Frau, verwitwet, ist mir schon seit ihrem Einzug ins Heim besonders angenehm; die zweite, Frau Altschüler, frisch, klug und temperamentvoll, Frau eines Heidelberger Bankdirektors, der, schwer kriegsbeschädigt, nur mühsam an zwei Stöcken gehen kann. Er ist mit dem Professor in einem Zimmer untergebracht und hat sich mit ihm schnell angefreundet. Auch seine Frau steht ihm nahe. Sie hatten, nachdem Herr Altschüler seine Stellung aufgeben mußte, in Oberbayern in der Nähe des Walchensees ein Landhaus gemietet und wurden erst im November von der Partei herausgeholt. Als

Das jüdische Krankenhaus lag in der Hermann-Schmid-Straße 5–7.

Gretchen Dillenius, geb. 1892 in München, teilte mit Else Rosenfeld das Zimmer. Ein Ausreiseversuch war 1941 gescheitert, am 10. August 1942 wurde sie nach Theresienstadt deportiert und ermordet.[102]

Margarete Altschüler, geb. 1892, lebte mit ihrem Mann, Ludwig Altschüler, Kommerzienrat und Direktor bei der Dresdner Bank, bis 1937 in Neustadt, dann zogen sie nach Oberammergau. Am 28. November 1941 berichtete die Gendamerie, Kreis Garmisch-Partenkirchen an den Landrat: „Die letzten im Kreisgebiet ansässigen Juden, nämlich das Ehepaar Altschüler in Krün, haben am 10.11.1941 Krün verlassen und wurden auf Veranlassung der Gauleitung in ein Judenlager in München eingewiesen. Die Krüner Bevölkerung begrüßt die Abreise."[103]

Unten links: Margarete Altschüler mit ihrem Adoptivsohn Heinz, Neustadt 1934

Unten rechts: Ludwig und Margarete Altschüler in ihrem Haus in Krün, Oberammergau, um 1940

Berg a. Laim, Sonntag, den 4. Januar 1942

dritte kommt Frau Schönberg zu mir, die, eines Herzleidens wegen, zur Zeit in unserem Krankenhause ist. Ihr Mann, siebzigjährig, ist der Erbauer des »Deutschen Museums« in München, jetzt in einer Zementfabrik beschäftigt, allerdings im Büro, wo man ihn Pläne zeichnen läßt. Er ist ein kleiner, unendlich stiller und bescheidener Mann, der sich in alles fügt, wie überhaupt sehr häufig die Menschen es uns am leichtesten machen, die früher hohe Stellungen bekleideten und etwas Besonderes leisteten. Es soll nun nicht so aussehen, als hätten wir nur ausgezeichnete stille und feine Leute hier. O nein, auch hier, wie in jeder größeren Gemeinschaft, gibt es unangenehme Menschen, Nörgler und Unzufriedene, die sich an allem ärgern und sich und den eng mit ihnen wohnenden Nachbarn das Leben gehörig schwer machen. Wir haben viel Mühe bei Männern wie bei Frauen, Klatschereien energisch zu bekämpfen, Streitigkeiten zu schlichten, Tobende zu beruhigen. Aber da über uns allen das Damoklesschwert der Strafversetzung in die Barackenstadt oder schlimmerer Strafen durch die Partei hängt, nehmen sich die meisten nach solchen Ausbrüchen schnell wieder zusammen. Jedenfalls lohnt es sich meiner Meinung nach nicht, ausführlich über solche Vorkommnisse und jene, die sie verursachen, zu berichten.

Briefe an Eva Schmidt vom 26. Februar, 24. und 29. März 1942 aus München-Berg am Laim

Am 26.2.42.

Meine liebe, gute Eva,

Du wirst sicher schon sehr auf Nachricht von mir warten und Dein lieber ausführlicher Brief und Deine Karte hätten verdient, gleich beantwortet zu werden. Aber es ging einfach nicht, ich nahm es mir jeden Tag vor, und abends war ich dann so müde, daß ich einfach nicht mehr den Entschluß fassen konnte. Außerdem habe ich mein Zimmer nicht mehr alleine, sondern drei Frauen hinein nehmen müssen, von denen eine allerdings wohl noch auf längere Zeit im Krankenhaus ist. Die beiden andern sind tagsüber in Arbeit, beide sehr nette und feine Menschen, aber wenn ich abends gegen 9 oder ½ 10 h totmüde heraufkomme, ist es natürlich doch nicht sehr angenehm, nicht allein sein zu können. – Sonst geht es mir gut, nur ermüde ich sehr viel schneller als vor der Krankheit … Denk Dir, ich hatte wieder Nachricht … Fritz scheint sich entsetzlich abzusorgen um mich, das bedrückt mich sehr; ich versuche in jedem Brief, ihm die Unruhe um mich zu nehmen, leider vergeblich. – … Wir haben im Haus noch ständig Umbelegungen und Neueinzüge, aber wir hoffen, daß wir in der nächsten Woche endlich damit aufhören können, voll belegt sind und dann etwas Ruhe für die weitere Arbeit im Hause haben.

Am 24.3.42.

Meine liebe, gute Eva, hab sehr herzlichen Dank für Deinen lieben Brief und die schöne farbenfrohe Karte, die vor mir auf dem Schreibtisch steht! – Herzlichen Dank auch für Dein Knoblauchangebot, aber wir bekommen hier genügend, so daß es die Mühe des

Schickens nicht lohnen würde. – Unsere eine Veranda ist inzwischen leider für andere Zwecke eingerichtet worden, so daß nur die oben als alleiniger Aufenthaltsraum zur Verfügung steht, Du kannst Dir denken, wie beansprucht sie wird! Der Schnee ist fast ganz weg bis auf kleine Flecken an der Nordseite, auch das Wetter ist frühlingsmäßig, aber ich merke kaum etwas davon. – Wir müssen allen Anzeichen nach auf neue Veränderungen gefaßt sein, und ich versichere Dir, Du Liebe, ich bin es auch; in aller Ruhe und Gefasstheit sehe ich allem Möglichen entgegen. Es hätte auch keinen Sinn, wenn Du jetzt kämst, es kann augenblicklich niemand zu uns, es ist aber in Aussicht gestellt, daß sich vielleicht dieser Zustand bald wieder ändert. Jedenfalls sei versichert, daß ich sofort Nachricht gebe, wenn ich genaueres weiß. Der Zustand der Ungewissheit ist nun immer am schwersten zu ertragen, muß aber ausgehalten werden. Ich bin unendlich dankbar, daß ich wieder völlig gesund und leistungsfähig, wenn auch sehr viel magerer bin (was mir nur lieb ist!), so fühle ich mich allem Kommenden gewachsen ... Grüße von Deiner E.

Sofie Weißblüth (links), kaufmännische Angestellte, seit 22. August 1941 in Berg am Laim, wurde zusammen mit ihrer dreijährigen Tochter Judis am 13. März 1943 nach Auschwitz deportiert. Hier in der Glasveranda im 1. Stock des Internierungslagers, Weihnachten 1941

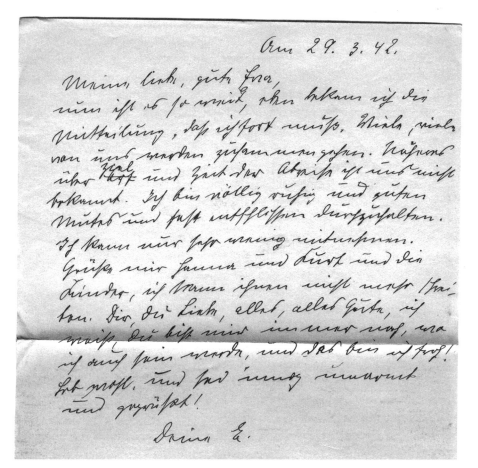

Am 29.3.42.

Meine liebe, gute Eva,

nun ist es so weit, eben bekam ich die Mitteilung, daß ich fort muß. Viele, viele von uns werden zusammen gehen. Näheres über Ziel und Zeit der Abreise ist uns nicht bekannt. Ich bin völlig ruhig und guten Mutes und fest entschlossen durchzuhalten. Ich kann nur sehr wenig mitnehmen. Grüße mir Hanna und Kurt und die Kinder, ich kann ihnen nicht mehr schreiben. Dir, Du Liebe, alles, alles Gute, ich weiß, Du bist mir immer nah, wo ich auch sein werde, und das bin ich froh!
Leb wohl, und sei innig umarmt und gegrüßt!

Deine E.

Am 29. März 1942

Berg a. Laim, Sonntag, den 12. April 1942

Else Rosenfeld schreibt 1965 im Rückblick: „Wir bekamen keine Nachricht mehr von ihnen, obwohl sie alle versprochen hatten zu schreiben. Das machte uns misstrauisch, aber wir wussten nicht, dass sie alle umgebracht worden waren."[104]

Siegbert Bravmann, Bäcker, Konditor, Koch, geb. 1922, lebte seit dem 8. Januar 1942 in der Clemens-August-Straße 9 und wurde am 11. Juli 1942 nach Theresienstadt deportiert.

Der Hausmeister Hermann Strauß, 43 Jahre alt, machte zugleich alle Botengänge zwischen Gestapo, Kultusgemeinde und Lager. Er stand 1950 dem Gericht als Zeuge zur Verfügung.

Lange, lange habe ich mein Tagebuch nicht mehr geöffnet, aber es gab zu viel zu tun. Abel fehlte uns sehr mit seinem praktischen Sinn und seinen geschickten Händen, die kleine Schäden schnell wieder in Ordnung brachten. Ebensosehr fehlte mir, mehr als den anderen, Gertrud Lind, der ich die Küche ganz selbständig überlassen hatte. – Und von keinem von allen, die deportiert wurden, ist je wieder eine Nachricht gekommen! – Statt Gertruds wurde mir ein neunzehnjähriger Junge geschickt, Siegbert, der bis dahin im Altersheim von Frau Tuchmann gearbeitet hatte. Er ist für sein Alter tüchtig und zuverlässig, aber ich muß mich doch sehr viel mehr um alles kümmern, wenn auch Frau Nehm neben ihm arbeitet und das Kochen leitet.

Aber es lohnt sich nicht, all das ausführlich aufzuschreiben. Ich will es nur kurz erwähnen, es gibt Wichtigeres zu berichten.

Schon in der letzten Märzwoche ging unter unseren Heiminsassen das Gerücht von einer neuen Deportation um. Wieder schwirrte es im Heim wie in einem aufgestörten Bienenkorb von allerlei Mutmaßungen über Umfang und Ziel der gefürchteten Aktion. Am Samstag, dem 28. März, war, wie fast jeden Samstagnachmittag, eins unserer Vorstandsmitglieder zum Besuch seiner alten Mutter im Heim. Ich fragte ihn, ob eine neue Deportation geplant sei. Er bejahte, sagte mir aber, daß weder ihm noch sonst einem Vorstandsmitglied etwas Genaues bekannt sei. Auch die Liste der Abzutransportierenden sei ihnen noch nicht vorgelegt worden. Sie erwarteten sie aber noch heute. Ziemlich spät am Abend klopfte unser Hausmeister an meine Zimmertür, er müsse mich kurz sprechen. Er ist mit einer »Arierin« verheiratet und hat sieben Kinder, die im katholischen Glauben der Frau erzogen werden. Er ist ein Original, eine unermüdliche Arbeitskraft, ein kleiner rundlicher Mann mit einem breiten, fröhlichen Gesicht, stets zu einem mehr oder weniger derben Scherz bereit. Jetzt stand er ungewohnt ernst vor mir. »Ich komme eben von der Gemeinde«, sagte er, »ich habe dort im Haus einen alten Bekannten besucht. Als ich gerade gehen wollte, kam Herr Direktor Stahl und bat mich, Ihnen zu sagen, daß sie die Deportationsliste erhalten haben. Sie werden sie morgen gegen Mittag offiziell gebracht kriegen. Frau Doktor«, und hier stockte seine Stimme, »Sie und die ganze Heimleitung stehen mit auf der Liste. Im Ganzen kommen fünfundsiebzig Heiminsassen mit fort. Nicht wahr, Sie sagen es Herrn Hauptlehrer und Herrn Heilbronner. Mir ist es schon schwer genug, daß ich es Ihnen sagen mußte, aber Herr Direktor meinte, es wäre Ihnen sicher lieb, es schon jetzt zu wissen und sich darauf vorzubereiten.« Sein großes ehrliches Gesicht sah so bekümmert aus, wie ich es nie vorher gesehen hatte. Ich dankte ihm, daß er noch einmal herausgekommen war, um mir diese Mitteilung zu machen. Allerdings durfte er, als in einer sogenannten privilegierten Mischehe lebend und nicht verpflichtet, den Judenstern zu tragen, auch Straßenbahn fahren und bei seiner Familie wohnen. Er hat im allgemeinen Samstagnachmittag und Sonntag

Tagebuchaufzeichnungen Else Behrend-Rosenfeld

frei, versprach mir aber, morgen auf alle Fälle zu kommen. Es würde wieder viel Extraarbeit geben, wenn die Listen verteilt seien. Dann eilte ich ins Büro hinunter, wo Heilbronner noch arbeitete, und sagte es ihm. »Es ist merkwürdig«, sagte er langsam nach einer kurzen Pause, »mir ist es fast wie eine Erleichterung, daß ich diesmal dabei bin und es nicht nur den anderen mitteilen, sie beruhigen, ihnen zureden muß.« »Mir geht es ganz genauso«, erwiderte ich ihm, »und ich bin zufrieden, mit Ihnen zusammen zu gehen.« Er kam schnell auf mich zu und gab mir die Hand, die ich fest drückte. »Ich brauche nicht zu betonen, daß es mir lieb ist, daß wir beide zusammenbleiben. Aber nun müssen wir den Hauptlehrer rufen, er hat ein Recht darauf, es sofort zu erfahren. Warten Sie einen Augenblick, ich hole ihn herüber.« Gleich darauf kamen beide Männer zurück. Ich sagte kurz, was mir Hermann, unser Hausmeister, berichtet hatte. Der Hauptlehrer schrak im Moment zusammen, faßte sich aber schnell und sagte mit einem tiefen Aufatmen: »Wir mußten ja damit rechnen, daß es eines Tages kommen würde; ob früher oder später, spielt eigentlich keine Rolle. Gut, daß wir alle zusammen gehen.« Wir beschlossen, vor den Insassen zu schweigen, bis die schriftliche Mitteilung da wäre. Dann ging jeder in sein Zimmer. Ich atmete erleichtert auf, daß ich oben bei mir meine beiden Zimmergenossinnen schlafend fand. Es wäre mir schwer gewesen, wenn ich notgedrungen mit ihnen über mehr oder weniger Belangloses hätte reden müssen. So setzte ich mich still an meinen Schreibtisch mit der abgeblendeten Lampe und versuchte, in mir selbst ruhig und klar zu werden. Am schlimmsten traf mich, daß jede Verbindung mit Dir und den Kindern nun völlig unmöglich wurde. Zwar waren auch jetzt die Nachrichten, die unsere Schwägerin aus Lissabon so treulich an Dich und mich schickte, spärlich und selten genug, aber es bestand doch eine gewisse Verbindung, um die wir beide froh waren. Nun mußte ich ihr vor dem Transport ins Sammellager schreiben, daß ich eine größere Reise antreten würde und keine Adresse angeben könnte. – Und was würde aus dem Heim werden? Das Heim war mir ans Herz gewachsen, das hatte ich vorher nie so stark gefühlt wie jetzt, da wir drei von der Leitung es verlassen sollten. Aber es lohnte sich nicht, diesen Gedanken nachzuhängen. Schnell ins Bett, um wenigstens zu ruhen, mit dem Schlafen würde es nicht viel werden, aber die Ruhe war notwendig, es kamen wieder schwere Tage in jeder Beziehung, denen ich unbedingt gewachsen sein mußte. –

Erst am Sonntagnachmittag kamen die sogenannten Evakuierungsbriefe. Das Verteilen wurde uns diesmal leichter dadurch, daß wir sagen konnten: »Wir gehen mit euch, und es fällt uns nicht einmal so schwer, weil wir fest glauben, daß allmählich alle Juden aus München und dem ganzen Reich deportiert werden. Ist's da nicht fast besser, ein langes, quälendes Warten auf das, was doch einmal kommt, bliebe uns erspart?« Und tatsächlich, diesmal gab es kein Schreien und lautes Jammern. Blaß, still und gefaßt nahmen die Frauen den schicksalsschweren Brief entgegen. Was mich erschreckte und bedrückte, war, daß auch das Ehepaar Altschüler mit auf der Deportationsliste stand. Wie sollte der durch seine schwere Kriegs-

Alice Rosenberg, Schwester von Siegfried Rosenfelds erster Frau Gertrud Rewald, vermittelte die Briefe zwischen Else und Siegfried. Wegen der Zensur waren alle Namen in den Briefen verschlüsselt.

beschädigung behinderte Mann allein die Strapazen des Sammellagers und der
Reise ertragen, gar nicht zu reden von dem, was danach kam! Und noch etwas
machte für sie die Sache besonders schlimm. Sie waren kinderlos, sie hatten als
ganz kleines Kind einen Jungen an Kindes Statt genommen und ihn später adop-
tiert. Beide hingen unendlich an ihm und er an ihnen. Da es ein »arisches« Kind
war, hatte man Ihnen schon große Schwierigkeiten gemacht. Sie hatten ihn deshalb in eins der großen Landerziehungsheime bei München gebracht, von wo aus
er sie wenigstens hin und wieder sehen konnte. Die Trennung von diesem geliebten Sohn, der etwa fünfzehnjährig war, traf sie schwerer als alles andere. Trotzdem
zeigten sie sich beherrscht und ruhig. –

Dieses Mal mußte nicht nachts gearbeitet werden, um alles vorzubereiten. Vorsorglich hatte ich einen ganzen Haufen Säckchen nähen lassen und auch sonst
immer wieder aufgefordert, alles Notwendige für das Gepäck, das diesmal im ganzen nur dreißig Kilogramm betragen durfte, bereitzuhalten. Schlafsäcke waren hergestellt worden, und ebenso hatten wir für diejenigen, die keine Decken, sondern
nur ein Oberbett besaßen, aus diesem eine Art Daunendecke gemacht, indem wir
Federn herausnahmen, die übrigen gut verteilten und die so entstandene Decke
gut durchsteppten. Aus Gurten hatten wir für alle, die keine Lederriemen ihr
eigen nannten, eine Art Träger für die Deckenrollen angefertigt. Bei alledem hatten uns die Quäker unter Annemaries Anleitung, aber auch manche andere
bekannte Frauen geholfen, die aus der Stadt zu uns kamen. –

Beunruhigter als wir Fortgehenden zeigten sich dieses Mal die Zurückbleibenden. Gerüchte schwirrten umher, das Heim sollte künftig von SS-Männern geleitet werden. Uns war nichts davon bekannt geworden, aber wenn es wahr sein
sollte, dann war es wirklich besser, fortzugehen. Gewiß konnte uns das in Polen
auch blühen, aber dann lieber dort als hier im liebgewordenen Heim, wo wir bisher ein möglichst mildes und freundliches Regiment geführt hatten.

Frau Nehm, Gertrud Linds Nachfolgerin, die mit dem jungen Koch zusammen
die Küche besorgte, übergab ich die Schlüssel zum Vorratsraum und allen Schränken mit dem sehr genau geführten Küchenbuch, aus dem sie die Mengen aller
nötigen Lebensmittel ersehen konnte. Heilbronner führte seinen Adlatus Löwenberger, einen siebzigjährigen schwerkranken Mann, der ihm bisher bei seinen
Arbeiten im Büro geholfen hatte, gleichfalls in alles Nötige ein. Herr Löwenberger war Großkaufmann in der Lebensmittelbranche gewesen und hatte sich nicht
nur als sehr tüchtige Hilfskraft, sondern auch als ausgezeichneter Organisator
erwiesen. So hatte er z. B., um die Verteilung der Lebensmittelkarten zu erleichtern, eine äußerst brauchbare und arbeitssparende Kartothek angelegt. Nun schärfte
Heilbronner ihm noch ein, daß das Allerwichtigste sei, jeden Freitag pünktlich
das Mietgeld zugleich mit einer genauen Insassenliste an den Stellvertreter des
Gauleiters in die Widenmayerstraße per Boten zu senden.

Der Abtransport ins Sammellager nach Milbertshofen war auf Mittwoch, den
1. April, festgesetzt. Am Dienstagabend fand im großen Eßraum ein kurzer, gemein-

Tagebuchaufzeichnungen Else Behrend-Rosenfeld

samer Gottesdienst statt, den wohl keiner der Beteiligten je vergessen wird. Es wurden nur einige Gebete gesprochen und der 94. Psalm gelesen. Zum Schluß defilierten alle Heiminsassen am Hauptlehrer, Heilbronner und mir vorbei und drückten uns die Hand zum Abschied. Gar mancher versuchte, ein paar Worte des Dankes und der Verbundenheit zu stammeln, die meisten aber konnten vor Ergriffenheit und aufsteigenden Tränen nicht sprechen. Ich hatte Mühe, ein Schluchzen zu unterdrücken, als ich all die wohlbekannten und durch die Bewegung so veränderten Gesichter sah. Mir tat die Hand weh nach den vielen kräftigen Händedrücken. Oben in meinem Zimmer tröstete Frau Altschüler Frau Dillenius, die zurückblieb, das heißt, nicht deportiert wurde. Aber wir hatten noch etwas zu tun. Ich besaß eine ziemliche Menge Veronal, nach Aussage des Arztes genügend, um drei Personen ruhig zum Tode einschlafen zu lassen. Ein Drittel nähte ich in die untere Naht meines graumelierten Mantels, zwei Drittel bekam Frau Altschüler, um es in zwei ihrer Kleidungsstücke einzunähen. Ihr Mann wußte nichts davon, aber ich begriff, daß es eine große Beruhigung für sie bedeuten mußte, wenn sie im Augenblick, wo die Sachlage für sie beide unerträglich würde, diese Möglichkeit hatten. Allein das Bewußtsein, selbst über sein Schicksal entscheiden zu können, gab Trost und Kraft. Dann übergab ich Frau Dillenius mein Tagebuch, mit der Bitte, es nach meiner Abreise Tilla ins Isartal zu schicken, damit sie es dort aufbewahre. Auch in dieser Nacht, in der wir alle nicht viel geschlafen haben, gingen meine Gedanken immer wieder zu Dir und den Kindern. Mit jedem weiteren Jahr der Trennung hatten sich die Räume, die sich zwischen uns schoben, weiter und weiter ausgedehnt, jetzt schienen sie ins Unendliche wachsen zu wollen. Noch nie zuvor hatten mich Trennungsschmerz und Sehnsucht so stark überfallen wie in dieser Nacht; lange, lange mußte ich mit mir ringen, um ihrer einigermaßen Herr zu werden. Erst gegen Morgen sank ich in einen kurzen, unruhigen Schlaf. Ich erwachte aus ihm, als das tränenüberströmte Gesicht von Frau Dillenius sich über mein Gesicht beugte, ehe sie zu ihrer Arbeit in der Fabrik aufbrach. Wortlos umarmte ich sie und wandte mich dann schnell ab, weil ich die Qual des Abschieds nicht unnötig verlängern wollte. – Langsam sah ich den Tag heraufdämmern. Leise stand ich auf und setzte mich an den Schreibtisch, um noch einmal in Ruhe den geliebten Blick aus dem Fenster in mich aufzunehmen. Viele Bilder zogen an mir vorüber: Das Schwirren der Turmschwalben an Sommerabenden um die beiden Kirchtürme, die Prozession der langsam wandelnden Nonnen in ihren schwarzen Kleidern und den großen, weißen Flügelhauben auf den geraden Wegen des grünen Klostergartens. Immer wird die Vorstellung vom Abendfrieden für mich mit diesem Bilde unlöslich verbunden sein! Kurz vor unserem Gottesdienst hatte ich von den Klosterschwestern Abschied genommen, von der klugen, ruhigen Oberin, der von mir besonders geliebten und verehrten Oberschwester an der Pforte, die ich am besten kannte, weil sie meist daneben das Telephon bediente, das wir gemeinsam benutzten, von der freundlichen Küchenschwester, die uns so manches Mal mit irgendwelchen Vorräten ausgeholfen hatte, wenn

Am 18. Februar hatte Siegfried Rosenfeld die letzte Nachricht von seiner Frau erhalten. In seinen Aufzeichnungen schreibt er: „Gestern kam Elses Brief vom 22. Januar. Zum Glück anscheinend keine Verschlechterung der Lage und weiter Möglichkeit eines Außenverkehrs, Tillas 14-tägige Besuche, Korrespondenz mit Freunden. – Elses Festigkeit, die hoffentlich nicht nur nach außen sichtbar gezeigt wird, ist zu bewundern. Ihre intensiven Aufgaben halten sie gewiss stark und erfüllen ihren ganzen Tag. Wenn doch dieses Jahr das Ende des europäischen Krieges brächte. Es kann diese Intensität des Mordens doch unmöglich lange Monate noch ausgedehnt werden ... Was wäre das schön, die Aussicht, aus diesem provisorischen Leben herauszukommen, wieder zu einer Familie zusammenzuwachsen! Wo auch immer!"

Die Oberin des Klosters war Schwester Petrina Hufnagl, geb. 1889, gest. 1948.

Im Lager Berg am Laim, hintere Reihe v. links: Charlotte Koch, Hanni Schmidt, Clara Schwalb, Judith Hirsch, Ilse Nussbaum. Vordere Reihe v. links: Rolf Heufeld, Werner Grube, Bernhardt Schmidt, Ernst Grube, 1942

Rose Lampé bekam fünf Deportationsbefehle, viermal gelang es ihrem Mann, einem Universitätsprofessor, sie frei zu stellen. Sie überlebte und schilderte nach dem Krieg dem Gericht diese Transporte: „Ich musste mich dann wieder in das Lager Berg am Laim begeben. Von dort fanden mehrere große Transporte statt, zu denen auch Leute aus der Umgebung Münchens, auch Augsburg usw. gehörten. Sie wurden in Möbelwagen gepfercht, die plombiert wurden. Auch eine Anzahl Kinder, fast durchweg solche, deren Eltern schon früher verschickt worden waren, waren dabei."[107] Zweifellos bekamen auch viele Bewohner des Stadtteils Berg am Laim die Transporte mit.

wir in Verlegenheit waren, und – um noch eine zu nennen – von der Gartenschwester mit dem braunen, offenen Gesicht, dessen viele kleine Fältchen um die guten Augen zeigten, wie bereit sie zu fröhlichem Lachen war, und mit der mich noch besonders die Liebe zu Zimmerpflanzen und Blumen verband, die sie mir reichlich zum Schmuck meines Stübchens gestiftet hatte.

Wenn ich jetzt in dieser Stunde das Fazit der hier verbrachten Zeit zog, so erschien sie mir reich und erfüllt von viel Arbeit, viel Leid und vielen kleinen und großen Freuden. Abschließend durfte ich mir ruhig sagen: Wir alle, die wir dies Heim aufgebaut und es geleitet hatten, wir hatten unsere Pflicht getan. Guten Gewissens konnten wir es verlassen. Wieder einmal erkannte ich klar, wieviel leichter es ist, unter denen zu sein, die Unrecht erleiden, als unter denen, die Unrecht tun. Erhobenen Hauptes konnten wir einem schweren, unbekannten Schicksal entgegengehen, ungebeugt in unserer Selbstachtung und unserer Menschenwürde. Darin lag keine pharisäische Überhebung, der wollte ich mich gewiß nicht schuldig machen und niemals vergessen, daß mir Demut und Bescheidenheit zu den erstrebenswertesten Tugenden zu gehören schienen. – Die Stunde der Einkehr hatte mir gut getan, ruhig konnte ich nun wieder zu den Obliegenheiten dieses Tages zurückkehren. –

Noch einmal vereinte uns das einfache Frühstück unten im Speiseraum. Dann schnell nochmals in das Zimmer zurück, um das Gepäck herauszuholen, das unten, zur Abholung bereit, vor der Haustür aufgestapelt wurde. Ein letzter Blick in das Zimmer Nr. 38: Dank dir, Schutzheilige dieses Raumes, heilige Theresia!

Schon hörte man das Rollen des großen Gesellschaftsautos, das mit seinem Anhänger für das Gepäck in den Hof fuhr. Schnell hinunter! Noch einmal Abschiednehmen, aber rasch und kurz. Wir drei von der Leitung hatten uns ausbedungen, beim ersten Transport zu sein. Dreimal mußte das Auto fahren, um die rund fünfundsiebzig Menschen aus unserem Heim ins Sammellager zu bringen. Auch Altschülers waren mit mir im Auto, sie, Heilbronner und ich wollten möglichst zusammenbleiben. Wir fuhren ab, das Tor der Klostermauer öffnete sich, die Zurückbleibenden winkten unter Tränen, auf der Straße standen einige Neugierige, die dem Wagen nachsahen; schon waren wir vorüber. Die wohlbekannten

Tagebuchaufzeichnungen Else Behrend-Rosenfeld

Straßen der Stadt glitten an mir vorbei, wieder mußte ich denken: zum letzten Mal! Dann kamen unbekannte Stadtteile, und plötzlich ging es mir auf, daß ich ja das Barackenlager noch nie gesehen hatte, in dem doch so viele mir gut bekannte Menschen lebten. Nun durchfuhren wir öde, lange Straßen mit Fabriken an einer Seite und einer Mauer an der anderen, jetzt kam ein Tor. Es wurde geöffnet, wir bogen ein, und das Auto stand auf einem kahlen Platz, der an allen vier Seiten von Holzbaracken ohne Steinunterbau eingefaßt war. Kein Baum oder Strauch weit und breit zu sehen. Wieviel schwerer mußte es sein, hier zu leben als in unserem schönen, von wohltuendem Grün umgebenen Heim! Aber jetzt war keine Zeit für solche Betrachtungen, schon hieß es: Rasch aussteigen und in einer Reihe aufstellen! Jeder erhielt ein kleines grünes Zettelchen mit einer schwarz aufgedruckten Zahl, wie eine Garderobennummer im Theater, ging es mir durch den Kopf. Heilbronner bekam Nr. 273, ich Nr. 274, die angrenzenden beiden Nummern bekamen Altschülers. Dann ertönte der Befehl: Nacheinander im Gänsemarsch in die Baracke zur Prüfung durch die Gestapo. Hinter einer durch Tische gebildeten Schranke saß ein Mann, der mich kurz anwies: »Handtasche ausschütten.« Ich kehrte den Inhalt meiner Tasche vor ihm auf den Tisch. Er ergriff zunächst meine Kennkarte und legte sie auf einen Stapel schon vorhandener. »Wo sind Ihre übrigen Papiere? Geburts- und Heiratsurkunde, Auswanderungspapiere?« »Die habe ich vernichtet«, erklärte ich. »Wie kommen Sie dazu?« fuhr er mich an. »Sie schienen mir völlig überflüssig für die Deportation zu sein«, erwiderte ich ruhig. In Wirklichkeit hatte ich sie in treuen Händen zurückgelassen, ich wußte, daß sie hier nur vernichtet werden würden. Er griff zu den wenigen Photos, die

Der gefürchtete Gestapobeamte Gerhard Grimm schilderte die Kontrollen 1950 in einer Vernehmungsniederschrift ohne Gefühlsregung als Verwaltungsakt: „Wie schon angegeben, war ich bei zwei oder drei Transportzusammenstellungen in Milbertshofen mit dabei … Die Juden kamen ins Lager, wurden anschließend registriert, [das] Gepäck gewogen, mit Nummer versehen und darauf[hin] das Gepäck aufgeschlichtet. Die zu der Gepäckkontrolle bestimmten Beamten haben darauf nach der Reihenfolge, wie eben die Gepäckstücke kamen, nach dem Inhalt durchsucht. In Frage kamen Koffer, Reisetaschen usw. Aus dem Gepäck wurde entnommen: Schmuck, Geld, Papiere jeder Art, Mangelware, wertvolle Kleider … Nahrungsmittel, was über einen Tag ging, wurden gleichfalls abgenommen … Ob die zu evakuierenden Personen Löffel und Gabel auch abgeben mussten, kann ich heute nicht mehr angeben; ich nehme an, dass sie diese Gegenstände behalten durften."[108]

Berg a. Laim, Sonntag, den 12. April 1942

Die Gestapo nutzte die Kontrollen zur Aus-
plünderung und gezielt zur persönlichen
Bereicherung. Der Gestapobeamte Eduard
Fahlbusch berichtete nach dem Krieg in
einer Zeugenaussage über seine Kollegen:
„Gelder mußten erst an Grahammer, dann
an Grimm abgeliefert werden."[109]

Auch Frauen wurden bei den Untersuchungen eingesetzt. Ein Teil des Gestapopersonals
war weiblich. Die Münchner jüdische
Schriftstellerin Gerti Spies schreibt in ihrer
Zeugenaussage über die Kontrollen:
„Bemerken möchte ich hier aber, dass
unser Handgepäck, Bettrollen usw. von
‚Damen' der Frauenschaft mit ausgesuchter
Höflichkeit durchsucht und geplündert
wurde, um dann waschkörbeweise davon-
getragen zu werden. Auch der Name der
Frauenschaftlerin, die mir meinen Ehering
abnahm, ist mir nicht bekannt."[110]

ich besaß, je eins von Dir und unseren Kindern. Rrratsch! Er hatte sie mitten
durchgerissen und warf sie hinter sich. Eine heiße Welle von Wut und Empörung
durchflutete mich. Aber schnell nahm ich mich zusammen; es lohnte sich nicht,
ihm zu zeigen, wie tief er mich mit dieser Handlung getroffen hatte. Er öffnete
mein Portemonnaie, das einige Münzen enthielt. »Wo ist Ihr übriges Geld?« fragte
er barsch. »Ich besitze nicht mehr«, antwortete ich. Ich machte mich daran, den
übrigen Inhalt meiner Tasche wieder einzupacken, aber eine Handbewegung von
ihm hinderte mich. »Nichts da, weitergehen, der Nächste«, brüllte er. Ich kam in
den anstoßenden Raum. »Ihren Kofferschlüssel«, forderte kurz ein anderer Beamter. Ich wies nach hinten. »Liegt nebenan auf dem Tisch.« »Weitergehen«, rief er
mir zu. »Frauen rechts!« Ich kam in einen Raum, wo zwei Frauen an einem Tisch
saßen, »öffnen Sie Ihre Tasche mit dem Proviant und Ihre Deckenrolle«, sagte die
eine. Sie prüften beides. Ich hatte meine grüne Kamelhaardecke und meine Stepp-
decke, um sie zu schonen, in ein Stück einer alten Baumwolldecke gewickelt. »Sie
dürfen nur zwei Decken haben«, äußerte kurz, aber nicht unfreundlich die ältere
der beiden Frauen. Ich legte die alte Baumwolldecke beiseite. Sonst wurde nichts
beanstandet. Mühsam nahm ich die auseinandergefalteten Decken und die paar
anderen Sachen, die darin eingewickelt waren, unter den Arm und verließ die
Baracke. Draußen erwarteten mich einige Jungen aus unserem Lehrlingsheim, die
von der Gemeinde zu Hilfeleistungen an diesen Tagen nach Milbertshofen geschickt
worden waren. Es hatte angefangen zu regnen. Zwei der Jungen halfen mir, meine
Sachen zu tragen. Sie führten mich in eine andere Baracke. »Nr. 7« stand über
der Haustür. Ich sah mich nach Heilbronner und Altschülers um, konnte sie aber
nicht erblicken und fragte die Jungen nach ihnen. »Sie sind in anderen Baracken«,
antwortete mir der Größere. »Ehepaare, alleinstehende Männer und ebensolche
Frauen sind in gesonderten Baracken untergebracht. Aber sie können sich vor den
Türen treffen«, gab er mir freundlich Auskunft und öffnete dabei die Tür zu einem
Zimmer, in dem sich schon eine ganze Anzahl Frauen befand. Der ganze Raum
war mit grauen Papierstoffsäcken, die mit Holzwolle gefüllt waren, ausgelegt. Jeder
Sack war 80 Zentimeter breit und 1,80 Meter lang. Eine jüngere Frau löste sich
aus einer Gruppe und kam auf mich zu. »Ich bin die Zimmerälteste«, sagte sie und
nannte ihren Namen. »In unserem Raum müssen fünfzig Frauen Unterkunft finden. Jede hat also Anspruch auf einen halben Holzwollsack zum Liegen oder Sitzen; es wird recht eng werden«, fügte sie mit einem Seufzer hinzu. »Wir sind schon
seit gestern Abend hier«, und sie nannte eine kleine niederbayrische Landge-
meinde, aus der sie kam. Da entdeckte mich eine Heiminsassin und kam zu mir
heran. »Kommen Sie zu uns«, rief sie freundlich und zog mich in die Nähe eines
der Fenster. »Auf meinem Sack ist noch Platz für Sie.« Ich folgte ihr gern und
legte meine Proviantasche und meine Decken mit auf ihren Sack. Dann betrachtete ich in Muße meine Umgebung. Schon jetzt waren die Säcke über und über
mit dem an den Schuhen hereingetragenen Schmutz von draußen bedeckt, man
erkannte auch sofort, wer eben erst angekommen und wer schon längere Zeit hier

Tagebuchaufzeichnungen Else Behrend-Rosenfeld

war. Die letzteren sahen ungepflegt aus, sie trugen zahlreiche Spuren der schmutzigen Säcke an ihren Kleidern. Aber ich konnte nicht dauernd stehen, Sitzgelegenheiten waren nicht vorhanden, hätten auch bei so enger Belegung gar keinen Platz gefunden. Also ließ ich mich, heimlich seufzend, auf meiner Sackhälfte nieder. Unser Zimmer füllte sich rasch, ich zählte jetzt etwa vierzig Frauen. Der Lärm des Stimmengewirrs in dem niedrigen Raum dünkte mich fast unerträglich. Der Regen hatte aufgehört. Lieber wollte ich hinausgehen, als die schlechte Luft und das Getöse hier drinnen unnötig lange ertragen. Draußen fand ich Heilbronner, der von einer ganzen Schar Heiminsassen umringt war. »Gut, daß Sie kommen, Frau Doktor«, rief er mir zu, »unsere Leute haben mir eben vorgeschlagen, wir möchten doch etwas tun, damit wir Berg-am-Laimer die Fahrt möglichst zusammenmachen können.« »Dann wenden wir uns wohl am besten an den Leiter des Transports«, schlug ich vor. »Wissen Sie, wer es ist?« fragte einer aus der Gruppe. Heilbronner nickte. »Der Leiter des Barackenlagers soll dafür bestimmt sein«, erwiderte er und fügte hinzu: »Man hat genau wie bei uns auch hier die ganze Leitung des Lagers zur Deportation eingeteilt. Ich gehe nachher zu ihm und werde ihn fragen, ob er es möglich machen kann, daß wir zusammen reisen.« Die Sonne war durchgekommen und hatte die meisten Leute aus den dumpfen Baracken herausgelockt. Halt, wer kam dort hinten? Ich entdeckte »Baby«, mit der ich in Lohhof in der Flachsfabrik zusammen gearbeitet hatte, und neben ihr Klein Erna und Frau Brand, gleichfalls gute, alte Bekannte aus der Lohhofer Zeit. Aber die beiden letztgenannten waren doch keine Volljuden, überlegte ich schnell. Ich begrüßte alle drei. »Sie gehören doch wohl nicht zu den Fortgehenden«, wandte ich mich

Lagerleiter Hugo Reiling stand ebenfalls auf der Tranportliste. Seine Aufgabe übernahm Curt Mezger, der später die Leitung des Lagers in Berg am Laim übertragen bekam.

fragend an sie. »Wir wissen es noch nicht sicher«, antwortete Klein Erna. »Es wurde Frau Brand und mir gesagt, daß wir als Ersatz in Frage kämen, wenn von der geplanten Zahl von siebenhundertachtundsiebzig zu Deportierenden aus irgendwelchen Gründen der eine oder andere ausscheidet.« »Ich bin darauf eingestellt mitzugehen«, sagte Baby, »zwar schwebt für mich als Mischling ein Arisierungsgesuch, aber meine Mutter ist mit ihren dreiundsechzig Jahren als Volljüdin auf der Liste, und wenn sie nicht freikommt, verlasse ich sie nicht und lasse das Arisierungsgesuch schießen. Außerdem sind fast alle Mädels des Lohhofer Arbeitslagers, das ich seit der Deportation im November leite, auf der Liste der Fortgehenden, und ich gehe lieber mit ihnen als später mit lauter Fremden.« Also auch hier das gleiche Zusammengehörigkeitsgefühl wie bei uns im Heim. Ich nickte Baby zum Zeichen, daß ich ihre Gründe gut verstand, aufmunternd zu. Wir waren beim Herumschlendern vor einer entfernten Baracke angelangt. Vor der Tür standen einige Bewohner, die ich als frühere Heiminsassen erkannte und begrüßte. »Wenn Ihnen oder anderen etwas für die Reise Notwendige fehlt oder genommen sein sollte«, sagte mir eine alte Frau unter ihnen, »wenden Sie sich an uns, wir möchten so gern ein bißchen helfen und können es doch mit nichts anderem tun.« Ich dankte ihr und versprach, daran zu denken, wenn ich oder andere etwas brauchen sollten. »Fällt Ihnen nichts ein, was Sie gern hätten?« fragte mich eine andere, die Witwe eines früher bekannten Malers. Ich erinnerte mich, daß bei dem zurückgelassenen Haufen aus meiner Handtasche mein Füllfederhalter war, und äußerte ein bißchen zaghaft den Wunsch nach einem anderen. Die Frau Professor bat mich, einen Augenblick zu warten oder mit ihr in ihre Baracke zu kommen, wo sie den Füllhalter holen wollte. Gern ging ich mit ihr, gespannt, wie zu normalen Zeiten die Einrichtung innen war. Sieh da, zwar auch eng und nicht zu vergleichen mit den schönen Räumen unseres Heims, aber sauber und mit allen nur möglichen Mitteln freundlich und wohnlich gestaltet. Mit herzlichem Dank nahm ich den Füllhalter entgegen und trennte mich nach der Begrüßung anderer alter Bekannter von den Bewohnern der Baracke. »Wir haben es noch gut«, erzählte mir eine der alten Frauen, »wir mußten wenigstens nicht aus unserer Baracke hinaus, wenn auch fast alle Baracken eine ganze Reihe von denen in ihre Räume aufzunehmen hatten, die die ihrigen für die Dauer des Sammellagers zur Aufnahme der zu Deportierenden haben räumen müssen.« »Haben Sie schon zu Mittag gegessen?« fragte mich ein alter früherer Heiminsasse, der mich eben begrüßt hatte. Ich verneinte. »Sie müssen in Ihre Baracke zurückgehen«, erklärte er, »Sie werden dann nach und nach alle zum Essen geführt, das wir hier Wohnenden schon eingenommen haben.« Schnell lief ich in meine Stube in Nr. 7 und fand unsere Zimmerälteste gerade dabei, uns in Reih und Glied zu zweien zum Abmarsch in den Speiseraum aufzustellen. Ich reihte mich ein, gleich darauf marschierten wir ab. Der Speiseraum lag in einer Baracke nahe dem Tor, durch das wir hineingefahren waren. Er schien mir bis in das letzte Winkelchen voll zu sein, aber an einer Reihe von Tischen wurde durch Zusammenrücken noch Platz für uns geschaffen. Ich traf Altschülers wieder, setzte mich zu ihnen und ließ mir erzählen, wie es ihnen gegangen war. Man hatte Herrn Altschüler bei der Kontrolle übel mitgespielt und ihm viele Sachen aus Rucksack und Deckenrolle fortgenommen, darunter den Lederriemen, der letztere zusammenhalten sollte. Ich versprach ihm, Riemen oder Gurte dafür bei den ständigen Insassen der Baracke zu beschaffen. Da kam unser Essen. Wir erhielten ein einfach zubereitetes Eintopfgericht, Weißkraut mit Kartoffeln zusammengekocht. Jugendliche teilten das Essen aus, man merkte, alles war gut vorbereitet und organisiert; keine kleine Arbeit, wenn man statt der etwa achthundert ständigen Insassen plötzlich noch einmal soviel zu verpflegen hatte.

Am Nachmittag wurden alle Frauen unserer Baracke zum Kartoffelschälen und Gemüseputzen in die Küche geholt. Auch hier traf ich eine Reihe alter Bekannter. Abends gab es eine Kartoffelsuppe und ein Stück Brot. Dann mußten alle in Reih und Glied in ihre Stuben zurück, niemand durfte mehr draußen bleiben. Stubenweise wurde man dann nacheinander in die Waschbaracke geführt. Als wir zurückkamen, fuhr gerade ein Personenomnibus durch das Tor herein. Es regnete wieder heftig, die Aussteigenden wurden samt ihrem Gepäck sofort durch und durch naß. Nicht lange danach wurden etwa zehn der Neuankömmlinge in unsere Stube geführt, nun waren die vorgesehenen fünfzig Menschen versammelt. Der Raum kam mir beängstigend eng und voll vor. Die Neuangekommenen verteilten sich auf die letzten freien Säcke. Sie erzählten, daß sie Augsburger wären. Wir liehen ihnen von unsern Decken, weil ihre ganz naß waren, und hängten diese über die an den beiden Längswänden der Stube stehenden Militärschränke aus Holz. Doch war das nicht geeignet, die ohnehin zum Schneiden dicke Luft im Raume zu verbessern. Wegen der Innehaltung der

Nach dem Krieg betonte das Gericht die Zuständigkeit des Gestapobeamten Grahammer bei den Deportationen. „Grahammer, der für Augsburg örtlich Verantwortliche, wird darüber Auskunft geben können. Vermutlich ist er gerade wegen der Deportation nach München berufen worden."[111]

Berg a. Laim, Sonntag, den 12. April 1942

167

Grahammer gab nach dem Krieg vor Gericht zu Protokoll: „Bei den Transporten wurden mehrere Waggons mit Lebensmitteln, Arbeitsgeräten angehängt, so dass jeder Beamte der Überzeugung war, daß die Juden im Osten zum Arbeitseinsatz kommen. Was in Wirklichkeit mit den Juden vorgesehen war, konnten wir nicht ahnen. ... Wie ich schon anführte, erhielt ich meine Anweisungen vom Referatsleiter."[112] Die Täuschung galt natürlich den Opfern, nicht den Tätern.

Im Urteil der Spruchkammer vom 31. Juli 1950 gegen Johann Grahammer hieß es: „[Der] Betroffene gibt an, er hätte als Angehöriger der Geheimen Staatspolizei von den jüdischen Vernichtungslagern und KZ's nie etwas gehört. Dieses naive Vorbringen des Betroffenen kann nur noch als Zynismus betrachtet werden. Die Ausschaltung des Betroffenen aus dem öffentlichen Leben eines neuen, demokratischen Deutschland ist unter allen Umständen notwendig. Personen, die sich in derart aktiver Weise, wie es der Betroffene tat, der diffamierenden und brutalsten Austreibung von Juden anschlossen, müssen die Schwere des Befreiungs-Gesetzes zu spüren bekommen."[113]

Verdunkelungsvorschriften durfte kein Fenster geöffnet werden. Wir streckten uns, so gut es ging, auf unseren Säcken aus; das Licht wurde gelöscht. Eine jüngere, mir bisher unbekannte Frau beklagte sich zu ihren Nachbarinnen über die Leibesvisitation, die bei ihr vorgenommen worden war. Dann trat allmählich Stille ein; gelegentlich hörte man auch schon Schnarchen und Stöhnen von Schlafenden. Aber das waren nur wenige, der größte Teil von uns lag die Nacht durch wach.

Am Donnerstag ging ich mit dem Hauptlehrer und Heilbronner zu dem bisherigen Leiter des Barackenlagers, der den Transport leiten sollte und den wir fragen wollten, ob eine Möglichkeit bestände, sich selbst zu bestimmten Gruppen zusammenzuschließen, die die Fahrt gemeinsam machen wollten. Er meinte, das könne man sicher bewerkstelligen. Wir erfuhren, daß immer fünfzig Menschen zusammen in einem Wagen fahren würden. »Was für Wagen bekommen wir?« fragte ich. »Alte französische Personenwagen, scheußlich eng und schmutzig, wahre Museumsstücke, aber mit schmalen Bänken versehen und immer noch besser als Viehwagen«, antwortete er mir. »Und was wird aus unseren Koffern, die uns gleich beim Betreten des Sammellagers abgenommen wurden?« wollte der Hauptlehrer wissen. Reiling zuckte die Achseln: »Angeblich sollen sie alle zusammen in einen Güterwagen geladen werden«, erwiderte er, »aber ob der Güterwagen auch wirklich unserem Zuge angehängt wird, weiß ich natürlich nicht. Ich neige dazu, es nicht zu glauben.« Er teilte mir dann noch mit, daß ich als Fürsorgerin für den Transport vorgesehen sei zusammen mit Schwester Irma, die den pflegerischen Teil übernehmen werde. »Oh, Schwester Irma ist auch dabei, das freut mich für uns, wo kann ich sie treffen, ich möchte sie doch gern begrüßen?« fragte ich ihn. Lächelnd gab er mir an Hand einer auf seinem Tisch liegenden Liste die gewünschte Auskunft. »Kurz vor Ihnen war Frau Tuchmann hier, die mich nach Ihrem Verbleib fragte«, fügte er hinzu, »ich gab ihr Ihre Barackennummer.« Wir verabschiedeten uns von ihm. »Der endgültige Abmarsch erfolgt in der Nacht vom Freitag zum Samstag«, erzählte er uns noch, »wahrscheinlich gegen vier Uhr morgens. Morgen, Freitagnachmittag, ist eine Generalprobe des Abmarsches befohlen, das Nähere wird noch allgemein bekanntgegeben.«

Ich ging, um Schwester Irma aufzusuchen, und fand sie vor ihrer Baracke. Wir freuten uns gegenseitig des Wiedersehens, wenn auch der Anlaß keineswegs freudig war. Morgen, nach der Generalprobe, würden wir von Reiling, dem Transportführer, noch Genaueres über unsere Arbeit während des Transportes erfahren. Auf dem Weg in meine Stube traf ich Frau Tuchmann, die frühere Leiterin unseres Altersheims in der Kaulbachstraße, die mir während meiner Lohhofer Zeit so bereitwillig Gastfreundschaft gewährt hatte. Sie umarmte mich in ihrer temperamentvollen Art. »Mir ist es ein Trost, daß wir zusammen gehen, und mein zweiter ist, daß ich durch meine Kenntnis des Polnischen Ihnen allen hoffentlich nützlich sein kann.«

In der kommenden Nacht kam mir der Gedanke, – wie es wohl sein werde, wenn wir etwa in die Orte bei Lublin kämen, die mir durch die Berichte der Stettiner schon lange bekannt – vertraut konnte man unter diesen Verhältnissen nicht

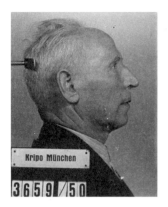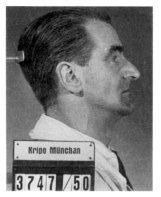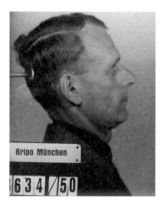

Münchner Gestapobeamte, zuständig für Juden- und Kirchenangelegenheiten, Polizeifotos, 1950: Eduard Fahlbusch, Johann Grahammer, Georg Gassner, Gerhard Grimm (v. l.)

gut sagen! – schienen. Sollte es mir vergönnt sein, die Menschen, mit denen ich so viele Briefe gewechselt hatte, daß sie mir wie alte, liebe Freunde vorkamen, nun wirklich von Angesicht zu Angesicht zu sehen? Das würde manches leichter machen. – Am Freitag früh – dem Freitag vor Ostern – wurde uns beim Frühstück mitgeteilt, daß wir uns alle am Nachmittag um halb vier Uhr zum Abmarsch angezogen, mit allem Handgepäck stubenweise nacheinander auf dem großen, viereckigen Platz, den die Baracken umschlossen, aufzustellen hätten. Wir würden dort alles Notwendige für den wirklichen Abmarsch erfahren. Es durchzuckte uns: nun wurde es bitterer Ernst, die Endgültigkeit dieses Erlebens wurde uns deutlich klar. Aber ich kam nicht dazu, mich diesen Gedanken hinzugeben. In unserer Stube setzte eine rege Tätigkeit ein: Jeder versuchte, seine Deckenrolle und sein übriges Handgepäck marschmäßig zu richten. Glücklicherweise war ich schnell mit dem Packen meiner Sachen fertig, viele baten mich, ihnen zu helfen. Im Schweiße meines Angesichts half ich, zusammen mit einem jüngeren Mädchen, einer Frau mehrere Kleider übereinanderzuziehen. Trotz des Ernstes der Situation mußten wir lachen, als sie zuletzt vor uns stand, einer prall gestopften Wurst nicht unähnlich! Schon gestern Nachmittag hatte ich Altschüler einen guten Riemen für seine Deckenrolle bringen können, jetzt regnete es geradezu Bitten um die verschiedensten Dinge, deren Fehlen sich erst beim Packen bemerkbar machte. Ich lief von einer Baracke zur anderen, bat hier und brachte dort, beschwichtigte einen Erregten und half anderen den Gurt um die Rolle befestigen. Die Zeit verging wie im Fluge, noch rascher als die Tage vorher wurde das Mittagessen heruntergeschluckt, die letzte Hand bei den Nachzüglern an das Packen gelegt, und schon rief die Stubenälteste uns zur Aufstellung zu vieren vor der Baracke zusammen. Pünktlich um halb vier Uhr standen die rund achthundert Menschen mit ihren Sachen auf dem großen Platz. Nicht weit von uns sah ich die Parteibonzen bei der Verwaltungsbaracke stehen: den Hauptsturmführer Wegner, den Obersturmführer Muggler, den Regierungsrat Schroth und einige andere, die ich nicht kannte. Lachend und plaudernd standen sie da, auf ein Schauspiel hoffend, das ihren Sadismus befriedigen würde. Aber ich sah auch Frau Dr. Weiß, unsere Ärztin, die mir freundlich zunickte. Jetzt bestieg Reiling, der Transportleiter, einen Tisch und

Es handelte sich um Hans Wegner, Franz Mugler und Ludwig Schrott von der „Arisierungsstelle".

Wegner wurde 1954 von der 3. Strafkammer des Landgerichts München I beschuldigt, zu allen bis zum 30. Juni 1943 von München aus durchgeführten Deportationen Beihilfe geleistet und sich hierdurch in 3.547 Fällen eines Verbrechens schuldig gemacht zu haben. 1943 war Wegner für Verdienste um die „Judenverfolgung" zum SA-Sturmbannführer befördert worden.[114]

Die Spruchkammer erklärte Wegner, Mugler und Schrott 1948 für hauptschuldig und verurteilte sie zu je zehn Jahren Arbeitslager.[115] Der sechzehnjährige Kurt Kahn gehörte zu den Helfern aus dem jüdischen Lehrlingsheim: „Ich war von 1942 ab im Lager Milbertshofen als Lagermechaniker und Lagerhausmeister tätig ... Bei der Zusammenstellung der Deportierungstransporte waren von Seiten der Gestapo u. a. anwesend: Grimm, Gassner und Fahlbusch. Von diesen Leuten war bei weitem der Brutalste der Angeschuldigte Grimm. Aber nicht viel weniger brutal war Grahammer. Grimm und Grahammer haben des öfteren jüdische Häftlinge im Lager geschlagen."[116]

Berg a. Laim, Sonntag, den 12. April 1942

Dr. Fritz Neuland (1889–1969), nach dem Krieg mit kurzen Unterbrechungen von 1952 bis zu seinem Tod Präsident der Münchner Israelitischen Kultusgemeinde

Es gab zahlreiche Versuche, jemanden bei der Gestapo von der Transportliste frei zu bekommen, in den meisten Fällen ohne Erfolg. So versuchte der jüdische Rechtsanwalt Fritz Neuland, den Landgerichtsrat Dr. Max Haymann vom Transport nach Piaski frei zu bekommen: „Am Abholungstag habe ich persönlich den Versuch unternommen, ihn aus dem Transport durch eine Vorsprache bei der Staatspolizei in München zu befreien; ich begab mich also zu Pfeuffer [Leiter der Judenabteilung] und trug diesem zwischen 8 und 9 Uhr früh die entsprechende Bitte vor mit dem Hinweis, dass Haymann ein alter beliebter Münchner sei und dass er ein kurzes Bein habe. Ich fand bei Pfeuffer eine gewisse Geneigtheit, Haymann von dem Transport freizustellen, aber da kam gerade Kraus [Gestapobeamter Richard Krauss] in das Zimmer Pfeuffers, ließ sich von Pfeuffer erzählen, was ich wolle und sagte zu Pfeuffer: ‚Dass es da nichts gebe.' Ich bin also unverrichteter Dinge weggegangen." Max Haymann wurde am 4. April 1942 nach Piaski deportiert.[117] Die Lagerärztin Magdalena Schwarz sagte über diesen Gestapobeamten: „Krauss war der einzige, den ich persönlich im Lager Milbertshofen gefürchtet habe."[118]

begann zu sprechen. Er sei als Transportführer dafür verantwortlich, daß der Abmarsch, der morgen früh um vier Uhr stattfinden werde, sich in Ruhe und Ordnung vollziehe. Das sei nur möglich, wenn jeder seinen Platz genau kenne. Er wolle allen Gelegenheit geben, sich dem Zugführer zuzugesellen, den er selbst wähle. Er werde die Namen der fünfzehn Zugführer und ihrer fünfzehn Stellvertreter verlesen, um sie sollten sich je fünfzig Menschen scharen, die mit ihnen in einem Eisenbahnwagen die Reise machen würden. Einer der Zugführer war Heilbronner, ich seine Stellvertreterin. Im Nu sammelten sich die meisten Berg-am-Laimer um uns, Heilbronner zählte fünfzig ab und ließ uns zu vieren antreten. Aus dem Chaos, das zuerst auf Reilings Rede gefolgt war, hatten sich verhältnismäßig schnell fünfzehn Gruppen zu je zweiundfünfzig Menschen formiert. Ich stand ziemlich in der Mitte unserer Gruppe, vor mir sah ich Altschülers stehen. Es war drückend heiß, ja schwül, ganz ungewöhnliches Wetter für einen Tag zu Beginn des Monats April. Mir stand der Schweiß auf der Stirn, Arme und Beine begannen zu zittern. Mein Handgepäck war viel zu schwer, niemals würde ich das alles auch nur eine kurze Strecke tragen können.

Frau Dr. Weiß kam auf mich zu: »Fühlen Sie sich nicht gut?« fragte sie besorgt. »Ich habe viel zuviel und viel zu schweres Gepäck«, stieß ich mit aufeinandergebissenen Zähnen hervor. »Stellen Sie das Gepäck auf die Erde«, sagte sie freundlich, »es ist unangenehmer, längere Zeit damit unter der stechenden Sonne zu stehen, als damit bei normalem Wetter zu laufen.« Ich riß mich energisch zusammen, gerade ich durfte unter keinen Umständen schlapp machen. Ein Blick auf die laut schwatzende und lachende Gruppe der SA-Führer gab mir die letzte nötige Kraft. Da begann Reiling wieder zu sprechen: Jeder müsse sich seinen Platz, seine Nachbarn und Vordermänner merken, damit morgen früh bei Dunkelheit der Aufmarsch schnell und in Ordnung vor sich gehen könne. Wir hätten einen etwa zwanzig Minuten dauernden Weg bis zum Geleise, wo unser Zug stehe, und wir müßten am Ziel der Bahnreise auf einen Weg von mehreren Kilometern zu Fuß mit unserem Handgepäck gefaßt sein. Jeder solle noch einmal prüfen, ob er dies Gepäck wirklich tragen könne, und lieber zurücklassen, was zu schwer sei, als gezwungen zu sein, unterwegs die Deckenrolle oder die Reisetasche fortzuwerfen, weil man sie nicht mehr schleppen könne.

In diesem Augenblick sah ich, wie Herr Altschüler vor mir zusammensackte unter der Last seines Rucksacks, den ich ihm schnell abnehmen half. Da stieß mich meine Nachbarin an: »Frau Doktor, Ihr Name wird gerufen!« Erstaunt blickte ich mich um, ich hatte nicht mehr zugehört, beschäftigt, ein Umsinken des Mannes vor mir zu verhindern. Da, jetzt wurde mein Name von Reiling nochmals gerufen: »Frau Dr. Behrend, schnell zur Gestapobaracke!« Ich löste mich aus meiner Gruppe. Vor der Gestapobaracke holte mich eine Angestellte der jüdischen Gemeinde ein, deren Name nach dem meinen erklungen war. Der Gestapo-Inspektor, der mir seit der Rückwandererfürsorge nicht mehr unbekannt war, trat zu uns. »Sie beide sollen hierbleiben«, rief er uns zu. Fast ungestüm entgegnete Fräu-

Tagebuchaufzeichnungen Else Behrend-Rosenfeld

lein Penz: »Auf keinen Fall bleibe ich hier, wenn mein Verlobter mitgehen muß. Direktor Stahl hat mir versprochen, daß er mich nicht zum Bleiben zwingen werde, wenn nicht auch meinem Bräutigam hierzubleiben erlaubt wird.« »Ich will auch mitgehen«, sagte ich ruhig. Der Inspektor wandte sich einem hinter uns Kommenden zu. »Die beiden wollen nicht hierbleiben, Herr Stahl«, sagte er zu unserem Vorsitzenden. »Und ich habe wunder gemeint, was für eine gute Nachricht ich ihnen da bringen kann«, setzte er achselzuckend hinzu. »Bestimmen Sie, was werden soll«, schloß er. Fräulein Penz wandte sich aufgeregt Herrn Direktor Stahl zu: »Haben Sie vergessen, was Sie mir versprachen?« rief sie fast drohend. Stahl winkte ihr beschwichtigend zu. »Nein, das habe ich nicht vergessen, und ich stehe zu meinem Versprechen, wenn es mir auch schwer wird«, erwiderte er ruhig. »Leider ist es mir trotz allen Bemühungen nicht gelungen, Ihren Bräutigam gleichfalls freizukriegen, nun sollen Sie selbst entscheiden, was Sie tun wollen.« »Ich gehe mit ihm«, sagte sie plötzlich ganz still. Stahl nickte. Sie war entlassen.

Er drehte sich zu mir um. »Aber Sie müssen hierbleiben, Frau Doktor, Sie können keine so schwerwiegenden Gründe für Ihr Mitgehen ins Feld führen.« Mich mit aller Mühe beherrschend, sagte ich: »Wenn man einmal so weit ist, hat man alle Brücken hinter sich abgebrochen, und es gibt nur noch ein Vorwärts, deshalb lassen Sie mich mitgehen, Herr Direktor!« Energisch schüttelte er den Kopf. »Es ist unmöglich, ich brauche Sie dringend und bin glücklich, daß die Gestapo und die Partei Sie freigegeben haben.« »Die Sache ist erledigt«, ließ sich der Inspektor kurz hören. »Sie«, mit einer Gebärde zu mir, »bleiben hier!« Er drehte sich um, kehrte aber zurück, als fiele ihm noch etwas ein. »Richtig«, sagte er wie zu sich selbst, »wenn Sie hierbleiben, fehlt einer an der zu deportierenden Anzahl. Siebenhundertachtundsiebzig müssen es sein, ich brauche also einen Ersatz für Sie.« Siedend heiß ging der Gedanke mir durch den Sinn, daß nun womöglich Klein Erna oder Frau Brand oder irgendeiner der zum Ersatz aufgerufenen jüdischen Mischlinge, die schon mit ihrem Freikommen rechneten, statt meiner mit fort mußte! Da kam festen Schrittes ein Fremder auf unsere kleine Gruppe zu. »Ich bin der Jude H.«, meldete er in Habachtstellung, »ich komme mit Genehmigung der Geheimen Staatspolizei in Bückeburg. Meine Eltern sind zur Deportation hier eingeteilt, ich melde mich freiwillig zum Mitgehen.« Lächelnd wandte sich der Inspektor mir zu: »Da haben wir Ihren Ersatzmann!« Damit ging er in die Baracke, Stahl folgte ihm.

Ich stand wie betäubt. Zu plötzlich war dieser Umschwung; Empörung kam in mir hoch. »Wie ein Stück Vieh, das verladen wird«, schoß es mir durch den Kopf. Langsam schlich ich auf den Aufmarschplatz zurück. Eben hatte Reiling die Versammlung aufgelöst, die Gruppe der Parteibonzen war verschwunden. Viel später erst erfuhr ich, daß sie nicht auf ihre Kosten gekommen waren. Sie hatten Weinen und Jammern erwartet, vielleicht auf flehentliches Bitten einzelner gerechnet. Nichts davon war zu spüren gewesen. Ja, als »Baby« aufgerufen wurde, sich zu äußern – es werde ihr freigestellt, wegen des schwebenden Arisierungsgesuches

In diesem Zusammenhang ist auch die Aussage der Überlebenden Judith Hirsch vor Gericht von Bedeutung: Sie sei einmal „mit Harry Lisberger in ein von der Gestapo versiegeltes Zimmer [gegangen], wo wir wichtige Dokumente fanden". Gesuche von Juden an Koronczyk und Hechinger, nicht deportiert zu werden, auch Listen von evakuierten Juden. Alle Gesuche seien abgeschlagen worden. Inspektor Krauss habe die Dokumente gefunden und beschlagnahmt.[119]

Für die Transporte vom 20. November 1941 nach Kaunas und vom 4. April 1942 nach Piaski sind Namenslisten erhalten. Else Rosenfeld stand auf der 2. Deportationsliste, wurde aber im letzten Moment zurückgestellt. Den Transport nach Piaski überlebte keiner der Deportierten.[120]

Berg a. Laim, Sonntag, den 12. April 1942

Bei „Werner" handelt es sich um Walter
Geismar, geb. 1923 in Schwabing. 1940
musste die Familie Geismar in ein sogenanntes „Judenhaus" ziehen. Dann sollte
Walter in der „Arisierungsstelle" seine
Eltern bloßstellen. Als er dies verweigerte,
kamen er und sein Vater zur Zwangsarbeit
nach Milbertshofen. Am Abend vor dem
Transport brachte die Gestapo den jungen
Leuten Wein und Bier. Früh am Morgen, zur
Zeit des Abmarsches, heulten die Sirenen,
die SS kam herein. Ein Freund zog ihn zur
Seite und sagte, er gehöre nicht dazu. Walter Geismar schildert später die Situation
in Briefen so: „Ich hab' nicht getrunken, ich
war sehr traurig. Ich hab' an mein Mädel
gedacht, ich hab an meine Eltern gedacht
... Ich habe mich wieder losgerissen und
wollte wieder gehen. Ich hab gesagt: ‚Ich
sterbe lieber!' Manche haben sich in den
Baracken versteckt, das war ja Wahnsinn,
da haben sie welche rausgeholt. Auf jeden
Fall, es war Wahnsinn! Die Leute sind dann
abmarschiert zum Güterbahnhof Milbertshofen. Ich war zusammengebrochen, kom-
plett."[121] Walter Geismar überlebte und
emigrierte 1946 mit seinen Eltern nach
Australien.

zurückzubleiben –, antwortete sie mit der ruhigen Gegenfrage: »Darf auch meine
Mutter hier bleiben, wenn ich es tue?« Der Hauptsturmführer verneinte: »Ihre
Mutter muß auf alle Fälle mit.« »Dann ist es für mich selbstverständlich – mitzugehen.« Geärgert wandte sich der Hauptsturmführer ab. Ging ihm auf, daß sie als
die Machthaber, die Großen der Partei eine kläglichere Rolle spielten als die zum
Erleiden des Schlimmsten bestimmte wehr- und hilflose Masse der Juden? Ich weiß
es nicht, vielleicht waren Menschen wie er und seine Helfershelfer gar nicht
imstande, sich über ihre Gefühle Rechenschaft abzulegen. Jedenfalls waren sie
geärgert und unzufrieden mit dem Verlauf dieser Aktion. Da war es besser, den
Schauplatz zu verlassen! Aber das erfuhr ich erst später.

Als ich auf den Aufmarschplatz zurückkam, noch völlig benommen und verwirrt von dem eben Erlebten, strömte die Menge auseinander. Schnell hatte sich
ein Kreis um mich gebildet. Heilbronner rief mir zu: »Was haben Sie von Ihnen
gewollt?« Ich sah in seiner Nähe Schwester Irma und Frau Tuchmann, im übrigen lauter Heiminsassen, und alle warteten gespannt auf meine Antwort. Fast tonlos stammelte ich: »Ich muß hierbleiben.« Aber alle hatten es gehört, und wie
wenn dies Wort der Tropfen gewesen wäre, der die in ihnen allen gestaute Flut
der Erregung und des erlebten und zu erwartenden Leides zum Überfließen brachte,
brach eine Woge von schmerzlichen Rufen aus ihnen hervor; Tränen liefen über
ihre Gesichter. Da ertönte der Ruf: »Alle zurück in die Baracken!« Heilbronner
drängte sich zu mir durch, auch er, der beherrschte, sonst so ruhige Mann, ließ seinen Tränen freien Lauf. Er umarmte mich, »Leben Sie wohl, wie gern hätte ich
mit Ihnen gemeinsam alle künftige Mühsal auf mich genommen!« Ich konnte vor
Bewegung keinen Ton herausbringen. Aber ich sah, daß er mich verstand. Nach
ihm kamen alle Umstehenden zu mir heran, die meisten verabschiedeten sich
stumm, aber ihre Augen redeten eine deutliche Sprache. All das mühsam gebän-
digte Leid, doch auch Zuneigung zu mir und Trauer über die erzwungene Trennung sah ich darin. Ich glaube, ich kann ohne Übertreibung sagen: dies war eine
der schwersten Stunden meines Lebens, das auch vorher an schweren nicht arm
gewesen ist. Dann waren sie alle fortgegangen, ich war ganz allein und ging langsam auf eine Bank zu, die vor der Speisebaracke stand. Da kam ein junger Mensch
heraus und wollte an mir vorüber. Seine Haltung ließ mich stutzen. Das war doch
der achtzehnjährige Werner, einer der jüdischen Mischlinge, die frei werden sollten. Sein Vater und er wohnten im Heim, die »arische« Mutter hatte man in ihrer
Wohnung gelassen. Ich rief ihn an. Er drehte sich um, ein völlig verstörtes Gesicht,
plötzlich um Jahre gealtert, sah mich an. »Was ist mit dir?« fragte ich ihn. »Lassen Sie mich gehen, Frau Doktor«, stieß er hervor, »ich halte es nicht mehr aus,
ich will auch nicht mehr!« »Halt!« sagte ich kurz und bestimmt, »ich lasse dich
nicht gehen, ehe du mir erzählt hast, was geschehen ist.« Da brach es aus ihm hervor, daß ich Mühe hatte, dem sich überstürzenden Strom seiner Worte zu folgen.
Als Reiling auf der Liste der wahrscheinlich Freiwerdenden seinen Namen verlesen hatte, winkte ihn der Hauptsturmführer zu sich. »Bilde dir nicht etwa ein, daß

Tagebuchaufzeichnungen Else Behrend-Rosenfeld

du wieder nach Berg a. Laim und in deine frühere Arbeitsstelle zurückkehren kannst«, hatte er ihn angefahren. »Ich werde dich zu mir in die Widenmayerstraße nehmen und dich Mores lehren«, und bei diesen Worten hatte er höhnisches Gelächter hören lassen. – »So, nun weißt du, was dich erwartet.« Mit diesen Worten wurde der völlig Betäubte fortgeschickt. Dies letzte Erlebnis war zu viel für den Jungen, dessen Nerven die furchtbare Aufregung der letzten Tage zermürbt hatte. »Und nun tue ich mir etwas an, ehe der Schuft seine Drohung wahrmachen kann.« Ich erschrak, ich sah, ich hatte einen zum Äußersten Fähigen und Bereiten vor mir. »Das wirst du nicht«, sagte ich ruhig und griff nach seinem Arm. »Denke gefälligst nicht bloß an dich, sondern vor allem an deine Eltern. Sollen sie erfahren, daß ihr Sohn zwar von der Deportation gerettet, aber aus Furcht vor einer drohenden Mißhandlung, von der man nicht einmal weiß, ob sie überhaupt ausgeführt wird, sich das Leben genommen hat? Nein, mein Junge, so billig kommst du nicht davon. Ich lasse dich nicht los, ehe du mir fest in die Hand versprochen hast, daß du diesen törichten Entschluß, den ich deiner Aufregung zuschreibe, nicht ausführen wirst.« Da brach er zusammen. Ich ließ ihn ein Weilchen weinen, ich wußte, diese Tränen lösten die entsetzliche Spannung, die ihn gepackt hielt. Dann legte ich ihm die Hand auf die Schulter. »Nun, Werner?« fragte ich. »Wenn Sie mir versprechen, daß meine Eltern nichts von dem erfahren, was ich Ihnen gesagt habe, gebe ich Ihnen die Hand darauf, daß ich mir nichts antue.« »Selbstverständlich erfahren deine Eltern nichts davon«, sagte ich ruhig. Dankbar sah er mich an und drückte meine Hand so kräftig, daß es wehtat. Dann gab ich ihm den Weg frei.

Dies kleine Erlebnis hatte mich befreit von dem Allzulastenden der letzten Stunde. Aber als ich Stahl über den Platz auf mich zukommen sah, stieg meine Empörung über die plötzliche Wendung der Dinge von neuem so heftig in mir auf, daß ich ihn anfuhr: »Hätten Sie sich nicht früher überlegen können, was Sie mit mir vorhaben? Glauben Sie, ich kann mich ohne jede Mühe einmal für die Deportation vorbereiten, und wenn innerlich und äußerlich alles dafür bereit ist, mich gleichmütig dem Befehl fügen: ach nein, wir haben uns die Sache inzwischen anders überlegt, Sie bleiben hier?« Ruhig unterbrach er mich: »Ich werde Ihnen alles erklären, wenn wir in Ruhe daheim sind, bis dahin müssen Sie sich noch gedulden. Dann dürfen Sie auch tüchtig weiterschimpfen, wenn Ihnen danach zu Mute ist«, schloß er mit feinem Lächeln. »Aber wo soll ich jetzt hin?« fragte ich ein bißchen ruhiger, »Sie kommen zunächst mit mir nach Hause«, antwortete er, »Meine Frau ist schon benachrichtigt und läßt Ihnen sagen, sie freue sich auf Sie. Meine Cousine ist unter den Fortgehenden, ihr Bett im Zimmer von Fräulein Friedenthal ist also frei und wird für Sie gerichtet. Wir können dann ganz in Ruhe alles weitere miteinander besprechen, wenn Sie sich ein wenig ausgeruht und erholt haben.« Er nickte mir freundlich zu und ging in die Verwaltungsbaracke. Noch einmal rief ich ihn zurück. »Ich weiß nicht, wo mein Handgepäck geblieben ist, und was wird aus meinem Koffer?« »Ihr Handgepäck habe ich in die Ver-

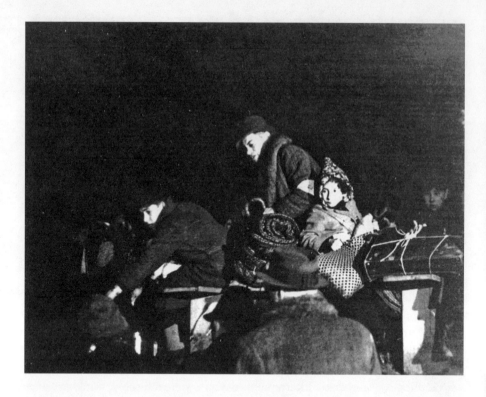

waltungsbaracke bringen lassen, wegen des Koffers werde ich mit dem Gestapo-Inspektor sprechen.« Damit verließ er mich endgültig. Stumpf setzte ich mich auf eine Bank und wartete, was weiter werden würde.

Nach einer Weile kam Stahl wieder heraus, begleitet von Dr. Spahn, einem unserer Ärzte, der mich freundlich begrüßte. »Gehen Sie vor zu meinem Auto, das vor dem Tor wartet«, sagte Stahl, »Ihr Gepäck bringen wir mit. Wir kommen gleich nach.« Ich ging. Am Torhaus hielt mich die Gestapowache an. »Wo wollen Sie hin?« rief mir der Wachhabende zu, »Sie dürfen hier nicht einfach fortgehen.« »Ich will ja gar nicht fortgehen«, schleuderte ich ihm entgegen, »ich werde ja dazu gezwungen.« Kopfschüttelnd sah mich der Mann an; er hielt mich sicher für nicht ganz normal, was ich wohl auch nicht war. Doch da kam Dr. Spahn mit Stahl, er sagte der Wache das Nötige, sie gab uns den Weg frei. Nicht weit vor dem Tor hielt ein Auto, Stahl half mir beim Einsteigen. Kurz ging mir durch den Kopf, wie widersinnig es doch sei, daß Stahl und unsere Ärzte zwar keine Straßenbahn benutzen, aber mit einem Mietauto fahren durften. Die beiden waren nach mir eingestiegen, mein Handgepäck war beim Chauffeur verstaut, der Wagen setzte sich in Bewegung. Aus dem überheißen, drückenden Nachmittag war ein schöner, klarer Vorfrühlingsabend mit einem grünlich schimmernden Himmel geworden. Wie verzaubert saß ich in dem bequemen Sitz des gut federnden Autos. War das Wirklichkeit, daß ich nach den Tagen im Schmutz, der fürchterlichen Enge und dem schrecklichen Lärm der Baracke nun in einem schönen, leise durch die Straße gleitenden Wagen saß? Wie wunderbar war das alles! Das Bild der frühlingshaften Stadt, durch die wir stumm dahinfuhren, die allmählich mir bekannt werdenden Straßen, von denen ich vor zweieinhalb Tagen – waren es nicht ebenso viele Jahre? – Abschied genommen hatte, als ich sie vom Omnibus aus mit den Leidensgefährten in entgegengesetzter Richtung vorbeifliegen sah, alles dünkte mich unwirklich, märchenhaft. Jetzt waren wir in der Goethestraße, schon hielten wir vor dem Hause, in dem Stahl wohnte. Wir stiegen aus; an der Wohnungstür zu fast ebener Erde, nur durch ein paar Stufen erhöht, stand Frau Stahl und streckte mir beide Hände entgegen. Drinnen im Flur entledigte ich mich des Mantels, säuberte und wusch mich und wurde dann in das Zimmer geführt, das Stahls als einziges von ihrer früheren Wohnung behalten hatten. Aber es war ein schöner Raum mit heimeligen guten Möbeln und einem festlich gedeckten Tisch, an den ich genötigt wurde. Das Abendessen verging, mir war immer noch, als träumte ich und müßte jeden Augenblick in der scheußlichen Barackenstube mit ihrer schlechten Luft und der Ansammlung von viel zu vielen Menschen erwachen.

Aber das, was ich hier erlebte, war Wirklichkeit, das andere lag hinter mir! Nach dem Abendbrot kamen die übrigen Wohnungsgenossen, die ich zum Teil kannte, um mich zu begrüßen und um von mir etwas über die Erlebnisse der letzten Tage zu hören; hatte doch jeder einzelne Verwandte oder nahe Freunde dabei!

Zuerst meinte ich, ich könnte nicht davon sprechen, aber nach und nach brachten mich die vielfachen Fragen zum Reden, und nun konnte ich fast nicht aufhören, ihnen alles genau zu schildern. – Es war halb ein Uhr, als ich schloß. »So, für heute ist's genug«, sagte Stahl aufstehend, »Sie bekommen jetzt ein Schlafmittel, damit Sie Ruhe finden.« Bald darauf lag ich in einem herrlich weichen Bett, frisch überzogen, und schnell fiel ich in festen traumlosen Schlaf, aus dem ich aber punkt vier Uhr mit dem Wissen erwachte: Jetzt gehen sie zum Zug! In Gedanken versuchte ich Ihnen zu folgen, ich hörte den leisen, gleichmäßigen Regen vor dem Fenster. Nach einer Weile schlief ich wieder ein und erwachte erst nach acht Uhr, nicht mehr wissend, wo ich mich befand. Erst allmählich kehrte ich zum Bewußtsein des gestern Erlebten zurück, und plötzlich brach der Gedanke in mir durch: Nun konnte ich doch wieder von Dir und den Kindern hören! Noch heute wollte ich an Alice nach Lissabon schreiben und den Inhalt meiner letzten Karte vor dem Transport ins Sammellager widerrufen. Freude kam in mir hoch, gedämpft durch die Erinnerung an die im Zuge sich weiter und weiter von uns entfernenden Freunde!

Laß mich zum Abschluß ein Gedicht hierhersetzen, dessen Abschrift ich vor kurzem erhielt und das besser als lange Schilderungen wiedergibt, was ich genauso in den letzten Tagen empfunden und erlebt hatte. Die Überschrift heißt »Deportation«, der Verfasser ist nicht bekannt, aber das Gedicht geht bei uns von Mund zu Mund!

Berg a. Laim, Sonntag, den 12. April 1942

Den Transport vom 4. April 1942 nach Piaski überlebte keiner der Deportierten.

Am 20. Januar 1942 hatte in Berlin die Wannsee-Konferenz mit Staatssekretären verschiedener Ministerien und hohen Partei- und SS-Funktionären stattgefunden. Auf dieser Konferenz wurde die Zusammenarbeit aller an der „Endlösung" beteiligten Institutionen besprochen, ohne dass ein fester Plan oder die Mittel der Umsetzung festgelegt wurden. Der Völkermord selbst war bereits voll im Gang, wie das Beispiel Kaunas zeigt.

Deportation

Ich sah heut tausend Menschen verstörten Angesichts,
Ich sah heut tausend Juden, die wanderten ins Nichts.
Im Grau des kalten Morgens zog die verfemte Schar
Und hinter ihr verblaßte, was einst ihr Leben war.

Sie schritten durch die Pforte und wußten: Nie zurück,
Und ließen alles draußen, die Freiheit und das Glück.
Wohin wird man euch führen? Wo endet euer Pfad?
Sie wissen nur das Eine: Das Ziel heißt Stacheldraht.

Und was sie dort erwartet, ist Elend, Qual und Not,
Ist Armut, Hunger, Seuche, für viele bitt'rer Tod.
Ich schaut in ihre Augen mit brüderlichem Blick,
Erwartend tiefen Jammer bei solchem Mißgeschick.

Doch statt Verzweiflung sah ich ein tiefes, tiefes Müh'n
Um Haltung und Beherrschung aus ihren Augen glüh'n,
Sah heißen Lebenswillen, sah Hoffnung und sah Mut,
Dazu in manchem Antlitz ein Lächeln stark und gut.

Da hab ich tief ergriffen den Geist des Volks erkannt,
Das, auserwählt zum Leiden, das Leid auch stets gekannt,
Das sich aus Not und Elend, Verbannung, Fron und Haß,
Noch immer hat erhoben mit ungeheurer Kraft.

Ich sah heut tausend Menschen verstörten Angesichts
Und sah im Grau des Morgens den Strahl des ew'gen Lichts!

Else Rosenfeld nannte für die BBC folgende Gründe für ihre Freistellung vom Transport: „Ich erfuhr später von unserem Vorgesetzten in der Israelitischen Kultusgemeinde, dass die Nazis plötzlich bemerkt hatten, dass sie niemanden mehr zurückgelassen hatten, das Lager in Berg am Laim zu führen, und beschlossen, mich hier zu lassen, denn ich beherrschte die Wirtschaftsführung besser als andere."[122]

Am Samstagvormittag hatte ich dann Gelegenheit, in aller Ruhe mit Direktor Stahl zu sprechen. Er berichtete mir, daß er und der ganze Vorstand genau vor einer Woche die Liste der zur Deportation Eingeteilten erhalten hatten. Mit Entsetzen hatten sie gelesen, daß der zweite Vorsitzende Hellinger, Fräulein Penz (die seit zwanzig Jahren in der jüdischen Gemeinde arbeitete und als einzige genaue Akten- und Archivkenntnisse besaß) und die ganze Leitung des Heims in Berg a. L. mit daraufstanden. Er habe daraufhin sofort an die Reichsvereinigung der Juden Deutschlands nach Berlin telephoniert und gebeten, bei der maßgebenden Stelle der Spitzenorganisation der Gestapo Vorstellung dagegen zu erheben. Am Donnerstag sei dann zurücktelephoniert worden, daß drei Personen freigegeben würden, der Vorstand solle die Namen derer am Telephon nennen, die ihm am wich-

Tagebuchaufzeichnungen Else Behrend-Rosenfeld

tigsten erschienen. Daraufhin habe er dann Hellinger, Fräulein Penz und meinen Namen gemeldet, sei aber noch nicht ermächtigt worden, mit ihrer Befreiung zu rechnen. Den endgültigen Entscheid werde er wieder telephonisch – am Freitagnachmittag – erhalten. Das sei denn auch geschehen; gleichzeitig sei mitgeteilt worden, daß die Gestapostelle im Sammellager telephonisch von Berlin zur Freistellung der genannten drei Personen Vollmacht hätte. Ich entschuldigte mich wegen meiner gestrigen Angriffe auf ihn. Er wehrte lächelnd ab: »Ich habe Sie gut verstanden; wer weiß, was ich an Ihrer Stelle getan hätte! – Doch ich wollte noch wegen Ihres Koffers mit Ihnen sprechen. Im Vertrauen: rechnen Sie nicht auf Rückgabe. Selbstverständlich machen Sie ein kurzes Gesuch an die Gestapo deswegen, aber ich persönlich glaube nicht, daß es Erfolg hat. Ebensowenig wie ich glaube«, fügte er sehr ernst hinzu, »daß unsere Deportierten ihre Koffer je wiedersehen werden.« Ich nickte, ich war der gleichen Meinung. »Und was soll ich nun tun? Soll ich wieder ins Heim zurückgehen?« »Natürlich, ich wüßte nicht, wem ich sonst die Leitung übertragen könnte. Aber Sie werden es allein machen müssen. Mir ist völlig klar, daß ich damit eine ungeheure Last auf Ihre Schultern lege. Aber ich hoffe, daß Löwenberger Ihnen mit Hilfe anderer, eventuell solcher, die in Ihr Heim neu eingewiesen werden, alle Büroarbeiten, die Führung der Bücher usw. abnehmen wird. Wollen Sie es versuchen?« Er sah mich freundlich an. »Ja«, sagte ich einfach, »ich will es versuchen. Hoffentlich kann ich es leisten.« »Mir ist einer von den vielen Steinen vom Herzen«, scherzte er ein wenig kläglich, »und nun gehen Sie zu unserer Kleiderkammer und lassen Sie sich die allernotwendigsten Sachen geben. Nehmen Sie sich noch ruhig zwei oder drei Tage Zeit, ehe Sie ins Heim zurückkehren, schon die Nachricht, daß Sie wiederkommen, wird die Karre so lange laufen lassen.« »Ich möchte morgen vormittag wieder zurück«, erwiderte ich bittend, »heute will ich mich noch ein bißchen erholen, aber länger halte ich es doch nicht aus.« »Gut«, sagte er nach kurzem Sinnen, »dann lasse ich Sie morgen im Laufe des Vormittags in Begleitung einer Krankenschwester mit einem Auto ins Heim fahren. Ohne die Oberschwester geht es nicht, denn nur für Krankentransporte darf ohne mich das Auto benutzt werden, und ich kann nicht mit hinauskommen. Im übrigen braucht man Sie nur anzusehen, um zu merken, daß Sie wirklich sehr elend sind. Nicht wahr, Sie fangen mit der Arbeit im Heim langsam an, Sie und wir alle brauchen Ihre Kraft unbedingt.« Er stand auf und verabschiedete sich von mir.

Wie träumend ging ich durch die so oft von mir durcheilten Straßen bis zum Bürohaus in der Lindwurmstraße, und drinnen fand ich als erste meine treue Emmy K., mit der ich so lange und gut zusammengearbeitet hatte. Sie sprang erregt von ihrem Stuhl in der Telephonzentrale auf, die sie bediente. Die Zeit, da am Sabbath nicht gearbeitet wurde, war lange vorbei, diese Vorrechte hatte die Widenmayerstraße längst kassiert. – Emmy stürzte auf mich zu; mit Tränen in den Augen schüttelte sie mir die Hand. »Ich muß die anderen rufen, alle wollen Sie begrüßen!« Und dann kamen sie nacheinander, mit Freudenrufen, je nach ihrem Tem-

Der Fall Dr. Julius Hechinger [hier Hellinger] spielte nach dem Krieg im Spruchkammerverfahren gegen Hans Wegner eine wesentliche Rolle: Wegner wurde vorgeworfen, Hechinger „aus rein persönlichen Motiven" nachträglich auf die bereits abgeschlossene Deportationsliste gesetzt zu haben. Hechinger machte einen Fluchtversuch, kam drei Wochen in Gestapohaft und schließlich in das Lager nach Milbertshofen, wo ihn Hans Wegner und Franz Mugler schwer misshandelten und nahezu zum Selbstmord trieben. Am 11. Juli 1942 wurde Hechinger mit einem „Straftransport" nach Theresienstadt deportiert, wo er ums Leben kam.[123]

Widenmayerstraße 27: Seit November 1938 Sitz der „Vermögensverwertung München GmbH", der sogenannten „Arisierungsstelle".

perament verschieden, und ich merkte zum ersten Male deutlich, daß sie mich betrachteten wie einen, der, zum Hängen bestimmt, schon den Strick um den Hals hatte und im Augenblick, da er festgezogen werden soll, auf den Ruf des einhaltgebietenden Boten mit Hilfe des Henkers den Kopf wieder aus der Schlinge zieht. Auch in der Kleiderkammer war es ähnlich. Ich suchte mir etwas Wäsche und ein Kleid aus, was alles mir aber erst gebracht werden sollte, wenn ich sicheren Bescheid hatte, daß ich meinen Koffer nicht wiederbekäme.

Am Nachmittag besuchten mich Tilla und Annemarie, die Getreuen, mit ihnen hatte ich ein paar schöne stille Stunden. –

Ostersonntag! Auferstehungstag! War es nicht etwas wie eine Auferstehung, die ich selbst erfuhr?! Hatte ich nicht wirklich mit allem, was mir sonst lieb und teuer gewesen war, abgeschlossen, um mit den Gefährten in den Abgrund zu steigen, der Deportation heißt?! Warum war ich plötzlich zurückgeholt worden, da mein Fuß schon den ersten Schritt in die Tiefe tun wollte? Bedeutete das nicht Auftrag und Verpflichtung in einem besonderen Maße? Ja, ich war sicher, daß es das heißen sollte, und ich war gewillt, diese Verpflichtung zu erfüllen, so gut, wie ich es mit meinen Kräften nur irgend konnte, und die Erinnerung an die, die gegangen waren bei der ersten Deportation im November und der zweiten eben stattgefundenen, würde mir helfen, die größten Schwierigkeiten zu überwinden. Diese Gedanken waren es, die mich bis zur Abfahrt mit der mir wohlbekannten Krankenschwester und während des Weges ins Heim beschäftigten. Nun bogen wir in unsere kleine Straße ein; jetzt öffnete sich das Tor der Klostermauer; wir hielten vor der Eingangstür. Da stand der Hausmeister Hermann mit seinem guten breiten Gesicht und bot mir die Hand zum Aussteigen. Er wollte etwas sagen, aber ich wehrte ab. »Noch nicht«, bat ich, »sagen Sie auch allen Insassen, ich möchte ein paar Stunden Zeit für mich haben. Am Nachmittag will ich mit Herrn Löwenberger das Wichtigste besprechen, und heute abend um acht Uhr werde ich im großen Speiseraum allen ausführlich über das berichten, was ich die letzten Tage erlebte.« –

Das Zurückkommen war schwerer, als ich mir vorgestellt hatte: Langsam ging ich die Treppe hinauf, die ich sonst immer nur in schnellstem Tempo auf- und abwärts jagte. Da war mein Zimmer: Nimm mich wieder in deinen Frieden auf, heilige Theresia! Auf der Schwelle blieb ich wie angewurzelt stehen: Ein Blumenmeer auf der Kommode und dem Schreibtisch empfing mich. Leise schloß ich die Tür hinter mir und trat näher. Zwischen den Blumen lagen zierlich gebunden Wäsche- und Kleidungsstücke! Meine mühsam bewahrte Fassung verließ mich, aber ich war allein und konnte meine Tränen ruhig fließen lassen. Es tat gut, sich einmal nachzugeben. Ich legte mich auf mein Bett und fühlte, wie sich die schreckliche Spannung, in der ich die ganze vergangene Woche gewesen war, löste. Die Glocke, die zum Essen rief, ertönte, aber ich hatte keine Lust hinunterzugehen, spürte auch keine Neigung, etwas zu essen. Da klopfte es leise an meine Tür, und noch ehe ich »Herein« rufen konnte, tat sie sich auf. Frau Nehm

Tagebuchaufzeichnungen Else Behrend-Rosenfeld

mit einem großen Teebrett kam leise herein. »Heute müssen Sie sich's gefallen lassen, daß Sie etwas Besonderes bekommen; es geschieht mit dem Wissen und der Billigung aller Insassen. Ach, was bin ich froh, daß Sie wieder da sind!« Ich konnte nur kurz danken, gleich war sie wieder draußen. Eine Tasse guter Brühe und eine Omelette mit Konfitüre, sie wußte genau, was ich gern mochte! Ich konnte es ihr nicht antun, es stehen zu lassen. Langsam begann ich zu essen, siehe da, es schmeckte! Der Mensch ist doch ein schrecklich materielles Wesen, mußte ich denken. Ich war gerade fertig, als es wieder klopfte. Frau Dillenius trat ein und umarmte mich. Ich weiß, daß wir beide in diesem Augenblick an Frau Altschüler dachten, die die Dritte im Bunde hätte sein sollen! Aber dann faßten wir uns, und ich begann zu fragen, von wem die vielen Blumen und die anderen Sachen waren. Die herrliche weiße Azalee war vom Kloster, die rosablühende von den Frauen und die rote von den Männern, an den übrigen Blumen und den sonstigen Geschenken entdeckte ich bei genauerem Nachsehen kleine Kärtchen mit dem Namen der Geber. Ehe mich Frau Dillenius wieder allein ließ, gab sie mir mein Tagebuch zurück. –

Als ich um acht Uhr in den großen Speiseraum kam, waren die Heiminsassen schon alle versammelt. Von vielen der Fortgegangenen brachte ich Grüße, auch Briefe und Karten hatte ich abzugeben. Dann erstattete ich meinen ausführlichen Bericht. Du weißt, daß ich oft öffentlich gesprochen habe, geworben habe für die ehrenamtliche Mitarbeit in der Gefährdetenfürsorge, daß ich häufig von den vielfachen Schicksalen erzählte, die ich während meiner Fürsorgearbeit im Gefängnis erfuhr; aber niemals vorher habe ich ein so atemlos lauschendes Publikum gehabt, das mit geradezu körperlich fühlbarer Spannung an meinem Munde hing, wie an diesem Ostersonntag! – Im Anschluß an den Bericht sagte ich ihnen dann, daß ich nun allein die Leitung der Heimanlage übernehmen müßte, daß ich mir darüber klar sei, welch eine schwere Aufgabe ich damit auf mich geladen hätte, und daß ich sie nur würde lösen können, wenn jeder einzelne Heiminsasse mir dabei Hilfe leiste. Auch auf die praktische Mitarbeit jedes einzelnen würde ich angewiesen sein. Ich sei mir wohl bewußt, was ich damit von jenen fordere, die täglich zehn Stunden in der Fabrik schafften, und ich würde versuchen, die Arbeit im Hause und in der Küche so einzurichten, daß jeder nur einmal in einer oder gar zwei Wochen etwa zwei Stunden abends Dienst zu tun hatte. Nur wenn sie alle sich mit einer solchen Einrichtung einverstanden erklärten, würde ich die Leitung übernehmen können. Eine Frau, die mir schon oft tüchtig geholfen hatte, meldete sich zum Wort. Sie sei von den weiblichen Insassen beauftragt worden, mir zu sagen, daß alle Frauen des Heims zu den von mir als nötig erachteten Sonderarbeiten bereit seien. Sie solle mir sagen, daß die Freude über meine Rückkehr unendlich groß sei. Ich könne auf jede Unterstützung durch die Frauen rechnen. So viel hatte ich nicht erwartet, ich war freudig überrascht! Zwar wußte ich, daß es in der Praxis häufig Schwierigkeiten bei der Durchführung dieser Maßnahme geben würde, aber

Else Rosenfeld hatte im „Königlich-Preußischen Weibergefängnis" in Berlin Fürsorgearbeit geleistet.

wenn ich mich auf die allgemeine Bereitschaft stützen konnte, so war damit schon sehr viel gewonnen. Herr Löwenberger, mit dem ich am Nachmittag im Büro schon das Wichtigste besprochen hatte, erhob sich und führte aus, daß diesmal unerwartet die Frauen den Männern den Rang abgelaufen hätten – was mich ganz besonders freute –; er sei von den männlichen Insassen gebeten worden, die Zustimmung zu meinen Vorschlägen und den Dank für die Bereitwilligkeit, die schwere Aufgabe zu übernehmen, auszudrücken. Ich dankte allen kurz und schloß die Zusammenkunft. Aber erst mußte ich noch unendlich viele Hände drücken und manche Ausrufe der Freude über meine Rückkehr über mich ergehen lassen.

Die Nacht ist fast vorbei, in einer Stunde schon wird Frau Dillenius wieder aufstehen, um zur Arbeit zu gehen. Aber ich mußte mir diese Erlebnisse von der Seele schreiben, habe ich dabei doch immer das Gefühl, Dich auf diese Weise ein wenig teilnehmen zu lassen an dem, was mich bewegt und was mich erfüllt. –

Brief an Eva Schmidt vom 8. April 1942 aus München-Berg am Laim

Am 8.4.42.

Meine liebe, gute Eva, Du mußt heut mit wenigen Zeilen vorlieb nehmen, noch bin ich nicht imstande zu schreiben, einmal weil ich noch nicht völlig wieder hier bin wenigstens mit meinen Gedanken und Gefühlen, und dann, weil ich tatsächlich kaum eine Minute Zeit habe. Ich habe die Leitung hier ganz allein übernehmen müssen, und wenn auch alle wetteifern, mir zu zeigen, wie sehr sie sich freuen, daß ich wieder da bin, so ist es eben doch eine Riesenarbeit und eine noch größere Verantwortung! – Wie im Roman kam meine Zurückrufung, die ein unwiderruflicher Befehl war, in dem Augenblick, als wir die Generalprobe des Abtransports mit allem Gepäck auf dem Aufmarschplatz abhielten. Ich war zur Fürsorgerin des Zuges bestimmt und kümmerte mich gerade um einen Gehbehinderten [Anm. Ludwig Altschüler], der mit seinem Rucksack nicht zurecht kam, als mein Name ertönte und ich herausgerufen wurde. Ich wollte nicht zurück, versuchte zu erreichen mitzukommen, aber es gelang mir nicht. – Ich werde auch jetzt schon wieder gerufen, ich muß mich also beeilen. – Ich kann Dir nicht sagen, wie innig und herzlich ich Dir alles alles Gute zum Geburtstag wünsche! Es ist mir schwerer denn je, Worte zu finden für das, was ich fühle und Dir, Du Liebe, wünsche; lies es zwischen den Zeilen, ich bitte Dich! … Jetzt kann ich Dir noch nicht mal etwas schicken, und würde Dir doch so gern etwas Schönes schenken, aber fast alle meine Sachen sind fort (mein Koffer war schon verladen und unmöglich herauszusuchen), und hier ging alles so schnell, daß ich alles verschenkte an solche, die mitgingen und nicht genügend hatten. – Hab innigen Dank für alle Deine letzten Briefe und den Kaffee, der mir in einer Stunde, wo meine Kraft fast zu Ende war, sehr gute Dienste leistete! Laß bald von Dir hören, darum bitte ich Dich sehr! Herzliche Grüße Dir und Deiner lieben Mutter, auch für Hilde und Grete!

Immer Deine E.

Hilde: Hilde Sauerbier, Uhlandschule. Berlin.

Grete: Grete Wester, Lehrerin.

Tagebuchaufzeichnungen Else Behrend-Rosenfeld

Berg a. Laim, Sonntag, den 24. Mai 1942

Die Tage fliegen vorbei, so kommt mir vor, ich kann es einfach nicht glauben, daß wir schon in den Sommer hineingehen! Von unseren Deportierten bekommen wir regelmäßige Nachrichten, sie sind wirklich nach Piaski gekommen, aber sie haben die Stettiner nicht mehr vorgefunden und konnten auch nichts über ihren Verbleib erfahren. Wir schicken, soviel wir können, aber es sind nur mehr Briefpäckchen im Höchstgewicht von einem Kilogramm erlaubt. Heilbronner schreibt mutig und schildert seine und der Gefährten Situation sogar hin und wieder mit einem Versuch zu scherzen. Er und alle irgendwie arbeitsfähigen Männer arbeiten im Straßenbau unter sehr schweren Bedingungen und bei völlig unzureichender Ernährung. Ihre Koffer haben sie nicht erhalten: Auch mein Gesuch, mir meine Sachen zurückzugeben, wurde ohne jede Begründung kurz abgelehnt, genau wie das, welches ich für Werner gemacht hatte, der übrigens wieder mit seinem Vater zusammen bei uns wohnt, nachdem ihn auf mein Betreiben sein Arbeitgeber, der ihn sehr schätzt, gleich wieder angefordert hatte. Bei mir erschien am Dienstag nach Ostern der Regierungsrat Schroth aus der Widenmayerstraße, ein ehemaliger Zigarrenreisender, und erklärte mir, ich dürfe es mir als eine besondere Ehre anrechnen, daß die Partei einwillige, mir die Leitung der Heimanlage allein zu übertragen. Im allgemeinen schätze man männliche Leiter sehr viel mehr. Ich müsse mir aber auch darüber klar sein, daß ich für alles und jedes, was im Heim geschehe, die alleinige Verantwortung trage und strengstens zur Rechenschaft gezogen werde, wenn man irgendein Versäumnis oder eine Nachlässigkeit nachweisen könne. Es seien dann einige neue Verfügungen zu befolgen, die er mir hiermit bekanntgebe. Von jetzt ab sei an unserem Tor eine Wache einzurichten, die das Aus- und Eingehen aller Personen zu kontrollieren habe. Zu diesem Zweck müsse ein Wachbuch geführt werden, das bei Revisionen vorzulegen sei. Allen »Ariern« sei das Betreten unserer Heimanlage strengstens verboten. Der Wachhabende habe sie energisch abzuweisen. Allein den arischen Frauen unserer jüdischen Heiminsassen sei am Samstagnachmittag und am Sonntag der Besuch bei ihren Ehemännern im Heim gestattet. Die Besuchszeit sei von mir festzusetzen und bekanntzugeben. Außerdem hätte ich mindestens einmal wöchentlich einen Appell abzuhalten, bei dem alles Notwendige den Insassen mitzuteilen sei. Den Insassen sei künftig jeder Ausgang in die Stadt, außer zur Arbeit, verboten, für besondere Ausnahmen, wie z.B. einen Besuch beim Zahnarzt, sei ihnen von mir ein Extra-Erlaubnisschein auszustellen. Ich verzichtete darauf, irgendetwas zu diesen Ausführungen zu äußern. Also wieder neue schwere Beschränkungen! Und die ständige Wache am Tor war eine zusätzliche Belastung für die Männer, die schwer tragbar war! Aber was half das?! Es mußte eingerichtet werden, und es wurde eingerichtet. Erstaunlich war in den kommenden Wochen das Bedürfnis unserer Insassen, ihre Zähne nachsehen und behandeln zu lassen! Es ist keine kleine Mühe, den einzelnen begreiflich zu machen, daß gar zu häufige Zahnarztbesuche das Verbot auch dieser letzten Möglichkeit nach sich ziehen könnten.

Ludwig Schrott führte von 1921 bis 1927 in München ein Delikatessengeschäft und fand dann kurzfristig eine Stellung beim Stadtrat München. 1933 war er arbeitslos: „Ich ging zur Partei, weil ... ich Brot suchte. Ich wäre damals jeder Partei beigetreten, die mir das versprochen hätte." 1938 kam er zur Vermögensverwaltung GmbH München, der späteren „Arisierungsstelle" und blieb dort mit Unterbrechung bis zum 30. Juni 1943.[124]

Johannes Pfeuffer, Polizeifoto, 1950

Johannes Pfeuffer, Leiter der „Judenabteilung" in der Gestapozentrale bei seiner Vernehmung im Jahre 1950: „Wie schon angegeben, verhielten sich die Juden in München sehr ruhig, so dass in dieser Hinsicht wenig Arbeiten anfielen."[125]

Seit drei Wochen ist der Professor wieder bei uns; erstaunlich, was für eine Fähigkeit in seinem zarten Körper steckt! Unser Wiedersehen freute uns beide ganz besonders. Nun ist doch wieder jemand da, mit dem ich Fragen und Probleme, die mich beschäftigen oder belasten, besprechen kann. Und er weiß immer einen Weg oder einen guten Rat. Oft habe ich das Gefühl, er sei der gute Geist unseres Hauses! –

Übrigens traf auch mich die Verfügung sehr schwer, daß allen »Ariern« verboten sei, unsere Heimanlage zu betreten. Bald nachdem Schroth gegangen war, wurde ich ans Telephon gerufen. Oberschwester Agathe merkte mir meine Bedrücktheit an und fragte in ihrer mütterlich gütigen Art nach dem Grund. »Es ist hart für mich, daß meine Freundin aus dem Isartal und ebenso meine Freundin Annemarie, die Quäkerin, mich nicht mehr besuchen können«, gestand ich ihr. »Und Sie wissen, ich kann nicht fort vom Heim, es wäre ja auch schwierig, sie irgendwo zu treffen, da ich nicht wagen darf, den Judenstern zu verdecken.« »Das muß Sie nicht bedrücken«, sagte sie freundlich, »Ihre Freundinnen können zu unserer Pforte hereinkommen, wir lassen sie in unser Sprechzimmer, und ich benachrichtige Sie durch unser Haustelephon, daß Sie herüberkommen sollen. Sie werden so häufig hier am Telephon verlangt, daß es gewiß niemandem auffallen wird.« Ich dankte ihr ganz gerührt. »Es ist schrecklich, daß wir uns nur noch mit Lügen helfen können«, fügte ich seufzend hinzu. »Auch darüber dürfen Sie sich nicht viele Gedanken machen«, entgegnete sie sehr ernst, »ich weiß, daß uns diese Lügen nicht als solche angerechnet werden, und scheue mich deshalb gar nicht, sie auszusprechen. Wir alle haben keinerlei andere Möglichkeit, dem Unrecht zu begegnen und uns dagegen zu wehren. Also, nicht wahr, wir machen es dann so, wie wir eben besprochen haben.« Wäs täte ich wohl ohne diese Hilfe! Ich kann ja nicht alles aufschreiben, was diese Menschen für uns tun, als sei es das Selbstverständlichste von der Welt, ohne je ein Aufhebens davon zu machen! Aber oft, wenn ich meine, ich könnte nicht weiter, wenn ich wieder einmal kostbare Zeit mit dem Schlichten kleinlicher Zänkereien der Insassen vertrödeln muß, dann genügt ein Blick auf die vorübergehenden Klosterfrauen, der mich wieder zurechtrückt und mich meine Niedergeschlagenheit überwinden läßt. Trotzdem zweifle ich manchmal, ob ich diese ungeheure Arbeitslast lange tragen kann.

Berg a. Laim, Sonntag, den 14. Juni 1942

Seit zwei Wochen ist unser Heim wieder voll bis auf wenige Plätze, und unter den Neuangekommenen sind zwei sehr musikalische Menschen: ein junges Mädchen, Lisel Beer, die sehr schön Geige spielt. Sie war mitten in der Ausbildung in der Musikschule, als sie von der Widenmayerstraße zur Fabrikarbeit geholt wurde. Sie hat ihre Geige mitgebracht, als sie mit ihren Eltern ins Heim eingewiesen wurde. Übrigens ist sie jüdischer Mischling, deshalb konnte sie auch so lange noch ihrer

Elisabeth Baerlein, geb. 1917 in München, hatte am dortigen Konservatorium Trapp, später Richard-Strauß-Konservatorium, Geige und Kontrabass studiert. Im Juni 1942 wurde sie nach Theresienstadt deportiert und in Auschwitz ermordet.[126]

Neigung zur Musik folgen. Erstaunlicherweise hat man der »arischen« Mutter gleichfalls erlaubt, mit Mann und Tochter in unser jüdisches Heim zu ziehen, es gibt eben immer Unbegreiflichkeiten, über die man den Kopf schütteln kann. Der zweite ist Herr Walder, ein Pianist von großem Können. Nun haben wir gelegentlich die Freude, gute Musik zu hören. Ein dritter Insasse, der schon länger bei uns ist, spielt recht gut Cello und hat es sich geholt, so daß ein regelrechtes Trio zustande gekommen ist. Daneben hat es sich eingebürgert, daß ich nach den obligatorischen, wöchentlichen Appellen, die immer Samstagabends stattfinden und die ich sehr kurz erledige, meinen Insassen einen kurzen Vortrag halte. Ich erzähle ihnen von meiner früheren Arbeit im Frauengefängnis, gelegentlich spreche ich aber auch über Erziehungsfragen oder was mich sonst gerade beschäftigt. Das gibt eine kleine Ablenkung von den Sorgen und Mühen des Alltags und läßt uns kurze Zeit den Druck nicht so stark spüren, unter dem wir leben.

Am vergangenen Sonntag, einem herrlich warmen Sommertag, den die meisten Insassen im Garten verbrachten, kam um vier Uhr plötzlich der Obersturmführer Muggler zu einer Revision. Er war in seiner leutseligen Stimmung, die ich mehr fürchte, als wenn er kurz angebunden ist. »Des laß' ich mir g'falln«, rief er mir schon von weitem zu, »so schön wie ihr möcht's i auch amal hab'n! Lassen's uns gerad amal durch den Garten gehn!« Er ging an meiner Seite auf ein Ehepaar zu, das in der Sonne saß. Der Mann sprang auf und nannte in strammer Haltung seinen Namen. Er wies dann auf die neben ihm sitzende Frau. »Meine arische Frau, die mich heute besucht«, fügte er hinzu. »So, des is recht«, sagte der Obersturmführer, »zeigen S' mir Ihren Ausweis«, wandte er sich an die Frau. Die war staunend dem gefolgt, was sich da vor ihren Augen abspielte. Als echte Münchnerin ließ sie sich nicht so leicht einschüchtern. »Ja, gibt's des aa? Wie komm denn i dazu? Da könnt i ebenso gut sagen, zeigen S' mir halt erst amal Ihren Ausweis!« Sie tat, als sähe sie nicht die beschwörenden Bewegungen, mit denen ihr Mann und ich ihrem Redefluß Einhalt zu gebieten versuchten. »Sie entschuldigen schon, Herr Obersturmführer, meine Frau weiß halt nicht, wer Sie sind«, stammelte angstvoll der Mann. »So, das weiß sie nicht, nun, sie wird mich schon noch kennenlernen«, rief der plötzlich von aller Leutseligkeit freie Obersturmführer. »Hab'n S' jetzt einen Ausweis da oder net«, schrie er sie an. »Na, i hob keinen«, erklärte sie kurz. »Wissen Sie jetzt im dritten Kriegsjahr noch nicht, daß niemand ohne Ausweis ausgehen darf?« fragte er böse. »Sie haben«, und damit wandte er sich an mich, »heute abend in einem Sonderappell bekannt zu machen, daß künftig die Wache am Tor sich den Ausweis jedes Besuchers zeigen lassen muß. Ohne Ausweis wird niemand mehr hereingelassen!« Wütend ging er weiter zu dem nächsten Paar. Auch diese arische Frau hatte keinen Ausweis, aber sie war wenigstens still. Gott sei Dank, die nächste hatte ihren Ausweis bei sich! Aber jetzt kamen wir zu einem Paar, vor dessen Betragen ich mich ängstigte. Die arische Frau hatte mir schon häufig Schwierigkeiten gemacht, sie hielt sich an keine Bestimmungen, die Wache hatte mich schon mehrfach zu Hilfe rufen müs-

Herr Walder: Dr. Josef Waldner, Makler, Musiker, geb. 1892 in München, seit 16. April 1942 in der Clemens-August-Straße. Deportiert nach Theresienstadt am 11. Juli 1942.

Die geschilderte Szene legt die Frage nahe, warum es in München oder in den Lagern keinen Widerstand und kaum Resistenz gegen die Deportationen gab. Der Vorgang zeigt im Verhalten die unterschiedliche Rechtslage für „arische" und „nicht arische" Personen. Die Empörung der „arischen" Frauen kam aus dem sicheren Rechtsgefühl der Unangreifbarkeit, mit klarem Blick für das Ohnmachtsgefühl des eigenen Partners. Die Öffentlichkeit der Auseinandersetzung führte auch zu einem Solidarisierungseffekt. Mugler hatte als Angestellter der „Arisierungsstelle" zwar polizeiähnliche Befugnisse, sah aber wohl Probleme, dies durchzusetzen. Die Heimleiterin war verantwortlich, dass das Leben im Lager Berg am Laim reibungslos funktionierte. Diese Spannung zwischen der eigenen Deportationserfahrung und den unterschiedlichen Erwartungshaltungen erzwang hohe Anpassungsbereitschaft und Duldsamkeit. Else Behrend-Rosenfeld ließ sich von sozialem, nicht von politischem Denken leiten, obwohl sie eine mutige Frau und stolz auf die jüdische Gemeinschaft war. Deshalb kam aktiver Widerstand für sie nicht in Frage. Auch eine wirkungsvolle solidarische Unterstützung durch „arische" Münchner Frauen sah sie nicht. Sie wusste ihre Möglichkeiten und Grenzen einzuschätzen. Öffentlich wirksamen Widerstand wie in der Berliner Rosenstraße im Februar 1943 gab es in München nicht.

Berg a. Laim, Sonntag, den 14. Juni 1942

sen, weil sie außerhalb der Besuchszeit zu ihrem Mann wollte, was ich unmöglich zugeben konnte, ohne gänzlich die Zügel aus der Hand zu verlieren. Dann machte sie entsetzliche Szenen, schimpfte und randalierte, so daß ich Mühe hatte, sie hinauszukomplimentieren. Auch der Mann war ein unangenehmer Nörgler, immer unzufrieden, einer von denen, die nie mit ihren Zimmergenossen in Frieden leben können. Er wie seine Frau waren denkbar unbeliebt. Auf die Frage nach ihrem Ausweis erklärte sie einfach: »Ob i an Ausweis hier hob oder net, geht Sie an Dreck an! I bin Arierin, mit mir dürfen S' net umspringen wie mit den Juden da!« Ich sah, wie den Obersturmführer die Wut packte, die er vorher mühsam zurückgedämmt hatte. »So, Sie meinen, ich könnt' Ihnen nichts tun, weil Sie Arierin sind? A schöne Arierin, die einen Juden geheiratet hat! Bilden S' Eahna nur nix ein! Sie soll'n's scho noch g'spüren, ob i Eahna was tun kann oder net! Die Frau b'haltn ma hier, die kommt mir net fort, tun S' die in irgend an Zimmer sperrn, acht Tag muß's mindestens herinbleib'n«, schrie er mir zu. Die Frau war blaß geworden. Sie wollte etwas entgegnen, aber meine beschwörende Gebärde hielt sie zurück. Der Obersturmführer war weiter gegangen. »Seien Sie ganz still!« zischte ich ihr noch schnell zu, dann eilte ich dem Obersturmführer nach. Glücklicherweise verzichtete er nun auf weitere Fragen nach Ausweisen. »Ich will noch die Küche und die Wirtschaftsräume besichtigen«, sagte er kurz. Ich atmete auf. Ich wußte, da war alles in Ordnung. Vielleicht würde ihn das wieder in bessere Laune versetzen. Aber was sollte ich mit dieser schrecklichen Frau machen? Ich konnte sie doch unmöglich bei uns festsetzen, das war doch eine absurde, ja groteske Situation! Abwarten, vielleicht konnte ich das noch verhindern! Richtig, die tadellos aufgeräumte Küche und die schönen sauberen Wirtschafts- und Eßräume präsentierten sich tadellos, und allmählich besserte sich die Laune des Gewaltigen. Kurz ehe er vor dem Tor stand, sagte ich möglichst leichthin, so als fiele es mir gerade ein: »Und die Frau N. N. lassen wir diesmal wohl noch einfach laufen, nicht wahr?« »Also gut, dieses Mal soll sie mit dem Schrecken davonkommen. Aber wenn sie Ihnen die geringsten Schwierigkeiten macht, lasse ich sie für eine Woche durch Sie einsperren!« Damit nickte er gnädig und verschwand. Mir war ein Stein vom Herzen. Rasch zu dem Ehepaar N. N., wo ich die Frau ziemlich kleinlaut dessen harrend fand, was nun über sie beschlossen war. Sie atmete doch erleichtert auf, als ich ihr berichtete, daß sie gehen könne. Aber ich verhehlte ihr nicht, daß ich mir künftig keine Ungezogenheiten mehr von ihr gefallen lassen würde. –

Berg a. Laim, Sonntag, den 5. Juli 1942

Die Deportationen haben wieder eingesetzt! Anfang dieser Woche hat man unser ganzes Krankenheim mit dem leitenden Arzt, der Oberin, den meisten Schwestern und allen Kranken evakuiert.

Dr. Julius Spanier, von 1939 bis 1942 Chefarzt des jüdischen Krankenhauses, erinnert sich: „Ich selbst bin am 12. Juni 1942 mit meiner Frau nach Theresienstadt deportiert worden. Meine Verschickung passierte anlässlich der Deportierung des gesamten jüdischen Krankenhauses, das sich in der Hermann-Schmidt-Str. 5 befand … Der Transport ging … in einem Möbelwagen, in dem sich auch Schwerkranke befanden, zum Südbahnhof, wo wir verladen wurden. Ich wurde von Grimm [Gestapobeamter] zum Transportarzt aufgestellt."[127]

Tagebuchaufzeichnungen Else Behrend-Rosenfeld

Ich erfuhr es durch einen Anruf von Stahl, der sich gleichzeitig zu einer Besprechung anmeldete. Er erzählte mir dann, daß diese Deportation nicht nach Polen gehe, sondern nach Theresienstadt im Sudetengau. Die Reichsvereinigung habe mitgeteilt, daß dort ein großes Ghetto errichtet werde. Vor allem sollten alle Alten über fünfundsechzig Jahre, die Schwerkriegsbeschädigten aus dem vorigen Krieg, die jüdischen Mischlinge und die im letzten Weltkrieg mit Tapferkeitsmedaillen oder dem Eisernen Kreuz 1. Klasse besonders ausgezeichneten Juden dorthin gebracht werden. Auch besonders tüchtige Angestellte der jüdischen Gemeinden und solche, die sich aus irgendeinem Grunde der Protektion einflußreicher »Arier« erfreuen, sollen dorthin evakuiert werden. Es scheine, als wolle man dort eine Art Elite-Ghetto aufziehen, zu dem man eventuell auch Ausländern Zutritt gewähren könne. Wie weit das zutreffe, wisse er nicht sicher, immerhin sei es entschieden besser als nach Polen geschickt und – umgebracht zu werden, woran wir nun nicht mehr zweifeln. Seit vierzehn Tagen fehlt jede Nachricht von unseren Deportierten aus Piaski, und wir geben uns keiner Hoffnung mehr hin, sie nach dem Kriege wiederzusehen.

Das schreibt sich leichthin, und wieviel Leid, Not und Angst verbirgt sich dahinter! Aber Worte vermögen nicht, sie auszusagen, und jeder fühlende Mensch wird etwas davon empfinden, wenn er sich die Situation klarmacht. Das ganze Ausmaß dessen, was es heißt, spürt sowieso nur der, der es selbst miterlebt! –

Gestern traf nun auch bei mir im Heim eine neue Liste mit den Namen der nächsten Dienstag zu Deportierenden ein. Fünfunddreißig alte Heiminsassen kommen nach Theresienstadt, wieder sind einige darunter, die mir im Heim durch Ihre Arbeit wertvolle Dienste geleistet haben. Auch ein Schwerkriegsbeschädigter mit seiner Frau ist darunter, die völlig fassungslos war, als ich ihr die Nachricht überbrachte. Aber das Schlimmste ist, daß mir Stahl sagte, wir müßten jetzt jede Woche mit einer Deportation rechnen! Wie soll unsere schon so entsetzlich schwer belastete Gemeinschaft diese ständige Angst und Aufregung ertragen! Es war gelungen, in den letzten Wochen wieder eine gewisse Ruhe im Heim herzustellen; das Leben ging zwar nicht sorglos dahin, aber diese unmittelbare Furcht vor der das Leben direkt bedrohenden Deportation war doch ein wenig in den Hintergrund getreten. Auch der Sommer mit seinen schönen Tagen und Abenden und die Möglichkeit, ein wenig davon abends im Garten genießen zu können, taten uns wohl. Aber wenn dieses furchtbare Gespenst nun über jedem einzelnen drohend in nächster Nähe schwebt, wie sollen daneben die tägliche Arbeit und das Leben im Alltag bewältigt werden! Man nimmt an, daß auch die Deportationen nach Polen wieder einsetzen werden, daß man nicht einmal damit warten wird, bis alle Alten evakuiert sind. Trotz alledem mußte ich meine Gedanken auf die Weiterführung des Heims und seine Notwendigkeiten konzentrieren. Wir mußten ein zusätzliches Krankenzimmer einrichten, da die Möglichkeit fortfiel, Schwerkranke in unser Krankenheim zu bringen. Einer der zugelassenen jüdischen Ärzte sollte mit seiner Frau ins Heim übersiedeln, und die beiden zurückgelassenen jüdischen Kranken-

Der Beschluss zur Errichtung des Gettos Theresienstadt wurde am 17. Oktober 1941 von NS-Funktionären unter dem Vorsitz Reinhard Heydrichs gefasst. Die Kultusgemeinde hoffte, durch die rasche Errichtung eines „Elite-Gettos" unter jüdischer Selbstverwaltung den Weitertransport nach Osten vermeiden zu können. Doch das von der SS kontrollierte Theresienstadt war für die meisten nur Durchgangslager. Der vermeintliche Sonderstatus diente der Verschleierung der Endlösung.

Allein im Juni und Juli 1942 gingen 22 Transporte von München nach Theresienstadt und einer nach Polen. Insgesamt wurden 1.100 Personen deportiert. Die heute fünfundneunzigjährige Irmgard Kranich berichtete 2010 als eine der letzten lebenden Augenzeuginnen über einen im Lager Berg am Laim eintreffenden Transport: „Ich wußte zunächst buchstäblich nichts – bis ich diesen Transport im Möbelwagen erlebte. Ich weiß nicht mehr genau, wann das war, jedenfalls gab es schon Judentransporte aus den Städten. Mit dieser Freundin aus Waiblingen fuhr ich mit dem Fahrrad in den Münchner Vorort Berg am Laim. Wir standen an einem hellen schönen Sommertag vor der wunderbaren Barockkirche, besichtigten die Fassade und wollten gerade wieder wegfahren, als ein Möbelwagen vorfuhr. Neben der Kirche war ein Kloster mit einem großen Eingang, der wurde geöffnet, der Möbelwagen fuhr vor, hinten wurde eine Rampe heruntergelassen, und über diese Rampe quollen Juden mit Judenstern, ohne Gepäck, und zwar in unvorstellbarer Anzahl für die Größe dieses Möbelwagens, die müssen da drin wie Heringe in der Büchse gesteckt haben. Es war vollkommenes Schweigen, kein Mensch außer uns war da, wir standen dabei mit unseren Rädern, niemand jagte uns weg, nur ein paar SA-Leute beaufsichtigten das. Die Juden waren alle ohne Gepäck, in Alltagskleidern, und wurden schweigend in dieses Kloster geführt. Als wir wegfuhren, konnten wir überhaupt nicht sprechen; und als wir zuhause waren, hatten wir beide denselben Gedanken – ich konnte die ganze Nacht nicht schlafen; und schließlich wagte dann eine von uns zu sagen: ‚Du glaubst du wirklich, daß die die umsiedeln?‘ – Man hatte uns ja gesagt, die würden im Osten angesiedelt, alle in einem Gebiet, damit sie beisammen sind – und wir hatten beide das Gefühl: Die werden getötet. Schließlich wagten wir auch, diesen Verdacht auszusprechen. Man hat sich nicht getraut, so eine Ungeheuerlichkeit auch nur zu denken."

Dr. Karl Kupfer, geb. 1878, praktischer Arzt und Geburtshelfer, wurde am 13. April 1943 nach Auschwitz deportiert.

schwestern würden ihren Dienst künftig bei uns versehen. Das hieß: neue Arbeit in Hülle und Fülle, und doch war die bisherige kaum zu bewältigen! Trotzdem darf ich nicht mutlos werden; mich erstaunt es immer wieder von neuem, wie abhängig die Stimmung des ganzen Heims, d. h. der Insassen, von der meinen ist. –

Ich bin unterbrochen worden, eine Insassin kam und bat, mich noch sprechen zu dürfen. Und nach diesem kurzen und doch so inhaltvollen Gespräch kann ich mich nicht zur Ruhe legen, es treibt mich, seinen Inhalt kurz aufzuschreiben. Frau Schulmann ist unter denen, die uns am Dienstag verlassen sollen, um nach Theresienstadt zu gehen. Sie steht ganz allein, sie hat keine nahen Angehörigen mehr, und oft hatte ich das Gefühl, daß sie nur noch mit Mühe und großer Anstrengung das Leben ertrug. Sie sagte mir nun, daß sie schon, als sie zu uns eingewiesen wurde, aus dem Leben gehen wollte, damals sei sie von einer Freundin bestimmt worden, es nicht zu tun. Sie hätte sich dann auch im Heim wohlgefühlt, es seien Menschen dagewesen, mit denen sie sich gut verstand, sie habe auch mich liebgewonnen und mit Staunen erkannt, wie die Gemeinschaft sie in ihren Bann schlug. Trotz ihrer sehr zarten Gesundheit und ihres Alters, die sie von der Fabrikarbeit befreiten, habe ihr die Arbeit im Heim Freude und Befriedigung gebracht. Nun solle sie fort; ja, sie wisse, ich wolle sagen, Theresienstadt sei nicht das Schlimmste, aber sie fühle einfach keine Kraft mehr, noch einmal neu anzufangen, noch einmal eine solche Umwälzung zu überstehen. Und ihre gute Freundin, die sie einmal zurückgehalten habe, sei Ostern deportiert worden. Aber sie habe den Schritt aus dem Leben nicht gehen wollen, ohne es mir zu sagen. Sie bitte mich herzlich, nicht den Versuch zu machen, ihr diesen Entschluß auszureden, er sei unumstößlich, ich solle versuchen, sie zu verstehen. Sie sei zu schwach, körperlich und seelisch, um neuen Anstrengungen gewachsen zu sein, sie würde für ihre Gefährten nur eine Belastung werden. Das wollte sie nicht, und sie sei so unaussprechlich müde, daß sie sich schon jetzt auf den Schlaf freue, aus dem es kein Erwachen mehr gebe. Nicht wahr, ich werde ihn ihr gönnen? Sie habe auch nicht gehen wollen, ohne mir zu danken – ich wehrte ab, nein, ich müsse schon erlauben, daß sie das ausspreche. Es sei ihr ein ganz starkes Bedürfnis, das zu tun. –

Ich kann nicht weiter schreiben. Natürlich habe ich es nicht über mich gebracht, ihr abzureden. Sie sprach so fest, ja heiter von diesem Entschluß, ich fühlte keine Ermächtigung, etwas gegen ihre wohlerwogenen Gründe vorzubringen, es wäre mir wie leeres Geschwätz vorgekommen. – Ihre Zimmergenossinnen verlassen alle sehr früh ihr Zimmer, sie werden keinen Verdacht schöpfen, wenn sie ruhig schlafend liegen bleibt. Im Laufe des Vormittags werde ich sie dann aufsuchen müssen und Dr. Kupfer, unseren Arzt, verständigen. Ich halte ihn für einsichtig genug, keine Versuche zu machen, sie ins Leben zurückzurufen. Es ist der erste Selbstmord, der im Heim vorkommt. Bisher war ich stolz darauf, daß noch keiner zu verzeichnen war. –

Mir ist das Herz so schwer, wie ich es nicht ausdrücken kann. Wie soll es weitergehen?

Tagebuchaufzeichnungen Else Behrend-Rosenfeld

Briefe an Eva Schmidt vom 11. und 18. Juli 1942 aus München-Berg am Laim

11.7.42

Meine liebe, gute Eva,

Ich schreibe nur, damit Du weißt, daß alles ankam und ein Lebenszeichen hast; es geht furchtbar zu! Diese Woche ist wirklich eine der allerschlimmsten geworden, wie dankbar ich bin, daß es die zwei vergangenen Wochen noch anders war! Ich konnte Annemarie und Tilla nicht sehen, auch das ist jetzt unmöglich. Alle Arbeitskräfte im Haus verlassen es Montag, ich weiß buchstäblich nicht, wie es werden soll. Und was bisher hier noch nie geschah, nun kommt es gleich mehrere Male vor und nimmt mich entsetzlich mit. – Mein Finger ist fast heil, ich kann wieder überall mitarbeiten und muß es auch. – Lebe wohl, Du Liebe, Gute, ich bin froh, daß Du in Ruhe bist. Arbeite bloß nicht zu viel und erhol Dich!
Sei sehr, sehr innig gegrüßt!
Immer Deine Else.

18.7.42.

Liebste Eva, innigen Dank für die schönen Kissen, sie werden noch heut mit genauer Beschreibung ihrer Bestimmung übergeben. Was wirst Du sagen, wenn Tilla Dir erzählt! … Ich kann euch nicht erklären, warum ich jetzt so anderen Sinnes geworden bin, Erklärung können nur die letztvergangenen Wochen sein, die mir wie Jahre vorkommen! Sag Tilla, sie soll sich an meinen Schwager Georg F.[ischer] in Berlin – Tplhof [Tempelhof] wenden, vielleicht kann er helfen, daß ich meinen Lichtbildausweis wiederfinde. – Ich kann nicht mehr schreiben, muß jetzt auch selbst kochen, immer noch für 150 Leute. – Leb wohl, Du Liebe; ach, wenn Ihr mir doch helfen könntet! Dir und Tilla, ihr Treuen, innigste Grüße!
Deine E.

Gemeint ist der Transport nach Theresienstadt vom 10. Juli 1942.

Berg a. Laim, Sonntag, den 26. Juli 1942

Mein Leben ist zur Hölle geworden; ich schleppe mich nur noch mühsam durch die Tage. Woche für Woche kommt am Freitag die Liste der zu Deportierenden, und nicht nur Alte, die nach Theresienstadt kommen, auch nach Polen gehen die Deportationen weiter. In der letzten Woche verließ uns Frau Dillenius, mit ihr ging Herr Walder, der Pianist, beide nach Polen. Lisel Beer, unsere Geigerin, und unser Cellist kamen nach Theresienstadt. Mit ihnen Stahl und seine Frau, er hat das Eiserne Kreuz I. Klasse. Ich war auf ihren Wunsch den letzten Tag mit ihnen zusammen, ehe sie ins Sammellager nach Milbertshofen gebracht wurden. Ich konnte ihnen beim Packen helfen und ihnen manche nützliche Winke geben. Wie stark schließen doch gemeinsame Arbeit und gemeinsam

Karl Stahl war seit 1933 Delegierter der „Reichsvertretung der deutschen Juden" und seit 1938 Vorstand der Israelitischen Kultusgemeinde in München. 1939 kam er in Schutzhaft in Dachau, am 16. Juni wurden er und seine Frau Luise nach Milbertshofen gebracht und am nächsten Tag nach Theresienstadt deportiert. 1944 fanden beide in Auschwitz den Tod.

getragenes Leid zusammen! Der Abschied wurde mir unendlich schwer, und ihnen ging es nicht anders!

Aber auch das Ehepaar Schönberg gehörte mit zu diesem Transport. Wie wird ihn die schwer herzkranke Frau überstehen! Er, der siebzigjährige Baurat, der Erbauer des »Deutschen Museums«, war bewundernswert gefaßt. Als wir uns verabschiedeten, sagte er: »Ich bin viel weniger beunruhigt als damals, da Sie deportiert werden sollten. Wir alle können Ihnen niemals das danken, was Sie für uns getan haben.« – Was ich gefürchtet hatte, als Frau Schulmann von uns ging, ist eingetroffen. Noch acht unserer Insassen, immer solche, die deportiert werden sollten, sind seither still aus dem Leben gegangen. Der Beamte von der Mordkommission der Kriminalpolizei, der nach jedem Selbstmord zur Untersuchung kommen und die Leiche zur Beerdigung freigeben muß, sagte mir beim letzten Mal mit einem etwas mißglückten Versuch zu scherzen: »Sie sind mein bester Kunde, Frau Doktor!« Aber er wollte damit nur verbergen, daß auch ihn diese sich ständig steigernden Selbstmorde tiefer bewegen, als das sonst der Fall ist.

Vor drei Wochen erreichte mich aus Lissabon nach langer Zeit wieder eine Nachricht von Dir. Du fragtest darin etwas vorsichtig und verklausuliert und nur für mich verständlich, ob ich nicht versuchen wolle, mich allen schlimmen Weiterungen durch die Flucht zu entziehen. Ich muß Dir sagen, daß mir bisher dieser Gedanke noch nie gekommen ist. Nach reiflichem Überlegen muß ich ihn auch ablehnen. Unmöglich könnte ich jetzt in dieser kritischen Zeitspanne das Heim verlassen. Es würde mir wie Fahnenflucht erscheinen, ganz abgesehen von den äußeren Schwierigkeiten und Vorbereitungen. Nein, so lange ich die Leitung hier habe, kann ich nicht fort. Dabei bin ich mir der Verpflichtungen, die ich gegen Dich und die Kinder habe, durchaus bewußt, bin ja auch festen Willens, so weit es mir möglich ist, durchzuhalten, wenn auch die Vereinigung mit Euch, mein heißester Wunsch, mir im Augenblick in ungemessene Ferne gerückt erscheint. Ich weiß, daß im Heim manche mit dem Gedanken einer Flucht spielen, bisher haben bei uns nur vier Personen diesen Versuch gemacht. Der erste war ein jüngerer Mann, der Ostern zur Deportation eingeteilt war. Er war in der Rätezeit im Eppschen Freikorps, und wir nehmen an, daß ihm von früheren Kameraden geholfen wurde. Wir haben niemals mehr etwas von ihm gehört. Die drei übrigen Personen, Mutter mit zwei Töchtern, sind vor vierzehn Tagen verschwunden. Sie hinterließen einen Brief für mich, in dem sie erklärten, in einem Wald in der Nähe der Stadt sich das Leben nehmen zu wollen. Ich mußte Vermißtenanzeige bei unserem Polizeirevier erstatten, wo man mir versprach, mich zu benachrichtigen, wenn man sie gefunden habe. Man hat sie nicht gefunden, und so darf ich glauben, daß sie vielleicht über die Schweizer Grenze kamen oder bei Verwandten versteckt leben. Übrigens stelle ich mir ein Leben auf der Flucht, immer in Angst, gefunden zu werden, entsetzlich vor. Ich würde zum mindesten nur mit dem festen Willen, in ein neutrales Land zu fliehen, den Sprung ins Dunkle wagen wollen. Aber vorläufig habe ich weder Zeit noch Lust, solchen Gedanken nachzuhängen. –

Arthur und Evelyne Schönberg, in der Clemens-August-Straße seit 17. Januar 1942, wurden am 4. Juni 1942 nach Theresienstadt deportiert.

Im Tagebucheintrag vom 5. Juli 1942 schreibt Else Rosenfeld, der Suizid von Frau Schulmann sei der erste Suizid im Heim gewesen. Im Gedenkbuch der Münchner Juden werden aber bereits frühere Suizide genannt: Martha P. nahm sich vor dem Transport nach Kaunas das Leben. Am 4. Februar 1942 schied der Kaufmann Moritz Sch. freiwillig aus dem Leben. Weshalb Else Rosenfeld diese Selbstmorde übergeht, ist nicht geklärt. Am 17. Juli 1942 schieden Lina und Martin N. gemeinsam aus dem Leben.

Manche Internierte versuchten, sich den drohenden Transporten durch Flucht zu entziehen. Auch nach Elses eigener Flucht gab es noch weitere Versuche, aus dem Lager fort zu kommen: Im März 1943 stand Julius Bauer auf der Deportationsliste. Sein Bruder Siegfried hatte seit November 1941 im Lager Berg am Laim als Koch gearbeitet. Bauer berichtete 1950 vor Gericht: „Pfeuffer leitete die Zusammenstellung des Transportes. Außerdem war der Angeschuldigte Grahammer damals einige Tage im Lager und führte die Gepäckkontrolle durch ... Meinem Bruder gelang es aber zu entfliehen. Grahammer kam damals zu mir in die Küche und fragte mich nach dem Aufenthalt meines Bruders. Als ich ihm sagte, dass ich diesen nicht wisse, äußerte er zu mir: ‚Wenn Sie bis morgen nicht wissen, wo ihr Bruder ist, dann kommen Sie mit dem Transport mit.'"[129]

Auch der Rest unseres Kinderheims hat nun bei uns ein Asyl gefunden. Zwölf Kinder im Alter von zwei bis dreizehn Jahren, bis auf zwei Ausnahmen ohne Eltern oder nahe Verwandte, sind hier zurückgeblieben. Sie waren für eine Zeit im Barackenlager untergebracht, aber es scheint, als wenn man dieses noch rascher zu leeren gedenkt als unser Heim. Jedenfalls sind die Kinder vor nun zwei Wochen bei uns eingezogen. Wir haben ihnen den großen Saal eingeräumt, in dem vorher sechsunddreißig Männer wohnen mußten. Ich war sehr erleichtert, als in der Widenmayerstraße mein Vorschlag, diesen Saal für die Kinder und ihre beiden Betreuerinnen einzurichten, genehmigt wurde. Durch die fortgesetzten Deportationen ist das Heim nicht mehr voll belegt, so daß ich die im Saal zurückgebliebenen Männer ohne Schwierigkeiten auf die anderen Zimmer verteilen konnte. Als Kinderheim ist der Saal dagegen ideal, nachdem wir ihn mit Schränken in drei Abteilungen geteilt haben: eine für die Kleinkinder mit ihren Bettchen und Möbeln, die sie mitbrachten, der mittlere Teil für die Schulkinder und der dritte für die beiden Leiterinnen, die ich schon seit langem kenne und sehr schätze. Ich habe, seit sie hier sind, bei ihnen schon öfters am Abend spät eine halbe Stunde gesessen und mich gefreut, mit wieviel Verständnis sie sich bei uns einfügen. Durch die Kinder kommt ab und zu ein bißchen Sonnenschein in unser sonst so freudloses schweres Leben. Sehr bald nach ihrem Einzug erschien der Obersturmführer Muggler mit dem Regierungsrat Schroth zur Revision. Besonderes Interesse zeigten sie für die neueingerichtete Krankenstube und für das Kinderzimmer. Als wir es betraten, liefen uns die beiden Kleinsten entgegen, die zweijährige Dina und der dreijährige Schorsch, die beiden einzigen, die ihre Mutter (natürlich in der Fabrik beschäftigt) hier im Heim haben. Strahlend hob Dina ihre kleine Puppe dem Obersturmführer entgegen. Schroff schob er sie fort, so hart und mit so finsterem Gesicht, daß die Kleine erschrak und zu weinen begann. Ich hatte Mühe, meine Empörung zu verbergen. Glücklicherweise hielten sich die übrigen Kinder ganz still. Fräulein Jacob hatte Dina schnell auf den Arm genommen und beruhigte sie. Von der Einrichtung der beiden neuen Räume zeigten sich die »hohen Herren« befriedigt, wie sie auch sonst nichts auszusetzen fanden, obwohl ich ihnen vor der Besichtigung der Küche sehr ruhig erklärt hatte, daß sie nicht so blinkend sauber und in Ordnung sei wie sonst. Zu viele meiner Helferinnen waren durch die letzten Deportationen entfernt worden, es gelang mir nicht mehr, sie zu ersetzen. Aber sie beanstandeten nichts, und schon glaubte ich die Revision wieder einmal glücklich zu Ende, als auf dem Wege zum Tor aus dem Auto die Freundin des Obersturmführers ihm entgegenrief, sie habe eine Heiminsassin mit dem Judenstern in die Kirche gehen sehen, ob das denn erlaubt sei. Ich wandte ein, daß wir auch katholische Heiminsassen hätten, die häufiger die Kirche besuchten. Aber schon drehte sich der Obersturmführer um und schritt der Kirche zu. Böses ahnend, folgte ich ihm und dem Regierungsrat. In der Kirche befanden sich zwei Frauen, eine Heiminsassin und eine Fremde, in ihr Gespräch so vertieft, daß sie erst aufsahen, als der Obersturmführer dicht vor ihnen stand. Drohend wies er sie zur

Die zwölf Kinder aus dem Antonienheim: Merry Gaber, Johanna und Bernhard Schmidt, Judis Weissblüth, Werner, Ernst und Ruth Grube, Heinz Bick, Ruben Einstein, Gad (Gerd) Kasztan, Rolf Heufeld und Peter Wrobel, begleitet von den beiden Erzieherinnen Alice Bendix und Hedwig Henriette Jacobi.[130]

Es handelte sich wohl um die dreijährige Judis Weissblüth, geb. 15. September 1939 in München, und ihre Mutter Sofie Weissblüth, seit Juli 1941 im Lager Berg am Laim, und um den vier Jahre alten Gerd Kasztan, geb. 28. Oktober 1938, und seine Mutter Fanny, seit Februar 1942 in der Clemens-August-Straße. Alle wurden am 13. März 1943 nach Auschwitz deportiert.[131]

Die Heiminsassin hieß Klara Sternefeld. Luise Lisberger teilte mit ihr ein Zimmer und berichtete als Zeugin nach dem Krieg Folgendes: „Frau Sternefeld erzählte mir den Vorgang wie folgt: ‚Wegen Einteilung zum Abtransport in ein KZ-Lager empfingen verschiedene Eingeteilte, darunter auch Sternefeld, noch Abschiedsbesuche arischer Leute. Mugler kam überraschender Weise dazu. Die Frauen flüchteten in die Klosterkirche. Mugler nahm eine Aktentasche an sich, die eine der Flüchtenden zurückließ. In der Annahme, die Tasche gehört der Frau Sternefeld, stellte er diese zur Rede. Als sie Mugler sagte, dass die Tasche nicht ihr gehört, hat er sie in der gröblichsten Weise misshandelt.' Ich persönlich kann lediglich bezeugen, dass Frau Sternefeld am abend dann ein ganz verschwollenes Gesicht hatte. Die Geschwulst rührte von den erhaltenen Schlägen her."[132]

Berg a. Laim, Sonntag, den 26. Juli 1942

Türe, die in den Klostergarten führte, wo wir stehen geblieben waren. Schnell stellte sich heraus, daß die Fremde die frühere Hausangestellte der Frau Stern aus unserem Heim war. Wie dies Treffen verabredet wurde, weiß ich nicht, es wurde auch glücklicherweise nicht danach gefragt. Außer sich vor Wut, hatte der Sturmführer die Hand erhoben, und schon trafen harte Schläge das Gesicht der armen alten Frau Stern. Zuerst stand ich wie gelähmt, dann aber warf ich mich, ohne die etwaigen Folgen zu bedenken, zwischen die beiden. Der Obersturmführer hielt einen Augenblick inne, schon glaubte ich, nun werde er auch auf mich einschlagen, ein so böser Blick traf mich, aber das geschah nicht. »Sie schicken mir die Frau morgen früh in die Widenmayerstraße«, keuchte er, »so leicht soll sie nicht davonkommen.« »Das wird leider nicht möglich sein«, entgegnete ich. »Frau Stern ist zur Deportation am Dienstag früh eingeteilt und darf das Heim nicht mehr verlassen.« Beide Frauen waren verschwunden. »So, so, sie wird deportiert«, murmelte der Obersturmführer, und diese Aussicht schien ihn sichtlich zu beruhigen. Aber noch einmal drehte er sich zu mir um. »Bestellen Sie der Oberin, sie müsse die hintere Kirchentüre schließen lassen«, und nun ging er wirklich zu seinem Auto, gefolgt von dem stummen Regierungsrat. Das Auto setzte sich in Bewegung, erleichtert atmete ich auf. Ich traf Frau Stern weinend, mit entsetzlich geschwollenem Gesicht. Ich brachte sie ins Arztzimmer und veranlaßte die Krankenschwester, ihr kühle Umschläge zu machen, aber noch lange nachher zitterten mir alle Glieder von der Aufregung. –

München, Freitag, den 7. August 1942

Wie Mugler und Schrott einzuschätzen waren, charakterisierte nach dem Krieg der Vorsitzende der Spruchkammer so: „Insbesondere mit den Namen Wegner, Mugler, Schrott verbindet sich noch heute für die geringe Zahl der überlebenden Juden Münchens das Gefühl des Grauens. Diese Betroffenen galten und gelten als Repräsentanten der unmenschlichsten nationalsozialistischen Gewaltherrschaft. Der Befehl, auf der Dienststelle … zu erscheinen, verbreitete mehr Schrecken als jede Berührung mit der Gestapo."[133]

Auch Curt Mezger, Lagerleiter in Milbertshofen und Berg am Laim, überlebte den Holocaust nicht. Seine „arische" Ehefrau Almuth sagte 1950 als Zeugin aus, ihr Mann habe wohl einem vor der Deportation stehenden Juden zur Flucht verholfen und sei deshalb verhaftet und ins Gefängnis Stadelheim gebracht worden.[134]

Seit drei Tagen bin ich bei Frau Dr. Weiß, unserer Ärztin. Es ging mir so schlecht, daß sie Dienstag, energisch wie sie ist, einfach an die Partei und die Gestapo telephonierte und erklärte, ich müsse sofort aus dem Heim weg, sie stehe sonst für nichts. Mein Herz macht nicht mehr mit, ich muß ständig Spritzen haben.

Ich hatte die letzten Tage im Heim auch das Kochen selbst übernehmen müssen, sowohl Frau Nehm wie Siegbert, unser junger Koch, waren deportiert worden. Erst nach Frau Dr. Weiß' Erklärung, daß sie mir jede Arbeit untersagt habe, wurde auf Veranlassung des Obersturmführers aus Milbertshofen ein Koch, zwanzigjährig, geschickt. Und Frau Dr. Weiß setzte auch durch, daß ich sofort in ihr Häuschen beurlaubt wurde. Kurz ehe sie gekommen war, hatte man mir den Regierungsrat Schroth geschickt, der mir mitteilte, daß ich binnen kurzem meiner Stellung als Leiterin der Heimanlage enthoben würde. Das Barackenlager sei leer, fast alle Insassen seien deportiert. Der kleine Rest, lauter Männer aus Mischehen, die nicht für die Deportation in Frage kommen, käme nach Berg a. L., mit ihnen der Leiter von Milbertshofen, gleichfalls in einer Mischehe lebend und also geschützt, der nun die Heimanlage leiten werde. Das bedeutet für mich: bei der nächsten Deportation, die nach Polen geht, bin ich dabei! –

Die letzten Tage im Heim waren auch sonst entsetzlich gewesen. Die Selbstmorde häuften sich, durch die ständigen Deportationen blieben immer weniger Menschen, die die notwendige Arbeit verrichten konnten. Ich fand kaum mehr einige Stunden Ruhe in der Nacht und fühlte doch, daß ich nun wirklich am Rande meiner Kräfte angelangt war. – Bei der letzten Deportation war auch der Professor gewesen. –

Und nun sitze ich hier in dem freundlichen Zimmer, bei weit geöffnetem Fenster und sehe in den blühenden schönen Garten hinaus! Aber in mir ist es nicht ruhig, meine Gedanken gehen hin und her. Was soll ich tun? Gleich nachdem mir Schroth verkündete, daß man mir die Leitung des Heims abnehmen würde, schoß es in mir hoch: Nun kannst du ruhigen Gewissens fliehen! Frau Dr. Weiß beschwört mich, es zu tun. Sie hat Tilla von meinem Hiersein benachrichtigt, und vorgestern kam sie her. Zaghaft sagte ich ihr, was mich beschäftigte. Sie bot sofort ihre Hilfe an. Wir haben dann lange zu dritt darüber gesprochen, wie man die Flucht am besten vorbereiten und bewerkstelligen könnte. Erst hatten wir vor, mich bei einer Bekannten in München zu verstecken, aber dann verwarfen wir diesen Plan wieder. »Ja, wenn du doch gleich über die Grenze in die Schweiz könntest!«, seufzte Tilla. »Das möchte ich auch am liebsten«, sagte ich. »Halt, mir fällt etwas ein«, warf Tilla plötzlich erregt in die Pause, die entstanden war, »Ich fahre morgen früh zu deiner Freundin Eva, die ihre Ferien am Bodensee verlebt, und versuche mit ihr gemeinsam, ob nicht von dort aus der Weg über die Grenze möglich ist. Sollte das nicht der Fall sein, komme ich mit ihr zurück, und wir müssen dann etwas anderes finden.« (Du weißt, es handelt sich um meine liebe alte Freundin aus der Studentenzeit, jetzt Studienrätin in einer mitteldeutschen Stadt. Sie ist uns immer besonders eng verbunden gewesen. Seit Du fort bist, kümmert sie sich noch mehr um mich. Nie unterläßt sie es, mich in ihren Ferien zu besuchen. Wir haben eine sehr rege Korrespondenz, die von meiner Seite allerdings nur noch im Telegrammstil geführt werden kann.) »Wenn Sie keinen Erfolg haben sollten«, mischte sich Frau Dr. Weiß ein, »käme meines Erachtens nur Berlin als Aufenthalt in Frage. Haben Sie niemand dort, der Sie aufnehmen würde?« wandte sie sich an mich. Meine Berliner Freunde zogen im Geiste an mir vorüber. Wen durfte ich so stark belasten? Aber ich hatte ja noch eine Cousine dort. Sie bewohnte mit ihrem Mann ein kleines Haus am Rande der Stadt ganz allein. Sie hatten so gut wie keinen Verkehr, und es ging ihnen materiell recht gut. Bei ihnen war relativ geringe Gefahr. Schnell teilte ich den beiden gespannt Zuhorchenden meine Überlegungen mit. »Gut«, sagte Tilla abschließend, »wenn wir am Bodensee nicht weiterkommen, schicke ich Eva zu dir und fahre sofort selbst weiter nach Berlin zu deiner Cousine Erna und ihrem Mann und frage, ob sie dich aufnehmen wollen.« Ich konnte ihr nicht danken, ich hoffe, sie verstand, was ich fühlte. Vorgestern früh ist sie gefahren. Was werden sie und Eva mir bringen? – Ich liege viel, aber rechte Ruhe kann ich doch nicht finden. Ich werde hier sehr verwöhnt und lasse es mir gefallen, ich habe keine Kraft, mich dagegen zu wehren. Und ich möchte

Auch Helferinnen wie Eva Schmidt mussten mit ihrer eigenen Erschütterung, Betroffenheit und Ratlosigkeit umgehen lernen, durften sie aber Else nicht spüren lassen, damit sie nicht ihre Hoffnung auf Rettung verliere. [135]

Die Anonymität der Großstadt erleichterte das Überleben im Untergrund.

Die Freundin Tilla Kratz bestätigte nach dem Krieg Else Rosenfelds Leben in der Illegalität bei ihrer Schwester und ihrem Schwager: „Ferner bestätige ich eidlich, dass ich Frau E. Rosenfeld wegen der ihr drohenden Deportation nach Polen am 15.8.1942 zur Flucht von München nach Berlin mit verholfen habe u. vermittelte, dass sie bei Verwandten, Herrn und Frau Georg [und Eva] Fischer, Berlin-Tempelhof, Manfred-v.-Richthofenstr. 120 bis zum 8. Dez. 1942 Unterkunft fand."[136] Eva, Elses Schwester, hatte 1923 den Chemiker Georg Fischer geheiratet.

ja auch gern ein bißchen kräftiger und gesünder werden, ich wiege nur noch neunzig Pfund. – So weit hatte ich geschrieben, da wurde ich ans Telephon gerufen. Der Inspektor der Gestapo war am Apparat. »Ich muß Sie bitten, morgen, spätestens übermorgen früh ins Heim zurückzukehren. Mittwoch nächster Woche geht die vorläufig letzte Deportation nach Theresienstadt von Bayern aus. Von München kommen fünfundzwanzig Personen fort. Milbertshofen ist in der Auflösung, deshalb müssen wir diesmal Berg am Laim als Sammellager nehmen. Das können wir aber nicht ohne Sie. Wir versprechen Ihnen, daß Sie nach der Deportation wieder in Urlaub gehen können, auch die Widenmayerstraße ist damit einverstanden. Freitag sollen die Milbertshofer nach Berg am Laim kommen. Von Samstag ab sind Sie dann wieder frei.« – Also wieder zurück, noch einmal die letzten Kräfte zusammennehmen! Frau Dr. Weiß tobte, als ich ihr eben über den Anruf berichtete. Aber ich beruhigte sie, ich weiß jetzt, daß ich diese Sache noch durchführen muß, und ich werde es schaffen! –

Berlin, Dienstag, den 18. August 1942

Es wird schwer sein, Dir alles der Reihe nach zu erzählen, aber ich will es versuchen. – Ich kehrte am Samstag, dem 8. August, wieder ins Heim zurück. Ich hätte noch bis Sonntag bei Frau Dr. Weiß bleiben können, aber ich hatte keine Ruhe, und es war auch besser, daß ich eher ging. So konnte alles in Ruhe für die Deportation vorbereitet werden. Zunächst mußten wir einen Raum freimachen, in dem für fünfundzwanzig Menschen Unterkunft zu schaffen war. Ich wählte das große Zimmer im Erdgeschoß gegenüber dem Eingang, dessen Fenster zum Garten gingen und das durch eine Glastür direkt mit diesem in Verbindung stand, eins der schönsten Zimmer, das uns im Anfang lange als Aufenthaltsraum gedient hatte. Wieder einmal bewährte sich Hermann, unser Hausmeister, als vorzügliche, unermüdliche Arbeitskraft. Er schaffte Pritschen hinein, belegte sie mit Matratzen. Nach den vielen Deportationen hatten wir einen Vorrat an Matratzen und Betten zurückbehalten, die uns nun zugute kamen. Als er fertig war, mußte ich denken: Das sah wahrlich anders und wohnlicher aus als die Holzwollesäcke im Barackenlager, auf denen wir kampiert hatten! Allerdings hatten wir es auch unendlich viel leichter. Es ist ein Unterschied, für fünfundzwanzig Menschen Unterkunft zu schaffen oder für achthundert! Aber unsere Vorbereitungen waren noch nicht beendet. Ein kleines Zimmer mußte für die Gestapo, zwei weitere für die getrennte Durchsuchung von Männern und Frauen und ein viertes für die Aufbewahrung des durchsuchten Gepäcks freigemacht, eventuell mit den verlangten Möbeln versehen werden. Aus unserem Heim traf es diesmal sechs Personen, darunter wieder einen Schwerkriegsbeschädigten mit seiner Frau. Der Mann konnte sich ohne Hilfe überhaupt nicht fortbewegen. Mit einer rührenden Selbstverständlichkeit half ihm seine Frau, immer gleichmäßig heiter und freundlich, selbst nach-

Dienststellenleiter Johann Pfeuffer „bekam seine Weisungen mittels Fernschreiben vom Reichssicherheitshauptamt Berlin. Er führte alle diese Weisungen strikt nach dem Buchstaben durch."[137]

Im August und September 1942 gab es aus München noch insgesamt fünf Transporte mit 285 Personen. Der Transport vom 13. März 1943 führte direkt nach Auschwitz und ging mit der Schließung des Lagers Berg am Laim einher.

dem Ostern ihre einzige Tochter, ein sechzehnjähriges Mädchen, mit den Lohhofern zusammen deportiert worden war. Montagmittag war alles bereit, unser jetziger Vorsitzender kam heraus und überzeugte sich davon. Er erklärte mir, daß Dienstagfrüh die Fortgehenden gebracht und bald darauf die Beamten der Gestapo kommen würden, um die üblichen Formalitäten vorzunehmen. Mittwochfrüh um halb acht Uhr sollte die Abfahrt mit einem Autoomnibus nach Regensburg stattfinden, wo der ganze Transport zusammengestellt wurde. –

Pünktlich am Dienstag früh trafen die für die Evakuierung Bestimmten ein, alle sichtlich angenehm überrascht von dem freundlich sich präsentierenden Zimmer, das sie für die letzten vierundzwanzig Stunden ihres Aufenthalts in ihrer Heimatstadt beherbergen sollte. Wieder fand ich einige Bekannte unter ihnen, darunter den ehemaligen Hausmeister Roch aus einem unserer Altersheime, einen jüngeren, tüchtigen und energischen Mann. Er war jüdischer Mischling, deshalb kam er nach Theresienstadt und nicht nach Polen. Ich machte ihn zum Zimmerältesten, welches Amt er auch willig übernahm. Bald darauf wurde mir die Ankunft der Gestapobeamten gemeldet, bestehend aus vier Männern und zwei Frauen. Ich zeigte ihnen die für die Arbeit vorbereiteten Räume. Aber sie zeigten wenig Interesse dafür, sondern wünschten das Stück Garten zu sehen, das uns die Klosterfrauen überlassen hatten und von dem sie höchst befriedigt waren. »Lassen Sie uns Liegestühle herausschaffen und Ihren Hausmeister ein Fäßchen Bier holen!« war die mich etwas verblüffende Anweisung, die ich erhielt. Wunderliche Welt! Drinnen im Hause die fünfundzwanzig Menschen, die ihrer Durchsuchung harrten, ehe sie von allem, was ihnen lieb war, Abschied nehmen mußten, hier im Garten die sechs unbekümmert lachenden und schwatzenden Beamten, die, ohne einen Gedanken an ihre Opfer zu verschwenden, nur daran dachten, wie sie es sich wohl sein lassen könnten! Hermann schleppte das Fäßchen Bier herbei, und bald konnten wir schon von weitem die vergnügt sich gehenlassenden Männer hören, hin und wieder unterbrochen von einem hellen Frauenlachen. Die beiden Frauen, jung und hübsch und gut gekleidet, machten mir einen sehr unangenehmen Eindruck. Daß sie sich mit den Männern draußen so laut und ungeniert vergnügten, verstärkte meine Abneigung noch. Erst gegen elf Uhr, als das Fäßchen bis zur Neige geleert war, gingen sie alle an ihre Arbeit. Sie faßten nicht gerade sanft zu, auch die Frauen hatte ich richtig eingeschätzt, sie behandelten unsere Leute entsetzlich schlecht. Sogar Frau Rosen, die Frau des Schwerkriegsbeschädigten, kam mit rotgeweinten Augen wieder aus dem Zimmer, in dem die Frauen amteten. »Ich mußte eine Leibesvisitation über mich ergehen lassen«, berichtete sie mir, »aber das wäre nicht so schlimm gewesen, wenn die Frauen nicht so häßliche Reden dabei geführt hätten. Sie haben mich nicht angeredet, sondern ihre Befehle mir nur kurz zugeschrien und im Übrigen zueinander über mich gesprochen, mit Worten, die stachen und mir wehtun sollten. Ich ärgerte mich über mich, daß ich meine Tränen vor ihnen nicht zurückhalten konnte. Und was sie mir alles genommen haben! Selbst einen Teil meiner Wäsche, die ich trug, und

193

Der jüdische Anwalt Dr. Fritz Neuland sagte nach dem Krieg über den letzten Vorsitzenden der Kultusgemeinde Theodor Koronczyk: „Koronczyk ist nicht die Persönlichkeit und auch nicht dem gewachsen gewesen in der schweren Zeit 1942/43, auf der einen Seite die Juden zu betreuen und auf der anderen Seite die Gestapo hinter sich oder gegen sich zu haben. Ebenso Wegner, Mugler und Schrott, das waren Männer, die wirklich zu fürchten waren."[138]

Die Zusammenstellung der Deportationen und die Gepäckkontrolle führte eine Gruppe von Gestapobeamten durch, die in diesem Fall wohl aus Grahammer, Grimm, Gassner und Fahlbusch bestand. An Stelle von Fahlbusch könnte auch Richard Krauss dabei gewesen sein, doch dieser war in der Regel bei den größeren Transporten mit der Erfassung der Juden anhand von Listen und Personalpapieren beschäftigt. Als in einem der Nachkriegsprozesse der Zeugin Fanny Herrmann Lichtbilder der Täter gezeigt wurden, sagte sie: „... außerdem kenne ich noch den Angeschuldigten Grahammer von Berg am Laim her."[139]

Grimm und Gassner sind nach Aussage der Ärztin Magdalena Schwarz immer gemeinsam aufgetreten. Über Gassner urteilte die Spruchkammer nach dem Krieg: „Der Betroffene hat in Ausübung seiner dienstlichen Tätigkeit Juden misshandelt, bedroht und verhöhnt." Es ist durchaus denkbar, dass die beiden Sekretärinnen von Grimm und Gassner bei dieser Visitation dabei waren. Grimms Sekretärin Spottich war selbst Augenzeugin brutaler Verhöre in der Gestapozentrale; beide Sekretärinnen bekamen durch die Gestapobeamten Gassner und Grimm später eine entmietete jüdische Wohnung zugewiesen, in der alle vier Silvester feierten. Gassner und Grimm wurde in den Nachkriegsverfahren erhebliche persönliche Bereicherung vorgeworfen.[140]

Hier handelte es sich um Kriminalinspektor und Gestapomitglied Hans Grahammer, „einen brennenden Judenhasser", wie Agenten der CIC nach Kriegsende recherchierten.

Dr. Oskar Cosmann, Physiker, deportiert nach Theresienstadt am 12. August 1942

Nach diesem Gespräch, am 8. August 1942, drang Grahammer in die Wohnung von Dr. Oskar Cosmann ein und „schlug den noch schlafenden Physiker Cosmann, so dass das Bettlaken übervoll mit Blut war"; dies berichtet Frau Paulus, bei der sich Cosmann wegen seiner Fluchtpläne in die Schweiz versteckt hielt. Frau Margarete Cosmann sah ihren Mann am 10. August im Wittelsbacher Palais bei einem Verhör Grahammers wieder, der eben Cosmann anbrüllte; sein Haupthaar war über Nacht schneeweiss geworden. Als „Arierin" beschwerte sie sich im Referat über die „abscheulichen Dinge". Sofort machte Grahammer Zugeständnisse und bewahrte den zeitgleich in Bregenz verhafteten Sohn Lorenz vor der Schutzhaft. Ein Wiedersehen der Tochter mit dem Vater am Bahnhof vor dem Abtransport verweigerte er. Wegen des Falles Cosmann wurde Grahammer am 8. Juni 1953 wegen Körperverletzung im Amt zu acht Monaten Gefängnis verurteilt.[141]

auch ein Kleid, das ich übergezogen hatte.« Ich beruhigte sie, so gut ich konnte, und lief davon, um nachzusehen, ob ich ihr die genommenen Sachen nicht aus meinem Vorrat ergänzen könnte. Aber ich fand nichts Passendes und beauftragte eine andere Frau, bei den Insassen darum zu bitten. Dann ging ich schnell wieder hinunter, ich mußte mich in der Nähe der Beamten halten und sollte gleichzeitig auf das Zimmer, in dem die Fortgehenden untergebracht waren und sich ständig aufzuhalten hatten, achten. Nach drei Stunden war die unangenehme Prozedur, die die fünfundzwanzig Menschen über sich ergehen lassen mußten, vorüber. Der eine Gestapobeamte kam zu mir, erklärte nur, daß sie fertig seien, und gab mir Verhaltungsmaßregeln. »Sie haften uns für jeden einzelnen dieser fünfundzwanzig Leute«, sagte er. »Sie müssen ständig bei ihnen sein oder sie einschließen. Zum Essen müssen Sie sie selbst hinunter – und auch wieder heraufführen. Haben Sie den Proviant für sie gerichtet?« Ich bejahte.

»Sie müssen noch für eine Person mehr Reiseproviant vorbereiten«, sagte er, »wir holen morgen auf dem Wege mit dem Auto noch den C. ab, der versucht hat, sich durch Flucht der Deportation, für die er schon vor Wochen eingeteilt war, zu entziehen. Wir haben ihn aber doch gefunden«, schloß er mit einem triumphierenden Lachen. Ich erschrak. Er hatte den gleichen Namen genannt, den auch der Professor trug. Ich wußte, er hatte einen Bruder, nur um diesen konnte es sich handeln. Der Arme! Später hörte ich dann von Frau Dr. Weiß, daß er sich seit einigen Wochen bei Freunden verborgen hatte. Aber ein Mitbewohner des Hauses war aufmerksam geworden und hatte die Gestapo benachrichtigt, die ihn dann bei einer Haussuchung fand. – Als das Auto mit den Beamten fort und das Klostertor hinter ihnen geschlossen war, führte ich erst einmal die Fortgehenden zum Essen hinunter. Ich hatte mit meinen Leuten besprochen, daß wir es ihnen so schön machen wollten wie möglich, und wir hatten zu diesem Zweck das feinste Geschirr herausgesucht, das ich aufbewahrte. Aber ich war nun selbst von dieser festlich gedeckten Tafel überrascht, die wir vorfanden. Meine Leute hatten sich selbst übertroffen. Auch das Essen war festlich, gut zubereitet und nett angerichtet. Die gedrückte Stimmung, in der sich die Armen nach den häßlichen Erlebnissen der letzten Stunden befanden, hob sich ein wenig, und sie wurde fast heiter, als ich ihnen sagte, daß wir eine Art Terrasse vor ihrem Zimmer für sie mit Liegestühlen und Sesseln hergerichtet und abgeteilt hatten, wo sie Sonne und Sommerluft am Nachmittag genießen konnten. Auch wegen der weggenommenen Sachen, die viele schwer vermißten, beruhigte ich sie; was nur zu beschaffen war, sollten sie wieder bekommen. Der übrige Tag verlief ohne Zwischenfälle, das Abendessen bildete eine freundlich-angenehme Abwechslung, der sich die fünfundzwanzig nun schon gern überließen. Ich schlug ihnen vor, früh zur Ruhe zu gehen, der Tag war nicht ohne Strapazen gewesen, und die kommenden würden deren noch mehr bringen. Das Morgenfrühstück hatte ich auf halb sieben Uhr angesetzt, damit alle es in Ruhe einnehmen konnten, ehe um halb acht Uhr das Auto kam. Ich selbst würde sie um halb sechs Uhr wecken. – Ich bin am Morgen

schon um vier Uhr aufgestanden, habe den großen
Herd geheizt und diesmal den Tisch selbst gedeckt.
Viele Insassen, von denen die meisten schon deportiert waren, hatten wunderschöne Tassen mitgebracht, es war leicht, mit diesem Geschirr und einer
alten, herrlich gearbeiteten Kaffeedecke eine festliche Tafel herzurichten. Auch Blumen fehlten
nicht, noch am Abend war ich bei der Gartenschwester gewesen und hatte mir nehmen dürfen,
was ich brauchte. Im Einverständnis mit den Insassen hatte ich auf Mehlmarken Weißbrot besorgt,
das ich nun aufröstete, auch Butter und verschiedene Konfitüre waren für diesen Zweck beschafft
worden. Aber die größte Freude würden die Getränke

Helmut, Luise und Dieter Lisberger (v. l.)
im Klostergarten, Internierungslager
Berg am Laim, um 1941

bereiten: Bohnenkaffee war gestiftet worden, wer den nicht mochte, konnte zwischen echtem Tee und Kakao wählen, lauter schon fast sagenhafte Genüsse! Um
fünf Uhr erschien mein Koch Dieter, und nun schafften wir gemeinsam. Die Heiminsassen, die nicht zur Arbeit gingen – ach, wie wenige waren es nur noch! –,
sollten heute erst nach der Abfahrt des Autos frühstücken. Alles wickelte sich
programmgemäß ab, und die Stunde der Morgenmahlzeit mit den Fortgehenden,
die die letzten vierundzwanzig Stunden zu einer einzigen großen Familie verbunden hatten, war wirklich ein kleines Fest. Auch die Festrede fehlte nicht. Roch,
der Zimmerälteste, erhob sich und sprach ein paar Worte. »Lassen Sie uns diesen
festlichen Beginn des Tages als ein gutes Omen nehmen«, sagte er, »und zum Dank
dafür gefaßt und starken Mutes in die unbekannte Ferne ziehen. In schweren
Augenblicken wollen wir uns erinnern, wie man hier versucht hat, uns die letzten Stunden in der Heimat zu vergolden, so daß sie uns in die Zukunft leuchten
werden, ein Trost und eine Hoffnung!« Kurz vor der angesetzten Abfahrtszeit erhoben sich alle und verabschiedeten sich von mir. Ein altes Mütterchen umarmte
mich und flüsterte mir zu: »Lassen Sie sich wie einer Tochter, die Sie dem Alter
nach sein könnten, den Segen von mir geben. Ich kann Ihnen nicht anders danken, als daß ich Ihnen verspreche, für Sie zu beten. Aber ich bin sicher, daß es
Ihnen später gut gehen wird!« Als zur Abfahrt unser Vorsitzender erschien, war
er überrascht von der Ruhe und Heiterkeit, mit der die Fortgehenden das Auto
bestiegen. –

Mittags wurde ich ans Telephon gerufen. Als ich herüberkam, stand meine
Freundin Eva vor mir. »Wir haben am Bodensee nichts erreicht«, sagte sie nach
der kurzen Begrüßung, »aber Tilla hat eben aus Berlin angerufen, daß Erna und
ihr Mann sich sofort bereit erklärt haben, dich aufzunehmen. Tilla kommt morgen früh zurück und wird dich im Laufe des Tages aufsuchen. Sie bringt dir gleich
dein Billett mit. Nun solltest du dich entschließen, bald zu fahren.« »Vor Samstagfrüh ist es unmöglich«, antwortete ich ihr, »aber dann will ich es tun.« Noch

„Abschiede bestehen aus einer Vielzahl
von ritualisierten Abläufen und symboli-
schen Handlungen: Das festliche
Abschiedsessen, Händeschütteln, Umarmen, Nachwinken. Die Ritualisierung stellt
aber auch Gemeinsamkeiten her: Die
Abschiede auf Leben und Tod zeigen dies.
Der Abschied in den Tod unter entwürdi-
genden Umständen wurde hier dank der
Hilfe der Zurückbleibenden zu einem bür-
gerlichen Abschiedsritual, in dem jeder
seine Person und seinen Wert wieder
geschätzt sah. Das Fortgehen war nun,
zumindest vorübergehend, seiner ent-
menschlichenden Seiten entkleidet. Sicher
war dies auch ein Ausblenden des Bevorstehenden, doch dies scheint ein Signum
des Abschieds zu sein, dass er dies ermöglicht, er schafft ‚Markierungen des Unbe-
greifbaren'."[142]

Berlin, Dienstag, den 18. August 1942

war mir nicht voll zum Bewußtsein gekommen, was ich da so ruhig aussprach! »Ich muß heute abend nach Hause fahren«, fuhr Eva fort, »bringe mir einen Koffer voll mit deinen nötigsten Sachen hier ins Sprechzimmer der Schwestern; einen Vorwand wirst du leicht finden, ich hole ihn ab und bringe ihn zum Bahnhof. Ich löse meine Karte über mein Ziel hinaus bis Berlin und kann ihn dann aufgeben, den Gepäckschein schicke ich eingeschrieben an deine Cousine.« Ich war mit allem einverstanden. »Noch eins«, begann Eva wieder, »du nimmst am besten am Samstagfrüh den Zug acht Uhr fünf. Ich werde in Jena versuchen einzusteigen und bis Halle mit dir fahren, ich werde ruhiger sein, wenn ich dich im Zuge gesehen und gesprochen habe«, setzte sie hinzu. »Noch bin ich wie betäubt«, flüsterte ich ihr zu, »noch kann ich nicht fassen, daß ich fortgehe. Aber ich muß ja wieder hinüber«, erschreckend fiel es mir ein. »Lebwohl, du Treue, und innigen Dank für alles!« Und damit riß ich mich los. Draußen sagte ich Schwester Theodora, daß ich gegen Abend einen Koffer hinüberbringen werde, der von einem Deportierten stamme. Meine Freundin werde ihn holen und nach dem Wunsche der Besitzerin zu Bekannten von ihr schaffen, die ihn aufbewahren sollten. Die Schwester nickte nur, es war nicht das erstemal, daß sie Ähnliches erfuhr, und ich hatte sie immer ohne Fragen zur Hilfe bereit gefunden.

Wie verabredet, kam am nächsten Tage Tilla. Sie konnte nicht genug die Selbstverständlichkeit rühmen, mit der meine Cousine und ihr Mann meiner Aufnahme zugestimmt hatten. Das freute mich sehr. Allerdings stellten sie einige Bedingungen. Ich sollte mich verpflichten, das Haus nicht zu verlassen, und ich dürfte mit keinem meiner alten Freunde und Bekannten in Verbindung treten. Natürlich war ich bereit, mich dem zu fügen. Es war ganz klar, daß sie, die ein solches Risiko eingingen, das Recht hatten, Bedingungen zu stellen. Tilla übergab mir meine Fahrkarte. »Ich bin vorhin noch bei Frau Dr. Weiß gewesen. Sie läßt dir sagen, du solltest den Rest deiner Sachen morgen dem Möbelauto mitgeben, das die Leute aus Milbertshofen mit ihrer Habe bringt. Der Spediteur wird deine Koffer dann zu ihr befördern, was nicht auffallen könne, da du ja Urlaub zu ihr bekommst. Von ihr aus ist es nicht schwer, sie später an Erna nach Berlin zu schicken. Du nimmst am Samstagfrüh nur mit, was du leicht in der Hand tragen kannst. Es muß für alle im Heim so aussehen, als begäbest du dich zu Frau Dr. Weiß. Aber darüber wird sie morgen Abend, wenn sie zu ihrer Sprechstunde kommt, noch mit dir reden. Und jetzt muß ich gehen, laß dir den Abschied nicht zu schwer werden! Ich werde erst wieder ruhig sein, wenn ich durch Eva erfahre, daß deine Reise gut verlaufen ist. Bei allen Reisen, die ich in diesen Wochen gemacht habe, sowohl bei der Hin- und Rückfahrt zum und vom Bodensee wie bei der Hin- und Herreise nach und von Berlin hatten wir Kontrolle im Zug durch Kriminalpolizei und Gestapo zur Prüfung der Personalausweise. Auf der Rückfahrt von Berlin wurde ich sogar zweimal kontrolliert. Wie du da durchkommen wirst, ängstigt mich am meisten. Bereite dich auf jeden Fall auf eine gute Ausrede vor, weshalb du ohne Ausweis bist«, schloß sie seufzend. Eine kurze Umarmung, ein fester Händedruck, und fort war sie! Langsam ging ich durch den Garten zurück ins Heim. War ich das wirklich, die diesen Plan durchführen wollte? Noch konnte ich es mir nicht vorstellen! Und wenn es mißglückte? Siedend heiß schoß mir dieser Gedanke durch den Kopf. Ich dachte an die Zugkontrolle. Zeigte ich nicht genügend Geistesgegenwart, so war ich verloren! Diese und viele andere Gedankengänge quälten mich bis zum Freitagabend ständig. Meine Arbeit tat ich nur mechanisch. Schreckliche Träume peinigten mich in der kurzen Zeit, die ich schlafen konnte. –

Am Freitagfrüh wurde ich plötzlich gerufen. »Der Regierungsrat Schroth ist da mit unserem Vorsitzenden«, verkündete mir Hermann, »Schroth scheint sehr schlechter Laune zu sein, er will nicht einmal ins Haus kommen.« Schnell lief ich hinunter. Vor der Tür standen die beiden Herren, wütend schleuderte mir Schroth entgegen: »Ziehen Sie sich an, Sie werden verhaftet!« Nun war mir diese Einleitung nichts Neues, schon manche Revision hatte so begonnen. Heute war ich aber nicht ruhig, sondern selber aufgewühlt und unruhig, und so entgegnete ich erregt: »Bitte, Herr Regierungsrat, verhaften Sie mich nur, es könnte mir gar nichts Besseres geschehen, dann hätte ich wenigstens eine Zeitlang Ruhe!« Erstaunt sah mich Schroth an, diese Reaktion hatte er bei mir noch nie erlebt. »Sie wissen ja noch gar nicht, was gegen Sie vorliegt«, sagte er etwas ruhiger. »Sie sollen Fleisch ohne Marken in der Stadt gekauft haben.« Innerlich atmete ich auf, selbstverständlich hatte ich eine solche Dummheit nicht gemacht, und ich wußte auch sofort, wo die Denunziation herkam. »Unser Metzger hat sich wohl beschwert, daß wir die beiden letzten Wochen kein Fleisch bei ihm bezogen haben«, sagte ich nun ganz ruhig. »Ich kann nachweisen, daß ich unsere Fleischmarken für Wurst und Leberkäs bei dem uns von Ihrer Stelle zugewiesenen Wurstfabrikanten eingelöst habe, weil der Metzger uns so miserabel beliefert hat, daß ich meinen Leuten keine anständige Mahlzeit vorsetzen konnte.« »Das müssen Sie erst beweisen«, stieß Schroth hervor. »Das kann ich ohne weiteres«, entgegnete ich, »wollen Sie sich ins Büro bemühen?« »Nein, Sie können mir die Belege herausbringen«, brummte er. Kurz darauf brachte ich ihm die quittierten Rechnungen der beiden letzten Wochen, aus denen einwandfrei hervorging, daß wir für die uns zustehenden Marken Wurst und Leberkäs bezogen hatten. Und nun geschah etwas Verblüffendes. Offenbar hatte Schroth fest damit gerechnet und triumphierend gehofft, daß es ihnen nun endlich gelungen sei, mir etwas am Zeug zu flicken und mich bei einer Unregelmäßigkeit ertappt zu haben. Daß diese Hoffnung auf einer Täuschung beruhte, ärgerte ihn so sehr, daß er sich, ohne ein weiteres Wort zu sprechen, umdrehte und mit raschen Schritten den Hofraum verließ. Erstaunt blickten wir ihm nach und sahen uns dann an. Unser Vorsitzender wischte sich aufatmend den Schweiß von der Stirn. »Gott sei Dank«, sagte er, »diesmal habe ich wirklich für Sie gefürchtet.« Er teilte mir mit, daß ein Teil der Milbertshofener gegen Mittag kommen würden und der Rest abends mit dem Möbelauto, das ihre Sachen bringen sollte. »Und von morgen früh ab haben Sie also Urlaub«, fügte er hinzu. »Ich wünsche Ihnen, daß Sie sich richtig ausruhen und erholen.« Trotz

Auch der Name Schrott hatte bei der jüdischen Bevölkerung mehr Schrecken verbreitet als der der Gestapo. Im Verfahren vor der 3. Strafkammer des Landgerichts München I erhielt Ludwig Schrott wegen Körperverletzung im Amt ein Jahr Gefängnis.

Nach der Deportierung des Vorstands der Israelitischen Kultusgemeinde führte Theodor Koronczyk die Arbeit weiter. Die Positionierung zwischen Kultusgemeinde, Gestapo und „Arisierungsstelle" war äußerst schwierig und brachte eine Gratwanderung zwischen Opfer und Täterschaft mit sich: Um sein eigenes Leben zu retten – zwei Schwestern und ein Bruder waren bereits deportiert – fraternisierte er mit Gestapo und „Arisierungsstelle"; er selbst lebte noch im Schutz einer „Mischehe", befürchtete aber seine eigene Deportation. Nach eigener Aussage bewahrte er kurz vor Kriegsende 400 Juden vor dem Transport. Nach dem Krieg kam er in ein Internierungslager, galt im Spruchkammerurteil von 1947 als Hauptschuldiger, wurde aber ein Jahr später voll entlastet: Er habe unter Zwang gehandelt und sei vom Gesetz nicht betroffen.[143]

Herr Metz: Curt Mezger übernahm nach der Auflösung des Lagers Milbertshofen die Leitung. Nach der Schließung von Berg am Laim im März 1943 wurde Mezger wegen angeblicher Fluchthilfe verhaftet, schließlich nach Auschwitz und von da nach Mauthausen deportiert. Curt Mezger starb im März 1945.

reichlicher Arbeit schien es mir, als wollte an diesem Tag die Zeit nicht vorwärts schreiten. Mittags kam ein Teil der Milbertshofener, doch zu meiner Enttäuschung nicht Herr Metz, der künftige Leiter von Berg a. L. Und ich hatte gehofft, ich würde den Nachmittag benutzen können, um ihm alles zu übergeben, ihm die Auskünfte zu erteilen, die die Übernahme des Betriebes erforderte. Aber vielleicht war es gut so, sollte es ein Zeichen sein, die abenteuerliche Flucht, die mir immer unmöglicher schien, zu unterlassen und brav einige Zeit in Urlaub zu Frau Dr. Weiß zu gehen? Wie verlockend war dieser Gedanke! Ich war aller Überlegung so müde, wie herrlich würde es sein, in dem lieben, ruhigen Häuschen am Englischen Garten ausruhen und nicht mehr an alle Schwierigkeiten und Komplikationen denken zu müssen, die eine Reise nach Berlin unweigerlich mit sich brachte! Tilla und Eva würden böse sein, die Guten, Treuen, vielleicht auch Frau Doktor Weiß, aber ich konnte es nicht ändern, ich hatte keine Kraft mehr zu dem Wagnis.

Als ich am Nachmittag nach einigen der üblichen Telephongespräche vom Schwesterntrakt durch den Klostergarten ging, lief mir die stellvertretende Schwester Pförtnerin nach. »Frau Doktor, Oberschwester Theodora läßt Sie bitten, doch gegen halb sieben Uhr noch einmal herüberzukommen. Sie gehen ja morgen früh auf Urlaub, und sie möchte sich gern persönlich von Ihnen verabschieden.« Ich versprach zu kommen.

Am Spätnachmittag traf der Möbelwagen mit der Habe und den letzten Insassen aus Milbertshofen ein, Herr Metz sprang als erster heraus und begrüßte mich. »Lassen Sie uns jetzt schnell unsere Sachen verstauen«, sagte er, »am Abend wollen wir dann kurz noch das Nötigste miteinander besprechen.« Mir war es recht. Seit ich entschlossen war, nicht zu fliehen, war es mir gleichgültig, wie lange ich noch am Abend würde arbeiten müssen. Um halb sieben Uhr ging ich ins Kloster hinüber. Oberschwester Theodora war wie gewöhnlich in dem kleinen Pförtnerstübchen. Sie kam mir mit ausgestreckten Händen entgegen. »Liebe Frau Doktor«, sagte sie herzlich, »ich möchte Sie nicht gehen lassen, ohne Sie noch einmal kurz gesprochen zu haben. Ich weiß nicht, was kommen wird, ob und wann ich Sie wiedersehen werde, aber Sie sollen wissen, daß unser Gebet und unsere Wünsche Sie begleiten, wohin auch immer Sie gehen werden. Wir wissen, was für eine schwere Zeit hinter Ihnen liegt, wir ahnen nicht, was kommt, aber hoffen zuversichtlich, daß es besser und leichter für Sie werden wird!« Ganz verwirrt sah ich sie an, sah das milde Gesicht mit den feinen Fältchen, die klugen, guten Augen, die so viel vom Leben zu wissen schienen. Wußte sie auch von mir mehr, als ich ihr gesagt hatte? Ich konnte es nicht ergründen, und es war auch nicht wichtig. Aber das eine fühlte ich: Ihre Worte hatten mir Kraft gegeben, hatten alles Bangen und alles Zögern von mir genommen, und nun lebte die alte Energie wieder auf, der Mut, das schwere Abenteuer zu wagen! Wortlos drückte ich ihre Hände, nickte ihr noch einmal zu und ging dann den alten, wohlbekannten Weg zurück ins Heim. Ruhig erledigte ich das Notwendige und überzeugte mich, daß im Büro und in der Küche alles seinen Gang ging. Der Hausmeister rief mich

Tagebuchaufzeichnungen Else Behrend-Rosenfeld

an. »Frau Dr. Weiß ist zur Sprechstunde gekommen, sie erwartet Sie im Ordinationszimmer.« Ich ging hinauf. Bei der Begrüßung schon merkte ich, wie erregt sie war. »Sie sollten doch lieber die Reise nicht machen«, begann sie, »das Risiko ist gar zu groß. Ihre Freundin Eva rief mich an, in allen Zügen fänden strenge Kontrollen statt. Ob Sie ihnen gewachsen sein werden?« Ich wehrte ruhig ab. »Sie können mich jetzt nicht mehr zurückhalten«, entgegnete ich ihr, »noch vor einer Stunde hätte ich Ihnen zugestimmt, jetzt aber weiß ich, daß alles gut gehen wird.« »Hoffentlich haben Sie recht«, sagte sie seufzend. »Und nun noch eins: Wollen Sie einen Brief hier zurücklassen mit der Erklärung, daß Sie aus dem Leben gehen?« Ich schüttelte den Kopf. »Es widerstrebt mir, dies zu tun. Halten Sie es für unbedingt nötig?« Sie verneinte. »Hören Sie zu, wie ich mir den Verlauf der Sache hier denke. Man ist doch im Heim der festen Meinung, daß Sie morgen zu mir gehen?« »Ja, ich habe allen, die fragten, erzählt, ich würde mit Genehmigung der Partei und der Gestapo meinen Urlaub bei Ihnen verbringen.« »Gut«, erwiderte sie, »dann wird bis Dienstag, wenn ich wieder hierher zur Sprechstunde komme, kein Mensch nach Ihnen fragen. Ich selbst werde dann ganz ruhig Hermann bitten, Sie zu mir in das Ordinationszimmer zu schicken. Wenn er dann entsetzt erklären wird, Sie hätten doch gesagt, daß Sie ab morgen bei mir Ihren Urlaub verleben sollten, werde ich, nun auch meine Ruhe verlierend, rufen: ›Aber sie selbst hat am Freitagabend kein Wort davon gesagt, daß sie schon Samstag ihren Urlaub beginnt! Wer weiß, was sie in ihrem Zustand getan hat!‹« »Doch«, unterbrach sie sich, »das brauche ich Ihnen nicht weiter auszuspinnen. Sie sollten nur wissen, daß ich alles bis in jede Einzelheit überlegt und vorbereitet habe. An mir soll es nicht fehlen.« »Das weiß ich«, sagte ich herzlich. »Und jetzt«, so entgegnete sie, »will ich so schnell wie möglich fort. Ich habe glücklicherweise keine Schwerkranken, niemand soll mich heute in ein Gespräch über Sie und Ihren Urlaub verwickeln und meinen wohlausgedachten Plan damit über den Haufen werfen«, schloß sie, sich erhebend. »Leben Sie wohl. Eva oder Tilla werden mich auf dem laufenden halten.« Sie drängte mich aus dem Zimmer. Vom Büro aus sah ich sie schnell den Hof durchschreiten, der Wache zunickend, und nun schloß sich das Tor hinter ihr. Das war nach Wunsch gegangen, mußte ich aufatmend denken. – Da traf mich Herrn Metz Stimme. »Ich habe aus Milbertshofen ein Körbchen mit Monatserdbeeren mitgebracht, es mögen etwa fünf Pfund sein. Sie wissen, wir haben ein Stück Ödland hinter den Baracken umgegraben und einige Beete angelegt. Nun wollte ich den Ertrag doch nicht im Stich lassen. Wir können in einigen Tagen wahrscheinlich noch einmal so viel holen. Die sollen dann die Kinder und alle die haben, die heute keine erhalten. Wollen Sie die heutigen an die Leute verteilen, die nach ihrer Arbeit jetzt unten beim Essen sind?« Natürlich wollte ich das gern, es war mir lieb, daß die Austeilung dieser seltenen Früchte, die seit langem schon in den Bereich des Unerreichbaren gehörten, meine letzte Handlung im Heim sein sollte. Die Freude darüber war auch entsprechend. Plötzlich wurden aus diesen stillen, müden und vergrämten Menschen fröhliche Kinder,

Den „Haltepunkt Berg am Laim" passierte Else Rosenfeld auf dem Weg zum Münchner Hauptbahnhof in den Untergrund nach Berlin, Aufnahme aus dem Jahr 2000, Foto Peter Wagner

Scherzworte klangen auf, ein heiteres Lächeln erblühte auf den ernsten Gesichtern. Wie wenig gehört doch dazu: Eine kleine Handvoll lockend roter, duftender Früchte, und die schwere, kaum ertragbare Gegenwart versinkt! Noch einmal umfaßte mein Blick sie alle, dann ging ich schnell davon; so, wie ich sie eben gesehen, wollte ich sie in Erinnerung behalten!

Im Büro fand ich Herrn Metz im eifrigen Gespräch mit Herrn Löwenberger, der ihm seine Bücher zeigte. Ich gesellte mich zu ihnen. Herr Metz fragte freundlich: »Ich habe jetzt einen ungefähren Überblick über den Betrieb und möchte vorschlagen, daß wir beide heute abend nicht mehr lange konferieren. Sie sehen sehr abgespannt aus, und auch ich habe einen anstrengenden Tag hinter mir. Herr Löwenberger übergab mir den von Ihnen für die kommende Woche ausgearbeiteten Arbeitsplan und den Küchenzettel. Solange Sie auf Urlaub sind, wird der Betrieb genauso fortgeführt wie bisher, Änderungen kann ich nach Ihrer Rückkehr mit Ihnen besprechen. Jetzt ist die Hauptsache, daß Sie sich richtig ausruhen und erholen.« Ich war sehr erleichtert, daß mir lange Besprechungen erspart blieben. Und er war ja kein Neuling in der Arbeit, er hatte einen viel größeren und komplizierteren Betrieb leiten müssen. Ich brauchte mir keine Sorge zu machen, daß er sich nicht zurechtfinden würde. Nach kurzem Abschied ging ich in mein Zimmer, das ich seit Frau Dillenius' Deportation für mich allein hatte. Welche Wohltat, nicht mehr sprechen, keine täuschenden oder irreführenden Redensarten mehr führen zu müssen! Die Einkaufstasche und der Werkstoffbeutel waren sehr rasch gepackt, das Tagebuch war im Koffer verstaut, den Eva nach Berlin an meine Cousine Erna geschickt hatte, der übrige noch vorhandene Teil meiner Sachen (die meisten stammten ja ohnehin aus fremdem Besitz) mußte zurückbleiben, damit nicht vorzeitig der Verdacht des Nichtwiederkehrens erregt wurde. Aber nun überfiel mich eine so lähmende Müdigkeit, daß ich zu weiteren Überlegungen keine Kraft mehr hatte. Schnell legte ich mich nieder und schlief sofort ein.

Beim Anschlagen des Weckers erwachte ich völlig frisch und ausgeruht. Die feste Gewißheit, alles werde gut gehen, war mir geblieben und machte alle Hantierungen leicht. Vorbereitend hatte ich schon einigen Frauen, die ihr Weg zur Arbeitsstelle über den Hauptbahnhof führte, am Abend vorher erzählt, daß ich mich heute ihnen anschließen würde, weil ich vorhätte, noch einige Kleinigkeiten zu besorgen, ehe ich zu Frau Dr. Weiß ginge. Sie erwarteten mich unten beim

Tagebuchaufzeichnungen Else Behrend-Rosenfeld

Frühstück und machten sich dann zusammen mit mir auf den Weg zu der kleinen Haltestelle von Berg a. L. Wir waren eine Menge Leute, auch viele Männer darunter, die miteinander gingen. Doch wußte ich, die meisten mußten vom Hauptbahnhof noch weiterfahren und eilen, damit sie ihren Anschlußzug erreichten. Sie würden keine Zeit haben, sich nach mir umzusehen. Nur Frau Stein, die in der Nähe des Bahnhofs in einem Betrieb arbeitete und sich mir besonders angeschlossen hatte, müßte ich versuchen loszuwerden. Der Zug war überfüllt, mir war es sehr recht, denn so war keine Möglichkeit, sich zu unterhalten. Mit einem kurzen Nicken oder Winken der Hand sprangen die einzelnen davon, als der Zug hielt. Ich hatte scherzend erklärt, daß ich nicht Abschied zu nehmen wünschte für die wahrscheinlich kurze Dauer meines Urlaubs. Frau Stein hielt sich an meiner Seite und sagte freundlich: »Ich habe noch reichlich Zeit, wenn es Ihnen recht ist, kann ich Sie bei Ihren Besorgungen begleiten.« »Bitte, seien Sie mir nicht böse, wenn ich das ablehne«, erwiderte ich ihr, »aber ich sehne mich so danach, einmal allein zu sein, daß ich doch nur eine einsilbige Begleiterin abgeben würde.« »Oh, das kann ich gut begreifen«, antwortete sie lächelnd, »ich habe mich manchmal gefragt, wie Sie es aushalten, fast ununterbrochen Rede und Anwort zu stehen. Ich wünsche Ihnen eine recht ruhige Zeit bei Frau Dr. Weiß, kommen Sie uns gesund und erholt wieder!« Wir waren an der Bahnsperre angelangt. Mir noch einmal zunickend, verschwand sie im Strom der Menschen, die den Bahnhof verließen. Ich blieb vor der Sperre stehen und sah mich ruhig überall um. Niemand achtete meiner, alles hatte Eile, kein bekanntes Gesicht war zu sehen. Langsam ging ich durch die Sperre und gab meine Karte – auf Berg a. L.–Münchener Hauptbahnhof lautend – ab. Dann wandte ich mich, den Judenstern verdeckend, zum Damen-Waschraum, der völlig leer war. Dort trennte ich den Judenstern, den ich tags zuvor schon losgemacht und nur mit wenigen Heftstichen befestigt hatte, vollends ab und versenkte ihn zuunterst mit der jüdischen Kennkarte in meiner Einkaufstasche. Inzwischen war es halb acht Uhr geworden. Ich ging der entgegengesetzten Sperre zu, ließ die Fahrkarte München–Berlin lochen und begab mich auf den Bahnsteig, wo der Zug eben eingefahren war. Einen Augenblick schwankte ich, ob ich den Vorzug, der wegen des zu erwartenden großen Reiseverkehrs eingesetzt war und zehn Minuten vor dem anderen abfuhr, benutzen sollte, doch dann fiel mir ein, daß Eva mich ja mit dem regelrechten Zuge in Jena erwarten wollte. Gewiß war jede Minute, die ich länger in München zubrachte, gefährlich, doch gab es auch im Zuge der möglichen Gefahren genug, es brauchte nur ein Bekannter von früher darin zu sitzen.

Es war der 15. August, das Ende der Berliner Schulferien, mit der Möglichkeit, jemand zu treffen, mußte ich rechnen. Ob ich den Vorzug oder den fahrplanmäßigen nahm, das Risiko war gleich groß. Also ging ich auf den letzteren zu, der noch ganz leer war, und machte es mir auf einem Fensterplatz des zweiten Wagens in einem Nichtraucherabteil bequem. Ich hatte mir einen Roman unter den vielen herrenlosen Büchern im Heim herausgesucht und eingesteckt und begann zu

Frau Stein: Elvira Stein, Geschäftsführerin, geb. 1890, war seit dem 20. Juni 1942 im Internierungslager Berg am Laim. Sie wurde am 13. März 1943 nach Auschwitz deportiert.

Else Rosenfeld trug den Judenstern nach eigener Aussage vom 19. September 1941 bis zum 15. August 1942. Solche Angaben mussten nach dem Krieg beim Landesentschädigungsamt vorgelegt werden.

Sie war vom 15. August 1942 bis zum 1. Juni 1943 in Berlin „untergetaucht".

lesen, allerdings, wie ich gestehen muß, ohne viel von dem Gelesenen wirklich in mich aufzunehmen, von Zeit zu Zeit einen Blick auf die allmählich das Abteil füllenden Mitreisenden und die langsam vorrückenden Zeiger der Bahnhofsuhr werfend. Triumphierend konstatierte ich, daß ich auch jetzt ganz ruhig und sicher blieb. Ja, ich spürte eine erstaunliche Gewißheit in mir, daß ich alle etwa auftauchenden Schwierigkeiten überwinden würde. Jetzt war die Abfahrtszeit gekommen, unser Abteil war voll, es hatte sich nirgends ein bekanntes Gesicht gezeigt. Der Mann mit der roten Mütze hob die Signalscheibe, langsam setzte unser Zug sich in Bewegung. Ich nahm wieder mein Buch zur Hand, einen leichten englischen Roman in deutscher Übersetzung, ganz spannend geschrieben. Nun brachte ich es fertig, mich von dieser Lektüre fesseln zu lassen; die Zeit verging. Augsburg, Nürnberg, alle die bekannten Städte flogen vorbei. Der Zug war überfüllt, in den Gängen drängten sich die Menschen. Ein- und Aussteigen wurde immer schwieriger. Noch war keine Kontrolle gewesen, aber ich wußte, selbst wenn sie kam, würde ich mich ihr gewachsen zeigen. –

Wir näherten uns Jena. Ich versuchte, aus dem Abteil herauszukommen und in die Nähe des Gangfensters zu gelangen. Aussichtsloses Beginnen! Wie sollte bei dem endlos langen Zuge Eva mich hier finden? Schon setzte der Zug sich wieder in Bewegung. Resigniert ging ich zu meinem Fensterplatz zurück. Da – sah ich recht oder täuschte mich eine Halluzination? War das nicht Evas Gestalt, die an der offenen Türe unseres Abteils stand und sich suchend umschaute? Sie war es wirklich! Nun hatte sie mich auch erblickt. Ich sah, wie ihr ernstes, ja ängstlich erregtes Gesicht sich entspannte und ein Lächeln auf ihre Züge trat. Neben mir saß ein junger Unteroffizier. Er stand auf und bot ihr mit freundlicher Gebärde seinen Platz an. Immer noch erschien uns beiden die ganze Situation unglaubhaft, mir war, als träume ich! Doch gleich darauf durchfuhr mich ein starkes Glücksgefühl. Dieses märchenhaft anmutende Zusammentreffen bestärkte mich noch in meinem Sicherheitsempfinden. Auch Eva empfand ähnlich, sie gestand mir, daß eine große Last von ihr genommen sei und daß sie ruhiger heimkehre. Sie wolle gleich nach dem Aussteigen die besprochene Nachricht an Tilla senden, die sie an Frau Dr. Weiß weitergeben werde. Wir besprachen noch, daß sie mir regelmäßig schreiben wolle. Sie könne ihre Briefe an Cousine Erna richten und adressieren. Im übrigen sprachen wir nicht viel miteinander, es genügte uns, still nebeneinander zu sitzen. In Halle stieg sie aus, noch im Abfahren sah ich sie mit frohem Gesicht mir nachwinken. Wittenberg und Luckenwalde lagen hinter uns, der Zug näherte sich den Vororten von Berlin. Es war keine Kontrolle gekommen, es war mir erspart geblieben, eine Komödie aufzuführen, die das Fehlen jeglicher Ausweispapiere erklären sollte. Die Bremsen knirschten, der Zug hielt im wohlbekannten Anhalter Bahnhof! Hell flutete die Sonne des schönen Augusttages trotz der trüben rußgeschwärzten Bahnhofsfenster in die Halle. Viel zu hell war es für mich, um durch die Straßen zu gehen! Ich ließ den Strom der Reisenden an mir vorüberziehen und ging langsam unter den Nachzüglern

Else Rosenfeld hielt in ihren Tagebüchern in einer Anmerkung fest: „Im April 1945, fast ein Jahr nachdem ich in die Schweiz gekommen war, erfahre ich, was sich in München nach meiner Flucht abgespielt hat: Mit dem Transport der 1.200 Juden aus Theresienstadt war auch die mir nahverbundene Sekretärin des jeweiligen Vorsitzenden der Münchner Kultusgemeinde in der Schweiz gelandet, wo wir uns wiederfanden! – Nach ihrem Bericht war mein Verschwinden aus München eher entdeckt worden, als Frau Dr. Weiß und ich gerechnet hatten. Doch meldete man mich erst nach drei Tagen der Gestapo als vermißt, die sofort in den Zügen München–Berlin nach mir fahnden ließ. Aber ich war ihnen entschlüpft. Leider fand man statt meiner einen schon vor Wochen vor der Deportation nach Theresienstadt geflohenen jüdischen Mischling, einen Krankenwärter aus dem Münchner jüdischen Krankenheim, den man triumphierend nach München zurückbrachte. Er floh bald darauf ein zweites Mal, wurde wieder gefaßt und sofort nach Polen deportiert. – Mein Name sei dann, nach der ersten fruchtlosen Fahndung, kaum je wieder von der Gestapo erwähnt worden."

Tagebuchaufzeichnungen Else Behrend-Rosenfeld

bis an die Treppe, die zur Halle und von dieser auf die Straße führte. Wo sollte ich mich aufhalten, bis die Sonne sank? Zunächst hatte ich das Bedürfnis, mich gründlich zu reinigen. Es machte mir nichts aus, daß vor dem Frauen-Waschraum eine ganze Anzahl Menschen wartete. Ich hatte ja Zeit im Überfluß, eine merkwürdige Tatsache nach den mit Arbeit bis zum Rande erfüllten Monaten, ja Jahren, die hinter mir lagen! Aber schließlich war die Reihe an mich gekommen, niemand mehr hinter mir. In aller Ruhe und Ungestörtheit konnte ich den Reisestaub von Gesicht und Händen waschen. Doch als ich herauskam, war es immer noch lichter Tag. Ich setzte mich in der Halle auf eine Bank und nahm mein Buch vor.

Ganz allmählich zog die Dämmerung herauf, jetzt konnte ich mich auf den Weg machen. Ich hatte beschlossen, zu Fuß zu gehen. Vor der Benutzung von Tram oder Untergrundbahn hatte ich eine Scheu. Aber nun merkte ich, daß ich müde war, das Gehen machte mir Beschwerden, ich brauchte mehr als eine Stunde, bis ich vor Gustavs und Ernas Häuschen anlangte. Ich zog die Klingel, Erna öffnete und zog mich schnell ins Innere des Hauses. Sie begrüßte mich sehr herzlich. Gustav war nicht da, er war auf einer Dienstreise, Erna war ganz allein im Hause. Ich mußte ihr berichten, wie meine Fahrt verlaufen war. Dann fragte ich sie, wie ich am besten meine jüdische Kennkarte und meinen Judenstern verschwinden lassen könnte. Schnell entschlossen entzündete sie in ihrem Küchenherd ein kleines Feuer. Wir sahen beide zu, wie diese Dokumente der schweren letzten Zeiten von den Flammen erfaßt und verzehrt wurden, bis nur ein winziges Häuflein Asche übrigblieb. Ich bekam ein freundliches Zimmer im zweiten Stock, in dem ich jetzt sitze und schreibe. Durch das Fenster sehe ich in die mächtige Krone einer schönen Robinie, in der noch zu dieser Jahreszeit als dem einzigen Baum der langen Straße einige weiße Blütentrauben leuchten. Auch das nehme ich als glückliches Zeichen und freue mich daran. –

Heute Mittag kam Gustav heim. Er begrüßte mich ebenso freundlich wie seine Frau. Wir besprachen dann, wie ich mich verhalten sollte. Ich werde, wenn Erna zum Einkaufen geht, auf kein Klingeln oder Klopfen reagieren, sondern mich ganz still in meinem Zimmer aufhalten. Ich werde das Haus niemals verlassen, mich auch nicht am Fenster zeigen, keinerlei Verkehr mit alten Freunden aufnehmen. So wäre alles schön und gut, aber ich schrecke doch bei jedem Läuten des Telefons oder der Hausklingel zusammen und kann nicht vermeiden, daß mir jedes Mal heiß und kalt dabei wird. Noch schlimmer aber sind die Nächte. Ich schlafe spät ein und wache bald darauf in Schweiß gebadet aus einem schweren Traume wieder auf, der mich ins Heim zurückversetzt. Zunächst freue ich mich, die alten Bekannten wiederzusehen, bis mir plötzlich klar wird, daß ich ja geflohen bin und mich im Heim nicht sehen lassen darf. Ich suche dann krampfhaft nach einer glaubwürdigen Erklärung meiner Rückkehr und kann doch keine finden. Und schon prasseln die Fragen auf mich nieder, auf die ich keine Antwort weiß. Nach dem Erwachen liege ich dann stundenlang wach und scheue das Wiedereinschla-

Eva und Georg Fischer wohnten in Berlin-Tempelhof in der Manfred-v.-Richthofen-straße 120. Da „Gustav", Georg, „Arier" im Sinne der Rassegesetze war, machten sie sich weniger verdächtig, Else aufzunehmen. Diese fand dort vom 15. August bis 8. Dezember Unterkunft. Georg Fischer arbeitete als Ingenieur. Nach dem Krieg kam er auf tragische Weise ums Leben: Als er sich wegen marodierender Russen schützend vor seine Frau stellte, wurde er erschossen. Eva Fischer und ihre Tochter Hilde wanderten zu ihrer Verwandtschaft nach Argentinien aus.[144]

Siegfried Rosenfeld schrieb am 11. Oktober 1942 in sein Tagebuch: „Ich habe Vertrauen zu Georg, der als anständiger Charakter sich immer bewährt hat, daß er alles für Elses Erleichterung und Pflege tun wird!"

Berlin, Dienstag, den 18. August 1942

fen, das unter Umständen mit kleinen Variationen den gleichen schweren Traum wiederholt.

Erster Brief Elses aus dem Untergrund in Berlin an Eva Schmidt vom 30. August, ferner vom 10. Oktober und 12. November 1942.

30.8.42
Meine liebe, gute Eva,
hab herzlichen Dank für Deine lieben Zeilen! Erst als ich sie las, kam mir zum Bewusstsein, daß ich Dich über Gebühr hatte warten lassen! Aber ich hatte die Zeit regelrecht verdöst, tue es auch jetzt eigentlich noch, es ist wohl die einzige Möglichkeit, wieder in sich selber zurecht zu kommen. Gesundheitlich geht es mir viel besser, ausgezeichnet im Verhältnis zu früher! – Mach Dir um unser aller Versorgung hier bitte keine Sorgen; es geht uns gut; wir haben, was wir brauchen! Du darfst wirklich ganz beruhigt sein! – … Und wir beide? Wir sind ja auch nicht mehr so sehr weit auseinander jetzt, und irgendwann wird sich die Gelegenheit finden, uns zu sehen! Darauf freue ich mich schon jetzt sehr! Leb wohl, Du Liebe, lass es Dir recht gut gehen! Sei sehr, sehr herzlich gegrüßt von uns Allen, besonders von Deiner E.

10.10.42.
Meine liebe, gute Eva,
vielen, vielen herzlichen Dank für Deinen lieben Brief mit den Marken und das Päckchen! Wenn ich die Marken nur mit besserem Gewissen nehmen könnte, aber der Gedanke, daß Du Dir von dem winzigen Bisschen, was du hast, noch etwas abknappst, ist mir schrecklich!

12.11.42
Meine liebe, gute Eva,
… Aber nun zum Wichtigsten: ich soll nun doch nach Meinung des Arztes – möglichst bald Luftveränderung haben und wir bereiten alles dafür vor, daß ich bald reisen kann. Wir haben T. gebeten herzukommen, um uns bei einigen Vorbereitungen zu helfen … Übrigens liegt absolut kein besonderer Grund zur Sorge vor, aber die hiesige Luft zu dieser Jahreszeit war mir ja nie sehr bekömmlich und ist es jetzt wohl noch besonders nicht. Nun möchte ich auf keinen Fall bei Dir vorüber fahren und wollte Dich fragen, ob es geht, daß ich einige Tage bei Dir bleiben kann. … Schwierigkeiten und Ansprüche würde ich bestimmt nicht machen. Selbstverständlich halte ich Dich mit allem auf dem Laufenden, sobald ich selber mehr weiß, bekommst du sofort Bescheid. – … Jedenfalls wird es gut sein, mal eine Weile anderen Wind um die Nase zu spüren, das zu enge Zusammenleben hat eben sehr seine Schwierigkeiten, besonders, wenn man körperlich nicht auf der Höhe ist. Aber bei Dir hat es damit keine Not; nicht wahr, Du weißt, Liebe, daß ich nicht käme, wenn ich es nicht verantworten könnte. –

Die folgenden Briefe beginnt Else mehr und mehr zu verschlüsseln, um der Gefahr der Entdeckung vorzubeugen. Die Veränderung ihres Aufenthaltsortes umschreibt sie mit Luftveränderung oder Sanatoriumsaufenthalt, außerdem gibt sie sich selbst einen anderen Namen und schreibt über sich wie über eine dritte Person. Seit Dezember 1942 war sie bei Hans Kollmorgen, alias „Onkel Karl" untergetaucht, da ihr Schwager die illegale Beherbergung nervlich nicht mehr ertrug.

Tagebuchaufzeichnungen Else Behrend-Rosenfeld

Berlin, den 17. November 1942

Drei Monate bin ich nun hier. Doch habe ich mich nicht entschließen können, das Tagebuch zu öffnen, geschweige denn weiterzuschreiben. Aber heute, am Geburtstag unserer Jüngsten, will ich mir einen Ruck geben. Meine Sehnsucht nach Euch, Ihr Lieben, ist so schmerzhaft stark wie kaum je in den ganzen Jahren der Trennung. Wie mag es Euch gehen, wie magst Du, kleine Hanna, Deinen Geburtstag, den zwanzigsten, begehen? Als Du mich verließest, warst Du ein Kind, vergebens bemühe ich mich, mir Dein jetziges Aussehen, Deine Art zu sprechen und zu lachen vorzustellen. Daß ich jetzt, da ich »untergetaucht« bin, also illegal lebe, keine Verbindung mehr mit Euch haben kann, bedrückt mich entsetzlich. Solange ich in München war, konnte ich doch nach Portugal, an die Schwägerin Alice, schreiben und wußte, daß sie Euch die Nachrichten weitergab, wie sie umgekehrt mir getreulich von Euch berichtete. Aber da schon seit langem jeder Auslandsbrief persönlich mit dem Personalausweis am Postamt vorgelegt werden muß, ist ein Korrespondieren nach Portugal für mich ausgeschlossen. Doch ich will mich nicht in diese Gedanken und Empfindungen verlieren, in der Krise, in der ich mich befinde, könnte das gefährlich werden.

Ich weiß nicht, was mit mir ist. Wie schwere, schwarze Flügel schlagen Zweifel und Schwermut über mir zusammen. Solange ich vor übermäßiger Arbeit nicht zum Grübeln kam, ging es mir fast besser als hier in der Stille und Enge des kleinen Hauses. Gustav ist den ganzen Tag fort und kommt erst spät abends von der Fabrik nach Hause, auch Erna ist viel fort, denn das Einkaufen erfordert heutzutage sehr viel Zeit. Ich helfe ihr im Haus, so gut ich kann, aber ich spüre, daß ich vieles nicht recht mache, und das macht mich unsicher und vermehrt meine Ungeschicklichkeit noch. Das Elend und die Not jüdischer Menschen, die ich bis zum Ersticken mitgetragen hatte, bis ich selbst fast darunter erlag, ist mir hierher gefolgt. Immer berichtet Erna von Deportationen näherer und entfernterer Bekannter.

Doch hätte ich all die schlimmen Nachrichten vielleicht besser überwunden, wenn ich nicht täglich und stündlich fühlen müßte, daß mein Hiersein für Gustav und Erna eine fast unerträglich gewordene Belastung bedeutet. Zwar kommen kaum Menschen zu ihnen; wenn irgendwo, so habe ich hier das Gefühl der verhältnismäßigen Ungefährlichkeit. Aber mein Gefühl ist nicht maßgebend, sie haben einfach die Nerven nicht mehr, um mich zu ertragen. Aber wo soll ich hin? Gustav hat versucht, und zuerst nicht ohne Hoffnung auf Erfolg, mir den Weg in die Schweiz zu öffnen, aber der Mittelsmann, mit dem er verhandelt hat, ist verschwunden, man weiß nicht, ob ihm nur der Boden unter den Füßen zu heiß geworden ist, oder ob er gefaßt wurde. Wir waren uns darüber klar geworden, daß ich irgendein Ausweispapier haben müßte, und es war Erna geglückt, eine Kennkarte, den polizeilichen Personalausweis, für mich zu bekommen. Sie gehörte einer arischen Frau, die Geld brauchte und einen alten Paß besaß, der als Ausweis für das

Das Leben im Untergrund fiel Else Rosenfeld schwer. Die physische und psychische Belastung der Zeit in München war zwar weggefallen, doch zugleich konnte sie nicht mehr anderen helfen, sondern war zur Untätigkeit verdammt. Sie ging nur nie aus dem Haus und lebte immer in der Angst vor dem Entdecktwerden. Diese Belastung teilte sie mit ihren Gastgebern.

Alice Rosenberg lebte in Lissabon.

Inland genügte. Mit meinem letzten Geld und dem von Freunden, das Eva und Tilla auftrieben, hatten wir die Kennkarte erworben. Sie lautete auf den Namen Leonie Maier und war in Düsseldorf ausgestellt. Aber wenn auch die Personalien einigermaßen stimmten – sie war etwa vier Jahre jünger als ich –, so mußte doch das Bild und damit ein Teil des Stempels, ergänzt werden. Gustav hatte versprochen, das machen zu lassen, aber anscheinend ließ ihn der Bekannte, der es angeblich verstand, im Stich, oder es gab sonst ein Hindernis. Und ohne Ausweis den Aufenthalt zu wechseln, erscheint mir fast unmöglich.

Eva, die Treue, hat aus meinen letzten Briefen, die immer so abgefaßt sind, als ob sie von Erna stammen, gespürt, wie bedrückt ich bin. Sie will mich so bald wie möglich besuchen und bittet mich, noch etwa vierzehn Tage Geduld zu haben, dann hoffe sie über das Wochenende zu mir kommen zu können. Ich klammere mich an diese Aussicht wie der Ertrinkende an den Strohhalm und weiß doch nicht, was ich für eine Änderung davon erwarten sollte.

Berlin, den 14. Dezember 1942

„Maria" steht für Eva Kunkel, die Volksschullehrerin von Gustel, Siegfried Rosenfelds Tochter aus erster Ehe (gest. 2009 in Argentinien); mit „Irma" ist die Studienrätin Irmgard Beer (oder Baer) gemeint.[145]

Am Tage, nachdem ich meine letzte Eintragung in das Tagebuch gemacht hatte, erhielt ich einen sehr lieben Brief von Tilla mit folgender Mitteilung: Zwei alte gute Freundinnen von uns, Maria und Irma, hatten an sie ins Isartal geschrieben und angefragt, ob nicht Tilla etwas von mir wüßte. Und da habe sie, weil sie fühle, wie einsam ich sei, ihnen kurz entschlossen geschrieben, wo ich sei. Natürlich ohne Angabe des Namens und der Adresse von Erna, aber da die beiden Erna als meine Cousine von früheren zahlreichen Geburtstagsbesuchen bei uns kannten, genügten Vorname und Verwandtschaftsverhältnis. Ich war zuerst erschrocken, weil ich fürchtete, Gustav und Erna würden böse sein über diesen Bruch unseres Versprechens, niemandem von den alten Freunden etwas über mein Verbleiben zu verraten, aber dann siegte doch die Freude, sie wiederzusehen. Erna hatte auch durchaus Verständnis dafür und versprach, auch Gustavs eventuellen Unmut zu beschwichtigen. Zwei Tage später stand Irma vor mir. Wir waren zuerst beide außerstande zu sprechen und fielen uns weinend um den Hals! Wir wußten, daß wir an unser letztes Zusammensein dachten, als wir uns alle miteinander, Du, Tilla, die beiden und ich im Isartal Anfang August 1939 zu einem gemeinsamen Spaziergang trafen. Von da an waren wir nur schriftlich in Verbindung gewesen, und die letzten Monate im Heim hatten mir keine Zeit und Kraft mehr für private Korrespondenz gelassen. Wie gut tat es nun, Irma wiederzusehen! Allmählich begannen wir dann zu fragen und zu erzählen, und seitdem besuchten mich beide Freundinnen abwechselnd mindestens jede Woche einmal. Ich glaube zwar, daß es Gustav zuerst sehr gegen den Strich ging, zwei neue Mitwisserinnen des Geheimnisses zu haben, aber er hat mir nichts gesagt. Sein Gerechtigkeitsgefühl läßt ihn sicher meine Unschuld daran erkennen. –

Tagebuchaufzeichnungen Else Behrend-Rosenfeld

Ende November schrieb mir Eva, daß sie am 5. Dezember, einem Samstag, kommen werde. Sie sei abends gegen halbneun Uhr in Berlin und könnte bis zum Sonntagabend bleiben. Ich sollte ihr schreiben, ob sie wohl bei uns übernachten könne. Erna war dazu bereit, Platz und Möglichkeit waren genügend vorhanden. Ich hatte sie nur ungern um diese neue Gefälligkeit gebeten, ihre Unzufriedenheit mit meiner Arbeit im Haushalt war trotz aller Mühe, die ich mir gab, eher größer als geringer geworden. Ich war mir darüber klar, daß ich hier fort mußte, und ich wollte das mit Eva besprechen. Gustavs Unruhe und Angst hatten sich noch gesteigert. Er war abends kaum im Hause, da hörte ich ihn Erna fragen, ob alles in Ordnung sei. Ich weiß nicht, was seine Besorgnis so gesteigert hat. In den ersten vierzehn Tagen meines Hierseins hatte ich sie sehr begreiflich gefunden. Damals wußten wir noch nicht, ob man seitens der Partei oder der Gestapo von München aus nach mir forschen würde. Immer erwartete ich auf Umwegen von Tilla zu hören, daß man im Isartal nach mir gefragt oder eine Haussuchung bei ihr und den Nachbarn vorgenommen hätte. Aber nichts dergleichen geschah. Auch Frau Dr. Weiß ließ mir berichten, sie habe den Eindruck gehabt, man rechne mich nicht mehr unter die Lebenden. Doch eine solche Angst ist wohl einfach Nervensache, und ich merkte gut, daß Gustav und Erna sehr nervös waren. Ich bin mir wohl bewußt, wie sehr ich beiden zu Dank verpflichtet bin, und es drückt mich mehr, als ich sagen kann, daß es mir nicht gelang, meinen Dank in irgendeiner Form zum Ausdruck zu bringen. Ich mußte sie also so schnell wie möglich von meiner Gegenwart befreien.

Am Samstag, dem 5. Dezember, abends kam Eva. Ich kann Dir nicht mit Worten begreiflich machen, was dieser Besuch mir bedeutete! Sie ist neben Tilla in den letzten Jahren der Mensch gewesen, der mir am nächsten verbunden war, an den ich mich nie vergeblich gewandt habe. Diese beiden hatten alles miterlebt und mitempfunden, was mich bedrückte und was mich erhob, es gab nichts, woran sie keinen Anteil hatten! Und wie wohl tat es, nun wieder Eva gegenüberzusitzen und alles auszusprechen, was ich in den letzten Monaten erfahren und gedacht, und vor allem, was mich nun so stark belastete, daß ich fast meinte, es nimmer ertragen zu können. Eva war der gleichen Meinung wie ich, daß ich so schnell wie möglich fort müßte, aber wohin? Ich schlug vor, daß sie am Sonntag zu Maria und Irma fahren und alles mit ihnen besprechen solle. Sie in ihrem ausgedehnten Freundes- und Bekanntenkreis würden vielleicht jemanden wissen, der bereit wäre, mich aufzunehmen. Eva kannte die beiden flüchtig und wollte gern die Angelegenheit mit ihnen bereden. Aber sie wie ich setzten keine große Hoffnung auf diesen Plan. Trotzdem ging ich an diesem Abend leichteren Herzens schlafen als seit vielen Wochen.

Am Sonntagmittag, als Eva fortgegangen war, um auswärts zu essen, worauf sie durchaus bestand, kam der Ausbruch von Gustav, den ich eigentlich schon längst erwartet und gefürchtet hatte. Er sagte mir, er könne nicht mehr schlafen vor Unruhe, ich müsse schleunigst aus dem Hause. Ich erwiderte ihm, daß ich alles dazu tun wolle, was mir möglich sei. Eva werde an diesem Nachmittag noch Schritte dafür unternehmen. Ich bat ihn, nochmals seinen Bekannten um die beschleunigte Fertigstellung der Kennkarte von Leonie Maier zu bitten. Die Gefahr für alle, die mich aufnehmen würden, sei erheblich größer, wenn ich keinen Ausweis besäße. Er versprach mir, sich darum zu kümmern, erklärte aber sehr bestimmt, es könne keine Rede davon sein, bei ihnen zu bleiben, bis ich den Ausweis in Händen habe. Ebenso wie sie müßten jetzt auch andere dies Risiko tragen.

Ich berichtete Eva sofort nach ihrer Rückkehr von diesem Gespräch. Sie machte sich gleich auf den Weg zu Maria und Irma. Sie wollte, wenn die beiden irgendeine Möglichkeit wüßten, mich kommen lassen, falls sie damit einverstanden wären. Bei diesem einen Male würde mich dort im Hause, in dem wir vor vielen Jahren so häufig ein- und ausgegangen waren, niemand erkennen, zumal ich mich sehr verändert hatte. Von meiner früheren Rundlichkeit war nichts mehr vorhanden, ich war sehr mager geworden. Eva war gegen halb zwei Uhr aufgebrochen, um halb vier Uhr ließ sie mir durch Erna bestellen, ich solle kommen. –

Es war ein eigenartiges Gefühl, nach so langer Zeit wieder an der Luft und unter Menschen zu sein! Bei dem letzten Male war es Sommer, Mitte August, jetzt waren die Bäume kahl, und die Luft war winterlich kalt. Aber sie tat mir wohl, ich sog sie in tiefen Zügen ein. Vor der hell erleuchteten Untergrundbahn hatte ich eine begreifliche Scheu, ich fuhr lieber mit der Tram. Vorne beim Wagenführer würde ich kaum Gefahr laufen, von alten Bekannten gesehen und erkannt zu werden. Außerdem hatte ich einen dichten, schwarzen Trauerschleier vor das Gesicht gebunden. Ich erreichte rasch und ohne Zwischenfall das wohlbekannte Haus. Niemand begegnete mir auf der Treppe. Auf mein Läuten wurde mir sofort geöffnet, man hatte mich schon erwartet. Ich fand außer Eva und den beiden Freundinnen noch eine alte Bekannte vor, die sie zur Beratung zugezogen hatten. Du erinnerst Dich an Gretchen, Marias Schülerin, die uns auch in den ersten Jahren im Isartal besucht hatte. Sie erkannte mich fast nicht, ein Zeichen, daß ich mich wirklich sehr verändert hatte, was mir unter den gegenwärtigen Verhältnissen nur lieb sein konnte. Gretchen war eine Idee gekommen, nachdem man ihr kurz alles Notwendige über mich mitteilte. Sie hatte bis vor kurzem bei einem Fabrikbesitzer als Sekretärin gearbeitet, der ihrer Schilderung nach ein besonderer Mensch sein mußte. Er war etwa siebenundsechzigjährig, unverheiratet, besaß in der Nähe seiner kleinen Fabrik eine Wohnung am Nollendorfplatz. Er sei unglaublich hilfsbereit und ein Gegner der Nazis, wie sie sonst keinen kenne. Für seine Arbeiter und Angestellten sorge er wie ein Vater, und sie hingen entsprechend an ihm. Sie selbst habe die Stellung bei ihm nur aufgegeben, weil sie wieder in ihre alte Tätigkeit als Vorsteherin eines Anwaltsbüros gestrebt habe. Doch gehe sie einmal im Monat in seinen Betrieb, um bei der Monatsabrechnung zu helfen, und besuche »Onkel Karl«, wie sie ihn nannte, auch privat häufiger einmal. Sie wisse, daß er seit längerem nach einer zuverlässigen älteren Frau suche, die ihm Wohnung und Wäsche in Ordnung halte. Vielleicht sei er bereit, mich bei sich aufzunehmen. Seine geräumige Vierzimmerwohnung biete

Maria: Maria ist Eva Kunkel, die Else und Siegfried bereits in Icking besucht hatte und jetzt in Berlin eine wichtige Helferin war.[146]

Gretchen: Grete Berndt

„Onkel Karl" war der Deckname für Hans Kollmorgen. Er besaß einen rüstungswichtigen Betrieb, die „FA Optische Anstalt Hans Kollmorgen". Kollmorgens Wohnung lag in der Bülowstraße gegenüber dem Hoch- und Untergrundbahnhof Nollendorfplatz in Berlin-Schöneberg. Hier lebte Else Rosenfeld vom 9. Dezember 1942 bis zum 15. März 1943.
Als die Firma Kollmorgens einen Bombenschaden erlitt, wurde sie nach Coburg verlegt. Hans Kollmorgen starb Anfang 1948 in Coburg.[147]

genügend Raum. »Ich rufe ihn jetzt gleich an und sage ihm, daß ich jemanden gefunden hätte, der ihm die Wirtschaft führen wolle«, schloß sie ihren Bericht. Herr R. meldete sich sofort am Apparat. Auf Gretchens Mitteilung schlug er vor, sie solle mit mir, Frau Maier, wie ich nun endgültig hieß, gleich zu ihm kommen, dann könnten wir uns gegenseitig beschnuppern. Er war ein waschechter alter Berliner und liebte es, unverfälschten Berliner Dialekt zu sprechen. Wir machten uns sofort auf den Weg, der nicht weit war. Herr R. öffnete uns auf unser Klingeln die Tür und ließ uns in ein großes Vorderzimmer eintreten.

Ich überließ es zunächst Gretchen, mich einzuführen und alle notwendigen Informationen über meine Person und mein Schicksal zu geben. »Sie muß von den Verwandten, bei denen sie jetzt seit fast vier Monaten lebt, fort. Sie sind ängstlich, und es ist sicher auch besser, öfter den Aufenthalt zu wechseln. Frau Maier – oder willst du den richtigen Namen wissen?« Herr R. verneinte energisch. »Um so besser«, fuhr Gretchen fort, »je weniger du weißt, desto unbelasteter bist du – Frau Maier will dir gern den Haushalt führen, deine Sachen in Ordnung halten und deine Wäsche ausbessern. Du sagtest mir neulich, du suchtest jemanden für diese Arbeiten. Allerdings dachtest du damals nicht daran, diesen Menschen bei dir wohnen zu lassen.« »Das ist aber absolut kein Hinderungsgrund«, fiel Herr R. ein, »wir brauchen gar nicht weiter zu reden. Ich zeige Ihnen jetzt meine Wohnung und Ihr künftiges Zimmer, damit Sie auch wissen, was Sie übernehmen und wie Sie wohnen, und dann brauchen Sie nur noch zu sagen, wann Sie zuziehen wollen.« Mit meiner mühsam aufrecht erhaltenen Fassung war es vorbei, ich konnte es nicht hindern, daß mir die hellen Tränen herunterliefen. »Nu, nu, Haseken«, sagte begütigend Herr R., »ein bißchen Weinen schad't nischt, und det Sie unter diesen Umständen uff jeregt sind, ist ooch nur zu begreiflich. Aber es kommt ooch wieder anders!« »Vielen, vielen Dank, Herr R.«, brachte ich mühsam hervor, »aber wir müssen noch etwas Wichtiges besprechen. Ich habe doch keine Lebensmittelkarten.« »Erstens dürfen Sie nicht Herr R. zu mir sagen, ich bin Onkel Karl, und Sie nenne ich Maierchen, wenn Sie nischt dagegen haben. Det Sie keene Lebensmittelkarten haben, kann ich mir an meinen zehn Fingern abzählen. Das muß Ihnen keene Kopfschmerzen machen. Ick mache mir nämlich absolut keen Jewissen daraus, schwarz zu koofen, wat ick nur kriejen kann, und ick habe zum Jlück 'ne Menge Beziehungen. Wenn ick mir 'ne Haushälterin engagiere, hab ick ooch die verfluchte Pflicht und Schuldigkeit, sie zu ernähren, nicht wahr, Gretchen?« Grete stimmte lachend zu. »So, Kinder, un nu Schluß mit die Sentimentalitäten, jetzt zeige ich Ihnen die Wohnung, Maierchen! Das Zimmer, in dem wir sitzen, ist das Herren- und Gesellschaftszimmer. Auf dieser breiten Couch hier kann zur Not einer, ja sogar zweie schlafen, natürlich nur, wenn die beiden gleichen Geschlechts oder ein Ehepaar sind. Und hier«, er öffnete eine Schiebetür, »kommen wir in das Eßzimmer, ein altes Berliner Zimmer ohne Fenster, man kann es durch das Herrenzimmer lüften. Hier können Sie gleich sehen, Maierchen, was Sie zu tun haben, ich werde der schrecklichen Unordnung nicht mehr Herr und ärgere mich doch darüber, wie häßlich es aussieht.« Er hatte recht, die

Kollmorgen beschäftigte in seinem Betrieb von 1940 bis 1945 als Lagerverwalter auch Paul Szillat. Der gelernte Feinmechaniker hatte sich vor 1933 als Gewerkschafter und Sozialdemokrat einen Namen gemacht. Er war seit 1925 Mitglied des Preußischen Landtags, 1933 übernahm er nach der Verhaftung Ernst Heilmanns den Fraktionsvorsitz, bis auch er in Oranienburg in Haft kam. Szillat war also langjähriger Fraktionskollege von Siegfried Rosenfeld und Ernst Heilmann, in dessen Haus Else Rosenfeld ab Mitte März 1943 Unterschlupf fand. Ob Else Rosenfeld mit „Onkel Karl" über Szillat gesprochen hatte oder ihn sogar traf, ist allerdings ungewiss.[148]

Diese Technisierung der Küche gab es in Arbeiter- und Bürgerküchen nicht. Hier war die Wohnküche üblich, mit einem holzbeheizten Herd. Arbeitsvorgänge wie Schälen, Rühren, Kneten wurden von Hand gemacht.[149]

schönen Chippendale-Möbel waren beladen mit Fläschchen und Büchern, Noten und alten Zeitungen. Wir kamen in einen Flur, in dem rechts ein großes hölzernes Regal an der Wand angebracht war. Auch hier türmten sich die verschiedenartigsten Dinge, auch hier gab es genug für mich zu tun. Links öffnete Onkel Karl eine Tür und sagte schmunzelnd: »Hier sehen Sie mein Allerheiligstes, Maierchen, die Küche! Sie müssen wissen, ich bin ein leidenschaftlicher Koch, Backen und Kochen ist meine liebste Beschäftigung in der Freizeit. Leider sieht es auch hier nicht so aus, wie eine gute Hausfrau es halten würde.« Ich sah mich entzückt um, diese Küche mußte jede Frau begeistern! Alle nur erdenklichen Maschinen mit Motorantrieb waren vorhanden. Da gab es eine elektrische Teigrührmaschine, die mit einem anderen Einsatz Eiweiß, Cremes und Sahne schlug, auf der anderen Seite eine maschinelle Vorrichtung, die das langwierige Reiben von rohen Kartoffeln, das Raspeln von Kohl usw. zu einer geradezu vergnüglichen Beschäftigung machte. Es fehlte kein nur irgendwie denkbares Gerät, das eine Hausfrau sich in ihrer Küche wünschte! Und alles war übersichtlich in dem großen, modernen Küchenschrank geordnet, der allein schon eine Zierde für jeden Raum darstellte. Die Kochtöpfe in allen Formen und Größen waren aus emailliertem Stahl; kurz, hier zu arbeiten, mußte eine wahre Lust sein! Zufrieden lächelnd beobachtete Onkel Karl diese Wirkung auf mich, ehe wir weiterschritten. Neben der Küche schloß er jetzt ein Zimmer auf, das wieder mein Staunen erregte. Es enthielt zwei elektrische Eisschränke und einen Weinschrank auf der einen Seite, einen großen Vorratsschrank und ein Regal auf der anderen. Auf ihm standen große Glasbehälter mit Grieß, Teigwaren und Zucker, kleinere enthielten alle nur denkbaren Gewürze, außerdem lange Reihen von Konservendosen mit allen feinen Gemüsen und Obstsorten. Auf dem obersten Fach türmten sich neben einer Sunlightseifenpyramide Pakete mit gutem Seifenpulver und anderen Reinigungs- und Putzmitteln, auch Toilettenseifen und Badesalze fehlten nicht. Im Vorratsschrank sah ich große Büchsen mit Kakao, Tee und Kaffee und lauter Dinge, die bereits in den Bereich der Wunschträume gewöhnlicher Sterblicher gehörten. »Trotz all der guten Dinge, die Sie hier sehen, fürchte ich, sind es noch zu wenig für die Dauer des Krieges«, sagte Onkel Karl. »Immerhin denke ich, wird dieser Anblick Sie darüber beruhigen, daß ich keine Not leiden werde, wenn ich Sie unterhalte!« Am Ende des Flurs kamen wir in das Schlafzimmer von Onkel Karl, an das sich das Zimmer schloß, das er mir zugedacht hatte. Es enthielt eine schöne, bequeme Couch, den großen Wäsche- und Kleiderschrank, kurz alles Notwendige. Ganz am Ende kam das Badezimmer, das von neuem meine Begeisterung erregte. »Es ist ein bißchen unangenehm, daß Ihr Zimmer ein Durchgangszimmer ist, Maierchen, aber ich bin ein Frühaufsteher und werde sehr leise morgens hier durchgehen. Sie sollen so lange schlafen, wie Sie wollen, und haben dann die Wohnung ganz für sich!« Wir verabredeten noch, daß ich übermorgen, also am 8. Dezember, abends einziehen würde. Dann verabschiedeten wir uns.

Gretchen und ich kehrten in fast übermütiger Stimmung zu den ängstlich unser Harrenden zurück. Sie lauschten unserem Bericht wie Kinder einem spannenden

Märchen. Und war es nicht eines? Erschien es nicht märchenhaft, daß ein völlig fremder Mann in der rücksichtsvollsten, zartesten Weise das Risiko, mich zu beherbergen und zu ernähren, auf sich nahm und so tat, als geschehe ihm noch ein Gefallen damit? Fröhlich zog Eva mit mir zu Erna und Gustav zurück. Wir beschlossen, schon um Onkel Karls willen, nur das Notwendigste von meiner neuen Bleibe zu erzählen. Beim Abschied sagte mir Eva, sie sei wie von einem Alpdruck befreit wegen der überraschend günstigen Lösung der schwierigen Angelegenheit. –

Am Dienstagabend bin ich dann hier eingezogen. Ich kann gar nicht ausdrücken, wie mir zu Mute ist! Das Alleinsein den ganzen Tag über tut mir wohl. In aller Ruhe beginne ich aufzuräumen, und am Abend spart Onkel Karl nicht mit Ausdrücken seiner Freude über die allmählich sich einfindende Ordnung und Behaglichkeit. Wir beide verstehen uns gut. Allein das Gefühl, etwas nützen zu können und nicht mehr als gefährliche Belastung empfunden zu werden, gibt mir Sicherheit und das notwendige Selbstgefühl zurück. »Sie sehen schon ganz anders aus, Maierchen, als bei Ihrem Einzug, und Sie werden mich ganz glücklich machen, wenn Sie mir erst sagen können, daß Sie bei mir wieder an Gewicht zunehmen. Schmeckt es Ihnen denn bei mir?« Ich konnte nur lachend bejahen. – Ich glaube wirklich, hier werde ich mich richtig erholen, alle Vorbedingungen sind dafür gegeben. Allmählich wird mir auch klar, warum ich in den Monaten bei Erna und Gustav so entsetzlich bedrückt gewesen bin. Erna ist ein besonders schwerblütiger, um nicht zu sagen schwermütiger und verschlossener Mensch. Sie geht vollkommen in der Führung ihres Haushaltes auf, den sie mit peinlicher Gewissenhaftigkeit besorgt. So bleibt ihr keine Zeit für anderes, sie kommt kaum dazu, gelegentlich ein Buch zu lesen. Nie besucht sie Theater oder Konzerte. Sie und ich sind zu verschieden, um uns nahezukommen. Gustav wird ganz von seiner Arbeit im Beruf absorbiert; wenn er heimkommt, ist er todmüde. Der Umgang mit diesen beiden Menschen war nicht dazu angetan, mich, die in der Ruhe und Einsamkeit die Schwere der Erlebnisse, die hinter mir lagen, besonders stark empfand, aufzumuntern und abzulenken. Hinzu kam die völlige Abgeschlossenheit von der übrigen Welt, das Gefühl, wie im Gefängnis zu sein, was die Depression noch verstärkte. Hier ist das alles ganz anders. Ich kann mich frei bewegen, bin keine Last mehr und richte mich an Onkel Karls gütigem, humorvollem Wesen wieder auf.

Übrigens haben wir für alle Fälle noch folgendes miteinander vereinbart. Falls Schwierigkeiten oder Nachforschungen kommen sollten, würden wir erklären, daß Onkel Karl, dem man solche Sonderlichkeiten durchaus zutraut, mich auf der Straße kennengelernt hat. Ich sei gerade von Düsseldorf, von wo ich vor den ständigen Bombardierungen floh, in Berlin angekommen und hätte in eine kleine Privatpension in der Motzstraße, nicht weit vom Nollendorfplatz, die mir von früher bekannt war, gehen wollen, hätte mich aber in der durch die Verdunkelung bedingten Finsternis nicht zurechtfinden können. Da hätte ich Onkel Karl mit seinem kleinen Auto halten und aussteigen sehen und sei an ihn herangetreten, um ihn nach dem Weg in die Motzstraße zu fragen. Er habe mir freundlich angeboten, mich dorthin zu fahren. Unterwegs gab ein Wort das andere. Ich hätte ihm erzählt, daß ich eine Unterkunft suchte, bis ich mich ein wenig erholt und ausgeruht hätte. Da habe er mir dann angeboten, zu ihm zu kommen, und nach einigem Zögern hätte ich sein Angebot dankbar angenommen. Auf eine polizeiliche Anmeldung hatte ich ihn gebeten zu verzichten, weil ich fürchten müßte, man würde mir daraufhin meine kleine Wohnung in Düsseldorf nehmen und Ausgebombte hineinsetzen. Ich zweifle zwar, ob man im Ernstfall diesen Aussagen Glauben schenken würde, aber wir wollen hoffen, daß dieser Ernstfall nicht eintreten wird. Für Freunde und Nachbarn von Onkel Karl bin ich eine Bekannte von früher, der er sein Haus als Zuflucht angeboten hat. Das wird ohne weiteres geglaubt, man kennt ja allgemein seine Gastfreundschaft, und verschiedentlich äußerten Bekannte und eine Hausnachbarin, daß sie sich freuten, wenn jemand für ein bißchen Behaglichkeit in diesem Junggesellenhaushalt sorge. Und ich genieße es, wieder mit verschiedenen Menschen zusammenzukommen, um so mehr, als es sich fast durchweg um recht anregenden und interessanten Verkehr handelt. –

Wir sind auch übereingekommen, daß Gretchen völlig ausgeschaltet bleiben sollte. Sie ist verabredungsgemäß erschienen, als ich zwei Tage hier war, und wurde mir förmlich vorgestellt. Wir unterhielten uns, und jeder Anwesende mußte denken, daß zwei fremde Menschen rasch Sympathie für einander fanden und äußerten, so daß es absolut nicht auffiel, daß Onkel Karl Gretchen bat, meinetwegen doch öfters als sonst zu erscheinen.

Auch hier werde ich so wenig wie möglich das Haus verlassen. Wenn ich es tue, dann nur in der Dunkelheit und mit einem dichten Trauerschleier vor dem Gesicht. Ich benutze als Verkehrsmittel niemals Schnell- und Untergrundbahn, die hell erleuchtet sind, sondern nur den völlig dunklen Vorder- oder Hinterperron der Tram. Einmal wöchentlich rufe ich bei Erna an, die sich bereit erklärt hat, fernerhin den Briefverkehr zwischen meiner Freundin Eva und mir zu vermitteln. Sagt sie mir, daß sie meinen Besuch erwartet, weiß ich, es ist ein Brief für mich da, und gehe dann am Abend zu ihr, um ihn abzuholen. Gleichzeitig kann ich dann immer Gustav an die Fertigstellung der Kennkarte erinnern. Ich wäre besonders um Onkel Karls willen froh, den Ausweis zu haben, der ein gewisser Schutz ist.

Alles in allem, die Welt sieht ein bißchen weniger grau für mich aus als vor meinem Einzug hier! Solche Menschen wie Onkel Karl geben einem wieder Mut weiterzuleben.

Berlin, den 12. Januar 1943

Weihnachten ist sehr still verlaufen. Onkel Karl haßt jedes Feiern. Er duldet auch nicht, daß von seinem Geburtstag, dessen Datum wohl nur wenige seiner intimsten Freunde kennen, Notiz genommen wird. Aber ich habe trotzdem in aller Stille für mich gefeiert. Zwei besondere Ereignisse zeichneten die Feiertage für mich aus.

Einmal die Besuche von Eva und Tilla, die eine große Freude für mich waren, – es wäre ja das erste Weihnachtsfest seit Deinem und der Kinder Fernsein gewesen, das ich nicht gemeinsam mit Tilla verlebt hätte, hatte sie es doch sogar im vergangenen Jahre in Berg a. L. möglich gemacht, am Heiligabend für kurze Zeit zu mir in mein Zimmerchen zu kommen. – Beide freuten sich mit mir über die unverändert harmonische Umgebung, in der ich mich zusehends erhole. Noch ein zweites Erlebnis machte mir die Weihnachtstage bedeutsam. Als ich mir Evas letzten Brief vor Weihnachten von Erna abholte, fand ich in ihm Grüße von Annemarie, der Quäkerin, die Ankündigung eines Weihnachtspäckchens, das Eva mir mitbringen werde, und die Aufforderung, eine Berliner Quäkerin, die uns beiden seit vielen Jahren bekannt ist, brieflich oder noch besser telephonisch von meiner Adresse in Kenntnis zu setzen. Sie könne mir vielleicht bei einer neuen Quartiersuche oder auch sonst behilflich sein. In großen Zügen sei sie über mein Schicksal der letzten Monate informiert, würde mich aber gern selbst sehen und sprechen. Ich führte dieses Telephongespräch noch auf dem Wege zu Onkel Karl von einem öffentlichen Fernsprecher aus. Frau Hopf war sofort im Bilde, äußerte ihre Freude, von mir zu hören, und sagte ihren Besuch für den nächsten Tag, den 22. Dezember, zu.

„Hopf" ist wohl der Deckname für Hofmann.

Sie erschien pünktlich, und wir hatten volle Muße, allein in der ganzen Wohnung – selbstverständlich hatte ich Onkel Karls Einverständnis zu diesem wie zu allen folgenden Besuchen vorher erbeten –, uns über alles, was sie an meinem Schicksal interessierte, auszusprechen. Sie versprach, mit anderen Freunden meinetwegen Fühlung zu nehmen, vor allem zu versuchen, mir für den Notfall eine weitere Unterkunft zu vermitteln. Beim Abschied erzählte sie, daß sie mit Mann und Tochter für die Weihnachtstage in die Nähe Berlins ginge, um ein bißchen auszuspannen. Sie träfe auch dort mit Freunden zusammen, die vielleicht helfen könnten. Vor Mitte Januar käme sie kaum zurück, nach der Heimkehr werde sie sich wieder bei mir melden. Ich freue mich sehr, diese alte Bekanntschaft wiedergefunden zu haben. Nicht nur, daß ich sie persönlich hoch schätze, ich kenne auch ihre Hilfsbereitschaft und ihren großen Bekanntenkreis. Und ich fühle die Verpflichtung, mich für alle Fälle im vornherein eines neuen Quartiers zu versichern. Es soll nie wieder vorkommen, daß ein nötig werdender Wechsel mich vis-a-vis de rien findet.

Gestern abend kam Onkel Karl ziemlich erregt heim. Schon während des Abendessens begann er: »Ich muß etwas mit Ihnen besprechen, Maierchen. Eine meiner langjährigen Angestellten kam heute zu mir und bat um einen Rat. Sie wohnt im Grunewald, und bei dem gestrigen Bombardement ist das gegenüberliegende Haus von einer Bombe getroffen worden. Ein Teil der Bewohner wurde in ihrer Wohnung untergebracht, in der sich, was ich schon wußte, seit einiger Zeit ein junges jüdisches Mädchen versteckt hielt. Wie lange meine Angestellte die Ausgebombten beherbergen muß, ist natürlich völlig ungewiß. Da sie sie nicht kennt, hält sie es für richtiger, wenn das junge Mädchen mindestens vorläufig von

ihr fortgeht. Nun wollte sie von mir wissen, ob ich ihr eine sichere Unterkunft
nennen könnte. Ich habe ihr sofort meine Wohnung angeboten. Sie will Susi, so
heißt die junge Jüdin, noch heute abend herschicken, weil es besser ist, man sieht
sie gar nicht mehr bei ihr. Den Tag über hat sie sich anderswo aufhalten können,
in der Verwirrung des gestrigen Abends hätte, wie sie meinte, niemand auf sie
geachtet. Sie hätte sie auch ohne weiteres als Besuch ausgeben können, der durch
den Alarm am Nachhausegehen gehindert worden wäre. Sie bekommen also eine
Gefährtin, Maierchen, ich hoffe eine nette. Es ist Ihnen doch recht, ich konnte
wirklich nicht gut anders handeln.« Natürlich war ich einverstanden. Ich stellte
einen Teil unseres Abendessens zurück und machte mich daran, auf der Couch im
Herrenzimmer ein Bett für meine Schicksalsgefährtin herzurichten. –

Bald darauf klingelte es, Onkel Karl öffnete selbst und führte Susi herein. Sie mag
etwa zwanzig Jahre alt sein, mittelgroß, hellblond und blauäugig, mit der schönen
zarten Haut mancher Blondinen. Sie sieht ganz unjüdisch aus. Sie war zuerst sehr
schüchtern, und man merkte ihr an, daß sie nur mühsam die Tränen zurückhielt.
Aber Onkel Karl in seiner freundlich-humorvollen Art half ihr schnell über die erste
schwierige halbe Stunde hinweg, und bald gewann Susi ihr Gleichgewicht und ihre
natürliche Lebhaftigkeit wieder. Heute hatte ich Gelegenheit, mich eingehend mit
ihr zu unterhalten. Sie hat schnell Zutrauen zu mir gefaßt. Sie ist vor einigen Wochen
mit ihrer Mutter zusammen »untergetaucht«, wie der Terminus technicus lautet, als
sie aus allerlei Anzeichen auf ihre bevorstehende Deportation schließen mußte. Ihre
Mutter fand im Haushalt einer Freundin Unterkunft, und Susi selbst lebte bis jetzt
bei der Angestellten von Onkel Karl, deren gleichaltriger Sohn Susi von früher her
kannte. Sie ist mit einem jungen Halbjuden verlobt, der in Palästina ist. Mit seinen
Eltern, die in Berlin leben, steht sie in ständiger Verbindung, sie helfen ihr und ihrer
Mutter auch mit allerlei Lebensmitteln, können aber keinen von ihnen aufnehmen,
da beide im Hause nur zu gut bekannt sind. Zwar sind die künftigen Schwiegereltern
nicht unmittelbar bedroht, weil die Frau »Arierin« ist, aber sie müssen sehr vorsichtig sein. Übrigens wird Susi nicht von Onkel Karl verpflegt, sie erklärte sofort sehr
bestimmt, daß das nicht nötig sei, weil sie und ihre Mutter allerhand Beziehungen
und Möglichkeiten hätten. Ich glaube, Onkel Karl ist ganz froh darüber, es ist doch
ein Unterschied, ob man für zwei oder für drei sorgen muß! Und es werden auch sonst
noch ständig Wünsche in dieser Beziehung an ihn gerichtet, die er nie ablehnen
wird, wenn er irgend in der Lage ist, sie zu erfüllen. Susi hat mir auch gleich sehr nett
und kameradschaftlich angeboten, mich an ihrer Versorgung teilhaben zu lassen. Ich
nehme dankend an, soweit sie reichlich versorgt wird.

Berlin, den 24. Januar 1943

Vor zwei Tagen war Frau Hopf, die Quäkerin, wieder bei mir. Noch muß ich den
Kopf schütteln über die wunderbaren Wege, die wir geführt werden, wenn ich an

Tagebuchaufzeichnungen Else Behrend-Rosenfeld

ihren Bericht denke. Sie war in R. mit einer ganzen Reihe junger Quäker zusammen, Freunden und Freundinnen ihrer Tochter. Einer davon hatte sie eines Abends von mir erzählt und mit ihr überlegt, wo man wohl ein Notquartier für mich finden könnte. Hella, so heißt die Jungquäkerin, schlug vor, ihren Freund Peter zu rufen, der vielleicht Rat wüßte. Frau Hopf hat dann diesem von mir berichtet. Er horchte hoch auf, als sie, etwas ausführlicher werdend, meinen richtigen Namen nannte und hinzufügte, ich hätte mit meiner Familie lange Jahre im Isartal bei München gelebt. »Aber das ist ja unsere alte Freundin Buddeli«, rief er aus, den Namen gebrauchend, den mir zuerst unser Peter gegeben hatte, als er anfing zu sprechen. Du hast inzwischen erraten, daß es sich bei dem jungen Quäker um Peter Merkel handelt! Ich weiß nicht, ob ich Dir schrieb, daß es mir zu Beginn meines Berliner Aufenthaltes besonders schwer geworden war, mich nicht bei seiner Mutter Lene und seiner Tante Kläre, unseren alten Freunden, melden zu können, um so mehr, als ich bald darauf erfahren mußte, daß Kläre vor der ihr drohenden Deportation aus dem Leben gegangen war. Nun sollte mir Frau Hopf Grüße von Peter Merkel bestellen und ausrichten, er würde sich in allernächster Zeit bei mir melden. Seine Mutter sei nach einer unangenehmen Gallenstörung zu einer längeren Erholungszeit in Freiburg bei ihren dortigen Freunden. Sie werde erst im März zurückkommen, Peter würde aber, sobald er mich persönlich gesprochen, ihr von mir berichten. Du kannst Dir vorstellen, daß ich seinen Besuch sehnsüchtig erwartete. Frau Hopf erzählte mir noch, daß er sich zu einem prachtvollen Menschen entwickelt habe, der, ebenso wie seine Mutter und seine um zwei Jahre ältere Schwester Eva, ohne die eigene schwierige Situation als Halbarier zu berücksichtigen, mit beispielhaftem Mut und ebensolcher Hilfsbereitschaft für eine ganze Reihe »untergetauchter« Juden sorgte.

Aber ich habe noch mehr zu berichten. Susi und ich sind nicht mehr allein, wir sind seit gestern zu – fünft! Laß mich Dir die neuen Hausgenossen vorstellen! – Die älteste zuerst: Das ist Lotte, etwa in meinem Alter, also Anfang der Fünfzigerjahre, mittelgroß, etwas untersetzt, mit lebendigem, klugem Gesicht, dunklen Augen und ebensolchem Haar, von ziemlich ausgesprochen jüdischem Typus. Sie war früher im Handelsministerium in recht verantwortungsvoller Funktion tätig, zu der sie sowohl durch ihre Vorbildung – sie ist Dr. rer. pol. – wie durch Sprachkenntnisse und Klugheit alle Bedingungen erfüllte. Sie hat dann in den letzten Jahren bei Bekannten, die einen kleinen derartigen Betrieb hatten, das Nähen von Stepp- und Daunendecken gelernt und darin eine große Fertigkeit erlangt. Sie wurde durch die Nachricht ihres bevorstehenden Abtransports alarmiert und wandte sich um Rat und Hilfe an Onkel Karl, den sie durch eine gemeinsame, jetzt in Amerika befindliche Freundin seit vielen Jahren kennt. Er bot ihr sofort seine Wohnung als Unterschlupf an.

Die beiden anderen sind ein junges Ehepaar. Herbert, etwa dreißigjährig, stammt aus Jena, wo er bei Zeiß als Optiker ausgebildet und später angestellt war, solange die Firma Juden beschäftigen konnte. Dann wandte man sich an Onkel Karl, mit

Hella und Peter „Merkel" hießen Hella Gorn und Peter Heilmann. Hella war Quäkerin, Peter der Sohn des langjährigen Vorsitzenden der SPD-Fraktion Ernst Heilmann. Ernst Heilmann war seit 1928 auch Mitglied des Reichstags. Die Nationalsozialisten verfolgten Heilmann als Sozialdemokraten und Juden, inhaftierten ihn viele Jahre u. a. in Dachau und Buchenwald, wo er am 3. April 1940 ermordet wurde. Ernst Heilmann und Siegfried Rosenfeld kannten sich bestens seit ihrer Arbeit als Stadtverordnete in Charlottenburg 1919; beide waren am 24. April 1932 nochmals in den preußischen Landtag gewählt worden. Ernst Heilmann war seit 1920 mit Magdalena („Lene") verheiratet; sie war „Arierin". Sie hatten vier Kinder; Peter und Eva, verheiratete Furth, konnten Else behilflich sein. Magdalena Heilmann war Sozialarbeiterin und Mitbegründerin der Arbeiterwohlfahrt, für die auch Else im Rahmen der Gefangenenbetreuung tätig war.

Bei den Freunden in Freiburg handelte es sich um die Familie von Edmund Goldschagg, zu der Else Mitte 1943 zog. Es waren also nicht jüdische, sondern sozialdemokratische Netzwerke, die Else das Überleben im Untergrund ermöglichten.

Lotte: Dr. Charlotte Bamberg, geb. 1890, gest. 1967, ehemalige Ministerialdirigentin

Bei dem jungen Ehepaar handelt es sich um Herbert und Eva Friedmann.

dem Zeiß in geschäftlicher Verbindung steht, und fragte an, ob er Herbert bei sich beschäftigen könnte, was Onkel Karl bejahte. Er blieb bei ihm, bis auch in Berlin die letzten Juden aus den privaten Betrieben geholt wurden. Onkel Karl schätzt Herbert als Optiker wie als Menschen und hat auch nach seiner Entlassung ständige Fühlung mit ihm und seiner jungen Frau aufrechterhalten.

Sie heißt Evchen, dreiundzwanzigjährig, reizend anzusehen, sprühend lebhaft, immer guter Laune, durch ihre Heiterkeit auch die übrigen mitfortreißend. Herbert bildet den ruhigen Hintergrund zu ihrer quecksilbrig-übermütigen Art. Wenn Lotte mit ihrem trockenen Humor etwas zum besten gibt und Susi ihr helles Lachen ertönen läßt, Onkel Karl, den das Ehepaar Papa nennt, behaglich schmunzelnd einen nach dem anderen an seiner Tafelrunde ansieht, müßte ein fremder, unbefangener Zuschauer uns für eine glückliche und zufriedene Gemeinschaft halten! Dabei ist sich Evchen über das Gefahrvolle unserer und speziell ihrer beider Situation durchaus klar, von Lotte ganz zu schweigen. Aber sie wissen, daß mit Klagen und Grübeln nichts geändert oder gar gebessert werden kann, und die plötzliche größere Gemeinschaft, in die wir alle uns gestellt sehen, hat etwas Lösendes und Erheiterndes, besonders da wir fünf uns untereinander gut verstehen und jeder den andern schätzt.

Es gibt auch fast unerschöpflichen Gesprächsstoff. Für jeden von uns sind die Schicksale der vier anderen interessant, ihre Herkunft, ihre Erlebnisse, ihre Pläne für die Zukunft. Evchen war von ihrem siebzehnten Jahr an bei einem Onkel in einem ausgedehnten Konfektionsbetrieb tätig. Evchen weiß, daß Herbert als Mann, noch dazu in militärpflichtigem Alter, ganz besonders gefährdet ist. Sie hat, schon ehe sie hierherzogen, allerlei Beziehungen und Verbindungen geknüpft, um illegal mit Herbert nach Schweden zu gehen. Einmal wäre es fast geglückt. Sie hatten schon zwei Plätze auf einem Lastkraftwagen, der zwanzig Leute hinüberschmuggeln sollte, da verzichtete Evchen im letzten Augenblick auf ihre Teilnahme. Zu ihrem Glück, wie sie bald darauf erfahren sollten. Der ganze Wagen war geschnappt worden, über das Schicksal der Insassen waren wir nicht im Unklaren. Onkel Karl hatte damals seine materielle Hilfe angeboten, als Evchen ihm von dem Schwedenplan berichtete, zugleich hatte er angefragt, ob Evchen mich nicht daran teilnehmen lassen wollte. Sie hatte zugestimmt, und Onkel Karl hatte mich mit ihr bekannt gemacht. Ich war auch mit Herbert und ihr schon mehrmals zusammengetroffen, ehe beide zu uns kamen.

Aber wir sind uns alle miteinander auch bewußt, daß diese Häufung Gefährdeter in einer Wohnung, die sonst tagsüber leer war, ein sehr gesteigertes Risiko nicht nur für jeden von uns, sondern in erster Linie für Onkel Karl bedeutet. Wir müssen versuchen, möglichst bald anderweitig unterzukommen. Die einzige, die begründete Aussicht dazu hat, ist Susi, erstens wegen ihrer vielen Beziehungen und dann, weil sie im Besitze eines guten falschen Ausweispapiers ist. Es ist ein mit einem Lichtbild versehener Arbeitsausweis der Deutschen Arbeitsfront, mit dem sie sich frei bewegen kann. Wir vier anderen besitzen vorläufig

Tagebuchaufzeichnungen Else Behrend-Rosenfeld

keine Ausweispapiere. Lotte hat wie ich eine falsche Kennkarte gekauft, doch fehlt ihr wie mir noch das richtige Lichtbild und vor allem die Ergänzung des notwendigen Stempels. Bei meinem nächsten Besuch hat mir Gustav allerdings die geänderte Kennkarte in Aussicht gestellt, doch hat der Helfer schon einige Male versagt.

Um unser aller Unterbringung zu ermöglichen, hat Onkel Karl zum Schlafen das Feld geräumt. Er hat in seiner Fabrik, die er mir am letzten Sonntag gezeigt hatte, ein kleines, sehr bescheiden ausgestattetes Schlafzimmer, in dem er sich bei verlängerter Arbeitszeit für kurze Stunden ausruhen kann. Nun hat er es für die Dauer unseres Aufenthaltes bezogen.

Morgen müssen sich übrigens alle vier für den Hauptteil des Tages außerhalb des Hauses aufhalten. Mittwochs kommt nämlich Frau Schmidt, seit vielen Jahren Onkel Karls Putzfrau, die gründlich die Wohnung säubert. Sie soll nach gemeinsamer Überlegung nichts von der Anwesenheit der vier wissen. Zwar ist sie politisch durchaus zuverlässig – Onkel Karl duldet niemand in seiner Nähe, der Nazi ist –, aber je weniger Menschen von der Beherbergung so vieler Gäste wissen, desto besser und sicherer. Morgen früh müssen wir alle Sachen, die ihre Anwesenheit verraten könnten, in das Vorratszimmer räumen, zu dem ich den Schlüssel habe und in das Frau Schmidt nur alle acht bis zehn Wochen zum Reinemachen kommt. –

Susi geht zu ihrer Mutter, Herbert hat eine Tante mit einem arischen Mann, Evchen eine Freundin und Lotte ganz in unserer Nähe ein früheres Faktotum, eine rührend brave Haut, die für ihr Fräulein Doktor alles tun würde! Frau Schmidt kommt immer gegen zehn Uhr und bleibt bis gegen fünf Uhr nachmittags. Ich bin ihr von Onkel Karl gleich nach meinem Einzug in aller Form vorgestellt worden. Ich habe den Eindruck, daß sie ganz einverstanden ist mit meinem Hiersein. –

Briefe an Eva Schmidt vom 26. Januar und 11. Februar 1943 aus Berlin.

26.1.43.

Meine liebe, gute Eva,

heut nur ganz kurz, weil ich sehr kurz mit der Zeit bin. Ich bin nämlich über diese Woche bei einer Familie, der ich den durch Krankheit der Frau liegen gebliebenen Flick- und Stopfsachenberg abzutragen helfe. – ... Von Lilli hatte ich direkte Nachricht, stehe überhaupt ständig mit ihr in Verbindung. Übrigens bittet sie Dich, doch Tilla zu sagen, sie möchte ihr ihren im Sommer bei ihr zurückgelassenen Feldstecher im Lederetui schicken. Sie soll ihn an ihre Wirtin adressieren und als Wertpaket aufgeben.

11.2.43

Meine Stoff- und Flickwäsche habe ich gut geschafft und die Leutchen waren für diese Art der Nachbarschaftshilfe sehr dankbar. – Hier ist es auch wieder lebhafter, aber lauter sehr nette Leute, trotzdem gibt es natürlich mehr Arbeit und Unruhe. –

Gustav: Georg Fischer

Else nennt sich „Lilli". Sie verkauft ein Fernglas an einen Major, um zu Geld zu kommen.

Berlin, den 24. Januar 1943

217

Berlin, den 18. Februar 1943

Wir sind immer noch zu fünft! Täglich verstärkt sich der Eindruck, daß wir uns auf einem Vulkan bewegen, der uns jeden Augenblick mit seinem Ausbruch bedrohen kann. Susi wird uns in einigen Tagen verlassen, sie hat eine neue Unterkunft gefunden. Wir haben auch mit Nahrungssorgen zu kämpfen. Ganz im Anfang hatten sowohl Herbert und Evchen wie auch Lotte noch ihre allerdings jüdischen Lebensmittelkarten und konnten daraufhin, wenn auch nicht ohne Gefahr, die wichtigsten Lebensmittel, wie Brot, Fett, Nährmittel und Zucker abholen. Wir waren alle übereingekommen, daß wir zu fünft ohne Onkel Karls regelmäßige Hilfe, was unsere Verpflegung anlangt, auskommen müßten. Susi hatte einen guten Bekannten – ich weiß nicht mehr, woher sie ihn eigentlich kennt, aber das ist auch gleichgültig –, der in einem großen Obst- und Gemüsegeschäft bei der Zentralmarkthalle am Alexanderplatz angestellt ist. Walter – wir kennen ihn nur unter seinem Vornamen – suchte Susi gleich am ersten Tage hier bei uns auf und brachte ihr eine große Tasche voll Gemüse und – o Wunder – sogar etliche Zitronen und Orangen mit. Wir haben uns längere Zeit unterhalten, Walter gefällt mir gut. Er ist ein Mann in den besten Jahren, Kommunist, der für diese seine politische Überzeugung vier Jahre Konzentrationslager abgesessen und überstanden hat. Er ist verheiratet und hat einen zwölfjährigen Jungen, an dem er sehr hängt. Zu Beginn des Krieges fand er Arbeit in dem Gemüseladen, in dem er jetzt, nachdem der Besitzer eingezogen ist, als einziger Mann eine Vertrauensstellung einnimmt, die er sicher verdient. Er erklärte sofort, als ihm meine und Susis Lage klar wurde, daß er für genügend Kartoffeln, Gemüse und gelegentlich auch Obst sorgen, daß er aber auch öfter einmal Fisch oder Fleisch liefern würde, welches er auf dem Tauschwege gegen Obst und Gemüse erwerben könne. Ich fragte vorsichtig, ob er nicht in Schwierigkeiten gerate durch solche Geschäfte, aber er winkte lachend ab. »Meine Arbeitgeberin ist eine Seele von Mensch, sie ist auch kein Nazi und hat Verständnis für Ihre Lage, die ich ihr ohne nähere Angaben begreiflich machen kann. Wir Angestellten können immer für den Einkaufspreis ziemlich viel Gemüse und Obst erwerben; was wir damit machen, darum kümmert sich niemand. Mir macht es Freude, wenn ich Susi und auch Ihnen helfen kann, ich weiß zu genau, wie es einem zu Mute ist, der von der braunen Bande verfolgt wird!« Walter hat alles gehalten, was er bei seinem ersten Besuch versprach, auch als wir nicht mehr nur zwei, sondern fünf geworden waren. Wir sind mit Gemüse, Kartoffeln und Obst reichlich und gut versorgt worden, und manches andere an Lebensmitteln ist nebenbei noch abgefallen. Aber gestern hat er seinen Abschiedsbesuch gemacht, er zeigte uns den Stellungsbefehl, der ihn als Soldaten zweiter Klasse, seiner politischen Vergangenheit wegen, auf den Heuberg in Württemberg zur Ausbildung einberuft. Das ist ein schwerer Schlag. Man hört immer wieder, wie schlecht es diese Soldaten haben und wie sie an den gefährlichsten Stellen der Front eingesetzt werden. Aber Walter ist guten Mutes; er meinte, wer vier Jahre Konzentrationslager hinter sich gebracht habe, werde auch hoffentlich den Krieg noch überstehen. Der Abschied von ihm wurde uns allen schwer wie von einem guten Freunde. –

Susi erzählte kürzlich nach einem Besuch bei ihren Schwiegereltern von deren Mietern. Es sind Slowaken, ein Major mit seiner Frau, die zum Diplomatischen Korps gehören. Sie unterstehen nicht der Rationalisierung wie gewöhnliche Sterbliche, sie erhalten auf ihren Diplomatenschein fast unbegrenzte Mengen von Lebensmitteln und benutzen das, um Geschäfte damit zu machen. So hatten sie kürzlich einen ganzen Stoß Bettwäsche im Tausch gegen Butter und Kaffee erworben. »Und nun sucht der Major ein gutes Fernglas zu kaufen, am liebsten ein altes Zeiß- oder Goerzglas«, schloß sie ihre Erzählung. Blitzartig schoß mir durch den Kopf, daß sich im Isartal immer noch unser Feldstecher befindet, den ich eigentlich längst hätte abgeben müssen, da Juden schon seit dem Frühsommer 1942 weder Feldstecher, Operngläser oder Photoapparate noch irgendwelche elektrische Geräte, wie Kochplatten, Tauchsieder, Kochtöpfe usw. besitzen durften und zur unentgeltlichen Abgabe verpflichtet waren. Ich beauftragte Susi, durch ihre Schwiegereltern nachfragen zu lassen, was der slowakische Major für ein Fernglas, das neu – allerdings im Jahre 1914 vor Beginn des ersten Weltkrieges – etwa hundertfünfzig Reichsmark gekostet hat, an Lebensmitteln, vor allem Butter oder anderem Fett, geben will. Zwei Tage später teilte mir Susi mit, daß der Major nach der Beschreibung das Fernglas gern haben möchte. Er wolle mir viereinhalb Pfund Butter und ein wenig Bohnenkaffee dafür geben. Ich hatte keine Ahnung, ob das eine angemessene Bezahlung sei, aber Herbert und Lotte, die gut Bescheid wissen, meinten, daß ich mit dieser Bezahlung zufrieden sein könne. Ich schrieb also einen Brief an Tilla, gab als Absender Susis arische Schwiegermutter an und erbat die Übersendung des Fernglases an ihre Adresse. Wenn ich überlege, daß der slowakische Major für das Pfund Butter 1,80 Reichsmark bezahlt, so finde ich, daß er recht billig zu einem guten Fernglas kommt! Aber für uns ist jedes Fett unendlich wichtig, ein Fernglas aber ein überflüssiger Luxus. –

Peter Merkel war noch nicht bei mir. Cousine Erna berichtete mir bei meinem letzten Besuch, Frau Hopf habe bei ihr angerufen und mitgeteilt, Peter sei im Krankenhaus. Ich bin entsetzlich erschrocken, hoffentlich heißt das nicht, er ist verhaftet worden. Aber da Frau Hopf gleichzeitig sagen ließ, sie werde sich wieder melden, ich solle nicht anrufen, sind mir die Hände gebunden, und ich kann nichts unternehmen. Vielleicht muß ich nun lange warten, bis ich wieder etwas höre. –

Bei diesem Besuch erhielt ich auch endlich die lang ersehnte Kennkarte. Auch das war eine große Enttäuschung, der Stempel ist so schlecht gemacht, daß selbst ein Laie ihn als falsch erkennen kann! Also ist das viele Geld nutzlos herausgeworfen, die Kennkarte als Ausweis nicht zu gebrauchen! Onkel Karl ließ mir von einem zuverlässigen Bekannten, der etwas davon versteht, bestätigen, daß es gefährlich sei, diese Kennkarte vorzuzeigen. Ich bin recht niedergedrückt und sehe vorläufig keinen Weg für mich. –

Aber es ist leichter, in einer Gemeinschaft von Leidensgefährten solche trüben Stimmungen zu überwinden als ganz allein. Wenn ich sehe, wie tapfer und heiter Evchen immer wieder und bisher stets vergeblich versucht, für Herbert und sich einen Weg aus Deutschland heraus zu finden, wie Lotte sich bemüht, uns ihre Sorgen und die Aussichtslosigkeit ihres Schicksals nicht merken zu lassen, nehme auch ich mich zusammen.

Berlin, den 28. Februar 1943

Gestern bei Erna hoffte ich Nachricht von Frau Hopf über Peter Merkel zu finden, aber sie hatte sich nicht gemeldet. Auf dem Heimweg packte mich der Mut der Verzweiflung, und in der Halle des Untergrundbahnhofs ging ich kurz entschlossen in eine öffentliche Telephonzelle, um bei Merkels anzurufen. Sie hatten noch die alte, uns vertraute Nummer, zweimal versuchte ich vergebens, jemanden zu erreichen, die Leitung war besetzt. Draußen wartete ein junges Mädchen, ich ließ es in die Zelle, um noch etwas zu warten. Zunächst hatte es ebenso wenig Glück mit seinem Gespräch wie ich. Es hängte den Hörer ein, kam heraus und überreichte mir lächelnd meine Handtasche, die ich drinnen liegen gelassen hatte. Als es nach meinem zweiten vergeblichen Versuch sein Gespräch beendet hatte, gab es mir meinen Schirm, den ich diesmal hatte stehen lassen, mit den freundlichen Worten: »Aber beim nächsten Mal müssen Sie selbst gut nachsehen, ob noch etwas in der Zelle geblieben ist, gnädige Frau, ich gehe jetzt heim. Guten Abend!« Ich zitterte vor Erregung an allen Gliedern, als ich den dritten Versuch unternahm. Und diesmal bekam ich die Verbindung. Die Stimme eines jungen Mannes antwortete. »Hier ist Buddeli«, sagte ich fast tonlos. »Hallo, Buddeli, hier ist Peter. Du wunderst dich gewiß, daß ich nichts habe hören lassen, aber ich liege immer noch zu Bett, eine ganz abscheulich langwierige Erkältung hat mich gehörig rangekriegt. Aber denke nicht, daß ich dich vergessen habe, mein erster Ausgang führt bestimmt zu dir!« Aufatmend antwortete ich: »Ich kann dir nicht sagen, wie ich mich freue, deine Stimme zu hören; liegst du denn zu Hause? Mir wurde berichtet, du seiest im Krankenhaus, und ich befürchtete, daß es sehr schlimm um dich stehe?« Er verstand sofort, was ich meinte, ich hörte ihn leise lachen. »Nein, nein, Buddeli, das muß ein Mißverständnis gewesen sein, ich habe die ganze Zeit zu Hause gelegen, allerdings an einer sehr unangenehmen und hartnäckigen Rippenfellgeschichte. Aber jetzt geht es mir besser. Mutti haben wir nichts davon geschrieben, daß ich so krank war, sie braucht ihre Erholungszeit sehr nötig und hätte sich nur aufgeregt und geängstigt, ohne mir helfen zu können. Aber wie geht es dir? Das ist wichtiger als mein Befinden.« Ich erwiderte, daß es mir gut ginge, und wir verabredeten, daß ich ihn in Abständen von einigen Tagen anrufen sollte, um über seine Besserung auf dem laufenden zu sein. Er hatte erst vorgeschlagen, mich anzurufen, doch ich hatte das abgelehnt. Wir fünf waren übereingekommen, uns nicht bei Onkel Karl telephonisch sprechen zu lassen, auch von der Wohnung aus keine Gespräche zu führen. –

Ich war wie betrunken, als ich die Telephonzelle verließ, sah mich aber, der Mahnung des freundlichen jungen Mädchens eingedenk, doch sorgfältig um, ob ich nichts vergessen hatte. Peter war also wirklich krank gewesen, und schwerkrank dazu, das ging schon aus seinem langen Zubettliegen hervor, das der Arzt nie geduldet hätte, wenn es nicht unbedingt nötig gewesen wäre. Wurde doch jeder Arbeitende seit langem strengstens angehalten, keinen Arbeitstag zu versäumen, außer bei ernster Krankheit! Aber er war frei, nicht von der Gestapo geschnappt, wie ich die letzten Wochen hindurch gefürchtet hatte! Erna mußte Frau Hopf am Telephon mißverstanden haben. Aber das war jetzt gleichgültig, wichtig war nur, daß wieder die Hoffnung in mir zu keimen begann, mit Peters Hilfe einen Ausweg zu finden! –

Zu Hause merkte mir »die Familie«, wie Onkel Karl uns fünf nannte, sofort meine Erregung an, und nun konnte ich ihnen auch von meinen Sorgen der letzten Wochen und meiner neuen Hoffnung berichten. »Ach, wie würde ich mich für dich freuen, Maierchen«, – so hieß ich bei ihnen – sagte Evchen warm und legte ihre Hand auf meine, »wenn du eine gute Unterkunft fändest! Es ist doch schon geradezu ein Wunder«, setzte sie seufzend hinzu, »daß es mit uns bis jetzt gut gegangen ist!« Da hörten wir draußen die Tür gehen. Onkel Karl kam heim. Er begrüßte uns freundlich. »Mir wird ordentlich warm ums Herz, Kinderchen«, sagte er heiter, »wenn ich euch hier so um den Tisch sitzen sehe. Mir ist heute ein Gedanke gekommen. Was könnte ich mir für die Zeit, wenn der Schwindel vorbei sein wird, für ein besseres Zeugnis meiner Nazigegnerschaft schaffen, als wenn ich mich mit euch fünfen malen ließe! Zugleich hätte ich ein schönes Andenken an euch alle! Aber wo bekomme ich den Maler dafür her? Ich fürchte, daran wird mein schöner Plan scheitern!« Wir mußten herzlich lachen. »Ach, Papa«, sagte Evchen schmeichelnd, »das hast du nicht nötig, dich mit uns verewigen zu lassen, obwohl sicher jeder von uns gern so ein Bild hätte, wir alle können hoffentlich noch einmal dafür sorgen, daß man dich und deine Taten richtig einschätzt und dir wenigstens ein kleiner Teil vergolten wird! Wir stimmten ihr alle zu. »Das könnte dir so passen«! brummte Onkel Karl, der vor jeder Rührung Angst hat, »und vielleicht darüber vergessen, daß ich mit einem Bärenhunger nach Hause gekommen bin, der durch keine schönen Redensarten gestillt wird!« Lachend liefen Susi und Evchen in die Küche.

Berlin, den 8. März 1943

Eben hat mich Peter Merkel verlassen. Was für ein großer, hübscher Kerl er geworden ist! Und was viel wichtiger, was für ein kluger und guter Mensch! Sehr männlich und weit reifer, als seinen zwanzig Jahren entspricht. Er mußte mir von seiner Mutter und seinen Geschwistern berichten und vor allem von den letzten Tagen seiner Tante Kläre. Ich erfuhr, wie alles für ihre heimliche Abreise vorbereitet war. Peter

Klara („Tante Kläre"), Lehrerin von Beruf, die Schwester Ernst Heilmanns, war auch langjährige geschätzte Freundin von Siegfried Rosenfeld. Else Rosenfeld hatte als Grund für ihren Freitod die drohende Deportation angenommen. Als wesentliches Motiv kann die Ermordung ihres Bruders angenommen werden, der ihr in seiner letzten Postkarte „für das kommende Jahr der Entscheidung" Kraft und Glück wünschte.[150]

selbst war nach Freiburg gefahren und hatte mit den dortigen Freunden das Notwendige verabredet. Doch als er an dem festgesetzten Morgen zu ihr kam, um sie zum Bahnhof zu begleiten – sie durfte schon längere Zeit nicht mehr bei ihnen wohnen, Leute aus dem Haus hatten an der Anwesenheit der Jüdin heftigen Anstoß genommen, und sie mietete schließlich nicht allzu weit ein Zimmer in einer jüdischen Wohnung – fand er sie tot im Bett. Ein Zettel erklärte, daß sie aus dem Leben gegangen war, weil sie die Kraft zu dem Weg in die Illegalität nicht mehr aufbringen konnte. Lene und die Kinder – wie unendlich hat sie sie geliebt! – sollten ihr verzeihen und sie ruhig schlafen lassen. Peter fügte hinzu: »Tante Kläre hat Vaters Tod im Konzentrationslager nach den langen Jahren der Quälerei nie verwunden, im Grunde hat sie damals – im Frühjahr 1940 – schon den Todesstoß empfangen.« –

Die Mutter habe es auch recht schwer, sie arbeite halbtags im Büro eines Rüstungsbetriebes und führe daneben den Haushalt für sie alle. Seine Schwester Eva bekleide eine Laborantinnenstelle, die sie sehr in Anspruch nehme, sie komme immer spät und müde nach Hause. Der jüngere Bruder sei weiter in Schleswig-Holstein als Landwirtschaftsgehilfe tätig, und Brigitte, das Nesthäkchen, komme Ostern aus der Schule und müsse dann ihr Landdienstjahr machen. »Aber nun zu dir, Buddeli; erzähle mir, wie es dir hier geht, ich möchte alles wissen.« Er erschrak, als ich ihm sagte, wir seien hier fünf »Untergetauchte« in der Wohnung. »Aber das ist unmöglich, Buddeli, das kann auf die Dauer nicht gut gehen. Du mußt so schnell wie möglich von hier fort. Ich würde sagen, du solltest sofort zu uns kommen, aber wir haben im Augenblick schon zwei Leute illegal bei uns wohnen, die bis zu Muttis Rückkehr bleiben. Doch im Notfall können wir auch für dich noch Platz schaffen.« Ich wehrte ab. »Das wäre ja nicht viel anders als hier, wir wären bei euch zu dritt, und das ist zu viel. Nein, laß mich hier bleiben, bis sie fort sind und Mutti zu Hause ist. Wenn ich dann zu euch kommen darf, bin ich sehr dankbar. Doch möchte ich auch nicht lange bei euch sein, weil es mir für euch zu gefährlich erscheint. Am liebsten ginge ich überhaupt von Berlin fort. Meinst du, es sei möglich, zu euren Freunden nach Freiburg zu gehen? Schon wegen der Nähe der Schweizer Grenze wäre mir der Aufenthalt dort besonders lieb. Glaubst du, es gäbe mit der Zeit eine Möglichkeit, in die Schweiz zu kommen?« Peter nickte. »Du kannst versichert sein, ich werde alles tun, um dir hinüber zu helfen. Aber das braucht Zeit, im Augenblick habe ich keine Verbindungen. Die Freiburger werden dich sicher gern aufnehmen. Doch besprechen wir das alles, wenn du erst bei uns bist.« Beim Abschied bat er nochmals eindringlich: »Nicht wahr, wenn irgend etwas passieren sollte, kommst du sofort zu uns, wir können es immer einrichten!«

Berlin, den 24. März 1943

Seit vorgestern bin ich bei Merkels. Lene hatte mir sagen lassen, sie komme am 22. morgens zurück und möchte, daß ich am gleichen Tag gegen Abend zu ihnen zie-

Offenbar hatten Edmund und Lotte Goldschagg aus Freiburg also bereits hier angeboten, eine gefährdete Jüdin zu verstecken.

Die sozialdemokratischen Netzwerke liefen über die Verbindung von Magdalena und Peter Heilmann zu Edmund Goldschagg.

hen solle. – Der Abschied von der »Familie« und von Onkel Karl ist mir nicht leicht
geworden; solche Umstände wie die, unter denen wir leben, binden in kurzer Zeit
fester, als es sonst in Jahren der Fall wäre. Aber es ist bestimmt eine Verminderung
der Gefahr für die drei Zurückbleibenden, und Onkel Karl kann wieder sein Schlafzimmer beziehen. Selbstverständlich werde ich sie von Zeit zu Zeit besuchen. –

Das Wiedersehen mit unserer alten Freundin Lene weckte bei aller Freude viele
schmerzliche Erinnerungen in uns beiden, wir konnten die Tränen nicht zurückhalten. Sie schüttelte den Kopf über mein Aussehen. »Du siehst aus wie eine unter-
ernährte, alte Frau.« Ich wehrte ab. »Es geht mir jetzt sehr gut; du hast mich nicht
gesehen, als es mir wirklich schlecht gegangen ist. Bei Onkel Karl habe ich mich
schon erholt!« –

Alle sind rührend freundlich zu mir, sie lassen mich merken, daß sie sich über
meine Anwesenheit freuen. Ich kann Lene manche Arbeit abnehmen, und sie ist
dankbar dafür.

Gestern Abend, als die ganze Familie beisammen saß, sprachen wir über meine
Pläne. Wir waren uns einig, daß ich erst – wie es mein Wunsch ist und wie es hier
auch alle billigen – Berlin verlassen und nach Freiburg gehen könne, wenn ich
einen hieb- und stichfesten Ausweis besitze. Wieder ging die ominöse Kennkarte
von Hand zu Hand, wieder mußten alle feststellen, daß sie völlig unmöglich ist.
Lene meinte schließlich: »Wenn wir gar nichts Besseres finden, mußt du einen
Betriebsausweis mit Lichtbild bekommen, dazu einen von der gleichen Firma ausgestellten Urlaubsausweis, doch gehört als drittes notwendiges Requisit unbedingt
noch eine Kleiderkarte dazu. Man braucht sie heute für jeden Erholungsaufenthalt, sie muß dort vorgelegt werden. Die Aufenthaltsdauer wird auf ihr vermerkt.
Die beiden ersten Ausweise kann ich dir, wenn es sonst nicht möglich ist, von
meiner Firma beschaffen.« »Das wird nicht nötig sein«, meinte Peter, »das kann
meine Freundin Hella sicher besorgen. Sie hat als Prokuristin ihrer Firma alle notwendigen Formulare zu ihrer Verfügung. Und wegen einer Kleiderkarte muß ich
mit dem ›Pelztier‹ sprechen.« Er erklärte mir dann, daß er in seinem Betrieb mit
einem jungen Franzosen arbeite, der zwangsweise zur Arbeit nach Deutschland
gebracht worden sei, der seines ähnlich klingenden Namens wegen das »Pelztier«
genannt werde und sich allgemeiner Beliebtheit erfreue. Er, Peter, habe sich mit
ihm angefreundet. Das »Pelztier« habe seine Hände überall im Schwarzhandel,
viel mehr aus Sabotagegründen als um materieller Vorteile willen. »Er wird uns
auch Lebensmittelkarten für dich beschaffen, hoffe ich, und wegen einer Kleiderkarte werde ich gleich morgen mit ihm sprechen.« –

Übrigens muß ich noch ergänzen, daß der Handel mit dem Fernglas zustande
gekommen ist auf der Grundlage von zweieinviertel Kilogramm Butter und hundertfünfundzwanzig Gramm Bohnenkaffee. Die Butter wird in Raten bezogen, jede
Woche ein Pfund. Die ersten zwei Pfund habe ich mit der »Familie« geteilt, die
letzten zweieinhalb Pfund und der Kaffee werden in den nächsten Wochen hier
verbraucht werden. –

Berlin, den 24. März 1943

**Magdalena (Lene) Heilmann
(1894 bis 1986)**

Lene Heilmann („Merkel") hatte im September 1933 Lotte Goldschagg und ihren
Sohn Rolf bei sich aufgenommen. Lotte
half Lene nach der Verhaftung ihres Mannes, den Haushalt mit vier Kindern zu
bewältigen. Else lebte seit dem 15. März
bis zum 1. Juni 1943 bei Magdalena Heilmann in der Blücherstraße 66, in unmittelbarer Nähe des Halleschen Tores. Lene
Heilmann vermittelte dann Else die Unterkunft bei Familie Goldschagg in Freiburg.[151]

Siegfried Rosenfeld war in diesen Wochen
ohne Nachricht von Else geblieben. Am
23. März 1943 notiert er: „Das Fehlen
jeder Nachricht ist mehrdeutig. Kann man
auf eine gewisse Geborgenheit ihres
Lebens noch rechnen?"

Auch von dem schwersten Luftangriff über Berlin, der seit dem Kriege stattgefunden hat, am späten Abend des 1. März will ich Dir nachträglich berichten. Gegen halb zehn Uhr wurde Alarm gegeben. Wir fünf waren zu Hause, nur Onkel Karl, der in den ersten und letzten Tagen des Monats immer besonders viel zu tun hat, war noch in der Fabrik. Sofort nach dem Alarm fielen die ersten Bomben. Es kam uns vor, als gingen sie in allernächster Nähe nieder. Unheimlicher noch als die Bombeneinschläge klang das unaufhörliche Donnern der großen Flakgeschütze vom Zoo. Das Haus, das sehr wenig stabil gebaut ist, so leicht, daß es nicht einmal einen Luftschutzkeller hat, zitterte merkbar, alle Scheiben klirrten, doch konnten wir schnell noch die Fenster öffnen, so daß sie nicht zerbrachen wie in vielen anderen Nachbarwohnungen. Uns kann es nur lieb sein, daß im Hause kein Luftschutzkeller ist, wir könnten ihn doch nicht aufsuchen und uns der genauen Beobachtung und der Neugier der Hausbewohner aussetzen. –

Wieder, wie schon bei allen früheren Alarmen, stellte ich fest, daß ich ohne jede Angst und Aufregung dem furchtbaren Dröhnen wie ein vollständig unbeteiligter Zuschauer folgte. Wir hielten uns in dem Berliner Zimmer auf, das am geschütztesten lag. Ab und zu ging ich mit Herbert ins dunkle Herrenzimmer, um aus dem Fenster auf die Straße zu sehen. Sehr bald bemerkten wir am Himmel einen starken Feuerschein, und dicke Rauchwolken quollen aus einem gegenüberliegenden Hause. Der Feuerschein verstärkte sich, es mußte ganz in der Nähe ein ungeheurer Brand sein; jetzt spürten wir am offenen Fenster den heißen, unheimlich brausenden Wind, der das Anzeichen einer nahen starken Feuersbrunst ist. Nun tönte auch Geschrei vorbeihastender Leute von der Straße herauf, ja, wir sahen an einzelnen kleine Flammen zucken, die schnell wuchsen. Später erst erfuhren wir, daß sie in Phosphor getreten waren. Damals wußte man noch nichts von der sich ständig ausbreitenden Gefahr des Phosphors, das ihn so unheimlich macht. Inzwischen hat man gelernt, sich durch Einhüllen in nasse Tücher etwas zu schützen. – Das ganze Bild machte von oben gesehen – wir befanden uns im zweiten Stockwerk – einen völlig unwirklichen gespenstischen Eindruck, der durch das Dröhnen der Flak, das Schreien der Menschen und das Schwirren der Flugzeuge noch erhöht wurde. Nach etwa vierzig Minuten war alles vorbei, Endalarm wurde gegeben. Wir riefen Onkel Karl an und atmeten auf, als wir seine Stimme hörten. Er versprach, sofort zu kommen. Er berichtete uns, daß der Winterfeldtplatz brenne, ebenso eine Häuserreihe in der Gleditschstraße ganz schwer getroffen sei. Auch die Häuser um den Prager Platz seien zusammengestürzt. Später erfuhren wir von vielen weiteren schweren Schäden in verschiedenen Stadtteilen. – Die Berliner haben durch diesen Angriff einen schweren Schock erlitten und ahnen, was noch alles kommen könne! Abends hasten die Menschen noch mehr als sonst schon die Straßen entlang, um nur ja schnell vor einem eventuellen Alarm heimzukommen; das Stoßen und ungestüme Drängen an den Trambahnhaltestellen, den Untergrund – und Schnellbahnhöfen ist ärger geworden als je zuvor. Die Gesichter sind noch gespannter und ernster, ja

Die meisten Angriffe auf Berlin flog die Royal Air Force. Insgesamt gab es 360 Luftangriffe auf die Hauptstadt.

Tagebuchaufzeichnungen Else Behrend-Rosenfeld

düster, und von der sogenannten Volksgemeinschaft ist absolut nichts mehr zu spüren. – Noch ein Einzelerlebnis will ich Dir berichten. Die Besitzerin des Kolonialwarenladens, in dem Onkel Karl seit Jahren einkauft, wo er wohl auch vielerlei bekommt, was gewöhnliche Sterbliche nicht mehr erhalten, hat sowohl ihr Geschäft wie ihre Wohnung, die beide in der Gleditschstraße, aber in verschiedenen Häusern waren, verloren. Sie selbst wurde mit den meisten übrigen Bewohnern ihres Hauses vermißt. Da der Keller völlig zerstört war, gab man die Leute verloren. Doch zwei volle Tage später tauchten sie plötzlich alle miteinander, verrußt und erschöpft, aus einem Keller einer ziemlich entfernten Straße wieder auf. Sie waren, als ihr eigener Keller vom Einsturz bedroht war, in ein Nebenhaus durchgebrochen und ganz allmählich von Keller zu Keller weitergewandert. Schließlich waren sie auf das Wein- und Konservenlager irgendeines Geschäfts gestoßen, hatten ihren schlimmen Hunger und Durst stillen können und waren endlich wieder, vorsichtig Ausschau haltend, aus dem letzten Keller auf die Straße gelangt. Die Lebensmittelhändlerin, die mir übrigens sehr wenig sympathisch ist – auch Onkel Karl schätzt sie charakterlich sehr niedrig ein – hat ihm das Erlebnis mit allen Einzelheiten erzählt, und er berichtete es uns. –

Die Häuser am Prager Platz sind verschwunden, vollkommen in Trümmer gesunken, bis auf ein einziges. Ich fuhr mit der Straßenbahn vorbei, auf dem Balkon im zweiten Stockwerk des intakten Hauses hängte ein Mädchen Wäsche auf. Angesichts der weiten Trümmerstätte ringsum wirkte das besonders grotesk. –

Briefe an Eva Schmidt vom 27. und 29. März, ferner vom 18. April aus Berlin.

27.3.43.
Meine Liebe, Gute,
… Ich hatte einen ausführlichen Brief am Freitag vergangener Woche an Dich geschrieben und Onkel Hans zum Einstecken mitgegeben, der gerade fort ging, als ich fertig war. Der Gute muß wohl vergessen haben, ihn in den Kasten zu werfen. – Ich bin seit Montag auf Nachbarschaftshilfe bei Bekannten, habe es sehr nett und freue mich, ein bisschen helfen zu können. Ich werde wohl bis Ostern oder bis kurz danach hier bleiben. Dann will ich Anni nach Süddeutschland begleiten – … Auch schreiben sollst Du ihr mal, wenn du kannst! Adresse: Magdalena Heilmann, Blücherstr. 65, Eing.(ang) Brachvogelstr. Alles Weitere im nächsten Brief.

29.3.43.
Meine liebe Eva,
… es gibt hier im Haushalt sehr viel zu tun, und ich freue mich, nützen zu können. Es sind Menschen, die ich schon lange kenne und ganz durch Zufall (oder Schicksal wohl besser!! Oder vielleicht noch besser Vorsehung!!) hörte ich, daß sie notwendig Hilfe brauchen. Es ist eine sehr angenehme Atmosphäre hier im Hause, und es tut mir

„Onkel Hans" ist „Onkel Karl", also Hans Kollmorgen. Seit dem 15. März fand Else Aufnahme bei Magdalena Heilmann; auch die Pläne für einen Umzug nach Freiburg gibt es hier bereits.

Else nennt sich hier „Anni"

besonders gut, mit Jugend wieder einmal etwas näher zusammen zu kommen. Zwar fehlte das jugendliche Element auch bei Onkels Hause nicht, aber diese Jugend hier ist mir näher, weckt schöne alte Erinnerungen, wenn ich von ihren Zielen und Künsten höre, die um geistige und ideale Dinge gehen. Leider sind sie alle sehr eingespannt und haben schrecklich wenig freie Zeit, aber das kann ja heut nicht anders sein. – Der letzte Luftangriff am Sonnabend hat unsere Gegend hier völlig verschont, hoffentlich auch sonst nicht viel ausgerichtet; jedenfalls ist er mit dem vom 1. März nicht zu vergleichen.

18.4.43
Meine Liebe, Gute,
immerhin kannst Du Dir denken, daß Annemaries Nachricht mich in Aufregung versetzt, und es ist so quälend, nun wieder zu warten, ob wirklich das Sanatorium für Anni geeignet ist. Denn wenn sie auch auf alle Fälle nach Fr. [eiburg] kann, so ist das doch dort kein regelrechter Erholungsort mit all den Möglichkeiten, die ihre geschwächte Gesundheit eigentlich verlangt. Und Du weißt ja selbst, wie schwer es heut ist, für einen so labilen Organismus den richtigen Erholungsaufenthalt zu finden, noch dazu unter ärztlicher Aufsicht, was ja eigentlich unbedingt notwendig ist. –

Berlin, den 18. Mai 1943

Kürzlich kam Peter triumphierend abends nach Hause, schon im Flur laut nach mir rufend: »Rate, Buddeli, was ich habe!« Ich zuckte mit den Achseln. »Das kann ich nicht raten, oder hat ›das Pelztier‹ vielleicht wieder Margarine aufgetrieben, die ich ›der Famlie‹ bringen kann?« »Ja, auch die kannst du wieder bekommen, soll ich dir bestellen, aber heute bringe ich dir die ersehnte Kleiderkarte! Noch dazu eine völlig echte und gar nicht sehr teuer! Hier hast du sie!« Sprachlos vor Staunen nahm ich sie entgegen. Sie war ziemlich abgegriffen, ja ein bißchen angeschmuddelt. Ihre Besitzerin hatte anscheinend notwendig Geld gebraucht und sie verkauft. Sie war auf den Namen »Martha Schröder« ausgestellt, das Geburtsdatum lautete auf den 20. Oktober 1906. »Höre, Peter, ihr seid Prachtskerle und ›das Pelztier‹ ein Tausendsassa«, rief ich in meiner Freude und umarmte ihn. »Bitte, auf jede Backe einen Kuß«, sagte er übermütig lachend, »einen für mich, einen fürs ›Pelztier‹.« »Hallo«, rief Lene aus dem Wohnzimmer, »was gibt's da draußen, wir wollen auch wissen, worüber ihr so vergnügt seid!« Schnell wurden sie und die übrigen Familienmitglieder unterrichtet. »Aber Peter – ich will dich nicht beleidigen, Buddeli – doch wer wird dir glauben, daß du 1906 geboren bist, immerhin fünfzehn Jahre später als in Wirklichkeit!« – »Das verlangen wir auch gar nicht«, erwiderte Peter vergnügt, »ist schon alles bedacht. Wir hätten uns gar keine schönere Jahreszahl wünschen können als gerade ›1906‹. Sieh dir die Null an, man kann mit Leichtigkeit eine

Tagebuchaufzeichnungen Else Behrend-Rosenfeld

›9‹ daraus machen und aus der ersten ›9‹ eine ›8‹. Die paar lumpigen Jahre Unterschied zwischen 1891 und 1896 spielen keine Rolle, und da Namen, Adresse und Geburtsdatum mit Tintenstift geschrieben sind und sowieso ein bißchen verwischt, läßt sich die Änderung so machen, daß niemand etwas merkt. Ich finde aber vor allem, daß ›Martha Schröder‹ ein herrlicher Name ist, viel schöner als Leonie Maier, seid ihr nicht auch der Meinung?« Wir stimmten ihm alle zu. »Jetzt fehlt nur noch der Lichtbildausweis«, sagte Eva Merkel, »dann hast du alles, was du brauchst, Buddeli. Und da ist mir eine Idee gekommen, die ich mit euch besprechen will. Meine Freundin erzählte mir nämlich, daß die zwei Damen, die bei ihr ›untergebracht‹ leben, versuchen wollen, sich einen Postausweis zu verschaffen. Ein Postausweis – danach habe ich mich erkundigt – ist genausogut wie eine Kennkarte und überall als Personalausweis gültig. An sich braucht man dazu eine Geburtsurkunde, doch kann in besonderen Fällen davon abgesehen werden, wenn der betreffende Briefträger die Person dessen, der einen Postausweis begehrt, identifiziert. Nun müßten wir in den nächsten zehn bis zwölf Tagen Buddeli ein paar eingeschriebene Briefe schicken. Sie nimmt sie selbst an und sagt unserer Briefträgerin bei dem Empfang etwa des dritten und letzten, sie möge ihr doch einen Rat geben, was sie künftig machen solle. Sie bekäme häufiger eingeschriebene Briefe, erwarte auch gelegentlich Geldsendungen mit der Post. Augenblicklich sei das sehr einfach, weil Buddeli Arbeitsurlaub habe und selbst quittieren könne. Aber ihr Urlaub laufe bald ab, und ihre Arbeitszeit liege so ungeschickt, daß die Post immer geschlossen sei, wenn sie frei habe. Dann wird unsere Briefträgerin, die ja sehr freundlich und verständnisvoll ist, sicher sagen: ›Oh, das ist sehr einfach, Sie müssen einen Postausweis beantragen, mit dem kann Ihre Wirtin oder ein beliebig von Ihnen Beauftragter alle Postsendungen für Sie empfangen oder holen‹.« »Großartig, Eva«, fiel ich ein, »du brauchst die Sache nicht weiter auszumalen, wenn wir soweit sind finde ich mich schon selbst zurecht!« »Also gut«, sagte Peter, »das scheint mir ein durchaus gangbarer Weg zu sein. Morgen schreibe ich dir den ersten eingeschriebenen Brief, fünf Tage später Eva den zweiten. Ich meine fast, das sollte genügen, wenn Buddeli in der Zwischenzeit täglich die Post von der Briefträgerin in Empfang nimmt. Noch ein dritter eingeschriebener Brief in so kurzer Zeit könnte auffallen. Wichtig wäre, daß Buddeli immer ein paar Worte mit der Briefträgerin wechselt, damit sich ihr Buddelis Person einprägt und die Bitte um einen Rat wegen späterer Geldsendungen nicht zu unvermittelt kommt.«

Ich konnte an diesem Abend lange nicht einschlafen. Das Groteske in meiner Situation trat mir besonders vor Augen. Wie tief in Betrug und Schwindel, von Urkundenfälschungen gar nicht zu reden, war ich verstrickt! Wie sehnte ich mich, aus diesem Lügengewerbe herauszukommen und wieder ein Leben in Legalität und Aufrichtigkeit zu führen! Wann würde das der Fall sein?! Andererseits: wie dankbar mußte ich sein, daß immer wieder Menschen sich unter Gefahr ihres eigenen Lebens für mich einsetzten, mich aufnahmen, verpflegten

In der wissenschaftlichen Forschung geht man von rund 12.000 Juden aus, die während der NS-Zeit illegal lebten, zwischen 5.000 bis 7.000 davon in Berlin. Etwa 1.500 überlebten.[152]

und mir weiter halfen! Ich schwor mir: Wenn die Sache mit dem Postausweis glücken sollte – es klang fast zu schön und einfach, um Wahrheit zu werden! –, wollte ich so rasch wie möglich aus Berlin fort, wo gar zu viele Schicksalsgefährten illegal lebten, fort vor allem von Merkels, die auch ohne meine Anwesenheit stark belastet waren, einmal als Halbarier, dann durch ihre frühere politische Einstellung und ihr mutiges Eintreten für die Verfolgten und Gehetzten.

Schon am nächsten Morgen konnte ich auf Grund eines versehentlich bei uns eingeworfenen Briefes ein Gespräch mit der wirklich freundlichen Briefträgerin anknüpfen. Wieder einen Tag später erhielt ich den ersten eingeschriebenen Brief, bei dessen Empfang sich leicht ein bißchen plaudern ließ. Ich bedauerte die Beamtin, die an diesem Tag eine besonders schwere Posttasche zu tragen hatte. Sie meinte, man freue sich ordentlich, wenn wirklich einmal jemand Verständnis für ihre nicht leichte Arbeit habe und dies auch äußere. Die meisten nähmen nur kurz ihre Post entgegen und schlügen dann schnell die Haustüre wieder zu. »Aber Sie sind auch noch nicht lange hier«, sagte sie schließlich. Das war mir gerade recht, »Nein, ich bin erst vor kurzem von der Rathausstraße« – so lautete die Adresse auf meiner Kleiderkarte – »hierhergezogen. Und ich habe meinen Arbeitsurlaub zum Umzug benutzt. Jetzt habe ich noch zehn Tage zum Eingewöhnen hier, ehe ich wieder im Betrieb anfangen muß.« »Da wünsche ich Ihnen noch gute Erholung«, nickte sie grüßend und lief weiter.

Gestern, nach weiteren sechs Tagen, bekam ich den zweiten Einschreibebrief von Eva Merkel, und nun verlief meine Unterhaltung mit der Briefträgerin ganz programmgemäß. Gewiß, es wäre das beste, wenn ich mir einen Postausweis ausstellen ließe, ich benötigte dazu nur eine Geburtsurkunde. »Aber die habe ich nicht«, entgegnete ich ihr, »und ich kann sie mir auch nicht so bald verschaffen. Ich stamme aus Essen im Rheinland, das dortige Polizeiamt ist völlig ausgebombt, es wird lange dauern, bis die Urkunden wieder ergänzt und verfügbar sind.« »Das braucht Ihnen keine Sorgen zu machen«, tröstete sie freundlich, »auf die Geburtsurkunde kann verzichtet werden, wenn der Briefträger die betreffende Person kennt und sie ausweist. Morgen geht es schlecht, da habe ich meinen freien Tag, aber wenn Sie übermorgen um elf Uhr vormittags aufs Postamt, Zimmer Nummer X kommen, bin ich da. Sagen Sie dem Beamten, die Briefträgerin Frau N. N. könne Sie ausweisen, dann werde ich gerufen.« Ich dankte ihr sehr für ihre Freundlichkeit. Morgen gehe ich um elf Uhr zum Postamt. Ich kann aber immer noch nicht glauben, daß ich wirklich den so ersehnten Ausweis erhalten soll.

Magdalena und Ernst Heilmann versteckten mehrere untergetauchte Juden und Sozialdemokraten vor dem Zugriff der Gestapo. So nahmen sie Friedrich Stampfer, Chefredakteur des „Vorwärts", Gustav Noske, Politiker und Chefredakteur der „Volksstimme" in Chemnitz und die Sozialreformerin Marie Juchacz auf.[153]

Tagebuchaufzeichnungen Else Behrend-Rosenfeld

Aktenzeichen: B.E.6.031409.

Icking Isarthal. 28.12.55.

Eidesstattliche Erklärung.

Hiermit erkläre ich an Eides statt, dass ich bezeigen kann, dass Frau Dr. Elsbeth Rosenfeld, Icking Isarthal No 18 ⅓ z. Z. England, vom Tage der Einführung, wahrscheinlich vom 19. September 1941, bis zum 15. August 1942 den Judenstern getragen hat, wovon ich mich durch häufige Besuche bei ihr im Ghetto, der sogen. „Heimanlage" für Juden im Benediktinerinnen Kloster in Berg a. Laim, selbst überzeugte. Ferner bestätige ich eidlich, dass ich Frau Dr. E. Rosenfeld wegen der ihr drohenden Deportation nach Polen am 15. August

00000   -3.1.56.

1942 zur Flucht von München nach Berlin mit verholfen habe u. vermittelte, dass sie bei Verwandten, Herrn u. Frau Georg Fischer, Berlin-Tempelhof, Manfred-v.-Richthofenstr. 120 bis zum 8. Dez. 1942 Unterkunft fand. An diesem Tage zog sie, immer illegal, zu dem Fabrikbesitzer Herrn Hans Kollmorgen, Bülowstr., gegenüber dem Hoch- u. Untergrundbahnhof Nollendorfplatz in Berlin-Schöneberg. Sie blieb dort bis zum 15. März 1943 u. fand dann Aufnahme bei Frau Magdalene Heilmann, damals Brachvogelstr. 1, Ecke Blücherstr.

Tilla Kratz.

Die Richtigkeit der eigenhändigen Unterschrift der Frau Tilla Kratz wohnhaft in Icking Haus Nr. 18⅓ wird hiermit beglaubigt:
Icking, den 2. Januar 1956
Gemeindeverwaltung Icking
Bürgermeister
i.A.   Verw. Insp.

Icking, Isarthal. 28.12.55.

Eidesstattliche Erklärung.

Hiermit erkläre ich an Eides statt, dass ich bezeugen kann, dass Frau Dr. Elsbeth Rosenfeld, Icking Isarthal No 18 ⅓, z. Z. England, vom Tage der Einführung, wahrscheinlich vom 19. September 1941, bis zum 15. August 1942 den Judenstern getragen hat, wovon ich mich durch häufige Besuche bei ihr im Ghetto, der sogen. „Heimanlage" für Juden im Benediktinerinnen Kloster [Anm. Vincentinerinnen] in Berg a. Laim, selbst überzeugte. Ferner bestätige ich eidlich, dass ich Frau Dr. E. Rosenfeld wegen der ihr drohenden Deportation nach Polen am 15. August 1942 zur Flucht von München nach Berlin mit verholfen habe u. vermittelte, dass sie bei Verwandten, Herrn u. Frau Georg Fischer, Berlin-Tempelhof, Manfrd-v.-Richthofenstr. 120 bis zum 8. Dez. 1942 Unterkunft fand. An diesem Tage zog sie, immer illegal, zu dem Fabrikbesitzer Herrn Hans Kollmorgen, Bülowstr., gegenüber dem Hoch- u. Untergrundbahnhof Nollendorfplatz in Berlin-Schöneberg. Sie blieb dort bis zum 15. März 1943 u. fand dann Aufnahme bei Frau Magdalena Heilmann, damals Brachvogelstr. 1, Ecke Blücherstr.

Tilla Kratz

BBC gegenüber äußerte Else Rosenfeld, es habe zehn Helfer bedurft, um einen Juden zu verstecken.

Berlin, den 18. Mai 1943

Berlin, den 24. Mai 1943

Es hat sich gezeigt, wie wichtig ein Notquartier für alle Fälle ist! Ich sitze auf dem Balkon der Wohnung alter Freunde, wohin ich heute früh nach telephonischer Anmeldung durch Eva Merkel übersiedelte. Doch ich will der Reihe nach erzählen. –

Am 19. Mai, einem Mittwoch, ging ich klopfenden Herzens auf das Postamt. Du kennst das große Gebäude am Tempelhofer Ufer nahe beim Halleschen Tor. In dem mir bezeichneten Zimmer saß eine Beamtin und fragte nach meinem Begehr. Ich bat um Ausstellung eines Postausweises und nannte den Namen unserer Briefträgerin, die bestätigen könnte, daß ich die Betreffende wirklich sei. Frau N. N. wurde telephonisch gerufen, erschien sofort, begrüßte mich freundlich wie eine alte gute Bekannte, und erklärte, sie wisse, daß ich Martha Schröder, wohnhaft X-Straße Nummer … sei. Die Beamtin nickte, die Briefträgerin verschwand. Ich gab meine neu angefertigten Lichtbilder, eines wurde auf den Ausweis aufgeklebt, meine Personalien aufgeschrieben, die Stempelmarke mit dem Bild des Führers unter mein Foto geklebt und das Ganze mir zur Unterschrift vorgelegt. Kühn schrieb ich »Martha Schröder« hin. Das Ganze kostete 50 Pfennig und das Porto für einen eingeschriebenen Brief, in welchem mir der Ausweis durch die Post etwa übermorgen – weil noch eine Unterschrift eines höheren Beamten fehle – zugesandt werde. Damit war ich entlassen. Immer noch konnte ich nicht an mein Glück glauben.

Aber pünktlich am Freitag überreichte mir die Briefträgerin mit der übrigen Post den eingeschriebenen Brief, der den Ausweis enthielt. Ich dankte für ihre Freundlichkeit und Hilfe – sie ahnte glücklicherweise nicht, wie groß diese gewesen war!! – und gab ihr für ihre Mühe ein kleines Extratrinkgeld, das sie erst als nicht nötig abwehrte, dann aber dankend annahm.

Ich hatte wirklich einen gültigen, guten Ausweis! Ob er mir das Tor in die Freiheit öffnen würde? Ich hatte das Gefühl, ihr wesentlich näher gekommen zu sein. Die ganze Familie teilte meine Freude, mein Postausweis ging von Hand zu Hand und wurde gebührend bewundert, Lene schrieb auf meinen Wunsch sofort an die Freiburger, daß ich in etwa einer Woche zu ihnen kommen würde. Alle Vorbedingungen seien nun erfüllt, der genaue Ankunftstermin würde ihnen noch mitgeteilt.

Doch ehe ich reiste, wollte ich unbedingt noch einmal zu Onkel Karl und der »Familie«, die wie bei meinem Fortgehen von ihnen aus Lotte, Herbert und Evchen bestand. Ich wußte, daß Lotte immer noch auf die Fertigstellung ihrer Kennkarte wartete und daß sie recht pessimistisch in bezug auf ihre spätere Verwendbarkeit war. Ich wollte unbedingt mit Lotte besprechen, ob nicht auch für sie ein Postausweis besorgt werden konnte. Die Verhältnisse dort hatten sich inzwischen verschärft. Die häufigen Alarme hatten die Portiersfrau bewogen, von Onkel Karl den Wohnungsschlüssel für die Zeit seiner Abwesenheit zu verlangen. Wenn nun die Sirene erklang, mußte »die Familie« sofort und möglichst ohne gesehen zu

Auch Magdalena Heilmann bestätigte Else Rosenfeld 1956 die Zeit im Untergrund: „Hiermit erkläre ich an Eidesstatt, dass ich Frau Dr. Elsbeth Rosenfeld ... während der Zeit der Illegalität vom 15. März 1943 bis zum 1. Juni 1943 in meiner damals Berlin SW 61, Blücherstr. 66 gelegenen Wohnung Unterschlupf gegeben habe."[154]

Die Freiburger: Lotte und Edmund Goldschagg

werden verschwinden, um nicht von der Portiersfrau auf ihrem Rundgang dort angetroffen zu werden. Zwar war bis jetzt alles gut gegangen, Onkel Karl hatte auch sonst alle Sicherungen getroffen. Eine seiner Angestellten, die unbedingt zuverlässig war, hatte er ins Vertrauen gezogen. Ein Betriebsausweis auf ihren Namen mit Evchens Bild wurde angefertigt, für Herbert ein ebensolcher mit Namen und Adresse eines seiner Arbeiter hergestellt. Evchen hieß Hildegard Müller, Herbert Walter Krüger. Wenn nun Lotte noch einen Postausweis bekam, war die schlimmste Gefahr abgewendet. Denn daß Onkel Karl schon immer in großzügiger Weise gastfreundlich war, daß auch seine Arbeiter und Angestellten zu ihm in einem patriarchalischen Verhältnis standen und außerhalb der Arbeitszeit in seiner Wohnung verkehrten, ja auch gelegentlich übernachteten, war im Hause allgemein bekannt.

Ich meldete mich telephonisch für Samstagnachmittag an.

Samstag war einer jener lichten Frühlingstage, wie Berlin sie nur selten und eigentlich nur im Mai erlebt. Noch ist das Grün der Straßenbäume, der Büsche und Rasenplätze leuchtend hell und ohne Staub, der Himmel spannt sich besonders hoch und licht über die Stadt, ja selbst die sonst so ernsten Gesichter der Menschen auf den Straßen scheinen mir ein wenig heiterer zu sein. Oder kam mir das alles nur so vor, weil ich selbst so viel zuversichtlicher und freier in die Zukunft sah? Ich weiß es nicht, ich weiß nur, daß seit Jahren, ja, seit dem Frühjahr 1941 im Isartal, ich zum ersten Mal wieder bewußt etwas vom Frühling sah und in mich aufnahm! Ich konnte mich an diesem wunderbar durchsonnten Nachmittag nicht entschließen, mich in eine vollgepfropfte Tram zu drängen, ich machte den etwa halbstündigen Weg lieber zu Fuß. An meinem Ziel öffnete mir Evchen auf das besondere Klingelzeichen, das mit nahen Freunden des Hauses ausgemacht war. »Schön, daß du kommst, Maierchen«, begrüßte sie mich. Im Herrenzimmer saß Lotte auf einem der Sessel am runden Tisch, Herbert und ein mir fremder junger Mann arbeiteten an Onkel Karls großem Grammophon, das schon lange kaputt war. Der junge Mann wurde mir als Felix H. vorgestellt, ein Freund von Herbert, Jude wie wir und gleichfalls illegal lebend.

Sehr bald kam ich auf den Hauptzweck meines Besuches zu sprechen, erzählte, daß ich heute Abschied von ihnen nehmen wollte, weil ich in der kommenden Woche nach Freiburg führe. Und dann zeigte ich voll Stolz meinen Postausweis und erklärte den aufmerksamen Zuhörern, wie ich ihn erlangt hatte. »Aber wenn du nun auch Schröder heißest, für uns bleibst du doch das Maierchen, nicht wahr?« fragte Evchen lustig. Ich nickte. »Höre, Lotte, du solltest mit Onkel Karl besprechen, ob es nicht angeht, wenn du dir auf ähnliche Weise wie ich einen Postausweis zu beschaffen suchst. Die Sache mit deiner Kennkarte ist doch sehr zweifelhaft, und vor allem dauert es so schrecklich lange, bis du sie bekommst. Ich weiß, daß es schwierig sein wird, plötzlich Post hierher an dich zu senden, doch sollte sich das irgendwie ermöglichen lassen. Es tut mir leid, daß Onkel Karl nicht hier ist, wir hätten dann gemeinsam überlegen können.« Lotte stimmte zu, ich wußte ja, daß ihre Ausweislosigkeit sehr drückend für sie war. »Was hast du eigentlich für einen Ausweis, Felix?« fragte ihn Evchen. Er hielt mit der Arbeit inne und kam zu uns an den Tisch. »Ich habe einen Ausweis als italienischer Arbeiter«, antwortete er und reichte ihn Evchen zur Ansicht. »Kannst du denn genügend italienisch?« warf Herbert ein. »Leider nicht«, sagte er seufzend. »Ich habe mir zwar einige Sätze italienisch angeeignet und bemühe mich auch, mich weiterzubilden, aber es ist nicht weit her mit meinen Kenntnissen. Durch einen Italiener in dem Betrieb, in dem ich zuletzt arbeitete, durch den ich übrigens auch meinen Ausweis bekommen habe, konnte ich mich ein bißchen im Sprechen üben. Ich muß schließlich froh sein, diesen Ausweis zu haben. Ein Postausweis ist für Frauen wunderbar, aber für uns jüngere Männer hat er gar keinen Zweck, weil man immer nach Militärpapieren fragen würde.« Er machte sich wieder an seine Arbeit.

Da klingelte es an der Wohnungstür. Unschlüssig sahen wir uns an. Läuten an der Wohnungstür war ein besonderes Kapitel, niemand von uns konnte es ohne furchtbaren Schreck hören. Zögernd erhob sich Evchen. »Es ist wohl am besten zu öffnen, man kann draußen hören, daß hier gesprochen wird. Wir waren unvorsichtig, so laut zu sein.« Sie schob den Riegel zurück und kam gleich darauf mit einem hochgewachsenen P o l i z i s t e n wieder. Ich glaube, uns allen stand einen Moment das Herz still, aber keiner rührte sich. Der Beamte, ein jüngerer Mann in grüner Uniform, hob kurz die Hand zum Gruß. »Hat die Wohnung einen zweiten Ausgang?« fragte er soldatisch knapp. »Nein«, sagte Evchen. »Gut«, erwiderte er, »führen Sie mich durch die Räume.« »Erlauben Sie«, sagte Evchen sehr ruhig und bestimmt, »daß ich zunächst Herrn R., den Inhaber der Wohnung, telephonisch verständige. Wir alle wohnen nämlich nicht hier.« »Das hat Zeit bis später«, wehrte der Beamte kurz ab. »Zuerst will ich die Wohnung sehen.« »Wie Sie wünschen«, entgegnete Evchen, ging mit ihm durch das anschließende Eß- oder Berliner Zimmer und weiter auf den Flur, an dem die übrigen Räume lagen.

Wir Zurückbleibenden sahen uns entsetzt an. Bleich bis in die Lippen flüsterte Lotte mir zu: »Sollen wir nicht fliehen?« Schnell ergriff ich ihre Hand, die eiskalt war. »Ruhe, Lotte, jetzt fortzugehen wäre das Dümmste, das wir tun könnten. Je unbefangener wir uns geben, desto besser. Ihr beiden Männer arbeitet ruhig weiter, und wir Frauen bleiben hier sitzen, als wenn wir im Plaudern eben unterbrochen wurden. Die Unterhaltung mit dem Schupo überläßt Evchen und mir.« Gleich darauf kamen beide wieder. »Und nun«, sagte der Beamte kurz, »muß ich die Herrschaften um ihre Ausweise ersuchen.« »Bitte sehr«, antwortete Evchen und holte aus ihrer auf dem Tisch befindlichen Handtasche ihren auf »Hildegard Müller« lautenden Arbeitsausweis heraus. »Vielleicht darf ich gleich noch etwas zur Erklärung sagen«, fuhr sie gewandt fort zu reden. »Sie sehen aus meinem Ausweis, daß ich bei Herrn R. angestellt bin. Herr R. ist Junggeselle, und ich bringe ihm nach meiner Arbeitszeit öfter einmal die Wohnung in Ordnung, koche auch gelegentlich für ihn. Übrigens erwarten wir ihn jeden Augenblick. Er ist mit Arbeit in der Fabrik überhäuft und deshalb noch in seinem Betrieb.« Der Beamte hatte

Tagebuchaufzeichnungen Else Behrend-Rosenfeld

sein Notizbuch herausgezogen und notierte Namen und Adresse von Hildegard Müller. Dann gab er ihr mit einer kleinen höflichen Verbeugung den Ausweis zurück. »Aber wollen Sie sich nicht setzen?« mischte ich mich jetzt ein, »im Stehen ist das Schreiben doch gar zu unbequem.« Wieder eine kleine Verbeugung, diesmal zu mir hinüber. »Wenn Sie gestatten, setze ich mich wirklich.« Er nahm neben mir auf der Couch Platz. »Walter, hast du deinen Ausweis bei dir?« fragte Evchen zu Herbert hinüber. Sie ging zu ihm, der, mit dem Kopf nickend, ihr seinen Ausweis übergab. Sie reichte ihn dem Beamten. »Walter Krüger ist ein Arbeitskollege von mir. Herr R. hatte ihn beauftragt, sein kaputtes Grammophon zu reparieren.« »Und ich habe meinen Bekannten, Giovanni Corti, der zeitweise in unserem Betrieb beschäftigt war und viel von diesen Apparaten versteht, gebeten, mir zu helfen«, fiel Herbert ein. Der Beamte hatte auch Walter Krügers Personalien notiert und gab Evchen den Ausweis zurück, die ihn Herbert brachte. »Wollen Sie mir Ihren Ausweis geben, Herr Corti«, sprach sie Felix an, der stumm das Papier aus der Brusttasche zog. Auch Felix' Personalien wurden aufgeschrieben. »Und hier«, fuhr Evchen fort, indem sie auf Lotte wies, »ist meine Mutter, Frau Minna Müller. Herr R. hat meine Mutter und unsere gemeinsame Freundin Fräulein Schröder heute eingeladen, mit ihm den Tee zu nehmen. Fräulein Schröder, haben Sie einen Ausweis bei sich?« wandte sie sich an mich. »Selbstverständlich«, antwortete ich, »sogar meinen neu ausgestellten Postausweis!« und damit reichte ich ihn dem Polizisten, der Name und Nummer notierte und nach meiner Adresse fragte. Ich gab die in der Kleiderkarte vermerkte in der Rathausstraße an. »Ist das in Steglitz?« fragte der Beamte. »Nein, in Berlin Mitte«, erwiderte ich ihm. –

»Und nun«, sagte er viel verbindlicher als im Anfang, nachdem er Bleistift und Notizbuch in seiner Brusttasche versorgt hatte, und lehnte sich mit entspanntem Gesichtsausdruck zurück wie jemand, der froh ist, unangenehme dienstliche Obliegenheiten zu einem guten Ende gebracht zu haben, »nun will ich Sie über meinen Besuch aufklären. Ich habe mich ja zu meiner Freude überzeugen können, daß hier alles in denkbar bester Ordnung ist. Aber wir bekamen eine Denunziation, Herr R. verberge in seiner Wohnung dauernd illegal lebende Juden! Sie staunen, nicht wahr? Aber Sie ahnen ja nicht«, fuhr er mit einem Seufzer fort zu reden, »was wir auf dem Revier täglich an Denunziationen über uns ergehen lassen müssen! Und wir sind verpflichtet, jeder einzelnen nachzugehen, wenn sich auch die meisten als böswillige Verdächtigungen oder Verleumdungen herausstellen! Doch jetzt will ich Sie nicht länger stören, verzeihen Sie die unliebsame Unterbrechung. Ich wünsche einen recht guten Abend!« Er erhob sich, schlug die Hacken zusammen und hob die Hand zum Gruß. Evchen begleitete ihn hinaus, wir hörten sie im Flur noch mit dem Beamten sprechen. Als sie zurückkam, ließ sie sich stumm auf die Couch neben mir fallen. »Uff«, sagte sie nur.

Jetzt, hinterher, als die Gefahr zunächst vorüber schien, zitterten mir die Knie. Erst ganz allmählich fanden wir die Sprache wieder. Ich gab mir einen Ruck, Herbert und Felix waren an den Tisch gekommen und setzten sich zu uns. »Laßt uns überlegen, wie die Sache weitergeht«, sagte ich. »Nun geht er zum Revier zurück und macht wahrscheinlich seinen Bericht, vielleicht nur mündlich, vielleicht aber auch schriftlich. Doch es ist Samstagnachmittag, weitere Nachprüfungen werden, zumal er die Denunziation für völlig aus der Luft gegriffen hält, wohl kaum vor Montag erfolgen. Dann wird er feststellen, daß sowohl bei Hildegard wie bei Minna Müller die angegebene Adresse stimmt, beide wohnen dort seit längerer Zeit, auch ihre Personalien sind in Ordnung. Das gleiche trifft für Walter Krüger zu. Es kann sein, daß man sich mit diesen Feststellungen als Stichprobe begnügt, es ist aber gut möglich, daß man auch die übrigen Angaben nachprüft. Und dann wird die Sache faul. Weder Giovanni Corti noch Martha Schröder wohnen dort, wo sie angegeben haben. Ihr müßt Onkel Karl sofort nach seinem Heimkommen alles berichten, vielleicht wäre es gut, wenn er zum Revier ginge, wo man ihn ja genau kennt, da er schon viele Jahre hier wohnt, aber das muß er entscheiden.« »Wißt ihr, von wem die Denunziation kommt?« warf Evchen ein. Wir sahen sie fragend an. »Ich habe draußen im Flur danach gefragt, natürlich im Interesse von Herrn R., dem ich sofort Bericht erstatten würde. Er erklärte, das dürfe er eigentlich nicht verraten, aber er kenne Herrn R. gut und wisse, was für ein feiner, anständiger Mann er sei, und er halte diese Denunziation für besonders gemein. Die Lebensmittelhändlerin ist es, die ausgebombte, dieselbe, die damals von einem Keller zum anderen wandern mußte, die der Papa ein paar Tage hier hat wohnen lassen, weil sie ihm so leid tat und uns auch, daß wir gleich bereit waren, für diese Zeit in Papas Fabrik zu übernachten und uns tagsüber meistens auf den Straßen herumzudrücken«, stieß sie mit blitzenden Augen hervor. »Aber ich bin froh, daß wir es wissen!« fügte sie noch hinzu.

»Vielleicht wird es gut sein, wenn ihr vorläufig wieder in der Fabrik schlaft«, meinte ich nach einer kurzen Pause. »Ich bleibe jetzt noch ein bißchen hier, man kann ja nicht wissen, ob der Schupo nicht doch unten wartet oder einen Kollegen mit der Beobachtung des Hauses beauftragt hat. Jedenfalls werde ich sehr gut Umschau halten, wenn ich fortgehe. Vom Telephonhäuschen in der Untergrundbahnstation rufe ich euch dann an, melde mich als Frau Maier und sage, falls die Luft rein ist, ich wollte mich vor meiner Reise noch bei euch melden und euch auf Wiedersehen sagen. Sollte ich das Gefühl haben, daß der Hauseingang beobachtet wird, sage ich, ich hätte so lange nichts von mir hören lassen, weil es mir gesundheitlich schlecht gegangen wäre. Felix soll erst nach meinem Anruf fortgehen. Aber nun muß ich dir doch meine Bewunderung für deine Geistesgegenwart ausdrücken, Evchen«, rief ich aus. »Das macht dir so leicht niemand nach! Und Lotte als deine Mutter vorzustellen, war geradezu ein Genieblitz!« »Und er hat nicht mal gemerkt«, sagte Evchen eifrig, »daß Lotte keinen Ausweis hatte! Schon als ich ihm die Zimmer zeigte, war mir der Gedanke gekommen, Lotte auf diese Weise durchzuschmuggeln«, sie brach in ein erregtes Lachen aus. Allmählich wurden auch den anderen die Zungen gelöst, im Reden entspannten wir uns ein wenig. »Mir ist richtig schlecht geworden, als ich den Polizisten in der Türe stehen sah«, sagte Lotte. »Du Armes«, rief Evchen

Tagebuchaufzeichnungen Else Behrend-Rosenfeld

mitleidig, »du warst ja auch von uns allen am schlimmsten dran, und ich freue mich, daß ich dir helfen konnte!«

Etwa eine halbe Stunde später verließ ich das Haus. Niemand begegnete mir auf der Treppe und im Hausflur. Gerade vor der Haustür war eine Tramhaltestelle, es konnte nicht weiter auffallen, wenn ich mich dort zu den übrigen Wartenden gesellte. Ich ging hin und her, meine Augen suchten die Straße auf beiden Seiten ab. Nichts Verdächtiges war zu sehen. Ich wartete etwa fünf Minuten, dann ging ich langsam zum Untergrundbahnhof und telephonierte. Evchens Stimme meldete sich. Ich hörte sie aufatmen, als ich die verabredeten Sätze sprach.

Ich fuhr nach Hause. Lene, die ich zuerst allein antraf, war tief erschrocken, auch Peter und Eva waren bestürzt, nachdem ich ihnen berichtet hatte. »Armes Buddeli«, sagte Eva Merkel herzlich, »wie hast du dich mit dem Postausweis gefreut, und gleich muß wieder ein Dämpfer kommen.« »Weißt du, Buddeli«, meinte Peter nachdenklich, »ich glaube, es wäre am besten, wenn du recht bald reisen würdest. Und bis dahin solltest du zu unseren Freunden gehen.« »Peter hat recht, packe noch heute deine Sachen, es sind ja nicht viel, behalte nur das Notwendigste zurück, und fahre morgen früh zu Fritz K. Einer von uns kann dich, wenn du das Haus verlassen hast, telephonisch von einer Öffentlichen Fernsprechstelle aus anmelden«, erklärte Lene. »Meint ihr, ich könnte trotzdem in Mitteldeutschland Station machen, wie es ursprünglich geplant war, oder soll ich direkt nach Freiburg fahren?« fragte ich zaghaft. »Du kannst ruhig unterwegs bei deiner Studienfreundin Eva bleiben«, entgegnete mir Peter, »aber du solltest schon Montag fahren.« »Das kann ich ohne weiteres«, antwortete ich, »es muß nur einer von euch so gut sein und an meine Freundin Eva telegraphieren: ›Martha kommt Montagabend um die und die Zeit.‹ Dann weiß sie Bescheid und holt mich von der Bahn.« »Das werde ich gleich morgen früh besorgen«, sagte Eva Merkel. »Und am Montag kommst du von der Wohnung deiner Freunde aus direkt auf den Anhalter Bahnhof, ich gehe mit deinem Koffer schon frühzeitig dorthin, besorge die Fahrkarte und belege einen Platz für dich.« Ich sah sie alle drei gerührt an. Wie wunderbar sie sich in meine Lage versetzten, wie selbstverständlich sie zu jeder nur möglichen Hilfe bereit waren!!

Und so sitze ich nun auf dem Balkon von Fritz' und Gertruds Wohnung, ganz allein und in Ruhe. Fritz ist zur Arbeit fort, und Gertrud hilft einer Nachbarin bei ihrer großen Wäsche. – Am späten Nachmittag essen wir gemeinsam, und dann bringt mich Fritz zum Bahnhof. –

Brief an Eva Schmidt vom 30. Mai 1943 aus Freiburg.

30.5.43.
Meine liebe Eva,
… Und jetzt sitze ich noch mit meiner sehr sympathischen Wirtin oben auf einem Waldhügel nach einer herrlichen, knapp 3stündigen Wanderung von Günterstal aus zwischen

Zum weiteren Weg Peter Heilmanns: Als „Halbjude" kam er 1944 in ein Arbeitslager, überlebte aber den Holocaust. Nach dem Krieg studierte er, wurde Sekretär des Zentralrats, bekam aber im Zuge der SED-Säuberung fünf Jahre Zuchthaus. Danach wurde er von der Staatssicherheit angeworben. Als Leiter der Evangelischen Akademie lieferte er über zwanzig Jahre zusammen mit seiner zweiten Ehefrau Gertraude, Chefsekretärin der Akademie, Spitzelberichte über die Berliner Gesellschaft und die evangelische Kirche an die Stasi. 1999 standen beide wegen ihrer gut dotierten Stasitätigkeit vor Gericht und erhielten Bewährungsstrafen.[155]

Eva: Eva Schmidt

Fritz und Gertrud: Fritz Kucharski war ein Studienfreund Elses aus Jena, Gertrud seine zweite Frau.

Seit dem 1. Juni 1943 lebte Else bei der Familie Goldschagg wie ein Familienmitglied und fühlte sich mit ihrem Ausweis auch in der Öffentlichkeit relativ sicher. In den Briefen wird der Unterschied zwischen dem Berliner und dem Freiburger Untergrund sichtbar.

lauter Waldbergen in der Sonne und muß mir immer wieder versichern, daß ich nicht träume. Es ist unbeschreiblich schön hier, in jeder Beziehung! Schon am Sonntag Nachmittag war ich im Münster und vor allem auf dem Münsterplatz und gestern den ganzen Vormittag über auf dem Schlossberg, den ich völlig für mich allein hatte. Du bist ja einer der ganz wenigen Menschen, die genau nachfühlen können, was das für mich bedeutet! – Mit meinen Wirtsleuten gibt es bestimmt ein harmonisches Zusammenleben, auch der Bub, Rolf, 12jährig, ist ein netter frischer Junge, mit dem ich mich schon angefreundet habe. Das Arbeiten mit ihm, besonders in Englisch und Deutsch, wird mir Spass machen. – Daß Lena auch mitgefahren ist, freut mich ganz außerordentlich. – Hier fand ich auch meine von Lena geschickten Karten vor, bis auf die Nährmittelmarken. – Ja, unser Mittagessen kommt, wir sitzen auf einer herrlich gelegenen Terrasse, rings umgeben von Schwarzwaldbergen, Feldern und wunderbar bunten Wiesen. Leb wohl, Du Liebe, Gute

Freiburg, den 8. Juni 1943

Seit zehn Tagen bin ich hier, in der von Dir so besonders geliebten Stadt, und noch muß ich mich oft fragen, ob es Wirklichkeit oder ein schöner Traum ist! Wie oft hast Du mir von Deinem ersten Semester als junger Student erzählt, das Du hier verlebtest, und nie konntest Du Deiner Meinung nach eindringlich genug schildern, wie die Heiterkeit dieser gottgesegneten Landschaft, von der die Stadt als solche nicht ausgeschlossen ist, sondern von der sie einen untrennbaren Teil bildet, auf Dich jungen Menschen wirkte, der nur die Herbheit und Kargheit der norddeutschen Ebene kannte! Erst jetzt kann ich das ganz verstehen und nachempfinden, ist es doch, als wenn die schweren vergangenen Jahre die Aufmerksamkeit für Schönes und Holdes in der Natur und bei den Menschen in mir verschärft und erhöht hätten. Und hier, wo mich außer meinen Gastgebern niemand von früher her kennt, kann ich auch wieder Spaziergänge und Ausflüge unternehmen, ohne wie in Berlin ständig fürchten zu müssen, erkannt und ausgeliefert zu werden. Aber ich greife vor und will doch lieber der Reihe nach erzählen:

Als ich eine halbe Stunde vor der Abfahrt meines Zuges nach Weimar auf den Anhalter Bahnhof kam, winkte mir Eva Merkel schon von weitem aus einem Abteilfenster zu; sie hatte einen Fensterplatz für mich besetzt. Sie übergab mir eine Fahrkarte nach Erfurt (wir hatten gefunden, es sei besser, einen neutralen Ort als Ziel zu wählen). Ich mußte auch von Weimar nach Erfurt fahren, um dort den Anschluß an den Zug nach Freiburg zu erreichen. In Erfurt konnte ich dann ein Billett nach Freiburg lösen. Ich nahm nur einen kleinen Handkoffer mit, den Eva über meinem Platz verstaut hatte, der Rest meines ohnehin nicht großen Gepäcks würde in einigen Tagen von Peter nachgesandt werden. Auch Lene Merkel kam noch auf den Bahnsteig, um sich von mir zu verabschieden. Sie hatte noch einmal Onkel Karl angerufen, der ihr gesagt hatte, es sei alles in Ordnung, er ließe mich herzlich grüßen und mir gute Reise wünschen, ich solle bald von mir hören lassen. – Wir wollten uns den Abschied nicht schwer machen, doch gelang es mir nicht ganz, meine Rührung zu unterdrücken, die Aufregungen der letzten Zeit waren nicht spurlos an mir vorübergegangen. –

Aber als der Zug in Bewegung war, gab ich mir einen Ruck: ich reiste noch immer leidenschaftlich gern, und die im freundlichen Abendsonnenschein vorüberfliegenden Felder und Wälder im Frühlingskleid machten es leicht, die trüben Gedanken wegzuschieben und mich der nächsten Zukunft zuzuwenden. Ich freute mich auf das Zusammensein mit meiner Freundin Eva in Weimar, deren kleine Wohnung ich nur aus ihren Schilderungen, aber nicht aus eigenem Augenschein kannte. Als dann die Dämmerung heraufkam, schloß ich die Augen und versuchte zu schlafen. Seit meinen täglichen Fahrten zwischen München und dem Isartal war es mir leicht gewesen, mich durch das Geratter des fahrenden Zuges in Schlaf wiegen zu lassen, und siehe da, was mir in den ganzen langen Monaten meines illegalen Lebens am schwersten geworden war, tief und ruhig zu schlafen, hier gelang es. Erst kurz vor Weimar erwachte ich, völlig frisch und neu gestärkt.

Eva erwartete mich am Bahnhofsausgang. Wir hatten eine Weile durch die dunkle Stadt zu wandern, bis wir zu ihrer, in einer ruhigen Straße am Rande der Stadt gelegenen Wohnung kamen. Sie war im Dachgeschoß eines einstöckigen Hauses und enthielt Wohn- und Schlafzimmer, Kammer und Küche. Ich fühlte mich gleich heimisch. Aber Eva ließ mir nicht lange Zeit, mich umzusehen. Sie wollte wissen, wie alles gegangen war, warum ich meinen Reisetermin vorverlegt hätte, ob ich einen Ausweis besäße und was für einen! Ich mußte bis in jede Einzelheit alles berichten, sie hörte mit atemloser Spannung zu. Der Postausweis fand ihre volle Billigung, über das Erlebnis bei meinem letzten Besuch der »Familie« schüttelte sie den Kopf. »Wenn du es nicht wärest, die das schilderte, würde ich meinen, ich lauschte einem gut erdachten Kriminalroman«, sagte sie, als ich geendigt hatte. »Mein Bedarf an Kriminalromanen, die ich selber erfahre, ist reichlich gedeckt«, erwiderte ich ihr lächelnd. »Es erzählt sich ganz nett, aber was man dabei aussteht, ist unmöglich auszudrücken.« »Das glaube ich dir gern«, antwortete Eva ernst, »hoffentlich beginnt nun eine weniger aufregende Zeit für dich. Die Tage bei mir wollen wir in aller Ruhe genießen.

Wie lange kannst du bleiben?« »Ich habe mich durch Lene für Freitag früh, also den 28., in Freiburg anmelden lassen, muß also Donnerstagabend nicht zu spät von hier fort.« Wir saßen noch lange plaudernd beisammen. –

Die Tage vergingen wie im Fluge, im Handumdrehen war der Donnerstagabend herangekommen. Es war gerade noch eine halbe Stunde Zeit, um auf den Bahnhof zu gehen, als die Sirene das Alarmzeichen gab. »Wenn es nicht gar zu lange dauert, bekommst du noch in Erfurt den Anschluß«, tröstete mich Eva. »Und im allerschlimmsten Fall telegraphiere ich, daß du einen Tag später kommst.« Aber nach vierzig Minuten kam der Endalarm. Wir machten uns sofort auf den Weg. Je näher wir dem Bahnhof kamen, um so mehr Menschen füllten die Straßen. Vor

Lotte Goldschagg in Gräfelfing bei
München; sie arbeitete in Neuaubing
bei Dornier, 1940

Als Sozialdemokrat und Redakteur der
Münchener Post wurde Edmund Goldschagg 1933 von der Politischen Polizei
verfolgt. Er zog sich ins elterliche Freiburg
zurück und arbeitete als Hilfsarbeiter in
der Druckerei seines Bruders. Im August
1945 setzten die Amerikaner Goldschagg
als einen der Lizenzträger der Süddeutschen Zeitung ein.

dem Bahnhof staute sich eine riesige Menge. Eva wandte sich an eine neben uns
stehende Frau. »Was ist denn nur los?« fragte sie. »Haben Sie die Bomben nicht
gehört?« fragte diese zurück. Wir verneinten. »Der Bahnhof hat etwas abbekom-
men«, sagte die Frau eifrig. »Ein Teil der Schienen ist aufgerissen, ein Stück vom
Bahnhofsgebäude getroffen. Auch Menschen sind umgekommen.« Jetzt ertönte
die Kommandostimme eines Polizisten. »Auseinandergehen! Nur wer eine Fahrkarte hat, darf hierbleiben.« Ich bat Eva, ruhig nach Hause zu gehen, es schiene
doch so zu sein, daß Teile der Bahngleise noch brauchbar wären. Ich wollte versuchen, nach Erfurt zu kommen, es war anzunehmen, daß auch mein Zug nach
Freiburg Verspätung durch den Alarm erlitt und ich ihn noch erreichen konnte.
Ungern nur trennte sie sich von mir. Inzwischen war das Polizeiaufgebot verstärkt,
die Zuschauer waren vertrieben und die Reisenden mit Fahrkarten (wie gut, daß
ich mein Billett nach Erfurt hatte!) in die Bahnhofshalle gelassen worden. Dort
standen wir nun, der Erlaubnis harrend, auf den Bahnsteig gelassen zu werden. Ich
hörte erzählen, daß der Wartesaal von einer Bombe getroffen wurde, ebenso einer
der Bahnsteige. Aber die Hauptlast der Bomben sei auf Jena niedergegangen.

Jetzt wurde durch Lautsprecher verkündet, daß vom zweiten Bahnsteig ein Per-
sonenzug nach Erfurt abgelassen werde. »Anschluß nach Frankfurt a. M., Freiburg,
Konstanz, Basel!« Langsam schob ich mich vorwärts, durch die Sperre hindurch,
eine Treppe hinauf auf den dunklen Bahnsteig. Es knirschte unter den Füßen:
Glassplitter! Da stand der dunkle Zug, nur schnell hinein! Drinnen tappte man
zu einem Sitzplatz. Bald füllte sich der Wagen, kurz darauf fuhr der Zug ab.

In Erfurt erfuhr ich, daß mein Anschlußzug in etwa dreißig Minuten erwartet
werde. Ich löste mir eine Fahrkarte nach Freiburg und wartete auf dem Bahnsteig.
Auch hier war es sehr dunkel, aber es war nicht kalt. Mein Zug kam, ich stieg in
den ersten besten Wagen. Es war entsetzlich voll, in jedem Abteil alles besetzt,
auf den Gängen Menschen und Gepäckstücke eng gedrängt. Ich stellte mich auf
den Gang. Keine schöne Aussicht, die ganze Nacht stehend zuzubringen, in einer
Luft, die schon jetzt zum Schneiden dick war! Aber damit hatte ich rechnen müssen. Wer nicht vom Ausgangsbahnhof des betreffenden Schnellzuges abfuhr und
sich durch stundenlanges Anstehen an der Sperre einen Sitzplatz erkämpfte, konnte
bei den wenigen noch fahrenden Zügen für Zivilpersonen nicht einen solchen
erwarten, ja, er mußte froh sein, wenn er überhaupt in den Zug hineinkam. Es war
eben Krieg und auch unser Zug zu einem großen Teil von Soldaten besetzt. Nach
einer Weile öffnete sich die Abteiltür, vor der ich stand, und zwei Soldaten kamen
heraus. »Donnerwetter, ist das voll hier«, sagte der eine. »Da ist ja kaum Platz zum
Stehen!« Er wandte sich zu mir. »Setzen Sie sich drinnen auf meinen Platz, dann
kann ich Ihren Stehplatz einnehmen. Später können wir wieder tauschen.« Ich
dankte und nahm den mir gezeigten Platz ein.

Angekommen, ließ ich vergeblich meine Blicke nach meinem Gastgeber
schweifen. Schließlich ging ich in den Wartesaal und telephonierte nach dem
Betrieb, in dem er arbeitete. Sehr erstaunt begrüßte er mich, als ich ihm meinen

Namen – natürlich Martha Schröder – nannte. Es stellte sich heraus, daß Lenes Brief, den sie vor vier Tagen geschrieben hatte, noch nicht in seine Hände gelangt war. Er versprach, sofort zum Bahnhof zu kommen und mich in seine Wohnung zu geleiten. Eine Viertelstunde später war er im Wartesaal und begrüßte mich herzlich. Ich hatte ihn viele Jahre nicht gesehen, war auch damals nur gelegentlich mit ihm und seiner Frau Lotte bei Merkels zusammengetroffen. Er war Badenser, in Freiburg geboren, hatte aber einen großen Teil seiner Schulzeit in Mühlhausen im Elsaß verbracht und wurde deshalb von den Berliner Freunden scherzhaft »Wackes« genannt, welchen Spitznamen er sich, trotz des bösen Klangs, den er im Elsaß zu haben pflegte, gutmütig gefallen ließ. Der Einfachheit halber will ich ihn hier auch so nennen.

Wir fuhren mit der Tram und mußten am Bertholdsbrunnen in eine zweite umsteigen. Der Wackes erzählte, er habe seiner Frau meine Ankunft telephoniert. Da sie hier im Eckhaus arbeite, werde sie sicher herunterkommen, um mich kurz zu begrüßen. Gleich darauf war sie bei uns. Sie war fast unverändert: Groß, hübsch, blond und grauäugig, eine sehr sympathische Erscheinung. Sie war viel jünger als ihr Mann, höchstens vierzig Jahre, während der Wackes hoch in den Fünfzigern war. In ihrer Sprache konnte man trotz der vielen Jahre, die sie von Berlin abwesend war, die Berlinerin nicht verkennen. Ich wußte sofort, wir würden uns gut verstehen. Doch da kam unsere Tram, die uns bis zu ihrer Wohnung führen sollte. »Auf Wiedersehen mittags!« rief sie mir noch nach, »stelle der Buddeli« – wir hatten uns sofort geeinigt, daß sie mich bei diesem schönen und ungefährlichen Namen nennen sollten! – »ein Frühstück hin, Wackes!«

Die Wohnung lag im ausgebauten Dachgeschoß eines massiven Hauses von zwei Stockwerken. Das hübsche große Wohn- und ein danebenliegendes kleines Herrenzimmer hatten die Fenster nach der Straßenseite mit einem schönen Blick auf die angrenzenden Schwarzwaldberge; Schlafzimmer und Küche lagen nach hinten, mit dem Blick auf die am Horizont zart sich abzeichnende Kette der Vogesen. Ich sollte im Herrenzimmer auf der Chaiselongue schlafen, die sonst der dreizehnjährige Rolf benutzte. Nun zog er auf eine zweite Chaiselongue im Schlafzimmer der Eltern. Mittags lernten wir beide uns kennen. Ein für sein Alter großer, schlanker Bub, dunkelblond und grauäugig, mit einem feingeschnittenen, sympathischen Gesicht. »So, das ist die Buddeli, Rolf, auf die du schon so gespannt gewesen bist«, sagte seine Mutter, als sie ihn mir vorstellte. Freimütig sah er mir ins Gesicht, machte seine Verbeugung und reichte mir seine Hand mit festem Druck. – Du weißt, daß ich von jeher alle Kinder gern hatte und fast immer schnellen Kontakt mit ihnen bekomme. Hier war es mir außer Zweifel, daß wir gut miteinander auskommen würden. Ich wußte, daß er in der Schule schlecht mitkam, und hatte mich durch Lene brieflich angeboten, mit Rolf zu arbeiten. Das hatten ihm die Eltern gesagt, daher seine große Spannung, wie ich wohl sein würde. Innerlich mußte ich lächeln, weil man ihm seine Erleichterung gar so deutlich anmerkte. Im übrigen hatten ihm seine Eltern mitgeteilt, daß möglichst alle älteren Leute,

Edmund Goldschagg mit seinem zehnjährigen Sohn Rolf 1940 in Freiburg beim Wandern

Die Goldschaggs nahmen Else Rosenfeld aus innerer Verpflichtung und Solidarität auf, weil sie Jüdin und Sozialdemokratin war und beide das Los des Verfolgtwerdens kannten. Sie wohnte dort vom 2. Juni 1943 bis zum 20. April 1944. 1933 hatte Lotte aus dem Hause Heilmann an ihren Mann in Freiburg geschrieben: „Uns geht es, gemessen an der Qual und dem Leid vieler unserer Schicksalsgenossen doch noch gut."[156]

Die Wohnung in Freiburg befand sich in der Adolf-Hitler-Straße 30, später Günterstalstraße.

Else Rosenfeld schreibt in ihren englischen Aufzeichnungen „The four lives of Elsbeth Rosenfeld as told by her to BBC": „Man hörte auch Sender mit Nachrichten von Emigranten ab, die sich als sehr gut informiert zeigten. Die Sendungen kamen auf deutscher Langwelle mit häufig wechselnden Frequenzen, erarbeitet von deutschen emigrierten Sozialisten im Sender der „Europäischen Revolution."[157] Diese Sender abzuhören war offensichtlich weniger gefährlich als BBC.

Bemerkenswert fand Else Rosenfeld die über die deutschen Sender international verbreitete Nachricht der Geheimen Staatspolizei, dass ungefähr 100.000 Personen in Deutschland im Untergrund lebten, davon 4.000 bis 5.000 Juden, die anderen seien politisch Verfolgte oder Deserteure.[158]

die nicht in Betrieben tätig waren, wegen der ständigen Bombardierung Berlin verlassen sollten, was ja der Wahrheit entsprach. Deshalb sei ich von Berlin fortgegangen und wollte zunächst einmal für ein Vierteljahr bei ihnen in Freiburg bleiben. Diese Version sollte auch allen Bekannten von Wackes und Lotte zur Erklärung dienen.

Am Nachmittag schlenderte ich durch die Stadt, zuerst zum Münsterplatz. Mit neuer Bewunderung betrachtete ich den Bau, der mir immer in Proportion und Maßen vollkommen erschienen war. Der Turm wirkte wie die Filigranarbeit eines gigantischen kunstreichen Goldschmiedes. Der Platz als solcher gefiel mir wieder über alle Maßen gut mit dem stattlichen Patrizierbau des »Kaufhauses« und dem vornehmen erzbischöflichen Palais. Nur war aller figürliche Schmuck am Münster wie am »Kaufhaus« entfernt und bombensicher untergebracht worden. Dann wandte ich mich zum Schloßberg und genoß entzückt den Blick auf die Stadt und die liebliche Landschaft. Ein Gefühl unendlicher Dankbarkeit bewegte mich gegen die Vorsehung, die alles so wunderbar gefügt, und gegen die Menschen, die so tatkräftig Hilfe geleistet hatten! –

Am Abend, nachdem Rolf zu Bett war, saßen wir lange zu dritt beisammen. Ich bat Lotte und den Wackes, mir zu sagen, wie ich mich verhalten, ob ich möglichst zu Hause bleiben, mich vor den übrigen Hausgenossen verbergen oder ihnen gerade unter die Augen treten sollte. Lächelnd meinte der Wackes: »Je unbefangener Sie sich hier bewegen, desto besser. Die Leute im Haus sind gewöhnt, daß wir Besuch haben, wie es überhaupt für die Freiburger selbstverständlich ist, daß sich ständig Fremde in der Stadt bewegen. Das bringt seine begünstigte Lage und die Universität so mit sich. Lotte wird Sie nach und nach mit unseren Hausbewohnern bekanntmachen. Es sind im allgemeinen ordentliche, ruhige Menschen, auch in politischer Beziehung wenig aktiv. Wir sind überzeugt, daß der Aufenthalt bei uns für Sie wie für uns relativ ungefährlich ist.« Er erhob sich, ging zum Radio und stellte den Schweizer Sender ein. »Noch ein Vorteil, den wir genießen«, sagte er. »Wir können ohne Angst vor den Nachbarn hören und speziell der Schweizer Sender wird wegen der Nähe zu unserem eigenen kaum gestört.« Nach dem Schluß der Nachrichten fragte ich: »Aber Sie stellen ihn wahrscheinlich nur ein, wenn Rolf nicht da ist.« »O nein«, erwiderte der Wackes, »da sind Sie im Irrtum, vor Rolf verbergen wir nichts. Er ist sich auch über unsere politische Einstellung völlig im Klaren und teilt sie durchaus. Er ist unbedingt zuverlässig.« »Trauen Sie da einem Kind – und das ist er mit seinen knapp dreizehn Jahren doch noch – nicht gar zu viel zu? Belasten Sie ihn nicht zu sehr, wenn Sie das Gegenteil von dem sagen, was er in der Schule und der Hitler-Jugend hört, in der er doch zwangsweise sein muß?« »Gewiß«, gab er zu, »ist das eine starke Belastung für ihn, aber ich kann sie ihm nicht ersparen. Soll ich, ohne etwas dagegen zu tun, zusehen, wie man ihm für mein Empfinden lauter falsche, ja unbedingt schädliche Begriffe einimpft, die er selbst nicht als solche erkennen kann? Nein, das erschiene mir als das größte Unrecht, das ich an ihm begehen würde. Und da er uns liebt und vertraut, glaubt er uns eben mehr als Lehrern und Hitler-Jugendführern. Sie dürfen mir glauben, wenn in den Familien zwischen Eltern und Kindern alles ist, wie es sein sollte, und die Eltern sich ihrer Verantwortung den Kindern gegenüber so weit bewußt sind, daß sie mit ihnen die wichtigen politischen Fragen besprechen, die heute an die Jugend herangetragen werden, würden so schreckliche Fälle von Verrat, den Kinder an den Eltern begehen, kaum vorkommen. – Aber es ist spät geworden, und Sie haben die letzte Nacht im Zuge sicher wenig schlafen können.« Im Hinausgehen sagte Lotte noch: »Wenn es Alarm geben sollte, erschrecken Sie nicht, die Flieger fliegen hier nur über unseren Köpfen weg gegen München oder Stuttgart. Freiburg hat fast keine Industrie bis jetzt, deshalb brauchen wir wohl keinen Angriff zu fürchten. Wir bleiben bei Alarm immer im Bett.« Das war mir nur recht so! –

Inzwischen habe ich mich hier ganz eingelebt. Am Vormittag betätige ich mich im Haushalt, kaufe ein, koche, so daß Lotte, wenn sie gegen ein Uhr von ihrer Büroarbeit kommt, nur noch die letzte Hand anlegen muß, um das Mittagessen fertig zu machen. Sonntags wird, wenn das Wetter es nur einigermaßen erlaubt, ein Tagesausflug unternommen, dem sich das eine oder andere Mitglied aus dem Freundeskreis anschließt. Die Verpflegung für den Tag wird im Rucksack mitgenommen: Kartoffelsalat und Brot, Ersatzkaffee oder Kräutertee in der Thermosflasche.

Vorgestern waren wir auf dem Feldberg. Wir sind im Ganzen wohl etwa sieben Stunden gelaufen, und ich bin sehr zufrieden, daß ich diese Marschleistung ziemlich mühelos bewältigen konnte. Du kennst ja den Feldberg, und ich kann mir eine ausführliche Schilderung ersparen. Ich wünschte nur, ich könnte Dir erklären, was solch ein Ausflug mir bedeutet nach der langen Zeit des Eingesperrtseins zwischen Mauern – und das ist wörtlich und im übertragenen Sinne zu verstehen! Zwar liegt auch jetzt noch ein starker Druck, der durch meine ganze Lage, die Trennung von Dir und den Kindern, die Nachrichtenlosigkeit und die Unruhe und Angst um das Schicksal so vieler naher Menschen bedingt ist, auf mir, doch muß der eben getragen werden. Er ist am schlimmsten nachts; dann läßt er mich kaum schlafen und äußert sich immer wieder in schlimmen Träumen, wenn ich schließlich doch eingeschlummert bin. Aber wo steht geschrieben, daß ich in diesem entsetzlichsten aller Kriege, in diesem täglich wachsenden Meer von Leid und Not nicht das mir bestimmte Teil davon auf mich nehmen muß?! Ich habe ja vor den meisten meiner unglückseligen Rassen- und Schicksalsgefährten zwei ganz große Dinge voraus: Ich bin jetzt nicht unmittelbar an meinem Leben bedroht, und ich weiß, daß Du und die Kinder vor Peinigungen durch die Nazis, vor Deportationen und schrecklichem Hinmorden bewahrt seid! Daneben wiegt alles andere leicht!

Rolf muß wirklich sehr schlecht in der Schule sein; ich fürchte, ich werde ihn vor dem Sitzenbleiben zum Schluß des Schuljahres Mitte Juli nicht mehr bewahren können. Sowohl im Englischen wie in der Mathematik ist er sehr zurück, aber es hapert leider auch in den übrigen Fächern. Ich habe den Eltern gesagt, daß es meiner Meinung nach richtiger wäre, ihn die Klasse wiederholen zu lassen, da die

Freiburg, den 8. Juni 1943   **241**

Lücken zu groß sind, um sie in kurzer Zeit ausfüllen zu können. Jetzt kann man nur bei den täglichen Schularbeiten helfen. Ist er sitzen geblieben, muß man ganz systematisch das Englische von Anfang an neu mit ihm durchnehmen, ebenso deutsche Grammatik und das Mathematikpensum der Klasse. Sein Vater erklärte mir, daß in den letzten Jahren ständig seine Lehrer gewechselt hätten, und Rolf gewöhnt sich nicht leicht an einen neuen. Außerdem hatten die Eltern keine Zeit, mit ihm zu arbeiten, was nötig gewesen wäre. Dabei halte ich ihn absolut nicht für dumm oder unbegabt, aber für sehr langsam, verträumt und unkonzentriert, auch nicht für so interessiert, daß es ihn allein zum Arbeiten zöge. Doch ist er gutwillig und gibt sich jetzt durchaus Mühe. Zum »Dienst« in der Hitlerjugend geht er fast niemals, auf Vorhalt von Lotte erklärte er: »Die meisten in meiner Klasse gehen nur ganz selten zum Dienst, es kümmert sich auch niemand darum, weil fast alle Schar- und Gruppenführer bei den Soldaten sind. Und begeisterte Nazis haben wir in der Klasse höchstens drei. Laß mich nur machen, Mutti, es geschieht mir sicher nichts«, und damit verschwand er fröhlich pfeifend, um zum Schwimmen zu gehen. –

Briefe an Eva Schmidt vom 11. Juni 1943, 17. Juli, 8. und 14. August aus Freiburg.

11.6.43.
Meine liebe Eva,
… Ich selbst merke ja jetzt erst wieder, wie nötig man das Alleinsein braucht und ich genieße meine einsamen Spaziergänge und Ausflüge wie ein Durstiger den ersehnten Trunk. – Nun zu Deinem Aufenthalt hier: Mein Wirt hat mir versprochen festzustellen, ob die beiden von Dir genannten Hotels noch im Betrieb sind. Am letzten Sonntag haben wir eine große Tour gemacht, außer den zur Familie Gehörigen (zu denen ich mich jetzt auch rechne) noch eine Studentin, mit deren Mutter mein Wirt befreundet ist und eine mir sehr sympathische Dame, wohl in Deinem Alter, aus seinem Amt. Wir fuhren nach Hinterzarten und liefen von dort durch die herrlichen Wälder und Wiesen, die dort gerade in ihrer schönsten Blüte waren … Es ist übrigens fabelhaft, was alles an Vorträgen, auch an musikalischen Darbietungen hier geboten wird, an geistiger Nahrung fehlt es wirklich nicht. …
Im Grunde ist mir immer noch, als träume ich, als könne es gar nicht Wahrheit sein, daß ich all das wieder sehen, hören, aufnehmen darf. –

17.7.43
Meine liebe Eva,
… Du kannst Dir vorstellen, daß mir A.[nnemaries] Brief unendlich zu denken gibt! Natürlich wäre es wunderbar, wenn du sie sprechen könntest, es wäre ja so unendlich schön, wenn man für Lilli nun etwas Durchgreifendes tun könnte, so daß ihr alle die schreckliche Belastung los würdet! …

Else überlegte und besichtigte auch andere Aufenthaltsorte im Untergrund.

Tagebuchaufzeichnungen Else Behrend-Rosenfeld

7.8.43.

... In Str.[aßburg] war es schön, das Münster und den alten Teil wieder zu sehen, ich hatte alles noch überraschend gut im Gedächtnis. Aber wie vieles störte mich unendlich!! In der Bahn auf beiden Wegen sehr voll, aber keinerlei Kontrolle! ...

Ja, es ist wirklich ein Glück, daß Lilli hier ist und auch noch bleiben kann, trotzdem beunruhigt mich manchmal der Gedanke, was weiter werden soll. Und doch ist es merkwürdig: So pessimistisch, wie es aus Deinem Briefe klingt, kann ich die ganze Sache nicht ansehen. Ich bemühe mich sehr, ja nicht den Wunsch als Vater des Gedankens Herr werden zu lassen über Ansichten und Vermutungen, aber ein ganz starkes inneres Gefühl, das von Wollen und Denken unabhängig ist, sagt mir ganz sicher, daß alles gut wird und zwar in nicht ferner Zeit! – ...

14.8.43.

... Manchmal schäme ich mich jetzt, daß ich in relativ so ruhiger Lage bin im Verhältnis zu Dir und so vielen, vielen Freunden. Aber meine Hoffnung und Zuversicht sind so stark wie schon lange, lange nicht mehr, und ich weiß gewiß, daß ich mir da nichts vormache. ...

Mach dir wegen Lillis Aufenthalt keine Sorgen: Wir haben die nötigen Schritte schon unternommen und hoffen, bald Näheres zu erfahren; bis wir aber Genaues wissen, kann ich auf alle Fälle in ihrer Pension bleiben, das haben mir erst gestern wieder ihre wirklich prachtvollen Wirtsleute versichert. Rolf ist wieder gesund, aber – sitzengeblieben!

Freiburg, den 26. August 1943

Die drei Monate, die ursprünglich für meinen Aufenthalt hier festgesetzt waren, sind fast um, aber schon lange haben Lotte und der Wackes mir vorgeschlagen, weiter bei ihnen zu bleiben. Ich tue es nur zu gerne, ich fühle mich wohl hier.

Rolf ist wirklich sitzen geblieben. Er war zu Beginn der Ferien vierzehn Tage in Heidelberg bei Freunden vom Wackes. Nach seiner Rückkehr haben wir sofort angefangen, intensiv und systematisch zu arbeiten. Anfangs wurde es ihm schwer, sich zu konzentrieren, aber jetzt geht es recht gut voran. Er bekommt ein Gefühl der Sicherheit, und sein ganz geschwundenes Selbstbewußtsein beginnt sich wieder einzustellen. Er gehört zu den Kindern, die man ermutigen muß, weil sie sich selbst gar nichts mehr zutrauen. Er ist von einer rührenden Dankbarkeit und Anhänglichkeit und beschwört mich immer wieder, doch bloß noch recht lange bei ihnen zu bleiben. Wir sind richtig befreundet miteinander, soweit man von einer Freundschaft zwischen so verschiedenen Lebensaltern sprechen kann. Er fühlt sehr wohl, daß ich ihn gern habe und vor allem, daß ich ihn ernst nehme. Ich habe selbst das Gefühl, daß es ihm gut tun würde, wenn ich noch eine Zeitlang regelmäßig mit ihm arbeitete, und seine Eltern sind der gleichen Meinung.

Rolf Goldschagg, nach dem Tod seines Vaters selbst Gesellschafter der Süddeutschen Zeitung, betonte 45 Jahre später bei der Enthüllung der Erinnerungstafel für Else Rosenfeld in München Berg am Laim seine innere Verbundenheit mit seiner damaligen Nachhilfelehrerin.

Edmund Goldschagg mit Else Rosenfeld, sechziger Jahre

So konnte Peter Merkel, der uns über Wochenende besuchte, um zu besprechen, was weiter mit mir werden sollte, uns über diesen Punkt beruhigt verlassen. Peter erzählte manches Interessante. Am meisten fesselte mich, was er vom »Pelztier«, dem französischen Zivilarbeiter, zu berichten wußte. Er hatte außer dem Schwarzhandel, den er in immer größerem Umfang betrieb, auch einer ganzen Reihe von französischen Kriegsgefangenen mit Hilfe falscher Papiere zur Flucht nach Frankreich verholfen, worauf er besonders stolz war. Übrigens handelt es sich um eine ganz ausgedehnte und verzweigte Organisation, die einen schwunghaften Handel nicht nur mit Lebensmitteln, sondern auch mit Textilien und allen Karten und Papieren betreibt, die nur denkbar sind. So hat auch das »Pelztier« mit Freuden meine falsche Kennkarte genommen und gern den von mir bezahlten Betrag dafür gegeben. Er wird den schlecht gemachten Stempel entfernen lassen und die Karte für eine »Untergetauchte« brauchbar machen. Das freut mich deshalb besonders, weil dies Geld nun zur Bezahlung meiner im Schwarzhandel erworbenen Lebensmittel genommen werden kann. Aber das »Pelztier« hat sich zu sicher gefühlt, und bei einer der großen Polizeirazzien am Alexanderplatz in Berlin, wo sich der Mittelpunkt des Schwarzhandels befindet, wurde er verhaftet. Peter meinte, man hatte ihn sicher schon lange verdächtigt, doch hat man glücklicherweise nichts Belastendes bei ihm und bei der Haussuchung gefunden, und die Firma hat sich über seine Arbeit höchst lobend ausgesprochen. Trotzdem war die Situation für ihn sehr kritisch. Da gelang es Freunden, die er anscheinend unter den Deutschen in großer Zahl besitzt, einen recht bekannten und berühmten nationalsozialistischen Anwalt für seine Verteidigung zu gewinnen. Diesem ist es dann wirklich gelungen, das »Pelztier« wieder frei zu bekommen! Er ließ sich dieses Erlebnis zur Warnung dienen und verschwand sofort aus Deutschland. Peter nimmt an, daß er mit falschen Papieren nach Frankreich ging und in der französischen Widerstandsbewegung tätig sein wird.

Natürlich haben wir ausführlich über die politische und militärische Lage gesprochen. Wir alle waren voller Hoffnung, als Italien sich Mussolinis entledigte! Ob es nun bald auch in Deutschland so weit sein wird? Man erwartet mit ungeheurer Spannung alle Nachrichten! Peter wußte auch von Sabotageakten zu erzählen. Lenc ist im Büro einer Fabrik tätig, die Flugzeugteile herstellt. Von einer Lieferung von hundert neuen kleinen Motoren waren zwölf eines Tages plötzlich verschwunden. Das liegt nun Monate zurück, aber nie sind der oder die Täter entdeckt worden. Ungefähr zur selben Zeit wurde eines Mittags, als die ganze Belegschaft gemeinsam am Betriebsradio eine Ansprache von Ley anhören mußte, der ganze Werkplan, der für die Produktion ungeheuer wichtig ist und eine sehr schwierige, zeitraubende und komplizierte Arbeit darstellt – am ehesten wohl mit dem Stundenplan einer ganz großen Schule vergleichbar – in Tausende von kleinen Fetzchen zerrissen im Papierkorb aufgefunden. Auch hier ist nie herausgekommen, wer das gemacht hatte! –

Im Juli habe ich die große Freude gehabt, meine Freundin Eva aus Weimar wiederzusehen. Sie war einige Tage hier auf der Durchreise zu einem Aufenthalt bei einer guten Bekannten am Bodensee, der sie gleichzeitig bei ihrer Erntearbeit in ihrem großen Garten und bei der Verarbeitung der Früchte hilft. Nur weil sie nachweisen konnte, daß sie schon seit einigen Kriegsjahren diese notwendige Hilfe leistet, was der Ortsbauernführer des Dorfes am Bodensee bescheinigte, durfte sie während mehr als vierzehn Tagen dort bleiben. Denn das ist die festgesetzte Höchstdauer für Erholungsaufenthalte und auch nur für Menschen, die in einem kriegswichtigen Betrieb tätig sind. Noch gehören die Schulen dazu. Arbeitende über fünfzig Jahre bekommen drei Wochen zugebilligt. Der Aufenthalt wird auf der Kleiderkarte bescheinigt, die an jedem Kur- oder Erholungsort vorgelegt werden muß, so daß es unmöglich ist, etwa öfters solchen Aufenthalt zu nehmen.

Ich muß noch etwas nachtragen: Ich hatte Peter etwas zaghaft gefragt, ob er keine Möglichkeit sähe, von hier aus in die Schweiz zu gelangen. Gewiß, es eilte nicht gerade, es lag mir selber daran, Rolf noch eine Weile zu fördern. Aber im Winter, etwa nach Weihnachten, müßte ich ja doch wieder einmal den Aufenthaltsort wechseln und würde dann, des illegalen Lebens schrecklich müde, brennend gern in die Schweiz gehen. Er konnte mir nicht viel Hoffnung machen. Wohl hatte seine Freundin Hella, die ich während meines Aufenthaltes bei Merkels gut kennengelernt hatte, von einer Organisation gehört, die diesen Menschenschmuggel betrieb. Er wollte mit ihr darüber sprechen, sie sollte versuchen, an die Mittelsleute der Organisation heranzukommen. –

Aber nun muß ich Dir noch erzählen, daß ich kürzlich die Kühnheit hatte, für einen Tag nach Straßburg zu fahren. Der Wackes hat mich dazu veranlaßt. Es sei eine so schöne Stadt, und man könne doch nicht wissen, wie lange sie noch für uns erreichbar sei. Mit einem Postausweis sähe er keine Gefahr für mich, wenn ich für einen Tag hinüberführe. Und ich freue mich, daß ich es getan habe. Die Stadt ist herrlich, das Münster hat mir großen Eindruck gemacht und ebenso die schönen alten Stadtteile. Aber noch etwas anderes war mir hochinteressant. Sehr viele Geschäfte sind geschlossen, an den verhängten Schaufenstern prangte das gleiche Plakat, das ich noch in keiner anderen Stadt gesehen habe: »Geschlossen wegen der Totalisierung des Krieges bis nach dem Siege!« Was mögen die Elsässer empfinden, wenn sie das lesen! Fragen sie, wie ich, unwillkürlich: »Nach wessen Sieg?« Wahrscheinlich! –

Briefe an Eva Schmidt vom 13. und 19. September 1943 aus Freiburg.

13.9.43.
Meine liebe Eva,
In dieser Woche hatten wir für einige Stunden Besuch von meinem Freund Peter, der von der Krankenkasse aus in das Sanatorium geschickt wird, in das wir Lilli sehr gern

In den Tagebuchaufzeichnungen finden sich zwischen September und Dezember 1943 keine Einträge. Während dieser Zeit sondierte Peter Heilmann eine mögliche Flucht in die Schweiz. Zugleich sah sich Else auf Empfehlung Annemarie Cohens eine Almhütte im Montafon in Vorarlberg an, aus diesen Plänen wurde allerdings nichts.

bringen möchten. Er hat versprochen zu schreiben, wie es ihm gefällt, und ob es in absehbarer Zeit möglich sein wird, für Lilli Platz zu bekommen.

19.9.43.
... Aber Geld braucht Lilli nicht, ich glaube, ich schrieb Dir, daß sie durch den Verkauf eines alten wertvollen Buches genügend Mittel für ihren Genesungsaufenthalt für die nächste Zeit zur Verfügung hat. –

1.11.43.
... Und vor allem sollst Du wissen, daß ich sehr unternehmungslustig bin und heut in einer Woche für etwa 10 Tage ins Montafon fahre. Wir haben dort ein kleines Erholungsheim genannt bekommen, das eine Ärztin [Anm.: Geologin] leitet und besitzt, und das vielleicht für Lilli geeignet ist zu einem längeren Erholungsaufenthalt. Da sich aber das alles so schwer schriftlich regeln lässt, will ich mir die Sache mal ansehen und erhielt heut die freundliche Zusicherung, daß ich willkommen sei. Ich übernachte in Bregenz, wo ich mir auf Anraten des hiesigen Verkehrsvereins beim dortigen brieflich mit Geldeinlage ein Quartier beschaffen kann und fahren Dienstag herauf. Es liegt hinter Schruns, mit dem Postauto in 40 Minuten von dort zu erreichen. Du wirst also die nächste Nachricht von dort erhalten. Aber ich bleibe höchstens 10 Tage fort, dann will und soll ich wieder hier sein. ...
Grete schrieb mir auch Grüße von Onkel Hans, dem Guten, der übrigens immer noch seinen Logierbesuch bei sich habe!! Bei der herrschenden Wohnungsnot habe sich noch nichts anderes für sie gefunden.

10.11.43.
Meine Liebe, Gute,
Du sollst doch wenigstens ein paar Zeilen von unterwegs haben, damit Du weißt, daß meine Reise ganz programmgemäß verlief ... Unser Örtchen hier liegt ganz abseits von der Welt, und unser Haus, ein richtiges Bauernhaus, liegt noch 50 m oberhalb des Dorfes am Hang. Alles ist ganz primitiv, kein elektrisches Licht, zum Kochen nur ein Herd, Wasser am Brunnen. ... Ob es hier für Lilli das Richtige zur Erholung sein wird, kann ich noch nicht recht beurteilen, aber das wird sich, bis ich abreise, bestimmt feststellen lassen.

17.11.43.
Meine liebe Gute,
... Hast Du von Annemarie auch mal wieder gehört? Auch da habe ich zwei große Bitten: ich weiß, daß sie 1) noch Kernseife hatte, ob sie wohl ein Stück entbehren kann, wenn sie überhaupt noch was hat? Meine Hände werden mit der Kriegsseife einfach nicht mehr sauber, sie sind ganz rissig, und in den Rissen sitzt der schwarze Dreck. Das ist ein sehr unbehagliches Gefühl. 2.) Ob sie wohl irgendwelche warme Übersocken hat, die sie entbehren kann? Sie wären für hier und noch mehr für dort für Lilli sehr nötig, und sie

hat nur Sommersöckchen und keine warmen Strümpfe. Letztere wären aber nicht nötig, wenn sie nur noch Überziehsocken dazu hätte. – ... Heut ist meiner H.[anna] Geburtstag, 21 Jahre!! Wie so oft treffen sich heut ständig unsere Gedanken! Ob sie wohl gemeinsam feiern?

12.12.43.
Meine Liebe, Gute, nur ganz schnell die Nachricht, daß aus Lillis Reise vorläufig nichts wird. Heut kam die Nachricht, daß sie vorläufig nicht kommen solle. Sie schrieben von einem Lawinenunglück, ein bisschen verworren und mysteriös. Natürlich große Enttäuschung bei ihr ...

28.12.43
... Ich schreibe heut nur ganz kurz, aber Du mußt wissen, daß bei uns ganz große Freude herrscht, weil heut Peter die Nachricht brachte, daß Lilli nun endlich die ersehnte Stelle zum 15. Jan. antreten kann. Ich weiß, wie Du Dich mitfreuen wirst!! – Sie selbst ist ganz wirblig vor Aufregung, du wirst es dir denken können. Wenn wir uns doch sprechen könnten...

26.1.44.
... Heut früh endlich bekam Lilli Nachricht. Sie müsste sich noch gedulden. Bis zum Frühjahr würde sie bestimmt drankommen. Sie gibt sich große Mühe, um in Geduld weiter zu warten, aber sie ist ja wirklich in einer sehr schwierigen Lage. Auch mit ihrem Gelde hatte sie sich nun, wie mit allen übrigen Dingen, bis zum geplanten Termin eingerichtet, nun ist alles über den Haufen gerannt. Dank der guten Frau Müller hat sie ja vorläufig, d.h. für einen Monat, genügend Mittel. Sie selbst kann sich zum Schreiben nicht aufraffen, auch mir wird es sehr schwer, aber die Verbindung mit seinen nächsten Menschen braucht man jetzt so dringend wie das liebe Brot. – ...
Halt, noch eins. Schrieb ich Dir, daß Grete B. nun auch alles verloren hat und ebenso O. Hs.? Beide tun mir sehr leid.

Grete B.: Grete Berndt

O. H.: Onkel Hans für Hans Kollmorgen

Freiburg, den 8. Januar 1944

Die Wochen gehen dahin, rasch in ihrem Gleichmaß von Arbeit und Ruhestunden, was könnte mir lieber sein?! Und doch rinnt im Ganzen die Zeit langsam, wenn ich sie messe an meinen Wünschen und Hoffnungen! Die Entwicklung in Italien bedeutet eine große Enttäuschung, jäh sind die gar zu hoch gespannten Erwartungen auf ein baldiges Kriegsende in sich zusammengefallen. –

Hier geht es mir unverändert gut. Der Vormittag vergeht mit Hausarbeit. Der Nachmittag gehört der Arbeit mit Rolf, der gute Fortschritte macht. Mir ist er weiter sehr zugetan. Er weiß, daß ich mit dem Gedanken umgehe, bald meinen

Am 3. September 1943 schloss Italien mit den Alliierten den Waffenstillstand von Cassibile. Dies nutzten die deutschen Truppen, die italienischen zu entwaffnen. Am 13. Oktober erklärte Italien dem Deutschen Reich den Krieg. Dies führte wohl zur Annahme, dass sich der Krieg trotz der Landung der alliierten Truppen im Süden Italiens verlängern könnte.

Wohnort zu wechseln, und fürchtet sich etwas davor. Ich suche ihm immer wieder klarzumachen, daß er jetzt gut allein fertig werden kann. –

Das Wirtschaften ist dagegen eine rechte Plage. Alles ist schrecklich knapp, vor allem Kartoffeln und Gemüse. Auch diese wichtigen Lebensmittel sind rationiert und in viel zu geringer Menge vorhanden. Besonders schlimm ist es, daß es so wenig Gemüse gibt; wir können uns gratulieren, daß der Wackes von Bekannten auf dem Lande gelegentlich etwas Kohl und Lauch zugesteckt bekommt. Auch sind wir noch gut daran, daß wir im Herbst die ganze uns zustehende Kartoffelmenge erhielten. Aber sie ist viel zu klein, in Anbetracht dessen, daß Kartoffeln das Hauptnahrungsmittel bilden müssen. Es gibt absolut nichts mehr an unrationierten Lebensmitteln im freien Handel zu kaufen. Schwarzhandel kommt nicht in Frage, weil Geld oder gar Tauschmittel ebenso wie die Beziehungen zu den Quellen fehlen, die hier in der kleineren Stadt weniger vorhanden sind als etwa in Berlin. So gibt es jeden Abend zwischen Lotte und mir eine lange Beratung darüber, was ich zum nächsten Mittag kochen soll. Es machen sich auch körperliche Schäden bemerkbar, die durch den Fettmangel und das schlechte, schwer verdauliche Brot zu erklären sind. Viele Menschen, auch Lotte, haben Magen- und Darmleiden, und bei mir zeigt sich neuerdings ein Nesselfieberausschlag, der in den Nächten am schlimmsten ist und wegen des Juckreizes den ohnehin spärlichen und unruhigen Schlaf verscheucht. Von ähnlichen Beschwerden hört man überall.

Trotzdem haben wir versucht, Weihnachten richtig zu feiern. Für Rolf waren alle Vorbereitungen, die ich dazu traf, etwas Neues. Vater und Mutter waren seit vielen Jahren so überlastet mit Berufsarbeit, daß diese Seite des Familienlebens notwendig zu kurz kommen mußte. Nun machte es mir Freude, mit ihm für alle Nahestehenden kleine Geschenke zu erdenken und selbst herzustellen. Das war gar nicht leicht, denn es gibt fast nichts zu kaufen, und wenn das eine oder andere Geschäft wirklich etwas hatte, war es im Nu fort. Rolf machte sich ein Vergnügen daraus, alle ihm bekannten Läden fast täglich aufzusuchen, um ja nicht den Augenblick zu verpassen, wenn es etwas gab. Und hin und wieder hatte er Glück. So trieb er in einigen Buchläden eine Reihe kleiner für die Soldaten bestimmte Heftchen mit Novellen oder Aufsätzen bekannter Schriftsteller auf. In dem Papiergeschäft, in dem er seine Schulhefte kauft – auch sie sind rationiert, ein neues gibt es nur, wenn die Schule die Notwendigkeit der Anschaffung bescheinigt, und das Papier ist so schlecht, daß beim Schreiben die Tinte verläuft! –, fand er ein paar kleine Radierungen von Freiburg und in einem dritten Laden einfache hölzerne Rähmchen. Diesen Schatz galt es nun richtig zu verteilen und zu vervollständigen. Mir gelang es, in einer Buchbinderei kleine Abschnitte bunten Papiers für einige Pfennige zu erstehen. Die Büchlein bekamen einen bunten Einband, jede Radierung erhielt eine kleine Mappe. Als es dann schließlich Rolf noch glückte, ein Tannenbäumchen zu ergattern – bei den wenigen, die auf den Markt kamen, wirklich eine Leistung, die mit langem Anstehen und kalten Händen und Füßen nicht zu teuer bezahlt war – war seine Freude vollkommen. Nur mit Kerzen sah es ganz schlimm aus. Jede Familie, ganz gleich wie groß sie war, erhielt auf ihre Haushaltskarte nur eine einzige. Aber aus früheren Jahren fanden sich noch einige halbabgebrannte Lichtstümpfchen, man mußte sich eben behelfen. – Und unsere Weihnachtsfeier war schön durch die Freude des Jungen, für den das armselige Bäumchen mit den Lichtstummeln so viel bedeutete wie uns früher der im Kerzenglanz flimmernde große Baum. Er freute sich so kindlich, schenken zu können, und nahm seine Gaben – meist aus dem Eigenbesitz des Gebers stammend – mit jubelnder Freude entgegen.

Daß ich nachher in meinem stillen Zimmer für mich noch ein Fest der Erinnerung und der Hoffnung feierte, brauche ich nicht zu betonen! – Die nächsten Tage brachten eine große Freude: Peter Merkel meldete sich mit seiner Freundin Hella für einige Tage zum Besuch an. Sie kamen beide mit ziemlicher Verspätung und recht elend aussehend in Freiburg an. Aber sie freuten sich der wenigen ruhigen Tage und der bombensicheren Nächte. –

Sie berichteten von den entsetzlichen Angriffen, denen Berlin seit Ende November ausgesetzt war. Die Luftangriffe, die ich miterlebt hatte und die auch schon schwer gewesen waren, seien nichts dagegen! Sie erzählten auch, daß immer mehr kriegswichtige Betriebe – und andere existieren ja kaum mehr! – von Berlin in ruhigere Gebiete verlegt werden, was zur Folge hatte, daß die dort Arbeitenden mit ihren Firmen verpflanzt wurden. Und das war eine Maßnahme, die ganz tief in das persönliche Leben des einzelnen eingriff, die Familien auseinanderriß und die Mitglieder über das ganze Reich zerstreute. Viele suchten sich dem zu entziehen, indem sie »untertauchten« und – wie wir Juden – das illegale Leben einem solchen, das in ihren Augen keines war, vorzogen. –

Ich mußte daran denken, was Du einst, angesichts eines der damals neu aufgerichteten Schaukästen mit der antisemitischen Zeitung »Der Stürmer« und der in leuchtenden Lettern angebrachten Überschrift: »Die Juden sind unser Unglück!«, die wir damals noch wie einen Schlag ins Gesicht empfanden, geäußert hast: »Dies Wort: Die Juden sind unser Unglück! ist prophetisch, nur wird es sich in einem ganz anderen Sinne bewahrheiten, als die Verfasser jetzt meinen. Nämlich das, was sie uns jetzt antun, wird wie ein Bumerang in der Hand des Schleudernden auf sie zurückfallen und sie mit den gleichen Schlägen treffen, die sie nun und in Zukunft auf uns herniedersausen lassen.« Ich hielt das damals für übertrieben, heute zeigt es sich, daß Du recht gehabt hast. Alles wiederholt sich haargenau. Ihr Vermögen, ihre Häuser werden ihnen geraubt und zertrümmert, sie werden zusammengepfercht in Notquartieren, die immer dürftiger und menschlichen Wohnungen unähnlicher werden. Ihre Männer, Brüder, Söhne kämpfen und fallen auf fremder Erde, die Frauen, Schwestern und Töchter roboten elf und zwölf Stunden täglich und müssen dann oft, wie früher die Unseren, die Wege zu Fuß zurücklegen, weil die Verkehrsmittel nicht mehr intakt sind. Die Kinder sind irgendwo in Heimen notdürftig untergebracht, die schriftliche Verbindung ist unzulänglich, oft stockend und unzuverlässig. Frauen und Kinder sind in früher unvorstellbarem

In „The four lives" schreibt Else Rosenfeld nach dem Krieg über die Juden in Freiburg: „Freiburg war schon längst ‚judenfrei'. Die jüdische Gemeinschaft war bereits im September 1940 in eines der Lager nach Südfrankreich deportiert worden. Die Nazis konnten sich gar nicht vorstellen, dass irgend ein Jude es wagen würde, nochmals in diesem Gebiet zu leben. Ich denke, dieser Punkt verringerte das Risiko, das die ganze Familie trug."[160]

Die Gestapo hatte damals in Baden zeitgleich in 137 Gemeinden 5.400 Juden arretiert und sie zusammen mit Juden aus der Pfalz und dem Saargebiet ins südfranzösische Gurs deportiert.

Freiburg, den 8. Januar 1944

249

Maß der Massenvernichtung ausgesetzt. Kurz, alle Not, alles Elend schlägt wie mit unsichtbaren Hämmern immer rascher, immer wuchtiger auf das ganze Volk los, das wie betäubt und stumpf unter dem Unmaß des Leides sich krümmt und duckt, ohne mehr die Kraft der Abwehr oder gar der Auflehnung aufzubringen.

Aber Hella wußte mir auch freundlichere Kunde zu melden: Sie hatte wirklich die Verbindung mit einem der Mittelsmänner aufnehmen können, die mit einer Organisation des Menschenschmuggels in die Schweiz zusammenarbeiteten. Sie hatte noch keine bestimmte Zusage erhalten, aber sie hoffte, es werde gelingen, mich auf diese Weise über die Grenze zu schaffen. »Wann es so weit sein wird, weiß ich nicht, es kann einmal ganz schnell gehen, es kann aber auch noch ein Vierteljahr dauern«, schloß sie ihren Bericht. »Wenn ich den Termin weiß, komme ich her, ich kann es in meinem Betrieb, in dem ich nur noch allein tätig bin, immer irgendwie einrichten und gebe dir mündlich über alle Einzelheiten Bescheid. Vielleicht kann ich dich sogar noch ein Stück begleiten«, fügte sie hinzu. Ich atmete innerlich auf. Wie oft hatte ich im letzten Herbst an klaren Tagen von einer der Schwarzwaldhöhen, auf die ich, Pilze sammelnd, gestiegen war, die Schweizer Berge von ferne leuchten gesehen. Wie stark war dann immer von neuem die Sehnsucht nach diesem gelobten Land des Friedens und der Freiheit in mir aufgeflammt, die Sehnsucht vor allem nach einem Leben nicht mehr außerhalb von Gesetz und Gesellschaftsordnung! Sollte diese Sehnsucht nun bald in Erfüllung gehen? Aber wie oft schon hatte sich das Tor zu dieser Rettungsinsel lockend einen Spalt geöffnet, um dann mit Donnerkrachen, alle Hoffnung für den Augenblick begrabend, wieder zuzuschlagen! Mit zusammengebissenen Zähnen predigte ich mir selber Ruhe, geduldig abzuwarten, keine großen Erwartungen zu hegen, bis ich der Erfüllung sicher sein konnte! Doch

Luise Meier, geb. 1885, gest. 1979, lebte lange Zeit in Soest in Westfalen. 1936 zog sie mit ihrem Mann nach Berlin. Hier erlebte sie Tür an Tür die Judenverfolgungen und entschloss sich zu helfen. Im Frühjahr 1943 lernte sie den Schlosser Josef Höfler und dessen Frau Elise, eine gebürtige Schweizerin, kennen und führte mit ihnen die Fluchthilfeaktionen durch. Mitte 1944 wurden die Helfer entdeckt und verhaftet, es kam zur Anklage vor Sondergericht und Volksgerichtshof; das Kriegsende verhinderte aber ein Urteil. Erst im Jahre 2001 wurden Luise Meier und Josef Höfler posthum für ihre Hilfe von der Gedenkstätte Yad Vashem als „Gerechte unter den Völkern" geehrt. Else Rosenfeld stand in herzlichem Briefkontakt mit ihrer Retterin: „Wenn ich wieder nach Freiburg kommen sollte, lasse ich es Sie wissen und besuche Sie dann!"[161]

Josef Höfler, Luise Meier, Gertrud Höfler, Elise Höfler, um 1952

Tagebuchaufzeichnungen Else Behrend-Rosenfeld

Weihnachts- und Neujahrsgrüße an die Fluchthelferin Luise Meier

Manchester, 18. Dez. 1967.

Liebe Frau Meier, ich habe mich sehr über Ihren lieben Kartengruß gefreut: Die Ärzte im Krankenhaus, in dem ich eine Reihe von Wochen war, konnten mir wenigstens den Rest meiner Sehkraft, der leider nur gering ist, erhalten. Dafür bin ich sehr dankbar. – Lassen Sie mich Ihnen und Ihrer Tochter meine besten Wünsche für ein friedliches Fest und ein gutes, gesundes Neues Jahr senden. – Das Schreiben macht mir rechte Mühe, daher nur noch sehr herzliche Grüße Ihnen beiden! Wenn ich wieder mal nach Freiburg kommen sollte, lasse ich es Sie wissen und besuche Sie dann!

Ihre Else Rosenfeld

Ich bin den Winter über hier bei meinen Kindern u. Enkeln.

das ist leicht gesagt. Heimlich weben die Wünsche und Hoffnungen an einem neuen, lockend weichen Tuch, das alle klug abwehrenden Gedanken einhüllt und verbirgt! Ich wollte nicht warten auf die verabredete kurze Nachricht, die mir die Gewißheit der nahen Abreise bringen sollte, und ich tue es doch, obwohl ich weiß, wie zermürbend und niederdrückend es auf die Dauer wirkt; ich bin nicht mehr Herr über meinen Willen, und dabei sind Hella und Peter erst seit fünf Tagen fort.

Freiburg, den 28. Februar 1944

Noch immer warte ich vergebens auf die ersehnte Nachricht. Ich schäme mich vor mir selber und den Menschen, die mit mir zusammen leben, wie nervös und überreizt ich bin. Dabei weiß ich, daß augenblicklich keine Möglichkeit der Flucht besteht, weil unerwartet nach einem sehr milden Januar und der ersten Hälfte des Februars heftige Schneefälle eingesetzt haben. Hella sagte mir, daß bei Schnee, der alle Spuren verraten würde, keine Grenzüberschreitungen stattfinden können. Also warte ich jetzt darauf, daß der Schnee verschwindet.

Wir erfuhren schon vor einer Woche von einer Aufführung der Matthäus-Passion im Münster durch die Studentenschaft, gleichzeitig aber auch, daß keine Karten mehr zu haben seien. Ich war sehr traurig darüber, gar zu gern hätte ich dies Werk wieder einmal gehört! Durch einen glücklichen Zufall erhielt ich schließlich doch eine Karte, und so kam es, daß ich gestern dieses Oratorium im Münster hörte.

Die Freiburger Studenten führten das Werk zum Gedächtnis ihrer im Kriege gefallenen Kameraden auf. Der Dirigent war ein Student, der nach einer Kriegsverwundung in ambulanter Behandlung war. Er hatte das Ganze mit dem Chor und dem Orchester einstudiert, die nur aus Studenten und Studentinnen bestanden. Lediglich die Solisten waren Berufssänger, und es war gelungen, erste Kräfte dafür zu gewinnen. Die Aufführung war etwas ganz Besonderes, und wer gefürchtet hatte, eine dilettantenhafte Wiedergabe zu hören, die ja verständlich gewesen wäre, erlebte eine große Überraschung. Es war eine erstaunliche Leistung, nur zu erklären mit der Hingabe und dem Einsatz der Kräfte jedes einzelnen. Alles war bis ins kleinste geprobt und studiert, bis es vollkommen war. Und die Schönheit des Werks fand den gebührenden Rahmen in dem wunderbaren Raum des Münsters, das der Erzbischof bereitwillig zur Verfügung gestellt hatte. Waren das dieselben deutschen jungen Menschen, die als fanatische Nationalsozialisten die schrecklichen Grausamkeiten in den besetzten Gebieten verübten, von denen wir durch die ausländischen Sender hörten? Nein, wohl nicht dieselben; wir wußten aus Berichten eines Studenten, des Sohnes eines Freundes vom Wackes, daß hier, wie z. B. in München, eine zahlenmäßig starke Opposition gegen das herrschende Regime unter der Studentenschaft bestand. In München hatte sie offen

Hinweis auf die Aktivitäten und die Verhaftung der Mitglieder der Weiße Rose im Frühjahr 1943, deren Netzwerke auch ins Badische reichten.

Tagebuchaufzeichnungen Else Behrend-Rosenfeld

zu opponieren gewagt und war sofort blutig unterdrückt worden. Aber man hatte sie trotz aller Terrormaßnahmen nicht ausrotten können. In dieser Aufführung meinte ich sie zu hören: aus den Rhythmen der begleitenden Instrumente, aus den Chorfugen erhob sich die Stimme der geknechteten Gottheit, die trotz allem den Sieg davontrug, der geschändeten Menschlichkeit, die schließlich triumphierte, und sie weckte in den andächtig Lauschenden neuen Mut, gab ihnen neue Kraft auszuhalten bis zum ersehnten Ende der Tyrannei, das ja einmal kommen muß!

Briefe an Eva Schmidt vom 13. und 18. April 1944 aus Freiburg.

Die letzten beiden Briefe vor der Flucht in die Schweiz.

13.4.44.
Meine liebe Eva,
herzlichen Dank für Deine lieben Zeilen vom Ostermontag, die eben kamen! Denke Dir, mit ihnen kam die Nachricht, daß Lilli Mitte nächster Woche ihren Kuraufenthalt im Sanatorium antreten soll! Du kannst Dir denken, wie aufgeregt sie ist, daß es nun endlich werden soll. Hoffentlich kommt nun wirklich nichts mehr dazwischen. ...
Lilli reist wahrscheinlich Donnerstag. Natürlich ist nun noch allerhand zu richten. Deshalb sei nicht böse, wenn ich schließe, laß, wenn möglich, bald wieder von Dir hören! Sei tausendmal herzlich gegrüßt! Immer Deine E.

18.4.44.
Meine liebe Eva,
eben kam Dein lieber Brief vom 14., von mir schon sehr erwartet, weil ich natürlich auf Dein Echo auf die Nachricht von Lillis Reise sehr gespannt war. Diesmal scheint es nun wirklich zu klappen; Lilli braucht auch nicht allein zu reisen, die Freundin von Peter begleitet sie bis fast an ihren Bestimmungsort. Sie kommt morgen früh her, und sie fahren also auch gemeinsam ab. Du kannst Dir denken, daß uns das eine große Beruhigung ist. ...
Rolf wird der Abschied sehr schwer, obwohl er ja seit langem darauf vorbereitet sein mußte. Er ist rührend, wie er an Lilli hängt! Mir ist mein Herz so voll, so voll, aber all das, was es bewegt, will sich nicht in Worte fassen lassen. Du mußt auch so verstehen! – Denke Dir, gestern kam noch zu allem anderen Nachricht von Fritz und gute! Wir freuten uns unendlich!

Der 20. April 1944 ist Elses Fluchttag in die Schweiz.

Auf der Reise, 20.4.44

Meine Liebe,
heut früh erhielt ich noch Deinen lieben Gruß, hab' nochmals tausend Dank! Ich kann Dir nur ein paar Worte schicken, aber ich hoffe, Du verstehst, was sie sagen sollen. Laß es Dir so gut gehen wie möglich, sag vor allem Elisabeth und M.[agdalena Heilmann] und A.[nnemarie Cohen] viele, viele herzliche Grüße und sie sollen auch Schwester Ilse herzlich danken für ihre Sendung, die gestern kam, und die mir ungeahnt gute Dienste leistete.
Leb wohl, Du Liebe, Gute, und sei sehr, sehr gegrüßt! Du bekommst bald wieder Nachricht.

Immer Deine E.

Schaffhausen / Schweiz, den 24. April 1944

Ich lese die letzten Sätze, die ich im Februar geschrieben habe. Ja, für mich ist das Ende der Knechtschaft nun da; doch noch ist mir alles wie ein Traum, aus dem ich zu erwachen fürchte! – Aber ich will Dir von allen Ereignissen einen möglichst genauen Bericht geben. – Meine Geduld wurde noch auf eine recht harte Probe gestellt. Der Schnee wollte und wollte nicht weichen, den ganzen März hindurch blieb er hartnäckig liegen, hie und da durch neue Schneefälle sogar verstärkt. Ostern kam heran, zaghaft wagten sich die ersten Frühlingsboten hervor, die Knospen an Sträuchern und Bäumen wurden dicker und glänzender. In Freiburg war der Schnee jetzt endlich verschwunden, doch immer noch blieb die ersehnte Nachricht aus. Da kam vor etwa vierzehn Tagen der Wackes mit besonders ernstem Gesicht heim, und als Rolf im Bett war, erzählte er folgendes: Er sei auf dem Nachhauseweg von einem Polizisten des Reviers angerufen und hereingebeten worden. Er kenne ihn schon seit langem als anständigen Menschen und korrekten Beamten, der sicher kein Freund der Nazis sei. Im Büro war niemand außer ihnen. »Ich wollte Sie allein sprechen«, begann der Beamte. »Bei Ihnen in der Wohnung haben Sie seit längerer Zeit eine ältere Frau, die vor den Bombardierungen flüchtete, aufgenommen. Sie haben sie nicht polizeilich angemeldet. Ich weiß, Sie wollen sagen, daß das heute nicht mehr so genau genommen wird wie früher, wir hier auf dem Revier drücken in dieser Beziehung auch gern ein, ja notfalls beide Augen zu. Aber in Ihrem Haus wohnt eine Person, die Ihnen anscheinend nicht wohlgesinnt ist. Sie muß wohl gespürt haben«, und dabei lächelte er, »daß Sie die Nazis nicht gerade lieben. Ich habe durchaus Verständnis dafür«, wehrte er ab, als der Wackes etwas erwidern wollte. »Sie möchte Ihnen gern etwas am Zeug flicken, und da sie gestern bei mir eine Sache zu erledigen hatte, nahm sie die Gelegenheit wahr, um mir zu sagen, ich solle mir die Frau Schröder die da bei Ihnen wohnt, doch einmal genauer ansehen. Sie glaubte die Äußerung von ihr gehört zu haben, der Krieg könne ja von Deutschland nicht mehr gewonnen werden, und dagegen müsse man doch einschreiten, es sei ja direkt verbrecherisch, so zu reden. Ich beschwichtigte sie und versprach, der Sache nachzugehen. Ich hoffe, sie wird sich dabei beruhigen, wenn ich ihr erkläre, daß es sich um ein Mißverständnis handle. Sie sowohl wie die Frau Schröder hätten entrüstet abgelehnt, je so etwas gesagt zu haben. Aber es wäre besser, wenn die Frau – zwar nicht sofort – das würde vielleicht zu neuem Gerede Anlaß bieten – aber bald den Aufenthalt wechselte.« Und damit habe er ihm die Hand hingestreckt, und er sei gegangen. Mir war immer abwechselnd heiß und kalt geworden. Was nun? »Ruhig, Buddeli, nicht den Mut verlieren«, sagte der Wackes herzlich, »ich bin ganz sicher, ich würde nochmals gewarnt, wenn eine akute Gefahr bestände. Aber während ich sonst gar nicht begeistert war von Ihrem Plan, in die Schweiz zu flüchten, weil mir das Risiko zu groß erschien, glaube ich jetzt, daß es das Richtige ist.« »Was hältst du davon«, wandte Lotte ein, »wenn ich morgen vom Büro aus mit Hella telephoniere. Es

Nach dem Krieg spielte die überaus mutige Tat der Beherbergung Else Rosenfelds nochmals eine Rolle im Leben Edmund Goldschaggs als Lizenzträger der „Süddeutschen Zeitung": Im Sommer 1949 wurde in der Zeitung bewusst eine anonyme Hetzschrift abgedruckt, unterschrieben mit dem Namen Bleibtreu, um auf den neuen Antisemitismus aufmerksam zu machen. Der Abdruck weitete sich zur sogenannten „Bleibtreu-Affäre" aus. Schließlich verwies der aus dem Exil zurückgekehrte Sozialdemokrat Friedrich Stampfer, in den zwanziger Jahren Chefredakteur des „Vorwärts", in einem viel beachteten Artikel der Frankfurter „Volksstimme" auf Edmund Goldschaggs Anteil am Überleben der Jüdin Else Rosenfeld.[162]

Else Rosenfeld in „The four lives": „Ich war viel zu lange in Freiburg gewesen. Nahezu ein Jahr immer an derselben Stelle im Untergrund zu leben, ist eine gefährliche Sache und ich war Tag für Tag ängstlicher und nervöser geworden. Ich fürchtete nicht um meine eigene Person, aber um meine Freunde, die ihr Leben riskierten, indem sie mir halfen."[163]

Peter Heilmann und Hella Gorn hatten Kontakt mit der Fluchthelferin Luise Meier, Deckname „Tante Luise", oder mit dem Helfer Josef Höfler bekommen. „Unter den illegal in Berlin lebenden Juden hatte es sich in der Zwischenzeit herumgesprochen, dass die Meier mehreren Rassegenossen zur Flucht verholfen hatte. Sie wurde daher in der Folgezeit von einer größeren Anzahl ihr völlig unbekannter Juden um Beihilfe zur Flucht angegangen", hieß es in der Anklageschrift des Sondergerichts Freiburg am 27. Juni 1944.[164]

Luise Meier konnte mit ihren Helfern etwa 30 Menschen zur Flucht in die Schweiz verhelfen, darunter Else Rosenfeld. Hella wurde genau instruiert, denn die Helfer mussten sich vor Entdeckung schützen. Einmal gab es die Anweisung, zur Tarnung einen Strohhut zu tragen, ein andermal an Allerseelen Grabsträuße mitzunehmen, „als ob wir Gräber schmücken wollten".[165]

genügt ja, wenn ich ihr sage, daß es allerhöchste Zeit für Buddeli wäre, daß sie zur Erholung fortkäme.« »Das ist eine gute Idee«, nickte der Wackes.

Du kannst Dir vorstellen, daß mich der Schlaf floh. Schließlich machte ich meine kleine Lampe wieder an und begann zu lesen.

Mittags erwartete ich Lotte in großer Spannung. Ja, es war ihr geglückt, sie hatte Hella gesprochen. Sie war ziemlich erschrocken gewesen und hatte versichert, daß auch ohne ihren Anruf die Sache im Laufen sei. Sie hoffe, in etwa zwölf Tagen könnte ich meine Erholungsreise antreten. Sie brächte mich selbst auf den Weg und würde die Zeit ihrer Ankunft telegraphisch mitteilen. »Sehen Sie, Buddeli, nun sind wir schon ein kleines Stück weiter. Ich fürchtete schon, die ganze Sache sei ins Wasser gefallen, und ich bin sehr erleichtert, daß es nicht so ist«, endete Lotte ihren Bericht. –

Die nächsten acht Tage waren schrecklich. Bei jedem unerwarteten Klingelzeichen fuhr ich zusammen, genau wie in den Zeiten bei Erna und Gustav, aber auch in den Monaten bei Onkel Karl. Wir hatten ausgemacht, bei abendlichem, verdächtigem Läuten, das unten an der Haustür erfolgte, sollte ich für alle Fälle in der auf dem Treppenflur gelegenen Toilette verschwinden, weil die Wohnung keinen zweiten Ausgang hatte. Daß das bei einer regelrechten Haussuchung kein sicherer Schlupfwinkel wäre, war mir klar. Ich konnte nur hoffen, daß es nicht so weit kam!

Am 18. April kam ein Telegramm von Hella, sie würde am 19. kommen, ich solle mich bereit halten. Meine Spannung stieg ins Unerträgliche. – Ich holte Hella vom Bahnhof ab. Die Abreise war für den 20. April vorgesehen. Also gerade an Hitlers Geburtstag sollte ich über die Grenze gehen! Hella meinte, dieses Datum sei gewiß mit Absicht gewählt worden. Ich wollte wissen, was die Sache koste. »Mit Mühe und Not habe ich erreicht, daß sie überhaupt noch deutsches Geld nehmen«, berichtete sie. »Du bist wahrscheinlich die Letzte, bei der sie es tun, und sie verlangen daneben noch eine Menge Wäsche und einen goldenen Ring. Doch die Hauptsache ist, daß wir es geben können und alles hoffentlich klappen wird.« »Wohin muß ich fahren, und wie soll alles vor sich gehen?« fragte ich gespannt.

»Das will ich dir genau sagen. Wir fahren morgen nach Singen. Du darfst keinen Koffer mitnehmen, höchstens einen nicht zu schweren Rucksack und eine größere Tasche. Du sollst auch keinen Hut aufsetzen, sondern ein Tuch umbinden. Und als Erkennungszeichen mußt du – bitte lache nicht! – einen Besen in der Hand tragen!!« Mir war beileibe nicht zum Lachen zumute, aber ich muß wohl sehr runde, erstaunte Augen gemacht haben, denn Hella begann ihrerseits zu lachen. Meine Hand fassend, fuhr sie fort: »Ein drolliges Erkennungszeichen, aber ein sicheres jedenfalls, und heutzutage, wo es gar nichts mehr zu kaufen gibt, wird es niemandem besonders auffallen, wenn eine Frau einen Besen von einem Ort zum andern bringt. Schwieriger wird es sein, ihn aufzutreiben. Aber da ich dich begleite und den Besen wieder zurückgeben kann, werden wir schon einen gelie-

Tagebuchaufzeichnungen Else Behrend-Rosenfeld

hen kriegen.« »Ich möchte versuchen, einen Puppenbesen zu bekommen«, erwiderte ich, »er wäre mir viel sympathischer als ein richtiger großer, der unbequem zu verstauen und zu tragen ist.« »Du hast recht, das wäre natürlich angenehmer. Wir werden Lotte fragen, wo wir eventuell einen solchen geliehen bekommen. Aber nun laß dir weiter berichten: Du mußt um fünf Uhr nachmittags in Singen sein und eine bestimmte Straße in Bahnhofsnähe langsam hinuntergehen. Irgendwo wird ein Mann stehen, der dir unauffällig ein Zeichen geben und sich dann langsam in Bewegung setzen wird. Du wirst ihm folgen. An einer einsamen Stelle wird er haltmachen. Du hast ihm ein bestimmtes Kennwort zu sagen, an dem er neben allen anderen Zeichen merkt, daß du die Person bist, die fortgebracht werden soll. Dann hast du ihm Geld, Ring und den Gepäckschein für das Wäschepaket, das ich an der Handgepäckstelle in Singen abgeben werde, auszuhändigen. Das Weitere wirst du von ihm erfahren. Soviel ich weiß, wird er dich nach einer Weile einer zweiten, und diese schließlich einer dritten Person zur Weiterbeförderung übergeben. So, das ist alles, was ich dir sagen kann.«

Mittags wurde Lotte wegen des Puppenbesens interpelliert. »Vielleicht kann Frau M. Ihnen helfen, Buddeli«, meinte sie. »Da sind Kinder im Hause, und sie kennt Sie und wird alles tun, um Ihnen weiterzuhelfen.« Ich hatte Glück, Frau M's. Nichten, die bei ihr wohnten, besaßen wirklich einen sehr gut erhaltenen Puppenbesen, den Frau M. mir gern zur Verfügung stellte. –

Auch das Packen des Rucksacks war schnell erledigt. Ein Paar Schuhe, Reisehausschuhe, eine Bluse, ein Nachthemd, die notwendigsten Toilettenutensilien und das Tagebuch waren bald verstaut. Schwieriger war die Frage zu lösen, was ich anziehen sollte. Aber ich hatte ja von den vielen Deportationen her eine traurige Routine in diesen Dingen. Möglichst dreifache Unterwäsche, zwei Sommerkleider und Rock und Bluse, darüber noch der Wintermantel und an den Füßen die Bergstiefel, ein Geschenk vor meiner Beförderung ins Sammellager. Als dieser ganze Haufen vor uns lag, meinte Hella zweifelnd: »Ob du das wirklich alles übereinander ziehen kannst? Du solltest es jetzt mindestens zur Probe versuchen.« Gesagt getan; es ging gut, ein Segen, daß ich früher so viel dicker gewesen war! Wohl sah ich etwas rundlich aus, aber Lottes und Hellas kritische Augen konnten nichts Auffallendes an mir entdecken. – Der Abschied am nächsten Morgen fiel uns allen nicht leicht. Rolf hatten wir gesagt, daß ich als Aushilfe in ein Kinderheim bei Radolfszell ginge, ich hatte ihn ja schon lange auf ein plötzliches Scheiden vorbereitet. Er fand es tröstlich, daß ich nicht so weit fort fuhr.

Wir mußten den Zug nehmen, der gegen zehn Uhr abging und mit dem wir um drei Uhr Singen erreichen sollten. In Donaueschingen hatten wir eine Stunde Aufenthalt, die wir benützten, um etwas Warmes zu essen. Ich hatte außer meinem Rucksack noch eine alte Einkaufstasche und meine große lederne Handtasche, Hella das Wäschepaket, ihr Stadtköfferchen und den Puppenbesen. Es war ausgemacht, daß sie in Singen übernachten und am nächsten Tag nach Freiburg zurückfahren sollte, um Bericht zu erstatten.

Die Helfer lösten sich möglichst unauffällig ab, um keinen Verdacht zu erwecken. Manche „Schlepper" verlangten 6.000 Mark. Luise Meier selbst hatte wohl keine Gegenleistungen, weder Geld noch Schmuck, angenommen. Gustave Behrend, Else Rosenfelds Stieftochter, erzählte, die Fluchthilfe sei „mit Naturalien teuer bezahlt" worden. Else Rosenfeld gab in der Schweiz in ihrer ersten Vernehmung zu Protokoll: „Weiter wurde ich unterrichtet, dass die Entschädigung in Form von Bargeld, Schmuck und Wäschestücken sich in meinem Besitz befinden müssten. Das Geld habe ich vor dem Bahnhof derjenigen Person zu übergeben, die mich anspreche. Das Geld, es waren ca. 3.000 RMk. und die Wäschestücke, wurden durch meine verschiedenen Berliner Freunde zusammengesteuert und mir nach Freiburg verbracht. Der ausgemachte Schmuck bestand aus einem goldenen Fingerring mit einem kleinen Brillanten, der sich noch als eines der letzten Schmuckstücke in meinem Besitze befand. Finanziell hätte ich zur Flucht nichts beisteuern können, denn ich hatte schon lange kein Geld mehr."[166]

Seit 1942 kamen fast alle jüdischen Flüchtlinge im Grenzbereich Schaffhausen aus Berlin.

Schaffhausen / Schweiz, den 24. April 1944   **257**

Ich kann Dir nicht sagen, wie dankbar ich für Hellas Begleitung war! So ging die Zeit doch etwas rascher mit gemeinsamer Unterhaltung hin. – Wir kamen ziemlich pünktlich in Singen an, gaben das Wäschepaket auf der Handgepäckstelle ab und schlenderten in entgegengesetzter Richtung als der, in welcher ich später zum Treffpunkt gehen sollte, durch die Stadt, bis wir ziemlich weit draußen eine kleine Gartenwirtschaft fanden, in der wir uns niederließen. »Bist du ängstlich, Buddeli?« brach Hella das Schweigen. Ich schüttelte den Kopf. »Nein, ich bin ganz ruhig. Ich bin froh, daß so oder so ein Ende des Zustandes kommt, in dem ich seit nun fast zwei Jahren gelebt habe. Glaube mir, wenn ich vorher gewußt hätte, daß es so lange gehen würde, ich hätte die Flucht von München nach Berlin in die Illegalität nicht unternommen.« »Das glaube ich dir gern«, erwiderte Hella. »Aber laß uns allmählich gehen, es wird Zeit.« Wir zahlten unsere kleine Zeche und wanderten zum Bahnhof zurück, Hella ging in das gegenüberliegende Wirtshaus, wo ich sie abholen sollte, falls ich nicht gleich weiter mußte. Doch glaubte sie, dazu werde man das Dunkel des Abends abwarten. Wir trennten uns rasch.

Langsam, den Puppenbesen in der Hand, angespannt aufmerkend ging ich nun den vorgeschriebenen Weg, der belebt war von einer Menge aus ihrem Betrieb kommender Arbeiter. Da – dort drüben stand ein kleiner Mann, wie zufällig, eine Zigarette rauchend, gleichmütig die Vorübergehenden betrachtend. War das nicht ein fast unmerkbares Nicken des Kopfes, ein Blinzeln der Augen, als er mich sah? Und nun wandte er sich ruhig und schritt eine Querstraße hinunter. Ich folgte; jetzt klopfte mein Herz so stark, daß ich meinte, es müßte zerspringen! Aber was war das? Der Mann, den ich fest im Auge behielt, hatte sich wieder umgewandt und ging nun an mir vorüber. Sollte ich mich geirrt haben? Doch ich konnte ihm jetzt nicht folgen, das wäre zu auffällig, also ging ich noch ein wenig langsamer die Straße in der begonnenen Richtung weiter. Jetzt – mein Herz tat einen Sprung! – da kam der gleiche kleine Mann wieder an mir vorbei und schritt ein wenig schneller vor mir her. Er war es! Nun war ich ganz sicher! Allmählich verlief sich der Strom der Menschen, auch die Häuser wurden seltener, standen nicht mehr in Reihen nebeneinander, Gärten und Felder schoben sich dazwischen, und bald hatten wir auch die letzten Wohnstätten hinter uns gelassen. Da stand der Mann still und ließ mich herankommen. »Ich komme von Xaver«, nannte ich die Parole. Er nickte. »Sie sind richtig, mit Ihnen kann man etwas machen«, sagte er anerkennend. – Der Mensch ist eine sonderbare Kreatur, ich muß Dir gestehen, daß ich mich über diesen Ausspruch eines völlig Fremden, Gleichgültigen geschmeichelt fühlte. – Da sprach er auch schon weiter: »Haben Sie den Gepäckschein?« Ich gab ihn hin. »Und das übrige?« Auch das Couvert mit dem Geld und der Ring wanderten in seine Hände. »Gut«, fuhr er fort, »Sie kommen heute abend um Viertel vor neun Uhr auf den Bahnhof, bleiben in der Nähe der Sperre und passen auf, wenn ich dort durch gehe. Sie folgen mir auf dem Fuß, ich habe Ihre Fahrkarte und lasse sie mit der meinigen lochen. Dann gehen Sie den ersten Bahnsteig ganz weit nach rechts hinunter, ziemlich am Ende steht ein kleiner Lokal-

Es handelte sich mit größter Wahrscheinlichkeit um Höfler selbst: „Mit den Personen änderten sich auch das Vorgehen und die Fluchtroute. Höfler schleuste in vielen Fällen allein oder fungierte von Fall zu Fall als Mittelsmann. Er übergab die Flüchtlinge dann den beiden örtlichen Mitverschwörern, diese brachten sie zur Grenze bei Hofen, direkt südlich von Büsslingen, in ein äußerst unübersichtliches Grenzgelände."[167]

zug. In den steigen Sie ein und erwarten alles Weitere. Der Zug fährt neun Uhr fünf ab.« Damit nickte er nochmals kurz und verschwand.

Ich blieb noch eine Weile stehen und ging dann den Weg zurück, den ich gekommen war. Plötzlich überflutete es mich heiß. War es nicht falsch gewesen, dem Mann alles abzugeben? Konnte er nun nicht einfach verschwinden und mich sitzen lassen? Aber es war so ausgemacht, tröstete ich mich selbst – abwarten und ruhig bleiben! Wie gut, daß Hella mich erwartete, ein Mensch, der mich gern hatte und Verständnis und Warmherzigkeit besaß! In der großen Gaststube ließ ich meine Augen wandern, bis ich sie entdeckte. Ich setzte mich zu ihr und berichtete. Sie hörte gespannt zu. Als ich meine Bedenken äußerte, redete sie sie mir aus. »Diese Sorge ist sicher überflüssig«, sagte sie beruhigend, »du hast genau das getan, was verabredet war. Laß uns vertrauen, daß alles gut wird!« Wir blieben noch eine Weile sitzen, dann schlenderten wir wieder in der Stadt umher, Hella suchte sich ein Zimmer für die Nacht. Wie langsam ging doch die Zeit, immer noch zwei Stunden, bis wir wieder zum Bahnhof konnten! –

Aber schließlich gingen auch diese vorüber. Es war dunkel geworden, der Tag war trüb gewesen, hin und wieder hatte es getröpfelt, aber nicht hintereinander geregnet. – Da lag der Bahnhof, Hella löste eine Bahnsteigkarte und stellte sich mir gegenüber in der Nähe der Sperre auf. Es herrschte ziemlich reger Verkehr, ich sah einfache Soldaten, Offiziere und SA-Männer, vermutlich wollten sie zu einer Feier von Hitlers Geburtstag.

Halt – da kam der kleine Mann, langsam schritt er zur Sperre, ich schloß mich ihm an. So, jetzt stand ich auf dem Bahnsteig und ging nach rechts. Ich konnte nichts sehen, meine Augen waren noch geblendet von dem Licht in der Bahnhofshalle. Da war auch schon Hella an meiner Seite. Jetzt hatten wir den nur aus wenigen Wagen bestehenden Zug erreicht. Der kleine Mann war schon dort. »Steigen Sie hier ein«, sagte er leise, »hier haben Sie Ihre Fahrkarte. Ich steige erst nach der zweiten Station bei Ihnen ein, mir ist das Gewimmel hier zu gefährlich. Ich fahre mit dem Rad voraus.« Er wandte sich ab, gleich darauf war er verschwunden. Hella war zurückgetreten, nun kam sie wieder zu mir, wir nahmen kurz Abschied voneinander. Ich konnte kaum sprechen, es saß mir ein Kloß in der Kehle. Sie war fort, der letzte Mensch, der die Brücke zur Vergangenheit und meinem ganzen bisherigen Leben bildete. Ich stieg in den bezeichneten Wagen, der noch fast leer war, und setzte mich gleich an der Tür auf eine freie Bank.

Der Zug fuhr ab, der Wagen hatte sich inzwischen gefüllt. Wir ratterten im Bummelzugtempo durch die Nacht, unser Wagen war völlig finster. Der Schaffner erschien und verlangte die Billette. Ich reichte meines hin, auch die übrigen Insassen gaben die ihren ab. Er kam noch einmal zurück und fragte mich, mir mit seiner Taschenlampe ins Gesicht leuchtend: »Wo steigen Sie aus?« Ich erschrak, ich hatte keine Ahnung, es war viel zu dunkel gewesen, um den Stationsnamen auf der Karte lesen zu können. Ich sagte auf gut Glück: »Bei der dritten Haltestelle!« Er verließ den Wagen. Ich blieb in großer Unruhe zurück. Die

Der Vorortzug fuhr von Singen fünf Stationen bis Beuren am Ried. Von da ging es zu Fuß weiter.

Die Fluchthelfer arbeiteten 1944 bereits erheblich professioneller als bei den ersten Grenzüberschreitungen: Sie stiegen nicht gemeinsam in denselben Zug, sie gaben ihre Identität nicht preis und sie verlegten alle Aktionen in die Dunkelheit.

Die zweite Station war Beuren am Ried.

In Beuren-Büsslingen verabschiedete sich der erste Fluchthelfer und übergab an den zweiten, den Mechaniker Wilhelm Ritzi oder an den Zollassistenten Hugo Wetzstein, der in diesem Ort wohnte.

Der Weg führte erst durch Büsslingen, dann durch das etwas kleinere Grenzdorf Hofen. Auf dieser Route gelangten sechs Flüchtlinge in die Schweiz: „Hannchen Stein, Jizchak Schwersenz, Jacheta Wachsmann, Lotte und Walter Heskle, Elsbeth Rosenfeld."[168]

erste Station war vorbei, wir hielten auf der zweiten und verließen auch diese wieder. Die Tür öffnete sich, jemand kam herein und setzte sich mir gegenüber. »Da bin ich«, sagte die Stimme des kleinen Mannes. Ich atmete auf und erzählte ihm flüsternd von dem Gespräch mit dem Schaffner. »Das macht nichts«, beruhigte er mich, »wir fahren bis zur Endhaltestelle. Das bringe ich schon in Ordnung.« Ich lehnte mich wieder in meine Ecke zurück. Nach der dritten Station kam der Schaffner und sagte zu mir: »Wollten Sie nicht bei der dritten Haltestelle aussteigen?« Der kleine Mann antwortete statt meiner: »Die Frau hat sich geirrt, sie glaubte, Beuron sei schon die dritte Station!« Der Schaffner entfernte sich. Ich weiß nicht mehr, wieviele Haltestellen noch kamen, sehr viele sind es wohl kaum gewesen. Vor der letzten sagte der Mann kurz: »Wir sind gleich da.« Ich stieg hinter ihm aus, mir kam vor, es sei noch dunkler geworden, man konnte keine Hand vor Augen sehen. Der kleine Mann wies mich an, stehenzubleiben, bis er sein Fahrrad aus dem Gepäckwagen geholt habe. Auch jetzt noch konnte er mich verlassen, ich war ihm ausgeliefert. Die folgenden Minuten wurden zur Ewigkeit.

Doch da war seine Stimme wieder: »Kommen Sie!« Wir gingen ein paar Schritte. »Hier sollen wir den zweiten Mann treffen, der Sie weiter führen wird«, sagte er leise. Wir warteten. Jetzt trat jemand zu uns, ich konnte nur erkennen, daß dieser Zweite im Gegensatz zum Ersten recht groß zu sein schien. Der Kleine übergab ihm etwas. »Hier ist das Geld«, hörte ich seine Stimme. »Wie steht es?« fuhr er fort. »Schlecht«, antwortete der Zweite kurz. Ich erschrak. »Aber wir versuchen es trotzdem«, tönte wieder die Stimme des Großen aus dem Dunkel. »Gut, ich gehe dann«, erwiderte der Kleine, und sofort hatte ihn die Finsternis verschluckt.

Der Große wandte sich zu mir: »Gehen Sie immer etwa zwanzig Schritte hinter mir«, er zündete eine Zigarre an, tat ein paar Züge, die sie hell aufglimmen ließen, und begann zu gehen. Ich folgte, von Zeit zu Zeit sah ich vor mir den leuchtenden Punkt der Zigarre des voranschreitenden Mannes. Ich fühlte, daß wir auf einer Landstraße gingen, zuerst wohl noch durch ein Dorf, wie vereinzeltes Hundegebell, gelegentlich kurzes Muhen der Kühe aus den Ställen anzeigten. Dann hörten diese Geräusche auf, eine ungeheure Stille senkte sich auf uns herab, ich hörte nur dumpf die Schritte des Mannes vor mir. Mir kam vor, als gingen wir endlos, ich hatte alles Gefühl für Zeitablauf verloren. Endlich schienen wir uns wieder einem Dorf zu nähern, menschliche Stimmen erklangen dumpf und versanken wieder. Wir schritten weiter. Plötzlich durchzuckte mich ein furchtbarer Schreck. Ich hatte den Mann verloren, ich sah und hörte ihn nicht mehr. Was tun? Mein Herz schlug wie ein Hammer, es übertönte alle anderen Geräusche. Ich blieb stehen. Wie lange? Ich weiß es nicht, ich weiß nur, daß in dieser Zeit mein ganzes Leben an mir vorüberzog, in weiter Ferne die glücklichen Jahre unseres Zusammenseins, näher schon die Zeit der Trennung mit allem Schweren, dem unermeßlich scheinenden Meer von Leid und wie leuchtende Inseln darin das menschlich Schöne und Erhebende!

Aber narrte mich ein Spuk, ein Irrlicht, oder kam der Leuchtpunkt der Zigarre in der Hand des Mannes mir wirklich näher? Ja, er war's. Da war er neben mir, flüsternd hörte ich ihn sagen: »Der Dritte ist nicht gekommen. Fassen Sie meine Hand, wir müssen von der Straße fort.« Stumm nahm ich seine Hand. Ich fühlte, daß wir nun auf einer Wiese gingen. Wir standen still. »Hier ist ein Stacheldraht«, flüsterte er, »fühlen Sie ihn?« Er führte meine Hand vorsichtig heran. »Ja«, antwortete ich. »Steigen Sie hinüber, ich halte Sie«, kam sein Befehl. Ich gehorchte. Jetzt standen wir auf der anderen Seite des Stacheldrahtes. »Hören Sie unten den Bach?« fragte er von neuem. Ich bejahte. »Wir sind auf einem Hang, der dem Bach parallel verläuft. Gehen Sie möglichst auf gleicher Höhe weiter, das Rauschen des Baches gibt Ihnen die Richtung an«, er hob den Arm mit der glimmenden Zigarre. »Drüben liegt eine Strecke bachaufwärts das deutsche Zollhaus, auf dieser Seite des Baches kommen später die Grenze und das Schweizer Zollhaus. Das müssen Sie erreichen. Geben Sie mir Ihren Postausweis und Ihre Kleiderkarte.« Ich reichte beides hinüber, ich hatte sie in meiner Manteltasche bereit gehalten. Es war ausgemacht, daß sie Hella übergeben werden sollten, zum Zeichen, daß ich über die Grenze gelangt war. Aber so weit war es ja noch gar nicht! »Bringen Sie mich doch noch etwas weiter«, sagte ich, »ich kann absolut nichts sehen.« »Nein«, entgegnete er kurz »es ist mir zu gefährlich, Sie müssen sehen, wie Sie allein weiterkommen!« Er war fort wie ein Geist! – Ich stand allein. Unten rauschte der Bach, langsam setzte ich Fuß vor Fuß. Ich fühlte, daß ich auf einem Wiesenhang ging, er mußte ziemlich steil zum Bach abfallen. Also vorsichtig gehen! Wie still es war, das Rauschen des Baches schien die Stille ringsum noch zu erhöhen. Es kam mir vor, als wandere ich außerhalb der ganzen bewohnten Welt, in einem Zwischenreich, in dem sich außer mir kein menschliches Wesen befand. Von meiner Ver-

Links: Das Satellitenbild von 2011 zeigt im linken Teil den Verlauf der Schweizer Grenze und das alte Zollamt; beides liegt nur knapp 50 Meter von der deutschen Grenze entfernt. Oben rechts: Dazu auch die Skizze und die Schrägaufnahme von Schweizer Zöllnern aus dem Jahre 2010. Auch die Mauer, über die Else stürzte, gibt es noch.
(1: Grenze, 2: Schweizer Zollhaus, 3: Deutsches Zollamt, 4: Verlauf des Flüßchens Biber)

Von der deutschen Grenze fällt die Landschaft zur Biber ab, einem kleinen Fluss in der Senke.

Die Fluchthelfer mussten nicht nur die deutschen, sondern auch die Schweizer Zollbeamten fürchten, von den deutschen drohte Verhaftung, von den Schweizer Beamten Zurückweisung.

„In diesem Gebiet nimmt die deutsch-schweizerische Grenze einen unübersichtlichen Verlauf. Die Landkarte verzeichnet sie als wild ausschlagende gezackte Kurve. Flüchtlinge liefen allerdings Gefahr, zumal bei Nacht, den eidgenössischen Boden zu verfehlen und unversehens wieder auf deutschen Boden zu kommen."[169]

gangenheit war ich getrennt, schon hatte sich zwischen sie und die Zukunft eine weite Kluft geschoben. Würde ich sie überwinden, oder stand ich vor dem Ende? Aber wie dem auch sein mochte, ein tiefes Vertrauen in die göttliche Macht des Schicksals erfüllte mich jetzt. Wunderbar getrost war ich plötzlich, das Gefühl des unendlichen Alleinseins hatte mich verlassen. Vorwärts schritt ich nun, alles in mir gespannt nur auf das vorsichtige Gehen gerichtet.

Bums, da lag ich! Durch den Wiesenhang zog sich eine tiefe Rinne, über die ich gefallen war. Aber ich hatte mir nichts getan, schon stand ich wieder auf den Beinen. Doch wo war meine Handtasche geblieben? Ich trug sie in der linken Hand, in der ich wegen der teilweisen Lähmung kein rechtes Gefühl hatte. In der Handtasche waren die einzigen Photos von Euch, die ich besaß, je eins von Dir und den Kindern, ein teurer Besitz, den ich nicht missen wollte! Auch ein Armband aus Gold, der Füllfederhalter, den ich im Sammellager vor der Deportation geschenkt bekommen hatte, eine Ersatzbrille und manche anderen wichtigen Kleinigkeiten waren darin untergebracht. Ich tastete mit der rechten Hand meine ganze Umgebung ab. Nichts! Aber ich konnte mich hier nicht lange aufhalten, es war gefährlich, weiterzusuchen und womöglich die Richtung zu verlieren. Ich mußte die Handtasche verloren geben, ich durfte mich nicht an irgendein materielles Besitztum klammern! – Also weiter. Irgendwo in der Ferne hörte ich den Stundenschlag von einem Kirchturm her. Ich versäumte, die Schläge zu zählen, die Zeit war mir unwichtig geworden.

Ich ging noch langsamer, setzte die Schritte noch vorsichtiger. Da – ich hatte den Boden unter den Füßen verloren, war gefallen, tausend flammende Sterne tanzten vor meinen Augen! Einen Moment lag ich ganz still. Ich fühlte Steinplatten unter mir. Ich versuchte aufzustehen, ein furchtbarer Schmerz im linken Fuß ließ mich wieder zurücksinken. Ich mußte ihn gebrochen haben, tastend entdeckte ich, daß er ganz verdreht war. Wenn ich nur wüßte, wo ich mich befand! Jetzt hörte ich Schritte, sah das Licht von einer Laterne oder Taschenlampe. Offenbar hatte man den Sturz im Hause, das zu dem mit Steinplatten oder Zement bedeckten Hof gehörte, vernommen, und jemand kam nachzusehen. Ich rief, es war ja doch nutzlos, sich weiter verbergen zu wollen, da ich nicht ohne Hilfe aufstehen konnte.

Der Lichtschein näherte sich mir. »Bitte, sagen Sie mir, wo ich bin«, rief ich, in meiner Stimme mußte meine Angst mitgeklungen haben, denn eine dunkle Männerstimme antwortete beruhigend: »Seien Sie ganz ruhig, Sie sind auf Schweizer Boden!« Ich war direkt in den Hof des Schweizer Zollhauses gestürzt!

Während des letzten Teils des Weges hatte ich mir vorgehalten, daß der Empfang in der Schweiz sicher nichts weniger als freundlich sein würde und daß das nur zu verständlich war. Da kam eine Fremde spät nachts über die Grenze und machte bloß Arbeit und Mühe. Ich bemühte mich, nicht die Nerven zu verlieren und ruhig hinzunehmen, was man auch mit mir anfangen würde. –

Zunächst erfüllten mich – nach den mir wie eine Himmelsbotschaft klingenden Worten des Mannes mit der Laterne – Erleichterung und Freude trotz des sehr

Tagebuchaufzeichnungen Else Behrend-Rosenfeld

heftigen Schmerzes im Fußgelenk. Da war der Mann auch schon neben mir, mit ihm kam noch ein zweiter. »Ich glaube, ich habe den Fuß gebrochen«, sagte ich nach kurzem Gruß. »Nur keine Sorge, das werden wir gleich haben«, gab er freundlich zur Antwort. Die beiden Männer hoben mich mit geschickten, vorsichtigen Bewegungen auf und trugen mich ins Haus. An der Haustür stand, mitleidig grüßend, eine Frau, öffnete eine zweite Tür, die in eine Art Amtszimmer oder Büro führte, und half mich auf eine lange Wandbank betten. Sie holte Kissen für den Kopf, um ihn zu stützen. Sie war voller Hilfsbereitschaft und lief, um mir einen heißen Kaffee zu kochen. Ich erzählte den Zollwächtern auf ihr Fragen, daß ich von Singen gekommen war. »Ich bestelle telephonisch einen Arzt aus Thayngen und benachrichtige die Polizei«, sagte der eine. Der andere fragte: »Haben Sie sehr arge Schmerzen?« Ich bejahte. Kurz darauf brachte die Frau des Zollwächters Kaffee und Zwieback. Ich nahm dankend ein paar Schluck von dem heißen, belebenden Getränk, essen konnte ich nichts, aber die Herzenswärme und die Freundlichkeit, mit der ich hier empfangen und gelabt wurde, taten mir unendlich wohl! Die Frau schüttelte den Kopf darüber, daß ich allein in dieser dunklen Nacht den gefährlichen Gang gewagt hatte. Ich konnte ihr nicht erklären, wie das nur das konsequente Schlußglied einer langen Kette von schweren Erlebnissen bedeutete. Ich fragte nach der Uhr, es war nach Schweizer Zeit gegen elf, nach deutscher Sommerzeit eine Stunde später.

Da waren auch schon der Arzt und ein Polizeibeamter. Beide grüßten freundlich, der Arzt, ein noch jüngerer Mann, begann vorsichtig das linke Bein und das Fußgelenk zu untersuchen. »Ich werde den Stiefel aufschneiden müssen«, sagte er abschließend, »bei der starken Schwellung müßte ich Ihnen sonst zu starke Schmerzen beim Ausziehen verursachen.« »Das tut nichts, Herr Doktor«, erwiderte ich ihm, »die Schmerzen will ich schon aushalten, aber den Stiefel kann ich nicht entbehren, den dürfen Sie nicht zerschneiden.« Er stand einen Augenblick überlegend. »Gut, ich werde Ihnen eine starke Morphiumspritze geben, auch dann wird das Abziehen des Stiefels noch schmerzen, aber es wird leichter zu ertragen sein.« Er bereitete alles vor. »Bis die Spritze gewirkt hat, wird der Polizeibeamte Sie befragen, oder fühlen Sie sich zu elend dazu?« Ich erklärte, gern Auskunft zu geben über das, was ich wisse, doch sei das sehr wenig. Ich erzählte kurz, daß ich von den Mittelsleuten der Schmugglerorganisation – daß es sich um eine solche handelte, setzte der Beamte ohne weiteres voraus – keine Ahnung hätte, da alles durch mehrere mir unbekannte Menschen gegangen sei. In Singen sei ich erwartet worden. Über den Mann, der mich in Empfang genommen hätte, konnte ich nichts sagen, weil ich vor Aufregung nicht auf sein Aussehen geachtet hätte. Auf seinen Wunsch beschrieb ich kurz den Weg. Ich berichtete auch von dem ersten Fall auf dem Wiesenhang und dem Verlust der Handtasche, der mir sehr schmerzlich sei. »Nach Ihrer Erzählung muß man annehmen, daß Sie die Tasche noch auf deutschem Boden verloren haben, trotzdem werden wir morgen früh nachsuchen lassen. Aber wir sind hier

Else Rosenfeld wurde mehrmals verhört. Laut Else Rosenfeld waren keineswegs alle so freundlich wie der Schweizer Gefreite Oskar Brunner beim ersten Verhör. Der BBC sagte sie 1963: „Ich fand die normalen Schweizer außerordentlich freundlich und hilfsbereit. Von den Behörden konnte ich nicht dasselbe sagen. Mit der Schaffhauser Polizei wie mit der Züricher machte ich sehr schlechte Erfahrungen. Ich hatte mich einem zweistündigen Kreuz- und Querverhör zu unterziehen, wie es schlimmer bei der deutschen Gestapo nicht hätte sein können. Er [der Beamte] wollte den Namen der Fluchthelfer herausfinden."[172]

Es ist nicht sicher, ob die Schweizer Polizei nicht die deutsche über die gewonnenen Informationen ins Bild setzte. Die Schweizer zeigten vor allem an Fluchthelfern Interesse, die von der Schweiz aus operierten. Der Vernehmungsbeamte Oskar Brunner hielt in seinem Vernehmungsprokoll noch fest: „In Bezug auf den ‚Schlepperdienst' erbrachte die Einvernahme keine Einzelheiten, die sich irgendwie verarbeiten liessen. Bestimmt handelt es sich um eine sehr gut aufeinander eingespielte Organisation. Den Gefährlichkeitsgrad dieser ganzen Sache in Betracht gezogen, scheint es mir klar, dass mit aller zu Gebote stehenden Vorsicht gearbeitet wird. Es dürfte somit auch verständlich sein, dass eben Frau Dr. Rosenfeld tatsächlich keine näheren Einzelheiten bekannt sind."[173]

Else Rosenfeld schreibt nach dem Krieg, sie sei ins Zollhaus Hofen gestürzt, wo sie „mit einem komplizierten Beinbruch und völligem Erschöpfungszustand landete und noch in der Nacht des 21.4.1944 mit einem Auto, das Herr Dr. Buxdorf aus Thayngen bestellte, ins Kantonsspital Schaffhausen gebracht wurde"[174]

Lotte Goldschagg schreibt Eva, hier unter dem Decknamen Urtal, auf einer Bütten-karte von der gelungenen Flucht Elses.

unmittelbar hinter der Grenze«, erwiderte der Beamte. (Inzwischen bekam ich die Nachricht, daß man sie nicht gefunden hat.) Er machte kurze Notizen, schrieb auch meinen Namen auf – nach fast zwei Jahren wieder zum ersten Mal meinen richtigen Namen! – »Es ist ein Wunder, daß Sie sich nur das Bein und nicht das Genick gebrochen haben«, sagte der Arzt kopfschüttelnd. »Sie sind über eine zweieinhalb Meter hohe Mauer gefallen! – Und was fangen wir jetzt mit der Frau Doktor an?« wandte er sich fragend an den Polizeibeamten. Nach kurzer Besprechung kamen sie überein, es wäre das Beste, mich sofort nach Anlegen einer Schiene und eines Interimsverbandes in das Kantonspital nach Schaffhausen zu bringen. »Man wird sich zuerst ein bißchen wundern, wenn eine Frau mit einem Beinbruch als Notfall eingeliefert wird, aber das macht nichts, es ist am richtigsten so. Ich werde gleich selbst nach einem Auto telephonieren, es gibt eines, in das man bequem einen Kranken betten kann«, schloß der Arzt, zufrieden, eine Lösung gefunden zu haben.

Inzwischen hatte die Spritze ihre Wirkung getan. Vorsichtig begann der Arzt, den Stiefel abzuziehen. Es tat noch gehörig weh, aber was machten mir diese Schmerzen schon aus! Der Stiefel war herunter, die Schiene wurde angelegt und ein Verband gemacht. Dann telephonierte der Doktor nach dem Wagen. –

Ich mußte eingeschlummert sein, ich erwachte nur halb, als der Arzt mit Hilfe der Zollwächter mich in das Auto trug. – Es tut mir jetzt leid, daß ich nicht imstande war, den freundlichen Menschen richtig zu danken! –

Der Wagen fuhr durch die Nacht; ich kann nicht sagen wie lange, doch erfuhr ich hinterher, daß ich gegen halb ein Uhr im Spital ankam. –

Ich erwachte, als wir vor einem beleuchteten Hause hielten, ich aus dem Auto geholt und eine Treppe hinaufgetragen wurde. Zwei weibliche Wesen, darunter eine Diakonissin, begannen mich zu entkleiden. Ganz von ferne hörte ich ihr leises Lachen, als immer noch eine Hülle herunterzuziehen war. Doch war ich viel zu müde, um etwas sagen zu können. Ich war ganz wunschlos, hatte ich doch mein Ziel erreicht: Das schlimme, gefährliche und doch oft so wundersame Leben in Gesetz- und Rechtlosigkeit war zu Ende! –

Brief Lotte Goldschaggs an Eva Schmidt vom 21. April 1944 aus Freiburg

Freiburg, B., den 21.4.44
L.G.
Sehr geehrte Frau Urtal!
Ich möchte Ihnen nur rasch mitteilen, daß ich gute Nachricht von Lilli habe. Sie ist auf dem Wege zu ihrer neuen Stellung und kann daher nicht selbst schreiben. Es ist keinerlei Grund zur Besorgnis. In etwa 8 Tagen werde ich wohl Entgültigeres wissen und Ihnen nochmals schreiben. Inzwischen beste Grüße von Ihrer Lotte Goldschagg.
Eine Bekannte konnte L.[illi] auf ihrer Reise ein Stück begleiten und erzählt, daß sie gut verlaufen!

Tagebuchaufzeichnungen Else Behrend-Rosenfeld

Freiburg, B., den 6.5.44
L.G.
Sehr geehrte Frau Urtal!
Soeben erhalte ich eine Karte v. 25.4. meiner Züricher Schwägerin mit gemeinsamen Grüßen von Lilli. Sie hat sie in Schaffhausen besucht, wo sie leider, da sie sich auf der Reise ein Bein gebrochen hat, im Spital liegt. Sie trägt es jedoch mit Humor. Da es sich um einen glatten Bruch handelt, wird sie bald zu meiner Schwägerin übersiedeln können, die in Zürich Altstetten ein nettes Haus mit hübschem Garten hat. Dort kann sie sich dann wieder ganz erholen. Nun können auch wir ganz beruhigt sein. Mit freundlichen Grüßen
L. Goldschagg

Edmund Goldschagg, Peter und Ursula Rosenfeld, Else Rosenfeld mit Enkelkindern (von links), wohl Icking, um 1950

Schaffhausen / Schweiz, den 24. April 1944 **265**

Tagebuchaufzeichnungen Siegfried Rosenfeld
in England vom 14. April 1940 bis 10. Dezember 1945

mit Briefen an Hanna Rosenfeld und Gustel Behrend

Siegfried Rosenfeld, um 1930

Burcote, Abingdon (England), 14. April 1940

Nach mehr als sieben Monaten Krieg – heute kam die Nachricht von der Versenkung der übrig gebliebenen deutschen Zerstörerschiffe in norwegischen Häfen – habe ich wenig oder gar kein Mitleid mehr mit Deutschland. Wenn meine Entschuldigung für diesen blöden Gehorsam, der eine eigene Verantwortung nicht mehr kennt, schon mit den ersten Wochen des Krieges, vom Beginn der Bewaffnung des Volkes ab, allmählich schon immer schwächer geworden ist, so muß dieser blinde Sklavengehorsam mir den Rest der Achtung nehmen vor diesen Menschen, die ihr eigenes Vaterland und sein Schicksal geringer achten als Sklaven. Sie haben selber keine Liebe mehr zum eigenen Land, jedenfalls ist sie so gering, daß andere keine Achtung mehr vor den gehorsamen Knechten haben können.

Der Mangel des deutschen Volkes an Liebe zu seinem Land entbindet uns, die Ausgestoßenen, vollends davon. Deutschland verdient ein schlimmes Schicksal, das ihm eine Schule sein muß. Die einzige Frage ist, wie diese Schule zu gestalten ist, damit sie das leistet, was einem Volke für künftige Zeit mehr Selbständigkeit, verantwortliches Denken und Fühlen und Handeln geben kann. –

Daran will ich auch noch mitarbeiten, wenn möglich. Denn wertvolle Kräfte stecken im deutschen Volke, viele gute Freunde, die aber letzten Endes alle mitverantwortlich sind, daß sie diese sieben bis acht Jahre widerstandslos über sich und ihr Land haben ergehen lassen. Sind es einzelne auch nur, sie haben wieder Freunde, Verwandte, Brüder, Väter und Söhne, die alle zusammen gehören und zusammen verantwortlich sind. – Urteile ich zu hart? – Ich glaube nicht. Solange ich in Deutschland lebte, war das Volk ohne Waffen, stand den bewaffneten politischen Soldaten Hitlers wehrlos gegenüber. Mit Ausbruch dieses das Volk betreffenden Krieges hat die Frage ein anderes Gesicht bekommen. Wunschsüchtig und gläubig hatte ich noch in den ersten Kriegsmonaten auf einen Widerstand der mitverantwortlichen Heerführer gerechnet! Der Winter kam, nichts war von Widerstand zu sehen und zu hören. Und dann jetzt dieses wahnsinnige und leichtfertige Unternehmen eines Landes mit so geringen Seekräften, den Kampf mit den auf See unzweifelhaft weit überlegenen Seemächten aufzunehmen. Wahnsinnig, frivol, – und alles geschieht widerstandslos.

19. April 1940

Heute, etwa 14 Tage nach dem Einfall Deutschlands in Dänemark und Norwegen, muß dieses Unternehmen als das frivolste Spiel mit der Existenz Deutschlands erscheinen. Mit der schmalen Flotte, die Deutschland hat, Englands so ungeheuer überlegene Flotte herauszufordern, hat man im Kriege 1914–18 bis zuletzt mit allen Mitteln vermieden, obgleich die Verhältnisse damals dafür weit günstiger lagen.

Siegfried Rosenfeld emigrierte am 25. August 1939 mit Hilfe der Quäker nach England. Am 28. August, also drei Tage vor Kriegsbeginn, kam er in London an. Er wohnte dort zunächst bei Georg Kaufmann, einem Verwandten, in London Eastholme.[1] Die beiden Kinder lebten bereits seit 1938 in England, Hanna bei Mrs. Rhy in Twickenham, Middlesex, als Haushalts-Trainee, Peter zunächst in einer „Farm School" in Hazelmere, Surrey. Siegfried Rosenfeld fand dann nach einigen Umwegen in dem kleinen Ort Burcote in der Nähe von Oxford eine Bleibe, nachdem Peter dort eine Stelle als Farmarbeiter bekommen hatte. Rosenfelds Studium als Jurist wurde, wie das von Medizinern, in England nicht anerkannt. Als Ausländer durfte er nur eine Arbeit annehmen, für die sich kein Einheimischer fand.

Fast alle Emigranten reflektieren über ihre Position als Deutsche mit tiefer Vaterlandsbindung gegenüber der Situation als Ausgebürgerte, Verstoßene. Diejenigen deutschen Emigranten, die wegen ihrer jüdischen Abstammung verfolgt wurden, empfanden diesen Schnitt als besonders schmerzhaft.

Der Glaube an die Widerstandsbereitschaft der Arbeiter gegenüber den Nationalsozialisten gehörte wie die Überzeugung von der ‚Sauberkeit' der militärischen Führung zu den großen Illusionen vieler Exilierter. Sie unterschätzten die Wirkung der Angebote des NS-Regimes gerade für die einfacheren Schichten ebenso wie die Haltung der Wehrmachtsgeneräle, die in vielem mit den Zielen des Regimes konform gingen.

Kommentare zum Krieg erweisen Rosenfeld, Frontsoldat des Ersten Weltkrieges, als Kenner der militärischen Materie und als wachen Beobachter der militärischen Fehler des Ersten Weltkrieges.

Hier wird sich der wirkliche Wert des deutschen Heeres deutlich erweisen, wo die politischen Soldaten Hitlers das Heer nicht mehr in dem Maße werden kontrollieren können wie in der dichten vorbereiteten Westfront.

Dieses Unternehmen wird aber auch Deutschland den Haß aller kleinen Staaten zuziehen, nicht nur für den Augenblick, sondern bei dem vermutlichen Ausgang des Krieges für lange Zeit hinaus. Soll ich sagen: »armes Deutschland«?

Ich las vor zwei Tagen in Oxford: Evelyn Wrench, »I loved Germany« (1940 erschienen). Der Verfasser, der noch 1930 und noch kurz vor dem Kriege Deutschland besuchte, schließt mit Worten, die ich mir zueigen machen möchte:

»Many Englishmen, who have cherished an affection for Germany, must be asking themselves, if, after all this has happened, they can ever again recapture their former feelings and their faith in German good intentions.

The future alone can supply the answer. If, when peace comes, Germany's greatest gifts are consacrated to the service of Europe, as I hope, will be the case, the past can be redeemed, and it will be possible, to say once again: ›I love Germany‹; but that time is not yet – and I may never live to see it.«

Wann und wie aber wird Deutschland sich wieder in den Dienst Europas stellen? Wie wird es dazu erzogen werden können und welche Zeit wird notwendig sein, es selbst sich zu überlassen ohne die Gefahr einer neuen verhängnisvollen Entwicklung? Wie wird der Versuch gemacht werden können? Das ist die Frage, von der alles abhängt.

30. April 1940

Gestern las ich die jetzt veröffentlichten Briefe des Eisen- und Stahlmagnaten Thyssen, die er an Hitler und Göring unmittelbar vor oder nach seiner Flucht aus Deutschland schrieb (Sunday Express vom 28. April). Er ist es also, der große Gelder für die Hitler-Agitation viele Jahre gegeben und gewiß auch unter seinen Schwerindustrie-Kollegen gesammelt hat.

Sieben Jahre als Reichstagsabgeordneter – sonst als Berater alles mitgemacht. Das Bündnis mit Rußland hat ihn angeblich belehrt. Ein jämmerliches Zeugnis für solch einen Mann. Und jetzt beschwert er sich über die Beschlagnahme seines und seiner Frau Vermögen und anscheinende Ermordung seines Neffen von Remnitz in Dachau und daß, als in der Sitzung am 1. September im Reichstag 100 Abgeordnete fehlten, die Sitze durch Nazi-Funktionäre aufgefüllt wurden. Die tausende Morde vorher haben ihn nicht gestört und all das tausendfache Unrecht. Sieben Jahre hat er die Farce »Reichstag« stumm mitgemacht, ist in der Horde geblieben und hat Parteilieder mitgesungen, auch brav die Diäten eingesteckt. Jetzt verzichtet er stolz auf die 1.000 Mark monatlicher Staatsratsdiäten. Ein erbärmliches Zeugnis eigener geistiger und politischer Verstandesart.

Sir John Evelyn Wrench, geb. 1882, war ein visionärer britischer Organisator und Publizist.

„Viele Engländer, die eine Zuneigung für Deutschland bewahrt haben, müssen sich fragen, ob sie nach all dem, was geschehen ist, jemals ihre früheren Gefühle und ihr Vertrauen in Deutschlands gute Absichten wiedererlangen können. Dies kann die Zukunft allein beantworten. Wenn nach einem Friedensschluss Deutschland seine besten Gaben dem Dienst an Europa widmet, wie ich es hoffe, kann die Vergangenheit wettgemacht werden und es wird wieder möglich sein zu sagen: ‚Ich liebe Deutschland'; doch soweit ist es noch nicht – und es mag sein, daß dies zu meinen Lebzeiten nicht mehr geschieht."

Der Großindustrielle Fritz Thyssen war einer der wichtigen frühen Finanziers Hitlers und der NSDAP; nach anfänglich enger Einbindung in das NS-Regime nach 1933 überwarf er sich mit den NS-Führern, da er den Antisemitismus und auch den Krieg ablehnte. Am 2. September 1939, einen Tag nach Kriegsausbruch, emigrierte er in die Schweiz, dann nach Südfrankreich, wurde jedoch Ende 1940 an Deutschland ausgeliefert und bis 1945 wie seine Frau in verschiedenen Konzentrationslagern und Gefängnissen inhaftiert.

Tagebuchaufzeichnungen Siegfried Rosenfeld

Gestern war ich mit Peter in Oxford, wohin er zur County Hall vor die Friedens-
richter wegen Fahrradkontravention (Licht) vorgeladen war und fünf Shilling
Strafe erhielt. Die Verhandlung dauerte kaum zwei Minuten, allerdings wurde
Strafe ohne Frage nach Lohnhöhe etc. festgesetzt. Ein deutsches Gericht hätte bei
einem Foreigner sicherlich mehr gefragt zur Aufklärung über seine Person.

Oxford in Frühlingspracht. Wie in den wundervollen alten Höfen das Grün
blühender Flieder und weiße Obstbäume wirken! Sonnabend besonders starker
Verkehr; militärische Lorries, auch zum Teil von Frauen in Uniform gefahren.
Eine für England in gewissem Sinn typische Tatsache: Am Ausgang des Post-
Office, zwei Minuten von Carfax, dem Hauptmittelpunkt des Verkehrs, lagen die
Zeitungen: Oxford Times, der Verkäufer abwesend, aber zahlreiche Käufer, die
jeder wie selbstverständlich ihr Blatt sich nahmen und den Penny hinlegten. Es
hatten sich wohl schon 10 Penny zusammengefunden. Ich wartete noch mehrere
Minuten, den Vorgang beobachtend. Der Verkäufer ließ sich nicht blicken. Oxford
ist doch immerhin eine Stadt von 100.000 Einwohnern. Auch in London war
mir schon Ähnliches aufgefallen. Weder Telefonbücher in den öffentlichen Fernsprechstellen noch Federhalter auf den Post-Offices werden befestigt. Auch hier,
an den Landstraßen in den öffentlichen Fernsprechstellen nicht. Die Aufbewahrung von Gepäck beim Londoner Bus vorn beim Chauffeur an oder unter dem
Aufgang gilt als genügend sicher. Noch auffälliger ist die Bezahlungsform in Spei-
sehäusern wie den großen Lyons-Speisehäusern; an den Kassen beim Ausgang,
dabei [sind sie] nicht so nahe oder eng aufgestellt, daß nicht beliebiges Passieren
möglich ist.

Die Höhe des Standards bestimmt im Grunde die Moral und Sitte. Daraus
erklärt sich wohl die geringere Zahl von Diebstählen pp. wie auch die geringe
äußere Sicherung der kleinen Einzelhäuser mit großen niedrigen Parterrefenstern
ohne Eisensicherungen, die leichte Zugänglichkeit der Gärten, die offenen Gar-
tenwege (vergl. Tempelhof), die Gärten, in denen so oft Wäsche pp. hängt.

In diesen Zusammenhang gehört auch wohl die Möglichkeit des Groß- und
Kleinpächtertums bei ländlichen Grundstücken, ohne Gefahr der Nachteile, die
in Deutschland das Pächtertum zeigt, wo es – in geringem Grade – verkommt.
Peters Employer, Pächter F. in Burcote, von mir gefragt, ob er nicht fürchten muß,
daß ihm sein Verpächter, Lord H., kündigt, wenn ihm ein anderer Pächter
1.000 Pfund Pacht mehr anbietet, sagte lächelnd: »Nein, mein Pächter kündigt
mir nicht.«

Gewisse Nachteile des Pachtsystems zeigen sich scheinbar doch in dem bei
einer solchen Großpacht von ca. 3.000 Morgen (1 Morgen = 25,53 Ar) auffallend
schlechten äußeren Zustand von Pachthof und Stallung. Es kann jedes Jahr gekündigt werden mit einjähriger Frist und mit einem pachtfreien Jahr. Letzteres ist allerdings eine gewisse Sicherung gegen Kündigung bei größeren Pachtungen.

Der deutsche Jurist Rosenfeld hat einen scharfen Blick für Unterschiede des deut-schen und des britischen Rechtssystems.

Foreigner: Fremder

Lorries: Lastwagen
Post-Office: Postamt

employer: Arbeitgeber
Pächter F.: Mr. Farrant

Ein Ar entspricht 100 m², 3.000 Morgen sind damit 7.659.000 Quadratmeter.

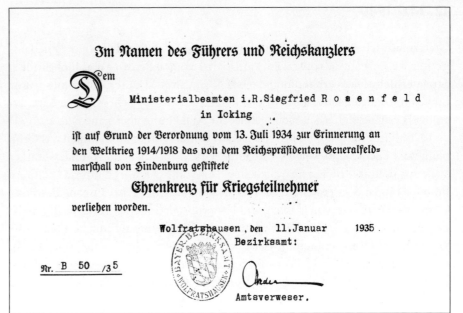

Vor drei Tagen war Hitlers Einfall in Holland und Belgien. Ein anständiger Soldat, ein anständiges Volk muß sich dieser nächtlichen siegreichen Überfälle auf kleine, schwache Staaten schämen.

21. Mai 1940

Der Krieg nimmt immer fürchterlichere Formen an. Die Deutschen sind bereits bis Brüssel vorgerückt und stoßen auf Sankt Quentin nach N. W. gegen die französische Küste vor. Fast seit zehn Tagen schwere Kämpfe ohne Unterbrechung.

Es ist nicht leicht, die Ruhe zu bewahren. Die Verbindung mit Else wird schwieriger, nachdem nach Gertrud H. (in Dänemark) auch Richard R. vom Schicksal erreicht ist.

Wenn nur bald von Argentinien ein positiver Bescheid käme, ehe auch Italien in den Krieg geht und dieser Weg für Else gesperrt ist!

Ich will mich nach Möglichkeit auf meine Ausarbeitung konzentrieren. Es ist eigentlich ein Extrakt aus der Fülle des gesammelten Materials, bei dem ich noch zum großen Teil nicht wußte, wie es speziell verwertbar sein könnte. Die bisherigen Darstellungen kürzerer Art versuchen aus den Einzelheiten, die aus den verschiedenen Ländern gesammelt und berichtet sind, ein Gesamtbild für das Mittelalter und die neuere Zeit zu geben. Das Gesamtbild ist in Wahrheit doch kein solches. Es scheint mir wichtig, durch die Einzeldarstellungen der wichtigsten Länder die Besonderheit der Entwicklung in jedem Land in die Erscheinung treten zu lassen. So ist am ehesten möglich, die Erklärung zu finden für die immerhin doch recht erheblichen Abweichungen in der Entwicklung jeder Gruppe, die sich in den größeren Ländern zusammengefunden hat. Das Charakteristische jedes Landes tritt so deutlich heraus und der Grund, weshalb sich die nirgends fehlenden, auffälligen Erscheinungen herausgebildet haben. Historisch zu erklären ist besonders wichtig gegenüber den leichtfertig erhobenen Vorwürfen des Gefallens an leichtem und mühelosem Erwerb und sonstigen moralischen Vorwürfen. –

Vor einigen Tagen war ich Sonntag Nachmittag mit Peter auf einem Felde und sah dort den mit der Grasmähmaschine verbundenen automatischen Auflader, ein Paternosterwerk von Greifern, die das Gras wie auf einer Leiter ca. drei Meter hoch befördern, von wo aus es mechanisch herabgeschoben wird auf den zwischen Mähmaschine und Greifapparat befindlichen Wagen – Arbeit und Arbeiter sparend. So wird der Gegensatz von Land- und Stadtarbeit durch die Industrie überbrückt in Bezug auf die Art der Arbeit wie auch den Lohn. So wächst auch das Interesse an der Arbeit und erfordert weniger oder gar keine Aufsichtspersonen. Der F.'sche Besitz (ca. 2.000 Acres) hat keinen Inspektor.

In einem Teil des Grasfeldes waren Pigstayes (Schweineställe), kaum Ställe zu nennen. Zuchtsauen mit ihren Ferkeln im primitiven Holzverschlag, an den sich ein Auslauf anschließt. Doch können die Tiere auch heraus, wie wir das auch sahen. Solche Werte sind hier auf freiem Felde, 15 bis 20 Minuten vom Hofe entfernt, ohne Bewachung, ebenso auch die Hühnerhäuschen. Zwei Minuten davon ist die Oxford Road mit ihrem großen Verkehr, eine Straße erster Ordnung, die nach London führt.

Ein Acre entspricht 4.047 m².
F. ist Mr. Farrant, Peters Arbeitgeber.

3. Juni 1940

Heute kam [ein] Luftbrief von Gustel vom 21. Mai mit der Nachricht der definitiven Absage der argentinischen Behörde. Vor zwei bis drei Wochen wäre ich schwerer davon betroffen gewesen. Die äußerst gespannte Lage, die jedes Schicksal, das Elses wie das unsrige, hier in Zweifel stellt, läßt die Entscheidung minder wichtig erscheinen. Das Jahr 1940 wird wahrscheinlich das Schicksal Deutschlands und Englands zugleich entscheiden, worüber ich im Ganzen beruhigt bin. Dennoch kann es niemand sicher sagen. So ist jeder im Augenblick gefährdet. – England setzt, muß wohl alles auf eine Karte setzen; [befürchtet es doch] den Angriff auf seine Insel, zu der es sich zurückgezogen hat, nachdem die belgische Front durch den Abfall Belgiens unterbrochen worden ist. Dieser Angriff, der kaum unversucht bleiben wird, ist bei dem Draufgänger-Charakter der deutschen Kriegsführung kaum zu bezweifeln. So wird auch Deutschland wohl alles auf diese Karte setzen.

Denn in Frankreich kann England nicht geschlagen werden. Eine Schwächung von Englands Flotte wird der voraussichtliche Eintritt Italiens in den Krieg bedeuten. Eine wesentliche? – Es hängt unser persönliches Ergehen mehr als je von dem Gange der Ereignisse draußen ab.

Rosenfeld kommentiert immer wieder vergleichend die Lage.

Es spitzt sich alles auf die Frage zu: Wird dieser Krieg in seinem zweiten Teil einen ähnlichen Verlauf nehmen wie der Erste Weltkrieg? Der erste Teil hatte einen ähnlichen Verlauf. Versuch des Ausbrechens aus der Umklammerung und Abschluß vom Weltmarkt durch wilde Vorstöße (1914–17 Serbien, Balkan, Polen, Belgien), jetzt nach Norwegen, Dänemark, Polen, Holland, Belgien. Man hat überraschende Territorialerwerbungen gemacht, es sah alles nach Siegen aus, besonders jetzt der Rückzug Englands vom Festland, der Einbruch Deutschlands in Nordfrankreich. Soweit ist Ähnlichkeit des Kriegsverlaufs. Bis 1918 stand die Sache fast Remis, wie jetzt, und wurde dann mit Hilfe der USA entschieden. Wenn wirklich die Gefahr für England groß wird, werden die USA den Umsturz der angelsächsischen Welt hinnehmen? Und nicht dann auch in einer mehr aktiven Form zur Entscheidung beitragen?

Kann man – ohne voreilig zu sein – sagen: Kraftvolles Draufgängertum, Energieentfaltung, Organisationstalent, Überlegtheit der Taktik – damals wie heute – und dennoch der Mangel an weiterschauender Überlegung und Abwägung der wirklichen dauernden Hilfskräfte, die hüben und drüben vorhanden sind. Viel Mut und Kraft, aber ohne volle Einsicht und regulierenden Verstand; kein Maßhalten an Zielen und Mitteln; das sind die wiederholt in Erscheinung tretenden Charakteristiken deutscher Kraft und deutscher Ohnmacht.

Sonntag, 4. Juni 1940

Hertha Kraus, Siegfried Rosenfelds Nichte, war Else Rosenfelds Studienkollegin aus Jena; sie hatte die beiden zusammengebracht. 1940 unterrichtete sie im berühmten Bryn Mawr-Frauencollege nahe Philadelphia. Sie war auch Quäkerin.

Permiso: Permit

Vor zwei Tagen Kabel von Hertha, daß Else Argentinien-Visa erhalten hat. Endlich die Rettung, für die wir seit 1¾ Jahr bemüht waren und die nun hoffentlich, da die Passage bezahlt [ist], in zwei Wochen die Ausreise ermöglicht. Der Münchener Konsul muß wohl mit Luftbrief erst den Permiso übermittelt bekommen, ehe er das Visum erteilt. Nun ist mir und wohl auch Peter und Hanna der weitere Weg vorgezeichnet und das Domingo-Projekt kann fallen gelassen werden.

Eine Auswanderung nach Santo Domingo wurde von den Rosenfelds als zweiter Fluchtweg in Erwägung gezogen.

11. Juni 1940

Neben dem Einreisevisum war auch eine Aufenthaltserlaubnis (Permit) für die Einwanderer verpflichtend.

Gestern ist nun auch Italien in den Krieg gegangen. Persönlich bedeutet es für uns, daß Else nun auch mit einem Permit nicht mehr herauskäme, das Argentinien wieder vor 14 Tagen abgelehnt hat. Es bedeutet, daß der Kriegs- und Friedensschluß erst über unser Schicksal entscheidet und ich zu Elses Schutz nichts mehr tun kann. Wird sie sich oder [werden] ihre Freunde sie schützen können? Uns kam viele Jahre aus den Bergen die Hilfe. Sie muß sie dort nun weiter finden und uns muß die Hoffnung auf ein Wiedersehen nach dem Kriege erhalten bleiben. – Es bedeutet auch Verlängerung des Krieges, noch größere Ungewißheit seines Ausgangs, vielleicht aber auch Befreiung Europas von Diktatur und Faschismus, soweit nicht Rußland in Frage kommt.

Ich muß alle Kraft zur Erhaltung meiner Ruhe für die Fortsetzung der Arbeit aufbringen, von der ca. 26 Maschinenseiten geschrieben sind. Ich schöpfe auch aus ihr jetzt noch manche hohe Befriedigung. Mir leistet sie damit viel, und ich wüßte kaum, was sonst das tun könnte. Ein bloß rezeptives Aufnehmen würde es nicht erfüllen. –

Daß ich den beiden Kindern nahe bin, hat, je länger diese Zeit dauert, daß sie beide hier im Lande sind, umso mehr Wert für sie wie für uns alle.

Bei Rosenfelds „Arbeit" ging es weiterhin um die Ausarbeitung über die Juden in Europa. Da er keine andere Arbeit fand, beschäftigte dies seinen Geist. Über Geld verfügte er nicht, daher mussten der Sohn Peter und die Tochter Hanna ihn von ihrem kleinen Verdienst mit unterhalten.

22. Juni 1940

Vor drei Tagen ist Frankreich zusammengebrochen, ein europäisches Unglück. Eine wesentliche Veränderung der Kriegslage zugunsten Deutschlands. Der Kampf spitzt sich ausschließlich auf England zu. Es wird aller Wahrscheinlichkeit nach weniger ein Landkrieg als ein See- und vor allem Luftkrieg werden. Unabsehbar, wie über den Erfolg der Abwehr eine positive Zurückdrängung von der französisch-belgischen Küste und eine Wiedereroberung des näheren Teils des Kontinents erzielt werden kann. Vielleicht durch ununterbrochenes Bombardement über Deutschland? Die Nahrungsmittelbasis für Deutschland ist vermutlich jedenfalls zunächst, vielleicht dauernd besser. Wird es mit Hilfe von Frankreichs Reichtum Goldgeld gewinnen und nun mehr ein besserer Käufer in Rumänien, Rußland werden können? Wird Deutschlands Flotte einen Angriff versuchen können? Italiens Flotte das Mittelländische Meer verlassen? Die französische Flotte Deutschland zur Verfügung stehen?

Unser persönliches Schicksal ist düsterer geworden, die Wiedervereinigung der Familie ist in die Ferne gerückt, mehr denn je. Der Krieg wird wahrscheinlich noch in das Jahr 1941 hineingehen, vielleicht noch länger. Was ich am 3. Juni dachte und schrieb, gilt daher heute nicht mehr. Ich schrieb deshalb heute an Hertha, ob sie aufgrund von Elses besonderen Qualifikationen für Else etwas tun kann und schickte eine Abschrift von Neumeyers Zeugnis mit. Ich war zwei Tage durch das Bekanntwerden von Frankreichs Verhandlungsbereitschaft völlig erschüttert; ich habe mich mit Hilfe meiner Arbeit wieder gefunden. Es sind 32 Maschinenseiten fertiggestellt.

Dr. Alfred Neumeyer war vor 1933 Richter am Obersten Landesgericht in München, zugleich 1920 bis 1940 Gründer und Vorsitzender des Verbands Bayerischer Israelitischer Gemeinden und Mitglied im Centralverein deutscher Staatsbürger jüdischen Glaubens.[4]

11. Juli 1940

Am 25. Juni 1940, acht Uhr morgens, interniert, nach den Baracken bei Oxford zusammen mit Dr. Ernst Cohn gebracht, mit ca. 120 Personen, dann in die Mili-

Nach Englands Kriegseintritt waren alle Flüchtlinge mit deutschem Pass auf englischem Gebiet zu „enemies aliens", also „feindlichen Ausländern", geworden, gleichgültig, wie sie zum NS-Regime standen. Sie wurden mit einigen Zwischenstationen letztlich auf der Kanalinsel „Isle of Man" monatelang interniert.

Hier nur einige der Genannten: Der Frankfurter Philosophieprofessor Fritz Heinrich
Heinemann war über die Niederlande und
Frankreich nach England emigriert.[6] Der
prominente Rechtsanwalt Dr. Rudolf Olden
arbeitete bis 1933 als Leitartikler und
stellvertretender Chefredakteur des Berliner Tageblatts und Mitarbeiter der Welt-
bühne, später in etlichen Exilzeitungen.

Dora Wesley lebte in der Sheen Road Richmond, Surry; sie war eine Brieffreundin
von Rosenfelds Tochter Gustel und nun
Lehrerin.[5] Mrs. Margret Bligh war von September 1939 bis Juni 1942 Hannas
Dienstherrin.

tärturnschulhalle, traf Dr. Hugo Levy mit Sohn, Herrn Paul Braun, Leiter des frü-
heren Münchener Marionettentheaters, und anderen zusammen. Nach drei Tagen,
Donnerstag, 2. Juli, nach Southampton, 166 Personen in vier Bussen. Einquartiert in einer Schule. Lehrkurs von Rat Heinemann und Eysler über Philosophie.
Olden über die Entstehung des Naturalismus, englischer Kurs pp. Freitag, den
10. Juli, in der Eisenbahn nach B. bei Manchester. Verfallenes Fabrikgebäude
(Warth-Mills), 480 Personen in einer Halle. Stacheldraht. Bücher, Manuscripte,
Pocket-Books auch weggenommen; keine Zeitungen. Bibel, Beethovens Sonaten
weggenommen, jeden Fetzen Papier, Zigaretten. RA Mayer (Frankfurt), RA Löwen-
stein (Essen) – Besuch der Quäker, 20. Juli, Brief von Hanna heute, evtl. Adresse
an Mrs. Bligh und Dora Wesley. Am 9. Juli traf Peter ein abends von Seaton, interniert am 4. Juli. Ein Lichtstrahl in aller Düsterkeit. Man gratuliert mir. RA Levy
hat zwei Söhne hier.

28. Juli 1940

Die vielen hoch qualifizierten Akademiker,
Künstler und Journalisten organisierten
ein regelrechtes Vortragsprogramm für ihre
Leidensgenossen, es gab Ausstellungen,
Musik- und Theatervorführungen. Vor
allem im Lager Douglas, dem Intellektuel-
lenlager, entstand so trotz all der Irritatio-
nen der Internierung eine Art deutscher
Kulturolymp auf englischem Boden.

Seit 16./17. Juli in Douglas (Isle of Man) in Boardinghouses, 30 Männer, auch
Frauen. 17.7.: Die Schönheit des Meeres in der Ferne kontrastierte allzu stark
mit der Unfreiheit, wenn im blauen sonnendurchwärmten Äther die weißen
Möwen fliegen. Hocherregte Männer, durch jähe Trennung von ihrem letzten,
noch mühsam geretteten Heim empört, durch schlechte Postverhältnisse abge-

**Die Masseninternierung auf der Isle of
Man begann im Mai 1940. Die ersten
Internierten wurden in ein rasch improvi-
siertes Camp in Huyton bei Liverpool
gebracht.**

Tagebuchaufzeichnungen Siegfried Rosenfeld

schnitten von draußen, ihrer Bücher, Schriften, Notizen pp. beraubt, in den schmutzigen Warth-Mills. Heute ein schönes Konzert. Aber es rührt zu Tränen, wenn man sich vergeblich fragt, wie sieht es bei den Deinen aus; Peter ist in Warth-Mills zurückgeblieben, seit zwei Wochen ohne Nachricht, ebenso wenig von Else und Hanna. Ich schicke meine Sehnsucht, meine Wünsche, Hoffnung und Furcht zu Hertha. – Großenteils Männer über 55 und älter, durch die vergangenen sieben Jahre bis zum Bersten voll mit Bitterkeit, von Sorge erfüllt. Jedes Wort findet nur Widerspruch, jeder ist ein Feind des Anderen, bereit, ihn zu tadeln, ihm Vorwürfe zu machen. Man schreit durcheinander. In den letzten Tagen endlich kleine Erleichterung durch Zeitung, etwas Post. Angriffe in den Zeitungen gegen Home- und War-Offices im New Statesman (vom 20. Juli). Besuch des Lagers durch Dr. Israel, Verbindungsmann des Bloomsbury House und Home Office. Zimmergenossen; Braun und K. Rosenberg. Das Alter um 60 ist vielleicht das eigensinnigste, das sich schlechthin gegen ruhige Erwägung abschließt, wenig mehr zugänglich ist, physisch und psychisch schwerhörig ist. Ich übergab einen kleinen Aufsatz. Protest gegen die Auslegung des Begriffs »absolute nationale Sicherheit«.

Das Internierungslager Douglas lag im Osten der Isle of Man, farbige Postkarte

29. August 1940

Vor wenigen Tagen ist für die älteren Personen über 64 Jahre die Entlassung bekannt geworden, sie steht uns alsbald bevor. Es sind ca. 90 Männer. Die letzten vier Wochen haben durch Verteilung der Post in der Kantine, durch Spaziergänge und das sichtliche Bemühen der Campleitung wesentliche Verbesserungen gebracht. Allmorgentlich große Verabschiedung von Entlassenen am Stacheldraht vor der Kommandantur, mit Sprechchor! Die Einrichtung einer Halle über der Kantine für Vorträge und Konzerte. Man geht mit Stühlen dazu. Diskussion über Astrologie: Prof. Eysler sehr entschieden dagegen. Er spricht vom Fenster eines Hauses zum »Volke« von acht bis zehn Uhr abends. (Peter hielt zwei Stunden aus). – Peter Eitinger, Jesuit, über seinen Lebensgang, Professor Fehr über die Augen; Prof. Großmann (Wien) über agrarwirtschaftliche Entwicklung; Prof. Rothfels über Englands Kulturentwicklung; Prof. Heymann (Köln) über Rousseau, Prof. Isaak über Krankheiten; Dr. Sohn-Rethel über Kapitalismus und Sozialismus; Prof. Stadler über mittelalterliche Geschichte.

Gestern gingen 15 Ehemänner mit Blumensträußen ihre Frauen in einem anderen Lager besuchen. Die Jugendlichen spielen auf dem Rasen, Tauziehen. Gymnastik am Morgen und am Abend – Bridge-Endspiel. – Vor zwei Tagen erhielt ich meine Notizbücher, Diktionär und drei Mappen mit Exzerpten pp. zurück. Die Männerstadt: Das Cabaret, Wiener Klavierspieler Rawitsch, Hofrat Dr. Glogau (Jurist), Sänger, Berliner Humorist mit Klampfe.

Home Office: das britische Innenministerium
War Office: das Kriegsministerium

Professor Dr. Oscar Fehr war ein berühmter Augenarzt aus Berlin.[7]

Hans Rothfels, Schüler von Friedrich Meinecke in Berlin, war bis 1934 Geschichtsprofessor in Königsberg und Mitherausgeber der renommierten Historischen Zeitschrift; er emigrierte erst nach England, dann in die USA. Nach seiner Rückkehr nach Deutschland 1951 wurde er zu einem der einflussreichsten deutschen Zeithistoriker.[8] Dr. Alfred Sohn-Rethel war Nationalökonom, marxistischer Philosoph und Soziologe.[9]

Neben Männerlagern gab es auch Frauenlager auf der Isle of Man; rund 4.000 Frauen waren dort interniert, etliche zusammen mit ihren Kindern. So befanden sich auch mehrere Ehepaare in verschiedenen Camps der Insel.[10]

20. September 1940

Ein merkwürdiges, sich wiederholendes Bild, der Mann mit dem Stuhl, der zum Vortrag zieht, auf the Lawn (dem Rasen) oder in die Halle; zwei Mal wöchentlich gehe ich zu Dr. Stadlers Mittelalter oder zu Dr. Sohn-Rethels Arbeitsgemeinschaft oder zu Dr. Rosenfelds Kriegsberichterstattung oder Dr. Ungers Philosophie. Gestern ein Vortrag über Ost- und Westjudentum, der versuchte, die Synthese von Zionismus und Palästina zu sehen, obgleich die große Zahl der Ostjuden in Amerika und der Nicht-Dahingelangenden ausgeschlossen ist. Dagegen war Dr. Friedrichs Vortrag über Nordamerikas Vorgeschichte tieferschürfend oder Dr. Rausche über Punishment and the Social Structure, einen Zusammenhang suchend zwischen Gefängnispolitik und Bevölkerungsbewegung. –

Ich schreibe jetzt meist an Hedi und Else oder Hertha und Else, erwarte sehr Nachricht von USA mit eigenhändigen Zeilen von Else, die letzten kamen jetzt von Marta Rosenbaum und ihr vom 15. Juni und 22. Juni nach fast drei Monaten.

Der Krieg in der Luft wohl auf seinem Höhepunkt. Wie lange kann es gehen? Ist der scharfe Angriff Englands auf die Basis der Invasionsflotte der Anfang zu einem guten Ende? Kaum kann es wohl im Herbst und Winter lange fortgesetzt werden? Oder im Frühjahr aufleben? Verkennt nicht auch jetzt wie 1917/18 Deutschland wieder die Bedeutung der immateriellen Kräfte und der Imponderabilien? Es muß auch jetzt daran zu Grunde gehen, scheitern. Nicht die Zahl der Flieger, Qualität wird entscheiden, und die ist auf englischer Seite. – Ich sehe zum Fenster auf die Anlagen, die im Herbstsonnenschein liegen, dahinter über die Häuser hinweg den Rand der Irischen See, blau gefärbt. Wieder erweist sich mir Natur als der große Segen, wie in den letzten Jahren schon oft.

25. September 1940

Es sind jetzt drei Monate der Internierung vergangen. Die Dauer dieser wechselvollen Zeit, das Nahen des Winters und mit beginnendem Herbst sich einstellende äußere Verengung des Lebens der Internierten macht sich steigend bemerkbar. Die unterschiedslos zusammengewürfelten Menschen werden sich selbst immer mehr zur Last. Für mich ist die am 23. September erfolgte Entlassung Peters eine große Entlastung und macht es mir leichter, an die eigene Entlassung zu denken, die mir vorher sehr dunkel vor Augen stand. Er bedeutet mir mit seiner Arbeit, die er gern leistet, und seinem Verdienst sehr viel. So werde ich mich leichter wieder draußen zurechtfinden.

Ich will noch einige Bilder hier festhalten: den Mann mit dem Stuhl, der zum Vortrag auf dem Lawn oder in der Halle wandelt, am Tag und abends; die marschierende Schar, die mit Musik (Bandonion oder Gesang) morgens um sieben

Dr. Fritz Rosenfeld war Kulturredakteur der Wiener Arbeiterzeitung; er emigrierte über die Tschechoslowakei nach England.

Hedi (Hedwig) Kraus war Siegfried Rosenfelds Schwester, Hertha deren Tochter. Die Familie lebte nahe Philadelphia. Siegfrieds und Elses Briefe gingen über die USA. Marta Rosenbaum wiederum war eine Schwester von Siegfrieds verstorbener Frau Gertrud Rewald (2. April 1876 bis 18. März 1916).

Peter war vom 4. Juli bis 23. September 1940 interniert, zunächst in Seaton, dann im Lager Douglas. Als Farmarbeiter wurde er wieder angefordert und daher früher entlassen.

die Verlassenden zum Stacheldraht begleitet, am Montag Prof. Kastner (Musik-referent) mit »Freude, schöner Götterfunken, Tochter aus Elysium« verabschie-den, Prof. Eysler, der mühsam sein hier gemaltes Ölbild mit sich trägt, der mit einem jüdischen Lied begleitete Rabbiner.

Eben hörte ich M. Rat Wittelshöfer aus seinen Erinnerungen aus dem Amt vortragen; gestern um neun Uhr der allabendliche Pressebericht von Dr. Rosen-feld (Wiener Arbeiterzeitung). Dazwischen kommt die bewegende Nachricht vom Untergang des torpedierten Schiffs, in dem 100 evakuierte Kinder und viele Erwachsene, unter ihnen Dr. Rudolf Olden, untergingen, der Mann, den wir vor 14 Tagen die Treppe zur Kommandantur mit seinem charakteristischen Halsshawl zuletzt hinaufgehen sahen, hoffnungsvoll der Arbeit, die ihn in USA erwartete, entgegensehend, durch die Internierung halbtot, schließlich Hitler zum Opfer gefallen.

Das erregendste Moment hier ist die Ungewißheit, die das Schicksal der Vie-len ist. Wann diese Zeit der Unfreiheit wohl enden mag und sie wieder ihrer Fami-lie wiedergegeben werden? – Viele bewegt der Gedanke, ob sie durch Meldung zum Pionierkorps sich die Freiheit erringen sollen. Eine schwere Frage für die unter 50. Der Krieg gewinnt weiter an Ähnlichkeit mit dem Verlauf des vorigen. Nach einem Jahr glänzender Erfolge Deutschlands bereitet sich die Wendung vor, die der Verlauf des nächsten Jahres hoffentlich besiegelt.

Der Jurist Friedrich Wittelshöfer, ein hoher Reichs-Ministerialbeamter und SPD-Mit-glied, war im August 1939 nach Groß-britannien emigriert.[11]

Rudolf Olden war an die „New School of Social Research" in New York berufen wor-den; bei seiner Überfahrt mit der „City of Bernares" wurde das Schiff im Nordatlantik am 18. September 1940 von einem deut-schen U-Boot torpediert und sank. 248 Menschen, darunter 77 Kinder, kamen ums Leben, zu den 158 Überlebenden gehörte Thomas Manns Tochter Monika.[12]

13. November 1940

Lange Unterbrechung. Rückkehr von der Internierung am 28.9. Nächtliche Ankunft in Oxford, polizeiliche Meldung, Übernachtung auf dem Sofa des Lunch-rooms eines vornehmen Hotels. – Vorläufiges Quartier bei Frau Fränkel-Baum-gart, bei Prof. Winter … (dazwischen bei Peter, Burcote Farm), dann drei Wochen in Hendington, Hawthorn Avenue, vom 18.11. voraussichtlich für längere Zeit ein besseres Quartier (Collinwood Rd.). Die ursprüngliche Angst vor der Freiheit in der kriegsveränderten Zeit ist überwunden. Ich arbeite täglich in der Bodleian Library; doch haben mich allgemeine Zeitprobleme, vor allem Parkes »The Jew and his neighbour«, einiges von Cole gepackt. Ich habe das Übersetzungsrecht von Parkes Buch von ihm und seinem Verlag (letters heute) erworben. Ich bin kein Übersetzer. Es ist eine größere Arbeit mit 200 Druckseiten. Manches ent-spricht nicht ganz meiner Auffassung und ich werde Anmerkungen in größerer Zahl machen. Aber wer wird heute dafür Verständnis haben oder eine Konjunk-tur sehen? To encourage the better Germany in the time to come? Das bessere Deutschland schläft noch und liegt gefesselt. Aber es muß einmal wieder erweckt und ermutigt, gefördert, mit guten Büchern versehen werden. Was hat es alles ver-schlafen! Wir müssen rufen: Deutschland, erwache! Ist alles zu optimistisch, rosen-rot gedacht?

Rosenfeld war vom 11. Juli bis zum 27. September interniert.

Die 1602 eröffnete Bodleian Library ist die zweitgrößte Bibliothek Großbritanniens und die Hauptbibliothek der Universität Oxford.[13]

James Parkes, The Jew and His Neigbour. A Study of the causes of Anti-Semitism, Lon-don 1931.
George D. H. Cole war ein britischer Autor, der über die Genossenschaftsbewegung, die sozialistische Bewegung, das „Werden der britischen Arbeiterpartei" etc. schrieb.

Siegfried Rosenfeld hatte einen großen passiven Wortschatz und las das Englisch flie-ßend, konnte sich aber nur schwer münd-lich verständigen. Daher besuchte er meh-rere Englischkurse.

Verhaltensregeln für deutsche Emigranten in England, 1940

Hanna lebte in England bei der Familie Bligh; Mr. Bligh war Schuldirektor.

Air-raids: Luftangriffe

urgently: dringend

Curt Bondy war ein wichtiger deutscher Psychologe und Sozialforscher, hochengagiert für die Reform des Jugendstrafvollzugs; er leitete nach seiner Amtsenthebung ab 1936 das Ausbildungslehrgut Groß Breesen, das auch Peter und Hanna Rosenfeld vor der Emigration besucht hatten. Nach einem KZ-Aufenthalt konnte Bondy über England in die USA emigrieren.

Der Musikschriftsteller Heinz-Gerhard Pringsheim, Bruder von Katja Mann, wohnte wie Else Behrend-Rosenfeld in Icking.[14] Die Bachmanns waren die Ickinger Vermieter und Freunde von Else, Maina Bachmann die Tochter des Gründers von Elmau; das Paar hatte fünf Kinder, Markus, Almuth, Dietrich, Sylvia und Michaela.

Salo Wittmayer Baron war ein jüdischer Historiker, der von 1930 bis 1963 an der Columbia University in New York lehrte. Rosenfeld bezieht sich hier wohl auf Barons Werk „The Jewish Community".[15]

Daß ich hier im englischen Unterricht und sonst auf den Wegen einem bekannten Gesicht begegne, ein Wort austausche, ist mir viel wert. Peters Besuch allwöchentlich, über dessen ruhiges Reifen ich Freude gewinne. Der arbeitende junge Mensch im Leben unter den Menschen mit offenem Blick und guten Willens bedarf nicht so der Bücher, wie wir sie als Stütze, als hauptsächliches bildendes Moment sahen und brauchten. Hanna wird nun 18 Jahre; ihre Pflichttreue läßt sie ausharren, wo sie seit 5/4 Jahren ist (Bligh) trotz mehr als 200 air-raids bisher. Kann ich sie da fortbeordern? Sie leistet den Eltern und ihren Kindern augenscheinlich wertvolle Dienste, da sie sie sonst trotz des erhöhten Geldes von fünf auf 15 Pfund nicht behalten würden. Nun kamen die Fragebogen für etwaige Transportbeteiligung nach Santo Domingo, arrangiert von Bondy. Aber Hertha kabelt »urgently«. Wo zwei so kräftige Arme wirken, muß alles zurückstehen, auch ich will es nun versuchen, ob mein Anschluß möglich ist. Wenn Else sich dort noch anfinden könnte! Ich habe Hertha darauf sofort für mich geschrieben am 11.12. – Heute Brief von Else vom 3.10. über Hedi, deren Brief vom 25.10. Else schreibt vom Konzertabend bei Pringsheim mit den Kindern Bachmann (Markus, Almuth, Pringsheim Vater und Sohn). Wie schön ist dieser Gedanke und die Tatsache selbst!

22. Dezember 1940

Wochentägige Arbeit in der Camera, dem schönen Rundbau neben der alten Bodleian Library, zu der die 5 Stufentreppen fast wendeltreppenartig hinaufführen. Ich sehe im Geiste immer alte Männer mit großen Perücken die ausgetretenen Stufen vor mir hinaufsteigen. Die anglo-amerikanische Literatur ist zu eindrucksvoll, als daß ich ohne ihre Verarbeitung zuvor an weitere Ausarbeitung gehen kann. Das dreibändige Werk von Salo Baron, Professor an der Columbia

Tagebuchaufzeichnungen Siegfried Rosenfeld

University, hat mich fast aufgewühlt. Ich müßte auch spanisch, italienisch und hebräisch lesen können. Doch ich muß meine Aufgabe begrenzen. Zu dem, was mir an gründlicher Aneignung des Stoffes vorschwebt, gehören weit mehr als drei oder vier Jahre Arbeit, die doppelte und dreifache Zeit. – Jetzt arbeite ich an der Disposition, einem Inhaltsverzeichnis, dessen Vorlegung in USA mir vielleicht ein Jahr ruhiger Arbeit sichert. Aber sie verlangt völlige Stoffübersicht und ist nicht ganz schnell möglich. Gestern nach langer Zeit wieder ein Brief von Else vom 19.10., so ruhig und beruhigend geschrieben. Und doch eineinviertel Jahr Trennung hinter uns und wahrscheinlich ebensolange Trennung oder länger vor uns! Wenn ich 10 Jahre jünger wäre, würde dieses Leben für mich wohl leichter sein. Zum Glück habe ich die Kinder hier; Hanna sah ich am 13.12. in London (Hammersmith, für 1 ½ Stunden), als ich im Woburn House wegen der Domingo-Angelegenheit war und in der Schweizer Gesandtschaft meine Unterschrift unter der Lebensbescheinigung beglaubigen ließ. Hanna hat leider durch Feuer einen Teil ihrer belongings eingebüßt; so verfolgt uns auch hier Hitler. Dennoch, er wird es nicht schaffen; Britain hat den stärkeren Atem und die besseren Nerven. Für England ist der Krieg eigentlich erst seit vier Monaten im Gange; für Deutschland schien er schon vor sechs bis acht Monaten so gut wie gewonnen mit überraschenden Erfolgen. Vielleicht kann die Luftflotte Englands doch die Wendung bringen, ohne daß ein sehr zweifelhafter Landkampf auf dem Kontinent (Südösterreich, Türkei, Ägypten) stattfindet, oder gar auf englischem Boden. Bedenklich ist der Erfolg der U-Boote, wenn ihm nicht alsbald die Wirkung genommen wird. – Der zweite Winter zeigt mir noch eindringlicher als der erste die starke Abhärtung der Engländer gegen Kälte, die Genügsamkeit mit dem Kaminfeuer, das eine Verschwendung von Kohle bedeutet; wie die Engländer mit schweigender Geduld an den stops der Busse ausharren, »full up«, sagt ruhig der Conductor und wortlos gehorcht der Wartende, nicht minder geduldig in Shops und Offices, auf der Straße, wo der Kinderwagen den Vorrang hat. Es ist nicht nur ein anderes Temperament, Stoikertum, es ist nicht anerzogene Selbstbeherrschung, es ist das Fehlen der Minderwertigkeit, die durch Lautheit, Kommandieren, Schreien glaubt, sich behaupten zu müssen. Ruhige Selbstbehauptung, Selbstbewußtsein der Persönlichkeit, wohl ausgebildet in Jahrhunderten friedlicher wirtschaftlicher, politischer Entwicklung. – Peter macht mir immer wieder Freude, wenn ich ihn in freundlicher Unterhaltung bei seinen einfachen Wirtsleuten (Mr. Chown) höre. Er wird seinen Weg machen, sich stets Freunde durch sein klares, offenes Wesen und Pflichttreue in der Arbeit erwerben. Ob die beiden mich verlassen, mir, uns den Weg nach Santo Domingo ebnen? Wo werden wir enden? Das neue Jahr wird vielleicht eine Antwort geben. Auch Hanna wird ihren Weg gehen; doch ihre Herbheit und Härte macht ihr selbst Schwierigkeiten. Sie muß aber viel Liebe im Hause Bligh in den fast 1 ½ Jahren sich erworben haben. Das zeigt sich daran, wie man ihren Geburtstag dort begangen hat. Mögen sie beide ihr Glück finden in Arbeit, Erfolg. – Der Abschluß des Jahres

Rosenfeld hoffte offenbar auf ein Stipendium für sein Werk.

„Durch Feuer" meint hier: durch einen Bombenangriff.

belongings: Eigentum

ist nicht ohne tiefe Wehmut. Aber wir müssen hart sein, soweit nur möglich, hart und still. Ich kann Niemandem eine kleine Weihnachtsfreude machen.

15. Februar 1941

Schon tief im neuen Jahr, Frühling ist nahe, vor acht Tagen schon im University Park (Mesopotamia), in vielen, fast allen Vorgärten der Banbury Road Anemonen und Schneeglöckche und blaue, mir nicht bekannte Blumen. Wie überhaupt die immergrünen zahlreichen Zedern und echten Tannen, die Rhododendronbüsche und andere immergrüne hochgewachsene Blattstauden der Flora einen anderen, im Winter nicht so kahlen, im Gegenteil farbigen Charakter geben. Auch der Rasen ist hellfarbiger im Winter hier als bei uns und, indem ich das Wort schreibe, zuckt die Feder, es fließt nicht mehr unbedenklich aus der Feder. Wie kann es auch, die unerhörte, unendlich weitergehende Rachsucht, Nichtachtung jeder staatlichen Grenzen und Souveränität, Erpressung auf Erpressung gegen alle kleineren Staaten, denen der Widerstand nur eine zeitlich begrenzte Freiheit lassen würde. Die vor drei Monaten fortgesetzte gewaltsame Vertreibung der süddeutschen (badischen, hessischen, rheinländischen) Juden und Internierung in südfranzösische Camps, die fortgesetzten Überfälle auf die Zivilbevölkerung in den Straßen englischer Städte, die ohne Warnung und Schonung der Seemannschaft betriebene Torpedierung, Luftangriffe auf die Zivilpassagiere von Transportschiffen usw. Die Besetzung Italiens mit der deutschen Wehrmacht versetzt letztere in eine Defensivstellung, ausgesetzt der Schiffs- und Luftflotte Englands. Dennoch ist noch kein Ende abzusehen und wie es zum Guten sich gestalten wird. Es wird! Aber nicht ohne enorme Blutopfer, wie sie der Krieg in 1½ Jahren noch nicht gefordert hat. –

Ich hatte gestern nach einem Monat zwei Briefe von Else aus dem Januar über Lissabon, sie machen mich froh, wenn sie auch leider den Verlust vieler von ihr und mir im vergangenen Jahr geschriebener Briefe beweisen. Die Else so nahestehenden hilfreichen Neumeyers haben sie nun verlassen mit dem Ziel, das auch das ihrige hätte sein können. Anscheinend weiß Else noch nichts von dem drei Monate in Gang befindlichen S.-Domingo-Projekt. Der Jahresbericht, den Hertha einschickte, die Gründungsakte, alles klingt hoffnungsvoll; ein großes Unternehmen, vielseitig angegriffen von anscheinend sehr sachkundigen Leuten. Peter und Hanna sind zugelassen, Exitpermit und Visum beantragt durch das Komitee.

In diesen Monaten die Contents weiter ausgearbeitet, doch fehlen noch Frankreich, Spanien, England, Holland. Und ich muß noch aus der angloamerikanischen Literatur über Economic History of Europe manches schöpfen. Seit ich die kleine Library of Statistics entdeckt habe, ist sie mir ein »warmes« Refugium aus den nur halbgeheizten großen Bibliotheken geworden. Es arbeiten oft nur wenige in dem Raum, die peinlich jede Störung meiden. Ich kann gelegentlich eine Abschweifung von meinem Thema nicht ganz abweisen, z. B. das Studium des

Else schrieb: „Isartal, Sonntag, den 27. Oktober 1940. Nun ist das eingetreten, was wir immer gefürchtet hatten und was uns doch so unfaßbar und entsetzlich erscheint: Wieder hat eine Deportation stattgefunden! Und diesmal eine viel größere und umfassendere als die erste. Alle Juden aus Baden und der Pfalz, anscheinend auch aus einem kleinen Teil Württembergs, sind am 22. Oktober deportiert worden, zusammen eine Zahl von fünftausend Menschen! Doch hat man sie nicht nach Polen geschickt, sondern in ein Lager im unbesetzten Frankreich. Näheres wissen wir noch nicht. Auch die elsässischen, also früher zu Frankreich gehörenden Juden sollen dabei sein."

Dr. Alfred Neumeyer und seine Frau Elise emigrierten im Februar 1941 über Frankreich und Spanien nach Argentinien; beide starben dort 1944 auf der Farm ihres Sohnes.

Contents: Inhaltsverzeichnis; Rosenfeld arbeitete nach wie vor an seiner Geschichte der Juden.

geistvollen Buches von Ludwig Gumplowicz, »Rassenkampf«, oder wenn ich auf den Titel einer Schrift stoße, die einen Torso aus Schillers Nachlaß »Die Polizei« behandelt; eine Kriminal- und Detektivgeschichte, von der es wohl zweifelhaft war, ob sie als Lust- oder Theaterspiel zu gestalten wäre.

Mein jetzt fast drei Monate bewohntes Quartier Collier, 85 Collinwood Road ist weiter eine gute Unterkunft.

Ludwig Gumplowicz war ein polnischer Jurist, Professor für Staats- und Verwaltungsrecht an der Universität Graz und einer der Gründer der europäischen Soziologie. Sein Buch „Der Rassenkampf" erschien 1883 in Wien.[16]

4. Mai 1941

Vielleicht hätte den Kindern Santo Domingo einen schnelleren Aufstieg zur Selbständigkeit ermöglicht, als es Argentinien tun kann. Aber die Wiedervereinigung der Familienarbeit in einer so schweren Zeit – zumal auch bei der Jugend von Hanna und Peter und meinem Alter, wo ich wohl auf die Unterstützung durch sie im Wesentlichen angewiesen bin – ist das Wichtigste. Wir werden durch sechsköpfige Zusammenarbeit – vielleicht kommt auch Käthe Behrend dazu – am ehesten weiterkommen, wenn auch nur mit geringen Mitteln ausgestattet. Heinis und Gustels Erfahrungen im Lande werden von wesentlichem Nutzen sein. Auch das Klima Argentiniens ist für Else besser als Domingo. Ich kabelte den Telegramminhalt nach Lissabon, da möglicherweise Else in den nächsten ein bis zwei Wochen dort eintrifft. Auch meine Befürchtung, daß Lateinamerika eine Zuflucht für später flüchtende Nazis sein kann, muß zurückstehen. Es gibt heute nirgends Sicherheit; hoffentlich, wenn der Krieg im Jahre 1942 erfolgreich für England zu Ende geht.

Wir Kontinentalmenschen starren immer auf die Landgewinne und -verluste. Sie sind für den englischen Insularbewohner und entsprechend Englands ganzer Geschichte nicht von erster Wichtigkeit. Sie dienen ja auch den Nazis nur als Mittel zu dem Zweck, Lebensmittel und Rohstoffe zur Führung eines langen Krieges zu gewinnen. Der Kriegsgewinn oder -verlust ist abhängig von der Schlacht im Atlantik, vom Landkampf nur insoweit, als es sich um Großbritanniens Boden handelt, und vom Luftkampf. Der U-Boot-Krieg wird durch Amerikas Mitüberwachung des Atlantiks seine jetzige Schärfe verlieren. Ich habe festes Vertrauen. –

Nun, wo ein künftiger Weg und ein künftiges Ziel deutlicher erkennbar sind, ist der Abschluß der Stoffsammlung für meine Arbeit dringender geworden. Mich beschäftigt noch Frankreich, das nur Monographien und Literatur hat, und Holland, dessen Sprache mir den Zugang zum Material erschwert. Die Notwendigkeit, die Wirtschaftstätigkeit der Juden stets im Zusammenhang mit dem Wirtschaftsleben der größeren Gemeinschaft zu sehen, in der sie leben, verlangsamt die Sammelarbeit.

Seit fünf Wochen nimmt der Versuch der Mitarbeit an der »Zeitung« einen größeren Raum ein, zwingt zum Lesen anderer Literatur, des Buchs von Sebastian Haffner: Offensive against Germany, und ähnlicher Bücher. Minde sprach ich am

Käthe Behrend, Elses Schwester, war 1939 nach Argentinien ausgewandert und arbeitete in Buenos Aires als Angestellte einer Textilfirma; Gustel, Rosenfelds Tochter aus erster Ehe, emigrierte mit ihrem Mann Heinz (Heini) Behrend bereits im April 1937 nach Argentinien.[17]

Else Rosenfeld schrieb: „Isartal, Sonntag, den 27. April 1941. Gestern erhielt ich die telegraphische Mitteilung meiner Schwester Käthe aus Argentinien, daß die … Einreiserlaubnis für Argentinien per Kabel an das Münchner argentinische Konsulat abgesandt sei. Gleichzeitig fand ich eine Mitteilung des Konsulats vor, mich morgen zu einer Besprechung dort einzufinden. Sollte es wirklich Wahrheit werden, daß ich ausreisen kann? Soll dieser ständig auf uns allen liegende Druck von mir genommen werden?!" Else Rosenfeld erlebte ein Wechselbad der Gefühle: „Isartal, Sonntag, den 4. Mai 1941. Montag auf dem Konsulat bekam ich wirklich die Zusage, daß mir das Visum erteilt werden sollte, und die Aufforderung, alle nötigen Papiere zu beschaffen. … Donnerstag feierte ich meinen fünfzigsten Geburtstag unter diesen freudigen Vorzeichen mit allen hier gewonnenen Freunden … Ich war so froh bewegt wie wohl seit Eurer Abreise nicht mehr."

Raimund Pretzel war im Jahr 1938 nach England emigriert. Er veröffentlichte dort 1941 unter dem Pseudonym Sebastian Haffner die Streit- und Anklageschrift „Germany. Jekyll and Hyde".

17.4. in London. Er war äußerlich sehr entgegenkommend. – Am Tage darauf trafen Peter und ich mit Hanna in Reading zusammen. – Der Winter war sehr lang; erst in diesen Tagen beginnt der Frühling, doch immer kalter Nordwind, so daß in den schönen Gärten und Parks das Werden des Frühlings nur für kurze Viertelstunden zu beobachten möglich ist. – Jetzt werden wir nachmittags mit Thea Weissenberg, Irma Herzog, Frau J. mit ihren Kindern und Gabriel auf dem Overshot-Hill im Freien Tee kochen und Picknick machen. Mein Beitrag wird eine Tüte Sweets sein.

18. Mai 1941

Vor zwei Wochen kam das Kabel, daß Else das argentinische Visum hat, seitdem warte ich stündlich auf einen Fortschritt der Sache, bisher vergebens. Auch Peter ist erwartungsvoll, er besuchte mich letzten Freitag wieder wie gewöhnlich. Immer derselbe, gleichmäßig zufrieden in dem Rahmen seiner Berufsarbeit, die doch eine bescheidene ist, ihn doch voll befriedigt. Die Beschäftigung mit Lebewesen, mit dem Vieh, Kühen und Kälbern, mit den Erzeugnissen des Bodens muß wohl einen Hauch von Ruhe, mehr als nur einen Hauch den täglich daran Arbeitenden geben wie wenig andere Arbeiten. Peter ist immer gleichmäßig, ohne Probleme, unberührt von häßlichen Dingen, obgleich auch nicht ohne Temperament.

Vor einer Woche geschah das Erstaunliche, die Landung von Rudolf Heß in England. Die Wirkung dieses Ereignisses, die Landung von Rudolf Heß auf England, bietet wieder Gelegenheit, die Verschiedenheit der englischen Auffassung von der, soll ich »kontinentalen« sagen, festzuhalten. Wenn auch starkes Mißtrauen zunächst am Platze war, enthüllten doch die Umstände eindeutig, auch die ersten Tage ohne jedes überraschende Ereignis, auch die verlegenen und verlogenen Deutungen des deutschen Apparats, daß er wirklich allein gekommen war, auf der Flucht vor einer sein Leben bedrohenden Gefahr oder wegen des Zweifels am deutschen Erfolg. Während die Ausnutzung dieses, einen heftigen Schlag gegen Hitler bedeutenden Ereignisses zum Zweck der Schwächung eventueller weiterer Spaltung in Deutschland, für deren Vorhandensein diese Flucht ein sicheres Anzeichen war, wie vielen anderen auch mir das Wichtigste schien, handelt England anders. Man stellt ihn nicht ans Radio, benutzt ihn nicht als Propagandawerkzeug in erster Reihe, sondern straft ihn mit Verachtung, nennt ihn einen der größten Lumpen unter all den anderen, rechnet ihm seine Teilnahme und Verantwortung für alle von den Nazis begangenen Verbrechen vor. Ich stelle mir dagegen nur vor, wie einer handeln würde, der von einer Räuberbande überfallen, eingesperrt wird und dann einer der Räuber nächtlich sich zu seiner Befreiung anbietet, was jeder ohne Frage annehmen würde, auch wenn der Befreier ein Räuber und Mörder ist. Stattdessen sagt England, es gibt keine edlen Räuber, das ist nur immer ein Romanheld. Der Daily Mirror bringt ein Bild, wo Heß, über die Leiche eines durch Luftbombenangriffe getöteten Kindes gebeugt, die Frage in den Mund gelegt wird: »Kannst du mein Freund sein?« Welche Frage! Ich sehe in Heß nur den Feind meines Feindes, der Englands Feind ist und die Gemeinsamkeit des Feindes ist der Grund, ihn mit für meine Zwecke zu benutzen. Für England spielt das moralische Element anscheinend eine größere Rolle, mit solchen Elementen gibt es »überhaupt keine gemeinsame Sache«. Er ist so verächtlich wie die anderen und bleibt es ebenso auch nach seiner Trennung von Hitler und seiner Vertrauensbezeugung für England, das Land seiner Zuflucht. Seine militärischen und politischen Kenntnisse wird man von Seiten der Sachverständigen zur Kenntnis nehmen und verwerten. Daß sie geheim bleiben in gewissem Umfange ist auch richtig, um zu verhindern, daß sie Deutschland nicht bekannt werden und Gelegenheit geben zu entsprechender Abwehr oder Ableugnung. Diese Unsicherheit in Deutschland ist auch ein ganz wertvoller Angriff auf die Nerven dort; wieweit Geheimnisse uns bekannt sind, ist auch ein solcher Faktor dabei: »Kein Hund nimmt von ihm ein Stück trocken Brot.« So wird die Verachtung, die durch nichts gutzumachende Verachtung und Verächtlichkeit des Gegners, die Unversöhnlichkeit selbst mit dem fahnenflüchtigen Nazi eine Waffe, eine mörderische Waffe. –

Heute ist der erste Tag, da es so warm ist, daß ich in meinem Zimmer ohne Heizung schreiben kann. So erst gewinne ich wieder ein Stück »Heim für einige Sommermonate«. – Ich habe jetzt mit der Geschichte der Juden in Holland mich zu beschäftigen begonnen; leider wenig deutsche und französische Literatur, meist nur holländische. –

Gestern traf ich den jungen, mir im Camp bekanntgewordenen von Leyden, blaß, mit feinen durchgeistigten Zügen, der hier einige Jahre Philosophie studiert hat, jetzt an der Doktorarbeit »Das Zeitproblem« arbeitet. Der Vater, früher Ministerialdirektor, ist in Bombay. Im Sonnenschein, mit einem elend verschlissenen Wintermantel, ergriff mich dieses Emigrantenelend tief: der Kontrast bei diesem feinen, auch sehr musikalisch begabten Menschen wirkte auf mich. – In diesem Zusammenhang denke ich auch an Günter Goldscheidts tragisches Ende und manche andere. Wo mag Richard Roeder sein?

Wolfgang Marius von Leyden, geb. 1911 in Berlin, politischer Philosoph, emigrierte 1933 zunächst nach Italien, wo er in Kunstgeschichte promovierte. 1939 emigrierte er nach England, wurde fünf Monate auf der Isle of Man interniert, studierte dann aber in Oxford und London weiter. Mit einem Rockefeller-Stipendium gab er die unpublizierten Papiere von John Locke heraus. Sein Vater war Victor Ernst von Leyden, Kavallerieoffizier im Ersten Weltkrieg und Ministerialdirektor.[18]

8. Juni 1941

Ich stehe unter dem Eindruck von Elses Briefen, geschrieben am 22. und 29.3., in denen sie von der körperlichen Schwäche Olgas schreibt, die nicht zu heilen ist (sicher aus Mangel an intensiverer Pflegemöglichkeit – Krebs) und eine Wiederherstellung nicht mehr erwarten läßt. Wie traurig ihre Einsamkeit, daß keiner von uns ihr Nahestehenden helfen kann. So wird sie, die an sich eine starke Natur hat, sonst sicherlich die Schwäche überwinden könnte, auch ein Opfer der schlechten Ernährung, die der Krieg verschuldet. – Ich schrieb an sie über Mathilde in Zürich.

Olga Rosenfeld war Siegfrieds ältere Schwester.

Sonntag, einmal wieder ein wärmerer Tag in diesem kalten Frühling. Wundervolles Blühen und Duften des Weißdorn, Goldregen. Spaziergang auf dem Stadttorfeld. Wie schön können die Menschen hier wohnen. Wie viele in Gärten versteckte Häuser und Häuschen, wie sind die Gärten gepflegt, nicht die Häuser. Von den 100.000 Menschen hier wohnen gewiß 99.000 in solchen Ein- bis Sechs-Zimmer-Häuschen, die, zwar ohne Keller und Dachgeschoß und auf Kaminheizung angewiesen, doch unendlich schöner sind als unsere Mietshäuser mit Dutzenden oder gar Hunderten von Familien. Den vielen spazierenden Menschen ist nichts von Kriegsfurcht oder Müdigkeit anzumerken. Das gibt es nicht. Immer wieder ist man von der Heiterkeit der Menschen, alten und jungen, überrascht. Der Ernst des Krieges ist auch erst eigentlich merkbar, seitdem – abgesehen von den Luftangriffen – im Januar 1941 die Lebensmittel stärker rationiert wurden. Und doch, wie leicht wird das getragen. Die so geduldig und lebhaft ohne jede Erregung sich unterhaltenden Frauen im queue beim Anstehen. Immer hört man irgendwie Singen oder Pfeifen, ältere Frauen und Männer, die auf dem Rad Vorüberfahrenden, die Kuchen essende Nation, der tägliche Kuchen zum Tee, die Biscuit- und Keksjagd. Ein glückliches, verwöhntes Volk. Deshalb begreift es auch erst allmählich den Ernst der Lage. Oxford ist vielleicht auch eine Stadt, in der das mehr als anderswo in Erscheinung tritt. 2.000 Studenten (sonst 4.000). Viele wohlhabende Menschen.

23. Juni 1941

Olga Rosenfeld starb in Berlin.

Nach dem 8. Juni kam die Nachricht von Olgas Hinscheiden. So hat sie mein über Frl. Mathilde an sie gerichteter Brief nicht mehr erreicht. Ihr Leben hatte einen unheilbaren Riß schon früh erhalten. Er hätte heilbar sein können durch zielbewußte Gestaltung des Lebens mit einem eigenen Zweck. So war sie, nachdem vor 12 Jahren ihre Aufgabe im Pflegedienst unserer Mutter aufgehört hatte, ohne eine bestimmte Aufgabe. Daß gerade sie in den letzten Monaten die Anwesenheit ihrer Nächsten entbehren mußte, war hart für sie. Doch ist ihr nun der bittere zweite und letzte Teil des Krieges erspart geblieben, ihn in Deutschland zu erleben. –

Seit gestern die überraschende Wendung des Krieges gegen Rußland, gegen das Hitler nun zieht. So wird Rußland sich allmählich enthüllen, die wirklichen inneren Kräfte des großen Landes, wie tief das Sowjetsystem mit dem Volk verbunden ist, ob es die wechselvolle Haltung zum Nazi-Deutschland ohne irre zu werden, verstanden hat. Und wie wird der Teil der deutschen Arbeiter, für die Rußland ein letztes Stück Hoffnung war, geheim – vielleicht seit 1939, mit dem Bündnis mit Rußland (August 1939) auch wieder geheim – diese Wendung aufnehmen, der ältere deutsche Soldat und der ältere in den Kriegsdiensten arbeitende Mann! Welche Einbuße an Kräften wird das deutsche Heer leiden? Wie stark wird der Widerstand Rußlands sein?

Am 22. Juni griffen das Deutsche Reich und seine Verbündeten die Sowjetunion an: Im Rahmen des „Unternehmen Barbarossa" überschritten drei Millionen deutsche Soldaten und 600.000 Soldaten der Verbündeten auf einer Breite von 1.500 Kilometern die Westgrenze der UdSSR, die seit dem deutsch-sowjetischen Nichtangriffspakt vom August 1939 einer der wichtigsten deutschen Handelspartner gewesen war.

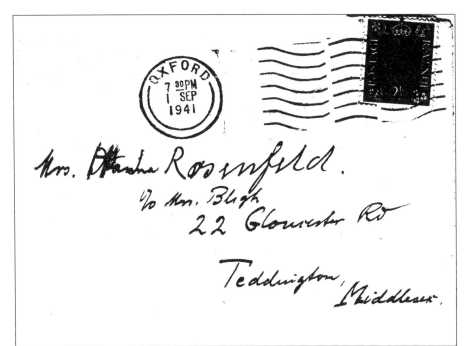

Das Ziel ist offenbar foodstuff für Menschen und Maschinen, Brot und Öl. Die   foodstuff: Nahrung
Schaffung der Voraussetzung für einen langen Krieg, ohne die vielleicht schon
1940/41 der Winter nicht durchzuhalten ist. Für Englands und Amerikas Hilfe
bedeutet diese Ablenkung an die östliche Front einen wertvollen Zeit- und Kraft-
gewinn. Dessen sind die Nazis sich bestimmt bewußt, und daß sie trotzdem diesen
Schritt taten, beweist ihre Not an den lebenswichtigsten Dingen.

Briefe an Hanna vom 15.und 25. August, vom 1., 6., 22. und 28. September 1941

15. August 1941
Liebe Hanna,
Etwas Erfreuliches, das ich Dir schon vor einigen Tagen mitgeteilt hätte, wenn ich Deine
Adresse gewußt hätte: Gustel ist am 25.7. Mutter eines schwarzhaarigen kleinen Mäd-
chens geworden. Sie schrieb es Käthe bereits am 26.7. selbst mit einigen Zeilen. Käthe
schickte mir einen Luftbrief. Mutter und Kind sind wohlauf. Es ist die Geburt auch dies-
mal sehr schnell vor sich gegangen, wenn auch nicht so schnell wie die erste Geburt. Nun
ist eine komplette Familie von vier Köpfen in vier Jahren entstanden. Ich freue mich
außerordentlich und besonders im Gedanken, daß Mutti das auch eine Ermunterung
und Freude sein wird. ... Ich weiß nicht, ob man sich noch Hoffnung darauf machen
kann, daß Mutti herauskommt, aber man darf nicht aufhören daran zu arbeiten ... Ich
las gerade in diesen Tagen von den unglücklichen Menschen, die bereits auf dem Schiff
in Bilbao zur Ausreise nach USA waren; bei nochmaliger Nachprüfung ihrer Bewilli-

gungen werden von 1.000 Menschen nur 140 schließlich durchgehen. Es soll das letzte Schiff während des Kriegs sein, das noch Passagiere mitnimmt.– … Mit der Zeitung verhandle ich wieder wegen eines Artikels, ich soll einen ihnen zugesandten Artikel umarbeiten. Doch glaube ich, sie haben darin recht, der Artikel enthält eine Unklarheit, die beseitigt werden muß. – Meine Kisten will Braun mit unterbringen … Ich darf die 2 s Fahrgeld nicht scheuen, hoffe, die Sache kommt im August in Ordnung – seit zwei Jahren zahle ich jetzt monatlich 25 s, das frißt mich ja auf. … Schreibe mir, was Du in der Ferienwoche erlebt hast, etwas ausführlicher, als es sonst Deine Gewohnheit ist. Laß es Dir weiter gut gehen, Liebe, und denke mal an Deinen Vater. – Hat das Buch Deinen Freunden Freude gemacht?
Herzliche Grüße Vati

25. August 1941
Liebe Maus!
Dank für [Deinen] Brief, es ist schade, daß das Sommerwetter schon den ganzen August so naß ist. … Was aber hast Du gelesen? Weißt Du, ich lese jetzt morgens ½ bis 1 Stunde vor dem Aufstehen einen Marlitt-Roman! »Die Heideprinzessin«. Es ist die Geschichte eines adligen Mädchens mit einer jüdischen Großmutter! Aus dem Jahr 1864. Zu komisch. …
Ich hatte vor 1 Woche Besuch von Dr. Rollig, einem von Berlin her mir bekannten Juristen, Nicht-Jude, der 1933 heimlich über die Grenze nach Prag ging, dort 5 Jahre lebte, von dort zur czechoslowakischen Brigade nach Frankreich und über Schweden nach England kam, … mit Kommando zur Internierung geholt wurde, von dort nach 7 Monaten entlassen, jetzt für die czechoslowakische Brigade in England dient. Ein ordentlicher, sympathischer Mann von 37 Jahren, der das czechoslowakische Volk liebt und lieber dort später bleiben will, als nach Deutschland zurück zu gehen. …
Die Zeitung hat etwas von mir jetzt endlich gedruckt. Ich versuche unvermindert weiter mein Bestes. Aber es ist schwer, den Herrschaften zu genügen. Hoffentlich kommt Geld. Peter sprach gestern auch von Domingo. Ich glaube, es kommt nicht mehr in Frage, auch Peter ist dieser Meinung. … Ich muß doch jetzt mehr Zeitung lesen, wenn ich für die Zeitung schreiben will; kaufte mir eben die Sunday Times, wegen eines Artikels von Vansittart gegen Deutschland, auf den heute die Zeitung erwiderte, vielleicht kann ich da auch einhaken. Leb wohl, laß von Dir hören und auch sehen.
Herzliche Grüße Vati

1. September 1941
Liebe Maus,
Dank für Brief und Inhalt. Waren 2 Pfund nicht etwas zu viel für Dich? Vielleicht auch besser aus Vorsicht einen einfachen Brief nicht mit so viel Geld zu belasten, nicht ungefährlich. – … Die Zeitung hat mir 10 s geschickt. Vor einigen Tagen ging wieder etwas an sie ab, betitelt »Lord Vansittart in der ›Sunday Times‹«. Hoffentlich nehmen sie es ab; würde 1 Pfund bringen. … Haben Deine Leute Verbindung zur Federal Union:

*Eine Vereinigung, die das Friedensziel in einem Europa
und USA umfassenden Föderations-(Bündnis-)Staat
sieht, der allein bewaffnet ist und mit Gewalt Ruhe und
Frieden zu wahren hat, Abrüstung bei allen Staaten
erzwingt …. Ich will jetzt der Federal Union 8 Points
(Leitsätze) einsenden, die sie vielleicht als Flugblatt verwenden können, wenn sie ihr zusagen.*
Leb wohl, gib bald Nachricht und den Brief zurück.
Herzlichst Vati

6. September 1941
Liebe Maus,
*ich erhielt gestern pünktlich den Brief von Gustel
zurück und konnte ihn Peter geben, der am 6.9.
Nachmittag hier war, zufrieden wie immer. Er brachte
sogar ein paar Pfund Äpfel aus Farrands Garten. Sie
waren nicht einmal geklaut. Inzwischen ist Donnerstag Abend Muttis Brief vom 17.8. sehr schnell durch
Alice gekommen. Er klingt so gut, daß er alle Besorg-
nisse, die ich nach dem ersten Brief über die Orts-
und Beschäftigungsveränderung hatte, vollkommen
zerstört. Er zeigt sogar eine so muntere Stimmung,
wie sie in früheren Briefen nicht war, namentlich nach
der Enttäuschung, die ihr der Consul bereitet hatte.
Anscheinend ist die verantwortliche und selbststän-
dige Arbeit es, die Mutti so zufrieden macht und
erfüllt. Ich bin ganz glücklich darüber. Denn daß der
Widerstand des Consuls überwunden wird, hoffe ich*

Hanna Rosenfeld mit ihrem Verlobten
David Cooper (Ausschnitt), späte vierziger Jahre

*kaum noch. Dann denke ich, der Krieg wird in 6–9 Monaten zu Ende gehen. Eine
große Offensive wird Hitler im nächsten Frühjahr kaum noch zustande bringen …
Dazu ist die die Masse des Blutes, das geflossen, fast schon zu groß. (dazu die stei-
gende Unruhe in den besetzten Ländern usw.). … Überlege nun folgende Situation,
die man kommen sehen muß: Kriegsende, Mutti in Deutschland, wir werden hier
abgeschoben, zurückgeschoben, Argentinien verschließt sich weiter gegen uns. Bekomme
ich dann Pension, wohin gehen? Du sagst: Abwarten und Thee trinken. Aber der
Thee scheint immer zu bitter und auch das Abwarten ist fatal. Hauptfrage: Kriege
ich Pension, können wir uns etwas Land kaufen? Geht ihr beide nach Domingo, das
ich nicht ausschließen werde, eher dorthin, als nach Deutschland? Ich würde überhaupt lieber die österreichischen Alpen vorziehen als die bayerischen. …*

Leb wohl, schick mir bald Muttis Brief.
Vati

Consul: Gemeint ist der argentinische Konsul in München, der Else Rosenfeld ein Einreisevisum verweigert hatte.

Siegfried Rosenfeld war 1932 pensioniert
worden und erhielt auch bis zu seiner
Abreise ins Exil einen Teil seiner Pension,
die danach weiterhin an Else ausbezahlt
wurde. Er hatte, um dies zu sichern, vor
der Emigration regulär in Berlin angefragt, ob
er ausreisen dürfe und die Genehmigung
erhalten. Diese Pension war für ihn in
einer Zukunft nach dem Krieg die einzige
Alterssicherung.

6. September 1941

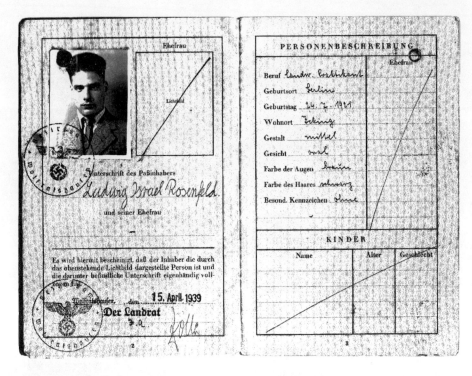

Peter Rosenfeld, Taufname Ludwig, hatte für seine Ausreise nach England beim Bezirksamt Wolfratshausen am 15. April 1939 einen Pass erhalten.

Groß Breesen: In Schlesien gelegenes Ausbildungslehrgut für auswanderungswillige junge deutsche Juden und Jüdinnen, das auch Peter und Hanna Rosenfeld durchlaufen hatten.

Thea Weissenberg und Irma Herzog

Siegfried Rosenfeld war kein gläubiger Jude, aber er beschäftigte sich im Exil immer wieder mit der jüdischen Religion und der jüdischen Frage – nicht untypisch für assimilierte deutsche Juden, die sich erst auf diesem Wege dem Judentum näherten.

Gustels Kind starb nach wenigen Wochen.

22. September 1941

Liebe Hanna!

Du weißt gewiß gar nicht – und ich wüßte es auch nicht ohne die jüdische Umgebung hier, daß heute Rosch-haschanah ist. Ein neuer Jahresanfang mit dem Mondjahr. Er möge uns Frieden und Vereinigung mit Mutti dieses Jahr bringen. Es knüpfen sich an diesen Tag reiche Erinnerungen an Groß Breesen. Und als gestern Abend der Mädchen- und Frauenclub mit seinen Freunden den Vorabend des Festes mit einem guten Abendessen an reichgedeckten Tischen, wo auch ein Gläschen Sherry nicht fehlte, einläutete, saßen wir, Thea, die Herzogin und auch Peter neben mir, an dem Hufeisen-Tisch beisammen und Thea zog Bilder aus Gr. Breesen hervor. Ich war heute Vormittag sogar ½ Stunde in dem Gebetssaal, und als der Vorbeter seine ziehenden, nicht gerade schönen Töne an Welt- und Jammerlauten hervorbrachte, empfand ich vielleicht zum ersten Male in meinem Leben, daß die Jammerlaute der Ausdruck der jahrhundertelangen Verfolgungen der Judenheit sind, hervorgebrochen aus einem leidvollen Schicksal, das heute mich ereilt hat, und deshalb ist uns dieses Weh in dieser Form des Ausdrucks verständlicher als je. Muttis Brief vom 30.8., der schon Anfang voriger Woche eintraf, ... ist insofern erfreulich, als Mutti demnach die Freiheit auch jetzt noch hat, Freunde zu besuchen. Sehr betrübt hat mich, daß die liebe Gustel ihr kleines Mädchen, das sie lange Monate in Hoffnung, Liebe und Schmerz getragen, so schnell hat wieder hergeben müssen. Es tut mir sehr leid. ...

Tagebuchaufzeichnungen Siegfried Rosenfeld

Ich werde Donnerstag 25.9. umziehen, wollte den Winter näher zur Stadt und in einem neueren Haus verbringen. Ich hatte Glück, zufällig von einem Mansardenzimmer zu hören, das im Hause eines Dr. Mendelssohn frei geworden, und habe es infolge meiner Bekanntschaft mit den Eltern des Dr. M. bekommen – der Vater war mit mir im Internment Camp bekannt geworden, er kannte mich, weil Parteifreund, seit langem, hatte im Eichkamp früher ein Haus gehabt. Der Sohn ist Physiker, bereits Engländer, Frau, 3 kleine Kinder. Aber in einem größeren Haus werden die Kinder nicht so störend sein wie in meinem Häuschen die beiden v. 1–3 Jahren. … Es ist ein bewegliches elektrisches Öfchen da, Stunde ½ d! Ich habe wirklich Glück gehabt. … Adresse 235 Iffley Road. … Ich werde nun häufiger mittags eine Pause machen, um nach 1 oder 1 ½ Stunden Ruhe besser arbeiten zu können. … Die Zeitung hat mich leider enttäuscht, sie will keine Polemik gegen Vansittart und hat mir den Artikel zurückgegeben. Demnächst will ich mit kleineren Abänderungen unter Weglassung aller Polemik den Artikel nochmals in veränderter Form einsenden. Die Federal Union, auf die ich noch hoffe, hat mir auf die Einsendung der Eight points, eine Art leaflet, noch nicht geantwortet. Also noch Hoffnung. …
Ich bringe übrigens für Bakers gelegentlich biscuits mit, damit erwerbe ich mir auch dort etwas Heimats- und Besuchsrecht. – Ich habe gestern auch 3 Paar Socken mit 2 ½ stündiger Stopfarbeit gebrauchsfertig gemacht. … Mutti erhält wieder ein Bild. Ich füge das Bild von ihr bei, bitte um baldige Rücksendung von Brief und Bild.
Leb wohl, liebe Maus, sei herzlichst gegrüßt.
Vati

Internment Camp: Internierungslager auf der Isle of Man

Rosenfeld wohnte bei dem Physiker Dr. Kurt Alfred Mendelssohn, geb. 1906, der bereits 1933 nach England emigriert war und sich in Oxford als Fakultätsmitglied etablieren konnte.[20]

leaflet: Flugblatt

Professor Baker war der Arbeitgeber von Irma Herzog.

28. September 1941
Liebe Hanna!
Situation: Peter auf meiner neuen Mansardenbude in einem bequemen Lehnstuhl seine Glieder ausstreckend und seinen Bauch, den ich eben kräftig gefüllt habe mit: Brötchen und zwei Schwarzbrotstullen mit Sardinen gut belegt, mit einem Haufen Kuchen, alles …, was meine gutherzige Frau Mendelssohn mir auf mein Zimmer schickt. Heute allerdings sehr reichlich, weil sie unten das Tauffest ihres dritten Kindes heute gefeiert haben. Ich sitze und esse bequem auf einem Lederkissen. Peter kam heute erst um 6 Uhr und brachte wieder – tüchtiger Geschäftsmann wie er ist – 35 Pfund Äpfel her, die ich morgen für 17 s losschlagen werde. So verdienen wir beide, und er behält seine Ersparnisse, jetzt 20 Pfund.
Ich habe mit den neuen Vermietern allem Anschein nach das große Los gezogen. So gut war ich in diesen zwei Jahren England noch niemals versorgt. … Ich würde mich sehr freuen, wenn Du Peter nach drei Monaten wieder siehst. … Geschwisterliebe hat auch ein sehr gutes Recht und bedarf auch der Pflege. Geschwister sind die vertrautesten und besten Freunde im Leben, die man immer in Zeiten der Not braucht. Ich werde Dir gelegentlich mal erzählen, wie in meinem Leben mindestens dreimal in meinen schwersten Augenblicken die Schwestern mir die einzige Stütze gewesen sind. …
Mein Frühstück ist Porridge, ich bekomme täglich eine Tasse Milch dafür und für Thee, habe ein Brot stets oben und … Butter, auch etwas Jam, eine Büchse mit Tee, den ich

jederzeit selbst bereiten kann, indem ich das heiße Wasser vom Boiler auf den elektrischen Ofen stelle: in 5 Minuten kocht das Wasser. …

Ich weiß nicht mehr, wie es möglich ist, Mutti herauszuhelfen aus der Hölle, zuletzt riet Käthe, Neumeyer zu bitten, daß er ein Zeugnis über Else ausstellt und an Faulhaber in München schickt, der vielleicht … einwirken kann. …

Leb wohl, liebe Hanna, sieh zu, daß Du für Sonnabend Dich frei machst. Peter zahlt alles. Herzliche Grüße Vati

29. September 1941

Inzwischen mehr als drei Monate deutsch-russischer Krieg, der die ungeheuerliche Kraftentwicklung des inneren Rußland zeigt, Kräfte, die sich als einzige bisher dem Hitler-Deutschland gewachsen zeigen. Vor einigen Tagen ist zwar eines der drei Hauptziele (Leningrad, Odessa, Kiew) vom deutschen Heer erreicht worden. Aber ob das Ziel ihm den erwarteten Gewinn bringt, werden erst die nächsten Wochen ergeben. Ohne ein oder zwei dieser Ziele erreicht zu haben, wird Deutschland kaum noch in der Lage sein, eine neue, ähnlich starke und anhaltende Offensive im nächsten Jahr zu beginnen. Die zuverlässigsten jüngeren Jahrgänge dürften schon zu stark verbraucht sein, der Blutverlust zu groß. Ich komme immer mehr zu der Überzeugung, daß 1918 das Kriegsende entscheidend bestimmt wurde durch die Menschenverluste, die nicht mehr vollwertig zu ersetzen waren. Ach, gäbe es doch in acht bis zehn Monaten ein Ende des Krieges!

Ich fühle, daß die Nervenanspannung, die mir seit Kriegsanfang, seit meiner Isolierung und Trennung von Else auferlegt ist, zwar eine große Fülle von Anschauungen im Land eigener hoher Kultur vor Augen geführt hat, daß aber ein neues Verwachsen und eine wirklich enge Verbindung mit dem Lande vor allem eine genaue Kenntnis der Sprache verlangt. Ohne sie ist ein enges Band unmöglich, bleibe ich isoliert. Das ist der große Vorzug der jungen Generation, die Kluft, die sich zwischen Alt und Jung besonders weit auftut. Wie ich es an Peter und Hanna sehe, so erst recht an den reiferen Menschen, die sich eine einheimische Existenz aufbauen wollen und können. Sie haben begreiflicherweise sogar möglichst die Verbindung mit den älteren Emigranten abgebrochen, die nicht mehr heimisch werden können, bevorzugen naturgemäß britischen Verkehr usw.

Wie etwa mein neuer Hauswirt Dr. M. (Iffley Road 235), bei dem ich seit einigen Tagen wohne und manche andere. Sie haben ja das Recht und die Pflicht, neu aufzubauen.

Heute Kabel von Hertha: providing transit visa Kuba, later USA, can you send Else passage money Lisbon Quaker Office. – Ich antworte: Transfer of money present impossible. Who can order Argentine money passage from Ybarra Company Bilbao? – In Bilbao sind 200 Dollar durch Hertha, bzw. Käthe für Elses Überfahrt

Auf dem Transitweg über Kuba hofften viele Emigranten in die USA zu gelangen; Kuba wurde dabei wie die Dominikanische Republik und andere Länder zu einer Art Wartesaal für Emigranten, die nicht weiterreisen konnten.[21] Hertha Kraus versuchte weiterhin, solche Wege für Else zu erschließen. Doch Siegfried konnte nicht, wie gewünscht, Geld für eine Überfahrt an das Lissabonner Quäkerbüro überweisen – er besaß nichts mehr. Die Hoffnung auf eine Intervention bei Michael von Faulhaber, seit 1917 Erzbischof, von 1921 bis zu seinem Tod 1952 Kardinal des Erzbistums München und Freising, zeigt Siegfrieds Verzweiflung. Faulhaber bemühte sich 1939 darum, „nichtarischen" Katholiken den Weg nach Brasilien zu ebnen.[22]

nach Bs. Aires eingezahlt, doch ist die Fahrt durch Visumverweigerung des Münchner Konsuls unmöglich. Ich habe zuletzt Anrufung des Kardinals Faulhaber durch die Neumayers und Intervention bei dem Konsul angeregt.

Briefe an Hanna vom 5. und 12. Oktober, vom 3., 9. und 14./15. November 1941

Sonntag, den 5. Oktober 1941

Liebes Mädel!

Deine beiden Briefe haben mich sehr gefreut. … Dank auch für Deinen Scheck. Aber damit hast Du 3 Wochen-Lohn ausgegeben und hast nun bis Mitte November, wo Du ganze 19 Jahre wirst, Ruhe, für Dich etwas zu beschaffen und zu sparen. Ich werde es nicht leichter ausgeben, wenn ich es reichlicher in der Hand habe, aber leider ist eine Brillenreparatur nötig – wahrscheinlich 8 s – und ich brauche wohl eine Plombe, 7 s. Für die 4 Kisten hier ist ja auch alle 4 Wochen 6 s nötig. Dafür kosten die anderen nichts. Anfang der Woche – Peter hätte es Dir bereits erzählt, wenn ihr Euch getroffen hättet – ein Kabel von Hertha: Sie besorgt Transitvisa für Kuba, später USA für Mutti und fragt, ob ich genug money nach Lissabon oder durch die Friends überweisen könnte. Ich kabelte zurück (8 s): Transfer von mir unmöglich. … Ach, wenn doch irgend ein Weg für Mutti aus der Hölle herausführte! Gleichviel wohin. Und es wäre für uns alle ein großer Gewinn, wenn einer aus der Familie in Übersee wäre. Denn ich glaube, andernfalls werden wir von England nach dem Kriege allesamt nach Deutschland zurück verschoben. – … Liebe, Du hast Muttis Bild nicht geschickt! Bitte! Und das Deinige! … Am Mittwoch – Jom Kippur – hatte ich Thea und Irma Herzog gesagt – sie fasteten beide – sie sollten bei mir sich mittags vor dem Gottesdienst ausruhen. Um ½3 kamen beide. … Ich hatte bereits am Vormittag meinen eigenen Gottesdienst mit mir selbst gehalten, still meiner Lieben – der Lebenden und der viel zahlreicheren Toten – gedacht, und Faust II. Teil gelesen. Kennst Du ihn? …

Myrthe, die Hausangestellte, bringt mir a bit soup, Fleisch, Kartoffeln, Tomatengemüse, Birnenkompott. … Wir wollen rechtzeitig für Dezember ein Treffen zu 3 planen, am besten hier, und daß nur einer reist, so ist es am billigsten.

Viele liebe Grüße, kleine Maus,

Vati

12. Oktober 1941

Liebe Hanna!

Eigentlich bist Du wohl am Schreiben, aber so will ich nicht rechnen, zumal ich täglich von Deinem Check zehre, der Peter es ermöglicht hat, außer den 10 Pfund auf der Bank noch 13 Pfund sein Eigen zu nennen.– Ich hatte von Mutti einen Brief vom 17.9., schicke ihn Dir aber nicht früher, als bis ich Dein Foto habe. Mutti erinnert wieder an Bilder von Euch. … Wenn doch Mutti dieser Winter in Deutschland erspart werden könnte, wo sie wohl nur auf halbe Ration gesetzt wird und die Kälte droht. Ich bin mehr beängstigt als je und doch ohnmächtig. …

Hertha Kraus, 1941

Jom Kippur, der Versöhnungstag, ist der höchste jüdische Feiertag.

Siegfried Rosenfeld und seine Kinder lebten im Exil nicht zusammen; Peter sah er oft, aber Hanna teilweise mehrere Monate nicht, da die Fahrt zu teuer war und die Dienstherrschaft ihr nicht leicht frei gab.

Ändert sich unsere Meinung über Domingo, falls Mutti nach Kuba fahren würde? Ich glaube eher, wir bleiben zu 3 hier zusammen, bis das Kriegsende eine freiere Entscheidung ermöglicht. Peter war gestern noch von 6–9 Uhr hier, er brachte wieder 20 Pfund Äpfel, die ich eben in dem Centre verkauft habe und morgen dorthin schaffe. Ein Extraverdienst. Der Zeitung sandte ich wieder einen Artikel, umgearbeitet, weil sei gegen Vansittart nicht mehr polemisieren wollten. Hoffentlich habe ich etwas Glück, aber ich bin skeptisch. – Wenn der russische Feldzug jetzt eine ungünstige Wendung nimmt, bedeutet das Kriegsverlängerung und die Entscheidung ist dann von Amerikas Eingreifen abhängig. ... Dann sind meine Hoffnungen auf ein frühes Ende hinfällig. ...
Leb wohl, viele herzliche Grüße Vati

Siegfried Rosenfeld verkaufte, um überleben zu können, immer wieder Stücke aus den eingelagerten Hausratskisten.

Ich habe wahrscheinlich Gelegenheit, einige Wäschestücke und 2 Bettücher-Bezüge zu verkaufen. Ich dachte, damit etwas von den hohen Lagerkosten, die bereits gezahlt sind, etwa 5–6 Pfund, extra zu bekommen. Hast Du Bedenken dagegen? – Ich erfuhr kürzlich, daß ein mir von früher bekannter Landgerichtsdirektor Neumann (Eutin) in der Nähe von Kew wohnt, gewiß sehr schönes Haus (reiche Leute), 3 ganz halbwüchsige Kinder. Ich möchte ihm schreiben mit dem Gedanken, daß Du einmal dort eingeladen wirst, wenn er von Dir dort durch mich erfährt.

3. November 1941
Liebes Mäuschen Hanna!
Du solltest mich hier in meinem Zimmer trotz Dachstube komfortabel bei einer hellen Tischlampe im bequemen Lehnstuhl zur Seite des wärmenden elektrischen Ofens sitzen sehen. ... Dank für Deinen Brief und den kostbaren Scheck von 2 ½Pfund, aber zu viel für Dich. Das sind ja drei Wochen Lohn. Nein, auch Du sollst sparen. ... Du hast großen Bedarf, brauchst viel Schuhwerk, Schuh-Sohlen sind nicht mehr so dauerhaft wie früher. Auch meine Sohlen halten knapp 12 Wochen. ...
Ich habe Zweifel nach allem, was man liest, ob überhaupt noch ein Mensch heute aus Deutschland herausgelassen wird. Es ist schrecklich, daß das so kommen mußte und ich hoffe nur auf ein jähes ... Ende des Kriegs. ...

Hanna Rosenfeld (Ausschnitt), 1946

Tagebuchaufzeichnungen Siegfried Rosenfeld

9. November 1941

Liebe Hanna!

Es ist eigentlich Dein turn und ich habe Anspruch auf Nachricht von Dir. Aber Gustels sehr erfreulicher Brief … soll Dir nicht lange vorenthalten werden. Wie lebst Du heute am Sonntag? Hast Du noch 1 oder 2 Bilder; ich selbst hätte gerne eines und möchte ein anderes nach USA senden, weil ich glaube, daß es von dort Mutti besser erreicht. – Von Mutti ist jetzt seit 1 Monat nichts mehr gekommen. Ob Beschränkungen im Schreiben ihr auferlegt sind?

Gestern Abend stand in der Zeitung das beiliegende Inserat. Wenn Du in Reading Stellung hättest, lebtest Du in der Mitte zwischen den Freunden in Richmond und uns. Wir könnten uns dann jeden 2. Sonntag für 2 s hier sehen. Wie schön wäre solches Familienleben. – Peters Lohn ist um 8 s erhöht. Er wird jetzt auch im Winter etwas verdienen können. Von Dir erwarte ich in diesen Monat nichts mehr! Und was für einen Geburtstagswunsch hast Du? Leb wohl liebe Hanna!

Herzliche Grüße von Vati

„Es ist Dein turn": Du bist an der Reihe. In Siegfrieds Briefe schleichen sich zunehmend Anglizismen ein.

14./15. November 1941

Liebes Geburtstagskind!

Nun hast Du in Deiner letzten Karte die Gelegenheit beim Schopfe ergriffen und mir Deinen großen Geburtstagswunsch verraten. Ich soll Dich nur wegen einer Veränderung Deines Wohnorts in Ruhe lassen. Nun, ich will ihn Dir einstweilen erfüllen und alles Wirken auf unser Zusammensein verschieben. … Ich darf aber auch als Wunsch aussprechen, daß du … unser Treffen nicht allzu weit hinaus verlegen wirst. Im übrigen wünsche ich Dir und uns allen, daß das Jahr uns die Wiedervereinigung mit unserer lieben Mutti bringen möchte. Ich vertraue zuversichtlicher denn je darauf; denn der Krieg wird wahrscheinlich – was ja auch Stalin glaubt – in 12 Monaten spätestens zusammenbrechen. Leider habe ich von Mutti nichts mehr gehört, der letzte Brief war vom 17.9. und kam am 8.10. an. Die Zwischenzeit ist länger als bisher, so daß ich fürchte, Briefbeschränkungen sind den armen Menschen im Ghetto auch zu allem Anderen noch auferlegt. …

Eben komme ich – ich schreibe Freitag Abend 20 Uhr – von Frau Herzog, sie hatte gestern … einen scheußlichen Unfall gehabt. … Sie ist so pflichttreu gegen andere, daß sie sich selbst dabei vernachläßigt. Dagegen ist Dein Vater, nachdem er vor ca. 6 Wochen in eine Versicherung eingetreten ist – sie kostet 2 Pfund vierteljährlich – in der vorigen Woche im Hospital gewesen und hat sich untersuchen lassen pp – es ist organisch alles in Ordnung, nur meine Hitlerkrankheit – das Hochkommen des Ekels vor der Welt – hatte sich in diesen letzten Wochen wo ich um Mutti mir Sorgen machte, stärker gemeldet. Ich wurde … schließlich mit einer sehr guten wenn auch bitteren Medizin nach Hause geschickt. Die Medizin scheint auf meinen Magen und die übermäßige Magensäure sehr günstig und beruhigend zu wirken. –

Bist Du in einer Krankenversicherung? Wie ist das zu machen? Es scheint mir auf alle Fälle wichtig.

14./15. November 1941

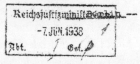

An das Reichsjustizministerium

Reichsjustizminist.Berlin --
– 7. JUN. 1938
Abt.   Gef.

Antrag auf Genehmigung der
Verlegung des Wohnsitzes
ins Ausland.

Ich beantrage, mir die Genehmigung zu erteilen,
meinen Wohnsitz ins Ausland zu verlegen.

Die Verwirklichung der Absicht, in einigen Monaten den
Wohnsitz ins Ausland zu verlegen, ist von Voraussetzungen
wirtschaftlicher und sonstiger Natur abhängig, deren Eintritt
sich noch nicht übersehen lässt und insbesondere auch der
Zustimmung mehrerer anderer Reichsstellen (Devisenstelle u.a.
bedarf.

Ich stelle daher diesen Antrag nur vorsorglich.
Ich nehme in Aussicht, mit meiner Ehefrau Elsbeth geb. Behrend (geb. 1891) und meinen beiden jüngeren Kindern (Sohn Ludwig geb. 1921) und Tochter Hanna geb. 1922) nach Argentinien
zu gehen, um in der Provinz Córdoba auf einem Grundstück im
Gebirge uns gemeinschaftlich eine Existenz zu begründen.
Meine älteste Tochter geb. 1916 befindet sich schon seit mehr
als 1 Jahr in der dortigen Gegend, z.Z. in einer häuslichen
Stellung bei einer Familie, in der sie die Kinder zu erziehen
hat. Meine beiden obengenannten Kinder sind seit fast 1 1/2
Jahr in einem Auswandererlehrgut in Schlesien und werden
dort landwirtschaftlich und gärtnerisch ausgebildet. Sie

18. November 1941

Die letzten Wochen brachten mir eine gewisse gesundheitliche Krisis. Die Kuba-Hoffnung für Else scheint an der Geldfrage (1.800 Dollar) zu scheitern; das argentinische Visum ist weiter verweigert worden.

Die Lage meiner Else scheint nun schwieriger und gefährlicher zu werden. Und ich bin ohnmächtig und der Bissen im Munde bleibt mir im Gedanken an ihre Not, ihre mögliche Abschiebung in noch größeres Elend stecken. Ich mußte zum Arzt, es ist dieselbe Erscheinung wie seit sieben Jahren in verstärktem Maße; er hat mir eine wirksam dämpfende, den Magen beruhigende Medizin (Brom und Strychnin) verordnet. Mit allen Fasern hoffe ich weiter auf ein baldiges Ende dieses entsetzlichen Krieges, in sechs bis zehn Monaten, wie es auch Stalin erhofft.

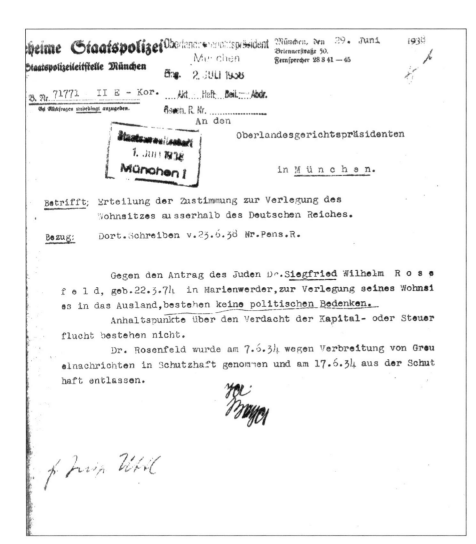

Geheime Staatspolizei
Staatspolizeileitstelle München

Oberlandesgerichtspräsident
München

München, den 29. Juni 1938
Briennerstraße 50.
Fernsprecher 28 8 41 — 45

Eing. 2. JULI 1938

B. Nr. 71771 II E - Kor. ___Akt.__Haft.__Beil.__Abdr.
Bei Rückfragen unbedingt anzugeben.   Ssen. R. Nr. _____

[Stamp: Staatsanwaltschaft 1. Juli 1938 München 1]

An den

Oberlandesgerichtspräsidenten

in M ü n c h e n.

Betrifft: Erteilung der Zustimmung zur Verlegung des
Wohnsitzes ausserhalb des Deutschen Reiches.

Bezug: Dort.Schreiben v.23.6.38 Nr.Pens.R.

Gegen den Antrag des Juden Dr.Siegfried Wilhelm R o s e
f e l d, geb.22.3.74 in Marienwerder,zur Verlegung seines Wohnsi
es in das Ausland,bestehen keine politischen Bedenken.
Anhaltspunkte über den Verdacht der Kapital- oder Steuer
flucht bestehen nicht.
Dr. Rosenfeld wurde am 7.6.34 wegen Verbreitung von Greu
elnachrichten in Schutzhaft genommen und am 17.6.34 aus der Schut
haft entlassen.

[signature]

[signature]

Die Gestapo musste dem Ausreiseantrag zustimmen. Zu diesem Zeitpunkt war die Ausreise von Juden erwünscht. Das Datum der Schutzhaftentlassung ist wohl falsch angegeben, Else Rosenfeld nennt als Entlassungstag den 12. Juli.

Das wahnwitzige Vordringen nach Asien muß einmal plötzlich zu einer Rebellion der Generäle, eines Restes von Vernunft und Verantwortung führen. – Die geschichtliche Arbeit verlangt mehr innere Ruhe und Konzentration als ich aufzubringen vermag. Ich widme mich der aktuellen Frage: Federal Union in der Entwicklung der englischen Landarbeiterorganisation, um daraus etwas Aktuelles zu gestalten. Ich habe Verbindung mit dem Sekretär Fox gewonnen (über Frau Dr. Rosenau). Briefe von Gustel, die Besuche Peters, Hannas Briefe sind mein bester Halt. Das dritte Kriegsjahr ist schwerer geworden als die ersten zwei Jahre; die Spannungen des Krieges reißen an den Nerven. Ein kleiner Ausgleich ist die Schönheit der Stadt und ihre Bauten und einige gute Freunde.

18. November 1941

1. Dezember 1941

Jetzt ist es durch meiner Else Brief vom 31.10. Gewißheit, sie muß bis zum bitteren Ende in Deutschland aushalten! Es ist grauenhaft, was das Schicksal über uns verhängt hat. Eine letzte Hoffnung, daß das Kriegsende einmal so jäh kommt, daß den Mördern Deutschlands keine Zeit zur Parole-Ausgabe und zur Mache bleibt und alle bisher Getreuen plötzlich abfallen und versagen.

Ich sitze in warmer Stube, arbeite in Freiheit, unter freien und anständigen Menschen, kein Sklaven- und Drangsalleben. Ich gönne mir es nicht, daß ich es soviel besser habe. Wie konnte es nur kommen?! Nicht ohne eigene Schuld. Ich habe zu langsam, erst nach dem Weggang der Kinder, unsere Ausreise vorbereitet, warum nicht vorher und gleichzeitig! Die größte Schuld meines Lebens!

»Nun ist auch der Kuba-Traum ausgeträumt«, sind Elses Worte. Wie viele Tränen hat diese Empfindung in sich! Ich habe keinen Trost mehr, ich stehe vor einer Wand.

Es war das besondere Schicksal der Exilierten, von außen ohnmächtig das Schicksal ihrer Angehörigen und Freunde ertragen zu müssen. Daraus entstand das Gefühl der „Überlebenden-Schuld": selber überlebt zu haben, während die Familie litt oder gar ums Leben kam.

16. Dezember 1941

Ich komme von einem kleinen Meeting der Oxford Federal Union, wo ich mit acht Personen (sieben Engländern und einem anderen Emigranten) über die nächsten Veranstaltungen der Gruppe Oxford verhandeln hörte. Ich trage mit Stolz ein Zugehörigkeitszeichen zu diesem freien Lande – die drei Pfeile, das Abzeichen der Federal Union, die der einzig praktische, nicht utopische Gedanke für die Nachkriegszeit ist. Ob der Sekretär Fox der Verbreitung meiner entworfenen acht Punkte Unterstützung geben wird? Die aktuelle Arbeit hat mich jetzt mehr als die historische in diesen spannenden Monaten des Rußlandkriegs gefesselt. Seit zwei, drei Tagen eine anscheinend entscheidende Wendung, Moskau und Leningrad nach der Wiedereroberung von Rostock aus der ganz engen Umklammerung gelöst. In den vorigen Wochen mußte man auf die Besetzung Moskaus gefaßt sein. Schon war sie so gut wie geschehen und ausposaunt. Der schnelle Rückschlag muß auf die sieggewohnten, für unwiderstehlich sich haltenden Truppen verhängnisvoll, viel schwerer wirken als auf andere Heere. Bereits sollen 100 Divisionen auf dem Rückzug sein. Ich bin fast in gehobene Stimmung gebracht durch den Gedanken an diese erste große Niederlage der Deutschen. Japans Eintritt in den Krieg wird Amerika zu voller Rüstung bringen und so den Sieg sicher machen, wenn auch vielleicht verzögern.

Keine Stunde, in der meine Gedanken nicht zu Else hingehen, fragend, aber ohne Antwort bleibend. Die letzte Nachricht vom 15.11. ließ ihre ganz unsicher gewordene Situation erkennen. Wenn sie doch bewahrt bliebe vor dem Schicksal, nach Polen transportiert zu werden! Ich habe zögernd den letzten Brief an Hanna geschickt. Doch sie muß auch den härtesten Dingen im Leben ins Gesicht sehen lernen. –

Else Rosenfeld schaffte es in ihrer bedrängten Situation, sich durch Hilfe für andere selbst innerlich Halt zu geben und die eigene Opfersituation durch aktives Handeln zu verwandeln; Siegfried Rosenfeld hingegen versuchte, sich durch seine Ausarbeitungen über die Juden in Europa und Teilhabe an einigen politischen Projekten zu stabilisieren.

Am 7. Dezember 1941 hatten die mit Deutschland verbündeten Japaner ohne Kriegserklärung die amerikanische Pazifikflotte auf Hawaii angegriffen und vernichtet.

Else Behrend-Rosenfeld erlebte als Heimleiterin im Lager Berg am Laim die erste große Deportation aus München am 20 November 1941; sie endete mit dem Tod von tausend Deportierten in Kaunas.

Tagebuchaufzeichnungen Siegfried Rosenfeld

Eine merkwürdige Parallele: 1917 hat der deutsche Sieg über Rußland das Land vom Zarismus befreit. Wird der russische Sieg über Deutschland 1941 das nationalsozialistische Deutschland vom Hitlerismus befreien?

12. Januar 1942

Noch immer keine neue Nachricht von oder über Else. Soll das Schreckliche inzwischen wirklich geschehen und sie das Los anderer geteilt haben, nach Polen, in die Leere und kalte Öde, in die lebensgefährdenden Lager transportiert zu werden? Es ist ein grausiger Gedanke, der sich in mir immer wieder regt. Dann habe ich den beiden Frauen, denen ich im Leben am nächsten stand, kein Glück gebracht. Gertrud, die drei Jahre mit mir glücklich war und ohne mich vielleicht 30 weitere Jahre, Else, die durch mich in das jüdische Verderben hineingerissen ist! Die Verknüpfung von zwei Leben ist über alles Maß, über menschliches Maß verantwortungsvoll. Aber kann das entschuldigen? –

Das Leben geht trotzdem immer weiter, und ich klammere mich fester als je an die beiden Kinder hier. Am kommenden Sonnabend (17. Januar) wollen wir einen Nachmittag in Reading zusammen sein. Ich freue mich sehr auf Hanna, die mir jetzt gelegentlich auch ausführlicher schreibt und darin Wärme erkennen läßt. Peter war gestern ein paar Stunden hier. Er hat eine Absage von der Air Force (RAF) bekommen. Wir besuchten zusammen Georg Kaufmann, der, vor zwei Wochen operiert, jetzt bei Anni ist. Er las mir Teile eines gräßlichen Berichts von Käthe Salomons Sohn und seiner Frau vor. Er war 1940 von Brüssel nach Südfrankreich transportiert worden – vier Tage ohne Speisen gelassen – vor kurzem konnten Frau und Kind mit ihm von Marseille nach Kuba gelangen, woher sie uns schreiben. Ihnen und den alten Pulvermachers ist es noch vor wenigen Monaten gelungen auszuwandern, warum nicht Dir, meine Liebe??

Meine Gedanken reißen immer ab, so komme ich auch mit keiner Arbeit recht weiter, obgleich vieles angeknüpft ist: Federal Union, acht Punkte, die ich dem Sekretär Fox einsandte und die mich weiter beschäftigen.

Jetzt habe ich auch eine Verbindung mit Dr. Walter Breslauer, der im Vorstand der Association of Jewish Refugees mich für das mit Nachkriegsfragen eingesetzte Komitee als Mitarbeiter empfiehlt. Irgendwo an praktischen Dingen mitarbeiten, daneben bleibt immer noch für mich die große theoretische Frage zu beantworten: Wie ist mit der Vernunft, nicht mit transzendentalen Annahmen (Manns Idee) das Überleben der Juden in 2.000 Jahren der Zerstreuung und dennoch angeblich als Beherrscher der Welt zu erklären? –

a) Weite Ausdehnung der Zerstreuung über die ganze bewohnte Erde, die die Risiken des Untergangs in Verbindung mit der Kleinheit der politischen Machtbereiche verringert;

Rosenfeld war mit der Dentistin Gertrud Rewald verheiratet gewesen, die nach der Geburt der Tochter Gustel 1916 starb. Für Else bedeutete die Ehe mit Siegfried Rosenfeld, dass sie, die keine jüdische Mutter, sondern einen jüdischen Vater hatte, nun auch als Jüdin galt.

Georg Kaufmann hatte Rosenfeld nach seiner Emigration in London zuerst aufgenommen.

Marseille war der wichtigste Überseehafen im noch unbesetzten Südfrankreich; Marseille wurde daher für Emigranten bis zur deutschen Besetzung 1942 das Nadelöhr für die Flucht aus Europa.[23] Die Pulvermachers waren Cousins von Rosenfeld.

Dr. Walter Breslauer, Rechtsanwalt und Verbandsfunktionär, emigrierte 1936 nach England; er studierte an der London School of Economics und arbeitete von 1937 bis 1972 als Rechtsanwalt in London. Er war in vielen jüdischen Organisationen tätig, so von 1941 bis 1949 im Vorstand der Association of Jewish Refugees (AJR).[24]

b) die innerhalb der Naturalwirtschaft gesellschaftlich und ökonomisch notwendige Funktion des mobilen Kapitals für etliche Stadtbewohner zugunsten der geldbedürftigen Schichten im Zusammenhang mit dem christlichen Zinsverbot;

c) die durch das religiöse Ritual, die politische und rechtliche Benachteiligung bewirkte Exklusivität, verstärkt durch die ungerechten Vorwürfe der »Ungläubigkeit«, Blutbeschuldigung etc., die gesteigerte Wertschätzung der Religion aus Stolz, des religiösen Schrifttums und seiner Gebote, die charakterlich festigt und religiös verhärtet;

d) die den Intellekt in verschiedenen Richtungen einseitig ausbildenden Lebens- und Berufsnotwendigkeiten (gegenüber den politischen Machthabern sich unentbehrlich zu machen, Geld zu erwerben als einzige Waffe in ihrem Lebenskampf, der dadurch in Jahrhunderten erworbene Vorsprung für die Beschäftigung in der gleichzeitig mit ihrer Emanzipation zusammenfallenden modernen Geldwirtschaft, Industrialisierung, Stadtwirtschaft etc.)

Brief an Hanna vom 19. Januar 1942

Meine liebe Hanna!

Ich bin mit dem Verlauf unseres Familienmontags sehr zufrieden und hoffe, Du hast den Heimweg ebenso gut wie wir zurückgelegt. Allerdings, zur Unterhaltung über »Klimakampffragen« ist es leider nicht gekommen. Ich hoffe, daß wir uns in 3 Monaten spätestens wiedersehen. Der Zwischenraum darf nicht so lang sein wie dieses Mal. – …

Gestern Nachmittag war ich zu einer Aussprache über das, was uns das »Jude«sein bedeutet, im Verhältnis zu Deutschland und zu England. Es war nicht sehr ergiebig. Nach Ende ging ich um 6 Uhr zur Herzogin, wo auch Thea W. war, und blieben bis ½ 10 zusammen dort. Heute habe ich in der Bibliothek einige Stunden gearbeitet, machte mir um 6 Uhr zuhause den Heater an und sitze nun halb frierend, trotz heating, im Mantel in meinem Zimmer. Ich werde wohl um 10 Uhr zu Bett gehen. Es ist nun Schnee gefallen. Auch bei Euch?

Leb wohl, noch herzliche Grüße

Vati

Hanna und Peter hatten sich an diesem Tag nach längerer Zeit zum ersten Mal wieder zu dritt mit Siegfried getroffen.

Heater: Heizofen

2. Februar 1942

Inzwischen der geliebten Else Brief vom 5. Januar 1942, der ihre noch unveränderte Lage und den Empfang von Peters Bild durch Gustel berichtet. Schon dieser gleichgebliebene Status erscheint als Gewinn, zumal der halbe Winter – ich hoffe der letzte Kriegswinter für den europäischen Krieg – vergangen ist.

Es erscheint mir unvorstellbar, daß nach dem jetzt siebeneinhalb Monate währenden, mit allergrößten Anstrengungen und Opfern geführten, z. Zt. vergeblichen Kampf, der jeden Tag in zwei Fuß Schnee und 35 bis 40 Grad Kälte ungeheure Opfer an Menschen und Material kostet, nochmals die Initiative auf das deutsche

Heer übergeht, und ein noch stärkerer Offensivgeist die jetzt erfolgreichen Russen zum Unterliegen zwingt. Das übersteigt alle voraussehbaren Möglichkeiten. So enorm der Offensivgeist der deutschen Armee ist, in der Defensive ist die Energie schnell geschwächt. Umgekehrt scheint es mir bei den Engländern zu sein, deren Stärke in der Energie des defensiven Geistes liegt. Die notwendige Herausziehung von etlichen Divisionen aus den besetzten Europaländern läßt den inneren Feind dort erstarken, die zur Arbeit herangezogenen Hilfsvölker zur Sabotage ermutigen, so daß die innere Schwächung nicht ausbleiben kann. Die Situation bringt das satirische Bild von dem Baustein auf Baustein schichtenden Knaben, immer höher, bis der Turm einstürzt, in Erinnerung.

Am 17. Januar war ich mit Peter und Hanna in Reading zusammen. Hanna wieder erfreulich, auch sie sich dem Gedanken an einen Aufstieg durch Erlernen von etwas Neuem nähernd. Im kommenden Frühjahr vielleicht durch Annahme einer Tagesstelle ist die Zeit dafür zu gewinnen. Peters Meldung zur Pilotenausbildung ist abgelehnt.

Vor einigen Tagen eine lebhafte politische Versammlung der Federal Union, anderthalb Stunden schriftliche Fragen gestellt, die von dem Braintrust am Vorstandstisch sofort kurz und mit gutem Erfolg beantwortet wurden (Wird die Fed. Union die Kriege verhindern? Antwort: Vermindern. Wie unterscheidet sie sich vom Völkerbund? Können nur demokratische Staaten sich anschließen? Ja.). Orgelspiel einleitend und zum Schluß. Aufforderung zu Beiträgen, die etliche Pfunde brachten, herumgehende Silver-Collection ebenfalls; obwohl der Eintritt bereits einen bis 2,6 Schillinge kostete, waren sechs- bis achthundert Personen anwesend. Der harmonische Verlauf bewies die politische Reife – oder Ruhe und Sicherheit der Engländer.

Gestern erste englische Vorlesung bei Dr. Schenk (Prag) über europäische Geschichte 1815 bis 1840 im Exeter College gehört.

Brief an Hanna vom 19. Februar 1942

19. Februar 1942

Liebe Hanna!

Muttis Brief vom 23.1., den ich gestern erhielt, ist mir ganz recht erfreuend – er hat mich gestern erreicht und heute hat ihn Peter bei mir gelesen – vor allem die örtlich unveränderte Lage und die Mutti erfüllende Arbeit. Dazu ist fast überraschend, daß die Besuche von Tilla weiter möglich sind und auch der Briefverkehr, der wahrscheinlich durch Tilla vermittelt wird. ... Freilich, der Zensor hat gemerkt, daß der Brief von Deutschland kam und hat einen Verwarnungszettel beigefügt. Aber dafür bin ich ja doch nicht verantwortlich. Er hat soviel Einsicht, daß er die Herrenlosigkeit des Briefes anerkennt und ihn passieren läßt. Auch Mutti schreibt von Deiner Fortbildung. Ich glaube, sie hat inzwischen von mir Nachricht, in der enthalten ist, daß auch wir hier diese Frage erwägen. Dir selber wird der Wunsch Muttis auch ein Ansporn sein, den Gedanken weiter zu verfolgen und vielleicht zum Frühjahr zu verwirklichen. Es gibt ja hier auch eine weit-

Peter Rosenfeld hatte sich, wie viele andere Emigrantensöhne, zur englischen Armee melden wollen; doch als Farmarbeiter war er nicht abkömmlich, darum wurde er nicht genommen.

Braintrust: Beratergruppe

Hans-Georg Schenk, in Prag geboren, Mitglied der DSAP (Deutsche sozialdemokratische Arbeiterpartei der Tschechoslowakischen Republik), Dr. jur. und Dr. phil., emigrierte 1939 nach Großbritannien; er war seit 1942 Lektor für moderne Geschichte und Soziologie in Oxford.

Es war dem deutschen Bildungsbürger Siegfried Rosenfeld schrecklich, dass seine Kinder durch die Exilsituation keine richtige Ausbildung erhielten und er versuchte, in diesem Sinne auf beide einzuwirken.

verbreitete und gut ausgebildete Methode der Weiterbildung in verschiedenste Richtung durch Korrespondenz von 3–6 Monaten. Da werden schriftliche Anweisungen und Aufgaben gegeben, letzere korrigiert pp. Deine Freundin, vielleicht auch Mr. Bligh, kann vielleicht Näheres ermitteln, doch kann ich mich auch dafür interessieren. Schicke mir Muttis Brief wieder hierher zurück. …

Hier ist nichts Neues. Gestern war im literarischen Klub ein Referat über Emigrantenliteratur, aus dem ich immerhin einiges kannte. Heute Abend gehe ich zu den Friends, wo ein blinder Engländer eine lecture über einige Sprachschwierigkeiten der aliens spricht. Ich höre jetzt 2 x wöchentlich eine Geschichtsvorlesung (Zeit 1818–50) bei einem ausländischen Lecturer. Ich verstehe da zu meiner Freude jeden Satz, bei Engländern glückt mir das noch nicht. Da versagt mir mein Gehör dafür und ich habe da stets nur ein lückenhaftes Verständnis. Der anders gebildete englische Mund erlaubt sich minder artikuliert und minder laut zu sprechen. Immerhin ist das Hören eine gute Übung. Ich bedaure deshalb jetzt, fast ganz ohne Radio zu sein. …

Sehr erfreulich ist, was Mutti über die Einrichtung des Hauses schreibt. Gerade da hatte ich mir oft sogar Baracken vorgestellt. Freilich, ob für die Zentralheizung Kohlen vorhanden sind? Nun ist der Winter ja hoffentlich bald vorbei. Schläfst Du in der Dachstube? Wo es gewiß so kalt ist wie in meiner? An solchen Tagen wie jetzt bleibe ich möglichst lange in der Bibliothek und gehe auch gern abends fort, trotz blackout. Nun, in 4 Wochen ist Frühlingsanfang, und der Vater fängt an, ein old man zu sein. Aber er gibt sich Mühe, es nicht zu sein und zieht sich auch warm an, um nicht krank zu werden. Das ist auch bisher nicht der Fall.

Leb wohl! Schreib mir, was Du liest. …

Herzlichst Vati

Friends: Quäker
Aliens: Ausländer

19. Februar 1942

Gestern kam Elses Brief vom 22. Januar. Zum Glück anscheinend keine Verschlechterung der äußeren Lage und weiter Möglichkeit eines Außenverkehrs, Tillas 14-tägige Besuche, Korrespondenz mit Freunden. – Elses Festigkeit, die hoffentlich nicht nur nach außen sichtbar gezeigt wird, ist zu bewundern. Ihre intensiven Aufgaben halten sie gewiß stark und erfüllen ihren Tag ganz. Wenn doch dieses Jahr das Ende des europäischen Krieges käme! Es kann diese Intensivität des Mordens doch unmöglich lange Monate noch ausgedehnt werden. Die Erschöpfung, der Zusammenbruch muß beim Angreifer, der auf dem Rückzuge ist, früher eintreten als bei dem Verteidiger, der allmählich sein eigenes Land vom Feinde befreit. Der Sommer, spätestens der Herbst muß die Entscheidung bringen, wenn nicht ganz Unvorhergesehenes eintrifft. Was wäre das schön, die Aussicht, aus diesem provisorischen Leben herauszukommen, wieder zu einer Familie zusammenzuwachsen! Wo auch immer! Mich beschäftigen Nachkriegsgedanken intensiv; meine Verbindung mit dem Subkommittee der Association of Jewish Refu-

Tilla Kratz war Freundin und Fluchthelferin für Else Behrend-Rosenfeld; sie hatte früher als Lehrerin in Elmau gewirkt.

Tagebuchaufzeichnungen Siegfried Rosenfeld

gees (Dr. Alexander) hat mich ein kleines Programm fixieren lassen. Gemischte Gruppensiedlung in europäischen und außereuropäischen Ländern, Einzelwanderungen als Ausnahme unter verwandtschaftlichen und sonstigen speziellen Rücksichten.

In einem historischen Club gestern ein Referat (Goldstücker) über Emigrantenliteratur, ihr Verhältnis zum Zeitgeschehen. Das Beste sind einige historische Romane: Hermann Kesten: Ferdinand und Isabella, Heinrich Mann: Heinrich der IV. von Frankreich (1600), Thomas Mann: Josephs-Zyklus, Dramen von Brecht und Friedrich Wolf, Feuchtwanger: Die Oppenheimer [Die Geschwister Oppenheim]. An Lyrik: Becher: Deutschland-Sonette, Ferdinand Bruckner: Die Rassen. Im Verhältnis zum Nazismus konnte mangels genügendem Abstand naturgemäß noch nichts Großes geschaffen werden.

Die wöchentlichen Vorlesungen bei Dr. Schenk (zu 1815–1840) sind auch für Spracherlernung wichtig. – Ich arbeite jetzt Kasteins »Geschichte der Juden« in Englisch durch. Gut durchdacht, aber die juristischen Gesichtspunkte zu stark hervortretend. Andererseits macht er klar, daß die Juden selber die eigene Fremdheit im Lande ihrer Wirte von vornherein in religiöser und nationaler Hinsicht für sich betonten, so stark, daß es ihnen mit Recht als Stolz, Überhebung und Geringschätzung der Umgebung ausgelegt werden konnte – und daraus der Haß und die Feindschaft gegen diese kleine anmaßende Gruppe sich nährte (zumal in diesen frühen Zeiten der Diaspora mit der lebendigen Erinnerung an ihren untergegangenen Staat). –

Jetzt hat Peter Nachricht vom War-Office über 13 Briefe, die Hanna ihm vor 1½ Jahren ins Internment Camp geschickt hatte (Anfrage, wer der Absender aus Teddington gewesen sei; vorsichtige Detektivanfrage). Der Detektivgeist ist stark. Georg Kaufmann war wegen eines von ihm für mich geschriebenen Briefes an die Agentur der Schiffsgesellschaft Ybarra in Bilbao vernommen worden. Seine Aussage machte ausreichenden Eindruck, daher wurde ich vor einer Woche hier gehört.

3. März 1942

In dem literarischen Zirkel sprach Goldstücker über die Beziehung der Kunst zu ihrer Zeit mit besonderer Berücksichtigung der aus der Sturm- und Drangperiode zum Klassizismus umgewandelten deutschen Literatursprache; ein Teil einer größeren Dissertation, die er einreichen wird. Es ging überzeugend daraus hervor, daß die von den Klassikern gestalteten Ideen ihre Wurzeln im Boden ihrer Zeit hatten, aber bei der politischen Rückständigkeit und Hoffnungslosigkeit des Bürgertums und ihrer praktisch-politischen Gestaltung zu Wirklichkeiten eine ideologische Wendung nahmen. Es war eine Flucht aus der Unmöglichkeit der Überbrückung des Ideals mit dem Leben. So suchte sie sich eine abseitige Geisteswelt zu

Eduard Goldstücker, geb. in Podbiel (heute Slowakei) 1913, gest. 2000 in Prag, war Literaturhistoriker, Publizist, Diplomat. 1939 emigrierte er nach Großbritannien und promovierte 1942 in Oxford. Nach dem Krieg war er tschechischer Diplomat; 1952 in einem stalinistischen Schauprozess zu lebenslanger Haft verurteilt, wurde er ab 1955 Hochschullehrer für Germanistik in Prag, später in Konstanz.[25]

Josef Kastein, Eine Geschichte der Juden, Berlin 1931, Wien 1935 und 1938

Internment Camp: Internierungslager

erdichten, im Reich der Phantasie die schönere und reinere Welt aufzubauen; dabei aber benutzten die Klassiker die Bausteine der realen Umwelt.

Es wurde mir durch den Vortrag klar, daß die Zeit der Klassiker und ihrer Werke, ihre ganze nicht-wirklichkeitsnahe Geisteswelt, tragische Wirkung für die deutsche Kultur gehabt hat. Weil man die inneren Zusammenhänge nicht sah, hielt man den Schein für die ganze Wirklichkeit, man sah nicht dahinter verborgene und doch tatsächlich vorhandene innere Fäden von Objekt und Kunstform. So entstand die ungeheure Kluft von Kunst und Volk, von Bildung und Leben, von Gebildeten und Volk, von Geist und Macht. Die die Wirklichkeit beherrschenden Mächte waren dem Geist fern und fremd, den Kräften der Idee, Bildung und Kunst fern, ja entgegen. Die die Kultur, das Reich der Ideen beherrschenden Kräfte waren umgekehrt der Wirklichkeit und dem Leben gegenüber und damit dem Volk und den aus ihm hervorgehenden Bestrebungen gegenüber fern und fremd, ja entgegen.

Eine furchtbare Tragik war das Ergebnis dieser in zwei ganz getrennt voneinander laufenden Lebensbahnen im deutschen Volk, in dem die Kluft von Kunst, Literatur, Wissenschaft und Volk so groß war wie wohl in keinem anderen Land. Stefan Zweig, der sich vor einer Woche das Leben nahm, erscheint mir wie ein Fahnenflüchtiger, wenn ich an seine schönen mutigen Bücher denke, besonders Castellio gegen Calvin, das in Deutschland 1936 erschien und den Titel trug: »Ein Gewissen gegen die Gewalt«. Aber körperliche und seelische Erschöpfung muß wohl die Ursache gewesen sein, die seine Widerstandskräfte lahm werden ließen.

18. März 1942

Um die starken Eindrücke der letzten Tage festzuhalten, Besuch der Aufführung von Shakespeares Merchant of Venice im New Theater, Oxford, am 15.3. Darstellung Shylocks durch einen deutschen Schauspieler, (angeblich aus Lübeck). Die Szene vor Gericht war ein tiefer Eindruck: »have my bond«. Endlich kommt einmal der Zeitpunkt, wo er einem Feinde seines Volks die Zähne zeigen kann, er der Stärkere ist, Sühne fordern kann für Jahrhunderte langes Unrecht, das an ihm und seinesgleichen begangen wurde und das zuletzt noch ihm seine einzige geliebte Tochter Jessika entfremdet, genommen hat. Nicht um Goldes Willen, nicht die doppelte und dreifache Summe seiner Forderung von 3.000 Dukaten ist ihm ein Äquivalent für seine Forderung. Als ihn, der sein Messer schärft für das Schneiden des Pfund Fleischs, die »Gerechten, die Menschlichen« als Unmenschen verhöhnen, sind die menschlich Scheinenden nicht in Wirklichkeit die Unmenschen und Shylock der Mensch; gewiß nicht Verkörperung des Edelsinns, aber des Menschen, der dem alten Feinde gegenüber schlechthin das formale und materielle Recht auf seiner Seite hat. Und halunkische Spitzfindigkeit des Richters bringt ihn nun auch um dieses sein letztes und äußerstes Recht. – Ich erinnere mich nicht, von dieser Szene je so tief erschüttert worden zu sein. Ich sehe sie jetzt mit einem historisch geschärften Auge. – Wie in dem Wechsel der Szenen Komik, leichtes Liebesspiel und Tragik immer wieder einander schnell ablösen; der leichte, auf Genuß, nicht auf tiefen und systematischen Ernst gerichtete Sinn des Engländers zutage tritt, so auch das äußere Bild des Publikums. Es ißt, es raucht, es strickt Handarbeiten, es erschien jederzeit mehr zum Lachen geneigt als auf Ausschöpfung der tragischen Idee Shakespearischen Geistes bedacht. –

Am Tage darauf Fahrt nach London zur Beratung des Board der Association of Jewish Refugees. Bericht von Adler-Rudel. Vorsitzender Schoyer und R. A. Breslauer. In der darauffolgenden Sitzung: Prof Brodetzky und Dr. Alexander (Krefeld), der Vorsitzende des Committees für Entschädigungs- und Nachkriegsfragen. Ich werde ein Exposé über meine 10 Punkte, die ich eingesandt habe, geben. Mündlich wies ich kurz auf den untrennbaren Zusammenhang von Entschädigungs-, Aufbau- und Siedlungs-Rekonsolidierung der mittellosen Existenzen hin und die Unmöglichkeit einer Individualentschädigung. – Dr. Alexander, ein sehr selbstbewußter phrasenreicher Redner, ohne erhebliche Gedanken (früherer volksparteilicher Stadtverordneter). – Ich sprach dort Hanna. Sie will eventuell am 15.5. Nurse-Ausbildung mit Verpflichtung auf 3. Januar beginnen. Besuch bei Vorsitzendem Vogel; Exposé von Carl Herz, etc. Ich wohnte bei Herrn Panoffsky, Wise Lane, Fairways, NW.

Salomon Adler-Rudel, geb. 1894 in Czernowitz, gest. 1975 in Jerusalem, war Sozialfürsorger und Publizist, 1936 bis 1945 im Exil in Großbritannien, 1941 Mitgründer des AJR.[26] Adolf Schoyer, geb. 1872 in Berlin, gest. 1961 in Bad Kissingen, war Unternehmer und Verbandsfunktionär; er emigrierte 1938 nach Großbritannien und war von 1941 bis 1946 Mitgründer und Vorsitzender der AJR.[27]

Hans Vogel, 1933 bis 1945 Vorsitzender der Exil-SPD, starb 1945 in England.[28] Carl Herz, SPD-Bürgermeister von Berlin-Kreuzberg, emigrierte 1939 nach England.

13. April 1942

In der Zwischenzeit habe ich das Exposé (mehr Wagnis als Versuch) über jüdische Nachkriegsziele aufgesetzt und von Dr. Bienenfeld eine ausführliche Entgegnung erhalten. Es kursiert zur Zeit unter den Mitgliedern des Komitees. Ich werde dadurch jedenfalls zu einer positiv gerichteten Mitarbeit an einem Punkte gelangen. Es ist nicht Ehrgeiz, es ist die Sorge um die Zukunft der nächsten Generation und ich muß auch schon an die dritte Generation denken. Im Mittelpunkt steht das Problem der Massenwanderung, ihres objektiven Ziels und ihrer Finanzierung wie ihrer geistigen, kulturellen und religiösen Haltung. Ich sehe immer mehr, daß das religiöse Moment, so trennend es ist, auch ein notwendig verbindendes Element sein kann. Aber die Nuancen sind allzu subjektiv und variabel. –

Wie muffig mittelalterlich dieser Gottesdienst, den ich vorgestern zwei Stunden gelegentlich der Einsegnung von Bertram H. über mich ergehen ließ; die Frauen in die Ecke gedrückt, der unästhetische Gesang des Vorbeters, dieses Schreien, aus dem die ganze Not des Mittelalters »zum Himmel schreit«, das Küssen der Thorarolle, die übermäßige Ausdehnung der Liturgie. Immerhin die älteste geistige Gemeinschaft über die ganze Erde, in alle Winkel hinein ausgebreitet. Seine letzte Aufgabe in Europa war die Forderung der Durchdringung der modernen Wirtschaft mit Kapitalismus, worin sie durch ihre ältere Betätigung in der Geldwirtschaft Vielen Vieles voraus hatten. Jetzt sind sie dabei entbehrlich gewor-

Frank Rudolf (Rudi) Bienenfeld, Dr. jur, Rechtsanwalt, emigrierte 1938 aus Wien in die Schweiz, 1939 nach England. Er war Mitglied der AJR, Vorstandsmitglied des World Jewish Congress London und später Mitarbeiter an der UN-Menschenrechtscharta.[29]

Rosenfeld besuchte einen jüdischen Gottesdienst; seine Kommentare erweisen ihn als zutiefst assimilierten Juden, der wenig mit der Religion seiner Väter anfangen konnte. Wie ihm erging es vielen seiner Leidensgenossen, die jedoch aufgrund ihrer Verfolgung „als Juden" begannen, sich wieder vermehrt mit jüdischen Themen und jüdischer Religion zu beschäftigen. Siegfried Rosenfeld kommt hier bereits seine intensive Arbeit über die Geschichte der Juden in Europa zugute.

Liebe Hanna!

Peter hat heute schon um 10 Uhr sich eingefunden, frühstückte bei mir; wir gingen in die Stadt und ich berichtete über Dich und Deinen Nurse-Plan. Wie steht es nun mit den Vorbereitungen? Hast Du Dich schon gemeldet; will Mr. Bligh für Dich das vielleicht tun? Bitte Antwort. Jetzt sind wir beide um 2–4 ½ im Kino gewesen und [haben] eine anständige Kaffeemahlzeit bei mir genommen. Peter vermißt eine Nachricht von Dir. Ist die Hose zu erlangen hoffnungslos? Ich war in Bloomsbury House deswegen. Die Juden wollten nichts geben. Der Schneider wollte erst mit Peter wegen der alten Hose korrespondieren. – Muttis beigefügter Brief ist wieder eine schöne Beruhigung für uns. Er kam gestern. Zum Geburtstag von Mutti schreibst Du zwei zweiseitig allein Luftbrief für 5 d, etwa am 1. April: Anrede nur an Alice, mitten im Brief magst Du vielleicht wechseln; gerichtet an Alice R. Deren Adresse jetzt ist Avenida Defensores de Stavros 93. – London ist ganz programmgemäß verlaufen, und ich bin zufrieden, die Fühlung mit den Leuten persönlich gewonnen zu haben. Auf die Bettücher werde ich nicht vergessen, doch mußt Du etwas Geduld haben. Arthur Rewald konnte mir sehr billiges Maschinenpapier vermitteln (250 Blatt für 2 s.). Ist in Eurer Nähe eine Gänse- oder Entenzuchtfarm; Arthur R. kauft Federkiele, die dann als Pinsel gekauft werden, ich will mit Peters Hilfe in seiner Gegend etwas ausfindig machen. – Schicke mir bitte Muttis Brief zurück.

Viele herzliche Grüße

Vati

Liebe Hanna. Ich denke, es ist mal Zeit, daß Du mir schreibst. Ich bin rather neugierig, über Deine Nursery-Pläne. Ist es Civil-nursing oder was? Wann würdest Du anfangen? Wo? Also bitte schreib bald. What about Trousers.

Herzlichst Peter

Nurse-Plan: Hanna wollte eine Krankenschwestern-Ausbildung beginnen.

Brief Siegfried und Peter Rosenfeld an Hanna vom 19. März 1942

den, andere verstehen es ebenso gut; gerade so wie um 1000 nach Chr. ihre Rolle im Handel, um 1400 ihre Rolle im Geldkreditgeschäft und um 1800 ihre Rolle als Förderer der absoluten Fürstenherrschaft aufhörte. Wenn sie ihre letzte wirtschaftliche Funktion im Kapitalismus in USA und zum Teil in England wohl noch fortsetzen können, für Millionen wird eine neue Aufgabe entstehen oder sie werden vergehen, untergehen. Können neue große Massensiedlungen neben Palästina diese neue Aufgabe darstellen, die Bildung vorbildlicher größerer Kultureinheiten, Kulturenklaven in Südamerika, in Afrika, in Australien, in Alaska?

In der gestrigen Aussprache über die wichtigsten Themata zur Zukunft des Judentums versuchten wieder Dr. Unger und Dr. Adler die Fragen auf dem rein geistigen Gebiete als die entscheidenden hinzustellen, gewissermaßen isoliert von allen irdischen Beziehungen, ähnlich Dr. St., der aber als gewissenhafter Forscher zwei ausgezeichnete Beispiele gab, wie religiöse Vorschriften den wirtschaftlichen Notwendigkeiten angepaßt werden (Rabbi Hellel, 1. Jahrhundert, legt die Notwendigkeit der Aufnahme neuer Geldschulden kurz vor dem Erlaßjahr – alle 50 Jahre Schuldenerlaß – so aus, daß die im letzten Jahr vorher nicht erlassen werden, weil die Gläubiger nichts mehr hergeben wollten, ebenso die Erlaubnis zur Zinsengewährung im Mittelalter trotz biblischen Verbots unter den Juden selbst). Materialistische Geschichtsauffassung findet darin eine Bestätigung.

Vor 3 Wochen hielt ich ein Referat über Stefan Zweigs »Gastellio gegen Calvin« (The right to heresy) in dem kleinen literarischen Zirkel.

Stefan Zweig, Gastellio gegen Calvin oder Ein Gewissen gegen die Gewalt, Frankfurt a. M. 1936

Briefe an Hanna vom 25. März und 21. April 1942

25. März 1942

Meine liebe Hanna!

Ich hätte gleich nach Empfang Deines Geburtstagsbriefes und Pakets geantwortet, wenn ich nicht in diesen beiden letzten Tagen sehr stark beschäftigt gewesen wäre mit Vorbereitung eines Referats, das soeben vom Stapel gelassen worden ist. In einem … literarischen Zirkel wird allwöchentlich Mittwoch über irgend ein Buch berichtet. So habe ich schon einiges aus der englischen Literatur kennengelernt. Es sind 12–15 Personen dabei und ich habe heute über Stefan Zweigs Buch, das in deutscher Fassung: Castellio gegen Calvin, in englischer Übertragung: The right to heresy heißt, referiert. Ich kannte das 1936 in Österreich erschienene Buch daher, daß es uns – es war von Freunden von Frl. Putz, die in der Schweiz waren, eingeschmuggelt – zugänglich gemacht wurde. Es hatte damals wie eine befreiende Tat auf mich gewirkt, auch auf Mutti. Nun, so starken Eindruck konnte es mir jetzt, als ich es hier ungestört las, nicht mehr wecken, wo ich nicht mehr unter Hitlers Druck lebe, zumal die besondere Schönheit der Sprache nur deutsch auf mich wirken konnte. Es ist der Kampf eines freien Geistes (Castellio) gegen die Gewaltherrschaft und Gewissensknebelung des Despoten Calvin. Es ist kein Roman, sondern eine bedeutsame geistesgeschichtliche Episode aus den Religionskämpfen des 16. Jahrhunderts. –

Rudolf Cohen verhalf vielen bedrängten Juden zur Emigration. Er führte sorgfältig Buch über mögliche Kontakte, Adressen und Wege der Hilfe.

Auf dem Karteiblatt von Siegfried Rosenfeld finden sich Kurzangaben zur Familie - Gustave Behrend, Ludwig (das ist Peter), 17 ½ Jahre, Hanna, 16 ½ Jahre-, die Adresse Icking, Haus 18. Cohen notiert, dass eine gemeinsame Auswanderung geplant ist. Genannt werden Verwandte und Bekannte in London. so Miss Dora Wessley, London, Miss Glady Allen. Genannt werden auch „Vetter des Vaters, Geo Kaufmann, London, N.W. 11, 24 Eastholme, Kaufmann, seit 4 ½ Jahren dort ..., in guten Verhältnissen, bemüht sich sehr, auch um Sohn."
Dr. Hertha Kraus, Nichte des Vaters:„Quäker wollen Weiterwanderung nach Argentinien für den Sohn besorgen"; Käthe Liepmann in London, „in Wohlfahrtsangelegenheiten thätig".

Auf diesem Blatt lassen sich die weiteren Bemühungen von Rudolf Cohen verfolgen: „10. Juni. Argentinischer Consul hat Visum mit kurzen Worten abgelehnt."

„25. Sept. Dr. Rosenfeld erhielt bei Mr. Geo Kaufmann, London Eastholm … eine Seite der Sammelgarantie für Männer und Frau. … Der Name, unter dem die Garantie geht, ist Frau Dr. R. nicht bekannt".

„Tochter Hanna jetzt mit Miss. Rhys, Twickenham, Middlesex … als Trainee für Haushalt. Sohn Ludwig ist Hazelmere Surrey, Stateley Rough School, … das Geld für ihn ist für 1 Jahr … bezahlt".

Cohen nennt auch weitere Kontakte: „in Schweiz, K. Erich Kaufmann, Zürich 7, Richard Kiussling Weg 8, Bruder von Geo Kaufmann; in Dänemark Frau Getrud Henning, …, bereit, Frau Rosenfeld aufzunehmen."

Peter Rosenfeld (rechts) mit Arbeitskollegen auf der Farm, Burcote 1941

Alice Rosenberg in Lissabon vermittelte die Briefe weiter, die nicht direkt geschickt werden konnten.

Dank für Deine guten Wünsche zum 68sten und die sehr wertvollen Socken, die ich bereits trage, damit sie nicht etwa bis zum nächsten Winter nutzlos daliegen! Wir wollen darauf vertrauen, daß das Jahr 1942 die Entscheidung bringt! …

Dank auch für die Hose, die mir noch so festen Stoff zu haben scheint, daß sie mir zunächst für Peter fast zu schade ist. Von wem hast Du sie? Ich konnte die Hosenbeinränder durch Abschneiden in Ordnung bringen, sie vielleicht auch für 3–4 s gleichzeitig reinigen lassen. Peter hat von mir meine letzte alte, entbehrliche Hose bereits jetzt bekommen. 3–4 Monate konnte er sie aber noch tragen: Wollen sehen und hören, was der Schneider sagt.

In der Zwischenzeit kam noch ein Brief von Mutti vom 25.2. Sie schreibt von häufigen Besuchen von Annemarie, das ist wohl Frau Cohen, die Frau des Syndikus in der Copernikusstraße, und von Besuchen Tillas; Briefverkehr mit Eva Fischer und Eva Schmidt, freut sich, daß Du Dich jetzt einer Berufsausbildung zuwendest: Morgen Vormittag kommt Peter, ich zeige ihm den Brief und werde ihn wohl noch beifügen. Die wirklich törichte Alice fügte überflüssiger Weise einen Zettel bei, und das merkte natürlich der Zensor und legte auch einen Zettel ein. Schön ist, daß Mutti auch den Neujahrsgruß von uns durch das Rote Kreuz bekommen hat. – Denke daran, in den ersten Tagen im April an Alice zu schreiben, damit Mutti zu Anfang Mai von Dir etwas hört. …

Heute las ich eine wichtige Nachricht über Argentinien. Es hatte sich wegen einer Waffenlieferung an die USA gewandt und hat wegen der isolationistischen und Nazi-freundlichen Haltung eine Absage erhalten! Sehr gut! Der Herr Präsident – er heißt übrigens Castillo – und seine Hintermänner können darüber doch das Wackeln bekommen. … Am Sonntag hörte ich in einem anderen Privatzirkel einen Vortrag von einem Exiljuden Dr. Stein. Sein ganzer Standpunkt lag in einer Ebene, in der man kaum disputieren kann. Aber dennoch wird mir immer deutlicher, daß es fraglich sein wird, ob wir überhaupt, wenn wir keine größeren Mittel haben, nach dem Kriegsende als Emigranten eine Möglichkeit der Wahl haben werden, wohin wir gehen können. Ob nicht große Gemeinschaftssiedlungen (landwirtschaftlicher, industrieller pp. Art) nur für Juden geschaffen werden, in verschiedenen Ländern, und dazwischen nur die Wahl bleiben wird, wenn nicht Rückkehr in das Heimatland bevorzugt wird. Wie denkst Du Dich dann zu entscheiden? Rein jüdische Siedlung (verschiedener Nationalitäten?) oder Deutschland? Ich bin mir darüber selbst nicht sicher. Vielleicht aber haben wir die Möglichkeit, diesem Dilemma zu entrinnen, wenn mir meine rückständige Pension (500 Pfund pro Jahr) gezahlt wird! Überlege es Dir einmal. Morgen gehe ich in die Ausarbeitung meines Exposés über jüdische Wanderungsfragen, die ich versprochen habe, Dir … zu senden. Eine heikle, aber unumgängliche Beschäftigung.

Sag mal, welche Vorbereitung hast Du getroffen wegen Eintritts in das Hospital? Brauchst Du dazu nicht irgendwelche Genehmigungen? Für den Berufswechsel? Ärztliche Untersuchung jedenfalls; hast Du Dich bereits gemeldet? Und steht Dir da überhaupt die eigene Wahl des Hospitals zu? Oder wird das Mr. Bligh managen?

Leb wohl, liebe Kleine, bleib hübsch gesund, wie ich es immer tue.

Herzliche Grüße und nochmals Dank!

Vati

21. April 1942

Liebe Hanna!

Dank für Deine Karte vom vorigen Sonntag. Letzten Sonntag besuchte mich Peter und erzählte mir von Eurem Beisammensein, gab mir auch die 2 Pfund von Dir, für die ich Dir danke. Es ist für 1 Monat zu viel. … Schreibe mir übrigens, wie Dir Peter gefallen hat.

Ich hatte vor einigen Tagen Brief von Alice, in dem sie mir einige Zeilen aus einem Brief Muttis zitierte: »Ich wäre Euch unendlich dankbar, wenn Ihr mir so oft wie irgend möglich schreiben würdet. Ich kann leider nicht so oft schreiben, wie ich wohl möchte. Ihr dürft also nicht warten bis Ihr von mir etwas bekommt.« Anscheinend sind neue Briefbeschränkungen in Kraft getreten. Leider versäumt Alice selber sehr oft zu schreiben. In dem Brief spricht sie törichter Weise, daß ihr Irrtümer unterlaufen sind, indem sie die »Einlagen der Briefe verwechselt hat«. Denunziert sich also selbst dem Censor als Tauschstelle für Briefwechsel! Sie hat auch den Brief von Gustel und Käthe für Else bekommen. Hast Du eigentlich zum Geburtstag geschrieben? Ich werde wohl in diesen Tagen durch das Rote Kreuz einen Glückwunsch von uns allen 3 schicken. Peter hat jetzt von Mr. Farrand sein Rad zur Verfügung gestellt bekommen, war schon mit Rad Sonntag hier, auch Sonnabend, wo es nicht weiter auffiel. Ich hatte im Österreichischen Refugee Club ein kurzes Referat neuerlich über Stefan Zweigs Buch.

Sonst schreibe ich jetzt eifrig. Als ich kürzlich meinen Plan über die Arbeit vom Fortleben der Juden und seinen natürlichen Gründen erzählte, fand er ihn sehr gut und ermutigte mich zum Schreiben. Das hat gewirkt, und ich schreibe mal wieder. Ich habe so natürlich viel Stoff, daß ich beinahe die Übersicht verloren habe. Und so dehnt sich alles fast zu sehr in die Länge.

Von Hertha kamen ein paar Seiten über Welfare-Arbeit pp. der »Friends«: Für Peter lief jetzt noch eine alte Hose von Arthur Rewald ein, … für den Winter geeignet. …

Herzliche Grüße

Vati

Refugee Club: Emigranten Club

8. Mai 1942

Heute von 9–11 zwei Stunden Küchenarbeit, dann zwei Stunden in dem Institute for Social History in der Geschichte der materialistischen Gesellschaftsgeschichts- und Staatstheorien gelesen. Über die Beziehungen von Wirtschaft und Religion; insbesondere in der jüdischen Geschichte bisher nichts gefunden. Das Überleben der Juden hat sicherlich zwei Wurzeln: außer ihrer religiösen Besonderheit und Abtrennung die spezifische Aufgabe in der Wirtschaft der größeren Gemeinschaften um sie herum. Das erste Kapitel über das Überleben der Juden, enthaltend die wahren Theorien über die Gründe des Überlebens, habe ich vor 14 Tagen fertiggestellt. Ich arbeite an dem 2. Kapitel: Die Periode des Warenhandels. Das 3. Kapitel wird den Geldhandel bis in das 14. Jahrhundert behandeln. Das 4. Kapitel das Hofjudenzeitalter oder richtiger wohl vorher noch ein Kapitel: Die Juden als Mittelstand in Osteuropa, so daß die Hofjuden als Vorgänger und Bahnbrecher der Emanzipation das 5. Kapitel bilden.

Vielleicht wird aber auch ein besonderes Kapitel über die wirtschaftliche Bedeutung der Juden in Spanien nötig sein. Die englischen und italienischen Juden können im Rahmen des Geldhandels behandelt werden. Was bisher unter rein geschichtlichen Gesichtspunkten über das Wirtschaftsleben gesammelt und geschrieben ist, läßt sich unter dem Gesichtspunkt der Frage des Überlebens sehr gut in die obigen Kapitel einreihen. Die Materialien, die ich gesammelt habe, namentlich aus der wirtschaftsgeschichtlichen und überhaupt nationalökonomischen Literatur (Lamprecht, Brentano, Ehrenberg, Heyd etc.), finden so erst ihre richtige Verwendung. Was hier und in vielen anderen Werken als gelegentliche Bemerkung gesagt ist, wird damit erst zweckvoll als Glied einer besonderen Gedankenreihe zu voller Bedeutung gebracht.

Immer wieder erscheint der Jude als ein neues Zwischenglied innerhalb der Gesellschaft und ihrer bereits vorhandenen, z. Teil fest organisierten Stände und Gruppen. Als Jude naturgemäß der Händler zunächst, ist er der Lehrer zuweilen dann bei längerem Wohnen und wachsender Zahl fester Niederlassung im Kreditverkehr. In Osteuropa als Händler und zugleich als Handwerker und als Vermittler zwischen Land und Stadt (was er in gewissem Maße auch als Hausierer in Mitteleuropa ist). Dann als Kreditgeber der Fürsten und deren Helfer im Kampf um die Ausbeutung des Absolutismus gegenüber den adligen Ständen. Nicht mehr so sehr Lehrer, weil fast gleichzeitig auch oder sehr bald danach, Christen als Hofbankiers (oder wie die Fugger schon vorher) ihre Wirksamkeit übten.

An Else ist der Kelch der Verschickung Ende März vorbeigegangen; bereits eingeteilt, ist sie zurückberufen und zur alleinigen Leiterin berufen. Welch ein Erlebnis für sie das gewesen sein mag! Es ist kaum vorstellbar; fühlte sie sich wie ein im letzten Augenblick zum Leben Begnadigter? Welche Leistungen müssen ihr das eingebracht haben?! Wann wird das alles enden!

Der bedeutende Historiker Karl Lamprecht (1856 bis 1915) betonte gegenüber der Geschichte der „großen Männer" die zentrale Bedeutung der Kultur- und Wirtschaftsgeschichte; der „Kathedersozialist" Lujo Brentano (1844 bis 1931) war deutscher Wirtschaftswissenschaftler und Sozialreformer. Der deutsche Nationalökonom Richard Ehrenberg (1857 bis 1921) publizierte zur Handelsgeschichte Hamburgs, aber auch zu den Fuggern; Wilhelm Heyd (1823 bis 1906) war Historiker und Spezialist für den mittelalterlichen Levantehandel.

Anfang April 1942 war Else Rosenfeld zur Deportation eingeteilt und ins Lager Milbertshofen gebracht worden, in letzter Minute jedoch freigekommen.

Tagebuchaufzeichnungen Siegfried Rosenfeld

Gestern in der Town-Hall Meeting (mit Peter) und dem Labour MP Shinwell, der sehr demagogisch die Regierung Churchill angriff, nach der II. Front Rußlands Hilfe rief etc. Hat England nicht schon Fronten im Atlantik (im Indischen Ozean, Indien, Libyen, Mittelmeer)? Es ist schwer, darüber etwas Sicheres zu sagen.

Emanuel (Manny) Shinwell (1884 bis 1986) war ein jüdischer Gewerkschaftsfunktionär und Parlamentsabgeordneter der Labour Party.[30]

17. Mai 1942

Gestern sah ich in dem schönen New Theater Macbeth. Wir wollten schon am Dienstag gehen, doch da bevorzugte Peter das Kino, so ging ich zur letzten Vorstellung allein für 9 Pence. Ich wollte auch nochmals hier das Theater auf mich wirken lassen und viele Eindrücke von dieser Kunst, ähnlich denen wie bei dem »Kaufmann von Venedig«, vertieften sich. Selbst in diesem von Mord und Tragik erfüllten Drama – und sehr kriegszeitgemäßen, fehlten nicht die immer wiederholt eingestreuten komischen Szenen: Als nach dem Morde an Duncan Boten an den Schloßeingang klopften, der Wächter sich erst lange mit Ankleiden der Hose aufhält und dies gerade eben nach dem dreifachen Morde wie eine Entspannung wirken soll. Es wurde gut gespielt. Aber auch hier scheint mir das Fehlen des eigentlich Repräsentativen in den Königsszenen spezifisch englisch zu sein. In Deutschland würde das weit stärker herausgestellt. Immer wieder werde ich von dem Spielen der Nationalhymne und der Achtung des Publikums dabei tief berührt – England fühlt auch im Theater sich als ein Volk. –

Nun hat der zu erwartende Frühjahrskampf wieder begonnen. Wenn doch die russische Überlegenheit alsbald sich drastisch zeigen würde! Dann könnte der Krieg wirklich noch im Sommer zu Ende gehen! Einem monatelangen auch nur unentschiedenem Hin und Her halte ich das deutsche Heer innerlich kaum noch gewachsen. Das beweist Hitlers Drängen auf schnelle Entscheidung. – In der Arbeit komme ich mit dem Kapitel: »Der Warenhandel« nicht schnell vorwärts. Aber ich sehe doch ganz klar die Linie, in der sich der Beitrag der Juden zur Entwicklung der ökonomischen Zivilisation in Europa bewegt hat.

Briefe an Hanna vom 22. und 30. Mai 1942
22. Mai 1942
Liebe Hanna!
Ich danke Dir für Deinen längeren Brief und freue mich, daß Dir die Lektüre meines Einleitungskapitels von gewissem Interesse war. Ich glaube, mit den ziemlich umfassenden Kenntnissen der Literatur auf diesem Gebiete der erste zu sein, der vom realistisch-wirtschaftsgeschichtlichen Standpunkt das Überleben der Juden zu erklären versucht. Selbstverständlich haben große Historiker und Volkswirtschaftler in umfangreichen Büchern über das Wirtschaftsleben großer Völker auch mal eine gelegentliche Bemerkung in dieser Richtung gemacht – so Karl Lamprecht …, aber eben Bemerkungen über ein oder zwei Sätze von der Konservierung der Juden durch das Interesse der Fürsten.

Das Manuskript von Siegfried Rosenfeld über die jüdische Frage ist leider nicht erhalten geblieben; er hatte daran intensiv viele Monate gearbeitet.

Meine Arbeit am II. Kapitel schreitet leider langsamer fort, als gedacht. Aber eine Bibliothekarin in dem Institute of Sozial History nimmt Interesse daran und fragt mich häufiger danach. Dies dient meinem Ehrgeize. ...

Ich bin mit Deiner Auffassung, daß ein gemischtes Zusammenleben – Juden und Nicht-Juden – zu begrüßen ist, durchaus einverstanden. Ich fürchte nur, daß die Freizügigkeit der Juden und vielleicht auch Millionen Anderer (Balkan, Südtirol, Polen pp, Rumänien) weiter äußerst beschränkt sein wird, auch mit USA und Südamerika pp. Das Verhalten während des Kriegs beweist es, namentlich von USA. Ich sehe das sehr skeptisch. ... Unter den anderen englischen Emigranten hier, glaube ich, stehen 60–70 % im hohen Alter (über 60), sie sind fast alle mittellos, und deshalb wird man auch sie nicht behalten wollen, wenn sie nicht durch Heirat mit Engländern pp. hier besondere Empfehlung haben. Deshalb, weil alle diese Fragen für die jüngeren Menschen besonders wichtig sind, arbeite ich ja an den Nachkriegszielen mit. Wahrscheinlich wird Mitte Juni eine neue Sitzung stattfinden, in der mein dorthin gesandtes Exposé und einige Ergänzungs- und Abänderungsvorschläge erarbeitet werden sollen. Ich weiß noch nicht, ob ich mir diese Ausgabe von 10 bis 20 sh leisten kann! Wohnung würde ich ja finden ohne Geld. – Ich möchte Dich ja auch sehen und auch den alten M. Beer. Er schrieb mir diese Tage, 78 Jahre alt, fühlt sich schwach; er wohnt jetzt in London NW. 5 bei einem verheirateten Sohn. Am Schlusse schreibt er: »I send you my best wishes for your children, let your children stay in England. They will be naturalized and become Englishmen.« Ja, wenn er recht hätte, ich wäre gewiß damit einverstanden, daß es geschieht. Und Du wohl auch. Peter, dem ich gestern den Brief abends zeigte, sagte: Was werden wir hier machen? Das ist natürlich abhängig davon, ob wir dann noch die Pension nachgezahlt oder fortgezahlt bekommen. Ist das der Fall, würde uns England hier lassen und so käme ja dann auch für Peter noch einmal eine Selbständigkeit oder für euch beide bessere Ausbildung noch in Frage. So steht mit der allgemeinen Frage und ihrer Regelung unser persönliches Schicksal in engem Zusammenhang. Mit Geld und Pension kommen wir auch nach USA oder sonst wo hin. An Rückkehr denkst Du doch auch nicht. – Beer ist ein kluger Mann, der England so gut kennt wie wenige. Ich möchte ihn auch gern noch einmal sehen und sprechen, kenne ihn seit 1915. ...
Lebe wohl! ... Grüße und bitte Rückgabe des Briefs.
Vati

30. Mai 1942
Liebe Hanna
Dank für Brief und Check von 2 Pfund, aber der Check ist groß im Angesicht der Ausgaben, die für Dich jetzt nötig sind. Aber das sind alles Ausgaben erster Ordnung für das Wichtigste, was ein Mensch in Deinem Alter braucht, für die Fortbildung. Wenn Deine Mittel nicht reichen, so bitte schreibe sofort, daß ich es Dir schicke, damit Du alles beisammen hast. Peter hat 30 Pfund gespart und trägt bereits 13 Pfund mit sich, bald sind es wieder 20 Pfund, erst dann entschließt er sich, wieder 10 Pfund anzulegen. Und ich selbst habe auch noch 15 Pfund bar. Also keine Schonung. ...

Max Beer (geb. 1864) war als Journalist und Autor Korrespondent wichtiger sozialdemokratischer Zeitungen wie „Volksstimme", Magdeburg, oder „Münchener Post", ebenso jüdischer Blätter. Er emigrierte 1933 nach London. Seine Publikationen zum britischen und internationalen Sozialismus wurden Standardwerke.[33]

„Ich schicke Ihren Kindern meine besten Wünsche, sorgen Sie dafür, dass Ihre Kinder in England bleiben. Sie werden naturalisiert und Engländer werden."

Muttis Brief vom 6.5. kam gestern, wo ihn Peter gleich lesen konnte. ... Der Brief ist, wenn auch mit schneller Schrift, doch inhaltlich so ruhig und ausführlich gehalten, wie lange nicht und war mir eine ordentliche Erquickung und Beruhigung – für 2–3 Wochen! Wie schön, daß Mutti viele Glückwünsche und Freundlichkeiten erfahren hat. Wir können am wenigsten dazu tun, nur schreiben. Und ich bitte Dich, auch in den nächsten Wochen wieder zu schreiben. Ich hatte bereits den Abend vor dem Briefeingang geschrieben und konnte am nächsten Morgen dann gleich den Empfang des Briefes bestätigen. Daß sich bei Dir die neue Arbeit noch verzögert, hatte ich geschrieben. Mutti hat Recht, es wird eine schwere Aufgabe für Dich sein, körperlich und seelisch, inmitten von Kranken zu leben. ... Hoffentlich findest Du anständige Kollegen. Besser nicht zu eng sich an andere etwaige Emigranten anschließen, weil dies leicht die Beziehung zu englischen Kollegen erschweren kann. Womit ich bestimmt kein Abrücken von anderen Emigranten meine. In Deiner Ferienwoche möchte ich Dich gerne sehen, wenn nicht hier, in London. Quartier würde hier auch nichts kosten, sei es bei Mrs. Mendelssohn, die mir das schon früher angeboten hat, oder anderswo, eventuell bei Ilse Moskauer, wo immer für ein paar Tage Platz ist, vielleicht bei Bakers.

Ich will noch auf ein Wort in Deinem Briefen zurückkommen, daß die wirtschaftlichen und politischen Leistungen »vielleicht auch nur minimal« zu dem Überleben beigetragen haben. Das ist genau meine These (d. h. meine zu beweisende Behauptung), daß diese letzteren Leistungen, weil sie in dem Rahmen der großen Gesellschaft und ihrer Ordnung in größerem Zeitraum außerordentlich wichtig gewesen sind und deshalb, weil unentbehrlich, Förderung (meist durch weltliche Machthaber, Fürsten) gefunden haben. Nicht aus Menschlichkeit, Toleranz, sondern weil das Interesse politischer und wirtschaftlicher Art diese Machhaber dazu zwang. ... Deine Laken will ich die nächsten Tage herausholen. Hoffe sie zu finden. ... Peter hat jetzt die Traktorlizenz für 5 Schilling ausgehändigt erhalten. – Von Mutti nur die anliegende überholte Nachricht durch das Rote Kreuz vom 24.2.42. Antwort auf meine 25 Worte vom 2. Januar. Schick es wieder zurück. Was liest Du jetzt? Gib mir bald wieder Nachricht. Erntet ihr schon ordentlich Rhabarber, Salat, Radieschen?
Viele herzliche Grüße Vati.

30. Mai 1942

Else hatte Anfang Mai im Lager Berg am Laim ihren Geburtstag gefeiert.

Hanna Rosenfeld (Ausschnitt), späte vierziger Jahre

29. Juni 1942

Die Tätigkeit als eine Art Vorbuchhalter im Büro des „Dairy Department", der Milchwirtschaftsabteilung einer Oxforder Einkaufsgenossenschaft, übte Rosenfeld immerhin ein Jahr und sieben Monate aus. Sie brachte ihn, den fast siebzigjährigen Ministerialdirigenten a. D., oft an den Rand der Verzweiflung. Doch es war für nicht sprachfeste Emigranten wie ihn sehr schwer, in England überhaupt Arbeit zu bekommen.

Seit 22.6. arbeite ich im Office der Cooporative Oxford in dem Dairy Department. Es ergab sich zufällig, daß die dort beschäftigte Frl. Lotti mich aufmerksam machte. Zahlen übertragen, Pfunde, Schillinge und Pence addieren muß auch gelernt und mit konzentrierter Aufmerksamkeit gearbeitet werden, wenn man nicht ständig in widersprüchliche Ergebnisse geraten will. Körperlich bin ich der Arbeit gewachsen. Aber die Sprachschwierigkeiten sind groß. Zunächst versuche ich es und will mir alle Mühe geben, um für einige Anschaffungen, Schuhwerk und Wäsche, die Mittel zu erwerben, gleichzeitig Peter entlasten, damit er mehr sparen kann.

Die Sorge um die arme Else hört nicht auf, trotz aller ihrer scheinbar zuversichtlichen Äußerungen. Im Gegenteil scheint die Gefahr größer sowie sich Deutschlands Kriegslage verschlechtert. Im Augenblick hat sie sich durch Erfolge in Nord-Afrika beim Angriff auf Ägypten verbessert. Auch die russische Front ist schwer bedroht. Dennoch sieht der Krieg nicht so aus, daß er 1942 zu Ende geht. Aber niemand kann es wissen.

Hanna machte eine Ausbildung als Krankenschwester.

Hanna hat am gleichen Tag wie ich ihre neue Arbeit begonnen. Nurse-Ausbildung; die theoretische Arbeit. Das Lernen aus Büchern und Anschauung (Biologie, Anatomie) gewiß neu und ungewohnt. Ihr dreitägiger Aufenthalt hier in der Woche vorher zeigte sie als recht gereiftes Wesen. Peter ist durch die Außenarbeit in der heißen Sonne ganz rot geglüht im Gesicht, besucht mich jeden Sonntag um 6 Uhr, sonst am Half-day, wo ich ihn auch nur kurz sehe und spreche.

Half-day ist ein Tag, an dem nur halbtags gearbeitet wird.

Meine Arbeitszeit ist von 8.30 Uhr bis 6, bzw. 6.30. Gestern Vortrag des früheren Rabbiners Dr. Jakob über Kindheit und Jugend Moses gehört.

8. September 1942

Mehr als zwei Monate im Office des Dairy Departments der Oxford Cooperation gearbeitet. Das Kaufmännische macht mir Schwierigkeiten. Mein Leben hat jetzt einen anderen Rhythmus, den des Angestellten, der um 8 Uhr das Haus verläßt, um 7 Uhr oft erst spät zurückkehrt. Die sitzende Lebensweise verlangt einen Ausgleich durch Bewegung an frischer Luft. In diesen Herbsttagen ist es das Beste, wie heute nach der Arbeit um 6 Uhr erst eine Stunde im Worcester College Garden mit Herrn Seidel, der Kollege und Kamerad ist, spazieren zu gehen, dann nach Hause, seine Suppe zu verzehren. Aber immer heißt es: Bediene Dich selbst. Du allein hast für Dich zu sorgen. Das ist gerade bei einem Arbeitsleben etwas schwieriger, mühevoller als in dem früheren, nach freiem Willen gestalteten Leben. Doch nicht klagen! Wie viel besser habe ich es als meine Else, die immer weiter so mutig schreibt, wahrscheinlich viel mutiger, als sie es ist. Wie würde es auch anders sein, das Ungewisse stets vor Augen, den Abschub in das Nichts! Der Himmel bewahre sie! Die Lage des Kriegs ist ja auch die größte Gefahr für sie, körperlich, seelisch.

In Deutschland war es zu Rosenfelds Lebenszeiten noch unüblich, dass Männer für sich selbst sorgten: Alleinstehende lebten meist in Untermiete bei einer Hausfrau, die ihnen das Zimmer und ihre Sachen in Ordnung hielt und für das Frühstück sorgte; mittags und abends aß man im Gasthaus. Bei Verheirateten übernahm diese Aufgaben die Ehefrau und auch ärmere Familien hatten mindestens ein Dienstmädchen. Rosenfeld löste also immer wieder Aufgaben, die er vorher nie bewältigen musste.

Es geht gewiß noch nicht in diesem Jahr oder Winter zu Ende, und wird der Winter in Rußland ohne großen Erfolg der Deutschen von ihnen und der Heimatsfront überstanden, dann geht es noch den größeren Teil 1943 weiter! Aber vielleicht bricht es doch zusammen, da die Reserven an Menschen kleiner und schlechter werden. »Aus Rußland kommt keiner zurück«, soll das übliche Wort in Deutschland sein. Sehr glaubhaft, das muß auf den Widerstandswillen schwächend wirken bei den Truppen und in der Heimat. Die Vorbereitungen zum Kampf gegen den »inneren Feind« werden bei den Nazis immer größer. Aber wie weit das Angefangene wirksam ist, ist doch hier die Frage. »Eine Grenze hat Tyrannenmacht!« – oder ist es nicht wahr? – Hanna hat nun ihre mündlichen und schriftlichen Prüfungen hinter sich und arbeitet praktisch im ward. Sie hat sich als tüchtig, zielbewusst, befähigt, fleißig in diesen drei Monaten bewiesen. Sie wird ihren Weg gehen wie Peter. In diesen Tagen kam ein Brief, Antwort auf meinen Brief an den Siedler Meyer in Brasilien aus der Siedlung Rolandia, in der Kaplan, ferner Koch-Weser und Schlange-Schöningen sitzen. – Heinz und Gustel bauen sich jetzt ein eigenes Haus, hoffentlich zum Glück.

ward: Krankenzimmer

Die Siedlung Rolândia (nach dem Bremer Wahrzeichen „Roland" benannt) im brasilianischen Bundesstaat Paraná war ein wichtiger Bezugspunkt für die deutsche Emigration; es lebten dort 400 deutsche Familien. Gegründet hatte Rolândia der emigrierte ehemalige Reichsminister und Vizekanzler Erich Koch-Weser; der Ex-Reichstagsabgeordnete Hans Schlange-Schöningen war jedoch nicht im Exil.

11. Oktober 1942

Vor 3 Tagen kam von Alice Rosenberg Nachricht, daß meine Else im Hause von Eva Fischer ist, die Krankheit – sie selbst schreibt von Erholungsnotwendigkeit, Entlastung, Urlaub für einige Tage – sei behoben, aber Kräftigung nötig. Was soll man denken? Ist sie aus dem Heim – der Sklaverei für wenige Wochen in die Freiheit beurlaubt? Muß sie wieder dorthin zurück? Wann? Was ist diese Krankheit? Wie mag ihr, der Armen, ein Aufenthalt in der Familie als ein Himmel der Erleichterung erscheinen, ein Leben ohne die Arbeitssklaverei, die ihr jetzt mehr als ein Jahr obliegt? Ich habe Vertrauen zu Georg, der als anständiger Charakter sich immer bewährt hat, daß er alles für Elses Erleichterung und Pflege tun wird! Wie aber, wenn die Arme wieder zurückkehren muß in das Joch, dem sie für kurze Zeit entronnen? Wie konnte sie die Reise machen? Daß sie sie machte, spricht ja für eine gewisse körperliche Kraft. Was mag sie durch alle Entbehrungen an Gewicht verloren haben? Wie kann sie das einigermaßen einholen? Hundert Fragen und ich werde kaum je eine klare Antwort hören. Welches furchtbare Geschick mußte diese reine Seele erleiden? Wie wird das enden? Wann? Wo? –

Es ist Sonntagabend Peter kam um 6 Uhr und verließ mich nach einer Stunde. Ich bereitete ein Referat: »Justiz und Gerechtigkeit« vor. Ein weltweites Thema. Zwischen beiden Begriffen ist eine ungeheure Kluft: die individuelle Bedingtheit und Relativität, die Unzulänglichkeit menschlichen Erkennens und Begreifens, die Beherrschung des Menschen in seiner Gefühls- und Vorstellungswelt von Vorurteilen, Leidenschaften, shortcomings und dem sittlichen Ideal der Persönlichkeit – und die zweite, ebenso große Kluft zwischen Gesetz und Recht als Nieder-

Alice Rosenberg war eine Schwester von Siegfrieds erster Frau Gertrud Rewald; sie lebte in Lissabon. Über sie gingen die meisten Briefe des Paares Rosenfeld. Else war am 15.8. in die Illegalität gegangen. Ihre Freundin Tilla Kratz bestätigte nach dem Krieg eidlich, dass Else „bei Verwandten, Herrn und Frau Georg Fischer, Berlin-Tempelhof, Manfred-v.-Richthofenstr. 120 bis zum 8. Dez. 1942 Unterkunft fand."[31] Eva Fischer, geb. 1901, war Elses Schwester. Da Else illegal dort lebte, konnte sie auch Siegfried nur vorsichtig informieren: Wenn der Brief abgefangen würde, stand sie in Lebensgefahr.
Siegfried hatte noch zu wenig Informationen, um zu verstehen, dass die Chiffren „Erholung", „Sanatorium" u. a. in Briefen gezielt zur Verschleierung des Lebens im Untergrund dienten.

schlag des Kräfteverhältnisses zwischen den herrschenden und beherrschten Schichten und Klassen der Gesellschaft. Gibt es einen Ausgleich? Er kann wohl nur gefunden werden in dem Gebot der Humanität, der Menschlichkeit als Ergebnis der Erkenntnis unzureichenden menschlichen Intellekts und der Übermacht der Umwelt.

2. Dezember 1942

Über Elses Schicksal höre ich jetzt schrecklich wenig. Nach Henny Rewalds Nachricht an die gute Mittlerin Alice Rosenberg hat Henny ihr die Päckchen zugestellt (erste Häfte Oktober), die ihr Alice gesandt hat. Ist nun daraus zu schließen, daß sie danach noch bei Eva F. ist, ist sie es auch heute noch? Wahrscheinlich fürchtet jeder, Henny wie Eva, eine Nachricht ins Ausland zu geben, um ihrer eigenen Sicherheit Willen wie auch vielleicht der von Else. Wenn dies der alleinige Grund [ist], will ich mit wenigen Berichten zufrieden sein. Aber die Gedanken begleiten mich Tag und Nacht, wo mag Else sein? – Das IV. Kriegsjahr, der IV. Kriegswinter, alles wird schwerer zu tragen. Die tägliche Arbeit erhöht mit der Zeit ihren Druck auf mich. Ich will, ich muß es durchhalten, solange ich im Office gehalten werde. Meine geringe Sprachkenntnis ist ja eine große Unzulänglichkeit. Wie lange wird man sie hinnehmen? Dabei kann ich über fehlendes Entgegenkommen nicht klagen. Manchmal aber bringe ich die Konzentriertheit, die bei den Rechenarbeiten nötig ist, nicht auf. Mich stört nicht selten die mit meiner Gedankenwelt scharf kontrastierende Lustigkeit und Leichtigkeit der jugendlichen englischen Mitarbeiter. Das lacht und singt und arbeitet spielend. Es wird ja hier alles so leicht genommen.

Alles sprach in den letzten Tagen von dem Kinostück »Mrs. Miniver«, auch Peter lobte es und empfahl den Besuch. Heute, half-day, entschloss ich mich zu einer Ablenkung. Die Wirkung des Kriegs auf ein glückliches Mittelstandleben, das mit dem Kauf eines schönen Autos, eines kostspieligen Damenhuts beginnt, eine schreckliche Revolversszene eines abgestürzten deutschen Fliegers im Hause der englischen Familie und vor allem die Darstellung der furchtbaren Luftangriffe, Zerstörung. Tod. Derartiges für Zehntausende eben Wirklichkeit Gewordenes und noch Drohenderes auf der Leinwand zu zeigen! Sensation, Geschmacklosigkeit, für mich auch ein Nervenattentat – ebenso wie für die Darsteller und Dargestellten. Das Ende die Totengedächtnisfeier und die Kirche. Ich habe ja nur eine Bombennacht in London bisher erlebt. Ich möchte keine Wiederholung erleben, ebensowenig im Kino jetzt während der Kriegszeit.

Hanna hatte einen Ausschlag an den Beinen, der jetzt verschwunden ist, und sie schreibt mir heute aus dem Nurse-rest-home (liegt bei Guildford), sie ist sehr begeistert vom Haus und Leben dort. Wenn doch die Jugend ein besseres Leben noch erwartet! Beide, Peter und Hanna, würden sich nach dieser Lebensschule in

---

Henny Rewald war die erste Frau von Arthur Rewald, dem Bruder von Siegfried Rosenfelds verstorbener erster Frau Gertrud, geb. Rewald. Sie lebte in Berlin.

Eva F. ist Eva Fischer; bei ihr lebte Else zu diesem Zeitpunkt noch.

„Mrs. Miniver" war ein US-amerikanisches Filmdrama des Regisseurs William Wyler von 1942 mit Greer Garson und Walter Pidgeon in den Hauptrollen. Als literarische Vorlage diente der Roman „Mrs. Miniver erlebt die Vorkriegszeit" der britischen Autorin Jan Struther, die darin das Leben der fiktiven Familie Miniver in England während des Zweiten Weltkriegs beschreibt.

Nurse-rest-home: Krankenschwesternerholungsheim

Tagebuchaufzeichnungen Siegfried Rosenfeld

jungen Jahren ihren Platz erobern, kann man hoffen. Wo werden wir noch einmal eine Heimat finden?

2. Dezember 1942

Im Anschluss an den gestrigen Film und die allgemeine Zustimmung, die er hier anscheinend findet: Es ist wohl sicher, daß die Nervenlage der Deutschen einen solchen Film in dieser Kriegszeit nicht ertragen oder billigen würde. Es ist ein ganz anderes Temperament hier, die Nervenkraft eine viel größere. Den Misserfolgen der drei ersten Jahre des Krieges entsprechen ja auch die Erlebnisse in den drei Kriegsjahren 1914–17. Bis sich dann das Blatt wendete. Sicherlich ist die Analogie nahe liegend, wie umgekehrt es bei den älteren deutschen Generationen sein wird: die Erinnerung an den im 4. Kriegsjahr erfolgenden Zusammenbruch. Von uns aus gesehen erscheint es oft als Gleichgültigkeit gegen Ereignisse, die für uns bedrückend sind. Doch ist es eher das ruhige Sicherheitsgefühl, Vertrauen zu dem schließlichen glücklichen Ausgang, zu der Kraft, die das Weltreich mit seinen Verbündeten hat. Es hat durch Jahrhunderte immer Aufstieg, festen Bestand, unerschütterliche Sicherheit gegeben. So erklärt sich die Heiterkeit, nicht bloß der Jugend, auch der älteren Generation. Das Schicksal eines Volkes bestimmt in starkem Maße seinen Charakter. Das ist der Schlüssel für »nationale« Verschiedenheit.

Man hat in England mit der gleichen Summe Geldes weit besser leben können in Friedenszeiten als in Deutschland. Heute erzählte Mr. H., Mitarbeiter im Office, wie man für 1 Pfund sieben Pfund beste Marmelade kaufen konnte. Manche Gebrauchsgegenstände, z.B. Damenstrümpfe, waren, wie ich schon mehrfach hörte, so billig, daß man sie nicht stopfte, sondern durch neue bei Unbrauchbarkeit ersetzte. In England floß aus allen Kontinenten der Überfluß zusammen. Wieviel ärmer war Deutschland dagegen auch in den Jahren 1900–1914.

Ich habe gestern das Postoffice saving Book nach London zur Zuschlagung der Zinsen gesandt. Wenn dieses Geld doch einmal dafür angewandt werden könnte, unsere arme Else uns wieder zuzuführen! Wo mag sie jetzt sein?

Postoffice saving Book: Postsparbuch

Dezember 12, 1942. Sonnabend

Sonnabend ist der intensivste Arbeitstag der Woche wegen des Bilanzabschlusses der Wochenlieferung und der Geld- und Lohnablieferung der verschiedenen Milchausfahrer. Ich brauchte Monate, bis ich technisch die Dinge so handhaben konnte, daß die Hetze der letzten Stunden erträglich ist. Immerhin fühle ich, daß die Arbeit dieser fast 6 Monate seit Ende Juni eine gewisse Einwirkung auf meine Nervenstärke gemacht hat. Doch will ich weiter durchhalten. Freilich ist die Arbeit durch Schwierigkeit der Milchversorgung größer geworden und es fällt mir sehr schwer, mich einzuarbeiten, weil ich wegen der Nichtbeherrschung der Sprache vieles nicht verstehe.

In den letzten 10 Tagen schreiben die Zeitungen über die Extermination der in Hitlers Griff befindlichen Juden. Manches davon wird aus Propagandagründen wohl geschrieben, aber die Befürchtung für das Leben der Juden, die abtransportiert sind, sind wohl sehr begründet. Ich selbst werde auch von den verschiedensten Stimmungen hin- und hergeworfen. Wenn ich mich den trübsten Gedanken an meiner Else Schicksal hingebe, dem ich sie überließ, werde ich unfähig zu einer Arbeit. Ich muß mich zwingen, das Schicksal in einiger Ruhe zu tragen und mich den schlimmsten Gedanken nicht widerstandslos hinzugeben. Manchmal aber übermannt es mich, daß sie gerade es sein mußte, die dem verbrecherischen System ausgeliefert ist. Es ist kaum sobald Aussicht, über ihr Ergehen Sicheres zu hören. Die Arme ist gewiss jeden Tag und jede Stunde, auch in der Nacht nicht sicher, in die Sklaverei und in ein trostloses Ende verbannt zu werden. Niemand kann sie retten! Sie, die Unschuldige, deren reine Seele von allem Hässlichen nie etwas gewusst hat. Werde ich sie noch wieder sehen und sie uns, den Kindern und mir noch einmal sichtbar werden? Dieses gräßliche Erleben wird ihrem Wesen unauslöschliche Zeichen aufdrücken. Gleichviel, wenn ich sie nur noch wiedersähe!

Für den morgigen Sonntag sind von jüdischer Seite Gottesdienste und Fasten angeregt. Ich werde still dem Gedenken mich widmen, nicht fasten, weil ich das Kasteien nicht für menschenwürdig halte. Ich denke jeden Tag, fast jede Stunde an das Schicksal der unschuldig Leidenden, Geprüften.

Siegfried Rosenfeld konnte in den Jahren der Illegalität von und über seine Frau immer nur verschlüsselte Botschaften empfangen, die auch mit großer Verzögerung über Deckadressen bei ihm eintrafen. Else hatte vier Tage vor seinem Tagebucheintrag wieder das Versteck gewechselt. Sie berichtete nach dem Krieg: „Am 8. Dezember 1942 zog ich zu dem Fabrikbesitzer Herrn Hans Kollmorgen, damals wohnhaft Bülowstraße (Hausnummer habe ich vergessen), direkt gegenüber dem Eingang zum Hochbahn- und Untergrundbahnhof Nollendorfplatz, der mich gleichfalls versteckt hielt bis zum 15. März 1943."[32]

Novemberverfolgung: die Reichspogromnacht im November 1938

Children-ward: Kinderstation

Dezember 24, 1942

Der 4. Weihnachtsabend in England. 5 Jahre muß ich zurückdenken, um den letzten in und mit der Familie verbrachten 24. Dezember zurückzurufen. Er stand unter dem Zeichen der Novemberverfolgung. Kann ich hoffen, daß meine Else den Abend in der Familie der Schwester begeht? Wir suchten mit gesteigerter Kraft herauszukommen. Es ist nur zum Teil gelungen. Die letzte Nachricht vom 20.11.42 lässt es nur halb hoffen; sie erwartet ja, zu neuer Arbeit bald berufen zu werden. Was soll ich mir dabei vorstellen? Ich darf keine Fragen stellen, keine Antwort von ihr erwarten. Selbst mich vom Schreiben zurückhalten, scheint im Interesse ihrer Sicherheit ratsam. – Hanna schreibt mir heute aus ihrem Nachtdienst im Children-ward ihres Hospitals. Peter war gestern hier mit mir in einem Grammophonkonzert (7. Symphonie) vom Center Walton Street. – Jetzt bin ich 6 Monate im Office, wo das Unangenehme in meiner Stellung die schwere Verständigung ist, das Nicht-Verstehen von vielem um mich herum. Heimatlosigkeit wird mein Schicksal bleiben. Ist das auch ein Stück Sinnlosigkeit des Lebens? –

Die Arbeit kann es mir ermöglichen, einige kleine Freundlichkeiten Freunden zu erweisen, das bringt etwas Sinn in das Leben, daß man nicht nur um der nackten Existenzerhaltung Willen für sich arbeitet, noch dazu so wenig geistig befriedigende Arbeit tut. Immerhin ist sie in ihrer Art auch lebenswichtig für die Gesamtheit, der man angehört. Einige Menschen haben auch meiner gedacht: Frau Dr. Inge Auerbach, Herta Nings, und meine Wirtin Frau Mendelssohn brachte mir beim Eintritt in das Haus, von der Arbeit kommend, einen »bunten Teller«. Ich nahm eine halbe Stunde an den Weihnachtsfreuden der Kinder teil.

17. Januar 1943

Der Winter ist kaum Winter zu nennen, nur erst wenige Tage Frost bisher. Es scheint auch auf dem Kontinent ähnlich. Man denkt an die Erleichterung, die das für die notgezwungen in Polen Lebenden vielleicht hat. Wo habe ich meine Else mir zu denken? Noch bei Eva oder wo sonst? Inzwischen kam die Nachricht vom Tod Martin Rosenbergs (21.2. Lissabon). Für die arme Alice, der wir soviel Dank schuldig sind, ein harter Schlag.

Martin Rosenberg war Alice Rosenbergs Mann.

Von dem alten Freund Beer in diesen Tagen eine Karte, in der er sagt, er werde den Krieg nicht überleben, wir würden glücklich sein, wenn er im Herbst 1945 endete! Ist das die Resignation, Pessimismus des Alters? Vor dem ich mich hüten möchte, wenn er gelegentlich mich auch beschleicht. Wenn man die vorsichtige verzügliche Kriegsführung Englands in Nordafrika bedenkt, kann es vielleicht doch noch über 1943 hinaus dauern. England wartet, bis die USA voll gerüstet ist, um Risiko zu sparen, sicher zu gehen. Zum Glück reiben die russischen Offensiven die Energien des deutschen Heeres stark auf, wenigstens in hohem Grade. Wie groß aber noch die Menschen- und Maschinenkraft Deutschlands bleibt, ist die Frage.

3. Februar 1943

Die letzten 2 Wochen brachten eine verheißungsvolle Wende, die vielleicht doch den europäischen Krieg in diesem Jahr beendet. Hängt daran vielleicht auch die Hoffnung für Elses Schicksal? Ich habe nichts mehr seit Anfang Dezember gehört.

Die große Unsicherheit, das Warten auf Nachrichten und die Hilflosigkeit gehörten zu den Elementen der Exilexistenz, die alle diejenigen langsam zerrieben, die Verwandte und Freunde in Deutschland wussten.

Die russische Front schiebt sich weiter nach Westen, nähert sich Rostow – Stalingrad ist von den Deutschen geräumt. – Der 10. Jahrestag der Naziherrschaft ohne Rede von Hitler, er ist sprachlos geworden. Das ist schlimmer als jede Rede hätte wirken können. Ein merkwürdiger Regiefehler, hinter dem bereits sensationelle Blätter Hitlers Ende vermuten. Wie viel Schuld bringt er Deutschland! Sicherlich, der Oberlehrerwahn, der nur Deutschland kennt und dessen Größe und Leistung, Vergangenheit und Zukunft so unglaublich überschätzt, alle nichtdeutsche Größe verkennt oder nicht kennt. So sind Generationen erzogen worden, mit Lügen und Legenden, ohne weltweites Wissen. Das hat zu dem deutschen Verhängnis, dem Größen- und Herrenwahn viel beigetragen, ihn ermöglicht. Nun siegen die »Untermenschen« über die »Herrenmenschen«. Die Erziehung der Erzieher ist eine der Hauptaufgaben einer Zukunft, die die Civilisierung der Menschheit zu fördern hat.

Eine Freude sind Hannas Briefe, die ihren Beruf in der Nurse-Tätigkeit gefunden zu haben scheint, der, schwer und gefährlich, ihre Verantwortlichkeit herausfordert. Sie fühlt das als eine ernste und schöne Pflicht, zugleich angeregt durch anscheinend ihr sehr stark vertrauende Kolleginnen, die sie in ein Nurse-Vertreter Komité gewählt haben. An solchem Erleben muß ich mich stark und aufrecht erhalten für eine Zukunft, die ganz unsicher nach Art und Zeit ist und doch vielleicht noch meine Kräfte nötig hat. Wofür? Wo? Und in welcher Situation? In meiner Office-Arbeit bin ich jetzt ruhiger und sicherer geworden. Die Gleichmäßigkeit des Tageslaufs scheint meinen Nerven, meiner Gesundheit zuträglich zu sein. Man findet allgemein mein Aussehen besser. So hoffe ich – der Winter nähert sich dem Ende –, die Arbeit weiter fortsetzen zu können, auch im Frühling und Sommer; die gemäßigte Winterkälte hat es mir leichter gemacht – trotz der fehlenden Fensterscheiben überm Arbeitsplatz.

Am 22. März hatte Rosenfeld seinen 69. Geburtstag begangen.

Die Rosenfelds lebten, nachdem sie Berlin 1933 verlassen hatten, zunächst nahe Bad Reichenhall, dann in Icking im Isartal.

Bis zum 15. März hatte sich Else bei „Onkel Karl", Hans Kolmorgen, versteckt. „Von dort zog ich zu Frau Magdalena Heilmann, damals wohnhaft Brachvoglstr. 1, Ecke Blücherstraße, in unmittelbarer Nähe des Halleschen Tores. Dort blieb ich bis zum 1. Juni 1943."[34] Die Heilmanns gehörten zu einem SPD-Netzwerk, sie kannten Else auch bereits von früher, kamen aber wohl über das Quäker-Hilfsnetz wieder mit Else in Verbindung und boten ihr Unterkunft an. Ernst Heilmann, Rosenfelds Landtagskollege aus der SPD-Fraktion, war im Konzentrationslager ums Leben gekommen.

23. März 1943

In diesen Tagen ist für mich besonders Anlass zurückzublicken, nach dem Sinn des Lebens zu fragen. Trotz allem Schlimmen hat es auch an einem gewissen Ausgleich nicht gefehlt, selbst nach 1933 nicht, wenn ich an die Schönheit unseres Gebirgslebens denke bis 1939. Aber wird es auch noch einen Ausgleich geben für die 4 Jahre des Alleinlebens ohne Else? Das Fehlen jeder Nachricht ist mehrdeutig. Kann man auf eine gewisse Geborgenheit ihres Lebens noch rechnen? Eben verließ mich Peter, er erzählte mir angeregt von einem Film, der die Entwicklung eines Mannes, Schriftstellers, schildert, der, verzweifelt an dem Fortschritt der Menschheit, sich auf einen Leuchtturm als Wächter zurückzieht und dort an dem Schicksal von Schiffbrüchigen, die auf der Fahrt über das Meer waren, um dem traurigen europäischen Geschehen aus dem Wege zu gehen, vor ca. 100 Jahren Schiffbruch erlitten. Ihre ideellen Ziele, an denen sie damals verzweifelten, sind doch zum Teil inzwischen verwirklicht worden. Ihre Auswanderung war ein falscher Weg, sie hätten kämpfen sollen dafür, es wäre nicht vergeblich gewesen. – Ich hatte Freude an einem Bericht, den Peter in ganz gute Worte brachte. – Peter hat um ½ 11 Uhr auf seiner Farm zu sein: Mittags, als wir zusammen waren, kritisierte er scharf, daß sein Chef die 100 Guinees, die er als Preis für die Kuh »liter«, die in 3 Jahren 3 Kälber brachte, für den sehr hohen Milchertrag in die [eigene] Tasche steckte, ohne davon etwas den beteiligten Melkern zu geben. Seine sozial stark kritische Haltung tritt überall hervor. Er ist klug genug, die Mängel unserer gesellschaftlichen Organisation scharf zu sehen.

7. April 1943

Vor wenigen Tagen sandte mir Arthur Rewald den Brief Alices aus Lissabon, der über Else nur berichtet, daß sie an Alice eine Nachricht nach Kenntnis des Todes Martin Rosenbergs (21. Dez. 42) gegeben hat, d.h. ein Lebenszeichen wohl frühestens aus der ersten Hälfte Januar 43. Else lebt also vermutlich erreichbar weiter in Berlin, wohin von Martins Tod eine Mitteilung an Henny Rewald gelangt ist. Inzwischen ist leider auch Henny Rewald (15.2) an Nervenstörung gestorben. Sie und ihr Mann waren Alices Verbindung. Heute kam eine längere Zeit unterwegs gewesene Karte Alices vom 2.2. an mich; bis dahin hatte sie noch keine Nachricht von Else gehabt. Soll ich mich daran halten, daß Else die kritischen letzten Monate 1942 überstanden hat und weiter in relativer Ruhe lebt – arbeitet – wie, wo? Etwa in Georg Fischers Betrieb?

Heute habe ich in dem kleinen literarischen Zirkel über die Periode des Warenhandels der Juden informiert und die Frage der Gründe des Überlebens im Zusammenhang damit ein Kapitel vorgelesen. Es wurde mir viel religiöses traditionelles Gefühl gegen die Betonung der Bedeutung der Wirtschaftsfunktionen entgegengehalten.

Diese Referate bieten mir gute Gelegenheit, mir nicht nur den Stoff gegenwärtig zu halten, sondern auch mein Material wieder etwas zu ordnen, das fast ein Jahr wie vergessen liegen geblieben ist. Die tägliche Officearbeit gestattet mir kaum das Weiterarbeiten. Die Referate zwingen mich zu einer kurzen Zusammenfassung der wichtigsten Tatsachen und Schlussfolgerungen.

Inzwischen hat der russische Vormarsch nach dem Westen seinen Halt und z. T. auch einen Rückschlag (Charkow) gefunden; in Nordafrika auch der nur langsame, allerdings anhaltende Erfolg der Alliierten. Dazu ein sich stark steigender Einsatz von Flugzeug- und Bombenangriffen auf Deutschland (Berlin-Tempelhof), Frankreich (St. Nazaire), Paris, Antwerpen, Kiel. Und immer wieder der Ruf nach der II. Front. Heute ein Artikel Ilja Ehrenburgs im »News Chronicle«. Die sehr starke Wirkung der U-Boote im Atlantik scheint die Zufuhr von Menschen und Material zu einem so unsicheren Faktor zu machen, daß deshalb wohl der Invasionsversuch nach Europa noch unterbleibt. Ein komischer Vorfall in unserer kleinen Stadt Oxford mit 100.000 Menschen: Während ich heute nach dem Referatabend gerade den Bus Nr. 3 in einiger Entfernung halten sehe und schnell laufe, um ihn zu erreichen, höre ich hinter mir auch noch jemand laufen, um ihn zu erreichen und plötzlich »Vati« rufen! Peter, der aus einer Tanzstunde kam und denselben Bus benutzen will, um zu mir zu kommen. So fanden wir uns.

Wie bei einem Puzzle versuchte der Exilierte, den verschlüsselten Botschaften Daten und Fakten zu entnehmen, um zumindest erraten zu können, auf wann das letzte Lebenszeichen der Geliebten zu datieren sein könnte. Da er die genauen Umstände nicht kannte, ging er dabei meist in die Irre: Else konnte als „Illegale", „Untergetauchte" nirgends mehr arbeiten, schon gar nicht im Betrieb ihres Schwagers. Ihre Anwesenheit war für alle diejenigen, die sie versteckten, mit höchster eigener Gefahr verbunden.

Die Zusammenkünfte in kleinen Zirkeln und Gruppen waren ein typisches Phänomen der deutschen Exil-Subkultur und ein Zeichen dafür, wie schwer sich die Immigranten mit der fremden Sprache und Kultur taten.

Ilja Grigorjewitsch Ehrenburg war ein russischer Journalist und Autor, Berichterstatter im Ersten Weltkrieg und im Spanischen Bürgerkrieg sowie sowjetischer Propagandist im Zweiten Weltkrieg.

Für Kenner des Kriegsverlaufs wie Rosenfeld lag die Notwendigkeit der Bombenangriffe gegen Deutschland auf der Hand. Dennoch findet sich ihnen gegenüber in vielen Exilerinnerungen ein breites Spektrum an Gefühlen. Else konnte als „Illegale" bei Luftangriffen nicht in den Keller, da sie sonst von den Nachbarn gesehen worden wäre, und erlebte daher die Angriffe in der jeweiligen Wohnung.

Martin und Marie Hammerschmidt waren für Rosenfeld wichtige Freunde.

Draußen höre ich – es ist ½ 9 Uhr abends – die Luft dröhnen von vielen Flugzeugen schwerster Art – geht die Fahrt über den Kanal heute wieder nach Berlin? Essen, Köln und Hamburg. Ich fühle und darf nicht fühlen – Mitleid mit den Opfern, die es kostet, hüben und drüben. Blackout (Verdunkelung) verbietet, das Fenster zu öffnen bei Licht.

23. April 1943 (Karfreitag)

Ein freier Tag in der Woche nach einem freien Halbtag am Mittwoch. Vormittags ein wenig meine »Wirtschaft« in Ordnung gebracht, mittags Gast bei Dr. Hammerschmidt, wo ich bis zum Abend blieb. Das Zusammensein mit einer Familie, an dem Tisch zu essen als ein Zugehöriger, ist mir sehr viel wert. Das Alleinleben fällt mir immer schwerer. Aber ich beiße die Zähne aufeinander. Dr. H. ist ein eigener Typ. Seine Verwachsung mit der klassischen Literatur und Musik ist mir sehr sympathisch, wenn auch die Form manche Eigenart hat. Aber vor allem ist er dabei ein aufrichtiger, gemütvoller, fast all zu weicher Mensch. Er spürt auch meine Weichheit und daher seine Sympathie für mich, der ich dankbar zu sein stets bereit bin und die ich daher erwidere, trotz der mir an sich nicht liegenden Eigenart.

Von Gustel kam in diesen Tagen ein Brief mit Wünschen zum Geburtstag. Sie haben in ihrem neu bezogenen Haus einen Mieter. Sie versorgt ihren Garten und das Federvieh, treibt daneben Reitsport und braucht auch die Lektüre guter Bücher neben den Hauptpflichten, die ihr als Frau und Mutter obliegen. Zusammengenommen ist das recht viel und sehr lebenausfüllend. – Je länger der Krieg sich dehnt, je unabsehbarer sein Ende, um so mehr leistet mir die tägliche Arbeit den Dienst als die notwendige Ablenkung von fruchtlosen Gedanken über Gegenwart und Zukunft. In dem gewaltigen Ringen der Zeit sind wir und unser Einzelschicksal letzten Endes ein Nichts und müssen schweigend unsere Pflicht tun.

1. Mai 1943 (Elses 52. Geburtstag)

An diesem Tag, an dem mich vom Erwachen bis zu dieser Abendstunde der Gedanke an Dich, Du Liebe, nicht verlässt, muß ich etwas dem toten Papier anvertrauen. Dich selbst erreicht kein Zeichen meines dauernden Gedenkens. Ich vertraue, daß Du, Liebe, tief erfüllt bist von dem Gedanken, daß nur die immer dicker gewordene Wand mich hindert, daß etwas zu Dir dringt; und kein Zweifel wird Dir kommen, wie unaufhörlich mein Denken bei dir ist. Daß Du gesund bist, aber Dich schwer quälen mußt, war das Letzte, was Alice mir übermittelte, etwa im Monat Januar/Februar. Soll ich Dich mir bei schwerer Fabrikarbeit vorstellen, wo du in lärmender Maschinenwerkstatt stehend viele Stunden des Tages angestrengt arbeiten mußt? Was anderes noch? Von Hanna ein paar kurze Zeilen heute mit den Worten: Morgen ist Muttis Geburtstag, wie wird sie ihn verleben? – Auch Deine Kinder denken an Dich, heute wie immer, auch Peter, den ich eben in der L. Road sah, wo eine kleine Maifeier von den rührigen Österreichern begangen wurde. Ein britischer Gewerkschaftsmann sprach, dann gab es ein kleines Theaterstück, in dem Peter eine Rolle hatte.

Wie wird das alles enden? Ich will meine Kraft zusammennehmen im Gedanken an Dich, die Hoffnung der Wiedervereinigung und im Gedanken, wie viel schwerer Du es seelisch und körperlich hast mit der Ungewissheit, was der nächste Tag Dir Schlimmes bringt. Ich darf nicht an meine Jahre denken, muss der Übertreibung meiner Gefühle oder einer Unannehmlichkeit, die das Alter mit sich bringt, mich erwehren. Der Mangel an freier Zeit, der jede kleine Besorgung, eine notwendige Reparatur an Sachen pp. sehr erschwert, ist oft Grund für eine Selbstquälerei, die im Grunde überflüssig ist, wenn man innerlich sich zur Ruhe zwingt. Ich will diese ständige »Angst«, etwas nicht ausführen zu können, was nötig ist, in mir zu unterdrücken suchen, um mehr Ruhe in mir zu finden. Auch die Arbeit schafft manche Erregung, insbesondere über Fehler, die ich darin mache, weil mir die geringen Sprachkenntnisse das Verständnis für Dinge im Betrieb erschweren. Das ganze kaufmännische Arbeiten liegt mir nicht. Neues hinzulernen ist in meinen Jahren schwierig. Was in den Kreis früheren Arbeitens und Denkens fällt, würde wohl leichter und besser gehen.

Der Krieg in Tunis wird in Kürze hoffentlich so günstig stehen, daß er einen Nachstoß in das Innere Europas von Süden oder Südosten oder Norden ermöglicht. – Auch der Gewerkschaftsredner sprach heute von der Notwendigkeit der zweiten Front.

11. Mai 1943

Heute lese ich in der letzten Ausgabe des »New Statesman and Nation« von Sonnabend, dem 8. Mai, daß am Montag, 3. Mai, Max Beer gestorben ist. Ein kurzer Nachruf auf einen Mann, dessen Arbeit und Leistung auf wissenschaftlichem Gebiet, namentlich der Geschichte des Britischen und des Sozialismus, überhaupt kaum ihresgleichen haben. Der Nachruf nennt sein Buch über den Britischen Sozialismus ein Standardwerk. – Mir war er mehr als nur ein Mann der Wissenschaft, er war ein Freund, der, selber stets knapp an Mitteln, durch ein Deposit von 20 engl. Pfund zusammen mit Gustel mir den Eintritt in dieses Land öffnete. Welch ein Dienst an mir, dem er – so bescheiden war er – sich noch immer als zur Dankbarkeit verpflichtet bezeichnete. Als ich ihn vor fast 2 Jahren, im Sommer oder Herbst 1941 sah, war er recht gebrechlich, belebte sich aber im Gespräch. Der genannte Nachruf enthielt einen charakteristischen Satz: »In appearance Mr. Beer was like a newspaper caricature of a German scholar – shortsighted, peering,

Max Beer war ein weitgereister Mann: 1889/96 studierte er an der gerade gegründeten London School of Economics, lebte 1899 bis 1901 in New York, um als SPD-Zeitungskorrespondent nach London zurückzukehren. 1915 wurde er im Ersten Weltkrieg als „enemy alien" nach Deutschland repatriiert. Friedrich Stampfer war ein sozialdemokratischer Journalist, seit 1915 Herausgeber des „Vorwärts", 1920 bis 1933 auch Reichstagsabgeordneter.

Beatrice und Sidney Webb waren Sozialreformer und aktive Mitglieder der „Fabian Society", die sich um eine Weiterentwicklung des sozialistischen Ansatzes bemühte.

Erst über zwei Monate, nachdem Else zu Heilmanns übergesiedelt war, erfuhr nun auch ihr Mann in England davon. Der Text des Briefes war bewusst harmlos, wieder musste Rosenfeld versuchen, zwischen den Zeilen zu lesen. In Icking im Isartal hatten die Rosenfelds gemeinsam bis zu seiner Emigration und Else bis zu ihrem zwangsweisen Umzug nach München gewohnt.

Die Schadendorfs: Hanna Schadendorf war eine Studienfreundin von Else, sie lebte mit ihrem Mann Kurt in Großhain in der Nähe von Dresden.

Rosenfeld wusste nichts von den Stationen, die Else inzwischen durchlebt hatte. Er glaubte immer noch, sie sei konstant bei ihrer Schwester untergebracht gewesen.

chesty and immensely earnest. When you got to know him you found him charming.« Ja, er war, wenn er lebhaft wurde, geradezu liebenswürdig. Wie konnte er sogar von innen heraus so herzhaft lachen und lebhaft eine ihn amüsierende Äußerung eines Schriftstellers wiedergeben! Seine Augen versagten ihm damals bereits, als ich ihn sprach, das hat ihm das Leben schwer gemacht. Er war wohl auch fast 81 Jahre. – Ich kannte ihn seit Sommer 1915, lernte ihn durch Stampfer bei Josty nach seiner Rückkehr aus England kennen. Gertrud (meine erste Frau) hat viel für ihn getan in jener schweren Zeit. Er hat an ihrem Grabe gesprochen (März 1916) und ihr auch die erste Ausgabe des ersten Heftes seiner Geschichte des Sozialismus zugeeignet.

In der gleichen Nummer des »New Statesman« Nachruf auf die mit 80 Jahren gestorbene Beatrice Webb! Ihren Namen, ihre große Arbeit kenne ich seit der Studentenzeit; merkwürdiges Zusammentreffen! Sie wie Sidney Webb haben in den letzten 10 bis 15 Jahren ganz zu Sowjetrußland gestanden. Ihre Hauptarbeit darüber habe ich mehrfach in der Hand gehabt, es erfordert ein Studium.

24. Mai 1943, Montag

Vor 3 Tagen ein Brief von Else über Portugal vom 29.4. Nach langen, langen Monaten das Erfreulichste, was erwartet werden konnte, wenn auch nicht deutlich ist, wo sie sich befindet, in einer »lieben, so unendlich vertrauten Umgebung«. »Ich habe große Freude an den Kindern hier, die sich alle miteinander prächtig entwickelt haben.« Ich dachte zuerst nur an Schadendorfs, aber Hanna, die gerade jetzt ihren Urlaub hier verbringt, rät eher auf Icking. An sich passt es ja auch besser, aber ich kann mir kaum den Aufenthalt dort als ungefährlich für sie vorstellen, wo man sie und uns so gut kennt. Oder ist sie nun anerkannt als heimatberechtigt? »Mein, unser guter Stern leuchtet auch fernerhin.« So zuversichtlich klingt es wie lange, lange nicht! Ich gewinne wieder mehr Vertrauen auf das kaum noch erhoffte Wiedersehen! Und Else hat nicht mehr so schwere Arbeit wie in den vergangenen Jahren. Also anscheinend nur im Haushalt (Berlin). Dann wird das Schwerste, das sie erlitten und das seine Spuren an ihr hinterlassen hat, allmählich in ihren Gedanken und Vorstellungen blasser werden, in den Hintergrund gedrängt und ihre Seele wieder leichter werden. Hat sie nicht schon Dutzend Mal den Tod vor Augen gehabt?

In Berlin wird Evas Haus sich wohl nicht haben halten lassen, wegen der Flugangriffe der letzten Monate. So mußte sie fort. – Es ist, wie wenn ich jetzt aufatmen könnte, der Druck von mir weiche, der seit Monaten auf mir lastet und mir auch die zur Arbeit nötige Sammlung erschwerte. Ach, wenn es wirklich noch eine Rettung gibt und der Krieg nun nach Europa, nach Italien pp. getragen würde, nicht mehr über den ganzen nächsten Winter dauern möchte! Ich habe durch diese Nachricht zugleich meine Urlaubswochen verschrieben bekommen, heute wieder die Arbeit begonnen.

29. Mai 1943

In rascher Folge heute wieder ein kurzer Brief von Elses eigener Hand vom 12.5., wunderbar schnell befördert. Er lässt vermuten, daß sie sich jetzt gesicherter fühlt für den Rest des Krieges. Fast scheint mir das Sicherheitsgefühl zu stark zu sein, aber ich kann nicht wissen, worauf es sich stützt. Sollte sie wirklich in Elmau sein oder in Icking, das ich für gefährlich halten würde? Wir sollen um sie nicht in Sorge sein, kein Grund dafür. Wie viel weniger braucht sie sich um uns zu sorgen! »Ich hoffe auf ein glückliches Ende«, heißt doch nichts Anderes als, ich glaube an die baldige Niederlage Deutschlands; worauf ich auch nun ungeduldiger als je warte. Auf Italien und Deutschland werden Tag für Tag Bomben abgeworfen, um es »to soften«. Welche Wirkung wird es haben? Niemand weiß es. Hanna ist Donnerstag vor 3 Tagen abgefahren. Es war sehr schön, sie 14 Tage in meiner Nähe zu haben. Sie hat Reife, hat ein weicheres, warmes Gefühl gezeigt und Verständnis für meine Lage.

Schloss Elmau oberhalb von Garmisch und Mittenwald war seit seiner Erbauung 1916 ein Treffpunkt für Künstler und Schriftsteller. Die Rosenfelds waren mit seinem Erbauer Johannes Müller bekannt.

to soften: mürbe machen

30. Juni 43

Gestern kam von Alice eine Abschrift von Elses Mitteilungen vom 30.5.! Else ist also bei Lene Heilmann und ihren Kindern, d.h. jedenfalls in Berlin, was freilich den Gedanken an die von Tag zu Tag größere Bombengefahr weckt. Anscheinend als »Halbarierin« wie diese Familie anerkannt und für ihre Gemeinschaft mit ihnen [als] geeignet angesehen. Der Brief zeigt die gleiche Zuversicht wie die letzten und ihre feste Hoffnung auf unsere Wiedervereinigung nach 4–5 Jahren!

Man möchte so brennend gern das Ende bald kommen sehen, und die Ereignisse der letzten 2 Wochen, die Luftangriffe auf die Städte des Ruhrgebiets, auf Sizilien und Italien lassen eine Abkürzung des Landheerkampfes vermuten. Deutschland ist anscheinend zur Offensive kaum mehr in der Lage, beschränkt sich auf die Defensive, mit der kein Krieg gewonnen werden kann. Der Balkan, als der nach Italien schwächste Punkt der »Festung« Europa, scheint neben oder nach Italien Hauptangriffspunkt der Alliierten zu werden. So wird der Luftangriffsradius immer weiter sich ausdehnen in das Herz der »Festung«. Ich greife jetzt in einer größeren Spannung als früher jeden Morgen nach der Zeitung. Oder ist es das Gefühl meines Alters, das mich immer dringlicher ein nicht mehr weit liegendes Ende der grausigen Zeit zu wünschen zwingt. Brief von Gustel in diesen Tagen mit Schilderung ihrer Reise nach der Siedlung Avigdor (Neumeyer, Umzug Kochmanns dorthin).

Der 30. Mai war für Else bereits der letzte Tag in Berlin, vielleicht wagte sie es auch deshalb, offener an Siegfried zu schreiben. Am 1. Juni verließ sie Berlin und fuhr mit dem Zug nach Freiburg, wo sich der ehemalige Redakteur der SPD-Zeitung „Münchener Post", Edmund Goldschagg, mit seiner Familie als neues Versteck angeboten hatte. Die Fahrt war erst möglich geworden, als sie verschiedene gefälschte Ausweise bekommen konnte, ohne die sie bei Zugkontrollen festgenommen worden wäre.

Das alte Ehepaar Neumeyer lebte auf der Farm ihres Sohnes in Argentinien in Avigdor.

Sonntag, 25. Juli 1943

booktoken: Gutschein für Bücher

Postal Order: Postanweisung

Gestern Sonnenabend hatte Peter 22 Jahre seines Lebens beendet. Der große liebe Junge saß in meinem Zimmer, als ich um 7 Uhr heim kam, und ich schenkte ihm ein booktoken und die Postal Order von Hanna. Um 8 ging er zu seinem Jugendclub und kam nach 11 vom Tanz in den L. Road auf dem Rad noch vorbei. Ich erwartete ihn vor der Türe unten. Ich glaube und vertraue, er wird seinen Weg im Leben finden. Sein Streben entwickelt sich nach Jahren etwas eintöniger und ungeistiger Arbeit, und hat sich schon seit ca. eineinhalb Jahren immer mehr gezeigt, besonders an seiner Mitarbeit in den volkswirtschaftlichen Kursus im Barnett House, und jetzt in der Vorbereitung zum Matric.

Matric: Abitur

Die Erfolge der Alliierten in den letzten zwei Wochen seit der Landung auf Sizilien wecken große Hoffnungen auf den baldigen Abfall Italiens, die Fortsetzung der Angriffe auf das besetzte Europa, vor allem den Balkan, wohin die Angriffe von Osten, Westen und Süden wahrscheinlich erfolgen werden.

Rosenfeld wusste, dass die einzige Hoffnung für Europa ebenso wie für ihn und Else in einem schnellen Kriegsende lag. Darauf hoffte er, danach sehnte er sich. Seine Liebe zu Deutschland stand dahinter zurück.

Es ist 11 Uhr, es donnert von Flugzeugen in der Luft, sie fliegen nach dem Festland; gestern war Hamburg das Ziel, heute bringen sie Tod und Verderben nach Deutschland, und dennoch bleibe ich kalt, fast fühllos gegen das Leiden dieses entsetzlichen Deutschland und sein Regime.

Die Erfolglosigkeit der deutschen Offensiven im Bezirk Kursk und der Erfolg der russischen Gegenstöße zeigt die geminderte Schlagkraft des deutschen Landheeres und seiner technischen Ausrüstung. Wenn das gewiss ist, bedeutet Luftwaffenüberlegenheit der Alliierten noch mehr und muß noch stärkere Wirkung auf die Verkürzung des Krieges und seiner Entscheidungen ausüben. – Kann es auch anders sein? So frage ich mich, wenn ich nicht selten einen starken Glauben an die militärische Kraft Deutschlands aussprechen höre. Urteile ich aus meinen Wunschgedanken heraus? Ich kann solche Kombinationen nicht unterlassen.

Rosenfeld wohnte also immer noch in der Iffley Road bei Dr. Kurt Alfred Mendelssohn.

Ich habe das Tintenfass schon geschlossen, da bringt mir der Hauswirt Dr. Mendelssohn die Nachricht, daß eben durch das Radio der Rücktritt Mussolinis gemeldet wird wenn auch zugleich erklärt wird, der Krieg gehe weiter, heißt das das Ende des Faschismus und tatsächlich Ende des faschistischen Krieges. Welche Wirkung auf den ganzen Kontinent, welche Schwächung der Nazis!

3. August 43

Peter Rosenfeld, Oxford 1943

Seit der Beseitigung des Faschismus in Italien ist der Krieg in ein ganz neues Stadium getreten. Der Kampf, der in Sizilien geführt wird, hat nicht mehr die große Bedeutung, es ist auch nur eine Frage der Zeit und bleibt der letzte Kampf voraussichtlich auf italienischem Boden, der wohl bald in Hauptsache Basis für die Luftangriffe der Alliierten in das Herz Europas hinein werden wird, nach Süd-Ost- und Mitteldeutschland und nach Österreich und dem Balkan.

Tagebuchaufzeichnungen Siegfried Rosenfeld

Die Luftangriffe in dem Ausmaß wie jetzt gegen Köln, Hamburg werden fortgesetzt erweitert werden, in diesen Tagen zu den Ölfeldern Rumäniens; sie geben dem Krieg einen neuen Charakter und ganz neue Wirkungen. Die Opfer, die unmittelbar dem Luftkrieg erliegen, erscheinen fast gering gegenüber den Abkürzungsmöglichkeiten, die damit auftauchen, den indirekten Wirkungen auf eine Erschwerung der Fortsetzung des Krieges: die Rüstungsergänzung, die Transportschwierigkeiten, die kaum zu lösenden Organisationsaufgaben durch Evakuierung pp. und die innere Verwirrung durch solche unvorhersehbaren Schläge.

Man möchte manchmal glauben und hoffen, der Krieg ist in etwa 6 Monaten zu Ende, wenn bange, kalte dunkle Nächte des Schreckens die Luftangriffe noch vermehren. – Und bei alledem denke ich an Else in Berlin, die diese Schrecknisse mitfühlt und durch sie gefährdet ist!

Und hier war Peter heute im Theater zu Shaw: »Doctor's Dilemma« und Hanna schrieb heute von einer Radfahrt nach London zu einem Promenadenkonzert. Es wirbelt in uns alles. Wie ist da ruhiges Besinnen und Denken möglich! Dennoch habe ich eben einige Gedanken für einen Entwurf der Londoner Sozialisten für ein Erziehungsprogramm nach dem Krieg aufgesetzt, um sie abzusenden.

Das Theaterstück „The Doctor's Dilemma" von George Bernard Shaw.

18. August 1943

Die Wochen fliegen davon, der Rhytmus meiner Arbeit beschleunigt noch diesen Flug der Zeit, in der jeder Tag fast neues, unerhörtes Geschehen bringt. Was ich über den schnelleren Ablauf des Krieges am 3. August niederschrieb, ist in den letzten 2 Wochen bestätigt, die wachsende Bedeutung des Luftkriegs. Sizilien ist vom Feinde gesäubert, der Weg für weiteres Vordringen frei. Bombardierung von Regensburg, Schweinfurt, Wien-Neustadt sind erst Vorspiele. Wahrscheinlich kommt eine Invasion nach Süd- und Nordfrankreich zu gleicher Zeit in den nächsten Wochen. Deutschland selbst muß immer mehr eine innere Verwirrung durch die Luftangriffe in den verschiedenen Richtungen erleben. Wie lange wird sich diese Verwirrung durch Terror aufhalten lassen? Und ihre Wirkung auf das kämpfende Heer? Es ist nur eine Frage der Zeit, nachdem die Russen weiter nach Westen vormarschiert sind und anscheinend unaufhaltsam vorrücken. Was für eine furchtbare Rache werden die Russen für die jahrelang im besetzten Rußland von den Deutschen verübten Greueln nehmen! Und Else in dem entsetzlichen Durcheinander, wo man kaum noch Unterschiede machen kann und wird. Wird sie in Berlin bleiben? Wird sie ein Refugium finden? Wird Pflichtgefühl sie bei den Kindern von Lene Heilmann festhalten? Fast seit 8 Wochen (20/6.) ohne Nachricht beginnt jetzt wieder die Sorge um sie Oberhand zu gewinnen. Und nichts, was ich tun kann! Vielleicht ist am frühesten ein Eingreifen von Herthas Friends (Quäker) möglich bei Ende des Krieges und ihre von Hertha mit vorbereitete Wohlfahrtsarbeit für diese Zeit. An sie wende ich mich jetzt. Wenn ich diese Tren-

Bereits seit 1. Juni hielt sich Else in Freiburg auf, doch noch immer wusste ihr Mann nichts davon. Er hatte einen genauen Blick auf die kommenden Ereignisse, konnte aber nur analysieren und sich die Folgen ausmalen, helfen konnte er nicht. Die Quäker, denen seine Kinder und er ebenso wie Else viel zu verdanken hatten, fielen ihm als einzige Rettung ein.

nung von jetzt 4 Jahren geahnt hätte, wäre ich niemals fort gegangen von ihr, auf jede Gefahr hin. Zu späte Erkenntnis.

25. August 1943

Nach einer kurzen Phase der Entspannung, die auch durch mehrere Briefe von Else entstanden war, setzten nun bei Siegfried wieder die quälende Sorge und das Gefühl der „Überlebensschuld" ein. Rosenfeld musste auf eine große Wirkung der Luftangriffe hoffen und gleichzeitig sich seine Frau als Opfer dieser Angriffe auf Berlin vorstellen.

Heute sind es 4 Jahre, seit ich Dich, meine Liebe, verließ. Es war vielleicht doch die große Schuld meines Lebens, daß ich mich rettete und Dich zurückließ. Heute, wo ich die Nachrichten über den großen Luftangriff vor 2 Nächten auf Berlin lese, fällt es mir doppelt schwer aufs Herz. Wie, wo soll ich Dich mir vorstellen, nachdem noch vor 4 Tagen von Alice Nachricht kam? Ihr: »schreibt zufrieden, arbeitet und hofft auf Wiedersehen in baldigem Frieden«? Du warst also noch mit den Heilmannschen Kindern im Juli in Berlin zusammen! Keine Phantasie reicht hin, um die Schrecken sich auszumalen in den Kellern unter riesenhohen Häusern, die sich in Riesenschutthaufen verwandeln können in jedem Augenblick. Der Hauptangriff scheint der Siemensstadt gegolten zu haben, aber gewiss auch vielen anderen Zielen.

Ich sehe Dich, meine Liebe, auf dem Bahnhof stehend, mir entschwunden – für so viele Jahre nun, und ist Hoffnung, im besten Falle in einem Jahr sich wiederzusehen!? Ich rechne auf Herthas Hilfe am ehesten, nachdem ich gehört habe, daß sie mitten in den ideellen und wahrscheinlich auch praktischen Wohlfahrtshilfevorbereitungen für das kriegsvernichtete Europa nach dem Kriegsende steht. Hedwig schrieb es in ihrem letzten Brief und ich habe daraufhin an Hertha vor wenigen Tagen geschrieben. Vielleicht wird Hertha sogar selbst zur Mithilfe bei der Organisation nach Europa kommen, da sie doch schon von früheren Jahren Erfahrungen hier hat. Meine Gedanken schweifen weit ab von der Gegenwart, die zur Passivität verurteilt, der Zukunft voraus. Es ist die Flucht aus dem schrecklichen Unabänderlichen. Vor 4 Jahren fuhr ich um diese Zeit durch die Nacht dem Rheine zu, der am Morgen sichtbar wurde, an dessen Ufern ich lange Stunden entlang fuhr. Ein Telegramm von Nymwegen nach der Grenze war eine der letzten direkten Nachrichten, die ich geben konnte.

Hedwig Kraus war Siegfrieds Schwester und Herthas Mutter.

4. September 1943

Alice Rosenberg war weiterhin die wichtigste Umspannstation für Elses Nachrichten. Die Vorsicht, mit der alle agierten, zeigt das Maß der Gefährdung für Else und die Familie Goldschagg.

Gestern ein kurzer Brief der guten Alice R. aus Lissabon von 28.8., aus dem ich wohl nach ihren Worten: »Auch meine Schwägerin ist in die Nähe gegangen, was ich sehr richtig finde ...« die Abwesenheit Elses von Berlin schon vor den 2 großen Luftangriffen (22.8. und 23.8.), dem 2 andere inzwischen gefolgt sind, entnehmen kann. Welcher beruhigende Ausblick wäre das. – Nach den Zeitungen sollen 500.000 Menschen in der Umgebung kampieren, ¼ Million evakuiert sein. Die großen Fortschritte der Russen, ihr Vordringen in der Richtung Smolensk und zum Schwarzen Meer in Verbindung mit den massenpsychologischen Wirkungen

Peter Rosenfeld, hier 1953 mit einem Studienkollegen, konnte von 1953 bis 1955 im Ruskin-College in Oxford studieren.

der massiven großen Luftangriffe lassen Gutes erhoffen. Die Invasion von Sizilien, jetzt auf das Festland Süditaliens getragen, bringt mit jedem Schritt das erfolgreiche Bombardieren auf alle kriegswichtigen Centren zur Wahrscheinlichkeit und wird wohl bald gefolgt sein von anderen Invasionen (Balkan, Frankreich). Für meine Ungeduld kann es nicht schnell genug gehen; und es bedarf doch gewaltigster Vorbereitungen, um nachhaltige Erfolge zu sichern. Manchmal fühle ich doch auch, daß diese 4 Jahre nicht spurlos an mir vorübergegangen sind, wenn auch wohl kein Grund zur Sorge ist.

Peter war eben zwischen 10 und Viertel 11 Uhr noch bei mir, nachdem er in seiner Jugendgruppe gewesen war. Ich freue mich an seiner Kraft, die ihn trotz des frühen Beginns der Arbeit um 5 Uhr noch zu später Stunde so frisch erscheinen lässt. Er fährt nur 25 Minuten durch die Dunkelheit zur Farm mit dem Rad und morgen, Sonntag, wird er den freien Halbtag zur Arbeit in den Prüfungsfächern Latein, Englisch, Deutsch, Mathematik und Ökonomie benutzen. Hoffentlich gelingt ihm sein Matric-Examen!

Emigrantenkindern wie Peter Rosenfeld wurden Bildung und Ausbildung nicht leicht gemacht. Er musste seine Abiturvorbereitungen (Matric) neben einer vollen Stelle als Farmarbeiter leisten.

16. September 1943

Die großen Hoffnungen auf eine nicht allzu ferne Entscheidung im Süden und Südosten Europas werden nicht so schnell erfüllt werden. Der Kampf in Italien wird schwerer und die Invasion von dort zum Balkan nicht leicht möglich. Aber vielleicht ist die ausgezeichnete Leistung der Russen entscheidend. –

Durch die Luft donnern die Flugzeuge – es ist 10 ¼ Uhr abends, am Himmel fliegen kleine Lichtboote hin und zurück, abgesendet von den großen Scheinwerfern, und erleuchten den Himmel. Ich beobachtete es auf der Straße. Gestern schrieb ich Hanna, sie soll mit Peter, wenn er in einer Woche in seinem Urlaub sie besucht, die Frage, wie sie sich zum jüdischen Problem stellen, für die Gestaltung ihrer Zukunft erwägen. Man kann zwei falsche, nur die gefühlsmäßige Reaktion gegen die Verfolgung beachtende Wege unter den Refugees einschlagen sehen: Entweder: weg vom Judentum, das ihnen zum Teil nichts bedeutet, durch Übertritt zum Christentum – oder: Nun erst recht festhalten und sich enger zusammenschließen durch Zionismus. Mein Verstand verneint beide Wege. Der Zionismus, der jüdische Staat, kommt zu spät, bietet keine äußere Sicherheit und befriedigt auch nicht mein Gefühl, entspricht ihm überhaupt nicht. So sehr bin ich nicht Nur-Jude. Das jüdische Problem wird auch nach dem Kriege lebendig sein, in England, in Deutschland, in ganz Europa, auch in USA. Auch die nächste Generation wird ihm begegnen. Wie? Durch untertauchen in einer neuen Volksgemeinschaft, durch hineinleben in sie, durch eine Mischehe mit Nicht-Juden? Gewiss entstehen auch da noch Probleme, aber sie werden an Bedeutung allmählich, mindestens in der zweiten Generation, verlieren. – Das Motiv dafür ist, eine neue Heimat für sich, für seine spätere Familie [zu] finden, da die verlorene Heimat nicht mehr zu gewinnen ist. Meine Generation wird gewiss für den Rest des Lebens heimatlos bleiben. Aber es ist die Forderung des Verstandes, den Weg zur und für eine dauernde neue Heimat vorzubereiten. Unseren Kindern ist die englische Sprache kein Hindernis, wie es mir und Else wohl sein wird.

16. September 1943

Als ich in diesen Tagen im Morgensonnenschein die letzte Hälfte meines Arbeitsweges wie täglich zurücklegte, kam es mir besonders deutlich zum Bewusstsein, wie ich, wie wir hier im Licht des Tages leben und ich mußte damit Dein Leben im Schatten der Unfreiheit, des Sklaventums, geliebte Else, vergleichen. Welch Kontrast! Wie viel lastende Schuld, daß diese Trennung möglich werden konnte. Ich war zu vertrauensselig, dachte mehr an mich als ich hätte dürfen. Welche entsetzlichen Zeiten stehen Else noch bevor, je näher das für Deutschland fürchterliche Ende des Krieges kommt!

Es zeichnet sich dieses Ende jetzt deutlicher ab, je weiter die Russen nach Westen vordringen, jetzt Kiew und Smolensk. Die Kriegszone reicht ja schon jetzt viel weiter nach Westen. Die Kriegsindustriegebiete mit den Millionen fremder Zwangsarbeiter, die Etappe, die Millionen Evakuierter aus dem Westen und Nordwesten Deutschlands, das jetzt knapp westlich von der Elbe beginnt. Dazu die Gefahren-

---

Siegfried Rosenfeld wusste, dass die Hoffnung der deutschen Juden auf den Weg der Assimilation in Deutschland gescheitert und auch nicht mehr wieder aufzunehmen war. Er analysiert hier sehr genau die Reaktionen der Flüchtlinge mit jüdischen Wurzeln auf Verfolgung und Exil und er sah, dass sich auch seine Kinder über ihre Position zum Judentum, zum Zionismus und zu Israel, zu Deutschland und zu England als möglicher neuer Heimat Klarheit verschaffen mussten, um einen eigenen Weg vor sich zu sehen.

Gerade assimilierte deutsche Juden, die im Ersten Weltkrieg und in hohen Verwaltungspositionen nach dem Krieg für Deutschland gearbeitet hatten, hatten die Gefahren des Dritten Reiches unterschätzt. Wegen ihrer Bildung in klassischen altsprachlichen Gymnasien waren sie der modernen Fremdsprachen oft auch nicht in dem Maße mächtig, dass eine Emigration in das nicht-deutschsprachige Ausland einfach erschien.

punkte, ja inneren Kampfgebiete in Jugoslawien und an der adriatischen Küste. Es wird notwendig ein brodelnder Kessel, besonders in dem jetzt als Etappe anzusehenden mißhandelten Polen. Zu solchen für die Befreiung hoffnungsvollen Situationen ruft der deutsche Terror neue Kräfte auf der anderen Seite zur Wirksamkeit. Und es zeigt sich dann die Grenze der Tyrannenmacht: Ist das Wishfull Thinking? Ich denke – nicht. Aber wie lange noch? Kaum zu hoffen auf ein Ende noch im Jahr 1943.

Vor 8 Tagen war Hanna einen Tag hier, kurz vor ihrer neuen Prüfung, auch Peter hatte seine Ferien. Er ist jetzt in seiner 2. Woche nach London zu seiner befreundeten Jugendgruppe gefahren, hat aber hier auch für das Matric gearbeitet. Hanna, an Reife gewachsen, ist weicher geworden, wohl auch durch ihren schweren Beruf, der ihr jetzt wieder drei Monate Nachtdienst auferlegt in einem Ward von 26 Betten, Frauen mit inneren Krankheiten. Eine eben liegende Steinbaracke mit 2 offenen Türen zur Nachtzeit. Eine Probe auf die Gesundheit. Der Herbst ist sehr pünktlich da.

Peter Rosenfeld: auf der Farm, 1943 (linkes Foto); Passbild, 1938 (rechtes Foto); aufgenommen von Ron Philips, 1943 (mittlere Fotos)

Wishfull Thinking: Wunschdenken

30. Oktober 1943 (Sonnabend)

Fast 5 Wochen später. Inzwischen kamen kurze Nachrichten von Alice R. aus Portugal, z. T. recht schnell von dort mit kurzen, kaum verständlichen Mitteilungen, Else sei bei Freunden, wohl ein Jugendfreund (Name undeutlich geschrieben), soll es vielleicht Großenhain sein? Wenn es nur nicht in einer der gefährdeten Großstädte, vor allem nicht in Berlin ist! Alice ist jetzt so vorsichtig geworden, daß sie auch nicht einmal mehr schreibt, von welcher Zeit die letzte Nachricht stammt. Keinen Tag und keine Stunde verlassen mich die Gedanken an Else. Die vom Krieg und seinem Ablauf ausgehenden Spannungen infolge der täglich günstigen Nachrichten aus Rußland, Vordringen zur Krim und in Richtung Odessa und Kiew vermehren sich. Mit Recht hörte ich vor 8 Tagen am Radio Thomas Mann sagen, daß wir in der Ferne die Spannungen kaum noch aushalten, wie viel größer sind

Thomas Mann war einer der prominenten Emigranten, die sich über BBC an deutsche Hörer wandten. Auf das Hören von „Feindsendern" wie BBC standen in Deutschland schwere Strafen. Dennoch gehörte es zum Alltag, um einigermaßen sichere Informationen über den Kriegsverlauf zu erhalten. Hier setzte die „Deutsche Stunde" der BBC an, um psychologisch auf die Deutschen einzuwirken.

Ursula Simon und Peter Rosenfeld, 1944

sie bei den das Kriegsende in Deutschland Erwartenden. Kein Nazimachthaber, kein Nazigeneral glaube noch an einen guten Kriegsverlauf, die Hoffnung werde auf einen Separatfrieden mit Rußland allenfalls gesetzt.

Die dunklen Morgen und Abende sind gekommen, die Kälte wieder mehr gewichen. Die Dunkelheit heute 6 ½ Uhr, beim Verlassen der Co-Op recht unangenehm. Ich ging nicht wie sonst die Viertelstunde zum Carfair, sondern nahm gleich den Bus zum Plain. – Unangenehm ist auch die Arbeit der Übertragung aller Kunden pp. in das große ledge aus dem handlichen Registrationbuch. Es strengt die Augen stark an. Ich habe jetzt eine neue Brille verschrieben bekommen, die jetzige benutze ich mehr als 4 Jahre, von Professor Wessely in München verschrieben, wohl seit Juli/August 39. Peter erwartete mich heute Mittag am Office, er hat Wochenende von heute Mittag bis morgen (Sonntag) Abend. Londoner Jugendfreunde sind hier; er will aber auch hier zum Matric arbeiten. Hannas Briefe erfreuen mich sehr, in der Nacht im Dienst geschrieben, wo sie kaum ein paar Viertelstunden Ruhe hat, Frauenabteilung mit vielen Operationen. Ich schickte ihr eine Taschenlampe und einen Teil meiner Schokoladenration. Hoffentlich erreicht es sie, die Post ist ja sehr zuverlässig im Allgemeinen.

Von Gustel ein Brief, Heini hat wegen der Treibstoffknappheit noch einen kleinen Wagen zusammengebaut, das Haus ist verbessert worden, der Junge entwickelt sich gut. Ich werde sie und das Kind wohl kaum je noch sehen. Die Londoner Jew-Association hat ein Nachkriegsplan-Memorandum entworfen, recht unbefriedigend. Es wird hier in dem Oxforder Branch in drei Wochen erörtert werden. Ich habe es mir von Dr. Adler, dem Vorsitzenden hier, entliehen und will eventuell Gegenvorschläge machen. Man darf keine sehr hohen Erwartungen stellen, da die Zahl von Juden, selbst unter Einrechnung aller auf dem Kontinent Überlebenden, sehr gering ist gegenüber den mehreren 100 Millionen von Nazi-

Tagebuchaufzeichnungen Siegfried Rosenfeld

Deutschland unterdrückten, ausgeraubten Europa-Bewohnern. Ich darf wohl auch nicht auf einen Teil der Pension rechnen. Ich muß mich mit aller Kraft noch arbeitsfähig zu erhalten suchen. Aber das Alter ist letzten Endes unerbittlich und verlangt seinen Zoll. – Wenn doch das Kriegsende noch im Laufe des Winters käme! Ich hoffe auf Vernichtung der rumänischen Ölquellen und die Wirkungen der furchtbaren Bombenangriffe im Zusammenhang mit der Niederlage im Osten und vielleicht auch vom Balkan. Die Maschinen und das Öl entscheiden, nicht die Menschenkräfte.

Wie viel gelassener, gleichmütiger sehen die Einheimischen den Verlauf des Krieges, schon auch Emigranten, die hier mit ihren Familien zusammen sind. Die Trennung ist das größte Unglück meines Lebens, und das Kriegsende – bestenfalls – kann ihr ein Ende machen. So gewinnt vielleicht das Leben noch einen Sinn für einige Jahre.

24. Dezember 1943

Ich habe lange geschwiegen. Heute ist ein Tag, wo der Rückblick unvermeidlich ist und Tage der Ruhe, die vor mir liegen, die Zeit lassen. Der Arbeitstag ist im Winter schwerer, die mangelnde Wärme macht die Freizeit so unergiebig. Das ungeheuerliche Weltgeschehen packt den Einzelnen und absorbiert einen erheblichen Teil der Gedanken. Die letzten 3 Monate haben nicht den Versuch, das Herz Mitteleuropas zu treffen, gebracht. Nur die Luftangriffe in sich immer steigernder Stärke und Wirksamkeit sind kein vollwertiger Ersatz dafür, ihre indirekten menschlichen Wirkungen, auf die es abgesehen ist, werden sich sehr langsam entwickeln. Sie sollen nur dem deutschen Volk für die kommenden Generationen jeden Willen zur Kriegserneuerung heraustreiben durch einen Anschauungsunterricht, in dem die Verwüstungen durch die Technik des Krieges die Hauptrolle spielen. Und welche Wirkung auf die Verarmung durch diese Vernichtung der Sachwerte, eines beträchtlichen Teils des Volksvermögens! Es wird in Jahrzehnten kaum wiedererstehen können, was in den Großstädten wie Köln, Hamburg, Berlin, Hannover, Leipzig in Jahrhunderten gebaut worden ist. Ich will dieses Land nicht mehr wieder sehen. – Eben brachte das Radio Ansprachen deutscher Kriegsgefangener in England an ihre Familien, an die Heimat den Wunsch, daß 1944 das Kriegsende bringt für Europa.

Das ist zu hoffen, ob aber bereits eine Wiedervereinigung mit Dir, Liebe, von der ich jetzt nicht weiß, wo Du bist, in welcher näheren örtlichen und persönlichen Umgebung; aber doch durch Alice Rosenberg von einer nicht unfreundlichen Umgebung weiß, die Dir im Herbst (letzte Nachricht vom 1.11.) Sonntagsausflüge ermöglichte. – Das persönliche Schicksal von mir ist so eng mit dem großen Zeitgeschehen verknüpft, daß beides in einer Denkrichtung liegt. Das neue Jahr bringt eine wesentliche Alterswende für mich. Ich muß mich bemühen, ihre

Immer noch wusste Siegfried Rosenfeld nichts über den Aufenthalt in Freiburg. Elses Ausflüge hatten auch einen Blick über die Grenze enthalten. Am 8. Januar 1944 schrieb sie: „Wie oft hatte ich im letzten Herbst an klaren Tagen von einer der Schwarzwaldhöhen, auf die ich, Pilze sammelnd, gestiegen war, die Schweizer Berge von ferne leuchten gesehen. Wie stark war dann immer von neuem die Sehnsucht nach diesem gelobten Land des Friedens und der Freiheit in mir aufgeflammt, die Sehnsucht vor allem nach einem Leben nicht mehr außerhalb von Gesetz und Gesellschaftsordnung!"

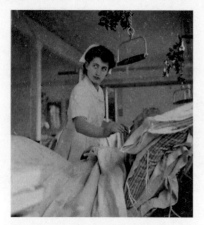

Gefahren körperlicher und geistiger Art zu bestehen, zu mindern, mich für einige Jahre noch kräftig zu erhalten, damit eine Vereinigung mit Dir, Liebe, noch einen Sinn behält. Die letzten 1½ Jahre der täglichen Arbeit haben die Nervenkräfte stark beansprucht. Aber ungeregelte, minder sinnvolle Arbeit, die ich mir etwa selbst gesetzt hätte, hätte es nicht weniger getan, vielleicht noch mehr, weil die Ablenkung des fruchtlosen Grübelns sicher stark gewesen wäre. Wir wollen, wir müssen Zuversicht haben auf die Wiedervereinigung, sie gibt, mehr noch als die Arbeit, die nur Mittel zum Zweck ist, dem Leben Sinn. Die Kinder werden ihren Weg auch ohne mich weiter gehen, ihre Art, ihr Wollen und Streben scheinen gute Bürgschaft dafür. Peter in seiner alten Arbeit, jetzt durch die Vorbereitung für die 5 Fächer allgemeinen Wissens für das Matric abwechslungsvoller gestaltet – Hanna, jetzt gerade wie ich selber in meiner Arbeit 1½ Jahre in der Nurse-Ausbildung, zur Zeit für 3 Monate für eine Spezialausbildung in einem TB Sanatorium. Ich schickte ihr etwas Geld und ein kleines illustriertes Büchlein über Leonardo da Vinci zu Weihnachten. Sie ist zielbewusster wohl als Peter und in ihrer fachlichen Arbeit von berechtigtem Ehrgeiz erfüllt, bei ihren Kolleginnen auch gern gesehen und geachtet, wie Peters Freundin Ully Simon berichtete. – Mein Weihnachtsgeschenk an mich, der verstärkte elektrische Ofen – 2 units – scheint sich zu bewähren und ist hoffentlich die 2½ Pfund wert; heute der 2. Tag, wo ich ihn habe.

Ich hatte in diesen Tagen einen Brief von Paula Katz, ehemalige Wohlfahrtspflegerin, Freundin von Schwester Else. Sie scheint noch den Glauben an ganz große Menschheitsfortschritte zu haben. Ein solcher Glaube fehlt mir mehr als je. Wenn dieser Krieg eine starke Übermacht einer Union von den beiden europäischen Großmächten Rußland und Großbritannien in Verbindung mit USA schafft, scheint mir wenigstens eine Garantie für längeren Frieden gegeben, und das wäre ein relativ großer Fortschritt. Die Verabredungen in Teheran deuten daraufhin.

Ich dachte in diesen Tagen an den schönen blauen Marmorsaal in der Wilhelmstraße 65, der jetzt wohl nur ein Schutthaufen ist – an die Aktensammlung aus mehr als 100 Jahren auf dem Boden des Hauses, aus denen ich noch 1931 oder 1932 auf Verlangen die Mordsache aus Magdeburg im Jahre 1843 vorgelegt bekam (Mörder von Frau und 7 eigenen Kindern wegen der Schande des Vemögensverlustes). Jakob Wassermann hatte kurz in einem seiner Bücher diesen merkwürdigen Prozess mit der eigenartigen, durch Jahre sich hinziehenden Begnadigungsaktion erwähnt (Urteil auf Rädern des Verurteilten von oben unter Schleifen zur Richtstätte), bis 1848 Umwandlung in lebenslängliche Strafe erfolgte.

Rückblick: 1887 1. Klasse des Gymnasiums (Sexta), 1893, kurz vor dem Abitur zuvor Tod des Vaters, 1903 nach dem Assessorexamen vor der Niederlassung als Anwalt im März 1904. 1913 letztes Friedensjahr, kurze Ehe mit Gertrud, ein Jahr vorher geschlossen, 1923 Referent im Justizministerium. Kammergerichtsrat, 1933 Oberschönau, »Mentenhäusl« in tiefem Schnee, und 1943 hier in England!

Sylvester 1943

Ich sitze – 9 Uhr – in meinem Dachzimmer, da ist auch ein Erinnern und ein looking forward unvermeidlich, bevor ich frühzeitig Schlaf suche, um morgen ausgeruht zur Arbeit zu eilen. England kennt nicht den 1. Januar als Feiertag. Ist es ein Zeichen englischer Nüchternheit? Ist der Boxing-day als 2. Weihnachtsfeiertag etwas ähnlich Nüchternes nach dem feierlichen religiösen Festtage? –

looking forward: Blick nach vorne

Boxing-day: Der 2. Weihnachtsfeiertag, an dem traditionell die Weihnachtsgeschenke mit den Armen geteilt wurden.

Oder ist das das spezifisch Englische, wie es in Shakespeares Narren- und Burleskenscenen inmitten des tragischen Spiels erscheint? So leicht und beweglich, sprunghaft sind wir nicht. Wir pflegen mehr eine Stimmung festzuhalten und verlassen sie nicht leicht oder schnell. Neujahr ist das heitere Element nach dem Ernst der Weihnacht für deutsche Anschauung.

Für unsere Situation ist ein heiteres Neujahr allerdings wenig angebracht, zumal in der Zeit des Kriegswütens. Gestern 2.000 Bomben über Deutschland, heute 1.300, unvorstellbare Verwüstungen anrichtend. Heute liest man von solchen in Neukölln, in der Königstadt. Wieviel Tausende irren obdachlos und ihrer geringen und nötigsten Habe beraubt umher.

Niemals will ich Deutschland wieder sehen. Es wäre nahezu Selbstmord und gefährlich. Wer während des Krieges im Ausland, besonders hier lebte, wird als Kriegshetzer und Deutschlands Feind immer angesehen werden, mindestens bei dem größeren und urteilsunfähigen Teil der Bevölkerung. So wird die Frage nach dem »Wie« einer Wiedervereinigung immer schwieriger und fast unlösbar, wenn Else nicht herkommt.

Auch hier zeigt sich Rosenfelds nüchtern-analysierender Blick. Eben das passierte nach Kriegsende, als viele Deutsche versuchten, die Emigranten für ihr Unglück verantwortlich zu machen: Diese hätten die Welt gegen Deutschland aufgehetzt.

Gestern kam ein Brief von Hedwig von Mitte November. Ihre körperlichen Kräfte scheinen durch Schwäche des Herzens nachzulassen. Sie kann nicht mehr zu Hertha den Weg machen, wenn sie nicht, was selten möglich, den Wagen gestellt bekommt. Alois schreibt: »Schreibe bald!« So habe ich heute geantwortet. Muß ich für ihr Leben fürchten? Herzkrankheit wird oft unterschätzt und überrascht durch jähe Wendungen. Sie wird am 9. Januar 74 Jahre vollenden. Wie Kurt R. im Schlaf aus dem Leben in den Tod hinüberschlief nach Erna Gr.'s Bericht in dem Brief an Hedi, den sie einschickte.

Siegfried Rosenfelds älteste Schwester Hedwig lebte mit ihrem Mann Alois in den USA. Die hilfreiche und fürsorgerisch vielfältig engagierte Tochter Hertha wohnte in ihrer Nähe.

Der Jurist und bedeutende sozialistische Politiker Kurt Rosenfeld, Siegfrieds Cousin, war am 25. September 1943 in New York gestorben. Erna Greifenhagen, eine andere Cousine, berichtete ihm darüber.

Ich fühle mich meiner ältesten und letzten Schwester stets eng verbunden. Sie voll und richtig würdigen, ihre großen Gaben, ihr wundervolles, bis zur Entsagung heißes Herz, das keinen Egoismus kannte, zu ihrem eigenen Schaden – das kann nur, wer ihr Werden, ihre Jugend kennt. Da war sie anerkannter Mittelpunkt eines größeren Kreises von Freundinnen. Später Helfer und Berater im Kreise der Verwandten, auch bei der älteren Generation. Ich möchte mich gern noch an der Wärme ihres Wesens, die aus ihren Briefen kommt, erfreuen. Die geschwisterliche Nähe ist eine unersetzliche und ganz eigene. Ich freue mich, wie Käthe Behrend als einzige Schwester an Else festhält und ihre treue Hilfe ihr beweist.

Käthe Behrend war Elses älteste Schwester; sie lebte nach ihrer Emigration in Argentinien.

5. Januar 1944

Ich muß heute eine Eintragung machen, da noch die Freude darüber nachzittert. Bei Betreten des Hauses, abends 7 Uhr, Brief von Alice vom 26.12., daß »Lenc« (Else!) eine Beaufsichtigung von Kindern im schönen Bergland übernommen hat, daß Gesundheit und Mut von ihr bestätigt werden. Die schönste Nachricht in der Zeit täglicher Großangriffe auf die Städte Berlin pp. Da muß ich wieder ein Sicherheitsgefühl für sie für die nächste Zeit schöpfen. Ein gutes Omen für dieses Jahr?? Wenn es doch wäre! Da schrumpft alles zusammen, was an Fragen, an Schwierigkeiten noch vorhanden ist, die Frage des Verkaufs des großen Gepäcks, der Ärger im Office und anderes dazu.

22. Januar 1944

Der »Ärger im Office« habe ich vor 2 Wochen geschrieben. Der Ärger ist heute zu Ende gegangen, nachdem ich gestern von dem Manager L'Allemand gerufen, die Erklärung bekam, es wäre nichts an meiner Arbeit auszusetzen, aber die Rücksichtnahme auf meine geringen Sprachkenntnisse und mein Alter sei nicht recht im Einklang mit dem mir gezahlten vollen Gehalt. Er schlage vor, bezahlten Urlaub die nächste Woche zu nehmen und dann fortzubleiben. Auf die Frage, ob ich das als Kündigung ansehen soll, gab er bejahende Antwort. Heute Sonnabend hat er sich sehr freundschaftlich verabschiedet und mir ein gutes Zeugnis und 8 Pfund Lohn für 2 Wochen ausgehändigt. – Im Grunde bin ich nicht böse über diesen Ausgang. Mein lange erwogener Entschluss wegen der langen Arbeitszeit und der Überanstrengung der Augen, der Ansturm auf meine Nerven wegen des übermäßig lauten und lustigen Tons unter den jungen Mädchen und Frauen war von mir aus schwer zu fassen, der Verdienst war zu wichtig und verlockend. Vielleicht finde ich, nachdem ich ein Jahr und sieben volle Monate ohne einen Tag Krankheit gearbeitet habe, eine Halbtagsarbeit im Office oder sonst wo.

Ein paar Wochen solcher Freiheit von voller Tagesarbeit sind vielleicht auch notwendig, zumal die Gepäckfrage Zeit und Orientierung verlangt.

Wie bunt ist das Leben! Peter, den ich heute Abend in der Bibliothek sprach, war zuerst schwer betroffen. Er denkt an seine Absicht, sich im April zu den Forces (Militär) zu melden, ist dann ohne größeren Verdienst. Ich beruhigte ihn mit meiner, unserer Reserve und den Möglichkeiten, durch einen kleineren Erwerb meine Rücklagen zu strecken, ohne daß er belastet sein wird. Es ist schließlich noch ein Argument mehr für die Veräußerung der Sachwerte, die nicht stabil sind wie Platin.

Weit mehr nervlich als körperlich war ich durch die Arbeit angestrengt. Das habe ich als ein Plus – wohl mit recht – angesehen. Die Schwierigkeit des Verstehens des Sprachgewirrs um mich hat dabei eine wichtige Rolle gespielt. Trotzdem hat mir die Arbeit doch einen Einblick in einen englischen Wirtschaftsbetrieb,

Verhältnis von Arbeitgeber und Arbeiter in einem wichtigen Zweige gegeben, täglich 30–35 round-men, die zur Abrechnung mit Geld und tokens kamen, anständige, selbstbewusste und pflichterfüllte Arbeiter (wie Butcher, Clerk, Thornton, Davis etc.). Sehr flinke junge Büroangestellte (Frauen und Mädchen, dabei aber auch flüchtig und oberflächlich).

Der ungerechtfertigt große Unterschied der Männer- und Frauenlöhne (halb so hoch) hat auch bei meiner Kündigung eine erhebliche Rolle gespielt. Zwei junge Mädchen waren in dieser Woche neu eingestellt, eine dritte kam am Montag neu in das Büro. Der Lohnunterschied ist ein Anreiz, nur mit Frauen zu arbeiten. Mir schien die Kündigung seit längerem geplant unter dem Gesichtspunkt der Ersparung. Vielleicht geht es dem letzten Mann im Büro auch bald wie mir, nachdem der Engländer Herrington durch leichtfertiges Handeln sich selber vor zwei Wochen hinausbugsiert hat. Im Grunde ist es eines der Rätsel: im Auftreten ein Gentleman von guter Bildung, ein Mann von mehr als 65 Jahren, der mit Stolz die Bilder von seinen Enkeln zeigt und sich dann an den armseligen tokens oder einigen Silbermünzen vergreift. Im Grunde habe ich auch Mitleid mit solchem Fehltritt eines Mannes, der sich uns Aliens gegenüber mit so verbindlichem Benehmen zeigte, mir seinen »Daily Telegraph« überließ, für den Tee in den Pausen sorgte etc.

Briefe an Gustel und Heini vom 14. Mai und 17. Oktober 1944

Liebe Gustel, lieber Heini,
zuerst eine besonders freudige und überraschende Nachricht: Else ist seit ca. 10–14 Tagen in der Schweiz. Sie ist dort in Schaffhausen. Alice telegraphierte es mir. Wie ihr das im 5. Kriegsjahr noch möglich geworden ist, werden wir vielleicht später, vielleicht aber auch gar nicht hören. Ihre Adresse ist angegeben, Kantonshospital Schaffhausen. Sie ist in guter Gesundheit. Alice teilte ihr auch bereits mit, daß sie Geld für sie habe. Sicherlich ist Else, nur mit dem Notdürftigsten ausgestattet, dorthin gelangt. Wenn auch für sie jetzt gerade nur das physische Leben gesichert ist, – wahrscheinlich ist die Adresse ein Emigrantenlager – so wird, hoffe ich, das Gefühl der Freiheit und Sicherheit vieles Andere in den Hintergrund treten lassen und seelisch beruhigend und erleichternd wirken. Welche Jahre des Drucks und ständiger Unsicherheit hat die Arme hinter sich. Ich habe ihr telegraphisch unsere Freude ausgedrückt und ihr eine Schweizer Adresse genannt – einen entfernten Verwandten, Siegfried Wohlgemut, damals in Genf, als wir 1937 ihn in Zürich trafen. Ich habe seither keine Verbindung mehr mit ihm, und es kann nur ein Versuch sein, er ist schon lange Schweizer Bürger. Wer weiß sonst Schweizer Adressen, die Else von Nutzen sein könnten? Vielleicht Käthe? Aus ihrer Zeit in Dornach. Ihr würde gewiß mit der geringsten Hilfe gedient sein. – Hier ist von einer Londoner Vereinigung Kleidung für Schweizer Flüchtlinge gesandt worden, weiß ich. Ich habe auch an Hertha auf schnellste Weise Nachricht gegeben in Gedanken, daß ihre Freunde gewiss in der Schweiz

Round-men: Milchausfahrer
Tokens: Gutscheine

Aliens: Ausländer

Else Behrend-Rosenfeld war am 20. April 1944 mit Hilfe von Menschenschmugglern über die deutsch-schweizerische Grenze entkommen.[38]

Elses Schwester Käthe Behrend, jetzt in Argentinien, war als Anthroposophin oft im Goetheanum in Dornach, dem Zentrum der Anthroposophischen Gesellschaft, gewesen.

Peter Rosenfeld als Student in Oxford mit Freunden, 1953

fürsorgerisch tätig sind. Die Nachricht hätte einen Luftpostbrief verdient, wenn er nur auch schneller befördert würde. Auch Dein Brief, liebe Gustel, zu meinem Geburtstag hat 2 Monate gebraucht. Herzlichen Dank für Eure guten Wünsche. Ich konnte sie gut gebrauchen, da mich kurz vorher Magenbeschwerden befallen hatten, die nach einer Röntgenuntersuchung eine Behandlung im Krankenhaus notwendig machten. Das festgestellte Magengeschwulst verlangte Bettruhe und Diät, die ich allein für mich nicht schaffen konnte. Ein guter Freund half mir dabei. Nach etlichen Wochen verloren sich die Schmerzen und ich bin wieder in meinem Zuhause. Meine Wirtin liefert mir zum Glück einen Teil der notwendigen Diätkost, die ich noch brauche, ich koche aber auch zum Teil mir meine Gemüsesuppen pp. Wahrscheinlich bin ich dazu durch die nicht ausreichende Ruhe für meine Mahlzeiten morgens und mittags, solange ich die Büroarbeit hatte, gekommen. Natürlich habe ich die Arbeit verloren. Es ist nicht einfach, jetzt etwas Anderes zu finden, es war damals ein besonderer Glücksfall. Hanna besuchte mich in dieser Zeit zweimal, natürlich nur immer für 1 bis 1 ½ Tage. Es geht ihr recht gut, ihre Arbeit, so schwer sie ist, – ich habe die Arbeit im Krankenhaus genügend kennengelernt – befriedigt sie weiter sehr und es zeigt sich, daß ihr Beruf auch ihrem Wesen den Charakter der Fürsorge immer mehr gibt. Es kann ja nicht anders sein. Sie hatte Dir wohl zu deinem Geburtstag geschrieben. Peter geht es auch gut. Er will Ende Mai versuchen, in London seine Prüfung, das Matric zu machen. Bei der geringen Zeit, die er der Vorbereitung dafür widmen konnte neben seiner Arbeit, würde ich es eine erstaunliche Leistung nennen, wenn ihm die Prüfung gelänge. Sie besteht in schriftlichen Arbeiten und dauert drei Tage. Vorher will er noch eine Woche Urlaub nehmen, die er ganz für die Vorbereitung benützen wird. – Was Du, liebe Gustel, über Euer Leben schreibst, ist im Ganzen doch recht erfreulich, wenn auch die Erschwerung durch die Folgen des Krieges jetzt auch bei Euch nicht leicht sind. Hoffen wir, daß dieses Jahr die Entscheidung bringt. Der Sommer, der Euch Gäste und angenehmen Verkehr brachte, ist nun vorbei. Das Gästeaufnehmen ist ein Gewerbe, das auch gelernt sein muß. Es ist nicht einfach, außer den eigentlichen Auslagen auch die eigene Arbeit oder Notwendigkeit fremder Arbeit mit einzukalkulieren. Wir haben es seinerzeit auch in Icking erfahren und ich sehe es auch hier bei Freunden. Kühles Rechnen, Ausschaltung des Gemütselements ist in diesem Geschäft besonders schwer. Was Ihr über Peter berichtet, freute mich besonders. –

An Freunden hier fehlt es mir nicht, doch sind fast alle durch schwere Berufsarbeit in Anspruch genommen. Eine Ausnahme ist Dr. Hammerschmidt, ein früherer Apotheker, der mich im Hospital oft besuchte. Doch auch andere zeigten warme Freundschaft, so daß ich mich nicht einsam fühlte. Wir haben jetzt schönste Frühjahrsblütezeit, Flieder und Goldregen, nachdem die Obstblüte vorbei ist; ich genieße sie jetzt in den zahlreichen Parks und Gärten. Ich will noch sagen, wie besonders Dein letzter Brief mir gefallen hat, indem Du eine umfassende Skizzierung Eures Tuns und Denkens gibst. Auch in Deiner Auffassung des Lebens sehe ich, wieviel Du an ruhiger Reife in den Ehejahren gewonnen hast. Es wird Dir und Heini wohl weiter glücken. Das hoffe ich von ganzem Herzen. [Vati]

17. Oktober 1944, Lavender Croft, Hitchin, Hertfordshire

Meine liebe Gustel, lieber Heini,
seit ca. sieben Wochen bin ich in diesem Hostel der Society of Friends (Quäker), ich
erhielt Euren Brief vom August in diesen Tagen und will die Antwort nicht verzögern,
zumal ich über mich Besseres berichten kann. Nachdem mir die Sorge für mein leibli-
ches Wohl abgenommen ist, bin ich innerlich ruhiger geworden, kräftiger und zugleich
auch mein Magen widerstandsfähiger. So fühle ich mich besser, habe auch an Gewicht
zugenommen. Das Leben in solchem Heim mit meist ähnlich alten Menschen hat natür-
lich auch unangenehme Seiten, aber ich nehme sie einstweilen in Kauf, weil ich hoffe,
so meine früheren Kräfte wieder zu gewinnen. Zwei Ehepaare leben hier, sonst einzelne
weibliche und männliche Insassen. Ich habe zum Glück ein kleines Zimmer für mich wie
wenige hier, das erleichtert mir das dauernde Zusammenleben. Es sind auch einige gebil-
dete Menschen da, mit denen Unterhaltung möglich ist. Heute vor einer Woche traf ich
mit Hanna und Peter in London (1 Stunde Bahnfahrt für mich) zusammen und wir hat-
ten bei schönem Herbstwetter einen guten Familientag – nur Mutti und Ihr fehltet noch.
Von Mutti kam vor 3 Wochen ein Telegramm, daß sie in Feldis, Graubünden, bei einem
Pfarrer Michaelis sich aufhält. Ich habe das Telegramm bestätigt, natürlich auch mehr-
fach geschrieben. Aber eine eigenhändige Nachricht ist bisher seit ihrem Brief vom 1.5.

Bei Lavender Croft handelte es sich um ein Altenheim der Quäker, die den physisch und psychisch angeschlagenen Siegfried Rosenfeld dort aufnahmen.

Else Rosenfeld schreibt in ihrem Nachwort: „Durch meine Bettnachbarin im Hospital erfuhr ich vom Verbleib eines guten Bekannten, des Anstaltspfarrers in unserem fortschrittlichsten preußischen Jugendgefängnis, der meinem Mann und mir durch seine Arbeit nahegekommen war. Er hatte seine Stellung 1933 verloren, als religiöser Sozialist konnte er im Nazi-Deutschland nicht auf befriedigende Arbeit rechnen. Wir, die wir alle Beziehungen zu Freunden und Bekannten abgebrochen hatten, um niemand zu schaden, wußten nicht, daß er in der Schweiz, in einem kleinen Bergdorf in Graubünden, eine neue Tätigkeit gefunden hatte. Pfarrer Michaelis schrieb sofort, als er von mir erfuhr, drückte seine Freude über meine Rettung aus und lud mich als seinen Gast nach meiner Entlassung in sein Pfarrhaus ein. Bei ihm und einer alten Freundin seiner Mutter, die dem Unverheirateten die Wirtschaft führte, in dem 1500 m hohen, herrlich gelegenen Ort, kehrten allmählich meine Kräfte wieder."

Das selbst gebaute Haus von Gustel und Heinz Behrend in Cumbricita, Argentinien

Camion: Lastwagen

Der frühere US-Botschafter in Moskau, Joseph E. Davies, hatte 1941 sein sehr pro-sowjetisches Buch „Mission to Moscow" veröffentlicht, das 1943 unter der Regie von Michael Curtiz mit Walter Huston in der Hauptrolle verfilmt wurde. Buch und Film enthalten eine ganze Reihe Teile, die Stalins Politik grob beschönigen; so werden beispielsweise die Opfer der stalinschen Schauprozesse als tatsächliche Spione für Deutschland oder Japan dargestellt.[39]

Dieser ehrenvolle Auftrag war vermutlich die Bitte der englischen Regierung, über die Tätigkeit des Reichsjustizministeriums zu berichten.

Rosenfeld war von 1921 bis 1924 als Abgeordneter Mitglied des Rechtsaus-schusses des Preußischen Landtags, danach als Ministerialbeamter des Justiz-ministeriums tätig.

nicht durchgekommen. Jedenfalls ist zu hoffen, daß ihr Beinbruch geheilt und sie jetzt in einem sympathischen Milieu Aufnahme gefunden hat. Da es bisher unmöglich ist, ihr etwas zu schicken, freute ich mich besonders über Eure Sendung und bin dafür sehr dankbar. Auch sonst können wir Mutti und uns glücklich nennen, wenn man sich die immer schrecklicher werdende Hölle, die Millionen heimat- und obdachlosen, armseligsten Menschen immer enger zusammengedrängt, vorstellt. Ein gütiger Stern hat sie vor diesem Schicksal bewahrt. In den Bergen wird sie allmählich die ihr in diesen letzten Jahre zugefügten Leiden vergessen, Ruhe und Gleichmut gewinnen und Kräfte, die ihr für die Nachkriegszeit notwendig sein werden, auch uns allen. –

Peter und Hanna geht es weiter gut, Peter hat auch das letzte Fünftel der Matric-Prüfung bestanden und Hanna fühlt sich in ihrem Beruf weiter befriedigt. Im nächsten Herbst wird sie ihr letztes Examen machen, das sich durch mehrere Monate hinzieht. Sie denkt aber auch noch an weitere spezialisierte Ausbildung, wenn das glücklich bestanden ist. Peter traf dann noch, nachdem wir ihn in London verlassen hatten, seine Freundin Ully Simon, die Hannas Kollegin ist und von ihr sehr geschätzt wird. –

Ich hoffe, daß Euch das Haus durch zahlende Gäste doch einen gewissen, wenn auch noch nicht vollwertigen Ersatz für das zurückgehende Transportgeschäft bietet. Und man möchte Euch fast raten, den Camion nur nicht zu verkaufen, da in einem halben Jahr wohl mit einer anderen Marktlage zu rechnen ist. Dann wird auch Englands Abhängigkeit von Argentinien nicht mehr so groß sein wie jetzt, wo es seine Lebensmittellieferung braucht, und ein stärkerer Druck die allgemeine Lage verbessern.

Ein merkwürdiger Zufall, daß ich jetzt auch gerade in diesen Wochen das Buch des amerikanischen Botschafters Davies (Mission in Moskau) gelesen habe. Den Film hatte ich schon vor längerer Zeit gesehen. Eine sehr kluge Beurteilung Rußlands, die auch manches falsche Urteil über Rußland bei mir berichtigt hat. Die Stalin-Politik ist ja weit realistischer als die seines Vorgängers, Weltrevolution ist fallen gelassen.

Seine klare Friedenspolitik wird hoffentlich auch solche Unruhestifter wie Polen und auf dem Balkan zur Ruhe niederhalten; wenn nur USA es darin unterstützt. Interessant, wie ein kluger Beurteiler in dieser Stellung die Stimmung unter den maßgebenden Leuten in USA 1938 umwarf und so ein ganz anderes Verhältnis der beiden Staaten schuf. Zu dieser Zeit lieferte England noch sehr viel für Deutschlands Aufrüstung. Solange der Krieg für das Kapital ein Geschäft in solchem Umfang ist, wird es Krieg geben.

Ich hatte in diesen Wochen hier einen ehrenvollen Auftrag, der mir Gelegenheit gab, aus meiner früheren Arbeit einen Bericht herzustellen. Ich hatte einige Tage intensiver Tätigkeit, die mir eine Genugtuung schuf. Und es war zugleich ein Anlass für mich, die Erinnerung an eine doch recht vielseitige Arbeit aufzufrischen. Denn es gibt wenige, die die Rechtspflege und ihre Kontrollen von innen und von der parlamentarischen Seite sehen konnten. So gewissermaßen in der Vogelperspektive gesehen, hat es ein Leben des Aufwärts und Abwärts gegeben, Täler und Höhen. Damit muß man sich abfinden in einer solchen Zeit der Niederung.

Deine Darstellung, wie Euer Peter ungeduldig wartet, während Du an diesem Brief schreibst, zeigt, wie er Gespielen braucht, um dauernd beschäftigt zu sein. Vielleicht fin-

det sich, wenn nicht anders, ein Kind seines Alters, das längere Zeit Euch in Pension gegeben wird, eventuell durch ein Inserat. Das einzige Kind ist immer in einer Gefahr, in seiner Entwicklung irgendwie beeinträchtigt zu sein. Kinder sind unter sich auch Erzieher, wichtige. Der Sommer ist ja bei Euch in Sicht, während bei uns die Herbststürme begonnen haben, Euere Saison beginnt. – Von meiner Schwester Hedwig gute Berichte, sie ist jetzt auch von ihren Magenbeschwerden mehr erleichtert und Alois erfreut sich mit seinen 81 oder 82 Jahren noch guter Gesundheit. Hertha arbeitet für die UNRRA (United Nations Relief and Rehabilitation Administration). Sie hält Kurse für Beamte ab, die nach Cairo gehen und von dort weiter geschickt werden.

Es freut mich, daß Ihr zu einem schönen Konzert fahrt. Hier wird viel Radio gehört, manchmal auch gute Musik, für die ein Mitinsasse, von Heine aus Wien, Enkel eines Bruders von Heinrich Heine, besonderes Interesse hat. An den Mitbewohnern erkenne ich, wie das Alter für jeden eine Krisis mit sich bringt. Und wenn man, wie ich, Jahrzehnte guter Gesundheit hatte, muß man das einmal bezahlen. Auch meine Augen sind schwächer geworden. Der graue Star, der ja schon vor 6–7 Jahren bemerkbar war, hat sich verbreitert. Ob einmal eine Operation noch in Frage kommt, hängt von seiner Entwicklung ab. Ich muß mir im Lesen gewisse Beschränkungen auferlegen. Mein Vater litt daran, auch Hedwig hat ihn. Um Euch zum Schluss noch etwas von meinem neuen Aufenthalt zu erzählen: Das ziemlich große Haus mit Garten, in dem Gemüse und Obst für den Eigenbedarf gezogen wird, liegt ca. 15 Minuten von dem 13.000 Einwohner zählenden Ort (Hitchin, Hertfordshire), der tiefer liegt, auf einem kleinen Plateau, und

Alois Kraus, Gatte von Siegfrieds Schwester Hedwig, geb. 1863 in Cerhenic / Böhmen, war Gymnasiallehrer für Geographie in Frankfurt a. Main; er starb 1953. Hertha Kraus, geb. 1897 in Prag, Dr. rer. Pol. in Frankfurt, leitete von 1923 bis 1933 die Öffentliche Wohlfahrt in Köln; sie wurde nach der Emigration 1933 Professorin in Pittsburgh, 1936 in Bryn Mawr. Die UNRRA war eine der zentralen Anlaufstationen für alle Verfolgten und „Displaced Persons", die internationale Hilfe benötigten. Nach dem Krieg arbeitete Hertha u. a. für die Hochkommissarische Verwaltung in Deutschland. Der Bruder Wolfgang Kraus machte Karriere als Professor für Politikwissenschaft.[40]

17. Oktober 1944

drawing-room: Aufenthaltsraum

dadurch stark den Winden ausgesetzt ist. Es wird wahrscheinlich an kalten Tagen manchmal unangenehm werden, da ja der englische Kamin im drawing-room für eine größere Zahl von Menschen nicht ausreicht, zumal es ein Parterre-Zimmer mit Gartenausgang ist. Aber die Erwärmungseinrichtungen des Kontinents sind ja wenig bekannt hier und Zentralheizung ist sehr selten, heute auch eingeschränkt. Ich hoffe, daß die Nachrichten vom Krieg das helle und wärmende Licht im Winter sein werden, an dessen Ende wohl der Schluß des Mordens steht. So erwarte ich, daß das Jahr 1945, das Jahr unserer Silberhochzeit, uns die Wiedervereinigung mit Mutti bringt, obgleich gewiss große Schwierigkeiten auch dann noch bevorstehen. Vielleicht kann meine Mitarbeit in dieser Hinsicht noch nützlich werden. –

Hoffentlich gelingt es Dir, liebe Gustel, für die Saisonarbeit Haushilfe zu finden, um nicht in der Aufnahme von Gästen beschränkt zu sein. Sonst mußt Du eine kleine Mitarbeit der Gäste beanspruchen, wie wir sie hier auch zu leisten haben. Ich habe alle 5–6 Tage Küchendienst, d. h. Tisch decken für die Mahlzeiten der 20 Personen und Abwaschhilfe leisten. Auch Aufräumen des eigenen Zimmers, evtl. auch irgendeines Nebenraums, obliegt jedem. Es ist hier nur Personal für das Kochen, sonst wird Mitarbeit der Aufgenommenen erwartet. Grüße von Eurem Vater

12. November 1944

Nach 10 Monaten öffne ich wieder das Heft in Lavender Croft, Hitchin, Hertfordshire, wo ich jetzt seit zweieinhalb Monaten im Heim der Quäker lebe. Die Wende des 70. Lebensjahres hat eine Krise für mich herbeigeführt; teils durch die hetzige Arbeit während einem Jahr und 7 Monaten, zum Teil durch die nervliche Belastung der Kriegszeit und alles, was damit zusammenhängt. 2 Monate Hospitalzeit waren rein körperlich gut, aber seelisch durch das dauernde Zusammensein mit Schwerkranken und Sterbenden belastend. Ende April traf mich dann dort die Nachricht von Elses Rettung, dem großen Wunder, das ihre Kühnheit, ihr Geschick und gute Freunde ermöglichten. Nun ist sie in der Schweiz, nahe bei Zürich, aber noch nicht ganz hergestellt, erwartet eine Massagekur. Mir ist dadurch der Druck des Selbstvorwurfs erleichtert. Von ihr selbst bisher nur ein eigenhändiger Brief vom 1.5. und eine an Alice R. gerichtete Karte vom August. Doch sie leidet nicht körperliche und seelische Not, ist von der täglich wachsenden Lebensgefahr frei. So wird allmählich sich glätten, was diese Jahre ihr an ständig gesteigerter Unruhe gebracht haben. Gern möchte ich Einzelheiten von ihrem Leben dort wissen. Es ist Hoffnung, daß 1945 uns zusammenführt, wenn auch das »Wie« und »Wo« nicht zu vermuten ist. – Wird die Arbeit, die ich den englischen Behörden seit Ende September geliefert habe, helfen zu diesem Zweck?

Der Aufenthalt hier zwingt manche Entsagung auf, aber den Ausgleich liefert die körperliche Versorgung, der ich ein gutes Stück Gesundheit bereits verdanke. Alte Menschen verschiedener Bildungsstufen, behaftet zum Teil mit körperlichen

Else hatte sich bei ihrem Sturz auf der Flucht das linke Bein gebrochen, das weiterhin Behandlung brauchte. Sie lebte währenddessen bei Dr. Grete Möckli nahe Zürich.

Alice R.: Alice Rosenberg in Lissabon

Etliche Emigranten stellten ihr Wissen und ihre Kenntnisse in den Dienst der alliierten Regierungen, dies vor allem mit Blick auf den Wiederaufbau eines demokratischen Nachkriegsdeutschlands.

Gebrechen und den egoistischen Eigenheiten des Alters, sind keine leicht erträgliche Gesellschaft. Ich bin oft schweigsam. Die Arbeit, die ich in diesen Wochen leisten konnte in der zweitägigen Konferenz mit Mayor Rathbone, geben dem Leben wieder etwas Sinn und Vertrauen zu mir selber.

Vertrauen verlangt auch der Gang des Krieges, der jetzt noch an den Toren Deutschlands geführt wird und hoffentlich bald in das Innere dringt. Die winterlichen Entbehrungen der Evakuierten, die Verminderung des Kriegsmaterials, die schwache Luftverteidigung, die immer engere Zusammendrängung der vielen Millionen ohne ausreichendes Obdach pp. führen wohl schließlich zu einer Katastrophe im Laufe des Winters.

Siegfried Rosenfeld wurde von verschiedenen englischen Stellen zur Beratung herangezogen. Hier handelte es sich vermutlich um Eleanor Rathbone, englische Parlamentarierin, Mitglied des „Advisory Council" des „Refugee Department" des britischen Außenministeriums und des „Parliamentory Committee on Refugees".

30. Dezember 1944 Hichin

Inzwischen zwei Telegramme von Else zu Hannas Geburtstag und vor 10 Tagen Weihnachts- und Neujahrsgrüße. Briefe gehen anscheinend nicht durch, weder dorthin noch zu mir. Außerdem von USA die Nachricht, daß Else in Genf bei den Quäkern war und man sie gern dort in der Familie der Leiterin beschäftigt hätte. Fast bedaure ich, daß sie das nicht tat oder nicht tun konnte, weil sie anscheinend bei Pfarrer Michaelis in Feldis gebunden ist. Die Quäker sind es, die ihr am ehesten das Kommen nach England ermöglichen könnten. Jedenfalls habe ich inzwischen die Friends in London für ihre eventuelle Weiterreise interessiert, sie hatten ihr ja den Weg hierher bereits 1939 ebnen wollen. Wie gerne würde ich mehr von ihrer Heilung, der näheren Umgebung und der Arbeit, die ihr obliegt, wissen, fast täglich erwarte ich einen Brief. –

„Friends": Quäker

Vor zwei Tagen habe ich noch einen Bericht über Größe, Umfang, Alter, Personal des Reichsjustizministeriums der Akademie für Deutsches Recht pp. gegeben, zum Teil nur sehr unzureichend. Die Zahl der Beamten, die ich für spätere Zeiten empfehlen, beziehungsweise widerraten kann, ist von mir noch erweitert worden. Wie gern möchte ich mehr in dieser Richtung arbeiten und durch Prüfung der Ministerialblätter das Material vervollständigen.

Hierbei handelte es sich wiederum um einen Auftrag der englischen Regierung mit Blick auf Nachkriegsplanungen.

Ich las in diesen Tagen Stefan Zweig: The World of yesterday. Er war in seinem eigentlichen Wesen Lyriker, keine Kämpfernatur. Das Leben hatte es ihm leicht gemacht, da er früh anerkannt war. Er machte auch eine Anspielung darauf im Vergleich seiner Person mit Erasmus. Die Welt, aus der heraus er Jahrzehnte gearbeitet hatte, ist mit diesem Kriege wohl endgültig verschwunden. So schied er 1942 in Brasilien freiwillig aus dem Leben. – Ein Ende des Krieges in Winter ist kaum noch zu hoffen, trotz des Mißlingens der Offensive im Westen. Die Alliierten wie auch die jetzt nicht mehr auf russischem Boden kämpfenden Russen belagern die Festung, anscheinend soll das langsam aber sicher wirkende Gift der Bombenangriffe durch Zerstörung der Rüstungsindustrie, Ölproduktion und vor allem des Eisenbahnverkehrswesens den Gegner zum Erliegen bringen. Menschen

Stefan Zweig, Die Welt von Gestern, Stockholm 1944

Erasmus: Erasmus von Rotterdam

Mißlingen der Offensive im Westen: die erfolglose deutsche Ardennen-Offensive vom 16. bis 24. Dezember 1944

sparen bedeutet mehr als Zeit sparen. Deute ich die Zeichen richtig? Wird es noch bis Sommer und Herbst dauern? Fast scheint es so, wenn nicht Unerwartetes eintritt.

Weihnachten im Heim brachte eine »Party«, einen Baum, viele Gäste, Singen deutscher und englischer Lieder, Service und tanzende Kinder. Ich dachte an andere Weihnachten zuvor.

26. Februar 1945

In den letzten Wochen entwickelte sich der Briefwechsel allmählich zu einem Meinungsaustausch; nach langen Jahren, in denen das unmöglich war. Ich weiß jetzt von Elses harmonischer Umgebung in schöner Gebirgsnatur im Pfarrhaus Michaelis. Wie wird da das Gefühl von Sicherheit und Freiheit sich in ihr kräftigen! Schon kommen Fragen der Zukunft, wenn ihr Hereinkommen in dieses Land möglich geworden ist. Der Anfang wird schwer sein, Arbeitsmöglichkeit sehr begrenzt, Wohnfrage besonders schwierig. Und doch wird uns das Zusammenleben wieder neue Kraft geben. Es wird gewiss noch bis dahin Sommer werden, das wird auch alles leichter machen. Eines der Kinder möchte ich uns nahe haben, auch um Elses Willen. Es lässt sich noch wenig vorbereiten, nur innerlich. –

Ich habe den Winter, der seinem Ende zugeht, besser als erwartet überstanden, trotz mancher kalter Wochen im Haus. Die relative Sorglosigkeit im Alltäglichen, die Gleichmäßigkeit des Lebens haben dazu viel beigetragen. Wie viel leichter ist mein jetziger Stubenkamerad, Dr. Leib, mit allem fertig, glücklich in seichter Unterhaltung durch freundschaftliche Beziehungen, die er schnell knüpft. Er wird in den nächsten Wochen das Haus verlassen. Auch darüber ist er glücklich, wenn er jetzt nach London geht. Man muß dazu geboren sein, solche Lebensauffassung zu haben. Er versteht mein Grübeln nicht.

Der Krieg hat im Osten enorme Fortschritte gemacht in den letzten 7 Wochen, ¾ Ostpreußen, ½ Westpreußen und Schlesien und schon erhebliche Teile von Brandenburg und Pommern sind in russischer Hand. Mein Geburtsort, die Orte alle, die mir in meiner ersten Jugend bis 16 Jahre teils unmittelbar bekannt wurden, Graudenz, Marienburg, Danzig, Thorn, Kulm, teils aus dem Kreise der Schulkameraden her vertraute Namen wie Münsterwalde, Tiegenhof, Elbing, Wormdit pp, sie werden alle endgültig an Polen fallen. Wird die industrielle Arbeiterschaft in Sachsen, in Berlin sich ihre Arbeitsstätten durch den Krieg Schritt für Schritt zerstören lassen, gleichgültig gegen ihre Zukunft? Was haben sie denn noch zu verlieren? Werden sie vielleicht endlich die Konsequenz aus der sinnwidrigen Vernichtung ziehen und in einem schließlichen Kampf ihre wahren Gegner zum Teufel jagen? Ich kann noch immer nicht an dies Auslöschen alles selbstständigen Denkens in der Arbeiterschaft glauben. –

Tagebuchaufzeichnungen Siegfried Rosenfeld

29. April 1945, Sonntag

Nun ist es soweit, wie es unser Wünschen und Hoffen war, das Naziregime im letzten Todeskampf. Dazu war ¾ der Besetzung Deutschlands, die Selbstzerfleischung in größtem Umfang, die Zerstörung des größten Teils der westlichen und östlichen Großstädte notwendig. In diesen Tagen die letzten Kämpfe in Berlin und Görlitz, Schlesischer Bahnhof von den Russen besetzt, Siemensstadt, Ruhleben, Spandau desgleichen; Kämpfe noch in Wilmersdorf, Charlottenburg, wo die Ludwig Loewe Werke schon von Deutschen erobert wurden. Kämpfe zwischen Arbeitern, Soldaten einerseits gegen die SS, hungernde Menschen in den Kellern. Eben schildert am Radio das englische Parlamentsmitglied Mrs. Tate die Scheußlichkeiten des Konzentrationslagers Buchenwald, wie sie es in dieser Woche sah. Das schnelle Vordringen der Amerikaner hat die Verheimlichung dieser Greueltaten der Nazis zum Glück unmöglich gemacht. Es wird der Nagel zum Sarg des Nationalsozialismus sein, aus dem es kein Wiederauferstehen gibt. Denn das furchtbare Geschehen dort während 12 Jahren wird in Schrift und Bild allen Deutschen bekannt werden, soweit sie bisher davon nichts wußten. Und die Zahl ist nicht klein. – Mich versetzt die Tatsache, daß diese Feinde der Zivilisation am Boden liegen und das Blutvergießen in Europa dem Ende zuneigt, in eine gehobene Stimmung. Die Freiheitsbewegung in Bayern, über die heute berichtet wird, wird wohl die Zerstörung Münchens pp. hindern und die letzte geplante Zuflucht und den Kampf in den Bergen zunichte oder zumindest aussichtslos machen. Auch in Berlin ist die Verteidigung sicherlich durch die Arbeiterschaft und mindestens einen Teil der Soldaten so schnell zum größten Teil zusammengebrochen. Auch von den Kämpfen im Westen werden aus den beiden letzten Tagen ca. 120.000 Gefangene gemeldet. Vielleicht werden die von den Russen trainierten 200.000 ausgesuchten deutschen Kriegsgefangenen wie auch andere Kriegsgefangene, die schon längere Zeit neue Kenntnisse und Erfahrungen sammeln konnten, die einzigen Menschen mit gesunden Auffassungen und vor allem mit aktivem Willen sein. Denn in Deutschland selbst ist die Initiative des Einzelnen durch das Nazisystem systematisch erstickt worden, soweit man nicht gefügige Werkzeuge zu sogenannten Führern ausbildete.

Im Gespräch sagte Ellen Simon in London vor wenigen Tagen, daß man die Zahl der elternlosen Kinder in Deutschland auf 3½ Millionen schätzt Und doch werden die Fragen der Behausung und Ernährung die ersten und einzigen sein neben dem Neuaufbau der Post-, Eisenbahn-, Verwaltungs- und Gerichtsbehörden.

Am Mittwoch (26/4) hatte ich die 2. Besprechung mit Colonel Oglethorpe, 27 Princess Garden, über ehemalige und jetzige Mitglieder des Reichsjustizministeriums. Danach Besprechung mit Ellen Simon, die mich zu Herrn Erich Hitsch (bei der Verlagsfirma Gollanz) empfahl, einem früheren Wohlfahrtspfleger in Frankfurt/M. Er versprach, mit Personen, die im Home Office Fühlung und Ein-

Mavis Constance Tate (1893 bis 1947) war eine Britische Parlamentsabgeordnete der Conservative Party. Kurz nach dem Krieg reiste sie zusammen mit neun anderen zum Konzentrationslager Buchenwald, um darüber in England zu berichten. Ihr Bericht wurde in den British Pathé News gesendet.

Die „Freiheitsaktion Bayern" unter Hauptmann Ruppert Gerngross wollte Ende April 1945 das sinnlose Blutvergießen in Süddeutschland beenden und den Kampf um die angebliche „Alpenfestung" verhindern. Es gelang Gerngross am 28. April, die Reichssender in Erding und München-Freimann zu besetzen, doch die Aktion wurde von SS-Verbänden niedergeschlagen, etliche der Aufständischen getötet.[41]

England, die USA und die Sowjetunion bildeten demokratisch eingestellte deutsche Kriegsgefangene für Aufgaben in Nachkriegsdeutschland aus.

Ellen Simon war eine nach England emigrierte deutsche Quäkerin.

Der britisch-jüdische Verleger Victor Gollancz war Sozialdemokrat und Gegner des Nationalsozialismus, sein Verlag ein Sprachrohr seiner pazifistisch-sozialdemokratischen Überzeugungen.[42] Er lehnte es allerdings ab, Elses Buch in Deutschland zu publizieren.

fluss hätten, zugunsten von Elses Einreise zu sprechen. Hoffentlich führt dies weiter zu einem Positivum in naher Zeit.

Ein erregender Tag! Eben wird angesagt: Karl Renner wird von den Russen zum Premierminister in Österreich ernannt, Mussolini gerichtet. Wird der erste Mai der Tag der deutschen Niederzwingung?

Donnerstag, den 10. Mai 1945

Die beiden Tage der Siegesfeier sind hinter uns. Ich sah gestern Abend die kleine Stadt von der Höhe aus von Scheinwerfern beleuchtet, eine fröhliche tanzende Menge. Siegesfeier kann mir nichts sein, nur die innere Genugtuung, den Feind, der uns am tiefsten haßte, bewältigt am Boden zu sehen, der Überlebende zu sein, und das Walten eines Gerichts über die Hasser und Verderber der Zivilisation. Menschenhaß und Menschenverachtung war ihr Hauptziel und die Saat hat schreckliche Früchte getragen. Stalin sagte gestern in seiner Rede, nicht die Zertrümmerung und Zerstückelung Deutschlands sei das Ziel. Wie aber wird die Achtung vor dem Menschen, dem Individuum und seiner persönlichen Meinung und Überzeugung wieder in denen erzogen werden, die nur sich alle Rechte zuteilten und über andere hinwegsahen, sie für minderwertig einschätzten? Vielleicht können die Mannschaften der englisch-amerikanischen Besatzung dazu beitragen, aber wie wird es mit den Russen werden, die einen sehr verständlichen Haß und starke Rachegefühle für das ihrem Land und Volk angetane Unrecht haben dürften?

Unvorstellbar ist die Größe der Verwaltungsaufgaben, die Aufräumung des Zerstörungswerks, Neubeschaffung von Unterkünften; von welcher Art und Material werden sie sein können, ganze Neuanlagen von Städten? Werden Arbeitskräfte dafür da sein? Die Russen wollen die Kriegsgefangenen zurückhalten, auch die Engländer, 3–400.000 für die Bauten. Es wird wohl an Kohle und Transportmöglichkeit vorerst in Deutschland fehlen, da das Ausland, Polen, Frankreich, Holland, Italien die ersten Forderungen darauf haben. Wie wird der Postverkehr ohne Eisenbahnverkehr möglich sein? Wo wird wer zu finden sein? Das Meldewesen wird eine wichtige Rolle übernehmen. Ich habe auf Anfrage bei der Juristenvereinigung mich grundsätzlich bereit erklärt, im englischen Dienst bestimmte Aufgaben meines Spezialgebiets zu übernehmen. Es wird sich wohl dabei nichts Praktisches ergeben. Ich würde gegebenenfalls es von Zeit, Ort und Umständen noch immer abhängig machen, wenn ein Ruf etwa wirklich käme.

An Wolfgang schrieb ich Luftpost und nannte ihm Dr. Dudek, Falk und Moehrs für Verwaltungsaufgaben, nachdem mir Hedwig geschrieben hatte, er werde in amerikanischem Auftrag für ein halbes Jahr nach Deutschland gehen.

Freitag, den 20. Juli 1945

War das Leben, die täglich mit tiefster Anteilnahme erwarteten Ereignisse während des Krieges bunt und erregend – was jetzt in der Nachkriegszeit sich an Neuem und Überraschenden herausstellt, Ungünstiges, aber auch Günstiges, ist es nicht weniger. Elses Nachrichten aus der Schweiz, die jetzt schon nach 8 bis 10 Tagen mich erreichen, das Auftauchen Roeders und Robert Grünbachs und andere Nachrichten bestätigen, daß doch noch einige, die verloren geglaubt waren, glücklich, wenn auch schwierig überlebten. Wann wird der Tag kommen, der Else zu uns bringt? Die plötzliche Wahl des Parlaments, die jetzige Unsicherheit der Regierung hat alles aufgeschoben. Ich kann es Else nicht gut schreiben, wie stark umstritten hier die Fremden- und Refugee-Frage ist, wie hier einflussreiche Kreise auf Rückwanderung der Refugees dringen. Wie schnell man dabei ist, bisher geleistete Subsidien einzustellen, wurde mir klar, als ich gestern beim Besuch des Archivs, das unter Dr. D. in London geschaffen ist (mit Ausschnitten aus Zeitungen pp. über die deutsche Entwicklung seit 1939), erfuhr, es werde am 15. August geschlossen werden und von der Regierung übernommen.

Ich erhielt von BBC heute auf die Frage, ob und wie die eingesandte Arbeit über Roland Freisler und über die Frage »Deutschland wieder auf dem Weg zum Rechtsstaat?« honoriert würde, die Antwort, zur Zeit keine Möglichkeiten, aber vielleicht später. So ist auch dieser Weg, mit Erfolg etwas zu schaffen, anscheinend erfolglos. Diese Schwierigkeiten bedrücken mich mehr als alles Andere.

Dennoch ist es schön, die Kinder ihren Weg gehen zu sehen. Peter hat in dieser Woche die Arbeit am Institut für rural workers (Artificial Insemination) begonnen; das Zusammensein mit ihm und Ully wie Hanna vor 14 Tagen war eine Freude, wenn auch die Anglisierung der Kinder eine gewisse Trennung von ihnen bedeutet. Ully hat mir wieder gut gefallen, klug, sympathisch, hilfsbereit, von Natur für Nurse-Arbeit geeignet. Hoffentlich bringt sie Peter Glück, ihm und sich selber. Peter ist jetzt 24 Jahre, gut gereift durch frühe schwere Arbeit, mit der aus seiner Arbeitseinstellung in diesen letzten 5 ¾ Jahren sich natürlich ergebenden Klarheit über den Gegensatz von Kapital und Arbeit. Es ist gut, daß er jetzt in eine mehr gebildete und deutsch-gesprochen kultivierte Umgebung kommt, nicht nur dauernd unter Landarbeiten lebt. An ihnen hat er auch die Notwendigkeit und die Schwierigkeiten gesehen, ihre Bildung und das Solidaritätsgefühl zu steigern.

Von Richard Roeder sozusagen ein Abschiedsbrief unmittelbar vor der Fahrt von Frankreich nach Palästina zu seiner Tochter. Er reist dem dort hinterlegten Gelde nach, hoffentlich findet er dort eine angemessene Umgebung und befriedigende Arbeit.

Von Wolfgang kam ein Brief, begonnen in Frankfurt a/M., abgesandt am 6. Juli von München, Bericht der fast unwiederherstellbaren Zerstörungen in vielen Großstädten. Aber es habe bis zuletzt eine nicht kleine Anzahl von Menschen

Ursula Simon und Peter Rosenfeld, um 1945

Richard Roeder war ein enger Jugendfreund von Siegfried.

Roland Freisler war der Vorsitzende des NS-„Volksgerichtshofs".

Artificial Insemination: Künstliche Besamung

Peter und Ursula (Ully) Simon heirateten im Juni 1946.

Der Sozialdemokrat Rosenfeld bejahte die Landarbeiter-Tätigkeit seines Sohnes, der deutsche Bildungsbürger Rosenfeld bedauerte den Mangel anderer Möglichkeiten.

Etliche deutschstämmige naturalisierte Neubürger der USA oder Englands wurden nach 1945 aufgrund ihrer Sprachkenntnisse in Deutschland eingesetzt. Dazu gehörte auch Wolfgang Kraus, Rosenfelds Neffe.

Else Rosenfeld, 1945

Der Sozialdemokrat Wilhelm Hoegner war in der Schweiz im Exil gewesen; er wurde 1945 Bayerischer Ministerpräsident; Edmund Goldschagg, der Else in Freiburg aufgenommen hatte, war einer der Lizenzträger der „Süddeutschen Zeitung".

Paul von Hindenburg war auf deutscher wie Philippe Pétain auf französischer Seite als Kriegsheld des Ersten Weltkrieges berühmt geworden; diese Sympathien verhalfen ihnen zu Posten im demokratischen Staat.

„Erwerbsarbeit" war für die meisten Emigranten nicht viel mehr als ein dürftiger und anstrengender Broterwerb.

Kate K. Liepmann, The Journey to Work, London 1944

Nora Waln, Reaching for the Stars, London 1939

abseits von den Nazis gestanden, wie sein Brief an einigen Beispielen zeigt, wie die im Radio mitgeteilten Tatsachen über neue, aus Nicht-Nazis gebildete kommunale Verwaltungskörper beweisen. (Hoegner als Minister und Generalstaatsanwalt, Goldschagg leitender Beamte des Wirtschaftsamts und andere.)

Die an den Straßen gebauten Cementblöcke, die mit Eisenschienen und Drahtverhau Hindernisse für eine Invasion sein sollten, sind oder werden abgebrochen, Laternen brennen wieder, auf Flugzeuge wird nicht mehr geachtet und die Bomber, die abends zu hören sind, tragen wohl die überflüssig gewordenen Bomben, um sie in der Nordsee unschädlich abzuwerfen, wie in der Zeitung zu lesen ist.

31. Juli 1945

Die vergangene Woche brachte das überraschende Ergebnis eines überragenden Sieges der Labour-Party bei den Parlamentswahlen. Mehr als 200 Sitze gewonnen, denen fast eben so viele Verluste der Conservativen gegenüberstehen. (früher 355, jetzt 190). Ihre Parole »Churchill« hat nicht gezogen, trotz seiner Anerkennung und Beliebtheit. Eine unsentimentale Entscheidung, die sachlich nur einen Wechsel des Regimes wollte und deshalb gegen Churchill entschied. Wie anders hat Sentimentalität in Deutschland zugunsten von Hindenburg entschieden zum Nachteil des Landes (vielleicht auch zu Gunsten Petains in Frankreich). Der Labour-Party wird das Regieren schwerer gemacht werden, als es an sich unter den schwierigen Verhältnissen nach dem Kriege ist. Möglich, daß die Industriellen Streiks provozieren durch Lohnpolitik pp. Ob ein Enteignungsgesetz wesentlich für Erwerb von Bauland durch die Kommunen pp. geschaffen werden wird? Es wäre interessant zu wissen, wie die Soldaten gestimmt haben und ob vielleicht deren Stimmen diese Entscheidung zu Gunsten der Arbeiterpartei herbeiführten. Der Stimmenunterschied: 12 Millionen gegen 9 Millionen (conserv.) ist nicht so groß. Die einheitliche Tendenz hat sich trotz der Mängel des Wahlrechts durchgesetzt. Ist es doch vielleicht nicht so schlecht, so wenig es auch als gleiches Wahlrecht angesehen werden kann (wegen der ungleichen Größe der Wahlbezirke und des Ausfalls aller Minderheitsstimmen).

Die Anwesenheit eines geistig interessierten Gastes, Dr. Weinbach (früher Advokat in Wien, Quäker) bringt mir Anregung. Er ist Sozialist. Er ist seiner anstrengenden unbefriedigenden Arbeit (Lederarbeiter) müde geworden und leidet auch körperlich unter der Anstrengung, 2 mal 1¼ Stunden Weg zur Arbeit, die im Stehen zu leisten ist im Alter von 63 Jahren. Die Bedeutung der »Journey to work« – Titel des Buchs von Käthe Liepmann – ist in diesem Buche behandelt worden, es fiel mir gerade gestern hier in der Bibliothek in die Hand. Auch die Produktionsminderung hat seine Ursache in übermäßig weiten Wegen der Arbeiterschaft eines Betriebes, – »Reaching for the Stars« von Nora Waln (1939) ist eine objektive inhaltreiche Darstellung des Erlebens in Deutschland in den Jah-

Tagebuchaufzeichnungen Siegfried Rosenfeld

ren 1935–38: Schuhmacher, bei dem Bertrand Russells Buch »Roads to Peace« gefunden wird, das zu seiner Verbannung in das K.Z. führt, weil pazifistisch; der von seinen Hausangestellten durch Denunziation zu demselben Schicksal verurteilte Schloßbesitzer, usw.

10. Dezember 1945

Nach 5 Monaten Schweigen – nein, ich habe viel berichtet an Dich, Else, in vielen Briefen, die immer häufiger ausgetauscht werden, besonders nach Aufhebung der Postzensur. Und dann kam Dein großes schreckliches Tagebuch von 1939–1944 und ließ mich erst die ganzen furchtbaren Jahre nacherleben, die Du ohne mich zu tragen hattest. Wir konnten auch uns persönlich berichten lassen durch Besucher zu Dir, Ellen Simon, und Besucher zu mir, Frau Hanna Bertholet. Nun versuchen wir, Dein Kommen vorzubereiten. Geldsicherheit, Wohnsicherheit wird verlangt. Wie können wir es schaffen, vielleicht hilft Dein Buch mit dazu, wenn hier ein Verlag gefunden ist. Frau Bertholet sagte, Du hättest dem Buch einen ganz anderen Titel gewünscht »Vom andern Deutschland«. Aber handelt es nicht von dem fürchterlichen Verbrecher-Deutschland fast auf jeder Seite, in jeder Zeile! Du wolltest das Böse, das Du durch Wunder, meist durch Deine große Stärke des Willens und der Liebe überstanden hast, nicht mehr sehen, Du schauderst, daran zu denken und Du siehst nur das Gute, die guten Menschen, die Dir halfen zu überwinden. Ob Du es willst oder nicht, das Buch ist in erster Reihe Anklage! Um so wichtiger und wahrer, weil kaum ein Wort von Leidenschaft oder Hass sich darin findet. Die Tatsachendarstellung wirkt um so stärker, ebenso die Menschen, die Dir am meisten halfen; aber Du selbst halfst Dir am meisten im Vergessen Deiner eigenen Not bei der Liebesbetätigung an den Genossen Deines schweren Schicksals. Im Helfen halfst Du Dir! So wuchs Deine Kraft in übermenschliche Größe, und das dankten Dir offenbar viele, viele! Dir halfen Tilla, Annemarie, Eva Schmidt, auch Hanna Schadendorf, Grete Berndt und Onkel Karl und vor allem Peter Heilmann und seine Braut und »Wackes« mit seiner Frau. Die gute Postbeamtin, der wohlwollende Polizist, der Euch bei Onkel Karl kontrollierte, soll ich auch sie noch hinzufügen? Dann ist die Liste wohl vollständig; das ist das ganze »Andere Deutschland«! Das ist wenig, auch wenn ich jeden doppelt rechne! Vielleicht würde ich bei Deinem Erleben anders denken. Du verlangst für Dich wenig oder nichts, und Deiner Bescheidenheit erscheint die Leistung der Anderen an Dir doppelt groß, doppelt und dreifach verpflichtend, zugleich gegen viele viele Andere mehr. Aber dürfen wir so subjektiv urteilen in einer solchen Frage von großer und allgemeiner Bedeutung, aus deren Beantwortung so weittragende Schlußfolgerungen gezogen werden sollen? Wir werden noch viele Gespräche haben, ich hoffe, wir werden uns auch darin verstehen lernen. –

Siegfried Rosenfeld, 1945

Bertrand Russell, Which way to Peace, London 1936

Der SPD-Politiker Kurt Schumacher war von 1946 bis 1952 Parteivorsitzender seiner Partei; die NS-Jahre hatte er größtenteils im KZ verbracht.

Elses Tagebuch wurde 1945 in der Büchergilde Gutenberg in Zürich erstveröffentlicht.

Hanna Bertholet war Lektorin der Büchergilde Gutenberg.

Tilla Kratz: Elses Freundin und Fluchthelferin; Annemarie Cohen: Münchner Quäkerin; Eva Schmidt: Brieffreundin und Helferin; Hanna Schadendorf: Studienkollegin und Freundin; Grete Berndt: Freundin in Berlin; Onkel Karl, Hans Kollmorgen: Unternehmer und Helfer; Peter Heilmann und Freundin Hella: Fluchthelfer in die Schweiz; „Wackes", Edmund Goldschagg: Helfer in Freiburg.

Epilog zu den Tagebuchaufzeichnungen von Else Behrend-Rosenfeld (1963)

Else und Siegfried Rosenfeld
in Kew Gardens, 1946,
Foto Rose Nicolaier

Der Wunsch vieler Leser meines Buches zu erfahren, wie sich mein Schicksal und das meiner Familie weitergestaltet hatte, veranlaßt mich, darüber kurz in diesem Nachwort zu berichten.

Die ersten Monate in der Schweiz verliefen im Kantonsspital in Schaffhausen in einer Atmosphäre von Freundlichkeit und Hilfsbereitschaft, an der Arzt und Schwestern, die Kranken in meinem Raum und ihre Besucher, aber auch die sechs Berliner Emigranten Anteil hatten. Diese hatten in der »Schaffhauser Zeitung« von ihrer Landsmännin, »dem Flüchtling, der in die Schweiz gefallen war«, erfahren, und es gab während der drei Monate meines Aufenthaltes im Krankenhaus keinen Besuchstag, an dem nicht mindestens einer von ihnen an meinem Bett saß. Sie halfen mir zur Verbindung mit dem Schweizer Arbeiterhilfswerk, das neben anderen privaten Wohlfahrtsorganisationen die Betreuung der Flüchtlinge aus vielen europäischen Ländern übernommen hatte. Es ist mir ein besonderes Anliegen, an dieser Stelle allen an diesem Hilfswerk Beteiligten, den vielen einzelnen Schweizern, deren Bekanntschaft ich machte, und den erwähnten Emigranten für ihre materielle, noch mehr aber für ihre ideelle Hilfe nochmals meinen Dank abzustatten! Ich hatte in Jahren, die Ewigkeiten schienen, vergessen, was es bedeutet, sein Leben ohne ständige Angst vor dem Entsetzlichen, das der nächste Augenblick bringen könnte, zu führen. Angst übrigens nicht um mein eigenes Geschick: In dauernder Gefahr verliert sich das – aber furchtbare Angst um das Leben der Menschen, die meinetwillen das ihre und das ihrer Familien riskierten.

Durch meine Bettnachbarin im Hospital erfuhr ich vom Verbleib eines guten Bekannten, des Anstaltspfarrers in unserem fortschrittlichsten preußischen Jugendgefängnis, der meinem Mann und mir durch seine Arbeit nahegekommen war. Er hatte seine Stellung 1933 verloren, als religiöser Sozialist konnte er im Nazi-Deutschland nicht auf befriedigende Arbeit rechnen. Wir, die wir alle Beziehungen zu Freunden und Bekannten abgebrochen hatten, um niemand zu schaden, wußten nicht, daß er in der Schweiz, in einem kleinen Bergdorf in Graubünden, eine neue Tätigkeit gefunden hatte. Pfarrer Michels schrieb sofort, als er von mir erfuhr, drückte seine Freude über meine Rettung aus und lud mich als seinen Gast nach meiner Entlassung in sein Pfarrhaus ein.

Bei ihm und einer alten Freundin seiner Mutter, die dem Unverheirateten die Wirtschaft führte, in dem 1.500 m hohen, herrlich gelegenen Ort, kehrten allmählich meine Kräfte wieder. Dazu trug bei, daß nun regelmäßig Briefe von Mann und Kindern kamen und erwidert wurden. Fast ein Jahr lang teilte ich das sehr primitive Leben der kleinen Dorfgemeinschaft von 150 Menschen mit ihrer harten Arbeit, ihren Freuden und Sorgen, ihren schönen, einfachen Festen.

Das Kriegsende in Europa, Anfang Mai 1945, erlöste uns von dem Alpdruck, der zwölf Jahre auf uns gelastet hatte, doch brachte er meiner Familie und mir noch nicht die Zusammenführung. Aber bald darauf erhielt ich Arbeit als Fürsorgerin beim Schweizer Arbeiterhilfswerk in Zürich, das als einer der Aktionsträger der staatlichen, sofort bei Kriegsende funktionierenden »Schweizerspende« neben

Else Rosenfeld, Foto des Einvernahmeprotokolls, Schweiz, April 1944

Else verbrachte drei Monate im Kantonsspital Schaffhausen. Sie erwähnt aber in ihren Aufzeichnungen nicht, dass sie von Juli bis September im Schweizer Flüchtlingslager Wengi-Bad in Affoltern am Albis, südlich von Zürich gelegen, interniert war.[1] In einem Schweizer Internierungsbeschluss vom 7.9.44 heißt es: „Frau Dr. Rosenfeld verlässt das Lager Wengi-Bad Freitag, den 8.9.44. und begibt sich in Privatinternierung zu Pfarrer Michaelis in Feldis." Am 5. August hatte die Polizeiabteilung zudem festgestellt, Else Rosenfeld habe „vor einiger Zeit als Flüchtling illegal die Schweizergrenze überschritten. Die Ausschaffung ist zurzeit nicht tunlich". Sie war als politischer Flüchtling anerkannt. Siegfried Rosenfeld hält im Brief vom 17. Oktober 1944 fest, Else sei jetzt in Feldis, Graubünden, bei Pfarrer Michaelis untergekommen. Burkhart Michaelis (1893 bis 1985) war Anstaltspfarrer in einem Jugendgefängnis in Cottbus und mit Else Rosenfeld befreundet. 1934 emigrierte er in die Schweiz und fand in Graubünden eine Pfarrstelle für die Bergdörfer Feldis und Scheid, die er bis 1961 innehatte. Fräulein Siebert führte ihm den Pfarrhaushalt, Else unterstützte sie als Haushaltshilfe. Für Else Rosenfeld musste allerdings eine Bürgschaft hinterlegt werden, dass sie sich als Flüchtling in Feldis aufhalten durfte.[2]

anderen privaten Wohlfahrtsinstitutionen ausführendes Organ der Hilfswerke für die kriegsgeschädigten Länder war.

Mit dem Argument, daß ich als einer der zuletzt, erst 1944 von Deutschland gekommenen Flüchtlinge, wohl vertraut mit Sozialarbeit, besser als jeder Schweizer beurteilen konnte, was für die Hilfe an deutschen Kindern und Jugendlichen vordringlich nötig war, überwand das Arbeiterhilfswerk die Schwierigkeit, die sich sonst der Anstellung von Flüchtlingen entgegenstellte. Ein halbes Jahr lang arbeitete ich mit an den vorbereitenden Maßnahmen für die Einrichtung von Kinderheimen, Säuglings- und Schulkinderspeisungen in zwei von zehn Großstädten, verbunden mit Kindergärten, Horten und Werkstätten für Jugendliche. Während dieser Zeit, Anfang November 1945, erschien die erste Auflage meines Buches.

Erst im März 1946, nach fast siebenjähriger Trennung, durfte ich die Reise nach England antreten. Als mein Flugzeug auf dem Londoner Flughafen gelandet war, sah ich schon beim Aussteigen die Gestalt meines Mannes und unserer beiden jüngeren Kinder stehen und winken. Mit Worten läßt sich dieses Wiederfinden nicht schildern, doch schienen plötzlich alle Sorgen und Ängste, Trauer und Schrecken völlig in den Hintergrund gedrängt vor dem alles überflutenden Strom des Glückes, der Freude und der Dankbarkeit!

Fast zwei Jahre glücklichsten Zusammenlebens waren meinem Mann und mir in der Nähe unserer beiden jüngeren Kinder vergönnt, die befriedigende berufliche Tätigkeit gefunden hatten. Dann nahm ihn ein plötzlicher Tod hinweg, ein Tod, wie er ihn sich immer gewünscht hatte, wie er aber für die Nächsten schwer zu fassen ist.

Else und Peter Rosenfeld, junge unbekannte Dame (rechts)

Hochzeitsfoto Ursula und Peter Rosenfeld (Mitte), Ursulas Schwester, Hella Simon, (rechts neben Brautpaar), Else und Siegfried Rosenfeld (rechts), Hanna Rosenfeld (2. v. links), 1. Juni 1946

Wenige Monate nach meiner Ankunft in London, wo wir bei Verwandten ein Zimmer fanden, erhielt ich Arbeit. Mehr als ein Jahr reiste ich, immer mit einigen Tagen daheim zwischen jeder meist zehntägigen Tour, kreuz und quer durch ganz England und Schottland. Ich war angestellt vom Auswärtigen Amt, das für die Befriedigung der kulturellen Bedürfnisse von Hunderttausenden deutscher Kriegsgefangenen sorgte, die immer noch in Militärlagern lebten und zumeist in der Landwirtschaft arbeiteten. Meine Aufgabe war, Vortragsabende mit anschließender Diskussion abzuhalten. Außer an den Wochenenden mit zwei oder gar drei Vorträgen in verschiedenen Lagern mit langen Wegen dazwischen war ich bis zum Abend frei und nutzte die wunderbare Gelegenheit, Natur und Kunst, Land und Leute dieses schönen Landes kennenzulernen.

Mein Mann war aufs höchste an dieser Arbeit interessiert, und ich verdanke ihm eine Fülle von Anregungen. Vor allem aber half er mir bei der Beantwortung der zahlreichen Briefe, die zu meinem Erstaunen aus den Lagern von Männern aller Altersstufen zwischen 18 und 60, aller Bevölkerungsschichten und Teilen Deutschlands uns ins Haus flogen. Als Thema hatte ich den Erziehungsstrafvollzug mit besonderer Berücksichtigung jugendlicher Rechtsbrecher gewählt, so wie ich mit vielen Gleichgesinnten ihn nach unseren praktischen Erfahrungen als sinnvoll betrachtete. Ich begann, indem ich mich vorstellte, und gab in Stichworten einen kurzen Lebensabriß. Fast in allen Lagern entwickelten sich interessante Diskussionen, wozu sicherlich beitrug, daß zu meiner Verwunderung niemals ein Engländer anwesend und ich mit den Kriegsgefangenen allein war. Ihre Teilnahme war freiwillig. Ich weiß, daß nur ganz selten Frauen als Redner zugelassen wurden, und ich erfuhr, daß ich in vielen Lagern die erste Deutsche war, die zu ihnen sprach. Das erklärt die große Zahl der Teilnehmer.

Siegfried wohnte erst in einem Flüchtlingsheim der Quäker, zusammen fanden sie dann Unterkunft bei einer Cousine Elses im Norden Londons.
In England engagierte sich Else Rosenfeld wieder im sozialen und politischen Umfeld: Im Frühjahr 1947 wurde sie in den Arbeiterwohlfahrts-Ausschuss der Exil-SPD als Kassiererin gewählt. [4]

Auf diese Arbeit und die damit verbundenen Besprechungen hatte sich Else Rosenfeld mit englischen Sprachkursen vorbereitet.

Die Tätigkeit war Teil des Programms der „reeducation", der Information deutscher Kriegsgefangener, das das britische Kabinett im September 1944 angesichts von 150.000 Kriegsgefangenen beschlossen hatte; im September 1946 waren es schließlich 400.000 Internierte.[5]

Die Fragen und Diskussionsbeiträge beschränkten sich nicht auf das Thema des Vortrages. Meine Einleitung rührte die brennenden Probleme auf, die fast alle beschäftigte, wie das der Kollektivschuld, des Antisemitismus, der unvorstellbaren und für einen normalen Menschen unfaßbaren Verbrechen und Greuel in den KZ, alle kamen zur Sprache. Die damit zusammenhängenden Fragen versuchte ich nach bestem Wissen und Gewissen so objektiv wie möglich zu beantworten. Da ich mich zu Beginn jedes Abends als Jüdin und Sozialistin vorstellte, war ich auf Feindseligkeit und Abwehr gefaßt. Nichts davon habe ich in den mehr als hundert Lagern, die ich besuchte, zu spüren bekommen. In den vielen Briefen von Männern, mit deren Namen ich keine Vorstellung verband, brachten sie zum Ausdruck, daß sie Rednern und Filmen, die die begangenen Greuel schilderten, nicht geglaubt hatten, sondern sie für Propaganda von der anderen Seite hielten. Weil ich ihnen auch vom Widerstand und der heroischen Hilfe deutscher Menschen, die ich selbst erfahren hatte, sprach, weil sie mein Bestreben nach objektiver Berichterstattung spürten, seien sie bereit, mir zu glauben, obwohl ihnen das eine schwere Last aufzubürden schien, der sie sich gern entzogen hätten.

Diese ganzen Erfahrungen mit all den vielen kleinen Episoden, die hier zu berichten kein Raum ist, bewiesen mir auch aufs neue, daß ich recht hatte, in meinem Buch den Hauptwert auf die Schilderung der so häufig von mir erlebten Hilfe und meiner Rettung zu legen, anstatt mehr auf das gleichfalls erfahrene Leid einzugehen. Ich wußte, daß viele Deutsche keine Vorstellung von den Verbrechen hatten, die stattgefunden, nicht wußten, daß die Zahl ermordeter Juden, gläubiger Tatchristen und Sozialisten aller Schattierungen in die Millionen ging. Wieviel Unwissende es waren und wie viele unter ihnen nicht wissen wollten, weil

Else Rosenfeld,
Pershore, England, 1949

Eva Schmidt (links) und Else Rosenfeld
in Icking, 1953

das gefährlich war, wird man niemals feststellen können. Aber wir sollten nicht außer acht lassen, daß es, solange unsere Welt besteht, immer nur eine Minderheit wirklicher Helden gegeben hat, von deren Taten oft nur ein kleiner Kreis etwas erfuhr. Wir sollten nicht versäumen, uns zu fragen, ob und wieweit wir selbst zu solchem Heldentum bereit und fähig gewesen wären.

Das Wissen um alles das, verbunden mit dem Wunsch, solange meine Kräfte noch zur Arbeit in der neu aufzubauenden Gefangenen- und Entlassenenfürsorge reichen würden, die unter den Nazis als Humanitätsduselei abgeschafft worden war, die Tatsache, daß meine nächsten Angehörigen verschont geblieben waren aber auch die vielen Freunde, die sich in den Notzeiten so wunderbar bewährt hatten, ließen den Wunsch nach Rückkehr immer stärker werden. Noch etwas kam hinzu: Die Frage, warum gerade ich von so vielen, die mir als größere und wertvollere Menschen erschienen, gerettet war, konnte ich nur so beantworten, daß mein Weiterleben mir besondere Verpflichtungen auferlegte. In meinem kleinen Kreis mitzuhelfen, mitzuarbeiten an der »Bewältigung der Vergangenheit«, möglichst auch jungen Menschen meine Erfahrungen zugänglich zu machen, schriftlich wie mündlich, neben ehrenamtlicher Arbeit im Gefängnis, schien mir eine sinnvolle Fortsetzung meines Lebens.

Meine Kinder, denen ich mich in den ersten Jahren nach Beendigung meiner beruflichen Tätigkeit im Haushalt und bei der Betreuung der Enkel nützlich machen konnte, brauchten mich nicht mehr dringend. Auch meine älteste Tochter hatte ich wiedersehen dürfen, viele Monate mit ihr und ihrer Familie in Südamerika sind eine bleibende Erinnerung. Ohne eine Existenzgrundlage konnte ich meines Alters und meiner nachlassenden Kräfte wegen nicht die Heimkehr verwirklichen. Mit der Bewilligung meiner Witwenpension, Ende Sommer 1952, war es soweit.

Für Bayern, unseren Aufenthalt während der letzten Jahre in Deutschland, war mir die Niederlassungserlaubnis gewiß. Wieder fügte sich alles überraschend schnell und gut. Die Rückzahlung der viele Jahre entgangenen Pension bot die Möglichkeit zum Bau eines kleinen Bungalows auf demselben Grund im Isartal, auf dem das zuletzt von uns bewohnte Haus stand. Eine Freundin hatte es erworben und stellte mir das unterste Stück des großen Gartens als Pachtland zur Verfügung. Arbeit fand sich sofort in dem nahegelegenen Gefängnis für weibliche Jugendliche und erstmals bestrafte Frauen. Jetzt über 70, kann ich sie aber nicht mehr ausüben und überlasse sie jüngeren Kräften.

Mein kleines Haus, das sich der Landschaft so wohl einfügt, ist mir ein wirkliches Heim geworden. Ich genieße täglich von neuem seine herrliche Lage mit dem Blick auf die Alpenkette und die sanften Hügel davor mit Wiesen und Wäldern. Ich arbeite im kleinen Stück meines Gartens, den kein Zaun vom großen trennt, in freundschaftlicher Nähe der Nachbarn. Aber noch mehr freue ich mich, wenn Kinder und Enkel zu den Ferien bei mir einkehren, sie und viele alte und neue Freunde, die mein Haus gern als Erholungsaufenthalt benutzen. Ich habe Zeit zum Lesen und für meine ausgedehnte Korrespondenz. Die Wintermonate verlebe ich in England, bei meinen Kindern, nehme teil an ihrem Leben und der Entwicklung der Enkelschar.

Ein reiches, volles Leben liegt hinter mir, aber so sehr meine Erinnerungen mir lieb und nahe sind wie die mir verbundenen dahingegangenen Menschen, ich lebe in der Gegenwart mit allem, was sie in sich birgt.

Else Rosenfeld war im November 1951 erst nach München zur Familie Cohen zurückgekehrt und dort neun Monate polizeilich gemeldet.

Da Siegfried Rosenfelds Pension aus politischen und rassischen Gründen gekürzt worden und er vorzeitig entlassen worden war, erhielt Else neben der Witwenpension auch eine Wiedergutmachungsentschädigung, die sie bereits von England aus beantragt hatte.[6] Ferner bekam sie die Schäden erstattet, die ihr durch die Bezahlung der Reichsfluchtsteuer entstanden waren, aber auch durch den Freiheitsentzug im Lager München-Berg am Laim und durch das Leben in der Illegalität in Berlin.

Die Nachbarn: Das war die Familie Bachmann.

Else Rosenfeld starb am 1. März 1970 in Birmingham.

Anhang

1 Biographisches Handbuch der deutschsprachigen Emigration nach 1933, hg. vom Institut für Zeitgeschichte München/Research Foundation for Jewish Immigration New York, unter der Leitung von Werner Röder/Herbert A. Strauss, München u.a. 1980–1983, Bd. I, S. 614f. zu Siegfried Rosenfeld

2 Erich Kasberger, Die „Heimanlage für Juden Berg am Laim", in: Christl Knauer-Nothaft/Erich Kasberger, Berg am Laim. Von den Siedlungsanfängen zum modernen Stadtteil Münchens, München 2007, S. 341–380.

3 Biographisches Handbuch der deutschsprachigen Emigration, Bd. II/2, S. 986 zu Else Rosenfeld

4 Zu Exil und Emigration als Familienschicksal mit Berücksichtigung der Familie Rosenfeld Marita Krauss, Heimkehr in ein fremdes Land. Geschichte der Remigration nach 1945, München 2001, S. 30–49; zum Exil in Großbritannien Charmian Brinson u.a. (Hg.), „England? Aber wo liegt es?" Deutsche und österreichische Emigranten in Großbritannien 1933–1945, München 1996, darin u.a. James M. Ritchie, Exile in Great Britain, ebd. S. 9–20 und Arnold Paucker, Speaking English with an accent, ebd. S. 21–32; James M. Ritchie, German speaking exiles in Great Britain, Amsterdam 2001; berührend durch die Alltagsperspektive Maria Malet/Anthony Grenville, Changing Countries. The Experience and Achievement of German-Speaking Exiles from Hitler in Britain from 1933 to Today, London 2002

5 Tagebuch Siegfried Rosenfeld, Weihnachten 1942

6 Else Behrend Rosenfeld, Verfemt und verfolgt. Leben einer Jüdin in Deutschland 1933–1944, Zürich 1945

7 Staatsarchiv München (StAM), Spruchkammerakten K 1919: Wegner, Hans

8 Wir erhielten das schreibmaschinenschriftliche Exemplar von Hanna Cooper, Birmingham. Vom handschriftlichen Original abgeschrieben hatte es Gustel Behrend, Argentinien. Das Original ist verschollen.

9 Die 230 Briefe erhielten wir von Hanna Cooper, Birmingham. Noch 1984 widmete Eva Schmidt ihrer Freundin ein Buch: Eva Schmidt, Jüdische Familien im Weimar der Klassik und Nachklassik und ihr Friedhof, in memoriam Dr. Else Behrend-Rosenfeld , Weimar 1984; in der Neuauflage dieses Buches von 1993 befindet sich ein Nekrolog auf Eva Schmidt, dem wichtige Lebensdaten zu entnehmen sind: Uta Kühn-Stillmark, Autorin, ebd. S. 139–143. Eva Schmidt wurde am 10. April 1897 in Ottmachau an der Görlitzer Neiße geboren und starb am 24. Februar 1988 in Weimar. Sie wuchs in Berlin auf, studierte in Jena Germanistik, Biologie und Geografie und wurde nach einigen Zwischenstationen Lehrerin an der Schilleroberschule in Weimar. Nach dem Ausscheiden aus dem Schuldienst im Jahr 1952 entwickelte sie sich zu einer wichtigen regionalhistorisch und biografisch arbeitenden Forscherin in Weimar. Für Fotos und Informationen danken wir herzlich Frau Elke Minckwitz, Weimar, der Testamentsvollstreckerin von Eva Schmidt und Tochter von Elses und Evas Freundin Hanna Schadendorf, sowie Jens Riederer vom Stadtarchiv Weimar.

10 BBC, April/Mai 1963, „An old lady remembers", Interviewer James Parker; zitiert im Folgenden als BBC-Interviews

11 Elsbeth Rosenfeld, The four lives of Elsbeth Rosenfeld as told by her to the BBC with a foreword by James Parker, London 1965

12 Marita Krauss, Leben in zwei Welten – Else und Siegfried Rosenfeld. Tagebücher eines jüdischen Paares in Deutschland und im Exil, München 2011

13 Die Erstausstrahlung der beiden Sendungen am 24. und 25. April 2011, Bayerischer Rundfunk – Bayern 2

14 Erich Kasberger, Karrierewege Münchner Gestapobeamter aus dem ‚Judenreferat'. Eine Kollektivbiographie, in: Marita Krauss (Hg.), Rechte Karrieren in München von der Weimarer Zeit bis in die Nachkriegsjahre, München 2010, S. 189–229

15 Biographisches Gedenkbuch der Münchner Juden 1933–1945, hg. von Stadtarchiv München, München 2003

16 Beate Kosmala, Stille Helden, in: Politik und Zeitgeschichte 14 (2007); dies., Rettung von Juden im nationalsozialistischen Deutschland 1933–1945. Ein Forschungsprojekt am Zentrum für Antisemitismusforschung der Technischen Universität Berlin, AHF-Jahrbuch, München 1998; Barbara Schieb, Möglichkeiten und Grenzen der Helferforschung heute – Quellen und exemplarische Fragestellungen, Podiumsbeitrag in der 3. Internationalen Konferenz zur Holocaustforschung Helfer, Retter und Netzwerker des Widerstands, am 27./28. 1.2011 in Berlin; Wolfram Wette (Hg.), Stille Helden. Judenretter im Dreiländereck während des Zweiten Weltkriegs, Freiburg 2005; zur Gesamtthematik auch die Artikel in Susanne Heim/Beate Meyer/Francis R. Nicosia (Hg.), „Wer bleibt, opfert seine Jahre, vielleicht sein Leben", Deutsche Juden 1938–1941, Göttingen 2010; Kurt Schilde, Grenzüberschreitende Flucht und Fluchthilfe (1941–1945): Ereignisse, Interessen, Motive, in: Beate Kosmala/Claudia Schoppmann (Hg.), Solidarität und Hilfe für Juden während der NS-Zeit. Bd. 5 Überleben im Untergrund. Hilfe für Juden in Deutschland 1941–1945, Berlin 2002, S. 151–190

17 Michael Seyfert, „His Mayesty's Most Loyal Internees": Die Internierung und Deportation deutscher und österreichischer Flüchtlinge als „enemies aliens". Historische, kulturelle und literarische Aspekte, in: Gerhard Hirschfeld (Hg.), Exil in Großbritannien. Zur Emigration aus dem nationalsozialistischen Deutschland, Stuttgart 1983, S. 155–182; Connery Chappell, Island of Barbed Wire. Internment on the Isle of Man in Wold War Two, London 1984; Peter Gillman/Leni Gillman, „Collar the Lot!" How Britain interned and expelled its Wartime Refugees, London 1980; Ronald Stent, A Bespattered Page? The Internment of His Majesty's „most loyal enemy aliens", London 1980; Francois Lafitte, The Internment of Aliens, 1. Great Britain. Aliens. Internment, erste Auflage London 1940, zweite Auflage London 1988

18 Zu weiteren Einordnungen von Else Rosenfelds Berichten vgl. u.a. Marita Krauss, Zurückbleiben und Abschied. Das Beispiel NS-Zeit, in: Andreas Gestrich/Marita Krauss (Hg.), Zurückbleiben. Der vernachlässigte Teil der Migrationsgeschichte, Stuttgart 2006, S. 27–48; dies, Heimkehr, S. 40f.; dies./Herbert Will, Innensichten. Grenzüberschreitungen bei Emigranten der NS-Zeit in interdisziplinärer Annäherung, in: Hans Hecker (Hg.), Grenzen. Gesellschaftliche Konstitutionen und Transfigurationen, Essen 2006, S. 57–72; dies., Grenze und Grenz-

wahrnehmung bei Emigranten der NS-Zeit, in: Andreas Gestrich/ Marita Krauss (Hg.), Migration und Grenze, Stuttgart 1999, S. 61–82

19 Wilhelm Heinz Schröder, Biographien sozialdemokratischer Parlamentarier in den deutschen Reichs- und Landtagen 1867–1933, BIO-SOP-Datenbank, Rosenfeld, Siegfried (Url: http://biosop.zhsf.uni-koeln.de/biosop_db/biosop_db.php, Zugriff 13.März 2011)

20 Auf der Jahreshauptversammlung der Vereinigung deutscher Sozialdemokraten in Grossbritannien von 1947 wurde Else Rosenfeld als Kassiererin in den Londoner Arbeiterwohlfahrts-Ausschuss gewählt, in: Sozialistische Mitteilungen der London-Vertretung der SPD, issued by the London Representative of the German Social Democratic Party, Nr. 96/97 (1947), S. 18

21 Archiv der Friedrich Ebert-Stiftung, SPD Parteivorstand Büro Kurt Schuhmacher, Mappe 68, Brief Rosenfeld an Ollenhauer vom 16.6.46 und von Ollenhauer an Rosenfeld vom 17.6.46; Archiv der Friedrich Ebert-Stiftung, Nachlass Willi Eichler, Mappe 90, Brief von Rosenfeld an Eichler vom 13.5.47 und von Eichler an Rosenfeld 10.6.47

22 Vgl. zu diesem Polarisierungsphänomen Krauss, Heimkehr, S. 42–61

23 Tagebuch Siegfried Rosenfeld, 14.4.1940

24 BBC-Interviews, Folge 9

25 Tagebuch Siegfried Rosenfeld, 18.3.1942

26 BBC-Interviews, Folge 23

27 Erich Kasberger, Die Barmherzigen Schwestern, in: Knauer-Nothaft/ Kasberger, Berg am Laim, S. 286–291; Hildegard Zellinger-Kratzl, 175 Jahre Barmherzige Schwestern in Bayern, 1832–2007, hg. von der Kongregation der Barmherzigen Schwestern, München 2007

28 Tagebuch Else Rosenfeld, 18.8.1942

29 Peter Zahn, Annemarie und Rudolf Cohen in München: Hilfe für Verfolgte 1938–1940, in: Oskar Holl/Klaus Bäumler (Hg.), Stille Helfer: Die Quäker in der NS-Zeit. Das Hilfsnetz von Annemarie und Rudolf Cohen in München. Der Maxvorstädter Online, München 2009, S. 19

30 BBC-Interviews, Folge 16

31 Zu Hans Kollmorgen Bayerisches Hauptstaatsarchiv (BayHStA), Landesentschädigungsamt (LEA) 1674 BEG 31409, Rosenfeld, Elisabeth (Elsbeth), Bestätigungsschreiben von Tilla Kratz im Rahmen des Wiedergutmachungsverfahren vom 28.12.1955 und Schreiben Else Rosenfelds, 21.12.1955; zu Goldschagg u.a. Edmund Goldschagg, Das Leben des Journalisten, Sozialdemokraten und Mitbegründers der „Süddeutschen Zeitung", nacherzählt von Hans Dollinger, München 1986

32 Tagebuch Siegfried Rosenfeld, 10.12.1945

33 Götz Aly, Hitlers Volksstaat. Raub, Rassenkrieg und nationaler Sozialismus, Frankfurt a. Main 2005. Auch die Debatte um Daniel Goldhagen, Hitlers willige Vollstrecker. Ganz gewöhnliche Deutsche und der Holocaust, Berlin 1996, fokussierte auf diese Frage.

34 Howard Wriggins, Picking up the Pieces from Portugal to Palestine. Quaker Refugee Relief in World War II. A Memoir, Lanham u.a. 2004; Religiöse Gemeinschaft der Freunde (Quäker)(Hg.), Lebensbilder deutscher Quäker während der NS-Herrschaft 1933–1945. Sammlung von Schicksalen aus der Erinnerung, aus Briefen, Zeitungsartikeln und anderen Dokumenten, Bad Pyrmont 1992, darin ein Artikel zu Gertrud Luckner, S. 55–59; Hans H. Schmitt, Quakers and Nazis. Inner Light in Outer Darkness, Columbia (University of Missouri Press) 1997

35 Gerd Schirrmacher, Hertha Kraus – Zwischen den Welten. Biographie einer Sozialwissenschaftlerin und Quäkerin (1897–1968), Frankfurt a. Main u.a. 2002

36 Schröder, Biographien sozialdemokratischer Parlamentarier, Heilmann, Ernst; Heilmann war wie Rosenfeld 1919–1920 Stadtverordneter in Berlin-Charlottenburg gewesen.

37 Claudia Schoppmann, „Fortgesetzte Beihilfe zur illegalen Auswanderung von Juden nach der Schweiz". Das Hilfsnetz um Luise Meier und Josef Höfler, in: Wette (Hg.), Stille Helden, S. 163–178

38 Zu den Protagonisten der jüdischen Gemeinde in dieser Zeit Hans Lamm (Hg.), Vergangene Tage. Jüdische Kultur in München, München 1982, hier auch zu Karl Stahl, S. 518

39 Waltraut Wertheimer, Magdalena Schwarz, in: Ilse Macek (Hg.), ausgegrenzt – entrechtet – deportiert. Schwabing und Schwabinger Schicksale 1933–1945, München 2008, S. 449f.

40 Marita Krauss (Hg.), Sie waren dabei. Mitläuferinnen, Nutznießerinnen, Täterinnen im Nationalsozialismus, Göttingen 2008; Kathrin Kompisch (Hg.), Täterinnen. Frauen im Nationalsozialismus, Köln 2008

41 Die Debatte über die Kenntnis der Betroffenen, aber auch der Deutschen über den Holocaust ist nach wie vor heftig. Dazu Peter Longerich, „Davon haben wir nichts gewusst!" Die Deutschen und die Judenverfolgung 1933–1945, München 2006; die Bedeutung der Texte Behrend-Rosenfelds für diese Fragen betont Konrad Löw, Deutsche Geschichte(n). Juden unerwünscht, in: FAZ, 1.3.2007, S. 7. Vgl. auch Wolfgang Benz (Hg.), Die Juden in Deutschland 1933–1945. Leben unter nationalsozialistischer Herrschaft, München 1988. Marion Kaplan, „Der Mut zum Überleben. Jüdische Frauen und ihre Familien in Nazideutschland, Berlin 2001, hat Else Rosenfelds Berichte selbst nicht gelesen; sie benennt Rosenfelds Buch nur einmal auf S. 377, Anm 58 „zit. nach"und spricht dazu im Text S. 223f. von den „Baracken in Berg am Laim". Sie kommt über ihre Quellen zu ganz anderen Schlüssen als Else Rosenfeld in ihren ausführlichen Berichten.

42 BBC-Interviews, Folge 18

43 Biographisches Handbuch der deutschsprachigen Emigration, Bd. I, S. 614f.; Staatsarchiv München Staatsanwaltschaften 7863, Anklageschrift des Sondergerichtsprozesses gegen Siegfried Rosenfeld, 9.8.1934

44 Zu den Eltern Rosenfeld eine Anmerkung bei Schirrmacher, Hertha Kraus, S. 25f.

45 Biographisches Handbuch der deutschsprachigen Emigration, Bd. I, S. 614

46 BBC-Interviews, Folge 4

47 Hedwig Rosenfeld, geb. am 10.1.1870, heiratete den Gymnasiallehrer Alois Kraus, geb. 8.3.1863 im böhmischen Cerhernic; Schirrmacher, Hertha Kraus, S. 25f. Hedwig war die Mutter von Hertha Kraus.

48 Brief Siegfried Rosenfeld an Hanna Rosenfeld vom 28.9.1942, Privatarchiv Hanna Cooper, Birmingham, teilweise abgedruckt s.o.

49 Tagebuch Siegfried Rosenfeld, Sylvester 1943

50 Tagebuch Siegfried Rosenfeld, 8.6.1941 und 23.6.1941

51 Zu Kurt Rosenfeld Biographisches Handbuch der deutschsprachigen Emigration, Bd. I, S. 614: Auch Kurt Rosenfeld studierte in Berlin und Freiburg, auch er ließ sich in Berlin als Anwalt nieder. Er war von November 1918 bis Januar 1919 in der Zeit der Revolution als Mit-

glied der Unabhängigen Sozialdemokratischen Partei preußischer Justizminister und Mitglied der Verfassunggebenden preußischen Landesversammlung, 1920–1932 Mitglied des Reichstags.

52 Institut für Zeitgeschichte (IFZ), MA 1500/50, Fragebogen Siegfried Rosenfeld

53 Der Nachlass des Deutschen Landarbeiter-Verbandes liegt im Archiv der Friedrich-Ebert-Stiftung.

54 Florian Tennstedt, Arbeiterbewegung und Familiengeschichte bei Eduard Bernstein und Ignaz Zadek. Hilfswissenschaftliche Mitteilungen zu persönlichen Aspekten von Revisionismus und Sozialreform bei deutschen Sozialdemokraten, in: IWK Internationale Wissenschaftliche Korrespondenz zur Geschichte der deutschen Arbeiterbewegung 18 (1982), S. 451–481, S. 465; Gertrud Rewald wurde am 2.4.1876 geboren und starb am 18. März 1916; Institut für Zeitgeschichte, MA 1500/50, Fragebogen.

55 Tennstedt, Arbeiterbewegung, S. 568

56 Wir danken Florian Tennstedt, der uns das Bild aus der Sammlung von Walter Zadek zur Verfügung stellte.

57 Staatsarchiv München Staatsanwaltschaften 7863, Anklageschrift des Sondergerichtsprozesses gegen Siegfried Rosenfeld, 9.8.1934

58 Staatsarchiv München Staatsanwaltschaften 7863, Anklageschrift des Sondergerichtsprozesses gegen Siegfried Rosenfeld, 9.8.1934

59 Staatsarchiv München Staatsanwaltschaften 7863, Anklageschrift des Sondergerichtsprozesses gegen Siegfried Rosenfeld, 9.8.1934

60 Tagebuch Siegfried Rosenfeld, 26.2.1945

61 Hertha Kraus, geb. 1897 in Prag, Dr. rer. pol. in Frankfurt, leitete von 1923 bis 1933 die Öffentliche Wohlfahrt in Köln; sie wurde nach der Emigration 1933 Professorin in Pittsburgh, 1936 in Bryn Mawr, Biographisches Handbuch der deutschsprachigen Emigration, Bd. I, S. 391; zu Hertha Kraus ohne Erwähnung Siegfried oder Else Rosenfelds Schirrmacher, Hertha Kraus

62 BBC-Interviews, Folge 4

63 BBC-Interviews, Folge 5

64 Geheimes Preußisches Staatsarchiv Berlin-Dahlem, I HA Rep 169 D Landtag I J, 32 e, Bd.1, Niederschriften Ausschuss für das Rechtswesen 1918–23. Als Rosenfelds Adresse ist angeführt: Berlin W 39, Barbarossastr. 36

65 Akten zu seiner Tätigkeit: Geheimes Preußisches Staatsarchiv Berlin-Dahlem, I HA Rep 84a D 50879, 50882, 50883. Hier sind einige Fälle und seine Stellungnahmen nachzuvollziehen. So war er z. B. gegen die Begnadigung von bestechlichen Justizvollzugsbeamten; aus sozialen Gründen trat er für Strafaussetzung und Geldbuße ein, wenn sonst die Ehefrauen der Bestraften das ganze Familieneinkommen erwirtschaften mussten.

66 Geheimes Preußisches Staatsarchiv Berlin-Dahlem, Rep. 90a, Protokolle des Staatsministeriums MF 1035, Personalvorschläge TOP 4: „Der Hilfsarbeiter im Justizministerium, Kammergerichtsrat Dr. Siegfried Rosenfeld, zum Ministerialrat im Justizministerium", 30.6.1925

67 Geheimes Preußisches Staatsarchiv Berlin-Dahlem, I HA Rep 169 D Landtag I J, 32 e, Bd.1, 1925, 1928, 1932 war jeweils Rosenfeld Ausschussmitglied im Geschäftsordnungsausschuss.

68 Geheimes Preußisches Staatsarchiv Berlin-Dahlem I HA Rep 169 D, XI d G Nr. 4 adh. 3 Bd. 1, Preußischer Landtag, 2. Wahlperiode, 1. Tagung 1925/26, 6. Sitzung des 26. Ausschusses (Untersuchungsausschuses) zur Untersuchung aller Beschwerden über die Bergbehörden

und ihre Organe, 11.11.1926; ab der 6. Sitzung übernahm Rosenfeld den Vorsitz.

69 Geheimes Preußisches Staatsarchiv Berlin-Dahlem, Preußischer Landtag, Stenografische Protokolle, (zit. als Preußischer Landtag), 328. Sitzung am 15.7.1924, Stenografische Protokolle, S. 23262–23268

70 Preußischer Landtag, 307. Sitzung am 21.3.1924, Stenografische Protokolle, S. 21734-22804

71 Z. B. Preußischer Landtag, 210. Sitzung am 23.2.1923, Stenografische Protokolle, S. 14934–14940 bzw. 142. Sitzung am 23.5.1922, Stenografische Protokolle, S. 10175–10186

72 Z. B. Preußischer Landtag, 260. Sitzung am 19.3.1927, Stenografische Protokolle, S. 18115–18124 oder 76. Sitzung am 19.4.1929, Stenografische Protokolle, S.6178–6182

73 Preußischer Landtag, 12./13. Sitzung am 24.3.1932, Stenografische Protokolle, S. 812–830, hier S. 829

74 Helmut Heiber, Aus den Akten des Gauleiters Kube, in: Vierteljahrshefte für Zeitgeschichte 1 (1956), S. 67–92

75 Leo-Baeck-Foundation New York, Ernest Hamburger Collection AR 7034/MF 672, Box 7, Folder 23 Siegfried Rosenfeld 1932–77, Kopie einer „Erläuterung zu meiner Zwischenverfügung vom 2.8.1932 auf den Bericht des OLG-Präsidenten in Königsberg vom 29.7.32"; diese Kopie stammte offenbar aus dem Bestand des preußischen Justizministeriums und war Ernst Hamburger auf Anfrage vom Ministerium zugeschickt worden. Im Geheimen Preußischen Staatsarchiv Berlin liegen die dazugehörigen Akten nicht.

76 Vossische Zeitung vom 4.9.1932

77 Leo-Baeck-Foundation New York, Ernest Hamburger Collection AR 7034/MF 672, Box 7, Folder 23 Siegfried Rosenfeld 1932–77, Kopie eines Schreibens aus den Akten des Preußischen Justizministeriums an Siegfried Rosenfeld vom 11.11.1932 mit seine Entlassung. Geheimes Preußisches Staatsarchiv Berlin-Dahlem, Rep. 90a, Protokolle des Staatsministeriums MF 1063, Sitzung mit Reichskommissar von Papen am 27.10.1932, mit Wirkung vom 1.5.1933 wurde Rosenfeld demnach in dauernden Ruhestand versetzt.

78 BBC-Interviews, Folge 10

79 StAM, Staatsanwaltschaften 7863, Sondergerichtsprozess gegen Siegfried Rosenfeld und ausführlich dazu Tagebuch Else Rosenfeld

80 BBC-Interviews, Folge 13

81 BBC-Interviews, Folge 14; Karteikarte von Rudolf Cohen zu Siegfried Rosenfeld (abgedruckt s. o.), freundlicherweise zur Verfügung gestellt von Rudolf Cohen jun. Außerdem Zahn, Annemarie und Rudolf Cohen, S. 19. Zum Folgenden auch Interview mit Hanna Cooper vom September 2010 in Birmingham.

82 Die Daten nach den Tagebuchaufzeichnungen. Zur Internierung auf der Isle of Man Chappell, Island of Barbed Wire, bes. S. 45–58; Seyfert, „His Mayesty's Most Loyal Internees", S. 164–167, 173–177

83 Zum „Überlebendensyndrom": Martin S. Bergmann/Milton E. Jucovy/Judith S. Kestenberg (Hg.), Kinder der Opfer. Kinder der Täter. Psychoanalyse und Holocaust, Frankfurt a. Main 1998

84 Tagebuch Siegfried Rosenfeld, 1.12.1941

85 Brief Siegfried Rosenfeld an Hanna vom 22.9.1941, s. o.

86 Andrea Bosco, Federal Union and the origins of the "Churchill proposals". The federalist debate in the United Kingdom from Munich to the fall of France 1938–1940, London u. a. 1992

87 Anthony Grenville, The Association of Jewish Refugees, in: Anthony Grenville/Andrea Reiter (Hg.), „I didn't want to float; I wanted to belong to something". Refugee Organizations in Britain 1933–1945, Amsterdam/New York 2008, S. 89–112

88 Tagebuch Siegfried Rosenfeld, 29.6.1942

89 Interview mit Hanna Cooper in Birmingham, September 2010

90 Tagebuch Siegfried Rosenfeld, 12.11.1944 und 30.12.1944

91 Tagebuch Siegfried Rosenfeld, 10. 12. 1945

92 Ausführlich dokumentiert z. B. in Claus-Dieter Krohn u. a. (Hg.), Handbuch der deutschsprachigen Emigration 1933–1945, Darmstadt 1998.

93 BBC-Interviews, Folge 14

94 Interview mit Hanna Cooper, Birmingham September 2010

95 Archiv der Friedrich Ebert-Stiftung, SPD Parteivorstand Büro Kurt Schuhmacher, Mappe 68, Brief Rosenfeld an Ollenhauer vom 16.6.46 und von Ollenhauer an Rosenfeld vom 17.6.46; Archiv der Friedrich Ebert-Stiftung, Nachlass Willi Eichler, Mappe 90, Brief von Rosenfeld an Eichler vom 13.5.47 und von Eichler an Rosenfeld 10.6.47

96 Sozialistische Mitteilungen 106, Dezember 1947: „Am 6. Dezember versammelten sich eine grosse Anzahl Mitglieder und Freunde der ‚Vereinigung' zu Ehren einiger Gäste aus Deutschland im Vortrags-Saal 1, Broadhurst Gardens. Der Versammlungsleiter, Gen. W. Sander sprach zunächst einen ehrenden Nachruf für den verstorbenen Genossen Siegfried Rosenfeld, der im Alter von 73 Jahren plötzlich an den Folgen eines Herzschlages verstorben war und vor seiner Emigration als preussischer Landtagsabgeordneter und Ministerialrat und -dirigent in Berlin tätig war."

97 Biographisches Handbuch der deutschsprachigen Emigration, Bd. II/2, S. 986 und Institut für Zeitgeschichte MA 1500/50, Rosenfeld, Elisabeth (Elsbeth), Fragebogen mit ausführlichsten Daten und Lebensläufen auch zu Elses Geschwistern, von der Tochter Gustel ausgefüllt; Gustel war mit dem jüngsten Bruder von Else verheiratet.: Gertrud Grosskopf, geb. Berlin 1868, starb am 6.10.1944 in La Cumbrecita, Córdoba/Argentinien.

98 BBC-Interviews, Folge 1; danach auch die folgenden Informationen

99 IFZ, MA 1500/50, Rosenfeld, Elsbeth, Fragebogen

100 IFZ, MA 1500/50, Rosenfeld, Elsbeth, Fragebogen

101 BBC-Interviews, Folge 11

102 BBC-Interviews, Folge 1

103 IFZ, MA 1500/50, Rosenfeld, Elsbeth, Fragebogen

104 BBC-Interviews, Folge 2

105 Helene Lange war die wohl wichtigste Vorkämpferin des Abiturs für Mädchen; da sie diese Art der Abiturvorbereitung eingerichtet hatte, wurden die Kurse nach ihr benannt; Ute Gerhard, Unerhört. Die Geschichte der deutschen Frauenbewegung, Reinbek bei Hamburg 1991, S. 138–162

106 BBC-Interviews, Folge 2; außerdem Kühn-Stillmark, Autorin, S. 140

107 Hanna Schadendorf lebte vom 2.7.1896 bis zum 23.2.1987; sie war mit dem Arzt Kurt Schadendorf verheiratet; Gespräch mit ihrer Tochter Elke Minckwitz, 23.3.2011

108 BBC-Interviwrs, Folge 3

109 Privatarchiv Hanna Cooper, Bestätigung der Promotion von 1964: Else Behrend, Die politischen Ideen Oskar von Wydenbrugks nach seinen Schriften und nach seiner Tätigkeit", Jena 1919. Im Urteil der Carl-Friedrich-Preisstiftung zu ihrer Arbeit hieß es: „Verfasser betont im Vorwort die äusseren Schwierigkeiten, mit den er bei der Vollendung zu kämpfen hatte. Darunter sind als Zeichen der Zeit die Schliessung eines Archivs wegen Kohlenmangel und die Unzugänglichkeit mancher Bücher wegen Verkehrsstörungen hervorzuheben. [...][Die Arbeit] bietet einen gerade für die Gegenwart willkommenen Beitrag zur Geschichte der politischen Ideen von 1848 und des weimarischen Staates. Sie ist des Preises durchaus würdig". Wydenbrugk war ein deutscher liberaler Politiker, Märzminister in Sachsen-Weimar-Eisenach und Mitglied der Frankfurter Nationalversammlung.

110 Tagebuch Else Rosenfeld, Rückblick im Eintrag vom 2.9.1939; BBC-Interviews, Folge 6 und 7

111 Ausführlich BBC-Interviews, Folge 8

112 Dazu Tagebucheinträge von Siegfried Rosenfeld und von Else Rosenfeld

113 Institut für Zeitgeschichte MA 1500/50, Else Rosenfeld, Fragebogen

114 Else Behrend-Rosenfeld, Leben und Sterben der Münchner Gemeinde 1938–1942, in: Lamm (Hg.), Vergangene Tage, S. 452–457

115 Tagebuch Else Rosenfeld, 10.9.1939

116 Else Rosenfeld/Gertrud Luckner (Hg.), Lebenszeichen aus Piaski. Briefe Deportierter aus dem Distrikt Lublin 1940–1943, München 1968

117 Demnächst dazu Maximilian Strnad, Zwischenstation „Judensiedlung". Verfolgung und Deportation der jüdischen Münchner 1941–1945, München 2011

118 Kasberger, Die „Heimanlage für Juden Berg am Laim", S. 341–380

119 Else Rosenfeld berichtet in ihren Tagebüchern ausführlich über diese Zeit, darum werden hier nur zur Orientierung die wichtigsten Stationen zusammengetragen.

120 Tagebuch Else Rosenfeld, 4.1.42

121 Tagebuch Else Rosenfeld, 18.8.1942

122 BayHStA, LEA 1674 BEG 31409, Rosenfeld, Elisabeth, Bestätigungsschreiben von Tilla Kratz im Rahmen des Wiedergutmachungsverfahren vom 28.12.1955 und Schreiben Else Rosenfelds, 21.12.1955

123 Wette (Hg.), Stille Helden; Kosmala, Stille Helden. Vgl. auch die Daten in der Berliner Gedenkstätte zu den „Stillen Helden"

124 BBC-Interviews, Folge 19; danach auch die folgenden Berichte

125 BBC-Interviews, Folge 19

126 Zum Schicksal von Ernst Heilmann s. o.

127 Zu Goldschagg s. o.

128 Schoppmann, „Fortgesetzte Beihilfe, S. 163–178

129 BayHStA, LEA 1674 BEG 31409, Rosenfeld, Elisabeth, Schreiben Else Rosenfelds, vom 20.10.1956

130 Schweizerisches Bundesarchiv Bern (BAR), E 4264-1985/196 Bd. 1902, Dossier 22262, Rosenfeld-Behrend Elsbeth, Das Schweizerische Grenzwachtkorps des II. Schweizer Zollkreises, Postenchef Kpl. Lingried, Matr. 237, Hofen 21.4.1944, „Aufgreifen einer Jüdin"

131 BAR, E 4264-1985/196 Bd. 1902, Dossier 22262, Rosenfeld-Behrend Elsbeth, Die Polizeiabteilung des Eidg. Justiz- und Polizeidepartements, 5.8.1944

132 BBC-Interviews, Folge 22 und 23

133 BAR, E 4264-1985/196 Bd. 1902, Dossier 22262, Rosenfeld-Behrend Elsbeth

134 Privatarchiv Hanna Cooper, Originalvertrag

135 BBC-Interviews, Folge 22

136 IFZ, MA 1500/50, Rosenfeld, Elsbeth, Fragebogen, Beilage zu den Kindern Rosenfeld

137 BBC-Interviews, Folge 23

138 Privatarchiv Hanna Cooper, Schreiben der Büchergilde Gutenberg an Else Rosenfeld vom 28. Dezember 1945

139 Privatarchiv Hanna Cooper, Brief Leo Baerwald an Else Rosenfeld vom 3.1.1946 aus New York

140 Zur Rezeption in Deutschland auch Helmut Peitsch, „Deutschlands Gedächtnis an seine dunkelste Zeit". Zur Funktion der Autobiographik in den Westzonen Deutschlands und den Westsektoren von Berlin 1945 bis 1949, Berlin 1990, S. 165–177

141 Die folgenden Buchbesprechungen stammen aus dem Privatarchiv von Hanna Cooper.

142 Privatarchiv Hanna Cooper, Brief Leo Baerwald an Else Rosenfeld vom 3.1.1946 aus New York

143 Das Gesamtprojekt umfasste zunächst eine Dokumentation und eine szenische Lesung; Erich Kasberger, Michaeli-Gymnasium, in Zusammenarbeit mit der Klasse 11d, Jüdische Schicksale, Lager, Widerstand in Berg am Laim zur Zeit des Nationalsozialismus, München 1985; dies., Die nationalsozialistische Gewaltherrschaft und München Berg Am Laim, ihr Ende und ihre Folgen. Dokumentation, München ²1985; teilweise abgedruckt in Landeshauptstadt München (Hg.), Verdunkeltes München. Geschichtswettbewerb 1985/86. Die nationalsozialistische Gewaltherrschaft, ihr Ende und ihre Folgen, Buchendorf 1987: Erich Kasberger und die Klasse 11d des Michaeli-Gymnasiums, „Heimanlage für Juden Berg am Laim", S. 21–50; dies.: Die Lager in Berg am Laim, S. 80–97; dies., Justiz nach 1945 – Strafsache Albin Übelacker, S. 218–224. Erich Kasberger, Heldinnen waren wir keine. Frauenalltag in der NS-Zeit, Hamburg 1995, darin S. 79–86; Kasberger, Die „Heimanlage für Juden Berg am Laim", S. 341–380

144 Gavriel D. Rosenfeld, Architektur und Gedächtnis. München und Nationalsozialismus. Strategien des Vergessens. Aus dem Amerikanischen, Uli Nickel und Bernadette Ott, Ebenhausen bei München 2004, S. 484f.

145 Rede Dr. Klaus Hahnzogs anlässlich der Übergabe des Mahnmals zur Erinnerung an die ehemalige „Heimanlage für Juden – Berg am Laim", 7. Juli 1987. Der Bürgermeister begrüßte das Mahnmal als ein Zeichen, das es erschweren werde, „sich von einer höchst unbequemen ‚Trauerarbeit' fortzustehlen".

146 Stadtteilzeitung „Hallo – Berg am Laim", München, vom 16.1.1987. Ferner Amtsblatt der Landeshauptstadt München, Nr. 6/1997, Straßenbenennung

147 Privatarchiv Helmut Kolmeder, Erklärung Hanna Cooper, Peter Rosenfeld, Manchester, 2. Juli 1989

ANMERKUNGEN – Else Behrend-Rosenfeld

1 Mark Jonathan Harris/Deborah Oppenheimer, Kindertransport in eine fremde Welt. Mit einem Vorwort von Lord Richard Attenborough, aus dem Amerikanischen von Jerry Hofer, München 2000, S. 30

2 Für die Angaben zu den Terminen der Kindertransporte aus München und zu verschiedenen Personalangaben danke ich Frau Brigitte Schmidt, Stadtarchiv München.

3 StAM, LRA 40970, Erfassung Zu- und Abwanderung von Juden

4 Einzelinformationen in Rosenfeld, The four lives

5 StAM, Finanzamt (FA) 16815, Finanzamt Wolfratshausen, Judenvermögensabgabe, Liste vom 11.11.1939

6 Dazu Krauss, Zurückbleiben und Abschied, S. 27–48

7 Brief Alfred Neumeyer an Franz von Epp vom 31. März 1933, in: Lamm (Hg.), Vergangene Tage, S. 431

8 StAM, Staatsanwaltschaften 7863, Schreiben des Rechtsanwalts Willi Walter an den Staatsanwalt beim Sondergericht München vom 20.6.1934: „Dabei wurde ihm für die dem preuss. Justizministerium in treuer Pflichterfüllung geleisteten Dienste der besondere Dank ausgesprochen." Ferner: StAM, WB Ia u. 4433. Werner Mosse/Arnold Paucker, Entscheidungsjahr 1932. Die Judenfrage in der Endphase der Weimarer Republik, Tübingen 1965, S. 54

9 Biographisches Gedenkbuch der Münchner Juden, S. 34

10 StAM, Staatsanwaltschaften 7863: Schreiben Rechtsanwalt Willi Walter an den Staatsanwalt beim Sondergericht vom 20.6.1934

11 StAM, Staatsanwaltschaften 7863, Vernehmung Else Rosenfeld durch Kommissar Jakob Orth am 9.6.1934

12 StAM, Staatsanwaltschaften 7863, Schreiben des Rechtsanwalt Willi Walter an den Staatsanwalt beim Sondergericht München vom 20.6.1934

13 Rosenfeld, The four lives, S. 61

14 StAM, Staatsanwaltschaften 7863, Zeugenaussage Margarete Winterberg, vernommen durch Amtsgerichtsrat Mayr „in der Untersuchung gegen Dr. Rosenfeld z. Zt. in Schutzhaft wegen staatsfeindlicher Betätigung", Bad Reichenhall, 26.6.1934

15 StAM, LRA 198936, Schreiben Staatsministerium des Innern vom 31.3.1933 an sämtliche Bezirksverwaltungsbehörden; StAM, LRA 31 548, Schreiben der Regierung von Oberbayern an das Bezirksamt Berchtesgaden vom 16.1.1934

16 StAM, LRA 31 548, Schreiben vom 21.9.1945 an Schulrat Auer, Berchtesgaden

17 StAM, Staatsanwaltschaften 7863, Vernehmung Else Rosenfeld vom 9. Juni 1934

18 Gespräch mit Hanna Cooper, geb. Rosenfeld, am 2.3.2010

19 StAM, Staatsanwaltschaften 7863, Vernehmung Siegfried Rosenfeld während der Haftzeit, ohne Datum

20 StAM, Staatsanwaltschaften 7863, aus Brief Margarete Winterberg, zur Vorlage beim Amtsgericht, Bad Reichenhall 26.6.1934

21 StAM, Staatsanwaltschaften 7863, Zeugenaussage Margarete Winterberg vom 26.6.1934

22 StAM, Staatsanwaltschaften 7863, Rechtsanwalt Willi Walter an den Herrn Staatsanwalt beim Sondergericht München vom 20.6.1934

23 StAM, Staatsanwaltschaften 7863, Vernehmung Siegfried Rosenfeld während der Haftzeit, ohne Datum

24 Gespräch mit Hanna Cooper, geb. Rosenfeld, am 2.3.2010

25 StAM, Staatsanwaltschaften 7863, Rechtsanwalt Willi Walter an den Staatsanwalt beim Sondergericht München vom 20.6.1934

26 StAM, Staatsanwaltschaften 7863, Vernehmung Else Rosenfeld vom 9. Juni 1934

27 Michael Rademacher, Deutsche Verwaltungsgeschichte von der Reichsvereinigung bis zur Wiedervereinigung 1990: Die Länder des Deutschen Reichs 1871–1945, Bayern, Kreis Berchtesgaden. Url.: http://www.verwaltungsgeschichte.de/index.html

28 StAM, Staatsanwaltschaften 7863, Schreiben Margarete Winterberg an Bürgermeister Friedrich Zeitz vom 7.6.34

29 StAM, Staatsanwaltschaften 7863, Schreiben des Ortsgruppenleiters und 1. Bürgermeisters der Gemeinde Schönau, Friedrich Zeitz an die Politische Polizei, z.Hd. Reg. Rat Dr. Laue, Königssee, 7.6.34

30 StAM, Staatsanwaltschaften 7863, Brief Margarete Winterberg zur Vorlage an das Amtsgericht, Bad Reichenhall 26.6.1934

31 StAM, Staatsanwaltschaften 7863, Zeugenvernehmung Margarete Winterberg durch Amtsgerichtsrat Mayr „in der Untersuchung gegen Dr. Rosenfeld, z.Zt. in Schutzhaft wegen staatsfeindlicher Betätigung", Bad Reichenhall 26.6.1934

32 StAM, Staatsanwaltschaften 7863, Schreiben Berufungskammer vom 13.11.51

33 StAM, Regierungsakten (RA) 31474, Schutzhaft

34 StAM, Staatsanwaltschaften 7863, Schreiben Berufungskammer vom 13.11.51

35 Jürgen Christoph, Die politischen Amnestien 1918–1933, Frankfurt a. Main 1988, S. 397

36 StAM, LRA 40970, ohne Datum

37 Gespräch mit Hanna Cooper, März 2010

38 StAM, LRA 59089, Sonderung der Kinder nicht arischer Abstammung an den Volksschulen

39 StAM, LRA 40970, Erfassung Zu- und Abwanderung von Juden

40 StAM, LRA 31 934, Maßnahmen gegen Juden 1935–44, Schreiben Bezirksamt Berchtesgaden an die Gendarmerie-Stationen vom 28.8.1935

41 Werner T. Angress, Generation zwischen Furcht und Hoffnung. Jüdische Jugend im Dritten Reich, Hamburg 1985

42 StAM, LRA 40970, Erfassung, Zu- und Abwanderung von Juden

43 StAM, LRA 40478, Jüdische Frauenschule Wolfratshausen Bezirksamt, Schreiben des Bürgermeisters von Wolfratshausen an das Bezirksamt über das „Judenheim Wolfratshausen" vom 11.1.1938. Dazu auch Sybille Krafft, „Wir lebten in einer Oase des Friedens", Land und Leute, Bayern 2 Radio, 20.11.2009; Kirsten Jörgensen/Sybille Krafft, „Wir lebten in einer Oase des Friedens". Die Geschichte einer jüdischen Frauenschule 1926–1938, München 2009

44 Zit. nach Ian Kershaw, Reaktionen auf die Judenverfolgung, in: Martin Broszat/Elke Fröhlich, Bayern in der NS-Zeit. Herrschaft und Gesellschaft im Konflikt, München u. a. 1983, Bd. II, S. 281–348, 325

45 BayHStA, Staatskanzlei, 6412, Mitteilung des Innenministeriums vom 10. November 1938

46 Dazu Andreas Heusler/Tobias Weger, „Kristallnacht". Gewalt gegen die Münchner Juden im November 1938, München 1998, S. 122–138

47 Für die Auskunft danken wir Frau Susanne Wanninger; dazu Susanne Wanninger: „Zwischen Politik und Bibliothek. Die Karriere des Dr. Rudolf Buttmann – eine NS-Musterkarriere", München 2011

48 Werner Grube/Ilse Macek, Das Kinderheim der Israelitischen Kultusgemeinde e.V. in der Antonienstraße 7, in: Macek (Hg.), ausgegrenzt, S. 87–104

49 Heusler/Weger, „Kristallnacht", S. 75f.

50 Grube/Macek, Das Kinderheim, S. 97

51 Beate Meyer, Handlungsspielräume regionaler jüdischer Repräsentanten (1941–1945), in: Birthe Kundrus/Beate Meyer (Hg.), Die Deportation der Juden aus Deutschland. Pläne – Praxis – Reaktionen. 1938–1945, Göttingen 2004, S. 63–85, 65f.

52 Dazu Martin Pabst, U- u. S-Bahnfahrzeuge in Deutschland, München 2000

53 Rosenfeld/Luckner (Hg.), Lebenszeichen aus Piaski, S. 8.

54 Rosenfeld/Luckner (Hg.), Lebenszeichen aus Piaski, S. 8

55 Grube/Macek, Das Kinderheim, S. 89.

56 Oskar Holl (Hg.), Stille Hilfe: Die Quäker in der NS-Zeit, Url: http://www.munchen.de/ba/03/ba_info/docs/Stille Helfer.pdf (Zugriff am 3.3.2010)

57 StAM, Gestapo 58, Tagesberichte vom 18.10.1939

58 „München – Hauptstadt der Bewegung", Katalog des Münchner Stadtmuseums, München 1994, S. 11–14

59 Jutta Wietog, Bevölkerungsstatistik im Dritten Reich, in: Statistisches Bundesamt, Wirtschaft und Statistik 7 (2001), Wiesbaden 2008, S. 588–597

60 Rosenfeld/Luckner (Hg.), Lebenszeichen aus Piaski, S. 8

61 Nürnberger Prozesse, Dok. NO-5322, zit. nach Rosenfeld/Luckner (Hg.), Lebenszeichen aus Piaski, S. 31f.

62 Rosenfeld/Luckner (Hg.), Lebenszeichen aus Piaski, S. 30

63 Telefongespräch mit Rudolf Cohen, Sohn von Rudolf und Annemarie Cohen, September 2010

64 Rosenfeld/Luckner (Hg.), Lebenszeichen aus Piaski, S. 40

65 Auskunft Rudolf Cohen vom 18.8.2010

66 Holl (Hg.), Stille Hilfe

67 Rosenfeld/Luckner (Hg.), Lebenszeichen aus Piaski, S. 102

68 Rosenfeld/Luckner (Hg.), Lebenszeichen aus Piaski, S. 27–29

69 Rosenfeld/Luckner (Hg.), Lebenszeichen aus Piaski, S. 65

70 Peter Steinbach, Das Leiden – zu schwer und zu viel. Zur Bedeutung der Massendeportation von südwestdeutschen Juden, in: Tribüne – Zeitschrift zum Verständnis des Judentums, 49, 195 (2010). S. 109–120

71 StAM, Spruchkammerakten K 332, Ebenbeck, Hans, 18.4.1903. Zur Münchner Gestapo Kasberger, Karrierewege, S. 189–229; ders., Hans Wegner und Theodor Koronczyk – zwei Pole des Täterspektrums, in: Krauss (Hg.), Rechte Karrieren, S. 230–244

72 Paul Sauer, Für Recht und Menschenwürde. Lebensbild von Otto Hirsch (1885–1941), Gerlingen 1985

73 Bundesarchiv Berlin (BArch), Berlin Document Center (BDC) PK Mugler, Franz, 28.5.1894; BArch, BDC OPG Mugler, Franz, 28.5.1894

74 Hans Wegner, Tätigkeits- und Abschlussbericht zum 30. Juni 1943, in: „... verzogen, unbekannt wohin". Die erste Deportation von Münchner Juden im November 1941, hg. vom Stadtarchiv München, München 2000, Dokumentenanhang

75 Biographisches Gedenkbuch der Münchner Juden, S. 539f.

76 StAM, LRA 40970, Erfassung, Zu- und Abwanderung Juden

77 StAM, Gestapo 59, Schreiben der Münchner Gestapo an RSHA vom 20.11.1941

78 Bundesfinanzakademie, Steuermuseum, Rolf Grabower, Tagesberichte, Url: http://80.245.149.98/index.html (Zugriff: 20.10.2010)

79 StAM, Spruchkammerakten K 1919, Akt 3: Wegner, Hans, 7.8.1905: Vernehmung Wegner vom 18.12.48

80 Archiv der Barmherzigen Schwestern München (ABSchM) 0.8.02. III Reich Judenverfolgung, Heimanlage, Schreiben des Superiors der Barmherzigen Schwestern „An das Hochwürdige Erzbischöfliche Ordinariat" vom 7. April 1941

81 ABSchM, 0.8.02. III Reich Judenverfolgung, Heimanlage; Bundesfinanzakademie, Steuermuseum, Rolf Grabower, „Erste Sammelverfügung vom 11. August 1941

82 BayHStA, LEA 1674 BEG 31409, 1955/62

83 Biographisches Gedenkbuch der Münchner Juden, S. 51

84 ABSchM, 0.8.02. III Reich Judenverfolgung, Heimanlage, u. a. Vertrag zwischen dem Beauftragten des Gauleiters für Arisierung in München, Widenmayerstraße 27 und dem Orden der Barmh. Schwestern, München, Nussbaumstr. 5

85 StAM, Staatsanwaltschaften 29499 f., Bl. 164

86 Zusammengestellt aus: Biographisches Gedenkbuch der Münchner Juden

87 StAM, Spruchkammerakten K 939: Koronczyk, Theodor, 26.2.1898, Bl. 35 u. 37, Zeugenaussagen Edith Schülein und Klara Schwalb

88 StAM, Staatsanwaltschaften 29499/1, Blatt 14

89 StAM, Spruchkammerakten K 1919 Bd.III: Wegner, Hans, Bl. 9.

90 StAM, Spruchkammerakten K1919 Bd. I: Wegner, Hans, Aussage Kurt Jaretzki

91 StAM, LRA 40970, Erfassung Zu- und Abwanderung von Juden: Verzeichnis der im Landkreis [Wolfratshausen] wohnenden Juden (ohne Datum): Cossmann Paul Nicolaus Israel, geb. 6.4.1869, Musikprofessor, Wohnort Zell; ferner Biographisches Gedenkbuch der Münchner Juden, 244f.

92 StAM, Spruchkammerakten K 939: Koronczyk, Theodor, Öffentl. Sitzung der Spruchkammer vom 29./30.10.47

93 Rosenfeld, The four lives, S. 97

94 StAM, Staatsanwaltschaften 29499 f. Bl. 167

95 Wertheimer, Magdalena Schwarz, S. 449f.

96 StAM, Staatsanwaltschaften 24499 f., Zeugenaussage Magdalena Schwarz vom 11.10.1949

97 ABSchM, 0.8.02. III. Reich Judenverfolgung, Mitteilung des Superiors Pfaffenbüchler wg. Abstimmung am 29.3.1936

98 StAM, Staatsanwaltschaften 29499 f.

99 Dazu Dina Porat, Jews from the Third Reich in Kovno, in: Tel Aviver Jahrbuch für deutsche Geschichte, Bd. XX (1991), S. 363–392. Andreas Heusler, Fahrt in den Tod. Der Mord an den Münchner Juden in Kaunas (Litauen) am 25. November 1941, in: „... verzogen, unbekannt wohin", S. 13–24; Kasberger, Die „Heimanlage für Juden Berg am Laim", S. 350–360

100 StAM, Spruchkammerakten K 1919: Wegner, Hans, 7.8.1905

101 StAM, Spruchkammerakten K 1919: Wegner, Hans, 7.8.1905, Zeuge Emanuel Greifenberg, 16.6.47, Bl. 26

102 Angaben zu einzelnen Personen finden sich in: Biographisches Gedenkbuch der Münchner Juden.

103 Url: http://members.gapoline.de/alois.schwarzmueller/Biographien/altschueler_ludwig_und..., 25.4.2010, Berichte der Gendarmeriestationen Garmisch-Partenkirchen, Wallgau (Zugriff: 30.10.2010)

104 Rosenfeld, The four lives, S. 98

105 Url.: http://members.gapoline.de/alois.schwarzmueller/Biographien/altschueler_ludwig_und..., 25.4.2010 (Zugriff: 30.10.2010)

106 StAM, Staatsanwaltschaften 29499 f.

107 StAM, Staatsanwaltschaften 29499 f., Zeugenaussage vor dem Untersuchungsrichter beim Landgericht München I, 21.9.1950 und 19. Mai 1951

108 StAM, Staatsanwaltschaften 29499 f., Bl. 118

109 StAM, Spruchkammerakten K 939: Koronczyk, Theodor, 26.2.1898, Bl. 44

110 StAM, Staatsanwaltschaften 29499 f., Bl. 369, Schreiben Gerti Spies an den Untersuchungsrichter beim Landgericht München I vom 16.5.1951

111 StAM, Staatsanwaltschaften 29499/1, Schreiben des Generalstaatsanwalts an die Polizeidirektion Augsburg vom 13.12.1949

112 StAM, Staatsanwaltschaften 29499, Bl. 46

113 StAM, Spruchkammerakten K 545: Grahammer, Johann

114 StAM, Staatsanwaltschaften 29499 und 17439 f.: Wegner, Hans

115 StAM, Spruchkammerakten K 1919: Wegner, Hans, 7.8.1905, Spruch vom 20.12.1948

116 StAM, Staatsanwaltschaften 29499 f., Niederschrift des Zeugen Kurt Kahn vom 21.8.1950

117 StAM, Staatsanwaltschaften 29499/1, Niederschrift des Zeugen Julius Bauer vom 25.8.1950

118 StAM, Spruchkammerakten K 956: Krauss, Richard, Ersatzakte, 25.3.1905

119 StAM, Spruchkammerakten K 939: Koronczyk, Theodor, Bl. 81, 26.2.1898, Aussage Judith Hirsch vom 14.5.1947

120 Heusler, Fahrt in den Tod, S. 15

121 Ilse Macek, Walter Geismar (South Caulfield, Australien): „Man konnte nicht glauben, dass Deutsche das tun", in: Macek (Hg.), ausgegrenzt, S. 155–168, hier 160–162

122 Rosenfeld, Four lives, S. 100

123 StAM, Spruchkammerakten K 1919: Wegner, Hans, 7.8.1905; Ilse Macek, Werner Grube – „Mitzunehmen sind sämtliche Kinder mit Gepäck zwecks Wohnsitzverlegung nach Einsatzort, in: Macek (Hg.), ausgegrenzt, S. 128–144, hier 144, Anm. 9

124 StAM, Spruchkammerakten K 1919: Wegner, Hans, 7.8.1905

125 StAM, Staatsanwaltschaften 29499/1, Vernehmungsschrift Johann Pfeuffer vom 30.12.1949, Bl. 74f.

126 Biographisches Gedenkbuch der Münchner Juden, S. 86

127 StAM, Staatsanwaltschaften 29499, Dr. Julius Spanier, Protokoll in der Voruntersuchung gegen Pfeuffer, Johann, vom 10.10.1950

128 Ich danke Herrn Thomas Walter, dass er mir die Aufzeichnungen der Zeitzeugin Irmgard Kranich zur Verfügung stellte.

129 StAM, Staatsanwaltschaften 29499, Zeugenaussage Julius Bauer vom 25.8.1950

130 Grube/Macek, Das Kinderheim, S. 97

131 Grube/Macek, Das Kinderheim, S. 97

132 StAM, Staatsanwaltschaften 29499 f., Bl. 176: Zeugenaussage Luise Lisberger vom 7.9.1959

133 StAM, Spruchkammerakten K 1919: Wegner, Hans, 7.8.1905, Spruch vom 20.12.1948.

134 StAM, Staatsanwaltschaften 29499, Vernehmung Almuth Mezger durch die Gemeindepolizei Oberstdorf vom 5.9.1950

135 Kühn-Stillmark, Autorin, S. 140

136 BayHStA, LEA 1674 BEG 31409, 1955/62, Eidesstattliche Erklärung Dr. Tilla Kratz vom 2.1.1956

137 StAM, Staatsanwaltschaften 29499/1, Bl. 23, Auszug aus Spruchkammerakt: Aussage Theodor Koronczyk, vom 23.10.1948

138 StAM, Spruchkammerakten K 939: Koronczyk, Theodor, Bl. 46, 26.2.1898

139 StAM, Staatsanwaltschaften 29499, Aussage Fanny Herrmann vom 22.11.1950

140 StAM, Spruchkammerakten K 558: Grimm, Gerhard, geb. 1.12.1910, und K 487, Gassner, Georg, geb. 26.11.1905

141 StAM, Staatsanwaltschaften 29499/1, Bl. 146 f.: Aussage Dr. Margarete Cosmann vom 14.8.1950

142 Krauss, Zurückbleiben und Abschied, S. 30–38

143 StAM, Spruchkammerakten K 939: Koronczyk, Theodor, 26.2.1898, Urteil vom 15.11.48. Dazu Beate Meyer, Handlungsspielräume regionaler Repräsentanten 1941–1945. Die Reichsvereinigung der Juden in Deutschland und die Deportationen, in: Beiträge zur Geschichte des Nationalsozialismus, Bd. 20, Göttingen 2004, S. 63–85; Kasberger, Hans Wegner

144 Gespräch mit Hanna Cooper, 11.4.2010

145 Gespräch mit Hanna Cooper, 11.4.2010

146 Gespräch mit Hanna Cooper, 11.4.2010

147 BayHStA, LEA 1674 BEG 31409, 1955/62, Eidesstattliche Erklärung Dr. Tilla Kratz vom 2.1.1956 und Else Rosenfeld vom 21.12.1955

148 Url.: http://www.stiftung-bg.de/kz-oranienburg/index.php (Zugriff am 5.8.2010)

149 Oikos, Von der Feuerstelle zur Mikrowelle. Haushalt und Wohnen im Wandel. Stuttgart 1992, Ausstellungskatalog

150 Wolfgang Roell, Sozialdemokraten in Buchenwald 1937–1945, Göttingen 2000, S. 100

151 BayHStA, LEA 1674 BEG 31409, 1955/62, Eidesstattliche Erklärung Magdalena Heilmann vom 12.1.1956; Goldschagg, Das Leben des Journalisten, S. 166

152 Kosmala, Stille Helden; Url.: www.bundestag.de/dasparlament/2007/14–15/Beilage (Zugriff am 20.6.2010)

153 Rainer Sandvoß, Widerstand am Kreuzberg. Reihe Widerstand in Berlin 1933–1945, Gedenkstätte deutscher Widerstand, Bd. 10, Berlin 2. Aufl. 1997, S. 74–76; Die politischen Häftlinge. Konzentrationslager Oranienburg. Ernst Heilmann, Url.: www.stiftung-bg.de/kz-oranienburg/index.phb?id (Zugriff am 30.10.2011)

154 BayHStA, LEA 1674, K-Akte 1674 BEG 31409, 1955/62, Eidesstattliche Erklärung Magdalena Heilmanns für das Landesentschädigungsamt. Rosenfeld, Elsbeth (geb. 1.5.91)

155 Gespräch mit Hanna Cooper, 11.4.2010. Hubertus Knabe, Die unterwanderte Republik – Stasi im Westen, Berlin 1999; Hermann Weber/Gerda Weber, Leben nach dem „Prinzip links". Erinnerungen aus fünf Jahrzehnten, Berlin 2006

156 Goldschagg, Das Leben des Journalisten, S. 145

157 Hartmut Mehringer, Waldemar von Knoeringen. Eine politische Biographie. Der Weg vom revolutionären Sozialismus zur sozialen Demokratie, München 1989, S. 213–228

158 Rosenfeld, The four lives, S. 120

159 Rosenfeld, The four lives, S. 119

160 Rosenfeld, The four lives, S. 118

161 Stadtarchiv Freiburg, Nachlass Stefan Meier (1889–1944) K1/85, Weihnachtskarte Else Rosenfeld an Luise Meier vom 18. Dezember 1967

162 Goldschagg, Das Leben des Journalisten, S. 269f.

163 Rosenfeld, The four lives, S. 120

164 K. H. Heiliger, Retter und Gerettete – Fluchthilfe für Juden im Gottmadinger Grenzgebiet während des Zweiten Weltkrieges durch Josef und Elise Höfler und Andere, Gottmadingen, Vortrag 14.3.2003 (Masch. Manuskript)

165 Luise Meier, Erinnerungen

166 IFZ, MA 1500/50, Rosenfeld Elisabeth: Fragebogen. BAB, E4264(-) 1985/196 Bd. 1902, Dossier-Nr.: 22262, Rosenfeld-Behrend Elsbeth, Bericht Gfr. O. Brunner, Polizeikommando Schaffhausen. Politische Abteilung, vom 30. April 1944

167 Url.: www.gruene-soest.de (Zugriff am 24.6.2010): Zur Solidarität mit verfolgten Juden während der NS-Zeit. Langjährige Soesterin Luise Meier betrieb Fluchtnetzwerk in die Schweiz

168 Franco Battel, „Wo es hell ist, dort ist die Schweiz". Flüchtlinge und Fluchthilfe an der Schaffhauser Grenze zur Zeit des Nationalsozialismus, Zürich 2000, S. 211, Fußnote 136

169 Url.: www.gruene-soest.de (Zugriff am 24.6.2010): Zur Solidarität mit verfolgten Juden während der NS-Zeit, S. 7

170 Unabhängige Expertenkommission Schweiz – Zweiter Weltkrieg, Die Schweiz und die Flüchtlinge zur Zeit des Nationalsozialismus, Bern 1999, S. 153

171 Battel, „Wo es hell ist", S. 147. BAR E 4264 (1985/196); STASH, Flüchtlinge E., Protokolle der Einvernahme von Flüchtlingen durch Schweizer Behörden, dort Else Rosenfelds Protokoll und Berichte zu den 6 Flüchtlingen

172 Rosenfeld, The four lives, S. 126f.

173 Battel, „Wo es hell ist", S. 229

174 BayHStA, LEA 1674 BEG 31409, 1955/62, Else Rosenfeld, Eidesstattl. Versicherung

ANMERKUNGEN – Siegfried Rosenfeld

1 Karteikarte des Quäkers Rudolf Cohen zu Siegfried Rosenfeld, freundlicherweise zur Verfügung gestellt von Rudolf Cohen jun. Außerdem Zahn, Annemarie und Rudolf Cohen, S. 19

2 Zum Exilland Argentinien Arnold Spitta, Argentinien, in: Claus-Dieter Krohn u. a. (Hg.), Handbuch der deutschsprachigen Emigration 1933–1945, Darmstadt 1998, S. 143–162

3 Karteikarte des Quäkers Rudolf Cohen zu Siegfried Rosenfeld

4 Biographisches Handbuch, Bd. I, S. 531

5 Karteikarte des Quäkers Rudolf Cohen zu Siegfried Rosenfeld

6 Biographisches Handbuch, Bd. II/1, S. 479f.

7 Biographisches Handbuch, Bd. II/1, S. 283f.

8 Biographisches Handbuch, Bd. II/2, S. 997f.

9 Axel Paul, Sohn-Rethel auf dem Zauberberg. Über phantastische Ideen, intellektuelle Isolation und den Abstieg der Philosophie zur

Wissenschaft, in: Ulrich Bröckling/Axel T. Paul/Stefan Kaufmann (Hg.), Vernunft – Entwicklung – Leben. Schlüsselbegriffe der Moderne, München 2004, S. 73–96

10 Chappell, Island of Barbed Wire, bes. S. 45–58; Gillman/Gillman, Collar the lot
11 Biographisches Handbuch, Bd. I, S. 828.
12 Biographisches Handbuch, Bd. I, S. 539
13 Url: http://www.bodleian.ox.ac.uk/bodley/about/history (Zugriff 15.08.2010)
14 StAM, LRA 40970, ohne Datum
15 Encyclopaedia Judaica, Bd. 4, S. 253–254
16 Lexikon des Judentums, Gütersloh 1971, Sp. 263
17 IFZ, MA 1500/50 Rosenfeld, Elisabeth (Elsbeth) mit Fragebogen und ausführlichen Angaben zu den Geschwistern und Kindern
18 Biographisches Handbuch, Bd. II/2, S. 724f.
19 Bosco, Federal Union
20 Biographisches Handbuch, Bd. II/2, S. 802
21 Claus-Dieter Krohn u. a., Zufluchtsländer: Arbeits- und Lebensbedingungen im Exil. Einleitung, in: Handbuch der deutschsprachigen Emigration, S. 129–134, 131
22 Zahn, Annemarie und Rudolf Cohen in München, S. 20
23 Thomas Keller, Lieux de migrations – lieux de mémoires franco-allemand, Aix-en-Procence 2007; als Quellensammlung Ulrike Sasse-Voswinckel/Frank Berninger (Hg.), Exil am Mittelmeer. Deutsche Schriftsteller in Südfrankreich 1933–1941, München 2005
24 Biographisches Handbuch Bd. I, S. 92f.
25 Karoline von Graevenitz, Verlust eines Freundes. Zum Tode von Eduard Goldstücker, in: Unikon, Journal der Universität Konstanz , Heft 1 (2001), S. 28f.

26 Biographisches Handbuch, Bd. I, S. 8f.
27 Biographisches Handbuch, Bd. I, S. 666f.
28 Biographisches Handbuch, Bd. I, S. 782–784
29 Biographisches Handbuch, Bd. I, S. 63.
30 Maurice Cowling, The Impact of Hitler. British Policies and Policy 1933–1940, Cambridge University Press 1975, S. 416
31 BayHStA, LEA, K-Akte 1674 BEG 31409, Rosenfeld, Elsbeth (geb. 1.5.91), 1955/62, Eidesstattl. Erklärung Tilla Kratz vom 2.1.1956 (wohnh. Icking Haus Nr. 18½)
32 BayHStA, LEA, K-Akte 1674 BEG 31409, Rosenfeld, Elsbeth (geb. 1.5.91), 1955/62, Eidesstattl. Erklärung Else Rosenfeld vom 21.12.1955
33 Biographisches Handbuch Bd. II/1, S. 69
34 BayHStA, LEA, K-Akte 1674 BEG 31409, Rosenfeld, Elsbeth (geb. 1.5.91), 1955/62, Eidesstattl. Erklärung Else Rosenfeld vom 21.12.1955
35 Grenville, The Association of Jewish Refugees, S. 96f.
36 Biographisches Handbuch, Bd. I, S. 8
37 Zu ihrem Schicksal das Buch Harris/Oppenheimer, Kindertransport
38 BayHStA, LEA K-Akte 1674 BEG 31409, Rosenfeld, Elsbeth (geb. 1.5.91), 1955/62, Eidesstattl. Erklärung Else Rosenfeld vom 21.12.1955
39 David H. Culbert, Mission to Moscow, University of Wisconsin Press 1980
40 Biographisches Handbuch, Bd. II/1, S. 658
41 Demnächst Veronika Diem, Die Freiheitsaktion Bayern, Diss. München 2010
42 Ruth D. Edwards, Victor Gollancz. A biography, London 1987

ANMERKUNGEN – Epilog

1 IFZ, MA 1500/50, Rosenfeld Elisabeth, Fragebogen
2 Telefongespräch mit Herrn Angelo Scharner am 5.8.2010, der Pfarrer Michaelis seit seiner Kindheit kannte, ihm nach seiner Erblindung viele Jahre vorlas und heute im Pfarrhaus lebt.
3 IFZ, MA 1500/50, Rosenfeld Elisabeth: Fragebogen für das Biographische Handbuch der deutschsprachigen Emigration, S. 5

4 Sozialistische Mitteilungen der London-Vertretung der SPD, Nr. 95/96 [richtig 96/97] vom Februar/März 1947. Url.: http://library.fes.de/fulltext/sozmit/1947-096.htm. (Zugriff: 28.4.2010)
5 Mehringer, Waldemar von Knoeringen, S. 245f.
6 StAM, Wiedergutmachungsbehörde Ia-4433

BIBLIOGRAFIE

– Ungedruckte Quellen

Bundesarchiv (BArch)Berlin,
Berlin Document Center (BDC)
Schweizerisches Bundesarchiv Bern (BAB)
E 4264-1985/196 Bd. 1902, Dossier 22262
Bayerisches Hauptstaatsarchiv München (BayHStA)
Landesentschädigungsamt
Staatskanzlei

Staatsarchiv München (StAM)
Finanzamt (FA)
Gestapo
Landratsamt (LRA)
Regierungsakten (RA)
Spruchkammerakten
Staatsanwaltschaften
Wiedergutmachungsbehörde (WB)
Geheimes Preußisches Staatsarchiv Berlin-Dahlem
I HA Rep 84a D
I HA Rep 169 D Landtag I J, 32 e

I HA Rep 169 D, XI d G Nr. 4 adh. 3

Rep. 90a, Protokolle des Staatsministeriums MF

Preußischer Landtag, Stenografische Protokolle 1920–1933

Stadtarchiv Freiburg (StadtAF)

Nachlass Stefan Meier

Stadtarchiv Weimar

Leo-Baeck-Foundation New York

Ernest Hamburger Collection

Institut für Zeitgeschichte

MA 1500

Archiv der Friedrich Ebert-Stiftung,

SPD Parteivorstand

Nachlass Willi Eichler

Nachlass des Deutschen Landarbeiter-Verbandes

Archiv der Barmherzigen Schwestern München (ABSchM)

0.8.02. III Reich

Privatarchiv Hanna Cooper

BBC, April/Mai 1963,

„An old lady remembers", Interviewer James Parker

Privatarchiv Helmut Kolmeder

– Gedruckte Quellen

Behrend-Rosenfeld, Else: Verfemt und verfolgt. Leben einer Jüdin in Deutschland 1933–1944, Zürich 1945.

Dies.: Leben und Sterben der Münchner Gemeinde 1938–1942, in: Hans Lamm (Hg.), vergangene Tage, Jüdische Kultur in München, München 1982, S. 452–457.

Rosenfeld, Else/Luckner, Gertrud (Hg.): Lebenszeichen aus Piaski. Briefe Deportierter aus dem Distrikt Lublin 1940–1943, München 1968.

Rosenfeld, Elsbeth: The four lives of Elsbeth Rosenfeld as told by her to the BBC with a foreword by James Parker, London 1965.

Sozialistische Mitteilungen der London-Vertretung der SPD, issued by the London Representative of the German Social Democratic Party, Nr. 96/97 (1947), S. 18. (Url.: http://library.fes.de/fulltext/ sozmit/1947-096.htm. Zugriff am 28.4.2010).

Wegner, Hans: Tätigkeits- und Abschlussbericht zum 30. Juni 1943, in: „.... verzogen, unbekannt wohin". Die erste Deportation von Münchner Juden im November 1941, hg. vom Stadtarchiv München, München 2000, Dokument Nr. 2, o. S.

Literatur

Aly, Götz: Hitlers Volksstaat, Raub, Rassenkrieg und nationaler Sozialismus, Frankfurt a. Main 2005.

Angress, Werner T.: Generation zwischen Furcht und Hoffnung. Jüdische Jugend im Dritten Reich, Hamburg 1985.

Battel, Franco: „Wo es hell ist, dort ist die Schweiz". Flüchtlinge und Fluchthilfe an der Schaffhauser Grenze zur Zeit des Nationalsozialismus, Zürich 2000.

Benz, Wolfgang (Hg.): Die Juden in Deutschland 1933–1945. Leben unter nationalsozialistischer Herrschaft, München 1988.

Bergmann, Martin S./Jucovy, Milton E./Kestenberg, Judith S. (Hg.): Kinder der Opfer. Kinder der Täter. Psychoanalyse und Holocaust, Frankfurt a. Main 1998.

Biographisches Gedenkbuch der Münchner Juden 1933–1945, hg. vom Stadtarchiv München, München 2003.

Biographisches Handbuch der deutschsprachigen Emigration nach 1933, hg. vom Institut für Zeitgeschichte München/Research Foundation for Jewish Immigration New York, unter der Leitung von Werner Röder/ Herbert A Strauss, München u. a. 1980–1983, Bd. I., II/1, II/2.

Bosco, Andrea: Federal Union and the origins of the "Churchill proposals". The federalist debate in the United Kingdom from Munich to the fall of France 1938–1940, London u. a. 1992.

Brinson, Charmian u. a. (Hg.): „England? Aber wo liegt es?" Deutsche und österreichische Emigranten in Großbritannien 1933–1945, München 1996.

Bröckling, Ulrich/Paul, Axel T./ Kaufmann, Stefan (Hg.): Vernunft – Entwicklung – Leben. Schlüsselbegriffe der Moderne, München 2004.

Broszat, Martin/Fröhlich, Elke (Hg.): Bayern in der NS-Zeit. Herrschaft und Gesellschaft im Konflikt, München u. a. 1983.

Chappell, Connery: Island of Barbed Wire. Internment on the Isle of Man in Wold War Two, London 1984.

Christoph, Jürgen: Die politischen Amnestien 1918–1933, Frankfurt a. Main 1988.

Cowling, Maurice: The Impact of Hitler. British Policies and Policy 1933–1940, Cambridge University Press 1975.

Culbert, David H.: Mission to Moscow, University of Wisconsin Press 1980.

Diem, Veronika: Die Freiheitsaktion Bayern, Diss. München 2010.

Edwards, Ruth D.: Victor Gollancz. A biography, London 1987.

Encyclopaedia Judaica, Bd. 4, Ort und Jahr

Gerhard, Ute: Unerhört. Die Geschichte der deutschen Frauenbewegung, Reinbek bei Hamburg 1991.

Gestrich, Andreas/Krauss, Marita (Hg.): Zurückbleiben. Der vernachlässigte Teil der Migrationsgeschichte, Stuttgart 2006.

Dies. (Hg.): Migration und Grenze, Stuttgart 1999.

Gillman, Peter/Gillman, Leni: „Collar the Lot!" How Britain interned and expelled its Wartime Refugees, London 1980.

Goldhagen, Daniel: Hitlers willige Vollstrecker. Ganz gewöhnliche Deutsche und der Holocaust, Berlin 1996.

Goldschagg, Edmund: Das Leben des Journalisten, Sozialdemokraten und Mitbegründers der „Süddeutschen Zeitung", nacherzählt von Hans Dollinger, München 1986.

v. Graevenitz, Karoline: Verlust eines Freundes. Zum Tode von Eduard Goldstücker, in: Unikon, Journal der Universität Konstanz , Heft 1 (2001), S. 28f.

Grenville, Anthony/Reiter, Andrea (Hg.): „I didn't want to float; I wanted to belong to something". Refugee Organizations in Britain 1933–1945, Amsterdam/New York 2008.

Grenville, Anthony: The Association of Jewish Refugees, in: Anthony Grenville/Andrea Reiter (Hg.), „I didn't want to float; I wanted to belong to something". Refugee Organizations in Britain 1933–1945, Amsterdam/New York 2008, S. 89–112.

Grube, Werner/Macek, Ilse: Das Kinderheim der Israelitischen Kultusgemeinde e.V. in der Antonienstraße 7, in: Ilse Macek (Hg.), ausgegrenzt – entrechtet – deportiert. Schwabing und Schwabinger Schicksale 1933–1945, München 2008, S. 87–104.

Harris, Mark Jonathan/Oppenheimer, Deborah: Kindertransport in eine fremde Welt. Mit einem Vorwort von Lord Richard Attenborough, aus dem Amerikanischen von Jerry Hofer, München 2000.

Hecker, Hans (Hg.): Grenzen. Gesellschaftliche Konstitutionen und Transfigurationen, Essen 2006.

Heiber, Helmut: Aus den Akten des Gauleiters Kube, in: Vierteljahrshefte für Zeitgeschichte 1 (1956), S. 67–92.

Heiliger, K. H.: Retter und Gerettete – Fluchthilfe für Juden im Gottmadinger Grenzgebiet während des Zweiten Weltkrieges durch Josef und Elise Höfler und Andere, Gottmadingen, Vortrag 14.3.2003 (Masch. Manuskript).

Heim, Susanne/Meyer, Beate/Nicosia, Francis R. (Hg.): „Wer bleibt, opfert seine Jahre, vielleicht sein Leben", Deutsche Juden 1938–1941, Göttingen 2010.

Heusler, Andreas: Fahrt in den Tod. Der Mord an den Münchner Juden in Kaunas (Litauen) am 25. November 1941, in: „... verzogen, unbekannt wohin". Die erste Deportation von Münchner Juden im November 1941, hg. vom Stadtarchiv München, München 2000, S. 13–24.

Ders./Weger, Tobias: „Kristallnacht". Gewalt gegen die Münchner Juden im November 1938, München 1998.

Hirschfeld, Gerhard (Hg.): Exil in Großbritannien. Zur Emigration aus dem nationalsozialistischen Deutschland, Stuttgart 1983.

Holl, Oskar/Bäumler, Klaus (Hg.): Stille Helfer: Die Quäker in der NS-Zeit. Das Hilfsnetz von Annemarie und Rudolf Cohen in München, Url.:=http://www.munchen.de/ba/03/ba_info/docs/Stille Helfer.pdf. (Zugriff am 3.3.2010).

Jörgensen, Kirsten/Krafft, Sybille: „Wir lebten in einer Oase des Friedens". Die Geschichte einer jüdischen Frauenschule 1926–1938, München 2009.

Kaplan, Marion: „Der Mut zum Überleben." Jüdische Frauen und ihre Familien in Nazideutschland, Berlin 2001.

Kasberger Erich: Karrierewege Münchner Gestapobeamter aus dem ‚Judenreferat'. Eine Kollektivbiographie, in: Marita Krauss (Hg.), Rechte Karrieren in München von der Weimarer Zeit bis in die Nachkriegsjahre, München 2010, S. 189–229.

Ders.: Hans Wegner und Theodor Koronczyk – zwei Pole des Täterspektrums, in: Krauss, Marita (Hg.), Rechte Karrieren in München von der Weimarer Zeit bis in die Nachkriegsjahre, München 2010, S. 230–244.

Ders.: Die Barmherzigen Schwestern, in: Christl Knauer-Nothaft/Erich Kasberger, Berg am Laim. Von den Siedlungsanfängen zum modernen Stadtteil Münchens, München 2007, S. 286–291.

Ders.: Die „Heimanlage für Juden Berg am Laim", in: Christl Knauer-Nothaft/Erich Kasberger, Berg am Laim. Von den Siedlungsanfängen zum modernen Stadtteil Münchens, München 2007, S. 341–380.

Ders.: Heldinnen waren wir keine. Frauenalltag in der NS-Zeit, Hamburg 1995.

Ders., Michaeli-Gymnasium, in Zusammenarbeit mit der Klasse 11d: Jüdische Schicksale, Lager, Widerstand in Berg am Laim zur Zeit des Nationalsozialismus, München 1985.

Dies.: Die nationalsozialistische Gewaltherrschaft und München Berg Am Laim, ihr Ende und ihre Folgen. Dokumentation, München ²1985.

Dies.: „Heimanlage für Juden Berg am Laim", in: Landeshauptstadt München (Hg.), Verdunkeltes München. Geschichtswettbewerb 1985/86. Die nationalsozialistische Gewaltherrschaft, ihr Ende und ihre Folgen, Buchendorf 1987, S. 21–50.

Dies.: Die Lager in Berg am Laim, in: Landeshauptstadt München (Hg.), Verdunkeltes München, S. 80–97.

Dies.: Justiz nach 1945 – Strafsache Albin Übelacker, in: Landeshauptstadt München (Hg.), Verdunkeltes München, S. 218–224.

Keller, Thomas : Lieux de migrations – lieux de mémoires franco-allemand, Aix-en-Procence 2007.

Kershaw, Ian: Reaktionen auf die Judenverfolgung, in: Martin Broszat/Elke Fröhlich (Hg.), Bayern in der NS-Zeit. Herrschaft und Gesellschaft im Konflikt, München u. a. 1983, Bd. II, S. 281–348.

Knabe, Hubertus: die unterwanderte Republik – Stasi im Westen, Berlin 1999.

Knauer-Nothaft, Christl/Kasberger, Erich: Berg am Laim. Von den Siedlungsanfängen zum modernen Stadtteil Münchens, München 2007.

Kompisch, Kathrin (Hg.): Täterinnen. Frauen im Nationalsozialismus, Köln 2008.

Kosmala, Beate: Rettung von Juden im nationalsozialistischen Deutschland 1933–1945. Ein Forschungsprojekt am Zentrum für Antisemitismusforschung der Technischen Universität Berlin, AHF-Jahrbuch, München 1998.

Dies.: Stille Helden, in: Politik und Zeitgeschichte 14 (2007).

Dies.: Stille Helden, Url.: www.bundestag.de/dasparlament/2007/14–15/ Beilage (Zugriff am 20.6.2010).

Krafft, Sybille: „Wir lebten in einer Oase des Friedens", Land und Leute, Bayern 2 Radio, 20.11.2009.

Krauss Marita: Leben in zwei Welten – Else und Siegfried Rosenfeld. Tagebücher eines jüdischen Paares in Deutschland und im Exil, Hörbuch, München 2011.

Dies.: Grenze und Grenzwahrnehmung bei Emigranten in der NS-Zeit, in: Andreas Gestrich/Marita Krauss (Hg.), Migration und Grenze, Stuttgart 1999, S. 61–82.

Dies.: Heimkehr in ein fremdes Land. Geschichte der Remigration nach 1945, München 2001.

Dies.: Zurückbleiben und Abschied. Das Beispiel NS-Zeit in: Andreas Gestrich/Marita Krauss (Hg.), Zurückbleiben. Der vernachlässigte Teil der Migrationsgeschichte, Stuttgart 2006, S. 27–48.

Dies./Will, Herbert: Innensichten. Grenzüberschreitungen bei Emigranten der NS-Zeit in interdisziplinärer Annäherung, in: Hans Hecker (Hg.), Grenzen. Gesellschaftliche Konstitutionen und Transfigurationen, Essen 2006, S. 57–72.

Dies. (Hg.): Rechte Karrieren in München von der Weimarer Zeit bis in die Nachkriegsjahre, München 2010.

Dies. (Hg.): Sie waren dabei. Mitläuferinnen, Nutznießerinnen, Täterinnen im Nationalsozialismus, Göttingen 2008.

Krohn, Claus-Dieter u. a. (Hg.): Handbuch der deutschsprachigen Emigration 1933–1945, Darmstadt 1998.

Ders. u. a.: Zufluchtsländer: Arbeits- und Lebensbedingungen im Exil. Einleitung, in: Handbuch der deutschsprachigen Emigration, S. 129–134.

Kühn-Stillmark, Uta: Autorin, in: Schmidt, Eva: Jüdische Familien im Weimar der Klassik und Nachklassik und ihr Friedhof, in memoriam Dr. Else Behrend-Rosenfeld, Weimar ²1993, S. 139–143.

Kundrus, Birthe/Meyer, Beate (Hg.), Die Deportation der Juden aus Deutschland. Pläne – Praxis – Reaktionen. 1938–1945, Göttingen 2004.

Lamm, Hans (Hg.): Vergangene Tage. Jüdische Kultur in München, München 1982.

Lafitte, Francois: The Internment of Aliens, 1. Great Britain. Aliens. Internment, erste Auflage London 1940, zweite Auflage London 1988.

Lexikon des Judentums, Gütersloh 1971.

Löw, Konrad: Deutsche Geschichte(n). Juden unerwünscht, in: FAZ, 1.3.2007, S. 7.

Longerich, Peter: „Davon haben wir nichts gewusst!" Die Deutschen und die Judenverfolgung 1933–1945, München 2006.

Macek, Ilse (Hg.): ausgegrenzt – entrechtet – deportiert. Schwabing und Schwabinger Schicksale 1933–1945, München 2008.

Dies.: Walter Geismar (South Caulfield, Australien): „Man konnte nicht glauben, dass Deutsche das tun", in: dies. (Hg.), ausgegrenzt – entrechtet – deportiert. Schwabing und Schwabinger Schicksale 1933–1945, München 2008, S. 155–168.

Dies.: Werner Grube – „Mitzunehmen sind sämtliche Kinder mit Gepäck zwecks Wohnsitzverlegung nach Einsatzort, in: dies, (Hg.), ausgegrenzt – entrechtet – deportiert. Schwabing und Schwabinger Schicksale 1933–1945, München 2008, S. 128–144.

Malet, Maria/Grenville, Anthony: Changing Countries. The Experience and Achievement of German-Speaking Exiles from Hitler in Britain from 1933 to Today, London 2002.

Mehringer, Hartmut: Waldemar von Knoeringen. Eine politische Biographie. Der Weg vom revolutionären Sozialismus zur sozialen Demokratie, München 1989.

Meyer, Beate: Handlungsspielräume regionaler jüdischer Repräsentanten (1941–1945), in: Birthe Kundrus/Beate Meyer (Hg.), Die Deportation der Juden aus Deutschland. Pläne – Praxis – Reaktionen. 1938–1945, Göttingen 2004, S. 63–85.

Mosse, Werner/Paucker, Arnold: Entscheidungsjahr 1932. Die Judenfrage in der Endphase der Weimarer Republik, Tübingen 1965.

„München – Hauptstadt der Bewegung", Katalog des Münchner Stadtmuseums, München 1994.

Oikos: Von der Feuerstelle zur Mikrowelle. Haushalt und Wohnen im Wandel. Ausstellungskatalog, Stuttgart 1992.

Pabst, Martin: U- u. S-Bahnfahrzeuge in Deutschland, München 2000.

Paucker, Arnold: Speaking English with an accent, in: Charmian Brinson u. a. (Hg.), „England? Aber wo liegt es?" Deutsche und österreichische Emigranten in Großbritannien 1933–1945, München 1996, S. 21–32.

Paul, Axel: Sohn-Rethel auf dem Zauberberg. Über phantastische Ideen, intellektuelle Isolation und den Abstieg der Philosophie zur Wissenschaft, in: Ulrich Bröckling/Axel T. Paul/Stefan Kaufmann (Hg.), Vernunft – Entwicklung – Leben. Schlüsselbegriffe der Moderne, München 2004, S. 73–96.

Peitsch, Helmut: „Deutschlands Gedächtnis an seine dunkelste Zeit". Zur Funktion der Autobiographik in den Westzonen Deutschlands und den Westsektoren von Berlin 1945 bis 1949, Berlin 1990, S. 165–177.

Porat, Dina: Jews from the Third Reich in Kovno, in: Tel Aviver Jahrbuch für deutsche Geschichte, Bd. XX (1991), S. 363–392.

Rademacher, Michael: Deutsche Verwaltungsgeschichte von der Reichsvereinigung bis zur Wiedervereinigung 1990: Die Länder des Deutschen Reichs 1871–1945, Bayern, Kreis Berchtesgaden, Url.: http://www.verwaltungsgeschichte.de/index.html (Zugriff: 20.2.2011).

Religiöse Gemeinschaft der Freunde (Quäker) (Hg.): Lebensbilder deutscher Quäker während der NS-Herrschaft 1933–1945. Sammlung von Schicksalen aus der Erinnerung, aus Briefen, Zeitungsartikeln und anderen Dokumenten, Bad Pyrmont 1992.

Ritchie, James M.: German speaking exiles in Great Britain, Amsterdam 2001.

Ders.: Exile in Great Britain, in: Charmian Brinson u. a. (Hg.), „England? Aber wo liegt es?" Deutsche und österreichische Emigranten in Großbritannien 1933–1945, München 1996. S. 9–20.

Roell, Wolfgang: Sozialdemokraten in Buchenwald 1937–1945, Göttingen 2000.

Rosenfeld, Gavriel D.: Architektur und Gedächtnis. München und Nationalsozialismus. Strategien des Vergessens. Aus dem Amerikanischen von Uli Nickel und Bernadette Ott, Ebenhausen bei München 2004.

Sandvoß, Rainer: Widerstand am Kreuzberg. Reihe Widerstand in Berlin 1933–1945, Gedenkstätte deutscher Widerstand, Bd. 10, Berlin 2. Aufl. 1997.

Sasse-Voswinckel, Ulrike/Berninger, Frank (Hg.): Exil am Mittelmeer. Deutsche Schriftsteller in Südfrankreich 1933–1941, München 2005.

Sauer, Paul: Für Recht und Menschenwürde. Lebensbild von Otto Hirsch (1885–1941), Gerlingen 1985.

Schieb, Barbara: Möglichkeiten und Grenzen der Helferforschung heute – Quellen und exemplarische Fragestellungen, Podiumsbeitrag in der 3. Internationalen Konferenz zur Holocaustforschung Helfer, Retter und Netzwerker des Widerstands, am 27./28. 1.2011 in Berlin.

Schilde, Kurt : Grenzüberschreitende Flucht und Fluchthilfe (1941–1945): Ereignisse, Interessen, Motive, in: Beate Kosmala/Claudia Schoppmann (Hg.), Solidarität und Hilfe für Juden während der NS-Zeit. Bd. 5 Überleben im Untergrund. Hilfe für Juden in Deutschland 1941–1945, Berlin 2002, S. 151–190.

Schirrmacher, Gerd: Hertha Kraus – Zwischen den Welten. Biographie einer Sozialwissenschaftlerin und Quäkerin (1897–1968), Frankfurt a. Main u. a. 2002.

Schoppmann, Claudia: „Fortgesetzte Beihilfe zur illegalen Auswanderung von Juden nach der Schweiz". Das Hilfsnetz um Luise Meier und Josef Höfler, in: Wolfram Wette (Hg.), Stille Helden. Judenretter im Dreiländereck während des Zweiten Weltkriegs, Freiburg 2005, S. 163–178.

Schmitt, Hans H.: Quakers and Nazis. Inner Light in Outer Darkness, Columbia (University of Missouri Press) 1997.

Schröder, Wilhelm Heinz: Biographien sozialdemokratischer Parlamentarier in den deutschen Reichs- und Landtagen 1867–1933, BIOSOP-Datenbank, Url: http://biosop.zhsf.uni-koeln.de/biosop_db/biosop_db.php (Zugriff 13.März 2011).

Seyfert, Michael: „His Mayesty's Most Loyal Internees": Die Internierung und Deportation deutscher und österreichischer Flüchtlinge als „enemies aliens". Historische, kulturelle und literarische Aspekte, in: Gerhard Hirschfeld (Hg.), Exil in Großbritannien. Zur Emigration aus dem nationalsozialistischen Deutschland, Stuttgart 1983, S. 155–182.

Spitta, Arnold: Argentinien, in: Claus-Dieter Krohn u. a. (Hg.), Handbuch der deutschsprachigen Emigration 1933–1945, Darmstadt 1998, S. 143–162.

Steinbach, Peter: Das Leiden – zu schwer und zu viel. Zur Bedeutung der Massendeportation von südwestdeutschen Juden, in: Tribüne – Zeitschrift zum Verständnis des Judentums, 49, 195 (2010), S. 109–120.

Stent, Ronald: A Bespattered Page? The Internment of His Majesty's „most loyal enemy aliens", London 1980.

Strnad, Maximilian: Zwischenstation „Judensiedlung". Verfolgung und Deportation der jüdischen Münchner 1941–1945, München 2011.

Tennstedt, Florian: Arbeiterbewegung und Familiengeschichte bei Eduard Bernstein und Ignaz Zadek. Hilfswissenschaftliche Mitteilungen zu persönlichen Aspekten von Revisionismus und Sozialreform bei deutschen Sozialdemokraten, in: IWK Internationale Wissenschaftliche Korrespondenz zur Geschichte der deutschen Arbeiterbewegung 18 (1982), S. 451–481.

Unabhängige Expertenkommission Schweiz – Zweiter Weltkrieg, Die Schweiz und die Flüchtlinge zur Zeit des Nationalsozialismus, Bern 1999.

Wanninger, Susanne: „Zwischen Politik und Bibliothek. Die Karriere des Dr. Rudolf Buttmann – eine Musterkarriere", Diss. masch. München 2011.

Weber, Hermann/Weber, Gerda: Leben nach dem „Prinzip links". Erinnerungen aus fünf Jahrzehnten, Berlin 2006.

Wertheimer, Waltraut: Magdalena Schwarz, in: Ilse Macek (Hg.), ausgegrenzt – entrechtet – deportiert. Schwabing und Schwabinger Schicksale 1933–1945, München 2008, S. 449 f.

Wette, Wolfram (Hg.): Stille Helden. Judenretter im Dreiländereck während des Zweiten Weltkriegs, Freiburg 2005.

Wietog, Jutta: Bevölkerungsstatistik im Dritten Reich, in: Statistisches Bundesamt, Wirtschaft und Statistik 7 (2001), Wiesbaden 2008.

Wriggins, Howard: Picking up the Pieces from Portugal to Palestine. Quaker Refugee Relief in World War II. A Memoir, Lanham u. a . 2004.

Zahn, Peter: Annemarie und Rudolf Cohen in München: Hilfe für Verfolgte 1938–1940, in: Oskar Holl/Klaus Bäumler (Hg.), Stille Helfer: Die Quäker in der NS-Zeit. Das Hilfsnetz von Annemarie und Rudolf Cohen in München. Der Maxvorstädter Online, München 2009.

Zellinger-Kratzl, Hildegard: 175 Jahre Barmherzige Schwestern in Bayern, 1832–2007, hg. Kongregation der Barmherzigen Schwestern, München 2007.

Zeitungen

Vossische Zeitung vom 4.9.1932.

Stadtteilzeitung „Hallo – Berg am Laim", München, vom 16.1.1987.

Amtsblatt der Landeshauptstadt München, Nr. 6/1997, Straßenbenennung.

Websites

Url.: http://members.gaponline.de/alois.schwarzmueller/juden_in_gap_biographien/altschueler_ludwig_und_margarete.htm (Zugriff: 25.4.2010). Zur Biografie von Ludwig Altschüler.

Url.: http://www.stiftung-bg.de/kz-oranienburg/index.php (Zugriff am 5.8.2010). Zur Biografie Ernst Heilmann.

Url.: www.gruene-soest.de (Zugriff am 24.6.2010). Zur Biografie von Luise Meier.

Url.: http://www.bundesfinanzministerium.de/nn_114104/DE/BMF__Startseite/Ministerium/Bundesfinanzakademie/Steuermuseum/Publikationen/Grabower/Anlage-Tagesberichte.html?__nnn=true (Zugriff: 20.10.2010). Tagesberichte zu Lohhof.

Url: http://www.bodleian.ox.ac.uk/bodley/about/history (Zugriff 15.08.2010). Zu der Bodleian Library.

REGISTER DER CHIFFREN

A

Abel = Max Abeles

Frau A.G. (in Piaski)

Agathe = Oberschwester der Vincentinerinnen

Alb = Aron Albrecht, Hauptlehrer

Alice = Alice Rosenberg

Annemarie C. = Annemarie Cohen

Anni = Else Rosenfeld

B

Baby = Tochter von Dr. Erich Benjamin

Frau Brand = Frieda Brandl

Brigitte = Brigitte Heilmann

Buddeli = Kosename für Else Behrend-Rosenfeld

C

Dieter = Dieter Liesberger

Dina = Judis Weissblüth

Dr. B. = Dr. Erich Benjamin

E

Elisabeth = Freundin von Eva Schmidt, Musiklehrerin

Emmy K. = Emmy Kohn

Eva = Eva Schmidt

Eva = Eva Heilmann

Evchen = Hildegard Müller = Eva Friedmann

Erna („Cousine") = Eva Fischer

„Klein Erna" = Zwangsarbeiterin [nicht aufgelöst]

Ernst H. = Ernst Heilmann

F

Felix H. = Giovanni Corti

Fink (Rabbiner) = Dr. Bruno Finkelscherer

Die Freiburger = Lotte und Edmund Goldschagg

Friedrich Sch. = Friedrich Schönstädt

Fritz = Siegfried Rosenfeld

Fritz A. = Fritz Abraham

Fritz K. [nicht aufgelöst]

Fritz und Gertrud = Fritz und Gertrud Kucharski

Frl. H. = Tante Julchen [nicht aufgelöst]

G

Frau G. = Frau Gschwendtner

Bauernfamilie G. = Familie Gschwendtner

Herr G. = Rolf Grabower

Dr. G. = Dr. Gottschalk

Gertrud [nicht aufgelöst]

Frau G.M. (in Piaski)

Gustav = Georg Fischer

Gustel = Gustel Behrend, geb. Rosenfeld

Grete = Grete Wester

Gretchen = Grete Berndt

H

H.,Bertram [nicht aufgelöst]

H., Felix (vielleicht nur Deckname)

H., Lord (Besitzer der Burcote-Farm) [nicht aufgelöst]

Hanna = Hanna Rosenfeld

Hanna = Hanna Schadendorf

Hanni = Johanna Freja Sterneck

Hedwig = Kathie Stocker

Hedi = Hedwig = Hedwig Kraus, geb. Rosenfeld

Helene = Helene Hecht

Hella = Hella Gorn

Hellinger = Dr. Julius Hechinger

Heinz = Heini = Heinz Behrend

Herbert = Walter Krüger = Herbert Friedmann

Hermann = Hermann Strauß

Hertha = Hertha Kraus

Herr J. = Martin Jakobi

Hilde = Hilde Sauerbier

Hirsch (Ministerialrat)= Otto Hirsch

Frau Hopf = Frau Hofmann

I

Irma (Schwester Irma) = Irmgard Heilbronner

Irma = Irmgard Beer

J

Frau J. [nicht aufgelöst]

K

Frau K. [nicht aufgelöst]

Onkel Karl = Herr R. = Onkel Hans = Hans Kollmorgen

Käthe = Käthe Behrend

Käthe L. = Kate K. (Käthe) Liepmann

Kathi = Kathi Gschwendtner

Klara („Tante Kläre") = Klara Heilmann

Kohlenhändler = Josef Pischetsrieder

Kurt = Kurt Schadendorf

L

Frau L. = Frau Lorenz (Kaufmannsfrau)

Frau L. (Nachbarin) [nicht aufgelöst]

Lene Merkel = Lene= Magdalena Heilmann

Lina und Martin N. (Internierte) [nicht aufgelöst]

Frl. Lind = Regina Lindner

Lilli = Else Behrend-Rosenfeld

Lisel Beer = Elisabeth Baerlein

Lotte = Minna Müller = Dr. Charlotte Bamberg

Lotte = Lotte Goldschagg

Lucien (Zwangsarbeiter) [nicht aufgelöst]

Tante Luise = Luise Meier

M

Frau M. = Maierchen = Lilli = Buddeli = Martha
Schröder = Leonie Maier = Anni = Else Behrend-Rosenfeld

Maria = Eva Kunkel

Herr Metz = Curt Mezger

Muggler = Franz Mugler

Mutti = Magdalena Heilmann

Frau M. [nicht aufgelöst]

Michels (Pfarrer) = Burkhart Michaelis

N

Frau N. [nicht aufgelöst]

Frau N. N. [nicht aufgelöst]

Neumeyer (Oberlandesgerichtsrat) = Alfred Neumeyer

O

Herr O. = Jakob Orth

Oberin R. [nicht aufgelöst]

Hr. Oswald [nicht aufgelöst]

P

P., Martha [nicht aufgelöst]

Herr P. = Gepäckträger Nr. 45 [nicht aufgelöst]

Pfarrer = Pfarrer Fuchs

Frau Pr. = Frau Pringsheim

Herr Pr. = Heinz Gerhard Pringsheim

Peter = Peter Rosenfeld

Peter Merkel = Peter Heilmann

Professor = Prof. Dr. Paul N. Cossmann

R

Frau Dr. R. = Dr. Anna Renner

Frau Rat = Elise Neumeyer

Herr Rat = Dr. Alfred Neumeyer

Resi = Therese Gschwendtner

Regierungsrat v. B. [nicht aufgelöst]

Rolf = Rolf Goldschagg

Rosi = Rosemarie Angrick

S

Sch., Moritz [nicht aufgelöst]

Schorsch = Gerd Kasztan

Schroth (Regierungsrat) = Ludwig Schrott

Siegbert = Siegbert Bravmann

Dr. Spahn = Dr. Julius Spanier

Direktor Stahl = Karl Stahl

Frau Stern = Klara Sternefeld

Susi = Susanne Mendel

T

Tilla = Dr. Tilla Kratz

W

Wachtmeister O. = Jakob Orth

Wegner = Hans Wegner

Wackes = Edmund Goldschagg

Walter [nicht aufgelöst]

Walter = Walter Marx

Weiß, Dr. = Dr. Magdalena Schwarz

Werner = Werner Geismar

Dr. Werner = Dr. Willi Walter

Frau Winterling = Margarete Winterberg

X

Herr Dr. X = Dr. Max Stois

ALPHABETISCHES PERSONENREGISTER

FOTO- UND DOKUMENTENNACHWEIS

Privatarchiv Heinz Altschüler 155

Privatarchiv Rudolf Cohen 104

Privatarchiv Hanna Cooper, Briefe an Eva Schmidt, Briefe Siegfried Rosenfeld 9, 21, 25, 56 oben, 89, 108, 157 unten, 272, 287, 289, 294, 306, 315, 342, 353

Privatarchiv Goldschagg 45, 123, 223, 238, 239, 265

Privatarchiv Werner Grube 98, 162, 172

Privatarchiv Erich Kasberger 51, 131, 132, 134, 139 oben, 361

Privatarchiv Helmut Kolmeder 40, 42, 43, 44, 135, 200

Privatarchiv Elke Minckwitz 31 unten re., 34, 99, 100, 359 unten

Privatarchiv Ursula Rosenfeld 30, 31 oben, 31 unten li, 32, 33, 37, 38, 88, 117, 141, 267, 277, 280, 290, 310, 328, 331, 333, 334, 336, 340, 341, 349, 350, 351, 356, 357, 358, 359, 360

Privatarchiv Sterneck (aus Schoßig, Ins Licht gerückt. S. 152) 48

Privatarchiv Florian Tennstedt 20, 293, 343

Archiv der Barmherzigen Schwestern, München 139 unten, 157 rechts, 195

Bayerisches Hauptstaatsarchiv 56 unten, 229

Bundesarchiv Berlin 56 unten, 113

Bundesarchiv Bern 355

Eidgenössisches Finanzdepartement EFD, Eidenöss. Zollverwaltung EZV, Kommando Grenzwachtregion II Schaffhausen 261 rechts

Friedrich-Ebert-Stiftung: Archiv der sozialen Demokratie 24, 28, 29, 296, 297

Landesverband der Israelitischen Kultusgemeinden 90, 170, 184

NZ Netzeitung GmbH 250

Stadtarchiv München 39, 91, 94, 95, 96, 124, 133, 134 oben, 136, 144, 148, 150, 152, 163, 165, 166, 174, 194, 308, 309

Stadtarchiv Freiburg 251

Stadtarchiv Bad Reichenhall 74

Staatsarchiv München 70, 71, 82, 144, 148, 152, 169, 181

www.judentum.net/.../kindertransporte.htm 47

de.wikipedia.org/wiki/Camp_de_Gurs 120

Google earth, Luftbild 261 links

Peter/Leni Gillman „Collar the Lot!", Essex 1980, 276

175 Jahre Barmherzige Schwestern in Bayern 137

Die Herausgeber

Der Historiker und Publizist *Erich Kasberger*, ehemals Lehrer am Münchner Michaeli-Gymnasium, verwirklichte als Stadtteilforscher, Ausstellungsmacher und Autor etliche Projekte zur Lokalgeschichte des Münchner Ostens. Er publizierte u. a. in der Süddeutschen Zeitung und im Bayerischen Rundfunk. Seit 1985 beschäftigt er sich intensiv mit der „Heimanlage für Juden Berg am Laim" sowie dem Schicksal von Else Behrend-Rosenfeld und initiierte die Errichtung eines Mahnmals.

Die Historikerin und Autorin *Prof. Dr. Marita Krauss* ist seit 2008 Lehrstuhlinhaberin für Bayerische und Schwäbische Landesgeschichte an der Universität Augsburg. Zu ihren Forschungsschwerpunkten zählen neben Stadt-, Landes- und Regionalgeschichte auch Migrationsgeschichte sowie historische Frauen- und Geschlechtergeschichte. Sie veröffentlichte zahlreiche Publikationen zur Exil- und Remigrationsgeschichte.